本书出版承蒙中华人民共和国财政部、教育部"中央高校基本科研业务费专项资金"资助（supported by the Fundamental Research Funds for the Central Universities），谨此致谢！

本书出版也得到浙江大学理学部专项经费部分资助，谨此致谢！

本书的编辑、出版一直得到浙江大学社会科学研究院、理学部、地球科学系和城市与区域发展研究所的大力支持，谨此亦表示衷心的感谢！

庆贺 陈桥驿 先生
九十华诞学术论文集

浙江大学社会科学研究院
浙江大学理学部
浙江大学地球科学系
编

罗卫东
范今朝 主编

浙江大学出版社
ZHEJIANG UNIVERSITY PRESS

陈桥驿先生在书房（2013年9月10日）

贺陈桥驿先生九十华诞

史地巨子
郦学大家

辛卯年十月 路甬祥

全国人大常委会前副委员长、中国科学院前院长、浙江大学老校长路甬祥院士的题词（2011年10月）

陈桥驿先生在九十华诞庆贺会上获赠《福禄延年图》（浙江大学敬贺）

庆贺会上，学生给陈桥驿先生献花

陈桥驿先生九十华诞庆贺会暨历史地理学发展学术研讨会合影留念

2011年11月12日于浙江大学

"陈桥驿先生九十华诞庆贺会暨历史地理学发展学术研讨会" 会议代表合影

目　录

三、陈桥驿先生的学生所提交的论文

四、附录

序　言

　　2010年的暮春时节,我们曾经相聚在浙江大学的玉泉校区,老和山下,恭祝陈桥驿先生荣获浙江大学的最高学术奖项——"竺可桢奖";2011年的初冬时分,我们也曾聚首在浙大的紫金港校区,启真湖畔,庆贺陈桥驿先生的九十华诞;2012年的金秋时节,我们又见证了陈先生领取中国人文社科学界的最高奖之一——"吴玉章奖";而一年之后的今天,在2013年的10月,还是一个收获的季节,中国地理学会又授予陈先生中国地理学界的最高奖——"中国地理科学成就奖"。这接踵而至的荣誉,是社会对陈桥驿先生一生淡泊名利、辛勤治学的回馈;既是他个人的荣耀,也是浙江大学的光荣。

　　"越中自古名士乡。"九十年前,陈桥驿先生出生于浙东名城绍兴,水乡古巷,地灵人杰。陈先生天资聪颖,幼承家学,并为古越大地深厚的历史文化积淀所滋养,少年时代,就展现了过人的才华。更为重要的是,陈先生从青年时代开始,即立志潜心问学,并将少时的兴趣和积累,转化为治学的方向和重点。陈先生从事学术活动60余年来,先后出版各类著作逾70种,公开发表著述累计千余万言。尤其在"郦学"和宁绍史地研究方面,造诣精深,见识卓绝,"其叠崿秀峰,奇构异形,固难以辞叙",成为当代郦学领域的学术泰斗、宁绍史地研究公认的权威,为我国历史地理学的发展和繁荣作出了巨大贡献,在海内外都享有崇高的学术声望。

　　"国有成均,在浙之滨"。从20世纪中叶以来,陈先生已经陪伴浙江大学走过了半个多世纪的发展历程;现虽已届九秩高龄,但仍然笔耕不辍,写文章,做研究,提携晚辈,培养学生,开展国际交流,为所热爱的学术事业继续奉献自己的力量。陈先生的道德文章,学风师风,嘉惠学林良多。

　　九十载人生,六十年治学,陈先生辛勤耕耘,硕果累累,学术上取得重大成就,造诣精深;同时,培养了大批专业人才,并为地方的城市建设、文化传承、环境保护等诸多方面提出了许多有益的建议,作出过重大的贡献。陈先生也为浙江大学的发展,为学校学术声誉的提升,作出了显著的贡献。2010年5月,陈先生荣获浙大的最高科研奖项"竺可桢奖",正是实至名归,当之无愧。

中国历史地理学在今天能俨然大国，为世所用及为世所重，实与 20 世纪 40 年代前后竺可桢先生执掌浙大时所奠定的坚实基础有关；而且竺先生本人就是开创历史自然地理研究的先驱。今天我们说到历史自然地理，就不能不提及竺可桢先生，提到他的对历史气候变迁的研究，他的研究，实开环境变迁和全球气候变化研究的先河。更为重要的是，在竺可桢任浙江大学校长的 1936 至 1949 年期间，浙江大学史地学系延揽、造就和培养了一批著名的历史学家、地理学家和历史地理学家（张其昀、陈训慈、张荫麟、陈乐素、谭其骧、钱穆、向达、王庸、贺昌群、叶良辅、涂长望、朱庭祜、任美锷、沙学浚、李春芬、黄秉维、严德一、陈述彭、施雅风、毛汉礼、陈吉余等为其中代表），他们为中国的历史学、现代地球科学（尤其是地理学、气候学和气象学等）和历史地理学科的发展，作出了巨大的、历史性的贡献，在中国海峡两岸和国际史地学界，迄今仍然保持着重要的影响。就浙江大学在历史地理学这一研究领域而言，陈桥驿先生可谓竺校长的衣钵传人，他勉力传承薪火，居功甚伟。

而最重要者，则在于，陈先生自觉践行并传承了竺可桢先生所致力倡导的"求是精神"。竺先生曾指出，"所谓求是，不仅限为埋头读书或是实验室做实验。求是的路径，《中庸》说得最好，就是'博学之，审问之，慎思之，明辨之，笃行之'。"要求学者"明辨是非，追求真理"，"不计利害，只问是非"。前有竺可桢，后有陈桥驿，两位史地大家，都秉持学者的良知和操守，而其治学，也真正达到了融会中西、贯通古今的境界，可谓执端守中，止于至善；从而能够独树一帜，领一时之风。他们的治学、为人，都是"求是精神"的最好诠释和生动写照。

《庆贺陈桥驿先生九十华诞学术论文集》的编辑和出版，也正是"述往事，思来者"，希望能够继承传统，守护文化，并推动学科发展更上一层楼。在此，我们也对各位学者和相关单位对本文集的编辑出版工作的支持表示真诚的感谢，并诚挚地希望各兄弟单位和同行学者能够继续关心、支持浙大相关学科的发展。

玉泉、西溪多山、近山，紫金港、华家池富水、临水。子曰："智者乐水，仁者乐山；智者动，仁者静；智者乐，仁者寿。"陈桥驿先生就是这样一位智德兼隆的仁厚长者。衷心祝愿陈桥驿先生健康、快乐；也由衷希望在求是园里，在西溪河畔，在启真苑中，我们能够常常看到陈先生漫步的身影，聆听到陈先生那带有浓厚绍兴乡音的谆谆教诲，感受他身上悠长而深厚的文化底蕴。

是为序！

浙江大学副校长　罗卫东

2013 年 11 月 19 日

陈桥驿先生早年经历自述

罗校长和范教授要为我编纂出版一本《庆贺陈桥驿先生九十华诞学术论文集》，我实在愧不敢当。正如绍兴城建档案馆长屠剑虹研究员所撰《影响深远，功效显著——记陈桥驿先生史料陈列馆》①一文中记叙的我当年的几句话："一开始就明确表示反对"，"实在是小题大做，多此一举，没有这个必要"。说实话，对罗、范两位给我的厚遇，我在思想上也是如此。当然，对二位如此盛情，我实在十分感动。现在，书已在进行排印，二位嘱我在卷首也写几句自己的话，我当然遵命。

我们家是个大家庭，我自幼丧母，却是我祖父的长孙。所以从童年起，我的学业之事，就由祖父包揽。他所教的就是《唐诗三百首》和"四书"之类，所以在虚龄十岁插班入小学以前，一直是在"子曰诗云"中过日子，而且也感到有些兴趣。我回忆祖父当年所说的话，倒是毕生受益的。他原话的大意是：我现在教你的，不论不全懂，甚至全不懂（全不懂的实在极多），但只要你背得滚瓜烂熟，将来年纪大起来，就会懂得的。

他听不进像我二叔祖这样也是有清代功名者的话，但当我初小毕业前夕，却接受了一位他早年学生的意见，请家教让我读英语。所以我在进入高小前的这年暑期，就开始请了一位家教让我读《开明英语课本》，这位家教也主张每课都要背熟，而且英语与古文不同，只有不全懂的，却没有全不懂的。我在拙著《八十逆旅》②的《旧地重游》篇中，曾记及由于避日寇侵扰之难，我曾在会稽山麓的一个小山坡上，借助英文字典，花七八个月时间，背熟莎翁的几篇名篇，并其他诸如《女士或老虎》、《项链》、《最后一课》等名篇约二十篇，当时都属于不全懂，甚至也有全不懂的，但后来年长了，确实完全懂得，并且派上用场。对于这些名篇，至今

---

① 绍兴市越文化研究会编《越风》（2011—2012），南海出版公司2013年版。

② 中华书局2011年版。

虽然时隔七十多年,但我仍能大致背得出来。

总得进小学,这是全家人的意见,所以插班考入省立第五中学(以后改为省立绍兴中学)附属小学二下级。但是我感到小学教学的内容实在太简单,兴趣还是放在家里的"子曰诗云"上面。附小的制度是一二年级为"低段",三四年级为"中段",五六年级为"高段"。这年暑期以后,我升到了"中段"的最低班三上级。各科都有专门的教师,课程也多了。级任教师杨芝轩(女)先生(当时没有"老师"的称呼,学生称教师都作"先生")任国语课(今称"语文"),用的是商务印书馆的国语课本第五册,我即在课内翻阅课本,只是一篇写一位名叫黄香的孝子文中,有一句"江夏黄香,天下无双"的话,我不懂得"江夏黄香"的意义。回去问祖父,他说,江夏是地名,他也不很清楚,总在今湖北省一带。"江夏是地名",这一句我懂得后,国语课我实在不必再读了。以后从四年级直到五、六年级,对我来说,其实都是如此。

算术教师是董先生,也是用的商务课本,后来我知道,这些都叫"整数四则",以后几个学期也不过是多了"小数点"、"分数",还有一些用文字的所谓"应用题",也都是很简单的,我虽在练习簿上都写上了,但实在没有意思。念小学!念小学!这是我几位叔叔、叔母包括我父亲都向祖父说过的,我进了附小,校舍原来是停办的第五师范(初师),房子多,校园大,我当时也很高兴。但后来知道小学里念的是这样一些浅薄的东西,除了升到三上级以后,在社会和自然二科中听到一些新知识,例如三上级时,恰恰碰上美国胡佛和罗斯福二位竞选总统,虽然我在家里的《上海新闻报》上已经见到此事,但总统要全国人民投票选出来的事,却是社会科教师吴文钦先生讲清楚的,我对这一类较有兴趣。

三上级的算术教师董先振先生与我父亲相熟,当时绍兴的金融业发达,钱庄很多,我父亲在一家钱庄任职,董先生与这家钱庄有些关系,常到那里吃中饭。他经常当了我父亲和其他职员的面称赞我的聪明和好记性,样样都懂。但是也有一句是,上课一直不专心,看另外的书,"不读正书"。有一天,父亲曾当着祖父和我的面说,附小董先生说我"不读正书"。祖父立刻为我挡驾,说我现在正在读"巾箱本"的《诗经》,并不是"不读正书"。附小里发的"正书",他都看过了,阿均(我的小名)没有什么好读的。以后我才体会到,父亲所传的"不读正书"的话,其实是说给祖父听的,因为他担心祖父教我的这类东西,会不合当今需要,会影响我的前途。其实,"不读正书"的事,我以后在初中和高中念书时也都是这样。

我进中学以后,"七七"、"八一三"战事先后爆发,也就是我国正式宣布抗日战争的开始。由于双方军事实力的很大差距,1937 年战争爆发不久,日寇随即侵占了浙西杭、嘉、湖大片地区。在钱塘江边与我们隔江对峙,但尚无越江侵占浙东的迹象。所以宁绍一带的学校照常在原校舍开学上课。虽然各校都作了修建防空壕等一类的准备,也有敌机过境,但我们只是在听到空袭警报时到防空壕去躲避一下,当时也并未出现敌机对城市的轰炸情事。

日寇对浙东不设防城市的骚扰性轰炸是从1939年上半年开始的,当时我就读于省立绍中(即今绍兴仓桥附近的绍兴初中)的初秋二下。这年春四月,政府已经获得我方在敌后情报人员的情报,说是笕桥机场运到了许多轻型炸弹,显然是对浙东城市轰炸用的。政府也立刻通知学校、机关和居民应变。因此,学校随即开始要学生一早出城到郊外上课,中饭由校工挑送,各级自择不同的适于从事教学的郊区,当然非常不便。但整个四月份中,并不见敌机行动,学校到郊区上课的制度虽仍继续,但思想开始麻痹,并有怨声载道的情况。而敌机在五月份的某天终于开始行动,我们在郊区的小山阜上,看到几架敌机在城区盘旋轰炸,爆炸声震动我们心弦。如此约半小时,敌机飞离,而全城一片烟尘。事后知道,省立绍中和附小都落了弹,由于炸弹都是轻型的,所以破坏力不大,死伤也不多,但绍中里一位名叫金阿传的工友,却在这次轰炸中遇难。从此,每隔个把礼拜,都要来这样骚扰一次。后来人们也发现,敌机虽然用这些轻型炸弹轰炸,但是并不轰炸城市内的要害部门。这就让人们预测到,宁、绍等浙东城市,是列入于日寇侵占日程上的。

学校是必须搬迁的。经过反复选择,省立绍中决定搬迁到诸暨枫桥镇以东约十里的花明泉村,并在嵊县(今嵊州)崇仁镇的廿八都村建立一个分部。绍中是个有高、初中和简易师范的大型学校,全校的图书仪器和其他教学设备数量巨大,但当年的社会环境对教育是高度重视的。经费由省教育厅提供当然不在话下,而中国长期的儒学传统对学校搬迁是个有利条件,据说在选择搬迁校址时,还有不少乡镇竭力争取。此外,我国的宗法社会,让各乡镇都不缺乏祠堂、家庙之类,这是学校最好的落脚点。在花明泉这个大村中,村口一幢规模很大的新祠堂,与它并建的同样大规模的老祠堂,再加上一座也是紧靠这两座祠堂而已经停办了的丝厂,三座大房子,就把这个省立中学高初中和部分简易师范所需的教学和食宿都解决了。校本部以及各个实验室,也都在这三座房子中安顿下来。

从绍兴到会稽山北麓的航船终点娄宫埠头,然后登岸行走,经过名胜地兰亭入诸暨县境而至枫桥,这是一条当年可行黄包车的大路,从枫桥东折走上小路,不过十里即到花明泉村。故自娄宫至此,总共约四十里,大半天时间就到新迁校址。这年秋季我就在此续学,因为我们是初秋三,即初中毕业班,学校照顾,以老祠堂的正厅作为我们的教室。当年我重视图书馆甚于教室。即去离校本部不到一里的另一座大祠堂察看，见馆内一切已安顿就绪，韦勃斯特大字典也已安置在原来的铁架上面。音乐教室设在此处，在搬运中或许是最为笨重的钢琴，已经擦得净亮，令人欣慰。

因为是初中毕业班（其实初春三也是毕业班，但学校习惯一直重视秋季班），我这个"不读正书"的人，得略知一点新学年中的新课程。新课程是平面几何与化学两门，我翻阅了教科书，又听了两次课，觉得都很简单，于是又做了以后在一篇什么文章中自称"不足为训"的事。

在英语方面，我虽然早已背熟了二十多种名篇，但是我在绍中图书馆翻阅收藏的《密勒氏评论报》，发现陌生的单词极多，因我以往读背的都是文学作品，面对政治词汇实在所知很少。当时，我手头的英文字典是祖父当年同意要我读英语时，到绍兴城内最大的一家仅有这种字典的越州书局买下的，平海澜编的《标准英汉字典》。这样一本当时流行的最大字典，我竟想到把它所收的全部单词背下来，而且随即实施。到村口一处树林中布置了一个座位，以红色印泥圈点，除了上课时间不得不坐在教室里以外，其余时间都在树林里下这项功夫。直到高中一的第一个学期，整部字典的每一个单词才都点上了红色圈点。在念字典的同时，也是因为在旧书店买到了原版《纳氏文法》，初阅几页就认为这是一部极好的英文文法读物，我预备把它翻译出来，虽然数量较大，但是我并不计较，因为在上课时间可以从事这项工作，所以也就开始进行。但在高中一第一学期的寒假中，我在绍兴城内一家旧书店中看到《纳氏文法》在十年前已经有一位名叫陈文祥的先生翻译，在上海群益书社出版，现在竟已进了旧书店了。七百多页的书，当时我已译了四百多页，此事实在让我十分懊丧。不过在以后的教书生涯中，仍然感到，当年虽然浪费了许多时间，但是毕竟还是受益不浅的。

我在花明泉读完两个学期，于1940年暑前毕业，准备投考高中。这一年，省教育厅考虑到所属省立中学都已迁乡，但浙东各城市都仍相对安谧。假期中学生多返回城市，下乡赴考不便，所以实行了历来仅此一次的省立中学（包括省立高工和高商）的统一招生，每位参考学生可填三个志愿，考地仍设在除了杭、嘉、湖三城以外的浙东各原校在城内校址。组织力量，在丽水的省立联高（原是为了浙西流亡学生所设）统一阅卷，然后在全省最大日报，即从杭州迁到金华的《东南日报》公开发榜。当时我应祖父之嘱填了两个志愿，第一志愿仍是省立绍中，第二志愿是我家有亲戚所在并且声名甚佳的省立金华中学。

由于宁、绍、金、衢、温、严等省立学校试卷都要集中到丽水（即处州），阅卷费时,所以到考试半个多月以后,才在《东南日报》上发榜。我当然为第一志愿所录取,不仅名列前茅,而且是"公费生"。当时,教育厅为了鼓励优秀学生,所以在各校名额中均有 5% 的公费生。省立绍中只招一班(50 人),其中在录取名额中注明为公费生的共有三人。享受"公费生"待遇的学生,所有全部膳费、制服费、书籍费等,全由国家提供。省立中学都是委托各地的"浙江地方银行"收费的。父亲凭学校录取通知书到银行缴费,而取回的收据上只是一条"各费已缴"的银行印章。祖父非常兴奋,曾以这张收据给当时在家的几位叔叔和叔母看。我这个"不读正书"的学生,暑期后又到花明泉念高中。却在高秋一的下学期(1941),由于日寇突然侵占绍兴城市,枫桥地处绍兴到诸暨的大路边缘,为了安全原因,我们花明泉总部停办,全体迁往嵊县崇仁廿八都分部,从此,省立绍兴中学,就在距绍兴比花明泉稍远的廿八都安顿下来。那里也有许多祠堂、家庙,而地方人士和村民也竭诚地欢迎我们。

1941 年秋,我在廿八都念高中秋二。令人兴奋的是,盟军在欧洲已经取得了对法西斯德国的一连串胜利。在亚洲,一直凭借空军优势对我们滥施轰炸的日本,这一年第一次受到美国空军的轰炸。美国轰炸机群从接近日本的航空母舰起飞,第一次突如其来地轰炸了东京及其他城市,然后飞到浙江衢州机场降落。我们早已听到衢州机场的兴建,当时还不知道它的作用竟在于此。所以当这个消息见诸报端以后,廿八都的绍中师生们确实无比激动。

日寇为了挽救自己的败局,特别是避免屡遭美机轰炸处境,因而在 1942 年春发动了意在摧毁美机在中国着陆点的衢州机场,即当年所称的浙赣战役。侵驻宁绍的日寇迅速地向南进军,首先占领诸暨和嵊县。所以我在绍中念高秋二下学期还不到两个月,学校不得已宣告暂时解散,当年我虚龄已到二十岁。

此后的事,因为在拙著《八十逆旅》多有叙及,不再赘复。现在年逾九旬,溯昔抚今,确实不胜感慨。

本文为陈桥驿先生专为本书而作,写于 2013 年 10 月 8 日。题目为编者所加。

在 2013 年 12 月 10 日举行的"第四届'中国地理科学成就奖'颁奖仪式暨陈桥驿先生九十寿诞庆祝会"上宣读的《贺寿辞》,收录于此,以为祝贺之意。

贺 寿 辞

稽山青青,鉴水长长。

古越绍兴,仓桥水巷①。

翩翩学子,蔚然大家。

耄耋之年,犹自奋发。

"默室求深",《水经》新证②。

"访渎搜渠",宁绍探疑③。

植被、水系,环境变迁④。

古都、名城,历劫重光⑤。

前承"三老"⑥,泽及后学。

"史地"薪火,脉继竺、张⑦。

"郦学大家","史地巨子"⑧。

期颐之寿,再为聚首!

癸巳冬月

学生范今朝谨撰并贺

注　释

①陈桥驿先生出生、成长于绍兴，现绍兴城内的仓桥直街设有"陈桥驿先生史料陈列馆"。

②陈桥驿先生的最主要的学术贡献在于"郦学"研究，2007年出版《水经注校证》。

③陈桥驿先生的另一项主要学术贡献是关于宁绍地区的历史地理研究，1999年相关研究成果汇为《吴越文化论丛》。

④陈桥驿先生在历史自然地理方面的研究主要涉及植被和水系变迁领域，1982年协助谭其骧、史念海先生主编《中国自然地理·历史自然地理》，并撰写总论、植被和水系等部分。

⑤陈桥驿先生在历史人文地理方面的研究主要在于历史城市地理领域，先后主编《中国六大古都》、《中国历史名城》、《中国七大古都》等。

⑥"三老"：指谭其骧先生、侯仁之先生、史念海先生三位中国现代历史地理学的宗师。

⑦竺、张：指竺可桢先生、张其昀先生两位老浙大"史地学系"的创建人。

⑧全国人大常委会前副委员长、中国科学院前院长、浙江大学老校长路甬祥院士为陈先生九十华诞庆贺会的题词。

当代郦学泰斗陈桥驿先生在《水经注》研究中的杰出贡献

朱士光

（陕西师范大学西北历史环境与经济社会发展研究院）

当代郦学泰斗陈桥驿先生自幼承继家学渊源，受祖父亲炙面教，对我国公元6世纪初由北魏时之伟大地理学家郦道元撰著的《水经注》一书产生了敬重挚爱之情，以至成年后开始进行学术研究，于1952年撰著出版的第一部著作《淮河流域》①，即为流域性的学术专著。之后在将近一个甲子的漫长治学生涯中，陈先生尽管在历史自然地理学、历史区域地理学、历史地图学、中国古都与历史文化名城、地名学、方志学、中国地理与世界地理、区域文化、水利史与农业史等多个学科领域均有重大建树，但仍以对《水经注》的研究，成果最丰，在国内外学术界影响最广。据不完全统计，迄今已出版著作20多本，发表论文近百篇，被公认为是当代郦学研究的泰斗。陈先生研治《水经注》的成就与影响已有多位学者进行过详尽具体的评介。为表达对陈先生90寿辰的祝贺以及对他学问道德的仰慕追随之情，特以我之识见所及，再作以下几点申论。

一、陈桥驿先生对《水经注》研究内容之广泛为古今中外第一人

关于陈桥驿先生在《水经注》研究中涉及领域之广与所获成就之丰，寓居香港的郦学名家吴天任先生曾于20世纪90年代初撰专文②就其影响较著者逐一论列，计有以下十项：

---

① 上海春明出版社1952年版。

② 吴天任：《陈桥驿之〈水经注〉研究》，原载吴天任《郦学研究史》，台北艺文印书馆1991年版。

1. 运用科学方法，对《水经注》内容作有系统之分析研究；

2. 对《水经注》地名学之深入探讨；

3. 考订《水经注》版本，提出编纂新版意见；

4. 佚文之辑录与《浙江水注》之补注；

5. 辑录《水经注》引用文献所得最多；

6. 复校杨、熊《水经注疏》及校点殿本《水经注》；

7. 论熊会贞在郦学思想上之发展；

8. 发现赵氏释本面世早于戴本之确证；

9. 反对续作戴赵案论战，主从地理学方面研究；

10. 对古今治郦学者之表彰。

吴天任先生论列的上述十项十分具体而确切，其后又有中国科学院地理科学与资源研究所王守春研究员就陈桥驿先生在《水经注》研究中所作的重大贡献概括为以下八个主要方面[①]：

1. 对《水经注》版本学研究的贡献；

2. 对郦学史研究的贡献；

3. 《水经注疏》版本及校注研究；

4. 对赵戴《水经注》案给予客观评价；

5. 对历代郦学家治郦贡献的评价；

6. 校勘、考据与辑佚研究；

7. 对《水经注》中的内容进行系统整理；

8. 对地理学研究的重大贡献。

而纵观古今治郦学者研治《水经注》之工作与成果状况，正如陈桥驿先生所总结的[②]，自金代礼部郎中蔡珪撰《补正水经》，首开研究《水经注》之先河后，至明、清两代，治郦名家辈出，他们各有专攻，先后形成了考据、辞章与地理学派。其中地理学派系清末民初杨守敬、熊会贞师生创立，所作的研究工作尚处于初始阶段。而在总结近代郦学家之郦学研究成就时，陈先生在列述了熊会贞、王国维、钟凤年、胡适、郑德坤、吴天任六大名家的治郦工作后，就他们所取得的成绩中最为显著的总括为下列四点，即：

---

① 王守春：《陈桥驿与郦学研究》，载《史学月刊》1993 年第 5 期。

② 陈桥驿：《近代郦学家与郦学研究》，载《文史》第 41 辑，中华书局 1996 年版；后收入陈桥驿《水经注研究四集》，杭州出版社 2003 年版。

1.《水经注》的考据与整理;

2.《水经注》的版本研究,成绩斐然,是前代学者所远远不及的;

3. 郦学家的研究;

4. 郦学史的研究。

撮实而论,上述四点是就近代郦学名家总体研究工作而论,而非他们个人均对上述四点有所涉猎者。

综上所述,足以表明陈桥驿先生在《水经注》研究中涉及内容之广泛,不论是吴天任先生所总结的十项还是王守春研究员概括的八个方面,不仅覆盖了近代治郦名家的四点,而且还有所超越。因此陈桥驿先生对《水经注》研究内容之广泛堪称古今中外第一人!

二、陈桥驿先生是《水经注》研究中历史地理学
方向的实际开拓者

陈桥驿先生在论述明清以来之郦学家与郦学研究时,曾高度肯定了清末杨守敬及其门生熊会贞从地理学角度研究郦学,刊行了《水经注疏要删》和《水经注图》,"创立了郦学研究中的地理学派,为郦学研究开辟了灿烂的前程"①。之后陈先生又撰文,称颂杨守敬是晚清著名的地理学家,甚且是一位具有深厚功力的历史地理学家。② 这些评论都是确切的。然而也正如王守春研究员所指出的,杨守敬、熊会贞师生因编绘《水经注图》,而被作为郦学研究史上地理学派的代表人物,但他们的地理学研究还主要局限在沿革地理研究领域。但王守春研究员在强调了陈桥驿先生从现代地理学角度出发对《水经注》中记载的地理内容从方法论上以及按地理学学科分门别类进行了分析归纳后,只肯定了这一工作为利用《水经注》进行历史自然地理研究和历史人文地理研究奠定了基础。③ 这一评价虽也能成立,然犹有不足。事实上,陈桥驿先生在其郦学研究中,已遵循现代历史地理学理论,采用历史地理学的研究方法作了不少开拓性的工作。例如在他的第一部研究《水经注》的论文集《水经注研究》④中就有多篇论文是这一研究

---

① 陈桥驿:《近代郦学家与郦学研究》,载《文史》第 41 辑,中华书局 1996 年版。

② 陈桥驿:《历史地理学家杨守敬及〈水经注〉研究》,载《中国历史地理论丛》1990 年第 4 辑,1990 年 12 月。

③ 王守春:《陈桥驿与郦学研究》,载《史学月刊》1993 年第 5 期。

④ 陈桥驿:《水经注研究》,天津古籍出版社 1985 年版。

方向成功的范例。诸如《〈水经注〉记载的水文地理》、《我国古代湖泊的湮废及其经验教训》、《〈水经注〉记载的植物地理》、《〈水经注〉记载的动物地理》,等等。上述论文不仅用现代地理学的学科理论与学科体系揭明北魏时期河流、湖泊、植物、动物分布状况及其特点,还运用现代历史地理学的理论与方法,论述了上述地理要素在北魏及其之前与之后时期的变化,阐释了导致变化的原因及其变化造成的影响。这就充分表明,陈桥驿先生不仅在《水经注》研究的地理学方向上超越了前贤,而且还在历史地理学这一新的研究《水经注》方向上作出了开拓性的贡献。还应特别指出的是,由于陈桥驿先生在《水经注》之历史地理学研究方向上的开拓之功,不仅使《水经注》研究增强了实用性,也更增强了其学术意义。

三、陈桥驿先生关于《水经注》之研究对当前与今后的郦学研究影响至为深刻久远

正因为陈桥驿先生半个多世纪中对《水经注》这部被近代学者丁谦誉为“圣经贤传”[①]的我国古代地理典籍进行了广泛深入而又富有开拓创新之研究,所以被中外学者公认为当代研治郦学的泰斗。早在 1986 年 3 月 11 日国际地理学界著名学者陈正祥教授就从香港致函陈桥驿先生,倡议组织一个国际性的《水经注》研究会,由陈桥驿先生主其事,会址设在杭州,每年开会一或二次,以推进《水经注》研究。同年 4 月 22 日,时任复旦大学中国历史地理研究所所长的邹逸麟教授也在致陈桥驿先生信中写道:“从现代地理学角度研究《水经注》,实由先生始,我辈后生亦有志于此,待有适当机会时,盼先生能登高一呼,我们随从麾下,成立一个《水经注》研究会,将郦学发扬光大。”[②]由此二信可见陈桥驿先生在国内外郦学界地位之崇高。迄今尽管《水经注》研究会因为一些具体的原因未能成立,但由于陈桥驿先生之影响,国内外学者对《水经注》之研究却方兴未艾。

2008 年 9 月 23 日至 24 日,河南省新郑市与中国古都学会曾联合举办了“郑韩故城与溱洧水研讨会”。会后在新郑市政府主办的《华夏源》刊物之当年第五期上,刊出了一组结合《水经注》中有关溱洧水之论述研究郑韩古都的论文。2010 年初,《华北水利水电学院学报》(社科版)编辑部组织了一次有关《水经注》专题研究的笔谈,在当年该学报之第一期与第二期上,集中刊登了以陈桥驿先生

---

① 丁谦:《〈水经注正误举例〉小引》,载刘承幹辑:《求恕斋丛书》第 26 册,上海古籍书店 1963 年版。
② 陈桥驿:《水经注研究二集·序》,山西人民出版社 1987 年版。

所撰专文《〈水经注〉概论》为首的九篇论文。在该刊 2010 年第一期登载《水经注》专题研究(一)之笔谈论文前所配发的"编者按"中,表明了该刊期望"通过此次笔谈,不仅能够总结《水经注》研究的经验和成果,深化《水经注》研究实践,而且能够为未来《水经注》研究的发展尽绵薄之力"的深切意愿。而国外郦学界一个很大的动向则是陈桥驿先生在为前述笔谈所撰写的《〈水经注〉概论》一文中提及的,日本东京收藏汉籍最多的"东洋文库"近年来举办的"中国古代地域史研究班",当前所进行的《水经注疏》的研究与翻译。仅就笔者所见,已出版了《水经注疏译注·渭水篇》上、下两集,①成绩灿然可观。

更为值得关注的是,我国自改革开放以来,随着经济与城市建设持续高速进行,使我国一些区域水资源匮乏问题更为明显,水环境恶化现象更为严峻,水旱灾害之危害程度更为加剧,这就导致有关政府部门和社会各界对水资源与水环境问题的更大重视;学术界也因此除对一些区域或城镇水资源与水环境问题开展研究外,还进而注重对流域之研究及整治工作。近年来已有学者提出了建立"历史流域学"的构想。② 当 2010 年国务院批准了"关中—天水经济区"建设计划后,笔者鉴于这一经济区正好位于渭河流域内,为协调处理好渭河整个流域,特别是处于下游的陕西省关中地区与处于上中游的甘肃省天水市之间的水环境综合治理与水资源合理分配问题,曾建议陕西省政府尽快组织专家、学者对渭河流域之水环境与水资源之现状及其历史时期之变迁进行深入的实地考察及多学科综合研究,以便为今后之规划与治理工作提供历史经验教训与全面准确的数理依据。此外,笔者还针对我国流域众多,对各类各级流域开展综合考察研究既十分必要又工作量繁重的实际情况,曾向有的院校建议成立《水经注》研究中心,并力争成为教育部直属的重点研究基地或水利部支持的研究机构,组织协调有关学科专家、学者,按照郦道元治学思想与方法,结合现代科技手段,对我国大小河流逐一进行综合考察研究,并按一定的科学体例加以记载与论析,撰写一部《新水经》。对此,笔者曾撰文建议,《新水经》既要对我国境内之江河湖泊的水环境状况及近多年来之变化趋向按流域水系通过考察研究予以实录;同时也要对现当代我国在经济发展过程中对江河湖泊开发利用措施之成败得失进行认真回顾反思,作出深刻的剖析阐释,再配以必要的地图、照片与地名索引,撰成一部我

---

① 此两集均由日本财团法人东洋文库出版。上集出版于 2008 年 3 月,下集出版于 2011 年 3 月。

② 王尚义、张慧芝:《关于创建历史流域学的构想》、《流域问题研究的创新和不足》、《科学研究解决流域问题》,先后刊载于《光明日报》2009 年 11 月 19 日、21 日、25 日。

国当代的江河湖泊大典,也就是 21 世纪我国之《新水经》。[①] 这一建议实际上还是在陈桥驿先生研究《水经注》之指导思想与丰硕成果的启示下提出的,也是他之前曾提出的在当今新的时代与形势推动下,编纂一部《新水经》意见的重申。由此可以断言,陈桥驿先生关于《水经注》之研究对当前国内外这一学术领域之研究工作已产生了多方面的深刻影响,今后还将会长期产生积极的影响!

----

① 参见拙文《树立新的理念,继续推进〈水经注〉研究工作深入开展》,载《华北水利水电学院学报》(社科版)2010 年第 1 期。

陈桥驿先生对郦学研究的贡献

王守春

（中国科学院地理科学与资源研究所）

陈桥驿先生毕生从事有关郦学的研究,硕果累累,是当代著名郦学家。进入耄耋之年,仍有多项重要成果问世。陈先生引领和推动郦学的发展,将郦学研究带领进新的阶段。他在郦学研究方面成果之丰,贡献之大,翘楚于郦学史。陈先生对郦学研究的贡献是多方面的。下面就笔者学习陈先生郦学研究成果的体会,冒昧尝试予以评述。

一、对郦道元及其时代背景的认识和对郦道元思想的评价

对郦道元的研究是郦学研究的重要内容。由于《魏书》和《北史》的《郦道元传》的记载极为简略,以往的研究者皆着眼于郦道元生平年谱以及家世的考证和研究。当然,这些研究是很有必要的。但仅局限于这些研究,还远不能回答郦道元为什么能撰写出《水经注》这样一部伟大的地理著作这一问题。陈先生从郦道元所处的历史大背景来认识,提出许多重要观点。

陈先生把从赵武灵王的胡服骑射到北魏孝文帝去胡服汉化这一大的历史时期,作为郦道元的历史大背景。陈先生指出:"在这一段戏剧性的时代中,中国境内的许多民族发生了接触、交流和融合的过程,这个过程是错综复杂的,这中间有战争,有和亲,有商品贸易,有文化交流,有一族对另一族的统治,有另一族对一族的反抗,等等。然后终于出现民族的融合,伟大的中华民族终于形成。"[①]

陈先生还指出,促进郦道元思想形成的另一个历史背景,是北魏时期几位有远大抱负的帝王的开拓精神。特别是孝文帝拓跋宏的"期于混一"的宏大抱负和他采取的将都城从平城迁到洛阳及"禁士民胡服"和在朝廷上禁止使用鲜卑语以

---

① 陈桥驿:《郦道元评传》,南京大学出版社 1994 年版,第 7 页。

及改拓跋为汉姓元等一系列举措,对郦道元大一统思想的形成有深刻影响。

关于郦道元的时代背景,陈先生提出另一个重要观点。他认为郦道元所处的南北朝时期是一个"地理大交流"的时代,正是这样的一个时代使郦道元撰写出《水经注》这部伟大的著作:"《水经注》当然不是能够一气呵成的著作,是郦道元日积月累的著述成果。在当时那种兵荒马乱的日子里,他竟能有这样的心情撰写此书,不仅终于写成,而且获得如此辉煌的成绩,这当然是由许多原因促成的,而首先必须提出的则是'地理大交流'这个历史过程。""中国从 4 世纪初期起,开始了一场规模很大的混乱,牵涉到广大集团的人群在自然地理环境和人文地理环境上的深刻变异。假使我们把 15 世纪初期以后的时期中,人们对于新航路和新大陆的探索称为'地理大发现',那么,从 4 世纪初期到 6 世纪后期之间,这种发生在中国境内的巨大人群所经历的地理变异,应该称为'地理大交流'。"陈先生还指出:"地理大交流的结果是大批地理学家和地理著作的出现。和中国早期的地理学家及地理著作不同,早期的地理著作如《山海经》、《禹贡》、《穆天子传》等,作者虽然都有一定的资料基础,但其间包括了大量的假设和想象。这类早期的地理学家,在实践经验方面,显然是相当薄弱的。现在,规模巨大的地理大交流,为许多地理学家提供了直接或间接的实践机会。因此,这一时期的地理学家和地理著作,不仅在地理资料上左右逢源,而他们之中,多数都直接或间接地参加了这次地理大交流,他们的作品中反映了大量的实践结果,这是前代地理学家和地理著作所无法比拟的。"[1]"郦氏撰《水经注》注文内明确指名引用的文献共达四百八十种,其中地理类为一百零九种。在这一百零九种地理文献之中,魏晋南北朝以前的仅有二十种,而魏晋南北朝,也就是'地理大交流'开始以后的达八十九种。这就说明了地理大交流时代的地理学著述对于郦氏撰述的影响。"[2]

在对郦道元思想评价方面,陈先生第一个明确提出郦道元是一个伟大的爱国主义者,并且指出郦道元的爱国主义思想表现在两个方面,一是大一统思想,一是对祖国大自然的无比热爱。

关于郦道元的大一统思想,陈先生指出:"从郦氏家族的渊源来看郦道元,他出身于一个世代官宦的家族,在当时,这样的家族,当然属于书香门第。他从小所受的教育是儒家的正统教育,这大概是没有疑问的。从《水经注》所引的文献

---

① 陈桥驿:《郦道元评传》,南京大学出版社 1994 年版,第 19—20 页。

② 陈桥驿:《郦道元评传》,南京大学出版社 1994 年版,第 52—53 页。

中经常出现的四书五经以及他在注文中对尧舜孔孟等人的推崇,可以窥及他所受的教育。所以大一统思想在他身上原来就是根深蒂固的。而他眼前存在的二百年的南北分裂,就更促使他这种思想的发展。当他的青少年时代,正是北魏励精图治,国势蒸蒸日上的时候,而南朝则处于篡夺频仍,朝政腐败,国势凌夷的时候。他的父辈受到北魏朝廷的重用,而拓跋氏变夷为夏的各种改革,都促使他产生由元魏一统天下的思想。”“郦道元所以能够成为一个向往祖国统一的爱国主义者,并不是偶然的。他对历史上曾经出现过的版图广大的王朝的概念,如上所述,当然是从他的广泛阅读和父辈的教育中得到的。但是他之所以向往这样一个广大而统一的祖国的再次出现,却是受了北魏王朝励精图治的几位国君如拓跋焘特别是元宏的影响。不过他没有料到元宏的中道崩殂,也没有料到国势从此一蹶不振。他眼看祖国统一无日,而锦绣河山支离破碎。就是从这个时期开始,他潜心于《水经注》的撰写,通过著述寄托他热爱祖国和渴望祖国统一的胸怀。”①

陈先生还指出,郦道元的爱国主义思想还源于他对祖国大自然的热爱:“郦道元也是一位十分热爱中国大自然的人。对祖国大自然的无比热爱,这是除了大一统思想以外,郦道元爱国主义思想的另一重要内涵。”②“用什么理由来解释他在山川描写中的非凡成就,除了文字技巧外,主要应归功于他的感情,他对于祖国的自然之爱的真挚感情。”③

上述诸观点,是陈先生对郦道元和《水经注》长期研究和思考的结晶。正如陈先生自己所说:“由于我自己多年来从事《水经注》研究,从内心深处确实有一种研究‘郦道元思想’的愿望。为此,这几年来,我的确常常思考这个问题——怎样才能全面、深入、系统地把郦道元的思想作一番实事求是的评价。”④由于《魏书·郦道元传》和《北史·郦道元传》对郦道元的记载都非常简略,以及由于《魏书》中对郦道元的评价抱有偏见,陈先生上述观点的凝练是极为不容易的,没有长期深度的思考是得不出这些观点的。这些观点不仅为认识和评价郦道元打开了新的思路,展示了更为广阔的新视角,也为研究中国古代地理学思想史和中国古代历史打开新的思路。

---

① 陈桥驿:《郦道元评传》,南京大学出版社 1994 年版,第 34—35 页。

② 陈桥驿:《郦道元评传》,南京大学出版社 1994 年版,第 43 页。

③ 陈桥驿:《郦道元评传》,南京大学出版社 1994 年版,第 51 页。

④ 陈桥驿:《探索“郦道元思想”的初步想法》,载《水经注研究四集》,杭州出版社 2003 年版,第 271 页。

二、对郦学史研究的贡献

对郦学史的研究是陈先生郦学研究的重要组成部分。

郦道元的《水经注》一书问世后,经历了复杂的流传过程,加之在后来的漫长历史时期中,人们从不同角度对其进行研究,而形成了一门专门的学问。但对于《水经注》这部著作的流传和研究的历史,虽然 20 世纪 30 年代汪辟疆先生撰写了《明清以来水经注研究的总成绩》一文,但该文侧重于对清末和民国时期杨守敬、熊会贞师生二人的《水经注疏》的研究经过的介绍,而对《水经注》从其问世以后流传和研究的历史阐述得很简略①。陈先生对郦学发展的历史给予了系统的梳理和阐述,阐明了郦学发展的脉络,并对郦学研究的各个学派和各位学者给予公正客观的评价。陈先生对郦学史研究的贡献主要有以下诸方面。

(一)对郦学史发展脉络的梳理

从《水经注》一书问世以来的 1500 多年中,经历了怎样的发展阶段,以前无人系统梳理。陈先生对《水经注》一书的流传过程以及研究历史进行了梳理。

关于该书的流传过程,陈先生指出,直到唐代末年,《水经注》还只是局限在朝廷之内,到唐代末年以后,才从朝廷中流传出来,文人们得以阅读。

关于历史上谁是第一个真正研究《水经注》的人,以前无人谈及。陈先生指出了在郦学发展史上第一个真正研究《水经注》的人应是金代礼部郎中蔡珪:"从隋唐到北宋,对于《水经注》的研究,还处于较低的水平,主要是剪辑它所记载的各种资料;有的把这些资料分门别类,收入各种类书,如隋《北堂书钞》,唐《初学记》,宋《太平御览》、《书叙指南》等;有的则摘取其中只言片语,作为其他书义的注释,如唐司马贞作《史记索隐》,章怀太子注《后汉书》等;也有的把郦注资料,按地区分类,录入全国总志或其他地理书,如唐《元和郡县志》,宋《太平寰宇记》、《晏公类要》、《长安志》、《元丰九域志》等。所有这些,当然属于郦注研究,不过研究的内容限于郦注的现成词句,其方法也不过各取所需,剪辑这些词句而已。这种初级的郦注研究,对扩大郦注的影响当然具有作用,但对郦注本身,却是无所考窍发明的。""北宋以后,金礼部郎中蔡珪撰写了《补正水经》三卷,这是学者深入研究《水经注》的嚆矢。""蔡珪的研究,并不是对郦注词句的简单剪辑,而是对

---

① 汪辟疆:《明清以来水经注研究的总成绩》,载《水经注疏》,江苏古籍出版社 1989 年版。

该书的补充和修正。""蔡珪对于郦注的研究,实开校勘疏证、补遗纠谬之先河。"①此后,陈先生又进一步指出:"蔡书还可能对郦注有所校勘,他对于《水经注》的研究是前所未有的。在《水经注》研究中形成郦学这样一门包罗广泛的学问,蔡珪的研究是其嚆矢。"②

此后,明清时期研究《水经注》的学者辈出,但他们研究《水经注》的角度和特点各不相同。对于明清时期众多的《水经注》研究者,以前虽有人指出他们的研究特点并进行过评价,但并没有人将他们的研究特点或研究角度进行系统归纳和分类。陈桥驿先生在郦学史上第一个将以往的《水经注》研究者进行类群划分,将他们概括为三大学派,并按其出现的先后顺序,分为考据学派、辞章学派和地理学派。他指出,明代朱谋㙔建立郦学的考据学派,在朱谋㙔建立郦学的考据学派后不久,"明代末年的郦学家之中,又形成了另一个郦学研究中的词章学派"。"另外,自从清初以来,郦学研究中的另一个学派,即地理学派,已经逐渐酝酿成熟,在郦学界显露头角。"陈先生还阐述了各个学派发展历史和主要代表学者。

对上述几个学派的评价,也是郦学研究史上的重要问题。以往学者对上述几个不同研究方向虽有所评价,但由于各自的视角或出发点不同,曾互相贬低。如明末清初学者黄宗羲对明代郦学研究卓有成就的朱谋㙔的《水经注笺》评价就很低:"朱郁仪《水经注笺》,毛举一二传写之误,无所发明。"清初学者刘献廷对前人研究《水经注》的评价也不高:"《水经注》千年以来无人能读,纵有读之而叹其佳者,亦只赞其词句,为游记诗赋中用耳。"在刘献廷的概念中,认为在他之前的《水经注》研究者,只关注其中的词句,只是在写诗赋时引用其中的词句。再如清末学者陈运溶对前人研究《水经注》的评价:"近世为《水经注》之学者,又皆校正字句,无所发明。"这是对考据学派的贬低。显然,这些评价都失之偏颇。

陈先生在对明清时期《水经注》研究划分出三大学派之后,又对各大学派的贡献和价值作出充分的肯定和公正的评价。他对考据学派的评价是:"考据学派,这是郦学研究中的基础学派,他为不同学派的郦学研究奠定了基础。《水经注》一书,经过长期的辗转传抄,到了宋代,已经成为一部经注混淆、错漏缺佚的残籍,使人无法卒读。有赖于这个学派的出色研究,他们区分经注,纠谬补缺,收

---

① 陈桥驿:《论郦学研究及其学派的形成与发展》,《历史研究》1983 年第 6 期,收入《水经注研究二集》,山西人民出版社 1987 年版,第 3—4 页。

② 陈桥驿:《郦学概论》,载《郦学新论——水经注研究之三》,山西人民出版社 1992 年版,第 6 页。

辑散佚,广加注疏,不仅在很大程度上恢复了原书的本来面目,而且由于注疏的精密详尽,大大方便了后学对此书的利用。"他对词章学派的评价是:"词章学派,按其性质是郦学研究中的欣赏学派。《水经注》虽然毫无疑问的是一部地理著作,但是由于它在文学上的精深造诣,因此,对于此书词章上的欣赏,无论在陶冶人民性情,丰富人民精神生活以及培养后学的文学技巧等方面,都有非常重要的价值。在不少卷帙中郦注的写法采用游记体裁,从现代旅游业的观点来评价,古代的游记,特别是像《水经注》这样语言生动、范围广阔的游记,乃是宝贵的旅游资源。……今天,随着人民文化生活水平的提高和旅游事业的发展,郦学研究中的这个学派,必然大有作为。"至于地理学派,陈桥驿先生则给予高度评价:"地理学派,这是郦学研究中的实用学派。在郦学研究发展的过程中,它形成较晚,但却具有极强的生命力和远大的前途。因为《水经注》本身是一部地理著作,拥有丰富的自然地理和人文地理内容,它为我们在地理学研究上提供了充分的资料。从近年来我国历史地理学界的研究来看,这方面的例子不胜枚举。"[①]陈先生在另一篇文章中,还对地理学派的形成和贡献给予系统评价:"郦学研究中的地理学派,溯源甚早,而且流传广泛,可是工作都比较零星,成果也未臻完美。……直到晚清,由于杨守敬(1839—1915)和他的学生熊会贞(1859—1936)在这方面的一系列工作,终于形成了郦学研究中这个具有强大生命力的地理学派。……《水经注疏》初稿的完成和《水经注图》的刊行,是我国郦学研究中地理学派成熟的标志。尽管长达一百多万字的《水经注疏》仍然包含大量考据的成果,杨、熊二人(指杨守敬、熊会贞师生二人,他们合作完成《水经注疏》和《水经注图》)在校勘上也有重大的贡献,但郦学界已经开始发现,考据和校勘并不是郦学研究的主要目的……要在郦学研究中有所发明,就有必要在考据学派提供的基础上,从事《水经注》内容的研究和发挥。这中间,对此书所包含的大量地理学内容的研究,当然是非常重要的。因此,地理学派是郦学研究中的实用学派,它必然要和乾隆盛极一时的考据学派一样,获得重大发展,推动郦学研究的前进。"[②]

有关郦学史上学派的划分及其研究特点的概括,为今后继承和发扬前人研究成就提供了依据和借鉴。

此后,陈先生又对民国以来至 20 世纪 90 年代初《水经注》研究进行系统全

---

① 陈桥驿:《论郦学研究及其学派的形成与发展》,载《历史研究》1983 年第 6 期,又载《水经注研究二集》,山西人民出版社 1987 年版,第 14—15 页。

② 陈桥驿:《郦学概论》,载《郦学新论——水经注研究之三》,山西人民出版社 1992 年版,第 7—9 页。

面的总结①。民国以来《水经注》的研究，是郦学发展史上一个重要时段。陈桥驿先生指出了民国时期《水经注》研究有四项重要特点：《水经注》版本的收集和整理是这一时期《水经注》研究的首要成果，是明清两代所望尘莫及的，包括《水经注》各种影印本和排印本在这一时期空前增加以及对各种版本的点校和排印；校勘的深入，这一时期的校勘是在明清时期已作出的大量工作并大体恢复郦注原貌的基础上的深入；对《水经注》记载的各种资料的整理，取得一系列重要成果；第四项成就是对《水经注》地理研究的加强。

(二)对《水经注》的传播和版本源流研究的贡献

《水经注》一书自从郦道元完成之后，经历了复杂而曲折的传播过程。陈桥驿先生第一个系统梳理了其复杂的传播过程和版本源流关系。

陈先生指出，在北宋时期，《水经注》才从宫廷书库传播到民间。后来，该书被传抄刻印，出现了传抄本和刻印本，并进而又有传抄本系列和刻印本系列的传播系统。到了明清时期，研究《水经注》之风大兴，名家辈出，出现了诸多校勘版本，各种版本又有复杂的承袭关系，形成了枝系庞杂的版本承袭网络图。

陈先生在《论〈水经注〉的版本》和《〈水经注〉版本余论》两文②中，第一次系统地梳理和阐述了《水经注》版本发展和承袭的关系，对各种版本的特点、价值、缺陷和问题等诸多方面进行了评价，指出了哪些版本是有价值的珍本，哪些是赝品。显然，陈桥驿先生对《水经注》版本源流的研究，是非常有价值的，对于从事《水经注》研究的学者或利用《水经注》从事其他领域研究的学者来说，提供了一个捷径，使他们在版本的选择上，避免了盲目性或由于利用不良版本而走入歧途的可能。

(三)对历代郦学家的评价

在近千年的历史时期中，对《水经注》有研究的学者多达百人以上。他们对《水经注》的研究有什么贡献，出现过什么错误，存在什么问题，以前很少有人进行系统的分析和总结。迄今只有香港学者吴天任先生(吴先生1992年6月于香港仙逝，享年77岁)在他晚年出版的《郦学研究史》③一书中，给予较系统的阐述。吴天任先生在其《郦学研究史》一书中评述了涉足《水经注》研究的学者达一

① 陈桥驿：《民国以来研究〈水经注〉之总成绩》，载《中华文史论丛》（第53辑），中华书局1994年版，第52—74页。
② 陈桥驿：《水经注研究》，天津古籍出版社1985年版。
③ 吴天任：《郦学研究史》，台北艺文印书馆1991年版。

百多位,收集大量有关史料和文献,对郦学研究作出很大贡献。而陈桥驿先生评述的历代郦学家多达 126 位,其中有许多人物是吴天任先生在《郦学研究史》中所未提到的。吴天任先生对历代治郦学者的评述多以征引前人的评述或各位学者本人著作论点为主。而陈桥驿先生的评述则以总结前人的评述再加以自己的观点予以分析和阐述,应当说,陈桥驿先生的评述,不仅内容更丰富、更全面,而且有新的见解。[①] 陈先生对历代郦学家的评述,不仅指出他们的错误及缺陷,得与失,存在的问题,同时对他们的成就也给予充分的肯定。这些评述为后学者正确全面了解郦学史提供了捷径。其中特别有代表性的是对戴震、王国维和胡适的评述。

对戴震的评价和对"戴赵相袭"案的重新评价,是陈先生对历史上郦学家作出公正全面评价的最突出的例子。清代乾隆时期有三位郦学家著称于史,他们是全祖望、赵一清和戴震。由于戴震在进入四库馆后校勘的《水经注》即武英殿聚珍版《水经注》(又被称为殿本或聚珍本)和赵一清的《水经注释》"十同九九",后人指出戴震有剽窃赵一清研究成果的问题,同时又有人持相反观点。于是,历史上形成了两派,一是反戴派,一是拥戴派。两派争论长达两百多年,史称"戴赵相袭"案。这场论战一直延续到现代。两派论战之激烈,在学术史上实为罕见,甚至达到意气用事的程度。近代学术史上的名家胡适也卷入这场论争。在他的长达十集的《胡适手稿》中,有关赵戴《水经注》案的内容就占了很大部分。两派各走极端。反戴派不仅指责戴震的剽窃行为,还将戴震在校勘《水经注》方面的贡献也否定了;而拥戴派则把精力用在寻找证据以洗刷戴震的剽窃罪名,不去研究戴震在《水经注》校勘方面的贡献。陈桥驿先生不受这两派偏激之见的影响。他在深入研究的基础上指出,戴震剽袭赵一清的研究成果是不容否认的,事实俱在。但是,另一方面,陈先生没有像反戴派那样,在批判戴震的剽袭行为的同时,把戴震校勘的武英殿聚珍本《水经注》也给予否定,而是把戴震对校勘《水经注》的贡献和他校勘的殿本《水经注》的成绩给予充分肯定:"由于在两百多年来的论战中,绝大部分学者,不管是反戴派还是拥戴派,他们的主要精力集中于殿本是否剽袭的证据,都不去研究殿本较之其他各种本的优异所在。反戴派由于深信戴震的剽袭而切齿痛恨,他们斥责戴震,兼及戴本,毫无投鼠忌器之心。而拥戴派除了森鹿三外,竟也就事论事,多方搜求证据,只求为戴震洗刷罪名,却同样置

---

① 陈桥驿:《历代郦学家治郦传略》,载《郦学新论——水经注研究之三》,山西人民出版社 1992 年版。

殿本的优异于度外。""应该指出,戴震在校勘殿本的过程中,确实是存在行为上的过错的,问题是,他的这种过错的性质以及后人如何看待这种过错。"陈先生还认为,戴震虽然有剽袭行为,但武英殿聚珍本《水经注》要较其他版本优异。他指出,戴震校勘的武英殿聚珍本《水经注》之所以优异,一方面是戴震集前人校勘方面的成就,包括赵一清校勘的成就,同时,戴震自己又做了大量考证研究,下了很大功夫。这些成就反映在该书的《注内按语》中。陈桥驿先生将戴震的《注内按语》对《水经注》研究的贡献按其内容分为九类,表明戴震校勘的武英殿聚珍本《水经注》的确是各种版本中最佳的一种:"戴震在初入四库馆后的一年多时间里,倾其全力于《水经注》的校勘,因为对他来说,这确是一生中至关重要的转折点。他充分明白,他所校勘的书,具有御览和流传双重意义,而御览对他更为重要。为了掌握这个千载难逢的机会,他除了把他的全部智慧和学问投入此书以外,并且也作了一些前面已经提出的背离社会公认的道德准则的事,这就是殿本既有精湛的成就而却落得遭人物议的原因。""对于戴震本人来说,他确实存在如前所述的过错,但是他的过错,属于他个人道德的问题,而殿本则是明、清两代郦学研究的总成绩,不应同戴震的个人道德混为一谈。何况戴震在四库馆一年多,既有过错于殿本,也有功绩于殿本。戴震对于殿本的过错,学术界鸣鼓而攻,已非一日,但对于殿本的功绩,如上所述,即使拥戴派学者也极少言及。为此,本文需要着重地、客观地把戴震在编纂殿本中的功绩加以总结。"陈先生指出了戴震校勘的殿本《水经注》有九大类贡献外,还考证了《水经》的作者并非桑钦,而是三国时人,并在确立区分《经》文和《注》文的基本原则等方面有卓越贡献。"总的说来,对于这种足以代表明、清郦学家长期研究成果的殿本的诞生,戴震无疑是有功的。他的功绩主要是在大量的各种郦注版本中,选出最优秀的版本即赵一清的《水经注释》作为殿本的底本;然后再吸取其他许多佳本的精华,使殿本锦上添花;又撰写许多《注内案语》,便于读者阅读和进一步研究。由于他的非凡天才和勤奋工作,使《水经注》这部从南宋以来经注混淆不堪卒读的残籍,在很大程度上恢复了它的本来面目。""殿本的成就在郦学史上当然是划时代的。作为殿本的主编,戴震的功劳也是十分杰出的。可惜的是,由于私心杂念作祟,戴震在此书上竟要求获得超越主编的荣誉,把许多郦学家特别是全祖望、赵一清等学者长期来的研究成果,作为他一己的专著。为了达到这种目的,又挟其独占大典本的优势,过分地夸大大典本的不同凡响。最后终因赵本的刊行和大典本的公布,使他受到学术界的长期挞伐,不仅损害了个人的声誉,甚至殃及实际上成就空前的殿本。这当然是郦学史上非常不幸的事件。"①陈先生还指出,戴震在进入四库馆后,"在不长的时间中,他以非凡的才能和惊人的速度博览馆内所有《水经注》版本,并且立刻做出决定,断然放弃他入馆前所校定的本子的格局,而以四库馆所见到的最好版本即赵一清的《水经注释》作为底本,此外,并参校了宋本、大典本、朱谋㙔本、归有光本等较好版本,加上他自己历年来的研究成果,因而使殿本成为郦学史上的最佳版本。尽管殿本以赵本作底,从体例到内容与赵本'十同九九',但是由于戴震在馆内一年多时间中在赵本之上花了不少工夫,所以显然优于赵本"②。

陈桥驿先生对戴震在《水经注》校勘方面贡献的评价和对武英殿聚珍本《水经注》的评价,显然是公正的、令人信服的,使长期争论的赵戴《水经注》案有一公断和了结,同时,也使殿本《水经注》享有了在郦学研究中应有的地位,使该书不因戴震的剽窃行为而被否定。陈先生对戴震和他主持校勘的武英殿聚珍本《水经注》的公正全面评价,还有另一重要意义,这就是将郦学研究从"戴赵相袭"案的无休止争论中摆脱出来,避免郦学研究走向歧途。陈先生还将殿本《水经注》加以点校,由上海古籍出版社于1990年出版,使《水经注》一书的研究和利用有了较好的版本。

再如对胡适的评价。胡适的后半生几乎都在研究《水经注》,但把很大精力用在为他的同乡戴震翻案,企图证明戴震没有剽窃赵一清的研究成果,遭到后人的诟病。但后人对胡适研究郦学的评价,只是批评他对戴震翻案,而很少关注他对郦学研究的贡献。陈桥驿先生曾因指出胡适在为戴震翻案研究中的问题被认为是"胡适的批判派"③,这是不正确的。陈先生对胡适的郦学研究,既指出其问题,同时也充分肯定其对郦学研究的贡献:"胡适在近二十年时间中进行的所谓'重审'工作没有获得成功,但他研究《水经注》实际上有四十年左右的时间,为了'重审',他同时做了大量有关《水经注》的版本、校勘、历代郦学家和郦学著作等方面的发掘和整理工作,获得了许多成绩,做出了很大贡献。""在胡适研究《水经注》的各种贡献之中,最重要的首先是对于《水经注》版本的搜集和研究方面的成就。我在拙作《民国以来〈水经注〉研究之总成绩》一文中,把版本的搜集和整理

---

① 陈桥驿:《论戴震校武英殿本〈水经注〉的功过》,载《郦学新论——水经注研究之三》,山西人民出版社1992年版,第66—77页。

② 陈桥驿:《论戴震校武英殿本〈水经注〉的功过》,载《郦学新论——水经注研究之三》,山西人民出版社1992年版,第70—71页。

③ 陈桥驿:《我说胡适》,载《水经注研究四集》,杭州出版社2003年版,第90页。

列为从清末至今八十余年中郦学研究的首要成绩。""胡适不仅搜集郦注版本,同时也研究郦注版本,他把版本研究作为解答赵戴《水经注》案的主要手段。……版本比勘虽然没有最后在他的'重审'中正确地解答戴书袭赵的问题,但抱着这种见解,他在版本研究中作出了很大的努力,获得了丰硕的成果。""除了版本上的成就以外,胡适的郦学研究,在考据和校勘等方面也取得了不少出色的成绩。尽管他的若干论断,后来被证明是诬断,但令人信服的见解也是很多的。""胡适研究《水经注》的第三种贡献,是他对郦学史上的某些问题的见解坦率准确,虽然言语不免尖刻,但事实是,他为郦学史上若干容易为人误解的问题说清了是非,对后辈郦学家显然有裨。"①陈先生还指出了胡适在考证方面的许多具体贡献,以及还指出胡适在治学和做人方面的许多值得后人学习之处。

王国维对郦学研究也有重要贡献。他在《水经注》校勘方面做了大量工作,校勘过多部版本。但以往一些研究者认为王国维为其校勘的《水经注》撰写的跋文为六篇,后来胡适在经过一番研究后,指出王国维为其校勘的《水经注》撰写的跋文为八篇。陈桥驿先生经过深入研究,指出王国维为校勘过的《水经注》版本撰写的跋文为九篇②。陈先生还指出,王国维在《水经注》版本源流方面有重要贡献,并详细指出王国维在校勘《水经注》中的许多具体贡献,此外,陈先生还指出王国维在对待戴震的正确立场:"王国维在《水经注》研究中的第三项重要贡献,是他在赵戴《水经注》案中的深入研究、细致分析和正确立场。尽管他的言语有时不免激烈,但他持论公正,推理有据,并且对戴震的行为和戴书的成就有严格区别。王氏所在的时代,正值赵戴《水经注》案论战的高潮,在言论激烈的反戴派学者中,王氏以前的杨守敬,出言唐突,意气用事;与王氏同时的孟森,对戴震其人施以百端指责,而对戴震其书不出一句好言。王氏与他们相比,就显出了他的处事持重和观察全面。"③

总之,陈先生对郦学史上诸多学者的评价,不仅公正全面,而且对许多问题的研究和见解,更为深刻,更为精辟。这些论述,对后人吸收郦学史上各个学者的研究成果,提供方便的捷径。

---

① 陈桥驿:《论胡适研究〈水经注〉的贡献》,载《水经注研究四集》,杭州出版社 2003 年版,第 70—76 页。

② 陈桥驿:《王国维与〈水经注〉》,载《郦学新论——水经注研究之三》,山西人民出版社 1992 年版,第 84 页。

③ 陈桥驿:《王国维与〈水经注〉》,载《郦学新论——水经注研究之三》,山西人民出版社 1992 年版,第 84 页。

(四)对杨守敬、熊会贞《水经注疏》版本的研究

清末学者杨守敬和他的弟子熊会贞连续数十年的不懈研究,为《水经注》进行疏证而撰写的《水经注疏》一书,是《水经注》疏证研究的巨著,受到学术界极大重视。该书传世的版本有几种。由于长期以来,中国、日本的郦学研究者们极少交流,因此,对《水经注疏》的各种版本情况都缺乏了解。更由于该书传播历史上个别人的欺骗行为,对该书的版本情况误传和以讹传讹,这些情况给郦学研究造成很大混乱。陈桥驿先生通过对《水经注疏》版本流传过程的寻根溯源的仔细追踪,不但发现版本中的问题,揭发了在《水经注疏》稿本流传过程中个别人的欺骗行为(即李子魁的欺骗行为),同时又通过与港台和日本研究郦学的学者们的广泛交流,发现了在日本也有该书的手抄本,纠正了长期来关于在日本没有该书手抄本的不正确的说法。他还把台北版《水经注疏》与北京科学出版社影印本《水经注疏》进行对比,发现台北的版本要优于北京的版本,在北京版本中的大量错漏之处,在台北版本中被纠正过来。陈桥驿先生从这两种版本传播历史的不同角度解释了两种版本存在差异的原因,并将段熙仲教授点校的北京本《水经注疏》再用台北本合校,即为江苏古籍出版社 1989 年出版的《水经注疏》。因此,该版本是已出版的诸《水经注疏》版本中最佳的版本。杨守敬、熊会贞师生二人虽几尽毕生精力,对《水经注》进行疏证,但都未能目睹该书的出版。陈桥驿先生将这一成果以最佳版本出版,使杨、熊含笑于九泉之下,也是为郦学发展作出的重大贡献。

此外,陈桥驿先生还进行了实际调查和深入研究,纠正了有关《水经注疏》最后定稿本问题的讹传,为最终解决这一问题提供了可能,避免了对该问题的探讨走入歧途。

三、对《水经注》的校勘、补佚和注释

编纂出一部更佳版本的《水经注》,一直是陈桥驿先生进行郦学研究追求的目标:"我们在今天研究郦注版本的目的是什么? 我想,总不外乎弄清郦注版本的发展历史,从而掌握一些好的或较好的版本(特别是现存的)的情况,为今天需要利用郦注的各学科提供方便,也为今后编纂一部更为理想的郦注新版本奠定基础。"[①]"这些年来,历史地理学和考古学等学科,已经普遍地利用了《水经注》

---

① 陈桥驿:《〈水经注〉版本余论》,载《水经注研究》,天津古籍出版社 1985 年版,第 386 页。

的丰富资料。今天,人们对于这部著作的研究,已经不仅是欣赏文字,而是通过历史地理的分析,吸取它的科学内容了。正因为如此,过去的版本就显得不能满足今天的需要,为此,一种能够代表今天水平的郦注新版本,已经成为当务之急,有待于历史地理学界和有关学科的同志们来共同完成。"① 此后,陈先生又在多篇文章中提出编纂一部新版本《水经注》的构想②。

迄今,陈先生校勘点校和注释的《水经注》有多部,其中有与段熙仲教授共同点校的杨、熊《水经注疏》(江苏古籍出版社 1989 年出版);点校殿本《水经注》(上海古籍出版社 1990 年出版);《水经注校释》(杭州大学出版社 1999 年出版);《水经注校证》(中华书局 2007 年出版)。

陈先生在校勘和注释《水经注》的研究中,作出许多重要贡献。主要有以下诸方面。

首先是选择了最佳的版本,即戴震校勘的武英殿聚珍版《水经注》:"直到今天,殿本仍然是有裨于郦学研究的佳本,所以我们应该正视现实,捐弃成见,在殿本的基础上继续向前迈进,使郦学研究获得更大的发展。"③陈先生一方面选择殿本作为继续校勘的底本,同时,先生的研究发现,殿本也存在很多问题和错误。特别是戴震校勘的殿本问世后,各地据以翻刻的版本很多,良莠不齐。为了选择不受后来干扰的真正的殿本,陈先生进行了大量比较研究,最后选择几种殿本系统的版本进行对勘:"我所采用的底本是商务印书馆的《四部丛刊》本,这个本子系上海涵芬楼从武英殿原本影印而来,因此,在所有不同版本的殿本中,无疑是最好的本子。此本问世以后,从同治到光绪之间,各省书局纷纷翻刻。我曾经过目的本子,如湖北局刊本、江西局刊本、浙江局巾箱本、苏州刊本、福州刊本、广州刊本等,在翻刻前估计都不曾作过校对。因而原本有讹者,各本均同其讹;原本未讹者,各本因校对不精而出错的亦在不少。因此,这些本子,都无对勘的价值。翻刻本中校对较精的有光绪三年的湖北崇文书局刊本,光绪二十三年的湖南新化三味书室刊本,光绪二十五年的上海广雅书局刊本。此外,殿本系统的版本,如光绪十八年的王先谦合校本,光绪二十三年的杨希闵汇校本等,在付刊前也都

---

① 陈桥驿:《论〈水经注〉的版本》,载《中华文史论丛》1979 年第三辑,又载《水经注研究》,天津古籍出版社 1985 年版,第 179 页。

② 陈桥驿:《编纂〈水经注〉新版本刍议》,载《古籍论丛》,福建人民出版社 1982 年版,又载《水经注研究》,天津古籍出版社 1985 年版,第 388 页。(北魏)郦道元撰,陈桥驿点校,《水经注·前言》,上海古籍出版社 1990 年版,第 14 页。

③ 陈桥驿:《论戴震校武英殿本〈水经注〉的功过》,载《郦学新论——水经注研究之三》,山西人民出版社 1992 年版,第 78 页。

作过较好的校对。所有这些,我都据以对勘。"①

先生在校勘方面的第二项贡献是开创了以科学的角度校勘《水经注》的途径。其中有几个精彩的例子。如(殿本)《水经注》卷三十八《漆水》经"东北至曲江县安聂邑东屈西南流"注云"又与三水合,水出县北汤泉,泉源沸涌,浩气云浮,以腥物投之,俄顷即热"。陈先生指出:"'俄顷即热'的'热'字,在大典本、黄本、吴本、注释本、注疏本等之中,都作'熟'字。'热'和'熟'虽然一字之差,但对于温泉水温的定性描述来说,差别却是很大的。"在这里,究竟是"热"还是"熟",陈先生不是简单的"从众",而是在参证其他相关文献,最后论证应为"熟"字。再如卷十八《渭水》经"又东北过武功县北"注中的太一山温泉,注云:"可治百病,世清则疾愈世浊则无验"。陈先生指出:"这一段记载,各本多同,但康熙《陇州志》所引的《水经注》却有一字之差。《陇州志》所引云:'然水清则愈,浊则无验。'《陇州志》所引的这种郦注本子,现在当然找不到了。因为自从殿本刊行以后,许多别本都加速消亡。但是从字和科学性方面来看,《陇州志》所引的'水',较之目前流行本的'世',显然要好得多。像这样的情形,既然有本可据,我觉得'世'应该改为'水'。"②这里可以看出,陈先生并不迷信殿本,而是从科学的角度来审视,开创了从科学的角度校勘的先河。

陈先生在《水经注》校勘方面作出的另一个重要贡献是,参考了众多版本。如前述为点校殿本《水经注》,陈先生参考了众多殿系版本。而此后出版的《水经注校释》,参校的各种《水经注》版本多达三十三种,各种地方志一百二十余种,还有其他各种文献,包括前人的郦学研究成果三百种。《水经注校释》参照的版本之多,大大超过戴震、杨守敬、熊会贞、王国维等人校勘《水经注》所参照的版本。后来由中华书局出版的《水经注校证》,在《水经注校释》的基础上,又吸收了很多研究成果。陈先生通过深入仔细地考证和研究,校勘出许多处前人没有发现的错误,为《水经注》校勘作出重要贡献。

陈先生对《水经注》的校勘还开创了一个新途径,即利用文献校勘和野外考察相结合,相印证。如《水经注》卷四十《浙江水》经文"北过余杭,东入于海"一句之后的注文中:"浙江又东北流至钱塘县,穀水入焉。⋯穀水又东经长山县南,与永康溪水合,县,即东阳郡治也。⋯⋯穀水又东,定阳溪水注之,水上承信安县之

---

① (北魏)郦道元撰,陈桥驿点校:《水经注·前言》,上海古籍出版社1990年版,第18—19页。

② 陈桥驿:《编纂〈水经注〉新版本刍议》,载《古籍论丛》,福建人民出版社1982年版,又载《水经注研究》,天津古籍出版社1985年版,第389—391页。

苏姥布。"为了考证"苏姥布"这一地名,陈先生查阅《衢州府志》,《衢州府志》则记载"苏姥布"即为"苏姥滩",陈先生又实地考察,访问船工,证实"苏姥布"确为"苏姥滩"。① 应当指出,在陈先生之前的所有郦学家对《水经注》的校勘都是从文献到文献。虽然清代著名的郦学家王先谦也很重视野外考察,并依据《水经注》考察河流,但他的《合校水经注》一书,只是将戴震校勘的殿本《水经注》以及朱谋㙔的《水经注笺》、赵一清的《水经注释》和孙星衍校勘的《水经注》几种版本合校,即将殿本作为正文,将其他几个版本与殿本有不同之处标注在旁边,虽然他的工作有一定价值,主要是为读者了解不同版本之间的异同提供了方便,但缺少自己的创见,因此,近代郦学家汪辟疆先生在《明清两代整理水经注之总成绩》一文中说:"然王书但有综辑之功,并无精思独运之见也。"② 显然,陈先生开创的将文献与野外实地考察相结合的校勘,在郦学史上,无疑是开创《水经注》校勘的新阶段,具有重要意义。

陈先生在补佚方面也作出重要贡献。《水经注》一书在一千多年的流传中,被删节和脱漏的内容很多。以往的郦学研究,在辑佚方面做了很多工作,从各种文献中辑出了大量的佚文。陈先生不仅从众多文献中辑出若干佚文,而且,对于前人所辑出的佚文进行分类,加以区别对待。他将佚文分为五类:第一类是完整可信;第二类是信而有征,但或不同文献所引有所不同,或难以确定是引自《水经注》中的何处等情况,这一类的引文"需要仔细斟酌,重新组织";第三类佚文是不同文献所引差异很大,"尽管这些文字确实出于郦注,但也必须经过仔细校勘,才能去伪存真";第四类佚文"具有可疑的性质,这类文字,在经过仔细的校勘和鉴定以后,其中有一些可能是郦佚,有一些可能不是郦佚";第五类"称为似佚非佚,这类词句,乍看颇似郦佚,但其实并非郦佚"。③ 显然,陈先生对佚文的分类,对于正确合理处理前人所辑出的佚文具有重要意义,也是对《水经注》校勘的重要贡献。

对《水经注》进行注释,是陈先生的又一重要贡献。由于历史的变迁,《水经注》中许多内容今天很难弄懂,因此,以往许多郦学家把对《水经注》的注释作为重要研究方面。尽管前人在注释方面做了大量工作,但由于《水经注》中难以弄懂之处实在太多,陈先生在前人研究基础上对许多难以弄懂之处做了大量研究。

---

① 陈桥驿:《〈水经注〉地名研究》,载《水经注研究二集》,山西人民出版社 1987 年版,第 239 页。

② 汪辟疆:《明清两代整理水经注之总成绩》,载《水经注疏》,江苏古籍出版社 1989 年版。

③ 陈桥驿:《论〈水经注〉的佚文》,载《杭州大学学报》(自然科学版)1978 年第 3 期,又载《水经注研究》,天津古籍出版社 1985 年版。

其中特别是有关地名的注释,陈先生做了大量研究,这方面精彩的例子实在很多。

陈先生对待《水经注》校勘工作,力求精益求精。如前面已指出,他的《水经注校释》一书参校了各种《水经注》版本三十三种,各种地方志一百二十余种,其他各种文献包括前人的郦学研究成果三百种。而后来由中华书局出版的《水经注校证》,在《水经注校释》的基础上,又吸收了很多研究成果,增加了数量很多的校勘和注释。这一系列版本的校勘和注释,体现出陈先生精益求精的精神。由于篇幅所限,陈先生校勘和注释的各个版本,这里不作进一步评述。

此外,还应提及的是陈先生还校释清代学者汪士铎编绘的《水经注图》(山东画报出版社 2003 年版)。陈先生的校释对该书有许多精彩点评,解开该书中一些令人困惑的问题。如汪士铎在每幅图旁都加注《汉书·地理志》等古代地理著作的文字而备受后人诟病,也使其图难以阅读。对此,陈先生指出:"汪氏常在图幅空处见缝插针地引及班《志》(也有少数引《资治通鉴》和《元和郡县图志》等的)。骤读令人费解,但若以图中河川与所引班《志》相核对,就可顿时了解,旁注所引,主要是为图内的注记符号定位。因为图中的河川湖泽,大多是《水经》时代的状况,从《水经》到《水经注》的不到三百年之中,有些河川就已有变迁。河流与行政区划代有变异,而《汉书·地理志》郡县却千古不移,汪氏以班《志》作旁注,从图集内《汉东莱胶东二郡国图》中,可以揣摩其用意。读者按当(清)代的府县位置对照班《志》,从而辨清郦注河川的地理位置。用一句现代的话说,就是为了让他编绘的地图能够'古为今用'。"[①]再如对汪士铎《水经注图》中的《回疆河图缩本》图组的点评。该图组包括两幅图。汪士铎的这两幅图是表示《水经注》中卷一和卷二中的一部分。关于汪士铎为什么将这两幅图取此名以及独立成幅,陈先生精辟地指出这是汪士铎已认识到《水经注》将今塔里木河作为黄河源流的"重源潜流"说是错误的,陈先生并对历史上黄河"重源潜流"说的认识过程以及汪士铎不接受"黄河重源潜流"说的科学价值予以精辟阐述:"汪氏按《水经注》所绘黄河图(即《东汉大河漯沁入海图》),系从卷二《河水》,《经》'又东入塞,过敦煌、酒泉、张掖郡南'开始,完全撇开卷一《河水》及卷二《河水》上述《经》文以前的部分,而将此二篇内容作为《回疆河图缩本》处理,这说明他不接受'黄河重源'之说。""此图图一旁注:'《汉书·西域传》:河源出于阗,北流与葱岭河合,东注蒲昌

---

① (北魏)郦道元著,(清)汪士铎图,陈桥驿校释:《水经注图·后记》,山东画报出版社 2003 年版,第 157—158 页。

海,潜行地下,南出于积石为中国河。此道元所本,《通典》、《舆地广记》非之。'此处汪氏所说'道元所本',在郦注中确有其据。卷一《河水》,《经》'又出海外,南至积石山下,有石门'《注》:'余考云书,咸言河出昆仑,重源潜发,沦于蒲昌,出于海水。'说明郦氏不仅根据《汉书·西域传》,而且参考了'群书'。足见这种'重源'之说在当时是十分流行的。一直要到汪氏旁注指出的唐杜佑《通典》和宋欧阳忞《舆地广记》,才辨其正非。……只是因郦氏所说的'群书'的影响,'黄河重源'的谬说,直到清代仍然流行,例如亲履新疆的徐松,在其《汉西域传补注》中竟仍说:'罗布淖尔(按即蒲昌海水),潜于地下,东南行千五百余里,至今敦煌县西六百余里之巴颜哈喇山麓,伏流始出。'此外如胡渭在《禹贡锥指》,董佑诚在《水经注图说残稿》等之中,也都仍持'重源'之说。所以汪氏《水经注图》撇开郦注'黄河重源'部分,而单独绘制此《回疆河图缩本》图组,从科学上说,是值得赞赏的。"①

总之,陈先生对《水经注》的校勘、补佚和注释,不仅使《水经注》版本更趋佳善,也解开其中许多疑团。

还应指出,陈先生将《水经注》翻译成现代汉语,这也是一项很重要的工作。《水经注》是一部文字简练而非常优美的文言文地理学著作。其中的精妙之处,如何做到既能达意,又能传神,并不是一件容易的事。将《水经注》翻译成现代汉语,其难度并不亚于将一部外文名著翻译成中文。早在一百多年前,著名学者严复就提出翻译要做到"信、达、雅"三原则,将《水经注》翻译成现代汉语,同样也存在"信、达、雅"的问题。在这方面,陈先生为《水经注》翻译成现代汉语,作出了很好的尝试。此外,陈先生还将《水经注》编成简体字版。这也是一件有一定难度的工作。其中有的繁体字可以简化,但有的则不能简化,但哪些需要简化,哪些不能简化,陈先生都进行了很多研究,体现了先生做学问的认真严谨的态度。

四、对《水经注》内容的分类研究

《水经注》是一部内容丰富的著作。在陈先生撰写的多部郦学研究文集中,大量文章是有关对《水经注》中的内容进行分类研究。

陈先生对《水经注》内容的分类研究,主要包括对《水经注》中记载的地名的研究、《水经注》引用文献的研究、引用金石碑刻的研究。

---

① (北魏)郦道元著,(清)汪士铎图,陈桥驿校释:《水经注图》,山东画报出版社 2003 年版,第 24—25 页。

对《水经注》中地名的研究,以往许多学者已给予关注。但由于《水经注》中地名数量极大,已有的研究仅涉及该书中地名的很少部分。陈先生对《水经注》中地名的研究,给予极大关注。他认为,"《水经注》的地名记载,实开地名学研究之先河。……《水经注》的地名记载,不仅数量巨大,种类繁多,而且还为后世在地名学的研究方面,提供许多有用的资料。……从地名角度说,《水经注》本身就是一部北魏及其以前的地名辞典"①。先生对《水经注》地名的研究,首先是对其中地名的统计。据先生统计,总量多达2万个左右。显然,此项统计是何等繁重。陈先生还将2万个左右的地名,按照其所表示的客体的性质,进行梳理分类,共分出65类,并对每一类作出说明或考证。② 此外,《水经注》中还有大量地名,记载了其称谓的渊源。此类地名,陈先生还予以专门统计,其数量多达2400多个,对于其学术上的重要意义予以特别重视,进行分类研究:"在这个时代(指郦道元所出的时代)的所有地理著作中,对地名学研究贡献最大的无疑是《水经注》。首先,《水经注》总结自古以来地方命名的原则,加以系统化。……《水经注》以后,在我国的许多地理著作中,地名渊源的研究,几乎成为必备的项目,但是所有这些书籍中的地名渊源研究,不论在广度和深度上,都没有超过《水经注》的水平,这也就是说,在我国传统的地名学研究中,《水经注》已经标志了成熟的阶段。为此,对《水经注》所解释的约二千四百处地名渊源进行分析和归纳,其意义不仅在于整理一千四百多年前的地名学研究成果,而且对于今天的地名学研究,在地名渊源的整理和探索方面,仍然不无裨益。……《水经注》不仅是一部不朽的地理名著,而且在地名学研究方面,也为后世累计了丰富的资料,奠定了牢固的基础。它在地名学研究方面的丰硕成果,成为历史学、语言学、民族学、考古学,特别是历史地理学等学科研究中取之不尽、用之不竭的泉源。"陈先生将此2400多个地名按渊源的性质,分为24类③。先生对《水经注》中地名的一系列统计和分类以及进行的考证研究,是最基础性的研究,为今天许多学科的研究提供了方便。

《水经注》引用了大量文献。尽管前人对《水经注》引用文献已有很多研究,但都不够准确和详尽,而且有的还把金石碑刻也列入引用文献之列。陈先生经

---

① 陈桥驿:《〈水经注·地名汇编〉序》,载《水经注研究二集》,山西人民出版社1987年版,第234—236页。

② 陈桥驿:《〈水经注·地名汇编〉序》,载《水经注研究二集》,山西人民出版社1987年版。

③ 陈桥驿:《〈水经注〉与地名学》,载《地名知识》1979年第3、4期,又载《水经注研究》,天津古籍出版社1985年版。

过仔细的统计和考证,得出《水经注》引用文献多达477种,比前人统计的数字多出很多。先生又将这些文献按性质分为18类。陈先生还对引用文献进行了大量考证研究。如同一部书在《水经注》中有多个异名,还对许多书目的作者、书目的流传等,进行了有益的考证和研究。

《水经注》还引用了大量金石资料。陈先生统计,共引用357种金石资料,并按内容将其分为12类。为了查阅方便,又按出现的先后顺序进行编排。对许多金石资料还进行了考证。

此外,先生还对《水经注》中记载的许多内容进行专题研究,如对掌故等内容进行的研究等。

总之,陈先生对《水经注》中的内容进行的分类研究,是工作量极大的基础性工作。这些工作,为许多学科的进一步研究和后学者提供了极大便捷。

五、对《水经注》的地理学研究

作为历史地理学家,陈先生研究《水经注》的一个重要目的是进行地理学的研究。对清代郦学研究的三大学派评述中,就指出:"考据和校勘并不是郦学研究的主要目的……要在郦学研究中有所发明,就有必要在考据学派提供的基础上,从事《水经注》内容的研究和发挥。这中间,对此书所包含的大量地理学内容的研究,当然是非常重要的。"[①]虽然清代的许多学者对《水经注》进行了地理学的研究,其中较著名的学者有黄宗羲、顾炎武、顾祖禹、胡渭、刘献廷、齐召南、魏源、张穆、丁谦、杨守敬等,但多是注重沿革地理的研究,其他关注《水经注》的地理学研究的学者,也多是关注当时的水利或河道问题。近几十年来我国地理学界中也有人利用《水经注》进行历史地理研究,如已故著名历史地理学家史念海先生根据《水经注》的记载进行壶口瀑布位置变迁的研究,以及一些学者根据《水经注》的记载进行历史时期河道变迁的研究甚至环境变迁的研究,但这些研究都是针对个别的历史地理问题。

陈先生对《水经注》进行的地理学研究则是多方位的。先生撰写了大量对《水经注》进行地理学研究的文章。这些文章有以下特点。

一是进行多方位的地理学研究,既有历史自然地理的研究,也有历史人文地理研究。自然地理研究的内容包括水文地理、植物地理、动物地理、地貌等自然

---

① 陈桥驿:《郦学概论》,载《郦学新论——水经注研究之三》,山西人民出版社1992年版,第9页。

地理要素,人文地理包括历史区域地理、历史城市地理、历史交通地理、历史水利工程、历史文化地理等诸多方面。

陈先生对《水经注》进行地理学研究的第二个特点是,进行大量基础性研究,包括对相关内容的汇集和系统化,并进行考证、分析等。其中应特别提出的是对有关内容的考证。如《水经注》记载的有关植物名称和动物名称,有许多是古代的称谓,它们相当于今天的什么植物和动物,陈先生进行了考证。这些考证,体现了先生广博的知识,包括语言学知识和广博的现代科学知识。如先生对《水经注》中记载的植物地理和动物地理的研究,就有许多精彩的考证的例子。在对《水经注》记载的植物地理研究中,指出《水经注》各卷记载的桂树并不相同:"《水经注》记载的植物种类,从今天植物分类学的要求来说,其中有许多还必须经过仔细的研究,才能真正鉴定它们的科属。譬如桂树是普通的植物,但《水经注》各卷所记载的桂树并不完全相同。卷六《汾水注》的桂树,可能是木犀科木犀属(Osmanthus fragrans)植物,即今日秋季开花的丹桂;而卷三十六《温水注》的香桂,则是樟科肉桂属(Cinnanamomum cassia)植物,即今日剥取桂皮的桂树。这两者是不能混淆的。"再如对卷三十八《湘水注》中经文"又东北过泉陵县西"下的注文中有"县有香茅",此香茅经陈先生考证认为应是《开宝本草》中所称的"零陵香",是豆科零陵香属(Coumarouna odorata)植物。[1] 对于《水经注》记载的动物地理,陈先生亦有许多精彩的考证。如卷二十八《沔水注》经文"又东过中庐县东,维水自房陵县维山东流注之"一句之下注文记载的"水虎",先生指出应为扬子鳄。这一认识是非常正确的。笔者查阅明清时期湖北省江汉地区大量地方志,还记载这里扬子鳄有广泛分布,因此,《水经注》记载的"水虎"为扬子鳄是可信的。再如《水经注》卷十四《大辽水》经文"又东南过房县西"注文"魏武于马上逢狮子"中的"狮子",陈先生指出:"这里记载的狮子,是否就是现在的狮子(Panthera leo)? 还是令人怀疑的。按郦注记载魏武遇狮子的地区,已经在卢龙塞外。狮子目前仅见于非洲和西亚,古代是否生存于今东北地区,这是值得讨论的。前面提到,《水经注》记载古代虎的活动范围甚为广泛[2],但按地区,所记载的都是华南虎(P. t. amoyensis),《大辽水注》记载的地区已在今关外,古代正是东北虎(P. t. amurensis)活动的地区。中原人只见过体躯较小的华南虎,在北征中忽然看到这种体躯庞大、花纹斑驳、姿态威严的东北虎,因而误作狮子,这种可

---

① 陈桥驿:《〈水经注〉记载的植物地理》,载《水经注研究》,天津古籍出版社 1985 年版。
② 陈桥驿:《〈水经注〉记载的动物地理》,载《水经注研究》,天津古籍出版社 1985 年版。

能性并不是不存在的。"先生关于魏武帝曹操所遇到的狮子可能是老虎的推断应是正确的。魏武帝见到狮子的地方,大致在今滦河上游或西辽河流域,这里在历史上老虎很多,据文献记载,辽代帝王每年秋天打猎,都会猎捕到老虎。元代,西辽河流域老虎很多。如元世祖时期松州知州仆散秃哥"前后射虎万计,赐号万虎将军"(《元史·世祖纪》至元十八年秋七月赐)。元代松州位于今内蒙古赤峰市地区。清代康熙和乾隆两位皇帝几乎每年都要到承德以北的围场进行秋猎,也几乎每次秋猎都会猎捕到老虎。

陈先生对《水经注》的地理学研究的第三个特点是进行规律性的探求和古今变化的研究。如陈先生指出《水经注》记载的植物存在纬度地带性、经度地带性和垂直地带性,指出《水经注》记载的竹子地理分布的变化以及圃田泽的消失和植被的变化①,先生还指出《水经注》记载的动物地理分布的区域特点以及历史时期犀、象地理分布的变化等②。先生对《水经注》地理学的多方位研究,既是基础性研究,也是开拓性研究,既为利用《水经注》进行历史地理学研究提供方便,也为利用《水经注》进行地理学研究树立了很好的典范。

六、规划郦学研究前景,提出新郦学构想

有关郦学发展的前景,也是陈先生关注的问题。先生认为,郦学在中国既是一门古典学问,现在又面临新的发展机遇,处在新郦学的发展阶段,并为新郦学的发展提出构想:"长期以来,古典郦学在历史学、沿革地理学、目录学、碑版学、文学等学科领域的研究中起了重要作用。而许多著名的《水经注》版本和抄本,特别是在古典郦学全盛时代问世的注释本和殿本等,为郦学研究提供了当时的最佳版本。""由于科学技术的不断发展,近几十年来,历史地理学的研究,已经摆脱了传统的沿革地理的窠臼,而向历史人文地理学和历史自然地理学的方向迈进,并且获得了可喜的成果。考古学更是异军突起,在许多新技术的武装下,取得了一系列的突破。此外如历史学、民族学、语言学等学科的研究也都更新了方法和充实内容。所有这些学科,都仍然在不同程度上通过《水经注》这部古代名著而获得它们的研究数据。于是,郦学就出现了它的回春时期。与古典郦学相对而言,这就是新郦学。"陈先生指出,新郦学的发展,必须有它自己的佳本:"古

---

① 陈桥驿:《〈水经注〉记载的植物地理》,载《水经注研究》,天津古籍出版社1985年版。
② 陈桥驿:《〈水经注〉记载的动物地理》,载《水经注研究》,天津古籍出版社1985年版。

典郦学由于殿本等佳本而获得了很大的发展,同样,新郦学也必须有它自己的佳本,这就是我所希望的《水经注》新版本。"①陈先生认为,能够代表现代水平的新版《水经注》应具备五个方面的特点,即统一的体例、正确的文字、完整的内容、科学的注疏和详悉的地图。

在中国地图出版社成立三十周年之际,陈先生又呼吁编绘新的《水经注图》的必要:"在清代编绘刊行的所有《水经注图》中,最出类拔萃的无疑是杨守敬的《水经注图》。……杨守敬《水经注图》的历史价值和实用意义当然是值得赞赏的。但是在另一方面,我们也应该看到,该图毕竟是一种旧式的方格地图,其绘制的理论基础,仍然是一千多年以前的裴秀的'制图六体',而刊行至今为时也已经八十年。在地图科学日新月异,制图技术突飞猛进的今天,我们还没有一种新的《水经注图》来取代杨氏旧图,实在值得我国郦学界和地图学界的深思,这当然是我们义不容辞的任务。"陈先生还就新的《水经注图》的编绘,提出若干重要原则:"《水经注图》的编绘,较之《中国历史地图集》,或许更要复杂得多。因为《水经注》记载的不少河川流程(特别是江南的河川)是存在错误的,我们在图上要指出其错误,却又不能越俎代庖,修正它的错误,因而,在制图技术上,必须作一番仔细的研究。另外,《水经注》记载的地理事物,在地区分布上是很不平衡的,因此,每一幅地图都要根据原著记载的详略而采用不同的比例尺。对于某些记载特别详尽的地区,则还须采用在图角上插图的形式。"同时,陈先生还指出,编绘新的《水经注图》,是一项十分艰巨的任务:"和旧式的《水经注图》完全不同,现代地图是按照投影原理,有经纬网络和比例尺的计量地图,《水经注》一书中拥有大约二万个地名和其他千千万万个注记符号,要把这许多地名和注记符号,从一部一千多年前的古籍中移植到一本现代化的地图上,接受计量的考验,不用说,这是一件十分艰巨的工作,必须群策群力,分片协作,才能早日完成。"②

上述陈先生早在近三十年前提出的发展新郦学的一系列构想,今天仍有重要意义。发展新郦学,不仅需要历史地理学界的共同努力,更需要陈先生的引领。希望陈先生健康长寿,引领后学实现这些目标。

---

① 陈桥驿:《编纂〈水经注〉新版本刍议》,载《古籍论丛》,福建人民出版社1982年版,又载《水经注研究》,天津古籍出版社1985年版,第389—391页。
② 陈桥驿:《编绘出版〈水经注〉刍议》,载《地图》1986年第2期;又载《水经注研究二集》,山西人民出版社1987年版。

陈桥驿对杭州都市史研究的学术贡献

徐吉军

（浙江省社会科学院）

杭州是陈桥驿先生主要的工作地,他长期在杭州大学地理系、今浙江大学地球科学系工作,故此对杭州的都市史的研究颇为重视。

从陈桥驿先生对杭州都市史的研究来看,其贡献主要可归纳为以下的几个方面。

一、推进了近代张其昀先生、谭其骧先生开创
的杭州历史地理研究

在 20 世纪初期,担任浙江大学史地系主任的张其昀先生开创了研究杭州历史地理的风气,他在《浙江省史地纪要》一书的第四章"南宋都城之杭州"中,对杭州城市的发展过程,特别是南宋杭州的繁盛作过阐述。[①] 此后,也在浙江大学史地系教书的谭其骧先生也撰述了《杭州都市发展之经过》一文,在这篇洋洋洒洒达数万字的长篇论文中,谭先生将杭州自秦始皇三十七年(公元前 210 年)始见于记载迄今(1947 年)凡二千一百五十七年的历史,依其都市发展的经过,大致分为以下六个时期:(1)秦汉六朝八百年为一期,是"山中小县时代";(2)隋唐三百年为一期(起隋文帝开皇十一年,公元 591 年),是"江干大郡时代";(3)五代北宋二百四十年为一期(起唐昭宗乾宁三年,公元 896 年),是"吴越国都及两浙路路治时代";(4)南宋一百四十年为一期(起宋高宗绍兴八年,公元 1138 年),是"首都时代";(5)元代八十年为一期(起元世祖至元十三年,公元 1276 年),是"江浙行省省会时代";(6)自明至今五百九十年为一期(起元顺帝至正十六年,公元

---

① 张其昀:《浙江省史地纪要》,商务印书馆 1925 年版。

1356 年),是"浙江省省会时代"。① 可以说,谭先生的研究比张其昀先生进了一步,这一研究成果直至 20 世纪七八十年代仍具有重大的影响,以至原杭州市市长、政协主席周峰主编《杭州历史丛编》一书时,采用谭先生的这一大作为序言。

大约到 20 世纪 80 年代之初,受张其昀、谭其骧两先生的影响,杭州历史地理的研究之风再次兴起,其代表人物当推陈桥驿先生和魏嵩山先生。魏嵩山教授撰写有《杭州城市的兴起及其城区的发展》一文,刊载于 1981 年创刊的《历史地理》上。而陈桥驿先生则应中国青年出版社之约,主编《中国六大古都》一书,并主撰古都杭州部分,对杭州城市的发展史作过全面深入而系统的研究。此文较之上述张、谭两位先生的研究,首先在内容上增加了"远古的自然与人文"、"杭州的现在与未来"两部分。其次在观点上也在前人的基础上多有创新,这在秦钱唐县的争论、防海大塘的传说等部分可以清楚地看出。第三,谭先生论述杭州城市的发展是从行政区划的角度加以阐述的,而陈桥驿先生则是从杭州城市的发展过程加以阐述的。第四,地图比过去多了,表述也更加明确。②

二、从学术上确定了杭州在中国都城史的地位

南宋都城临安(今浙江杭州),在中国和世界的城市发展史上,均具有重大而深远的影响。首先,就杭州来说,这一时期是杭州历史上最繁华的时期,也是杭州城市地位最高的时期。日本有许多汉学家认为,南宋都城临安已发展到了可与西欧近世都城相比的高度文明水平。借用宫崎市定的话,即相当于"东方文艺复兴"时期。③ 而法国著名汉学家贾克·谢和耐(Jacques Gernet)更是在其所著的 本主要阐述南宋都城临安社会生活历史的著作中认为,"在蒙人入侵前夕,中国文明在许多方面正达灿烂的巅峰";"13 世纪的中国,其现代化的程度是令人吃惊的:它独特的货币经济、纸钞、流通票据,高度发展的茶、盐企业,对外贸易的重要(丝绸、瓷器),各地出产的专业化等等。国家掌握了许多货物的买卖,经由专卖制度和间接税,获得了国库的主要收入。在人民日常生活方面,艺术、娱乐、制度、工艺技术各方面,中国是当时世界首屈一指的国家,其自豪足以认为世

---

① 谭其骧:《杭州都市发展之经过》,1947 年 11 月 30 日应浙江省教育会等之邀在浙江民众教育馆讲演,1948 年 3 月 6 日《东南日报》第 26 期《云涛》。
② 陈桥驿主编:《中国六大古都》,中国青年出版社 1983 年版。
③ [日]宫崎市定:《东洋的文艺复兴与西洋的文艺复兴》,载《史林》第 25 卷第 4 期、第 26 卷第 1 期,1940 年、1941 年。

界其他各地皆为化外之邦。"①就中国来说,南宋都城临安是中国城市发展史上的一个最大转捩点,就城市人口来说,它是中国封建社会中最大的城市。以各个城市最盛时期而言,汉长安为二十五万人,唐长安为六十多万人,北宋东京为一百四十万人左右,元大都八十八万人,明北京为八十四万人,清北京为七十六万人,而南宋临安的城市人口,据美国学者赵冈的深入研究,总人口应有二百五十万人左右。② 就世界来说,南宋都城临安,是当时世界上首屈一指的国际性大都市,是无愧于世界之冠的特大城市。据学者统计,在 14 世纪中叶以前,西欧只有四个号称为巨型城市,而每个巨型城市的人口均不超过十万,它们是:佛罗伦萨九万人,米兰七点五万人,威尼斯九万人,热那亚八万人。③

在这一时期,南宋都城临安在中世纪城市革命中扮演了极其重要的地位。西方著名汉学家丹尼斯·埃尔文提出的"中世纪在市场结构和城市化上的革命",施坚雅认为具有鲜明的特点:(1)放松了每县一市,市须设在县城的限制;(2)官市组织衰替,终至瓦解;(3)坊市分隔制度消灭,而代之以自由得多的街道规划,可在城内或四郊各处进行买卖交易;(4)有的城市在迅速扩大,城外商业郊区蓬勃发展;(5)出现具有重要经济职能的"大批中小市镇"。而伴随着这些变革而来的是:赋税和贸易日益钱币化了;商人的人数、财富和力量增长了;社会和官府轻视商业和商人阶级的态度缓和了。在这场轰轰烈烈的城市革命中,临安极其活跃,极其出色。按施氏的话来说,即:"大城市变得更大了,城市人口大大增长了,城市体系的结合更紧密了;但在所有这些变化中,最重大的变化却是原为都邑的中心地的比例大为减少了。城市发展的这一特点,是一场不断推进着的革命的信号,这场革命是整个社会的管理方式上的革命。"④正因为如此,日本著名汉学家斯波义信将其列为"9—13 世纪发生在中国的商业革命、城市革命的颇具代表性的一个范例"⑤。

杭州虽然在 20 世纪 30 年代就已经被有的学者列入"中国六大古都",其原

---

① [法]贾克·谢和耐著、马德程译:《南宋社会生活史》,台北"中国文化大学"出版部 1982 年印行。

② [美]赵冈:《中国城市发展史论集》第三章"秦汉以来城市人口之变迁",新星出版社 2006 年版。施坚雅先生也持这一观点,他在其主编的《中华帝国晚期的城市》一书中,撰写了导言"中华帝国的城市发展"一文,文中他通过各种计算,论述了中国古都在中世纪的人口数:"8 世纪的长安为 100 万,女真入侵前夕的开封为 85 万,蒙古入侵前夕的杭州为 120 万。中世纪时期中国的最大城市,较帝国晚期的最大城市为大。"

③ N. J. G. Pounds, *An . Economic History of Medieval Europe* (1974), p.258.

④ [美]施坚雅主编、叶光庭等译、陈桥驿校:《中华帝国晚期的城市》,中华书局 2002 年版,第 23—24、26 页。

⑤ [日]斯波义信:《宋代江南经济史研究》,江苏人民出版社 2001 年版,第 321 页。

因是学术界"注意到了杭州尽管只做过半个中国的都城,其城市的繁雄昌盛程度,却不亚于、甚或有过于全国性的五大古都。并且和五大古都一样,到今天还是一个大城市"①。然而这一观点并不被大众所认同,人们觉得杭州是偏安之都,只占有南部半个中国。如 20 世纪 70 年代末王恢先生在台湾学生书局所出版的巨著《中国历史地理》,其书上册的副标题便是《五大古都》。这种现象大约到了 20 世纪 80 年代之初,便有了根本性的改观。是时,陈桥驿先生应中国青年出版社之约主编《中国五大古都》一书时,立即向责任编辑胡晓谦先生和此书的倡议者、著名历史地理学家侯仁之教授提出书名应该改为《中国六大古都》,据陈先生在该书后记中所说:

> 当时,我的考虑其实很简单,由于我在杭州执教 30 年,深知这个都会在"古"字的资历实在颇浅,但由于西湖胜景和其他一些因素,冠以"大"字大概是不会引起非议的。

此后,陈先生的这一富有远见的观点得到了谭其骧先生的赞同,他在同样是陈桥驿先生主编的《中国七大古都》一书的序言中,进一步地阐述了杭州应该列入中国大古都的理由:

> 杭州　自唐末 896 年经五代至宋初 978 年凡 83 年,杭州是割据唐浙东、浙西二镇,相当今浙江省、上海市和江苏苏州地区的吴越国的首府。吴越地域虽不大,经济很发达,作为首府的杭州,都市繁荣遂超越苏、扬等州。北宋时被称为东南第一州。南宋自 1138 年起定都于此,升杭州为临安府,称行在所(皇帝所在);至 1276 年为元兵所陷,凡 138 年。作为南宋京城的临安,壮丽富庶不让于北宋京城开封,马哥波罗在宋亡之后 25 年来到这里,还认为它是世界上最富丽繁盛的城市。
>
> 杭州只做过一个割据东南十三州的吴越国首府,一个偷安半壁江山的南宋朝的行在所,所以尽管城市很繁雄,就作为政治中心的古都而言,应与安阳并列于第三等而次于安阳。②

---

　　① 陈桥驿主编:《中国七大古都》,谭其骧序,中国青年出版社 1991 年版,第 8—9 页。20 世纪 30 年代的"中国五大古都"一说,笔者至今没有找到最早的倡议者及其发表的书刊。陈桥驿先生曾向谭先生问过此事,但谭先生也说记不明白了。如果是谭先生误记的话,则陈桥驿先生无疑就是最早提出北京、西安、洛阳、南京、开封、杭州为中国"六大古都"的第一人。

　　② 陈桥驿主编:《中国七大古都》,谭其骧序,中国青年出版社 1991 年版,第 8 页。

从此以后,杭州正式进入了中国大古都之列。随后成立的中国古都学会便确认了这一提法。台湾著名出版商锦绣图书出版有限公司依此出版了《锦绣中华——中国六大古都》一书。1988 年,北京、陕西、河南、江苏、浙江五个省市的电视台联合摄制了《中国七大古都》电视系列片,河北美术出版社也出版了《中国七大古都》的大型画册。

三、推动了对西湖历史文化的研究

西湖是镶嵌在杭州市区西隅一个融湖光山色、人文景观于一体的湖泊,就像是一颗璀璨夺目的明珠,魅力四射,闻名中外。至今西湖已经被联合国科教文组织定为世界文化遗产。

然而,西湖是如何从海湾演化成为一个潟湖,并由潟湖再形成为一个普通的湖泊? 对此,早在 20 世纪初便有学者进行了探讨。如早在 1909 年前,日本有位名叫石井八万次郎的地质学家,在杭州附近一带调查考察地质地貌构造,事后撰写了考察报告,言及西湖之成因,其说如下:

> 西湖之西北岸,岩石为赤色火山岩,或为多石英之凝灰岩。从此火山下望湖面,几疑其为火口湖也。然湖之东南岸炎岩露出,似属石炭纪,乃知西湖非火口湖。恰如日本之中禅寺湖,一面为古生代岩层,他面又为火山岩,即于古生代岩层之山坡,溪水北流,为火山岩阻塞而成湖者。①

1919 年夏天,我国著名科学家、后曾任浙江大学校长的竺可桢先生对杭州及西湖进行一番实地调查观察,并参考了东西方有关论著后,提出了“西湖是一个礁湖”的主张:

> 西湖是一个礁湖(Lagoon)。西湖东面有沉积土,西面也有冲积土。若追想到钱塘江初成时候情形,一切冲积土尚未沉下,现时杭州所在地方,还是一片汪洋,西湖也不过钱塘江口一个小小湾儿,后来钱塘江之沉淀渐渐塞住湾口,乃变成一个礁湖。

即认为西湖是钱塘江挟带泥沙沉积成湖的。② 著名历史地理学家章鸿钊先生于

---

① ［日］石井八万次郎:《浙江杭州附近地质调查概报》,见东京《地质学杂志》*The Jounal of the Geological Society of Tokyo*,Vol. XVI, No. 185,1909 年。

② 竺可桢:《杭州西湖生成的原因》,载《科学》第 6 卷第 4 期,1921 年版。

1924 年也与竺可桢观点一样，主张潟湖说，只是成因有所不同而已。他认为西湖是由钱塘江"江岸之变迁而造成"的。章氏指出：

> 西湖之所以成，固必以潮流之所向，与水准对江岸之变迁，二者为之基。钱塘潮之汹涌澎湃，固风闻于世矣。其来也，则自东而西，海滨泥沙随之而上。西湖三面环山惟东乃平坦，沙随潮涨，西遇溪谷东下之水，不断复进，遂淤积成长堤，而西湖之形势成矣。然若水准无变迁，则水力时时得突破之，西湖之命运，亦未能长保也。据湖上所见之事实推测之，知水势近复大退，而西湖之位置乃愈固。故西湖之成因，似不得仅以钱塘江淤泥之沉淀释之。其始也，则以潮力之所向，而积成湖堤；其继也，又以水准之变迁而维持湖命。二者乃今日所以有西湖之重要条件也。[①]

陈桥驿先生《历史时期西湖的发展和变迁——关于西湖是人工湖及其何以众废独存的讨论》一文，则从历史地理的角度来诠释西湖发育演变与杭州城市发展之间的关系。他认为，历史时期人为活动对于西湖的影响很有讨论价值，并指出：

> 西湖一名，正如以下还要提及的，在官方文件中始见于北宋，民间何时开始流传则不得而知。但是西湖因白居易的筑堤而改变了湖性，而白居易仍称此湖为钱塘湖，因此，可以肯定，当西湖这个名称流行之时，西湖早已是一个人工湖泊了。所以今天我们说西湖是人工湖泊，按照历史地理学与地名学的角度，都是正确的。这正是竺可桢所说的"人定胜天"。

又说：

> 西湖是这样地以它的一湖甘水扶植了杭州城市，反过来又因杭州城市的发展而有效地阻遏了它的沼泽化过程使之继续存在。
>
> ……
>
> 在这个地区的大量古代湖泊中，西湖是一个众废独存的例子。我们不妨举一些这个地区的其他人工湖为例：余杭的南下湖，兴建于后汉，湮废于北宋；萧山的临浦和渔浦，兴建于南北朝，湮废于北宋；绍兴的鉴湖，兴建于后汉，湮废于南宋；宁波的广德湖，兴建于唐代，湮废于北宋。湮废较晚的还算富阳的阳陂湖，它兴建于唐初，湮废于明初。所有这些湖泊，都曾经在当地的农田水利中起过重要作用，但其本身却在沼泽化的过程中，最后被围垦

[①]　章鸿钊：《杭州西湖成因一解》，载《科学》第 9 卷第 6 期，1924 年 11 月版。

而成为农田。这些湖泊湮废以后,由于各地在农田水利上随即又进行了新的部署,因此,总的说来,在农业上都未曾出现不可克服的困难,而围垦所得的土地都甚为可观。以绍兴鉴湖为例,围垦的结果,获得了肥沃的湖田二千多顷,使山会平原增加了四分之一的耕地面积,而今天,古代鉴湖地区土地平整,河渠纵横,大面积的耕地都能旱涝保收,稳产高产。因此,本文拿这些湖泊的湮废与西湖进行对比,并无因西湖的独存而惋惜这些湖泊湮废的意思,由于地点不同,条件迥异,上述湖泊的湮废,从历史上各该地区农业发展的过程看来,也都具有不同程度的积极意义。

当然,西湖的众废独存,较之上述湖泊的湮废就具有更为巨大的意义。因为上述湖泊的湮废,只是增加了各地的耕地、发展了各地农业;而西湖的独存,却为我们创造这样一个举世闻名的花园城市。缅怀杭州的先贤,为了延缓西湖的沼泽化,曾经作出了巨大的努力。时至今日,西湖已经成为杭州这个有远大发展前途的现代化旅游城市的不可分割的部分。尽管广大市民早已不再在给水上依赖西湖,但湖山在旅游上给予人们贡献,将远远超过历史时期给予城市的供水。[①]

毫无疑义,陈桥驿先生从另一角度,推进了西湖历史地理的研究。至今,他的这一大作仍是人们研究杭州西湖开发史的必读之作。

鉴于陈桥驿先生对杭州西湖研究的贡献和学术地位,原杭州市委书记王国平同志在主编《西湖全书》时,将其与钱其琛、钱学森、徐匡迪、金庸、蔡美彪、余秋雨、傅璇琮、李学勤、陈高华一起列为顾问。

四、推动了杭州运河历史文化的研究、保护与申遗

杭州是京杭大运河的南端起点,京杭大运河是杭州的生发之河。杭州之名,由河而生;杭州之城,依河而建;江南名郡,借河而扬;两朝都城,因河而定。京杭大运河不仅是中华民族的"国之瑰宝",也是杭州的"城市命脉";不仅是哺育杭州成长的"母亲河",也是维系杭州兴衰的"生命河",是杭州的人文之河,其悠久的历史造就了杭州深厚的文化底蕴。当回顾杭州城市历史的时候,必然会提及京杭大运河在杭州兴起、发展和繁荣中独特的重大贡献。运河的水系犹如丝丝血

[①] 陈桥驿:《历史时期西湖的发展和变迁——关于西湖是人工湖及其何以众废独存的讨论》,载《中原地理研究》第 4 卷第 2 期,1985 年。

脉,滋润着杭州这座城市,大运河更是杭州的一张世界级的名片。如今,新时代赋予了大运河杭州段新的内涵,杭州市围绕"还河于民、申报世遗、打造世界级旅游产品"三大目标,连续七年实施运河(杭州段)综合整治与保护开发工程,进一步增强了运河的生态、文化、旅游、休闲、商贸、居住、水利等方面的功能,推动了运河的生态效益、社会效益、经济效益的最大化、最优化,为运河"申遗"作出了杭州应有的贡献。

说起杭州运河史的研究,我们不能不说起日本学者池田静夫先生,他在20世纪40年代著有《支那水利史研究》一书,在书中,他以《运河之都——杭州》的标题,极其详尽地阐述了杭州运河的历史及其在中国文化史上的地位:

> 从杭州所处之地,即地理位置上来看,这是一处通过水路而与各方相通的四通八达之地,毫无疑问是一处交通要会。即,自古以来素以海潮而闻名的钱塘江,几乎就是从杭州的南面进入杭州湾。而江南大运河也从此地开始,经嘉兴、苏州而在镇江与长江相连。又,浙东运河也在杭州的对岸开始,经绍兴而至宁波。这一系列的运河自古以来就是中国北方与中部、南方相联络的唯一的基本交通线。与这些纵向的水路相对的是横向的长江和钱塘江。这两条横向的水路与运河相对应,可以说具有运河的补助水路的功能。众所周知,长江从四川成都流至其终点上海,拥有庞大的流域,因此自古以来就被视为天府之国的四川,其丰富的物资被巧妙地通过水路,集积到长江上,再通过长江主流而运往下游,在扬州和镇江等地,通过与之相连的大运河,向北可直达北京,往南则连至杭州。毋庸赘言,长江是中国中部的一条大动脉,其水坻本身就具备独立的价值,而从国家经营的立场来看,更是十分重要的。其次为钱塘江,虽然从其规模上来看不及长江,但自古以来,它就是福建、江西、两广方面与杭州联系的重要水路。又杭州湾古来就海舶云集,使杭州作为近海贸易港的地位成为可能。如此看来,杭州兼具河港和海港的双重功能,是一个五方杂处之地,依靠水路的多种便利,从而拥有绝对的资格,可以作为中华帝国特别是江南帝国的首都。

> 然而,从历史上来说,江南帝国的首都多建立在建康(建业),即今日之南京,而不是在杭州。扼处于长江下游,居丘陵性的金陵台地之上的南京,自古就有帝王之气。根据中国古代的传说,今日流经南京的秦淮水,是秦始皇时候所开掘的,而据说正由于此河的开掘,才使这里一直郁藏着的帝王之气不断发散出来。总之,先不论传说如何,此地在南北朝时期连续为南朝五

代三百年间的帝都,在后来的五代时期,它又成为南唐四十年的王都。明太祖在驱逐了元以后,在表面形式上显示了民族革命的成功,又确立汉民族的传统,建立起纯粹汉族文化的国家,当时他所选定的首都也是在南京。如此,可以最直截了当地说,自古在江南一带的帝王,都以南京作为首都,这也体现了汉民族的传统精神。

然而,南京从水路交通的便利上来看,毕竟不如杭州。在中国,从唐帝国以后,可以毫不夸张地说,帝国自身的生命和权威都是依存于水路上的。从而,控制水路也就是控制了帝国,从这样的角度来看,杭州又比南京更有优势。因此,南宋王朝就是充分认识到杭州本身所具有的地位,并利用其地之利而顺利地经营帝国的事业,建立在现实主义的立场上,将杭州定为首都。在南宋时期,杭州作为江南帝国首都的地位才实至名归,而这种情况一直持续了一百五十年左右,直至南宋灭亡。因而,杭州作为中国近世文化摇篮的地位,也正是在这个时期所育成的。

他进一步解释说:"南宋之后,继承它的元是蒙古人所建立的,他们将大都即北京城定为都城。不过,元代统治者并不能真正受到汉人的敬服,在当时汉人的心目中,都城依旧是杭州。那些不满元朝政治的一群文化人集中在他们心中的都城杭州,以此地为中心开展了一场很大的文化运动,而这些起源于杭州的文化就逐渐向四方流传。后来,那些与杭州文化关系密切的文化人,逐渐分散到各地,成为地方文化的母胎,这些文化不断地互相排斥又互相影响,最终形成为近世的中国文化。""杭州就是近世中国的文化——包含物质文化和精神文化两个方面的摇篮。"①在七八十年前作者能够有此观点,不得不令人佩服其学识之精博,对我们今日研究中国运河史或中国文化史,不失为一种有益的启示。

据陈桥驿先生所言,他的确花了不少时间研究河川水利的历史地理。早在1954年,交通部的一位领导,曾经到杭州与他谈论这个课题。20世纪80年代之初,可以称为世界最大期刊之一的美国《国家地理》杂志(*National Geographic*)的三位记者也曾经到杭州与其讨论中国大运河,事后出版了专门的文章。至今,他在国内外就这个问题发表过不少论文和作过多次学术报告,并已经出版了这方面有关的著作达二十六部。② 其中,有不少涉及杭州运河的内容。我认为,陈桥驿先生对杭州运河史研究、运河保护与申遗的贡献主要有以下几点:

---

① 参见陈述主编《杭州运河历史研究》,杭州出版社 2006 年版,第 368—369 页。
② 陈桥驿:《在京杭大运河保护与申遗研讨会上的讲话》,2006 年 5 月 24 日。

一是应原杭州市委、市政府的邀请,与著名学者郑孝燮、罗哲文两先生一起担任《杭州运河历史研究》丛书的顾问,并撰写了精彩的序言。在序言中,陈先生不仅费了一番心血帮我们搞清了运河的历史渊源和相关的学术成果,与此同时,他还为京杭运河(杭州段)撰写了极其精彩的碑记。此后,他还以"垂老之年"积极参加全国政协文史委组织的大运河考察活动,出席2006年5月在杭州举办的京杭大运河保护与申遗研讨会,在会上作了主题发言。又应原杭州市委书记王国平同志的嘱咐,在全国组织这方面的著名专家,主编了一部规模较大的《中国运河开发史》。王国平同志高度肯定陈桥驿先生的这一工作,他认为:"此书的出版,对于推动运河(杭州段)的保护和研究,早日实现京杭大运河'申遗'目标大有裨益。"

二是提出了许多新颖独特的论点。如在2006年5月24日,陈桥驿先生在京杭大运河保护与申遗研讨会上的讲话中指出:

> 在这里必须提出的是我们这条大运河的名称问题。这条运河,开凿的年代各段不同,但它们的名称,都有权威文献可据,例如邗沟出于《左传·哀九》,济州河与会通河出于《元史·河渠志》,浙东古运河出于《越绝书》卷八《地传》。我想请教在座各位,"京杭大运河"之名出于何种权威典籍?假如有,我就采用;假使没有,则我认为还是以中外通行的"大运河"(Grand Canal)或南北大运河为妥。

又如人们历来均把杭州作为南北大运河的南方终点,但陈桥驿先生却对此并不苟同。他通过自己的深入研究,认为:

> 必须特别指出的是,我国的南北运河,除了上述北段以外(按指从北京到杭州的一段),还有从杭州越钱塘江经绍兴到宁波的一段。
>
> ……
>
> 历来不少文献画运河,都是把杭州作为南方的终点。这其实与事实并不符合。这条中国历史上曾经在一个极短时期从今北京沟通南方的运河,其终点绝非杭州而是比杭州更向南的明州(今宁波)。①

陈先生这些新颖独特的观点,无疑是非常正确的。这为我们今后编纂《杭州运河通史》提供了理论指导。②

---

① 陈桥驿:《南北大运河——兼论运河文化的研究和保护》,载《杭州师范学院学报》(哲学社会科学版)2006年第3期;陈桥驿主编:《中国运河开发史》,中华书局2008年版,第1页。

② 陈桥驿:《浙东运河的变迁》,载《运河访古》,上海人民出版社1984年版。

陈桥驿方志学说与修志实践的内涵及其影响

颜越虎

（浙江省地方志编纂委员会办公室）

陈桥驿教授并非方志学家[①]，但作为"一个方志的大用户"，一位著名的历史地理学家、郦学大师，地方志不仅与他结缘甚早，而且同他一生的教学研究和学术活动密切相关：他不仅利用地方志做学问，而且研究方志，开设方志学课程，发表许多相关学术论文，提出了一些极富见地、颇具价值的方志学说；不仅指导了像《绍兴市志》、《绍兴县志》这样的著名志书的编修，而且身体力行，先后独立编纂或主持编纂了多部志书；不仅为全国各地引回了多部地方志的珍稀版本，丰富了国内地方志的收藏，而且广泛开展国际学术交流，为更多的国外学者了解中国的地方志，让中国地方志走向世界作出了独特的贡献。

本文试就陈桥驿先生的方志学说、修志实践及其对我国地方志事业的意义与影响作一些粗浅的研究和简要的评述。

一、陈桥驿与地方志

陈先生接触地方志为时甚早。他出生于绍兴的一个书香门第，其祖父陈质夫是一位清末举人，中举后正遇上废除科举的辛亥革命，便退而独善其身，终日以博览群书为乐。祖父成为陈桥驿的启蒙老师，为他提供了知识的源泉，陈桥驿也踏上了博览群书之路，这其中就包括地方志。"从五下年级（笔者按：此时为1935 年）起，我又通过祖父的关系获得了绍兴县立图书馆（古越藏书楼）的借书权，读到了影印的线装书嘉泰《会稽志》和宝庆《会稽续志》，也读到了刻本嘉庆《山阴县志》和周作人（后来知道实际上是鲁迅）的《会稽郡故书杂集》等，让我知道专门有这样记载家乡的文献，这或许就是我编撰《绍兴地方文献考录》（浙江人

---

① 陈桥驿：《陈桥驿方志论集·序》，杭州大学出版社 1997 年版，第 1 页。

民出版社 1983 年版)的原因。"①1938 年 10 月、11 月间,陈桥驿便"开始用零花钱在旧书铺中淘旧书,诸如《小仓山房尺牍》、《阅微草堂笔记》、《徐霞客游记》等等,其中还有嘉泰《会稽志》、宝庆《会稽续志》、《越中金石记》、《会稽郡故书杂集》等线装古籍。"②他第一次自己拥有了地方志这一类书籍,这使他加深了对地方志的了解与认识。

如果说,小学时代阅读和收藏地方志是陈桥驿早年对方志的"亲密接触",那么,真正使陈桥驿与地方志难分难解的是他毕生所从事的郦学研究与历史地理研究。陈桥驿与地方志的关系大致体现以下几个方面:

1. 利用地方志进行学术研究。在学术界,运用地方志写文章、撰专著的不在少数,如竺可桢先生,他利用旧志中的大量资料撰成了著名的论文《中国近五千年来气候变迁的初步研究》③;香港学者陈正祥教授利用大量方志资料撰成《中国方志的地理学价值》④、《中国文化地理》⑤等专著。相比较而言,陈桥驿先生更称得上是方志"大用户"中的"特大号"。他的著名论文《古代鉴湖兴废与山会平原农田水利》⑥和《古代绍兴地区天然森林的破坏及其对农业的影响》⑦,前者引用方志 30 多处,后者则达 50 余处;而他 1984 年编纂完成的《浙江灾异简志》⑧,引用方志达数百种;1999 年出版的《水经注校释》⑨所及的方志更达数千种。陈先生的论著汲取旧志中的精华,为我所用,往往获得其他史料难以达到的效果。

2. 整理地方文献。陈先生认为,地方文献的搜集整理,是地域文化建设的一项基础性工作,也是编修地方志的一个必不可少的环节。从学生时代起,陈先生就有志于整理家乡绍兴的地方文献,"数十年来,国内的著名图书馆殆已走遍,国外图书馆,凡出访所能及者,也莫不尽量查索。聚沙集腋,总算获得书篇目录 1200 余种,分作 18 类,逐一加以考录,撰写《绍兴地方文献考录》一书,于 1983 年出版。"⑩这本书成为绍兴地区方志编纂和历史地理研究的必备参考书。

3. 引回珍稀方志。陈先生是著名学者,又精通英语,从 80 年代开始,陈先生

---

① 陈桥驿:《陈桥驿自传·第一部:成长年代》,打印稿(2003 年),第 4 页。
② 陈桥驿:《陈桥驿自传·第一部:成长年代》,打印稿(2003 年),第 37 页。
③ 《考古学报》1972 年第 1 期。
④ 陈正祥:《中国方志的地理学价值》,香港中文大学 1965 年版。
⑤ 陈正祥:《中国文化地理》,三联书店 1983 年版。
⑥ 《地理学报》1962 年第 3 期。
⑦ 《地理学报》1965 年第 2 期。
⑧ 陈桥驿:《浙江灾异简志》,浙江人民出版社 1991 年版。
⑨ 陈桥驿:《水经注校释》,杭州大学出版社 1999 年版。
⑩ 陈桥驿:《影印〈越中杂识〉原版复印本·序》,浙江古籍出版社 1992 年版,第 2 页。

多次赴美国、日本、巴西、加拿大等国,或访问讲学,或担任客座教授,或招收进修学者,与国外历史地理学界同仁有了广泛而深入的交往。陈先生利用这一有利条件,为全国许多地方引回了国内已经不存而国外图书馆尚存的珍稀方志版本。他先后引回的地方志珍本有:乾隆抄本《越中杂识》、康熙二十一年刊本《象山县志》、康熙二十二年抄本《常山县志》、光绪抄本《新市镇续志》、顺治刊本《秦州志》。为此,诸葛计先生曾专门撰文道:"1983 年,当陈桥驿先生从美国引回孤本——乾隆《越中杂识》在国内排印出版时,我国负责古籍整理领导工作的李一氓先生,曾以十分兴奋喜悦的心情说,这'对古籍整理是很大的贡献'。"①其实,这也是陈先生对地方志事业的一种特殊贡献。

4.研究方志发展史。作为历史地理学家,陈先生出于"职业的习惯",在本专业研究的同时,从历史的角度,对地方志的发生、发展状况进行了深入的探究。他认为:"从中国方志史的阶段看,《越绝书》属于中国古方志。""此书渊源古老,在同一时代中,绝无其他任何同类著作可以与之颉颃。它是中国独一无二的方志。"②同时,陈先生也指出,《越绝书》"按照今本 19 篇来看,内容包罗极广,不能一律都作为方志看待","把这两篇(笔者按:指卷二《吴地传》和卷八《地传》)作为我国最早的地方志,确是恰如其分的"。③

陈先生在研究《水经注》的所得中发现,"方志"之名,是《水经注》中首次正式使用④,进而在深入研究的基础上,得出一个结论:"在中国方志史上,方志的大量出现以及这类地方文献被冠以方志之称,实始于六朝。"⑤而从六朝开始到民国为止,历史上经历了五次修志高潮。⑥

关于图经的修纂,一般认为起于北宋,陈先生经过缜密的考证,认定"我国历史上的修纂图经,当然远比隋唐、两宋要早"。据《华阳国志·巴志》所载,在公元 2 世纪中叶之前,《巴郡图经》就已经修成,但因为图经往往是"书存而图佚",所以几乎亡佚殆尽,而元代以后,以图经为名的方志大为减少⑦。图经的兴衰起伏,辨析得十分明了。

---

① 诸葛计:《稀见著录地方志概况——关于合力编纂〈中国稀见著录方志提要〉的建议》,《中国地方志》1999 年第 3 期。

② 陈桥驿:《绍兴市志·序》,浙江人民出版社 1995 年版,第 4 页。

③ 陈桥驿:《越绝书·序》,上海古籍出版社 1985 年版,第 13、14 页。

④ 详见陈桥驿:《方志刍议·序》,浙江人民出版社 1986 年版,第 4 页。

⑤ 《绍兴市志·序》,浙江人民出版社 1995 年版,第 2 页。

⑥ 详见陈桥驿:《中国地方志五十年史事录·序》,《中国地方志》2003 年第 2 期。

⑦ 详见陈桥驿:《〈图经〉在我国方志史中的重要地位》,《中国地方》1992 年第 2 期。

在研究方志史的过程中,陈先生还进行了一些旧志的个案研究。如通过对宋嘉泰《会稽志》和宝庆《会稽续志》的研究,撰成专文,提出"会稽二志"一说①,获得方志学界的赞同;通过对民国《鄞县通志》的研究,使人们进一步认识到它在学术界的地位与价值,懂得"各地编纂好自己的地方志书,使它具有更丰富的内容、更高的学术价值和实用价值,对于提高地方的知名度,其影响是深远的和长期的"②。

5.向国外推介中国地方志、向国内介绍国际学术界对中国地方志的评价。如前所述,陈先生曾频繁出入日、美等国,与国外的学术界有着特殊的关系。在学术交往中,他总是不忘向国外学者推介中国的地方志。1989年,《慈溪盐政志》出版后,陈先生曾向日本著名学者富冈仪八教授推荐此书,为其巨著《中国的盐道》提供资料;1990年,陈先生陪同日本东京大学教授斯波义信考察浙江余杭的南湖,随后向斯波教授推荐《余杭县志》,因为其中记载了民国五年(1916)对南、北湖进行测量的准确数据,而这正是斯波教授急切需要的内容。

陈先生还利用出访的机会搜集国外中国方志资源的状况,了解国外学者对于中国地方志的看法,先后撰成《中国方志资源国际普查刍议》③、《民国〈鄞县通志〉与国外汉学家的研究》④、《关于编纂〈国外图书馆收藏中国地方志孤(善)本目录〉的建议》⑤等文。1996年,陈先生还应有关方面的要求,专门撰写了《北美汉学家论中国方志》⑥一文,把他在国外所见的中国地方志有关情况及北美汉学家对中国新编地方志的看法与要求,作了比较详细的介绍与说明,使方志界了解了在不同文化背景下的学者们对中国新编地方志的评介与要求。

陈先生还对中日两国的地方志进行了比较研究,这是国内方志界所开展的较早、也较系统的比较研究。他用五万多字的篇幅,将中国的《慈溪县志》与日本的《广岛新史》进行了多方面的、深入的对比研究,提出了许多富有启发性的见解。⑦

6.开设方志学课程。从20世纪50年代开始,陈先生便执教于当时的浙江

---

① 详见陈桥驿:《会稽二志》,《绍兴师专学报》1985年第2期。

② 陈桥驿:《民国〈鄞县通志〉与外国汉学家的研究》,《鄞县史志》1993年第1期。

③ 《中国地方志》1996年第2期。

④ 陈桥驿:《民国〈鄞县通志〉与外国汉学家的研究》,《鄞县史志》1993年第1期。

⑤ 《中国地方志》2002年第1期。

⑥ 《中国地方志》1996年第3、4期合刊。

⑦ 陈桥驿:《中日两国地方志的比较研究》,1993年慈溪县地方志编纂委员会印行,又收入《陈桥驿方志论集》,第92—164页。事详周乃复《中外地方志比较研究的肇始之作》,《中国地方志》1993年第4期。

师范学院(后改为杭州大学)地理系。为了让学生了解地方志这一中国的传统文化,使其在学习、研究中利用方志,陈先生在地理系开设了方志学课程,这是新中国成立后国内较早开设该门课程的学校。尽管是选修课,但陈先生并不马虎,精心准备,精心讲授,"用新的观点,解释、分析和利用旧方志"①,使学生们得益匪浅,也为弘扬地方志这一传统文化尽了一名教师的职责。

二、陈桥驿的方志学说

地方志的修纂是我国的优秀文化传统,有着漫长的历史,但方志学作为一门学问,真正建立的时间却不长。清代著名学者梁启超曾指出:"方志学之成立,实自实斋始也。"②此后,近现代方志学家潜心研究,方志学专著层现迭出。陈先生虽然不是方志学家,但他在几十年与方志的接触过程中,结合自己的修志实践,深入思考,不断总结,不断提炼,提出了许多富于独特见解的方志学说,对浙江乃至全国的地方志编纂都起到了重要的指导作用,产生了广泛而深刻的影响。

陈先生的方志学说涉及面较广,内容也很丰富,有属于理论层面的,其分析鞭辟入里,其观点发人深省;也有属于技术层面的,针对性、指导性和可操作性很强。因此,其学说受到重视是非常自然的。

陈先生的方志学说主要体现在以下几个方面:

1. 关于方志的资料性。陈先生一再强调"地方志是一种资料书",这既是陈先生对于地方志的主要观点,也是他作为一位方志"大用户"的切身体会——"我所有求于方志者无非资料"③。他指出:"方志的可贵在于资料,方志的生命力也在于资料。"④方志界强调志书的"资治、教化、存史"功用,但陈先生认为"要收到这六个字的效果,首先也是提供资料"⑤。因此,他觉得《新编地方志工作暂行规定》中对市县志、省志字数的限制是与方志作为资料书这一主要特征相违背的。陈先生通过对新编《慈溪县志》与日本《广岛新史》的比较研究,得出了一个结论:"尽管在我国的新修志书中,《慈溪县志》是属于优秀的一种(笔者按:指《慈溪县志》曾于 1993 年获全国首届地方志奖一等奖),但从资料的角度来说,与日本的

---

① 侯慧粦:《陈桥驿与地方志》,《中国地方志》1993 年第 2 期。
② 梁启超:《清代学者整理旧学之总成绩——方志学》,1924 年《东方杂志》第 21 卷第 18 期。
③ 陈桥驿:《陈桥驿方志论集·序》,杭州大学出版社 1997 年版,第 2 页。
④ 陈桥驿:《陈桥驿方志论集·序》,杭州大学出版社 1997 年版,第 5 页。
⑤ 陈桥驿:《陈桥驿方志论集·序》,杭州大学出版社 1997 年版,第 4 页。

方志相比,未免相当落后。"①另外,陈先生又从长达 550 万字的民国《鄞县通志》受到国外汉学家高度重视的事例,证明方志资料性的重要。他指出:"施坚雅(笔者按:美国著名汉学家)认为他在斯坦福大学建立宁绍研究室,除了这个地区在中国特别重要外,十分有利的条件是这里的雄厚的资料基础,而其中特别令人鼓舞的是民国《鄞县通志》","这样的方志才能使研究者左右逢源,才具有学术价值和实用价值"。②而日本学者斯波义信教授的论文和专著,"都利用了《鄞县通志》的大量资料","只要看看文后注释中频频引用的《鄞县通志》,这部志书的价值就令人肃然起敬了"。③所以,国外汉学家对中国新方志"最重要的意见的是希望我们的新志能够尽可能的扩大规模,增加资料。"④正是基于包括陈先生自己在内的中外学者一致看法——资料性是方志的第一要素,所以,他屡屡撰文呼吁重视方志的这一特性,而在陈先生手把手指导下编修的《绍兴市志》和《绍兴县志》,均以丰富的资料见长,这两部新志受到广泛的好评,从一个侧面证明了陈先生"方志是资料书"这一观点已经得到国内外学术界的一致认同。

2. 关于方志的学术性。陈先生指出:"所谓学术性,用最简单的意思表达,就是科学性。"⑤这里面既有一部志书篇章组合的科学性,又有内容表述的科学性,在这方面,全国新编的地方志曾经出过不少问题,比如关于"自然地理篇(卷)"的设置问题。"1988 年春,中国地方志指导小组曾邀请全国 10 位教授专家,到北京评议当时已经出版的地方志,我也参与其列。当时,全国出版的县(市)志约有30 余种,我发现多数志书都有《自然地理》卷目,而内容包括地质,这当然是不妥当的。所以我在会上曾提出把《自然地理》这个卷目改为《自然环境》的建议。"⑥陈先生还专门撰写了一篇论文《地理学与地方志》,在 1989 年第 2 期《中国地方志》上发表。这一事关方志学术性的大问题一经陈先生点出,许多人恍然大悟。此后,全国方志界基本上采用了陈先生的提法,改"自然地理篇(卷)"为"自然环境篇(卷)",志书的科学性得到了增强。

志书的学术性还体现在对具体事物的记载和解释上,这方面,陈先生"纠偏"的著名事例就是二名法的重提。陈先生指出:"在动植物名称下加注拉丁文学

---

① 陈桥驿:《陈桥驿方志论集·序》,杭州大学出版社 1997 年版,第 5 页。
② 陈桥驿:《民国〈鄞县通志〉与国外汉学家的研究》,《鄞县史志》1993 年第 1 期。
③ 陈桥驿:《民国〈鄞县通志〉与国外汉学家的研究》,《鄞县史志》1993 年第 1 期。
④ 陈桥驿:《北美汉学家论中国方志》,《中国地方志》1996 年第 3、4 期合刊。
⑤ 陈桥驿:《地方志的学术性与实用性——兼论索引的价值》,《浙江方志》1993 年第 4 期。
⑥ 陈桥驿:《喜读〈偃师县志〉》,载《偃师县志评论集》,中州古籍出版社 1994 年版,第 9 页。

名,这是半个多世纪前的《鄞县通志》已经采用的先进方法"①,可是在 80 年代新修的地方志中,许多志书不用二名法,导致了不少错误。"我国土地广大,生物繁多,而方言又很复杂,各种动植物有当地的旁名别称,若不以学名加以标准化,实在不堪设想。"②经过陈先生大声疾呼,生物名称采用二名法标注,逐渐成了方志撰修的基本要求,摆脱了"新方志比旧方志倒退了半个世纪"的尴尬局面。

志书的科学性也事关地图和照片。尤其是地图,陈先生强调计量地图"在地图上可计算出各地的距离、面积和其他有关数值,所以必须由懂得地图的专家来编制设计。"③这样的要求,是完全合乎志书的科学性,也就是学术性要求的。

3.关于方志的实用性。陈先生明确指出:"修纂一部地方志,投入大量的人力和物力,其目的当然是为了实用","地方志的实用性,除了资料的丰富适当外,还有至关重要的方面,即让读者使用便利。"④而让读者使用便利,莫过于编制索引。对于新编地方志而言,索引的问题既是困扰方志界多年的一个问题,也是陈先生奔走呼号多时的一个问题。这中间既源于他自己在图书馆"像蜜蜂采蜜似的"查阅方志的艰辛,也源于陈先生接触国外汉学家谈及新方志所提的"最尖锐的意见"。就前者而言,陈先生指出:"因为利用方志做学问,索引实在太重要了"⑤,"时至今日,地方志修纂中,索引已经是不可或缺的部分。有了索引,研究工作者利用地方志就不再需要'按目逐页地找寻',将会空前的提高志书的利用效率"⑥;就后者而言,国外学者普遍认为:"检索工具没有索引很快就会成为一堆废纸"⑦,他们把编制索引作为"自觉的应尽义务,是作者的一种社会责任"⑧。

陈先生不仅提出了地方志必须编制索引的观点,还在《地方志与索引》⑨一文中,从技术层面阐述了编制索引和补编索引的方式、方法,以及地方志编制索引应该达到的目标,使修志人员克服畏难情绪,逐步摸索,循序渐进,一步一步达到完善的境界。

地方志注明出处,也是陈先生方志实用性的一个重要观点。他认为:"资料

① 陈桥驿:《地理学与地方志》,《中国地方志》1989 年第 2 期。
② 陈桥驿:《地理学与地方志》,《中国地方志》1989 年第 2 期。
③ 陈桥驿:《地方志的学术性与实用性——兼论索引的价值》,《浙江方志》1993 年第 4 期。
④ 陈桥驿:《地方志的学术性与实用性——兼论索引的价值》,《浙江方志》1993 年第 4 期。
⑤ 陈桥驿:《地方志与索引》,原载《浙江方志》1992 年第 3 期,《中国地方志》1992 年第 5 期转载。
⑥ 陈桥驿:《地方志的学术性与实用性——兼论索引的价值》,《浙江方志》1993 年第 4 期。
⑦ 陈桥驿:《北美汉学家论中国方志》,《中国地方志》1996 年第 3、4 期合刊。
⑧ 陈桥驿:《地方志与索引》,原载《浙江方志》1992 年第 3 期,《中国地方志》1992 年第 5 期转载。
⑨ 《浙江方志》1992 年第 3 期,《中国地方志》1992 年第 5 期转载。

有出处,利于人们对'秉笔'和'御笔'的分辨,从而鉴定资料是否'严肃'、'科学',而且也有利于提高地方志的学术性。"①他十分赞赏黎锦熙论方志资料的一个观点:"一切材料,皆有来源,撷入篇中,即非原文,必注出处。"②这方面陈先生很注重身体力行,他编纂的《浙江灾异简志》,每一条资料均注明出处,因而具有很高的学术性和实用性。在指导《绍兴市志》、《绍兴县志》的编修过程中,陈先生也如是要求。《绍兴市志》总纂任桂全回忆道:"对于方志资料究竟要不要'注明出处',当时方志界尚未形成共识,许多人以为方志是权威之作,没有作注的必要。而陈桥驿则认为如果为用户着想,就理应注明出处,这不但可以说明志书资料是有根据的,而且读者如果感到不满足,可以按图索骥,进一步查阅原著。正是受陈桥驿的启发,我们从开始不作注,转而注明出处。"③

4. 关于野外考察。陈先生强调:"随着方志内容的发展,方志修纂的方法必须相应地加以改进",而修志手段和方法的改进,在陈先生看来,须在运用好书面材料的基础上,加强野外考察(即实地调查)的力度,而这正是第一轮修志中普遍忽视的一个环节。陈先生以民国《鄞国通志》为例,指出该志从岛屿分布、潮差、海洋生物、交通等各方面记载了海洋,这是以前的志书中从未涉及的内容,而"所有的这些记载,除了资料整理以外,还有赖于实地调查",例如,在博物志中记载的各种海洋生物,就是生物学家王裔成实地调查的结果;如有关地层和构造的记载,则是地质学家盛莘夫实地调查的结果。"今后我们的方志修纂事业的继续发展,其生命力恐怕就在于此。"④陈先生把野外考察提高到方志编纂中一个十分重要的位置,这是他作为一位地理学家的独具慧眼。

5. 关于方志队伍与方志人才。陈先生觉得要修出佳志名作,关键在人。这里的人,既包括主修的领导,也包括纂修的班子。修志需要领导重视,这是毫无疑义的。但地方主要领导政务冗繁,"必须物色一位或数位踏实负责并有一定声望的助手襄助修志工作",才能保证修志工作的顺利进行。"除了领衔主修的地方领导以外,一部方志的质量高下,取决于方志的主纂人(主编)。为此,主纂人也是方志修纂过程中的关键人物。主纂人的选择,当然是主修人的重要决策。主修人在地方学术名流中遴选一位有声望、有真才实学同时又富于事业心和号召力的学者,主持方志的编纂工作,由他负责组织一个编纂的班子,这样,方志的

---

① 陈桥驿:《〈中国地方志五十年史事录〉序》,《中国地方志》2003 年第 2 期。
② 黎锦熙、甘鹏云:《方志学二种》,岳麓书社 1984 年版,第 129 页。
③ 任桂全:《陈桥驿与〈绍兴市志〉》,《浙江方志》2002 年第 6 期。
④ 陈桥驿:《方志刍议·序》,浙江人民出版社 1986 年版,第 5、6 页。

质量就有了保证。"①陈先生甚至连方志办公室的人员搭配都有仔细的考虑。②陈先生关于方志队伍和方志人才的观点,在《绍兴县志》的编写过程中得到了充分的印证。《绍兴县志》编纂班子基本按陈先生的设想配备,行政、业务人员密切配合,扬长避短,实现了最优的组合效应。《绍兴县志》出版以后,广受好评,应该说,修志人员和修志队伍的遴选与组合,是其中十分重要的因素。

6. 关于地方综合年鉴。众所周知,《地方志工作条例》将地方综合年鉴纳入了地方志范畴,使之成为地方志的一个有机组成部分。陈先生在研究志书的同时,也把关注的目光投向了年鉴。他在《图文并茂 不同凡响——祝贺首卷〈洛阳年鉴〉出版》一文中指出:"和方志一样,年鉴同样多为存史、资治、教化服务,但其编纂不同于方志,必须一年一度,真是千条万绪,非同小可。"年鉴"是一种既有实用价值,又有理论研究价值的地方文献,值得长期保存"。他的表述和《地方志工作条例》有异曲同工之妙,不仅道出了两者的异同,也点明了年鉴价值。陈先生还强调年鉴要强化资料性、突出特色、图文并茂,并要求编好索引,同步出版电子版,以方便读者查索和收藏。③ 这些都是极富价值的真知灼见。

三、陈桥驿的修志实践

陈桥驿先生是为数不多的亲自参加过修志实践的著名学者,他不仅编写或主编了《浙江灾异简志》、《浙江地理简志》及《杭州市地名志》等志书,还利用各种机会,指导各地修志,间接参与到编修志书的过程中去。

(一)着力编修志书

陈先生系浙江大学终身教授,他毕生精力主要倾注于历史地理和《水经注》研究。到 2003 年 5 月底止,陈先生共发表论文 400 余篇,出版《水经注》研究专著(含合著)23 种、其他类别的著述(含主编、点校、翻译)30 余种,可谓著作等身。就在其繁忙的学术研究和教学工作之余,陈先生还积极投身于地方志的编纂工作,留下了难得的方志佳作。

20 世纪 80 年代初,浙江启动了第一轮新方志编纂工作。为适应当时修志工作的需要,浙江省出版局组织编写了一套《浙江简志丛书》(共九种),这是新中

---

① 陈桥驿:《绍兴修志刍议》,《绍兴师专学报》1987 年第 1 期。
② 详见陈桥驿《在桐乡修志工作会议上的讲话》,《桐乡县志通讯》1988 年第 2 期。
③ 陈桥驿:《图文并茂 不同凡响——祝贺首卷〈洛阳年鉴〉出版》,《河洛史志》2001 年第 1 期。

国成立后浙江第一次大规模地编修地方志。陈先生应邀加盟其中,他以极大的热情投入到修志工作中去。侯慧燊副教授曾经撰文介绍道:"在这套丛书之中,陈桥驿是《浙江地理简志》和《浙江灾异简志》的主编,后者其实是他花了二十几年心血的个人成果。此外,他也是《浙江分县简志》的主要编者,并为此志写了序言。"①同时,"陈桥驿接受杭州市地名委员会的委托,主编了《杭州市地名志》,在体例和内容上都作了不少创新,成为浙江省第一种公开出版的地名志"②。

(二)用心指导修志

陈先生对浙江乃至全国修志工作的指导是多方面的,归纳起来,主要体现以下三个方面:

1. 为有关地区制订修志规划。《绍兴县志》出版于 1998 年 5 月,这部长达 409 万字的志书,以其资料性、著述性和实用性而备受推崇,其实这正是陈先生科学规划、精心指导的结果。1987 年,在绍兴县尚未动手编志之前,作为一名乡贤,陈先生便未雨绸缪,积极主动地筹划起《绍兴县志》编修的详细规划来了,并把这个规划写成了 7000 余字的文章,发表在 1987 年第 1 期《绍兴师专学报》上。在这个规划中,陈先生不仅回顾了绍兴县的修志历史及其不同凡响之处,而且明确提出,长期以来具有修志光荣传统的绍兴,假如不能名列前茅,则地方领导和方志学术界都无法推卸应负的责任。③ 更为可贵的是,陈先生在文中把志书编修每个环节都考虑到了,从行政领导到主纂人员,从主编的遴选到编辑的搭配,从行政区划的变化到县志记载的重点,从标明资料的出处到拉丁文二名法的运用以及市志、县志的关系等等,都提出了切实可行的方案。这份难得的修志规划,为此后《绍兴县志》的编纂奠定了扎实的基础。

2. 担任编志顾问。由于陈先生在历史地理学界和方志界的地位与影响,浙江及外省的许多地方先后聘请陈先生为方志的编修顾问,他还应邀担任若干全国性重要志书(如《黄河志》)的学术顾问。担当顾问,指导编志,这是陈先生修志实践的一个重要方面。从其所担任顾问的志书的最终成果看,陈先生的指导是极具针对性和有效性的。这里仅以《绍兴市志》为例加以说明。

陈先生担任志书顾问,不是名义上的,也不是蜻蜓点水式的,而是深入其中,扎扎实实的,既作宏观上的指导工作,也做微观上的修订工作,从而使志书达到

---

① 侯慧燊:《陈桥驿与地方志》,《中国地方志》1993 年第 2 期。
② 侯慧燊:《陈桥驿与地方志》,《中国地方志》1993 年第 2 期。
③ 陈桥驿:《绍兴修志刍议》,《绍兴师专学报》1987 年第 1 期。

较高的水平,在这方面《绍兴市志》总纂任桂全先生深有体会。在《陈桥驿与〈绍兴市志〉》一文中,他这样写道:"无论是在修纂之前,修纂之中和修纂结束之后,陈桥驿为《绍兴市志》所作的种种努力都足以说明,他不仅是我们的顾问,也是我们的导师,更是我们修志队伍中的一员。"①

陈先生在《绍兴市志》的指导过程中,不仅提出了修出佳志的奋斗目标,而且从培养修志人才的要求出发,做了大量的深入细致的工作,如讲课、作学术报告、传授治学经验和治学方法、修改和批注志稿等等,使得以任桂全为代表的一大批修志人员迅速成熟,成为较有影响的修志专家。

陈先生对《绍兴市志》的指导和参与,更重要的是体现在质量上的把关。他"真诚相待,有求必应,甚至不惜放下自己手头的科研工作,全力以赴,严格把好各个环节的质量关"②。"仅在审稿这一环节上,他就做了大量的工作,经他审阅、修改的市志稿就有概述、建置卷、自然环境卷、水利卷、人物卷等,总计约80万字。"③《绍兴市志》配置了33幅计量地图,这在当时方志界是很为少见的,陈桥驿听了很高兴,并且马上回问我,修纂人员里面有没有念过《地图学》课程的人? 当他得知没有这方面专业人员时,立即同我说:'那由我来校对!'主动承担起了复杂而仔细的校对任务,从图例、比例尺、历史地名、连界线、地理要素、注记符号等方面,一一指出存在的问题,并且给我写了一封数千言的长信,我不仅为之深深受到感动和教育,而且还学到了许多过去闻所未闻的地图学知识。"④

正是由于陈先生的精心指导和全程参与,保证了《绍兴市志》的高水平和高质量,在第二届全国地方志奖评奖中,《绍兴市志》全票当选,位列一等奖榜首。

3. 参加志稿评审。志稿评审是第一轮修志中的一个创造性举措,它可以使志稿增加正值(即精益求精),减少负值(即修正错误),因此,对于提高志书编纂水平、保证志书质量至关重要。在20世纪80年代地方志编修普遍开展以来,陈先生先后应邀参加了数十个地区的志稿评审会。每次会前,陈先生都认真研读志稿,既充分肯定其所长,更实事求是地指出其所短,剀切中肯,点石成金。以《对〈淳安县志〉稿的点滴评议》为例,这篇长达7000余字的评审发言稿,对建置、自然环境、移民、千岛湖等篇章的主要优点给予肯定,同时,又对存在的问题一一

---

① 任桂全:《陈桥驿与〈绍兴市志〉》,《浙江方志》2002年第6期。
② 任桂全:《陈桥驿与〈绍兴市志〉》,《浙江方志》2002年第6期。
③ 任桂全:《陈桥驿与〈绍兴市志〉》,《浙江方志》2002年第6期。
④ 任桂全:《陈桥驿与〈绍兴市志〉》,《浙江方志》2002年第6期。

列举,既指出其差错,还点明修改的依据和方法①。可以说,没有深厚的学术功底与严肃的治学态度,绝不可能有如此的真知灼见。

陈先生不仅注重对每一部志稿的评析,还善于从这些志稿中发现一些共性的问题,加以分析研究,提出解决对策,以起到面上的指导作用。《关于"沿革"和浙江省新修志书沿革卷篇的讨论》一文,就"禹与越的关系"、"中原夏王朝时代,今浙江的行政区划问题"、"若干先秦地名的问题"、"战国后越的归属问题"、"西汉的行政区划问题"等事关浙江新编志书中存在的普遍性问题,明确提出了自己的意见和建议②,为浙江各市、县志书避免和修订类似的"硬伤",提高质量,起到了很关键的作用。

(三)精心撰写序言

序言是一部志书的有机组成部分。一篇精彩的序言,能给志书增辉,但要写好序言,又并非易事。没有广博的知识,没有独特的见解,没有精到的文笔,都难成其事。由于陈先生的学术地位与影响,各地求他作序的志书甚多,截至2002年年底,他已为全国各地20余种的地方志及地方文献撰写了序言或前言。诚如侯慧骎副教授所说的那样:"他为人作序,绝不敷衍应景,而是对志书内容详细阅读,悉心揣摩以后才从容作序,所以他写的序言,就是一篇针对某种志书的论文。"③以《浙江地名简志》为例,陈先生所作的长达4000余字的序言,不仅向读者介绍了"《地名志》作为一种专志,却为历史所未有,这是方志修纂中新生的一枝奇葩",还系统地阐述了浙江地名的由来、浙江地名的特点以及浙江地名对研究古代浙江自然环境和历史文化的价值④,可以说就是一篇地名学的优秀论文。

(四)认真点评志书

志书出版以后,请名家撰写志评,似乎是方志界的一个不成文的惯例。陈先生应邀撰写的书评已不下30篇,这些评价文章并非泛泛而论,均能在仔细研读志书的基础上,抓住特点,写深写透,读来总能有所收获。陈先生评《普陀县志》,抓住"海洋"二字,指出该志"在自然景观和人文景观两方面,都让人感受到强烈的海洋气息。这就是普陀县的县情,它不仅总结了普陀人民人定胜天的业绩,而且指出了今后进一步开发海洋、利用海洋的美好远景。从这样的角度进行评价,

---

① 陈桥驿:《对〈淳安县志〉稿的点滴评议》,《杭州市志通讯》1989年第3期。
② 此文系在某次座谈会上的发言稿,收入《陈桥驿方志论集》,杭州大学出版社1997年版,第77—87页。
③ 侯慧骎:《陈桥驿与地方志》,《中国地方志》1993年第2期。
④ 陈桥驿:《浙江地名简志·序》,浙江人民出版社1988年版,第7页。

《普陀县志》是成功的"①;评《桐梓县志》,则充分肯定其"自然环境"等卷,称赞该志"在自然地理要素的阐述中,不仅具有严密的科学性,而且紧紧地结合了桐梓县的地方事实"②;而对《浙江省丝绸志》的长篇书评,可以说是一篇中国丝绸史和中国丝绸贸易史的专论,资料之丰富,见解之独创,实在令人叹服③。看他的志评,总仿佛一股清新的空气扑面而来,有新意,有深度,既给往者以鼓舞、鞭策,又给来者以指导、启示。

四、陈桥驿方志学说和修志实践的意义与影响

作为全国方志界一位有影响的学者,陈先生的方志学说和修志实践,积极意义显而易见,其影响已经超越国界,在欧美、日本及我国港台等地也产生了一定的反响。兹择要阐述如下。

(一)方志资料性学说获得好评,并产生广泛影响

陈桥驿方志学说的一个最主要的观点是"方志资料说",他明确指出:"由于我自己长期以来阅读方志就是为了资料,所以并不回避我把资料作为方志核心的看法"④;在实践上,他以自己编著的《浙江灾异简志》作出了回答。这部近30万字的专志,汇集了浙江先秦至当代的水灾、旱灾、雹灾、虫灾、春寒、地震等自然灾害,每一条均注明资料出处,便于读者进一步查考,极具资料性。因此,该书出版后,浙江各市、县编修地方志时,都把它作为撰写灾异部分的主要资料来源,时至2003年,浙江省气象局在撰写有关书籍时,仍以此书为主要参考书。而在"方志资料说"指导下编修的《绍兴市志》被誉为第一轮修志的代表之作,则充分表明了方志界对此学说的一种赞同。在国际上,"不少国外汉学家把中国历史上积累的丰富方志称为'资源',认为自古以来修纂而成的大量方志是一种价值连城的文化资源和汉学资源"⑤,这与陈先生的观点不谋而合。

(二)编制索引蔚然成风

1991年4月28日,陈先生在给《石家庄史志》编辑部的信中说:"最近经我呼吁,浙江一些正在编的新方志,有的加了索引。"

---

① 陈桥驿:《开发海洋 利用海洋——评〈普陀县志〉》,《中国地方志》1994年第4期。
② 陈桥驿:《评〈桐梓县志〉》,《贵州师范大学学报(社会科学版)》,1999年第2期。
③ 详见陈桥驿:《丝绸 中国的骄傲——兼评〈浙江省丝绸志〉》,《中国地方志》2001年第1、2期合刊。
④ 陈桥驿:《中国地方志五十年史事录·序》,《中国地方志》2003年第2期。
⑤ 陈桥驿:《中国方志资源国际普查刍议》,《中国地方志》1996年第2期。

1991 年出版的《龙游县志》是浙江最早编制索引的志书。1992 年,陈先生又撰专文《地方志与索引》,阐述编制索引的重要性,此后,陈先生在不同的场合,以各种形式,呼吁地方志编制索引。1993 年《慈溪县志》以较详细的索引,获得评委青睐,被评为首届全国地方志一等奖。此后,《宁波市志》《临安县志》《富阳县志》《新昌县志》等都编制了索引,浙江及全国各地许多地方,修志编制索引已经蔚然成风。尤其令人瞩目的是《绍兴市志》,它以一个分册(60 万字)的篇幅,详细编制了目与子目、人名、地名、著述目录、图照、表格等六个索引,受到方志界人士和广大读者的一致好评。

(三)二名法普遍采用

尽管二名法在民国 26 年(1937)纂成的《鄞县通志》中已经得到应用,但在上一届修志之初,二名法并未引起人们的重视,不少志书对动植物的记载,俗名、土名、别名等不规范的名称混杂使用,名不指实、张冠李戴的情况时有发生,以致被国外汉学家指责为"倒退了半个世纪"。为此,陈先生多次撰文强调编纂方志必须采用二名法,现在,新编地方志大都已采用二名法标注生物。这样做大大提高了方志的科学性,换句话说,增强了方志的学术性。

(四)大量运用方志资料,进行学术研究,提高了地方志的学术地位

由于历史的原因,方志在学术界的地位并不高。一些人撰写论著"许多明明来自方志的资料,总要千方百计避开方志的名称,而把方志作为一种寻求资料的线索,设法转换成其他出处,然后写入论文的脚注"[①]。和一般人的看法不同,陈先生认为地方志的修纂是我国优秀的文化传统,地方志是我国宝贵的文化遗产,必须倍加珍视,充分利用。正是基于这样的认识,在陈先生的学术研究中,大量运用经过分析、选择的方志资料,作为他撰写论文、专著的重要内容。2003 年,陈先生的鸿篇巨制——《水经注校释》获第三届中国高校人文社会科学研究优秀成果奖一等奖,该书引用了数千种志书,地方志在这部著作中的作用不言而喻。由于陈先生运用地方志进行学术研究取得了令人瞩目的成就,地方志的功用得以彰显,地方志的学术价值进一步为人们所重视,地方志在学术界的地位也因此得以提高。

(五)扩大了中国地方志在国际上的影响

李铁映同志曾经提出地方志要"积极开展国际交流",他指出:"国际交流首

---

① 陈桥驿:《地方志的学术性与实用性——兼论索引的价值》,《浙江方志》1993 年第 4 期。

先要搜集、征集分散在世界各大图书馆、大学的有关方志的中文材料。……可以通过国际协作,通过志书交换和回赠等方式,把分散在世界各地的志书和有关志书的材料以复制、光盘等形式收集回来,供全国学者研究,同时也可以填补国内方志收藏的空白。"①

陈先生不仅是国内的方志"大用户",也是中国方志界与国外学术界交往最多的一位学者。他先后引回五种方志孤本,还利用讲学之余的空隙,考查世界各地图书馆收藏的中国地方志,并撰成专文,呼吁调查、搜集、整理流失在国外的中国地方志资料,并引起了有关方面的重视。同时,他还广泛向国外学者推介中国方志,扩大了中国地方志在国际学术界的影响。

《绍兴市志》出版后,陈先生邀请汉学家、美国夏威夷大学地理学教授章生道先生撰写了《〈绍兴市志〉评介》②一文,刊登在 1999 年美国《国际中国评论》第 6 卷第 1 期上,这是 90 年代国外学术界就中国新编地方志发表的一篇重要研究论文,它有效地促进了国际学术界对中国新编地方志的认识与了解。这也可以说是陈先生为推介中国地方志作出的又一种努力。

---

① 李铁映:《在中国地方志指导小组三届二次会议上的讲话》,《中国地方志》2003 年第 3 期。

② 原载 *China Review International*,Vol. 6,No. 1,Spring 1999,译文收入张显辉主编《〈绍兴市志〉述评》,中华书局 2001 年版,第 87—91 页,叶光庭译。

陈桥驿与地名学

侯慧粦

（浙江大学地球科学系）

陈桥驿先生是当代国内外享有盛誉的历史地理学家和"郦学"泰斗。曾任中国地理学会历史地理专业委员会主任、中国古都学会副会长、浙江省地理学会和地名学会理事长。1991年被国务院授予"为发展我国高等教育事业作出突出贡献"的学者，1994年被国家人事部授予终身教授，现为浙江大学终身教授，并于2010年荣获浙江大学最高科研奖项——"竺可桢奖"。他长期在高校从事教学与研究工作，并数次受邀赴美国、加拿大、日本、巴西等国以及中国香港、台湾地区的大学访问讲学，以美国为例，他曾到30多个大学讲学，其中有常春藤盟校的三校即哈佛大学、斯坦福大学、哥伦比亚大学。陈先生在国外讲学全用英语，省去翻译，这使他与外国学者、学生的交流更通畅、便利。另外他还被聘为日本关西大学、国立大阪大学、国立广岛大学客座教授，为三校大学院即研究生院的学生上课，自然也全用英语讲授。

陈桥驿教授学识渊博，思维敏捷，著作等身，虽已届耄耋之年，仍笔耕不辍，每年仍有几十万字问世，截至2010年底，他已出专著70种，主编、点校30种，发表论文400多篇。他的丰硕成果大部分收集在人民出版社即将出版的《陈桥驿全集》中，计13卷2000万字，并亦展列于绍兴市仓桥直街190号"陈桥驿先生史料陈列馆"。该馆于2009年12月开馆，是目前浙江省内首个为在世文化名人建立的陈列馆舍。从其论著来看，除了对《水经注》潜心研究获得丰硕成果外，他在历史地理学、历史地图学、方志学和地名学研究等方面造诣精深，贡献卓越。本文仅对他在地名学方面的成就加以论述。

一

陈桥驿先生是我国地名学史研究的翘楚。国内地名学史系统全面科学的研究,肇始于 20 世纪 70 年代。1979 年,杭州大学(今并入浙江大学)为庆祝新中国成立三十周年召开科学报告会,希望老师能多写论文。陈先生论文题目是《论地名学及其发展》,该文后被正式发表于《中国历史地理论丛》1981 年第 1 辑,由陕西人民出版社出版。此文问世后,引起学术界的高度关注,华林甫称该文"为中国的地名学史研究奠定了基础"(华林甫:《中国地名学源流》,湖南人民出版社 1999 年版)。在《论地名学及其发展》一文中,作者先列举《克莱因语源综合辞典》、《新英国百科全书》、《布罗克豪斯百科全书》、《牛津大辞典》、《拉鲁斯大百科全书》、《韦氏大辞典》、《苏联大百科全书》等辞书对地名学一词的解释,使读者了解国外对地名学的见解。陈先生认为地名学研究对象是"地名学以地名,主要是历史地名为研究对象,因为即使是现代流行的地名,绝大部分也是历史上遗留下来的"。我国幅员辽阔,历史悠久,古籍浩瀚,留下来的历史地名数量众多,陈文统计古代地理著作所记载的地名,《禹贡》记载的地名约 1300 处;《山海经》约为《禹贡》的十倍;《汉书·地理志》涉及地名超过 4500 处;《后汉书·郡国志》超过 4000 处;《宋书·州郡志》超过 2000 处;《南齐书·州郡志》超过 2000 处;《魏书·地形志》超过 6000 处;《水经注》20000 处左右。统计上述各书记载地名的数目,需要投入大量时间和精力,陈桥驿先生写作之严谨,确实令我们钦佩。陈文又详细地阐明历代地名学研究的成果,而《水经注》无疑是其中最丰富多彩的书籍,它在记载地名的数量和解释地名渊源方面均是嚆矢。陈桥驿先生又将《水经注》中解释地名渊源的 2400 个地名分成 24 类,每类都列举实例说明。《水经注》以后,在我国地理著作中,地名渊源的研究成为必有的内容,"地名渊源的研究就这样为我国的地名学奠定了基础"。陈文还指出,"因为地名渊源只能反映地名的原始概况。这是地名的静态研究,而现在我们需要更进一步了解地名的发展和变迁,进行地名的动态研究"。地名学研究发展的进程,正如陈桥驿先生所期望的,已逐步地从地名的静态研究发展为地名的动态研究。

1979 年,陈桥驿先生又在《地名知识》第三、四两期发表《〈水经注〉与地名学》一文,此文后收录在陈桥驿著《水经注研究》一书。《水经注》是古代著名的地理书,它记载大量的地名,并多处解释了地名的含义,所以刘盛佳认为该书是一部地名著作(刘盛佳:《我国古代地名的佳作——〈水经注〉》,载《华中师范学院学报》1983 年第 1 期)。陈先生是当今"郦学"权威,他毕生研究《水经注》,并梳理《水经注》记载地名有 2 万左右,其中解释地名渊源的 2400 处,他按专名性质把这 2400 处分成 24 类,即史迹地名、人物地名、故国地名、部落地名、方言地名、动物地名、植物地名、矿物地名、地形地名、土壤地名、天候地名、色泽地名、音响地名、方位地名、阴阳地名、比喻地名、形象地名、相关地名、对称地名、数字地名、词义地名、复合地名、神话地名、传讹地名等,每类地名都言简意赅地说明含义,并列举多个例子,说理透彻,分析中肯,体现了科学性和实用价值,并为后来地名分类提供宝贵经验。众所周知,地名分类是地名学理论任务之一,也是当今地名规划、地名管理、地名档案管理和地名工具书编辑中的重要内容。地名分类有按地理实体性质分类,有按地名形态分类,有按地名时间分类,有按地名音、形、义分类;陈文按专名的性质把《水经注》2400 处有渊源解释的地名分成 24 类,是对地名分类的巨大贡献,并为地名专名分类奠定了基础。

《〈水经注〉与地名学》一文中,归纳了历史时期先辈们撰写的地名命名原则,一是《谷梁传》僖公二十八年记载的"水北为阳,山南为阳"。阴阳命名也属方位地名,长期来,在我国各地命名中广泛使用,如山阴,在会稽山之北;衡阳,位于衡山以南;江阴,在长江以南;洛阳,在洛水以北。以阴阳命名地名,是和我国所处的地域有关,因它以太阳光照为基础,显示出地理实体在空间位置上的真实面貌,所以《说文》段注:"日光所照曰阳,然则水之南,山之北为阴,可知矣。"以阴阳方向命名属方位地名的隐位类型,以东、南、西、北、中、内、外、上、下等命名的则属方位地名的显位类型。

二是《越绝书》卷八提出的"因事名之"。此原则在地名命名中也多处出现。

三是《水经注》卷二所载的:"凡郡,或以列国,陈、鲁、齐、吴是也;或以旧邑,长沙、丹阳是也;或以山陵,太山、山阳是也;或以川原,西河、河东是也;或以所出,金城城下得金,酒泉泉味如酒,豫章樟树生庭,雁门雁之所育是也;或以号令,禹合诸侯,大计东冶之山,因名会稽是也。"由此可知,《水经注》在地方行政区划的一级——郡的命名,得出以列国、旧邑、山陵、河川、物产、号令等六方面的命名原则,总结了以往我国郡名的地名来源。

我国古籍浩如瀚海,不可斗量,属于地名专著的却寥若晨星,含有地名内容的绝大多数信息散落于各种古代文选中,至于地名原则更是大海捞针。由于陈桥驿先生博览群书,锲而不舍地深入探求,才能指出我国古代著作中出现的地名命名原则,实为难得,也反映了陈先生功力深厚,学识卓越。

地名渊源的研究是地名学研究的核心。《〈水经注〉与地名学》一文把古代著名地理著作中解释地名渊源的统计如下:

《汉书·地理志》40 余处;

应劭《集解汉书》、《十三州志》、《地理风俗记》,至今留下 180 条;

袁康、吴平《越绝书》30 多处;

常璩《华阳国志》20 余处；

郦道元《水经注》2400 处。

其他如晋代京相璠《春秋土地名》、王隐《晋书地道记》、袁山松《郡国志》、乐资《九州要记》、张勃《吴地志》、郭璞《尔雅注》，亦解释不少地名渊源，但著作大多缺佚，仅从他书转引中窥之。南北朝的许多地理著作如北魏阚骃《十三州志》、宋盛弘之《荆州记》、庾仲雍《湘中记》、刘道真《钱唐记》、陈顾野王《舆地志》等，亦有许多地名渊源解释。

<h1 style="text-align:center">二</h1>

陈桥驿先生撰写了大量内容精湛的地名学领域的论文，成果斐然。

陈先生在研究《水经注》过程中，发表的地名论文有：

陈桥驿著《水经注研究》（天津古籍出版社 1986 年版）一书，含有地名论文是：

1.《水经注》与地名学；

2.《水经注》记载的同国异名；

3.《水经注》记载的一地多名；

4.《水经注》记载的异地同名；

5.《水经注》记载中的有地无名；

6.《水经注》地名错误举例。

在陈桥驿著《水经注研究二集》（山西人民出版社 1987 年版）一书中撰写地名论文有：

1.《水经注·地名汇编》序；

2.《水经注·地名汇编》说明。

在陈桥驿著《水经注研究四集》（杭州出版社 2003 年版）撰写地名论文是：

《水经注》中的非汉语地名。

上述篇篇质量优秀的文章，显示陈先生对《水经注》记载地名研究之全面、透彻、仔细，深受中外学者的推崇、赞誉。以《水经注·地名汇编》为例，此文是为郦注记载的各类地名的索引，帮助读者查询方便。为此，陈文把《水经注》记载的 2 万个左右地名按不同性质分成 65 类，每一类地名按卷次进行排列，每类卷首附说明一篇,也有数类地名由于性质相似合成于一篇说明,全文共有说明54篇,以《水经注》核心的河川篇说明观之,陈文归纳郦注河川通名有江、河、川、渎、津、渠、溪、涧、沟、流,等等。并着重指出郦注河川中要注意以下情况,即有一水多名现象、异水同名情况、有水无名存在、有名无水状况和河川错误地名。上述每种情况均举多例说明。更值得称道的是在《水经注》中一些支渠细流,郦道元遗漏了一些地名,陈先生在地名汇编文中尽量补上,并引用原注在备注说明,如卷十六《浐水》经"浐水出蓝田谷,北入于渭",注云:"《地理志》曰:浐水出南陵县之蓝田谷,西北流与一水合,水出西北莽谷,东北流注浐水。"郦注未将源于莽谷而东北流入浐水的这条小河名称写出,陈先生在地名汇编中把这条河流写作"莽谷水",显然它是以源头莽谷派生而来,属派生地名,这条小河称莽谷水,是合情合理的。

陈桥驿先生埋首书海写成的《水经注·地名汇编》,他却十分谦逊地说:"(地名)汇编实际上只是郦注记载的各类地名的一个索引。所以对于《水经注》的大量地名来说,我的工作实在很微小,无非是一种最初步的整理。衷心希望以这样一个初步的开端抛砖引玉,促使《水经注》地名研究的发展。"

陈桥驿著《水经注研究》(此书有地名学方面论文六篇)问世后,好评如潮,被研究者奉为圭臬。《光明日报》在1986年3月31日提及此书说:"他的学术专著《水经注研究》去年出版后,受到中外专家的赞赏。"上海《社会科学报》在1985年12月30日评介此书标题为"郦学研究进展的重要标志"。《杭州大学学报》(哲学社会科学版)1985年第4期书评:"受到国内外学术界的瞩目和赞誉。"事实也如此,历史地理学泰斗谭其骧、侯仁之、史念海以及国外许多学者纷纷写文或写信高度赞誉《水经注研究》的成就。谭其骧教授致陈先生信中说:"由于大著《水经注研究》的出版,势必将大大推进国内的郦学研究,深为郦学将进入一新时代庆幸,当然也为吾兄为我国学术界建此功勋庆幸,这当然是一部必传之作。"日本著名汉学家斯波义信教授来信祝贺,他说:"我怀着极愉快的心情和极大的兴趣,阅读了大著《水经注研究》一书。对你所达到的学术成就的真正卓越水平感到深刻的印象。确实,此书是《水经注》研究史上值得纪念的里程碑。我在此书发现有许多颇有补益的意见和评注,都是从你的长期努力和对现有资料的全面掌握得来的。我将珍藏此书,作为自己未来研究工作中最有用的参考资料。"日本关西大学大学院(即研究生院)采用《水经注研究》一书作为教材。

20世纪80年代,在地名普查的基础上,为保留与积累地名资料,推广标准化地名使用,为各行各业提供地名和其相关方面的确实信息,浙江省第一轮地名志修纂在党委领导、政府主持、地名办公室组织下有计划、有步骤地全面展开。官修的地名志除文、图、表、照片、录等体裁外,在卷首常设有"序",序的作者不外乎两方面人:一类是当地或其上一级的父母官,此序被人称为"官序";另一类是邀请著名的学者担纲,此序时称"学序"。由于陈桥驿先生德高望重,学识高深,不仅是当代著名的"郦学"权威,而且在地名学领域中造诣精深,所以省内各县市往往请他为当地地名志作序,据统计,他曾为地名志和某些地名刊物书籍写序的有:《龙泉地名志》(1985 年)、《丽水市地名志》(1988 年)、《遂昌县地名志》(1988年)、《常山县地名志》(1988 年)、《浙江地名简志》(1988 年)、《浙江地名文汇》创刊词(1988 年)、《瓯海县地名志》(1989 年)、《浙江地名趣话》(1990 年)、《杭州市地名志》(1990 年)、《浙江古今地名词典》(1991 年)、《浙江地名研究二集》(1991年)、《岱山县地名志》(1991 年)、《庆元县地名志》(1992 年)、《象山县地名志》(1996 年)、《浙江区划地名溯源》(2007 年)等。陈桥驿先生写的每篇序,绝不敷衍应景,泛泛而谈,而是对该地名志(或地名刊物、书籍)的内容认真全面了解,悉心揣摩后执笔而成,所以他作的序,篇篇都是令人折服的上乘作品,也是地名领域中真知灼见的优秀论文。

陈桥驿先生凭着机智聪慧的头脑,坚韧不拔的精神,正式发表的地名学论文成果卓越,名文迭出,另外还有:《地名学与地理教学》(《地理教学参考》1980 年 5月)、《论浙江省的方言地名》(《浙江学刊》1983 年第 2 期)、《浙江省县(市)名简考》(《中国历史地理论丛》1985 年第 1 期)、《论地名重合》、《论地名重合(续)》(《中国地名》1991 年第 1 期、第 3 期)、《中国的非汉语地名——以〈水经注〉记载为例》(《中国方域》1993 年第 3 期)、《论中国的非汉语地名》、《论中国的非汉语地名(续)》(《中国地名》1998 年第 3 期、第 4 期)、《中国古代的地名研究》、《中国古代的地名研究(续)》(《中国地名》第 5 期、第 6 期)。

三

陈桥驿先生主编数本地名词典与地名志。

陈先生主编《中华人民共和国地名词典·浙江省》。《中华人民共和国地名词典》是在中国地名委员会、国家教委、国家出版总局领导下编纂的我国第一部大型地名词典,按省分册,陈先生为浙江省册主编。1978 年,我国开展第一次地名普查,它是政府领导下由地名工作者经过准备工作、业务培训、实地调查、资料考证到成果验收等严格的程序完成的。1982 年 9 月,浙江省 72 个县市地名普查成果验收全部完成。按照上级要求,在地名普查基础上,吸收有关学科的研究成果,由地理学、历史学、语言学、民族学等方面的专家、学者和地名工作者共同编纂地名词典。当时,身为杭州大学(今并入新浙江大学)地理学教师的我,有幸参加由陈先生主编的地名词典的编纂工作,时时听取先生的教诲,得益匪浅。当时,参加撰写地名词典的作者均是首次参与,他们虽有本专业的知识,面对地名词典却生疏。陈先生睿智、博学,待人宽容豁达,他得知编纂者的困境后,首先让我们了解已出版的中外地名词典,并将臧励龢《中国古今地名大辞典》(商务印书馆1931年版)、葛绥成《最新中外地名词典》(中华书局1940年版)两部词典中关于浙江省地名条目复印发给编者。又特地让叶光庭老师和我至上海图书馆找资料,复印外国著名地名词典有关浙江省条目,印发给我们,又说明《地名词典》含有基本内容与其他内容两个方面,基本内容包含原标准地名、原名、又名、曾用名、简名、雅名、位置、辖属以及地名的来历、含义、演变,其他内容按不同类别地名而异,可撰写相关的自然和人文环境内容。在基本内容中,除位置、辖属外,全属地名内容,这也是地名词典最基本的信息,也是他人查阅地名词典最想得到的资料,又是区别其他词典的标志。陈先生又谆谆指导我们,查阅地名渊源,力求正确准确,必须找原文,即引用最早、最权威的文献,例如北宋乐史《太平寰宇记》有记载的,就不用清顾祖禹的《读史方舆纪要》;正史有的,就不用地方志的。在引用古文时,要复核复校,以免漏字错字,点校标点要慎之又慎。在引文前要注明书籍篇名和卷次,鲜为人知的古代文献,在书名前写明时代和作者。书中地名的来历、含义要谨慎考证,有两种或两种以上说法的,要多选古籍辨别,有把握的择其正确的一种记之,凡无法辨别的亦可诸说并列。

陈桥驿先生又要我们按分配的任务,实地考察和收集资料,在此基础上,试写词条,并与负责出版该词典的商务印书馆责任编辑集中时间多次商讨,反复推敲,经过数次修改后始成。《中华人民共和国地名词典·浙江省》于1988年8月正式出版,是全国地名词典出版时间仅次于江苏省的第二部出版的地名词典。

陈桥驿先生主编的第二部大型地名词典是《浙江古今地名词典》。1985年,由浙江省的城乡建设厅、民政厅、教育厅、地名委员会和出版局提议,并经省人民政府同意,决定编纂出版《浙江古今地名词典》,这是一部各项建设事业、各有关学科以及人们社会交往所迫切需要的工具书。编纂委员会于1986年成立,由时任城乡建设厅厅长的魏廉任编委会主任,陈桥驿任编纂委员会副主任、主编。《浙江古今地名词典》的撰稿人逾百人,为保证质量,在主编陈先生指导下,首先付印《浙江古今地名词典》编纂出版方案和编纂工作细则,详细地阐明本词典宗旨、指导思想、收词范围、采词标准、释文内容、体例等方面。编纂工作细则全面、详尽，每个撰稿人有章可依，有文可据，使有 100 多人参加的编者口径一致，笔调统一，避免出现众人动手，条目释文五花八门的现象。

词目内容是词典的核心，也是衡量一部词典质量优劣的标志。《浙江古今地名词典》规定各条目释文以地名内容为主体，以地名为线索，向读者提供浙江省历史、地理、文化、经济等知识，使思想性、科学性、实用性统一。为保证收词严谨，释文翔实，文字精练，在分配各类词目收词和释文人选上，陈先生胸有成竹，早已准备，在《浙江古今地名词典》编委会首次会议上就开诚布公地表明："这次我们有几条界限，比如说，古地名不放下去，由少数几个人包。搞过的人才知道古地名应从什么地方去找，做什么事情都要言必有据，都要有出典。……自然地名，我们也有个班子，自然地理有很多名词、术语，一定要受过地理专业训练的。否则，什么叫比降，什么叫沉积岩，什么叫凝灰岩，他都不知道。很多聚落地名要请当地的同志写，我们不知道这个聚落在山的东面还是西面。要各尽所能。"正因为按"各尽所能"分配人选，故确定古地名由几位历史地理学者负责，自然地理地名由少数地理学者集中撰写，水利设施、交通地名则分别由浙江省水利厅和交通厅承担，数量最多、分布最广的今行政区、聚落地名由各地市的编委负责组稿，聘请当地有实践经验的地名工作者编写。陈桥驿先生因人制宜，"要各尽所能"地分配词目撰写的原则，既发挥了各人所长，又保证了词典的质量。

《浙江古今地名词典》共收条目 1.2 万条，其中古地名 4000 条，这 4000 条是本词典难点所在，除了查阅历代大量经书、史书和地方志外，有些信息依靠古代文选资料还难于辨清，为搞清问题，陈桥驿先生指导编纂者设计古地名今址、现状调查表，由浙江省地名办公室印发给各市县地名办公室，请当地地名工作者协助调查后填表。在各类词目释文完成后（包括初稿、各地市改稿、审稿、编委会加工），最后由主编陈先生全面审定，保证古今地名词典圆满完成。

这本融古今地名于一书的《浙江古今地名词典》，共收条目 1.2 万条，183 万字，是我国第一部省区的古今地名词典，也是浙江省历来规模最大的地名检索工具书，于 1991 年 9 月由浙江教育出版社出版。

陈桥驿先生又主编《杭州市地名志》。宋代词人柳永《望海潮》："东南形胜，三吴都会，钱塘自古繁华。烟柳画桥，风帘翠幕，参差十万人家。"杭州历来是浙江省政治、经济、文化、交通中心，又是全国八大古都之一，历史文化名城和著名风景名胜城市，由于地位显要，《杭州市地名志》亦备受各界人士的青睐和关注。杭州市地名办公室深知该志的重要，故特邀陈桥驿先生担任主编，陈欣然受命。

由于本人亦参加该志自然地理实体条目的撰写,故深知他和以往主编词典和其他书籍一样,自担任主编起,兢兢业业,勤勤恳恳,恪守尽职。在志书编写规模、篇章结构、地图选择(含古图)、释文内容、体例、统计数字、单位运用等各方面无不仔细推敲,认真揣摩,在志书的内容和体例上都作了不少创新。志书脱稿后,又由他亲自统稿,卷首的前言亦由他执笔。此志正如浙江省地名委员会《关于印发县〈地名志〉编辑的纲要通知》中所指出的:"是用地名典籍的形式,提供准确详备的地名资料。"《杭州地名志》全书81.6万字,扉页书名由著名书法家沙孟海题写,1990年由浙江人民出版社出版,这是浙江省第一部公开出版的地名志。

《杭州市地名志》出版后,好评如潮,后来凡涉及杭州市地名的,其书籍报刊无不引用该书内容。近年,经常有单位或个人向杭州市地名办公室索取或购买该志,但初刊仅3000册,早已告罄,有人愿出高价购买,初出版时,志书每册仅售价40元,现时1000元一册亦无法购到。

四

陈桥驿先生总结了浙江省地名的特色。

《浙江地名简志》是浙江人民出版社1988年2月出版的浙江简志丛书之一,印数6150册。此书出版后,反响颇佳,江泽民在赠书17种给香港著名小说家查良镛(金庸)时,在《浙江地名简志》扉页上用毛笔书写:"良镛先生惠存 江泽民 一九九三年三月十八日。"陈桥驿先生为《浙江地名简志》作序,并且也是该书的主要撰稿人。在"序"中,陈文紧紧围绕浙江省地名展开论述,首先分析了浙江省名渊源于省内最大河流——浙江(今称钱塘江),言简意赅地阐明以浙江这条河流作为省名的演变过程。其次以大量篇幅分析归纳了浙江省地名的三个重要特色,一是"所以至今这个地区仍然遗留着许多越语地名,成为浙江省地名最为重要的特色";二是"省内存在着大量与海洋有关的地名,这是浙江省地名的另一个重要特色";三是"省内的大量地名和这种山岳遍布的地形特征有关,成为浙江省地名的第三个重要特色"。

地名是人们赋予各个地理实体的专有名称,它是社会发展到一定时期的产物,并随社会的发展而发展。远古以来,越族已在省境内生息繁衍,当时越人的生活和生产正如《吴越春秋》卷四记载:"随陵陆而耕种,或逐禽鹿而给食。"越语地名,这也是浙江省内出现的最早地名,省内有历史记载的第一个地名,即《竹书纪年》周成王二十四年下,"于越来宾",这个"于越"或"越"属于越语地名。陈先生在《浙江地名简志》序中,列举大量的越语地名,如自然地理地名的浙江、瓯江、甬江、姚江、若耶溪、余不溪;聚落地命中檇李、语儿、武原、姑末;秦置会稽郡下属的县名由拳(今嘉兴)、乌程(今湖州)、余杭、钱唐、上虞、余姚、句章(今慈溪)、鄞、鄮(今鄞县)、诸暨、乌伤(今义乌)、太末(今龙游);西汉置余暨(今萧山)、剡县(今嵊州)等。至于越语的派生地名,为数更为可观,如以剡县得名的剡溪、剡山,虽然在五代晋天福五年(940),吴越恶"剡"有二火一刀,以为不祥,改名赡县,北宋初复名后,宣和三年(1121),方腊起义被镇压,因本县道人响应起义,平定后又以剡有兵火象,改嵊县。但剡溪、剡山和以剡为名的大量地名今仍在嵊州市内存在。钱唐江(钱塘江)亦是越语地名,其派生地名存于杭州城区不胜枚举。正如陈先生在"序"中所说:越语及其派生地名,在"省内的地名中占了较大的比重,是浙江省地名中极为重要的特色"。

秦始皇统一全国后,越族从居住地大量流散,汉族陆续迁入,越族的语言逐渐消失,汉人虽然对原越语地名作各种解释,但多半是牵强附会,越语地名真正的含义亦未得知,正如清李慈铭在《越缦堂日记》指出:"盖余姚如余暨、余杭之比,皆越之方言,犹称于越、句吴也。姚、暨、虞、剡,亦不过以方言名县,其义无得而详。"这些"已经消失的语言",在《越绝书》中仅留下个别解释其意义,如卷三:"越人谓船为须虑。"卷八:"朱余者,越盐官也。越人谓盐曰'余'。"

与海洋相关和山岳得名的地名,在浙江省境屡见不鲜,陈先生在"序"中列举的市县一级行政区划名称即可窥见一斑,如"海盐、海宁、镇海、定海、宁海、临海、瓯海等","萧山、象山、岱山、江山、常山等,而奉化、嵊县、普陀、洞头、天台、黄岩、玉环、青田等县,县名也都得自同名的山岳。此外嵊泗得名于泗礁山,衢州得名于三衢山,丽水得名于丽阳山,不胜枚举"。至于集镇一级的地名为数更多,与海洋有关的如"海盐县的海塘,绍兴县的马海,上虞县的沥海,余姚市的兰海、临海、朗海、镇海,慈溪县的附海、东海、沿海,临海市的沿海、滨海,椒江市的海门,黄岩县的镇海,乐清县的慎海,瑞安县的海安等等。此外,在沿海和各岛屿,还有许多以洋、海、沙、涂、浦、浪、门、岛、屿、礁、塘等为名的地名"。在集镇一级的地命中,以山岳为名的有如"杭州的半山,余杭的超山,萧山的坎山,富阳的里山,临安的青山,长兴的煤山,东阳的巍山,诸暨的璜山等,都是这类例子"。

众所周知,地名是当地自然环境和人文环境的客观反映。越语及其派生地名是"浙江省地名中极为重要特色",是说明浙江古族居民是越族,故留下大量的越语及其派生地名。浙江面临东海,海岸线绵长、曲折,港湾交错,岛屿星罗棋布,又有全国最大的群岛——舟山群岛,和海洋相关的地名就成为省内地名的一大特色。省境山丘遍布,冈峦起伏,故有数量可观的以山岳为名的地名,它真实反映了浙江省"七山一水二分田"的地貌特色。

陈桥驿先生是浙江省地名学会首任理事长,在他任职的十多年,经常接待各市县地名工作者的访问,解答有关问题,还亲自为省地名志培训班上课,修改地名志稿,又常常参加地名志审稿会。总之,陈先生在地名领域中做出了卓越贡献,令人敬仰。他虽然年事已高,但还是"老骥伏枥,志在千里,烈士暮年,壮心不已"。我们祝贺他长寿、健康、幸福!

日本学者松本洪对中国历史植被变迁的开拓性研究

辛德勇

（北京大学历史学系）

日本学者松本洪撰写的《上代北支那の森林》一书，是较早系统研究中国北方历史时期植被变迁的一部重要著作。该书出版于昭和十七年也就是公元1942年的7月，是由所谓"帝国治山治水协会"出版发行。当时日本举国上下正深陷于对外扩张的侵略战争当中，而且在太平洋战场上，局势开始出现不利于日本的逆转，因此，这样一本论述中国古代森林覆盖状况的学术书籍，当时不会有多少人翻阅，估计印数有限，而战后数十年来，此书似乎一直无人问津，甚至专门研究中国环境史和历史自然地理问题的著述，也未见有人提及松本氏这一研究。至于中国历史地理学界，对此更是一无所闻。有鉴于此，为全面认识中国历史地理学研究在晚近时期的发展状况，我想在这里简要介绍一下这本书的内容。

现在一谈到中国北方的植被变迁问题，人们就会想到，是人类滥垦乱伐对森林的破坏，彻底改变了当地的原始植被形态。乐于制造聚焦效应的大众传媒，使之成为社会通行的常识。我们姑且不论这种说法是否完全符合历史时期的实际情况，溯本求源，先来看一看它的形成过程。

若是仅仅就我们中国人自己的认识来讲的话，早在战国时期，孟子在阐释人之心性时，即曾取山性为比，设以譬喻曰："牛山之木尝美矣，以其郊于大国也，斧斤伐之，可以为美乎？是其日夜之所息，雨露之所润，非无萌蘖之生焉，牛羊又从而牧之，是以若彼濯濯也，人见其濯濯也，以为未尝有材焉，此岂山之性也哉！"① 晚近时期比较有代表性的说法，如明嘉靖时人阎绳芳曾记述山西祁县在嘉靖初

---

① 《孟子·告子》上，据宋朱熹《孟子集注》（日本文政八年翻刻清康熙甲寅朱锡旂刊《四书》本）卷六，第8页。

《上代北支那の森林》封面

年对山地林木的破坏及其后果云：

> 东南麓台、上下帻诸山，正德前树木丛茂，民寡薪采，山之诸泉，汇而为盘陀水，流而为昌源河，长波澍湃，……而入于汾，虽六七月，大雨时行，为木石所蕴，放流故道，终岁未见其徙（徙）且竭焉。以故由来远镇迄县北诸村，咸潴支渠，溉田数千顷，祁以此富。嘉靖初元，民竞为居室，南山之木，采无虚岁，而土人且利山之濯濯，垦以为田，寻株尺蘖，必铲削无遗。天若暴雨，水无所碍，朝落于南山，而夕即达于平壤，延涨冲决，流无定所，屡徙（徙）于贾令南北，而祁之丰富，减于前之什七矣！[1]

所论人与自然的关系，有若今日地理环境学说，可谓见识超逸。

另一方面，对于欧美世界来说，至少其中一个主要源头，是出自近代西方传教士、探险家或是研究中国问题的学者之口。

1844 年秋天，法国遣使会会士古伯察（Régis-Evariste Huc，1813—1860）离开京帅，北上蒙古高原，当他走到今内蒙古翁牛特旗一带时，就针对当地的环境状况，提出了这样的看法：

> 进入 17 世纪中叶以后，汉人开始窜入这一地区。当时，这里还是一派雄浑的原始景观：山峰上覆盖着完好的森林，山谷里是丰美的牧场，白色的蒙古包点缀其间。汉人总共也花费不了多少钱，就能够获得准许，在这片荒原上开垦种植。随着垦殖业的扩展，蒙古人被迫退走他处，去放牧他们的羊群和其他牲畜。

> 从此以后，这块地方就完全改换了面貌。所有的树木都被连根除掉，山

---

① 光绪《山西通志》（清光绪十八年刻本）卷六六《水利略一》采录明阎绳芳《镇河楼记》，第 31 页 a。

上的森林从视野中消失,烧荒的火焰把大草原燎得一干二净。新来的农夫开始忙碌起来,消耗着土壤的肥力。这里几乎每一处土地,现在都掌握在汉人手中。我们几乎可以断定,正是这种毁灭性的种植方式,使当地的季候变幻无常,从而又致使这片不幸的土地在今天变得更为荒凉。旱灾连年不断。春天的风吹刮起来,抽干土壤中的水分。老天示以不祥的征兆,眼看着某种可怕的灾难就要降临头上,不幸的民众惶恐万分,而吹来的风则愈加肆虐,有时甚至会一直刮到夏天。尘土飞扬,高入云霄,使得大气变得厚重昏暗,常常在正午时分,你会觉得四周竟像夜晚一样令人恐惧;更确切地说,它会让你紧张,并体会到一种黑暗的感觉,比最黑暗的夜晚还要可怕上千倍。紧随着这些狂风,飘来了雨水,可是,人们对降下的雨水不仅毫不企盼,而且还充满畏惧,因为它会倾盆而下,形成凶猛的洪流。有时就像天突然裂开了口子一样,一面巨大的瀑布直泻而下,流淌出这个季节里蓄积的所有雨水,田地连同上面生长的庄稼顷刻之间便淹没在一片泥海之中,巨大的波涛沿着山谷奔腾,卷走前面的所有障碍。滚滚洪流一闪而过,短短几个小时之后,大地重又浮现,上面的庄稼却已经荡然无存,然而还有比这更为严重的恶果:适宜耕种的土壤也已随波而去。这里只留存有深深的冲沟,里面堆满了砾石,从今以后再也无法下犁耕种。①

上面这段描述,具有浓重的文学色彩,与专门的学术性研究当然存在很大差别,但这位古伯察神父敏锐地触及了植被变迁中的一个核心问题,即农耕活动对原始植被的严重破坏;换句话来说,也就是当地固有的林木都毁失于农业垦殖活动。

后来相继有很多西方学者在考察山西等地的植被时,也意识到同样的问题。譬如,美国探险家克拉克(Robert Sterling Clark)一行人在20世纪初叶考察陕西、甘肃等地的过程中,参与考察的英国博物学家苏柯仁(Arthur de Carle Sowerby)就叙述说,黄土高原上光秃秃的山岭,在很大程度上,应是当地居民砍伐树木的结果②。在这批学者当中,南京金陵大学森林系教授罗德民(W. C. Lowdermilk)的认识尤为系统深刻。为调查上游土壤侵蚀对黄河下游河道淤积

---

① M. Huc, "Travels in Tartary, Thibet, and China, During the Years 1844-5-6", Translated from the French by W. Hazlitt., London: Office of the National Illustrated Library, c1852. pp.11-12.

② 克拉克(Robert Sterling Clark)与苏柯仁(Arthur de Carle Sowerby)合著《穿越陕甘》(*Through Shên-Kan*,英文原版初印于1912年,此据史红帅汉译本,上海科学技术文献出版社2010年版)第十三章《地质学札记》,第132—133页。

的影响作用,罗德民在 1924 至 1925 年间,带领任承统等一批中国师生多次实地考察汾河流域的水土流失状况,列举具体数据,科学地论证了乱砍滥伐山地森林所导致的严重水土流失,并明确提出了"人为加速侵蚀"的概念①。

西方旅行家和学者这种看法,对日本地理学家后来从事相关研究,似乎并没有产生多大正面影响(尽管罗德民 1926 年还在日本东京召开的第三届泛太平洋会议上宣读过《影响暴雨径流和土壤侵蚀的因子》一文,据他自己讲,这是国际学术史上第一篇这样的论文,该文大大增进了人们对水土流失问题的认识,并促使各国普遍采用试验方法来观测水土流失量②),有些人反而从相反角度,提出新的思索③。同时,还另有一些人完全没有理会这一派人的观点,而是只看到某些西洋汉学家否定中国北方在古代曾普遍存在繁茂森林的观点,松本洪就是这样一位学者。松本氏在讲述其研究缘起时谈道:

> 相传欧洲研究中国问题的学者,在进入中国研究多年之后,得出的结论是覆盖在中国北方的黄土层本来就不适合生长繁茂的林木,那些一望无际的濯濯童山,乃是太古以来的景色,而且未来也会将这种状态永久存续下去。然而,中国北方的土地果真就是这样悲凉吗?据云日本的林学家和土质学家以为在黄土层中绝没有不能植树的道理,现在中国北方地区没有树木,似乎并非土质所致,恐怕更多地应当归结为数千年来人类活动的结果。因此,从今以后只要能够倾尽人力于此,郁郁苍苍的森林遮蔽中国全境,也绝不是不可企及的事情。诚然如此,前途自然大可期待,但我们到底应该相信哪一种说法呢?④

松本洪自言既不懂土质,也不懂气象,对林学同样一无所知,对于他来说,唯一的判断方法,便是查阅传世古籍来验证中国北方的林相。

松本洪在分析欧洲学者阅读中国古代典籍的能力之后指出:

> 欧洲研究中国问题的学者,阅读汉文不能得心应手,即使是长期居住在

---

① 罗桂环:《20 世纪上半叶西方学者对中国水土保持事业的促进》,载《中国水土保持科学》第 1 卷第 3 期,2003 年 9 月,第 106—110 页。又许国华:《罗德民博士与中国的水土保持事业》,载《中国水土保持》1984 年第 1 期,第 39—42 页。

② 许国华:《罗德民博士与中国的水土保持事业》,载《中国水土保持》1984 年第 1 期,第 40 页。

③ [日]保柳睦美:《山西農業の自然環境》,原刊《世界地理》(日文)第三卷(1940 年),此据作者文集《北支・蒙古の地理——乾燥アジアの地理學的諸問題——》(东京,古今书院,1943),第 124 页。

④ [日]松本洪:《上代北支那の森林》(东京,帝国治山治水协会,1942)第一编《总论》,第 1 页。

中国,恐怕也不能随意查阅古籍。另一方面,古书当中有关树木的记载又很少,喜欢阅读古书的人要想从相关内容很少的典籍当中得到很多有关树木的记载,这也如同痴人说梦,无法实现。不能获取资料,也就无法做出正确的判断,这也难怪欧洲研究中国问题的学者会异口同声地说中国自古以来就没有林木。①

这里对欧洲学者汉文阅读能力的评判,显然有失偏颇。因为否定中国北方黄土地带在古代存在大片森林的代表性人物,为德国地质学家和地理学家李希霍芬(Ferdinand von Richthofen),而他根本算不上汉学家;另一位代表性学者魏特夫(K. A. Wittfogel)②,虽然确实研究中国历史问题,但他更为侧重通过总结历史规律来解决现实社会问题,与重视文献解读的经院式汉学研究也有明显区别③。另外,在流行范围更广的通论性著述当中,例如美国地理学家亨丁顿(Ellsworth Huntington)等人在1920年出版的《人生地理学原理》一书当中,也提到过类似的看法④,然而这位亨丁顿氏同样与中国古代文史无缘。实际上,当时西洋的第一流汉学家诸如伯希和一辈人物,其对中国典籍的理解能力,甚至常常会有超出于中国高水平学者之上的地方,也足以与日本汉学巨擘分庭抗礼,不宜似此一概贬抑。尽管如此,对于大多数研究中国问题的欧美学者来说,爬梳相关典籍中有关林木的记载,确实是一件相当困难的事情,而在这一方面,日本的汉学家们也确实有理由自负其能。从学术发展史角度来看,这至少从一个侧面告诉我们,为什么是由日本汉学家而不是西洋学者来开启这项重要研究。

如上文所述,松本洪其人并不是一位从事地理科学或林业科学研究的自然科学家,而应当是一位研究中国古代文史的学者,他当时的身份,是早稻田大学讲师。松本洪从事这项研究,是接受"东亚研究所第二调查委员会(黄河)第三部会"的委托。较此稍早,这个"东亚研究所第二调查委员会"属下的"华北第二部会",还在黄河流域做过专门调查,编写有研究报告《治水篇》和《利水篇》,日本投

---

① [日]松本洪:《上代北支那の森林》第一编《总论》,第2页。
② 譬如魏特夫就清楚地指出:"黄土一些特性,是基于其多孔且'缺乏黏性'的结构。黄土实属森林之敌,对于树木生长来说,由于渗透性太强,黄土绝不是适宜的营养土质。"说见魏特夫著、平野义太郎监译《解體過程における支那の經濟と社會》(东京,中央公论社,1939),第45页。
③ 参见华东军政委员会水利部编译:《黄河资料·治水利水篇》(上海,华东军政委员会水利部,1951)之《治水篇》第三章第二节"华北森林分布及造林的状况",第135页。
④ 亨廷顿等(Ellsworth Huntington and S. W. Cushing)著:《人生地理学原理》(*Principles of Human Geography*,此据王海初、郑次川汉译本,商务印书馆1930年版,《万有文库》本)第七编第十三章"满被地球的植物"(案此本译者当时系将Huntington音译作"亨丁敦",兹依现今通译改写),第17—18页。

《治水利水篇》封面

降后民国政府河工部门曾将其编译为中文,制成纸版而没有顾上印刷;至 1951 年,华东军政委员会水利部始将其印行于世。这本《治水篇》的最后一章题作《森林治水计划》,专门论述林木对治理黄河水患的作用,其中谈到他们调查发现,即使是在黄土地带上也有天然林残存,"若是今后更加探讨古代的文献,当能找出种种资料,证明华北在古时候是有相当的森林存在的"①。"东亚研究所第二调查委员会"委托松本洪来研究中国北方古代的森林,显然是为实现这一意愿。

由此可见,他们研究中国北方历史时期的植被状况,乃是直接针对黄河水患问题,即试图为减少黄河水流当中含有的泥沙而寻找解决办法。也正因为如此,所谓"帝国治山治水协会"才会乐于将其作为该协会的一项事业而安排出版发行,并且以为这项成果不仅有助于治理黄河水患,同时对关心中国大陆问题的所有学者都有参考价值。这个"帝国治山治水协会"在卷首的出版前言中对此做有说明云:

> 黄河难治的首要原因,在于其过于庞大的含沙量,即在洪水季节,颗粒微细的泥沙在河水中所占的比例,可以高达百分几十,每年在河床中沉积的泥沙要高达十数亿立方米,从而淤高河床,堤坝溃决,随处发生,河水频繁泛滥于低平的中原大地。数千年来,居民为防堵此患,疲弊至极。黄河泥沙含量过大,当然主要是由于广泛分布的黄土在雨水的侵蚀下很容易流失,但同时也绝不能忽视如下事实:即在黄土地带内乱砍滥伐森林对山地所造成的毁损以及不合理开垦农田对原始植被的破坏,都严重加剧了黄土的流失。
>
> 要想对当今华北地区山野中没有一草一木的状况做出清楚的阐释,自

---

① 华东军政委员会水利部编译:《黄河资料·治水利水篇》之《治水篇》第三章第二节"华北森林分布及造林的状况",第 135 页。

　　然是一件十分困难的事情,不过,我们可以看到,由于政治不稳定所造成的
　　胡乱采伐、伴随蒙古民族南下所产生的过度放牧、历代王朝因人口过剩而大
　　力倡导垦殖农田,再加上对营造林地漠不关心,等等,这一系列行为都是致
　　使山野荒芜化的重要原因,而覆盖华北大部分地区的黄土其本身的特性与
　　干旱少雨的气候条件,则愈为加剧了这里植被荒芜的程度。①

这段话清楚指明了中国北方黄土地带上植被覆盖状况与水土流失以及黄河水患
的对应关系,也全面谈到了人类活动破坏自然植被的几种主要形式,同时还合理
地分析了黄土的土质特性和黄土区域的气候条件对植被变迁的影响,几乎囊括
了后来中国学者研究历史植被问题时涉及的所有内容,不妨将其视作松本洪氏
研究这一问题时所依托的总体学术背景。

　　日本学者能够提出这些看法,除了吸收西方普通地理学知识之外,他们在历
史地理学方面也已经明确认识到,砍伐森林是人类影响和改变自然环境的一种
重要形式②。需要指出的是,以所谓"帝国治山治水协会"为代表的日本学者上
面这样一些看法,在一定程度上,应该也融合有中国水利专家李仪祉等人的
观点③。

　　在中国,早在清代乾隆年间,就有一位叫做胡定的御史,注意到"黄河之沙,
多出自三门以上及山西条山一带破涧中",故"请令地方官于涧口筑坝堰水,发沙
滞涧中",以"汰沙澄源"④,亦即试图通过减少上游河段水流中裹挟的泥沙来治
理下游河段的洪水灾害。至20世纪二三十年代,李仪祉在探讨治理黄河水患的
路径时,更为清楚地认识到来自黄河中上游地区的大量泥沙,是黄河下游河道决
溢频发的根本原因⑤,当时人称"首创治河宜注重上游之说"⑥。在1934年写成
的《治黄意见》一文中,李氏指出:"沙患不除,则河恐终无治理之一日。……所以
欲图根本治黄,必须由治沙起。如能将沙治除,则患自可消灭矣。"而"沙患之所

　　① 〔日〕松本洪:《上代北支那の森林》之"はしがき",第1—2页。
　　② 〔日〕小原敬士:《歴史地理学の本質》,刊历史学研究会编辑《历史学研究》第七卷第十一号《历史
地理学》(东京,四海书房,1937),第11—14页。
　　③ 参见华东军政委员会水利部编译《黄河资料·治水利水篇》之《治水篇》第二章第一节"治黄的一
般考察",第75页。
　　④ (清)康基田《河渠纪闻》(南京,中国水利工程学会,1936,《中国水利珍本丛书》影印清嘉庆刊本)
卷二一,第21b至23a页。
　　⑤ 李仪祉:《导治黄河宜重上游请早派人测量研究案》,据作者文集《李仪祉水利著作选集》(水利电
力出版社1988年版),第80页。
　　⑥ 张含英:《治河策略之历史观》(1934年),据作者文集《治河论丛》(南京,国立编译馆,1937),第
32页。

《万有文库》本《中国水利问题》内封面

由来,溯其原委,其最大原因在于黄河流域缺乏森林",为此,"欲图断绝沙路至来源,应从速在黄河沿岸积极造林",李仪祉还特别强调指出:"治河之要在上中游,……应广为造林,以遏沙患。"①在1935年撰写的《黄河治本计划概要叙目》一文中他还讲道:"应在中游干支各流分别勘定造林区,及干流河防段大堤内外,广植林木。"②也就是主张通过扩大林地来保持水土③。

在流通面较广的大众出版物中,1937年出版的《中国水利问题》一书,同样清楚指出,若欲治理下游河患,首要的措施在于减少上中游冲刷的泥沙,而"西北各省除秦岭、六盘山间有遗迹外,皆砍伐无遗,兼以畜牧之漫无限制,几至杂草亦难存留,地面裸露,土壤易被雨水冲流",因而不能不"提倡造林与种草:盖以森林及草根足以固结泥土,以防骤雨之来,水流无阻,泥沙随之而下"④。此书出版未及两年,日本"北支那开发株式会社业务部调查课"即组织人力翻译出版了日文版本⑤,日本学者更容易了解相关的看法。

基于前述认识,松本氏分别系统梳理了《尔雅》、《说文解字》、《诗经》、《山海经》、《水经注》等古代著述当中有关林木的史料,对古代的森林植被做出复原。同时,还从林政与古代社会的关系、农业垦殖和修筑长城、兴建宫室苑囿、墓葬、薪炭、治水工程、战争中的放火焚烧与砍伐、烧制砖瓦、田猎与驱逐猛兽焚烧山野等对林木的毁坏,以及地名与林相的联系等许多方面,对植被变迁的原因一一做出解说,从而在一定程度上揭示了中国北方黄河流域人类大规模垦殖利用以前

---

① 李仪祉:《治黄意见》,据作者文集《李仪祉水利著作选集》,第112—113页。

② 李仪祉:《黄河治本计划概要叙目》,据作者文集《李仪祉水利著作选集》,第171页。

③ 案李仪祉提出这些主张,似乎也是受到诸如罗德民(W.C. Lowdermilk)等西方学者的影响,因为他本人起初对依赖森林治水的观念并不完全认同,说见李仪祉在1919年撰写的《森林与水功之关系》和1922年撰写的《黄河之根本治法商榷》等文,据作者文集《李仪祉水利著作选集》,第34页、619—624页。

④ 李书田等著:《中国水利问题》(商务印书馆1937年版)第三编第五章"黄河之防洪"(案本编系由张含英撰写),第140—143页。

⑤ 北支那开发株式会社业务部调查课译编《支那の水利問題》(东京,生活社,1939)。

的原始植被状况。

假如将松本洪这些工作,同后来以史念海为代表的中国学者所做的同类研究相比较的话,除了总体上尚不够细致之外,还有两项重要缺陷:一是使用史料范围比较有限,二是作者将整个中国北方作为一个大区域来对待,没有对各个不同地域的植被情况做出具体的复原,更没有能够展现森林等原始植被消减变化的动态过程。松本洪本人似乎也清楚意识到这些缺陷,他在书中不无遗憾地写道:"若是假以时日,并拥有丰富的书籍,便足以对中国北方的林相了如指掌,而且像黄土地上不适宜植树啦、中国北方自古以来就没有树木啦,这些说法都将被破除干净。可是,眼下却没

《支那の水利問題》内封面

有时间和余力,只好暂且就此搁笔。假如在中国北方从事植树的诸位人士能够垂顾于此,对本项研究有所参考,则实属幸事。"①

日本侵华战争结束之后,没有见到松本洪氏继续从事这类研究。时至 20 世纪 60 年代初,谭其骧发表《何以黄河在东汉以后会出现一个长期安流的局面》这篇文章,指出战国以前黄河中游地区包括森林在内的原始植被尚未大量破坏,故黄河下游河道决徙很少;秦与西汉时期朝廷主持向黄河中游地区大量移民,从事垦殖,牧地和猎场随之转换成为农田,致使河水当中的泥沙含量急剧增加,河床淤积垫高,黄河下游的决徙之患便日益加剧;而东汉以后直至唐代,黄河能够保持长期安流,很少发生大的河患,同样也是由于黄河中游地区的生产方式重又恢复到以牧业为主的状态,自然植被复又有所恢复②。

随后,史念海在 20 世纪七八十年代相继发表一系列重要文章,更为全面系统地论述以黄土高原为主的黄河中游地区因原始森林草原植被受到破坏而引发的地貌变化以及对下游河患的强烈影响,甚至还对黄土高原在各个不同时期的

---

① [日]松本洪:《上代北支那の森林》第一编《总论》,第 78 页。
② 谭其骧:《何以黄河在东汉以后会出现一个长期安流的局面》,原刊《学术月刊》1962 年第 2 期,此据作者文集《长水集》(人民出版社 1987 年版)下册,第 1—38 页。

植被覆盖率做出了量化复原①。这些研究,都是中国历史地理学科在历史自然地理领域当中的标志性成果。然而,若是从世界各国学者对中国历史地理研究的全局出发来梳理其形成过程的话,应该看到,松本洪在 20 世纪 40 年代初期完成的这项研究具有重要的先导意义,特别是在利用历史文献记载来复原中国北方古代森林植被形态这一点上,史念海后来所做的研究虽然在学术深度上要远远超出于松本氏之上,并且还普遍结合有实地考察和对考古发掘资料的运用,但是其基本思路和研究方法却与松本洪完全相同。因此,松本洪氏理应作为中国历史植被变迁研究的开拓者而被写在近代学术史里。

有意思的是,松本洪当年在探讨这一问题时,希望自己的研究对中国北方的植树造林事业能够有所帮助,而 43 年后史念海为促使黄土高原能够广泛种草种树,特地撰写出版了《黄土高原森林与草原的变迁》一书②,冥冥之中,前后相应,所做研究同样寄托着对现实社会的深切关怀。

---

① 案相关文章后来主要收录在作者文集《河山集》二集(生活·读书·新知三联书店 1981 年版)和三集(人民出版社 1988 年版)当中。

② 史念海、曹尔琴、朱士光:《黄土高原森林与草原的变迁》,陕西人民出版社 1985 年版。

历史地理学的重要领域——敦煌历史地理研究近 30 多年来的发展

李并成

（西北师范大学历史文化学院敦煌学研究所）

本文所论敦煌历史地理研究，亦可称之为瓜沙史地研究，即指以敦煌及其周边地区为中心的历史地理研究。这一研究既是历史地理学的重要领域，又为敦煌学不可或缺的有机组成部分，许多学者为之做过不少工作。前辈学人向达、夏鼐、阎文儒等对于敦煌汉塞、两关遗址等的考察，至今仍有重要的科学价值。今天一些学者亦在各自不同的方面，对此进一步有所建树。日本等国一些学者亦对此项研究兴趣浓厚。笔者自 1982 年起亦致力于这一领域，偶有所得。本文拟就此项研究自改革开放以来 30 多年的发展状况、已取得的重要成果、今后应进一步解决的问题等略陈管见，以就教于学界。

敦煌一地，虽偏居祖国西北一隅，面积也不很大，然而其位置重要，名胜遍地，文物荟萃，历史文化遗存十分丰富，格外引人注目：对于中原王朝来说，它是具有重要战略意义的前进基地和西域门户；对于东西方经济文化交流来说，它是古代沟通旧大陆三大洲最重要的国际通道——陆上丝绸之路的咽喉枢纽；对于艺术家与佛教信徒来说，它是令人神往的艺术殿堂和佛门圣地；对于文人学者来说，它又是墨香芬芳的文化宝库……国学大师季羡林在《敦煌学、吐鲁番学在中国文化史上的地位和作用》一文中有一段名言："世界上历史悠久、地域广阔、自成体系、影响深远的文化体系只有四个：中国、印度、希腊、伊斯兰，再没有第五个；而这四个文化体系汇流的地方只有一个，就是中国的敦煌和新疆地区，再没有第二个。"[①]诚如其言，位居河西走廊西端的敦煌为东西交通的喉襟和具有国际意义的文化汇流之地。

正是由于这一原因，对于敦煌历史地理的研究就有着特殊重要的意义。这

---

① 季羡林：《敦煌学、吐鲁番学在中国文化史上的地位和作用》，《红旗》1986 年第 3 期，第 32 页。

一研究在理论上对于历史地理学和敦煌学科本身的建设和发展无疑颇具价值，举凡历史地理学和敦煌学中的许多重要论题，如丝绸之路的开辟及路线变迁、中西经济文化的交流和影响、佛教的东渐和发展、西北民族的分布和迁徙、归义军等政权的嬗替、敦煌和西域等地的关系、古代西北绿洲的土地开发、西北生态环境变迁及沙漠化问题等，都与敦煌历史地理的研究有着密不可分的关系。从这一研究入手，不仅能够解决敦煌本身的诸多历史地理问题，而且敦煌保存的一些历史遗迹可以提供珍贵的（甚至是十分罕见的）实物标本，有助于解决全国历史地理研究中的若干重要问题。因而敦煌历史地理研究的意义绝不仅仅限于敦煌本身。在实践上这一研究又可为今天的敦煌乃至周边和整个河西地区的经济开发、旅游发展以及防沙治沙、环境保护等方面提供切实的历史借鉴，具有重要的现实意义。

改革开放30多年来，敦煌历史地理的研究获得长足发展，呈现出一派喜人景象。其主要方面有如下几点。

一、对于敦煌地理文书的整理研究

早在20世纪初敦煌文献面世后，一些学者即对地理文书进行迻录、校勘、研究和刊印，使学术界得悉这批珍贵的宝藏，并为其今后进一步研究打下了良好基础。改革开放以来，迎来了科学的春天，对于敦煌地理文书的整理研究更是获得了蓬勃发展，其主要表现在：一是涌现出了一批系统整理、辑校敦煌地理文书的专著。如郑炳林1989年出版《敦煌地理文书汇辑校注》一书（甘肃教育出版社1989年版），对于《沙州都督府图经》等40余件地理文书作了认真的辑寻和校注。王仲荦等1993出版《敦煌石室地志残卷考释》（上海古籍出版社1993年版），对于敦煌所出14件地理文书校录考释。李正宇1998年出版《古本敦煌乡土志八种笺证》（新文丰出版公司1998年版），对于《沙州都督府图经卷第三》等8种唐五代时期的地方志书，作了进一步系统细致的笺释和考证。

二是对于敦煌各种地理文书（全国性地理总志、沙州西州伊州等地方志、往西域行记、往五台山行记、全国性游记、地理杂文书等）及其所涉及的有关问题的研究日益深入。如周绍良《读〈沙州图经〉卷子》[①]，黄盛璋《敦煌写本〈西天路竟〉

---

① 《敦煌研究》1987年第2期，第27—33页。

历史地理研究》、《于阗文〈使河西记〉的历史地理研究》、①程喜霖《唐〈西州图经〉
残卷道路考》②,郑炳林《〈沙州伊州地志〉所反映的几个问题》③、《关于〈诸山圣迹
志〉的撰写年代》④,李正宇《敦煌吕钟氏录本〈寿昌县地境〉》⑤,马世长《敦煌县博
物馆藏地志残卷——敦煌第 58 号卷子研究之一》,⑥荣新江《敦煌本〈天宝十道
录〉及其价值》⑦、薛英群等《唐写本地志残卷浅考》⑧,以及拙著《〈沙州城土镜〉之
地理调查与考释》⑨、《唐〈始平县图经〉残卷(S. 6014)研究》⑩等,即是这方面的一
批成果。

三是对于敦煌地理文书在我国古代方志学上的贡献,也受到学者们的关注。
傅振伦《从敦煌发现的图经谈方志的起源》⑪,认为我国古代地理书,由地记一变
而为图经,再变而为地方历史全面记载的方志,是学术发展的结果。拙著《唐代
图经蠡测》⑫,通过对《沙州都督府图经》等写卷的研究,探讨了我国古代方志演
变发展的历史脉络,总结了唐代图经的基本结构和特点,认为唐人的图经已经是
发展到成熟阶段的方志了。仓修良、陈仰光《从敦煌图经残卷看唐五代图经发
展》⑬,亦提出了相似的看法。

拙著《敦煌遗书中地理书卷的学术价值》⑭,对于这批文书在历史政治地理、
历史军事地理、历史经济地理、历史民族民俗地理、历史交通地理、城市历史地
理、佛教历史地理、自然历史地理、古地名研究以及我国方志学上的价值,作了较
全面的总结。

---

① 《历史地理》创刊号,1981 年,第 9—20 页;《敦煌学辑刊》1986 年第 2 期,第 1—18 页;《敦煌学辑
刊》1987 年第 1 期,第 1—13 页。
② 唐长孺主编:《敦煌吐鲁番文书初探二编》,武汉大学出版社 1990 年版,第 533—554 页。
③ 《敦煌学辑刊》1986 年第 2 期,第 66—75 页。
④ 郑炳林主编:《敦煌吐鲁番文献研究》,兰州大学出版社 1995 年版,第 289—298 页。
⑤ 《敦煌研究》1993 年第 4 期,第 42—46 页。
⑥ 北京大学中国中古史研究中心编:《敦煌吐鲁番文献研究论集》,中华书局 1982 年版,第
265—428 页。
⑦ 《九州》1999 年第 2 辑,第 116—129 页。
⑧ 《敦煌学辑刊》1981 年第 2 期,第 23—47 页。
⑨ 《敦煌学辑刊》1990 年第 2 期,第 84—93 页。
⑩ 《敦煌研究》2005 年第 5 期,第 51—53 页。
⑪ 《敦煌学辑刊》1980 年第 1 期,第 1—3 页。
⑫ 《敦煌学研究》(《西北师范大学学报》专刊),1986 年,第 34—38 页。
⑬ 《文史》2001 年第 2 期,第 117—139 页。
⑭ 《地理研究》1992 年第 3 期,第 41—49 页。

二、对于敦煌历代行政军事建置的研究

历代行政、军事建置的设立及其沿革演变,反映了中央政府或地方性割据政权对该地区的经略状况、开发利用程度、该地区在全国或一定区域范围内政治经济军事格局中所处的地位等,颇关重要,向为历史地理所重。业经学人不断探索,敦煌历代军政建置的研究取得丰硕成果。

对于敦煌历代建置沿革的研究,较为系统性的专著主要有:齐陈骏《敦煌沿革与人口》,[①]宁可、郝春文《敦煌的历史和文化》[②],拙著《河西走廊历史地理》[③],荣新江《归义军史研究》[④]、李正宇《敦煌历史地理导论》[⑤]、杨铭《吐蕃统治敦煌研究》,[⑥]杨秀清《敦煌西汉金山国史》[⑦]等。至于对敦煌某一历史时期军政建置的深入研究,特别是对于敦煌汉唐时期、蕃占时期、归义军时期等深入研究的论著则更多,由此解决了不少令人困扰的问题,理清了敦煌历代行政、军事建置的状况。限于篇幅,本文不拟对其一一备细,仅举一例。如对于敦煌历代所设乡、里及蕃占时期部落、将的研究就有陈国灿《唐五代敦煌县乡制的演变》[⑧]、拙著《汉敦煌郡的乡、里、南境塞墙和烽燧系统考》[⑨]、冯培红《归义军时期敦煌县诸乡置废申论》[⑩]等一批成果。从出土简牍看,西汉时敦煌即有乡的设置,至少辖有利成、大富、利戍、高议等32里;敦煌虽处边地,但其建郡伊始就实行了一套与内地一致的完整的郡、县、乡、里行政建制,从而有力地保证了中央政府的政令在这里得以顺利贯彻实施。由敦煌文书中见,初唐时敦煌县设有敦煌、莫高、神沙、平康等11乡,武周长安以后又新增寿昌、从化2乡,共13乡;蕃占时期废乡里制而改为部落、将制,设立了中部落、上部落、下部落、丝绵部落、行人部落等;归义军政权建立后又重新恢复了乡里制度。乡、里作为国家机器中最基层、最有控制力和使役力的链条,在维护政权、统治人民的过程中曾发挥了重要作用。

① 齐陈骏:《河西史研究》,甘肃教育出版社1989年版,第57—97页。
② 宁可、郝春文:《敦煌的历史和文化》,新华出版社1993年版。
③ 李并成:《河西走廊历史地理》,甘肃人民出版社1995年版。
④ 荣新江:《归义军史研究》,上海古籍出版社1996年版。
⑤ 李正宇:《敦煌历史地理导论》,新文丰出版公司1997年版。
⑥ 杨铭:《吐蕃统治敦煌研究》,新文丰出版公司1997年版。
⑦ 杨秀清:《敦煌西汉金山国史》,甘肃人民出版社1999年版。
⑧ 陈国灿:《唐五代敦煌县乡制的演变》,《敦煌研究》1989年第3期,第39—49页。
⑨ 李并成:《汉敦煌郡的乡、里、南境塞墙和烽燧系统考》,《敦煌研究》1993年第2期,第65—73页。
⑩ 冯培红:《归义军时期敦煌县诸乡置废申论》,《敦煌研究》2000年第3期,第97—101页。

郑炳林先后撰写《前凉行政地理区划初探（河州、沙州）》、①《晚唐五代归义军疆域演变研究》、《晚唐五代归义军行政区划制度研究》②，对这些问题作了探讨。

三、对于敦煌地区古城遗址的调查考证

敦煌地区地理位置重要，历史上政治、军事活动频繁，加之降水鲜少、气候干燥，地表文物少受雨雪、地下水、盐碱等的侵蚀，从而保存下来了各个历史时期的不同等第、规格、形制、规模的大量古城址、古遗址。经当地考古调查和笔者实地考察，敦煌地区仅汉唐时期的古城址就有50余处，敦煌一带堪称我国也是世界上少有的古城遗址集中分布的区域。这些古城址是我国古代文明具有权威性的历史标本，是古丝绸路上留存的一笔丰厚的历史遗珍，具有十分重要的学术价值。搞清它们的历史面貌及其演变过程，不仅可以使敦煌历史上许多重大的政治、军事、经济、文化等方面的活动有了准确的空间位置，一些长期不大清楚的历史问题得以迎刃而解，并进而探讨古代西北地区各类不同城址规模、形制、布局上的特点，而且还可借此总结西北城镇居民点起源、布局、兴废的一般规律，为今天的城镇规划、布局和改造服务。

对于敦煌一带古城遗址的实地考察，近30多年来经过几次文物普查，其基本状况业已搞清。李正宇《敦煌古城谈往》、《敦煌大方盘城及河仓城新考》、《汉敦煌郡广至城新考》③，菊池英夫《唐代の沙州敦煌縣城の位置》④，梁尉英《汉代效谷城考》⑤等均在此方面做过研究。笔者自1983年起，年年赴敦煌实地考察，对于敦煌及周边一带的50多古城遗址作了考证，复原了其历史面貌。⑥

通过对敦煌乃至河西地区古城遗址的田野调查和研究，笔者还总结出古代城址在形态结构、规模、地理布局等方面的特征和一般规律。如笔者发现河西汉

---

①　《敦煌学辑刊》1993年第2期，第69—80页。

②　以上二文载郑炳林主编：《敦煌归义军史专题研究续编》，兰州大学出版社2003年版，第1—64页。

③　《西北史地》1988年第2期，第23—27页；《敦煌研究》1991年第4期，第72—80页；《敦煌研究》1999年第3期，第69—78页。

④　《史朋》1981年第13期，第13—22页。

⑤　敦煌文物研究所编：《1983年全国敦煌学术讨论会文集·文史遗书编上》，甘肃人民出版社1987年版，第282—297页。

⑥　如李并成：《河西走廊历史地理》，甘肃人民出版社1995年版；《大漠中的历史丰碑——敦煌境内的长城和古城遗址》，甘肃人民出版社2000年版；等。

唐县一级的城址多为方形或近似方形,每边长约 250 至 300 米许,周长都在千米以上;笔者认为城址规模是确定城市等第、判定城址性质的重要依据,规模较大的城址必然是等级较高的军、政机构住所;如果较县城还要小出许多的城址,那就只能考虑为县级以下的乡、戍、驿一类的居所。如汉龙勒县、唐寿昌县城周长1140 米,汉渊泉县城周长 1180 米,唐常乐县城周长 1280 米等。对照河西其他一些地区的汉唐县城城址,其规模亦大体如之。若是汉唐州郡一级城址,则规模数倍于县城。如汉敦煌郡、唐沙州故城 1132 米×718 米,周长 3700 米;唐瓜州城之北城 200 米×700 米,周长 1800 米,其南城(由东、西二城构成)470 米×430米,周长 1800 米,全城合并周长 2740 米。又如唐凉州城,分为 7 城,周长达 45唐里之多。至于军镇一类的城址则较县城为小,乡、驿城址规模就更小。如悬泉镇城,周长 880 米,雍归镇城周长 840 米,紫亭镇城周长 740 米,它们约相当于唐代县城周长的 2/3。

笔者还发现,敦煌地区的古城址还保留了一些在全国其他地区罕见的羊马城、弩台等遗迹。《唐天宝年代敦煌郡会计帐》(P. 2626)记敦煌郡城垣四周环以羊马城。笔者实地所见,锁阳城(唐瓜州)周围即置有羊马城,尤以东、南二垣外显见,残高 1 至 1.5 米,远低于主垣高度(9 米),断续分布;锁阳城外西北约 40米处遗存小型土堡两座,即为弩台遗迹。巴州城、高台骆驼城(唐建康军城)羊马城残迹亦历历在目。瓜沙古城址的这些特点,有些在我国可能是仅存的实物,这在考古学上无疑有重要价值。掌握这些特点,对于判定城址的时代、等第,复原城址的历史面貌有重要意义。

四、汉唐军防设施的调查研究

敦煌为西域门户,为中原王朝向西发展的重要根据地,占据敦煌和河西走廊就可以割断蒙古高原与青藏高原游牧民族间的联系,并可进而向西控制天山南北的广大地区,因而本区的军防建设历来备受重视。

(一)汉长城

汉敦煌郡北部长城筑于赵破奴击破楼兰、姑师的元封四年(前 107 年),自东向西由宜禾、中部、玉门等都尉分段管辖。经考古工作者多年来的田野考察,特别是 20 世纪 80 年代初的全国第二次文物普查以来,已查清了其布局、走向和遗存状况。近代 30 年来,对于敦煌汉长城调查和从事研究的学者主要有吴礽骧①、岳邦湖、荣恩奇、李正宇②、张德芳、李春元等。笔者亦全线踏查了敦煌乃至整个河西的汉长城遗存,并对于其沿线烽燧、城障等设置,及其都尉、候官等管辖体系进行了研究③。据查,敦煌汉塞遗迹东起于瓜州县三道沟镇北 12 公里的蘑菇滩,东与酒泉郡西部都尉辖汉塞接界,向西沿疏勒河北岸延伸,于小宛农场附近越过疏勒河,又沿该河南岸穿行,至西湖乡南沙窝入敦煌市界。瓜州县境汉塞全长 296 公里,由宜禾都尉广汉、美稷、昆仑、鱼泽、宜禾候官和中部都尉万岁候官分辖。汉塞入敦煌市境后仍沿疏勒河南岸蜿蜒西行,至于马迷兔,长约 150 公里,断断续续,中间多有缺失,分别由中部都尉吞胡、步广、破胡、平望候官和玉门都尉玉门、大煎都候官辖。此外,从小方盘城南至阳关古址还筑有一道长城支线,主要由阳关都尉辖。敦煌、瓜州境内的汉长城是我国现存的少数几段保存较好的汉塞遗存之一,且沿线烽燧、城障配置完备,对于研究汉代边防制度具有重要价值。

(二)阳关、玉门关

两关为汉唐时期极其重要的军事关隘和交通道口,许多学者对其做过研究。如马雍《西汉时期的玉门关和敦煌郡的西境》④、吴礽骧《玉门关与玉门关候》⑤、李正宇《阳关区域古迹新探》⑥、李岩云等《汉代玉门关址考》⑦等。笔者《河西走廊历史地理》、《大漠中的历史丰碑——敦煌境内的长城和古城遗址》二书亦对两关作过考证。一般认为阳关位于今敦煌市南湖乡古董滩,笔者曾在这里看到过沙丘间成片的古耕地遗迹和大型版筑城堡墙基和排列整齐的屋基。至于玉门关关址则历来看法不一,多数学者认为汉玉门关在今小方盘城,另有学者认为小方盘城为玉门都尉府治,汉玉门关则设于小方盘城以西。隋唐玉门关大多学者认为在今瓜州县双塔堡附近,笔者近年先后撰写《唐玉门关究竟在哪里》⑧、《新玉

① 吴礽骧:《河西汉塞》,《文物》1990 年第 12 期,第 45—60 页。
② 李正宇:《敦煌史地新论》,新文丰出版公司 1996 年版。
③ 李并成:《河西走廊西部汉长城遗迹及其相关问题》,《敦煌研究》1995 年第 2 期,第 135—145 页。
④ 马雍:《西汉时期的玉门关和敦煌郡的西境》,《中国史研究》1981 年第 1 期,第 134—137 页。
⑤ 吴礽骧:《玉门关与玉门关候》,《文物》1982 年第 10 期,9—14 页。
⑥ 李正宇:《阳关区域古迹新探》,《敦煌研究》1994 年第 4 期,第 125—134 页。
⑦ 李岩云等:《汉代玉门关址考》,《敦煌研究》2006 年第 4 期,第 67—71 页。
⑧ 李并成:《唐玉门关究竟在哪里》,《西北师范大学学报》2001 年第 4 期,第 20—25 页。

门关位置再考》①二文予以专论。李正宇则认为新玉门关位于今瓜州县马圈古城②。笔者又考出,曹氏归义军时期的玉门关则东移到了今嘉峪关市西北10余里的石关峡,东移的原因与当时河西一带的政治军事形势、第五道的废弃、沙州以西道路的畅行等因素密切相关③。

(三)古塞城及南境塞垣

李正宇对敦煌古塞城做过细致的调查研究④。李先生认为敦煌古塞城有大塞与小塞之别,小塞即西凉李暠重修"东西二围,以防北虏之患"的包围着敦煌城区绿洲的塞城,周回长达200余里,今城东南10里许戈壁滩上、城西北孟家桥乡姚家沟头道泉子至赵家圈墩、城西南李家墩等处仍存残迹;大塞则是包围敦煌郡境几个主要绿洲在内的塞城。笔者对此亦作过全线实地考察,赞同李先生的"小塞"之论⑤,并对分布于敦煌、河西南境祁连山山口的塞垣遗迹进行了调查⑥。以敦煌古塞城研究为起点,可进一步扩展到对西汉魏晋河西四郡所有塞城的探索研究,甚至还可上溯到对春秋战国诸侯国塞问题的探讨,填补此方面的空白。

(四)军、守捉、镇、戍、烽

黄盛璋《沙州曹氏二州六镇与八镇考》⑦、程喜霖《汉唐烽堠制度研究》⑧及《汉唐敦煌军防》⑨、陈国灿《唐五代瓜沙归义军军镇的演变》⑩等对其做过专门研究。笔者亦就有关问题撰文探讨,如《唐代河西戍所城址考》⑪、《归义军新城镇考》⑫、《归义军会稽镇考》⑬等。大多学者认为,唐代瓜沙二州置有豆卢、墨离二

---

① 李并成:《新玉门关位置再考》,《敦煌研究》2008年第4期,第104—108页。

② 李正宇:《新玉门关考》,《敦煌研究》1997年第3期,第1—13页。

③ 李并成:《五代宋初的玉门关及其相关问题考》,《敦煌研究》1992年第2期,第89—93页。

④ 李正宇:《论敦煌古塞城》,《敦煌研究》1994年第1期,第30—43页。

⑤ 李并成:《河西走廊历史地理》,甘肃人民出版社1995年版,第234—237页。

⑥ 李并成:《河西走廊南境汉代塞垣的调查与考证》,白化文等编:《周绍良先生欣开九秩庆寿文集》,中华书局1997年版,第110—114页。

⑦ 黄盛璋:《沙州曹氏二州六镇与八镇考》,敦煌文物研究所编:《1983年全国敦煌学术讨论会文集·文史遗书编上》,甘肃人民出版社1987年版,第269—281页。

⑧ 程喜霖:《汉唐烽堠制度研究》,三秦出版社1990年版。

⑨ 程喜霖:《汉唐敦煌军防》,段文杰等编:《敦煌学国际研讨会文集·史地语文编》,辽宁美术出版社1995年版,第27—49页。

⑩ 陈国灿:《唐五代瓜沙归义军军镇的演变》,唐长孺主编:《敦煌吐鲁番文书初探二编》,武汉大学出版社1990年版,第555—580页。

⑪ 李并成:《唐代河西戍所城址考》,《敦煌学辑刊》1992年第1—2期,第6—11页。

⑫ 李并成:《归义军新城镇考》,《北京图书馆馆刊》1997年第4期,第80—82页。

⑬ 李并成:《归义军会稽镇考》,《敦煌吐鲁番研究》第3卷,北京大学出版社1998年版,第223—228页。

军,百帐、豹文山二守捉,西关(寿昌县境)、龙勒、紫亭、悬泉、雍归、新乡(今玉门市昌马乡)六镇;归义军初期将西关、龙勒二镇并为寿昌镇,新乡镇省,另置新城(旱湖脑古城)、玉门(赤金堡古城)二镇;五代曹元忠自称太保期间又新增新乡、会稽(小宛破城)二镇,共八镇。又设清泉、盐池、樊石、苜蓿等诸多烽,从而构成以豆卢军、墨离军为中心的向四周驿道呈辐射状的完整的军防体系,以南御吐蕃、吐谷浑,北遏突厥,保卫敦煌和丝路交通的安全。敦煌军防设施的研究对于探讨整个唐代西北边地的军防系统有着重要意义。

(五)土河、羊马城

P.2005 载,周回沙州州境设置土河,自汉迄隋,以为匈奴禁限,类似于汉塞沿线的天田,今仍见一些痕迹。羊马城已如上述,不赘。

五、瓜沙、河西古代开发的研究

河西走廊是我国重要的商品粮生产基地之一,其历代农业开发情况如何?有无建设商品粮基地的历史基础?这是摆在我们面前需要认真探索的重要课题,搞清这些问题对于今天西部大开发中河西的开发建设和可持续发展无疑具有重要的历史借鉴意义。齐陈骏[①]、陆庆夫[②]、郑炳林[③]等对于敦煌历代人口、隋唐时期屯田及对河陇的经营、唐五代敦煌的商贸市场等进行了有益的探讨,乜小红[④]等对唐五代敦煌的畜牧业亦有专门研究。笔者运用一批敦煌文书和其他史料,对汉唐时期敦煌和整个河西地区的开发状况,包括经营方略、人口流迁、土地利用、水利建设、屯田、粮食生产、和籴、农户对国家的粮食贡献、畜牧业兴衰、商业和交通的发展等方面做了系统的探讨,并运用计量手段,今古对比,定量分析[⑤]。

---

① 齐陈骏:《河西史研究》,甘肃教育出版社 1989 年版。

② 陆庆夫:《丝绸之路史地研究》,兰州大学出版社 1999 年版。

③ 郑炳林:《晚唐五代敦煌商业贸易市场研究》、《晚唐五代敦煌贸易市场的国际化程度》,《敦煌归义军史专题研究三编》,甘肃文化出版社 2005 年版,第 355—392 页。

④ 乜小红:《唐五代宋初敦煌畜牧业研究》,新文丰出版公司 2003 年版。

⑤ 李并成:《唐代前期河西走廊的农业开发》,《中国农史》1990 年第 1 期,第 12—19 页;《三国时期河西走廊的开发》,《开发研究》1990 年第 2 期,第 3—65 页;《汉唐时期河西走廊的水利建设》,《西北师范大学学报》1991 年第 2 期,第 59—62 页;《河西地区历史上粮食亩产量的研究》,《西北师范大学学报》1992 年第 2 期,第 16—21 页;《元代河西走廊的农业开发》,《西北师范大学学报》1990 年第 3 期,第 52—56 页;《古代河西走廊桑蚕丝织业考》,《敦煌学辑刊》1997 年第 2 期,第 59—66 页;《西夏时期河西走廊的农牧业开发》,《中国经济史研究》2001 年第 4 期,第 132—139 页。

例如,依据大量敦煌户籍、契据、地亩文书等,考出唐代前期户均授田约六七十唐亩,整个河西地区农田开垦面积(含军屯面积、民屯面积、民田面积、寺院农田面积和职田、公廨田、勋田面积等)折合今亩约 320 至 330 万市亩,相当于今天河西表报耕地面积的 1/3;当时的粮食亩产量约 0.59 硕(斛),折合今亩今量(按麦、粟面积各占一半计)为 153 市斤/市亩,这已很为可观了;盛唐时河西户均每年贡献给国家的粮食总量(含正租、和籴、常平仓、义仓、军仓粮等)约 29.01 硕,合今量约 2396 市斤,与今天河西户均贡献量大体相当。由此可见,盛唐时期河西走廊已发展成了国家所依赖的重要的粮食基地之一。河西的产粮不仅可满足区内及其边防之需,而且余粮还能源源东运,以实皇廪,河西经济在全国占有重要地位,从而也有力地证明了今天河西地区从事的开发建设是有其良好的历史基础的。

六、汉唐道路驿站的调查研究

敦煌在古代中西交通史上地位十分重要。敦煌地区道路、驿站的调查研究,对于整个丝绸之路交通路线的研究都有很重要的意义。严耕望[①]、陈国灿[②]、郑炳林[③]、姜伯勤[④]、李正宇[⑤]、孙修身[⑥]、陆庆夫[⑦]、程喜霖[⑧]、王宗维[⑨]等学者曾在此方面做过细致的工作,笔者亦对之进行了系统的调查考证[⑩]。现已查清,唐代经由瓜沙地区的道路共有七条,即:东通中原的丝路干道,北通伊吾稍竿道,西北通高昌大海道,西通焉耆、龟兹的大碛道(沿罗布泊北岸行),西通鄯善、于阗的鄯善

---

① 严耕望:《唐代交通图考》第 2 卷《河陇碛西区》,《史语所专刊》1985 年第 83 期。

② 陈国灿:《唐五代敦煌四出道路考》,《敦煌学国际研讨会文集·史地语文编》,辽宁美术出版社 1995 年版,第 216—236 页。

③ 郑炳林:《试论唐贞观年间所开的大碛道》,《敦煌学辑刊》1985 年第 1 期,第 121—129 页;《唐五代敦煌新开道考》,《敦煌吐鲁番文献研究》,兰州大学出版社 1995 年版,第 472—483 页。

④ 姜伯勤:《敦煌吐鲁番文书与丝绸之路》,文物出版社 1994 年版。

⑤ 李正宇:《玄奘瓜州、伊吾经行考》,《敦煌研究》2006 年第 6 期,第 82—91 页。

⑥ 孙修身:《敦煌与中西交通研究》,甘肃教育出版社 2002 年版。

⑦ 陆庆夫:《丝绸之路史地研究》,兰州大学出版社 1999 年版。

⑧ 程喜霖:《从唐代过所文书所见沟通"西域"的中道》,《敦煌研究》1988 年第 1 期,第 58—67 页。

⑨ 王宗维:《汉代丝绸之路的咽喉——河西道路》,昆仑出版社 2001 年版。

⑩ 李并成:《居延汉简里程简地理调查与考释》,《西北史地》1993 年第 1 期,第 15—21 页;《唐代瓜沙二州间驿站考》,《敦煌学国际研讨会文集·史地语文编》,辽宁美术出版社 1995 年版,第 201—215 页;《古丝绸路上的大海道》,《光明日报》2000 年 2 月 18 日 C4 版;《盛唐时期河西走廊的区位特点与开发》,《唐代地域结构与运作空间》,上海辞书出版社 2003 年版,第 8—60 页;《唐代河西走廊交通道路考》,《丝绸之路》2009 年第 6 期,第 36—348 页。

道(沿罗布泊南岸行),瓜州西北通伊州的伊吾道(莫贺延碛道、第五道),沙州西南行过马圈、南越今当金山口通吐谷浑及吐蕃地的奔疾道(把疾道)。敦煌一带实处于东西、南北交通的十字路口,成为当时交通馆驿网络颇为密集的地区,很值得深入研究。

又如,唐代的驿站是什么样子,其规模、大小、建造形制如何,在地理分布上有哪些特点?对于这些问题,由于文献记载的缺略和今天所存遗迹的稀少,长期以来若明若暗,不甚了了。然而敦煌文书《唐沙州都督府图经》专列"十九所驿"一节,对于这些驿站的设置及其有关状况记之甚详,更为难得的是这19处唐代驿站的废址今天大多仍然保留了下来,从而为我们研究唐代驿站提供了弥足珍贵的历史记载和实物标本,借此我们得以摸清有关此方面的一系列问题。

除唐代驿站外,1990年敦煌还发现了汉代的置——悬泉置[1],置中出土了两万余枚汉简和大批汉魏珍贵文物,成为我国考古史上的重大发现。今天仍保存的汉唐置、驿遗址在全国颇为稀见,因而瓜沙地区的这些置、驿在考古学以及古代交通通讯史的研究上具有重要价值。

七、敦煌绿洲灌溉渠道水系的调查考证

唐代作为我国封建社会高度发展的时代,其水利建设卓有成就,瓜沙地区为之提供了上佳的例证。笔者据敦煌遗书考证和实地踏勘,考出唐代敦煌绿洲辟有灌溉渠道多达百余条,分灌敦煌西部、北部、东部、南部和南湖五大片绿洲。这些渠道排列有序,显然是经政府有计划、有组织的统一布设、精心开掘的。敦煌虽处边郡,然而水利事业竟有如此之壮举,其工程建设的规模之宏大,渠系堰坝的配套之完备,管水配水的制度之严密,实令人赞叹[2]。宁欣[3]、李正宇[4]、郑炳林[5]等亦对唐五代敦煌的河渠水系作过研究。

此外,研究瓜沙地区湖泊沼泽的变迁亦很有意义。如P.2005载,沙州"州界辽阔,沙碛至多,咸卤、盐泽约余大半",仅州北的大井泽范围即达"东西卅里,

① 甘肃省文物考古研究所:《甘肃敦煌汉代悬泉置遗址发掘简报》,《文物》2000年第5期,第4—20页。
② 李并成:《唐代敦煌绿洲水系考》,《中国史研究》1986年第1期,第159—168页。
③ 宁欣:《唐代敦煌地区农业水利问题初探》,北京大学中国中古史研究中心编:《敦煌吐鲁番文献研究论集》第3集,北京大学出版社1986年版,第467—541页。
④ 李正宇:《唐宋时代敦煌县河渠泉泽简志》,《敦煌研究》1988年第4期,第89—97页;1989年第1期,第54—63页;《唐宋时代沙州寿昌县河渠泉泽简志》,《敦煌研究》1989年第3期,第32—38页。
⑤ 郑炳林:《晚唐五代瓜州都河水道变迁与环境演变》,《敦煌学辑刊》2009年第4期,第1—16页。

南北廿里"。而今天这些泉泽大多早已干涸,有的则成了盐渍草甸。又如汉唐时颇有名气的冥泽,《元和郡县图志》记其范围"东西二百六十里,南北六十里",如此大泽究竟在哪里? 笔者考得今截山子以南的大片沼泽草甸地带正是其残迹①。

八、汉唐绿洲变迁及沙漠化研究

所谓沙漠化是指在人类历史时期所发生的由绿洲演变为荒漠的过程,造成沙漠化的原因既有自然本身的因素,又有人为的影响。土地沙漠化问题是当今人类社会所面临的重大生态环境问题,对于沙漠化的研究被称作世界十大环境难题之首,国内外许多学者为此付出艰巨努力。

对于敦煌历史上的沙漠化问题,业师侯仁之早在 20 世纪 80 年代初就对南湖的沙漠化做过细致的考察研究②。笔者利用敦煌遗书等史料,通过反复实地踏察,在瓜沙以至整个河西发现了成片成片的由绿洲演变而成的沙漠化区域,剖析了河西历史上沙漠化发生发展的过程及其机制,揭示了其成因,并为今天河西的防沙治沙、合理开发和可持续发展提出了历史借鉴③。

笔者考察发现,河西地区汉唐时期形成的沙漠化区域,小范围的暂且不论,仅面积数百、上千平方公里的就有 10 大块。如古居延绿洲、古阳关一带、古瓜州绿洲、民勤西沙窝、金塔东沙窝、玉门花海比家滩、张掖"黑水国"、马营河摆浪河下游等。即以唐瓜州绿洲而言,其演变而成的沙漠化区域面积即达 50 余万亩,其间遍布古耕地、古渠道遗迹和大量文物,并残存着锁阳城、转台庄子、南岔大坑古城、马行井城、半个城等多座古城址。这些古绿洲是何时发生沙漠化的? 是如何变为沙漠的? 其原因何在? 笔者对之逐一做了认真的研究,得出了相应结论。

---

① 李并成:《汉唐冥水(籍端水)冥泽及其变迁考》,《敦煌研究》2001 年第 2 期,第 60—67 页。

② 侯仁之:《敦煌南湖绿洲沙漠化蠡测》,《中国沙漠》1981 年第 1 期,第 13—19 页。

③ 李并成:《锁阳城遗址及其古垦区沙漠化过程考证》,《中国沙漠》1991 年第 2 期,第 20—26 页;《瓜沙二州间一块消失了的绿洲》,《敦煌研究》1994 年第 3 期,第 71—78 页;《河西走廊汉唐古绿洲沙漠化的调查研究》,《地理学报》1998 年第 2 期,第 106—115 页;《古阳关下的又一处"古董滩"》,《敦煌研究》1999 年第 4 期,第 91—94 页;《敦煌学与沙漠历史地理研究》,《2000 年敦煌学国际学术讨论会文集·历史文化卷》,甘肃民族出版社 2003 年版,第 483—491 页;《河西走廊历史时期沙漠化研究》,科学出版社 2003 年版。

九、古地名和地名群落研究

敦煌地区保存有许多很值得研究的古地名和地名群落,它们有的反映了当地历史上的重大事件、重要的政治军事活动,有的反映了古代民族频繁往来、交往的历史史实,有的则反映了古今地理环境的显著变迁①。对它们深入进行研究,无疑是历史地理学、敦煌学的重要内容。如对"敦煌"一名就有多种解释,或曰"敦,大也;煌,盛也",盛大辉煌之意;或曰为羌语音译,或曰吐火罗译音等。笔者则同意为"敦薨"的音译,反映了敦煌地区上古时代民族活动的有关情形②。又如于阗文《使河西记》中用于阗语拼写大量地名,特别是对时代早而又为当地民族命名的地名的研究价值很大。③

敦煌历史地理的研究内涵丰富,意义重大,以上仅就几个主要方面作了一些梳理,粗疏之处在所难免,一些学者的重要成果可能也因之遗漏,敬请见谅。这一领域虽已取得显著成绩,但有待研究的问题尚多,仍须同仁加倍努力。如对于敦煌地理文书内涵和价值的进一步深入挖掘,对于文书中所记一些重要历史遗迹(如西关堡、大水戍、西子亭戍、紫金戍、八角戍、众备戍、南府、北府、大黄府、百帐守捉、豹文山守捉、拔河帝山,等等)的调查考证,对于瓜沙地区遗存的三个锅桩古城、佛爷庙湾古城、西湖古城、五个墩古城、潘家庄古城、西青疙瘩古城、草城等古城址的考察研究,对于南山一些部族居地的考察研究,对于唐代第五道、稍竿道等的途程、驿站的进一步考察研究,对于唐寿昌县六条道路的进一步考察研究,对于明代"关西七卫"城址的考察研究,对于蕃占时期敦煌各部落位置的考定,对于河西宗教、文化地理的研究,对于敦煌地区历史上生态环境变迁及沙漠化的进一步考察研究,对于瓜沙历代农牧业开发的进一步研究,对于瓜沙古物候资料的整理探讨,等等。

---

①　李并成:《对河西一些古地名的历史地理研究》,《敦煌学研究》(《西北师范大学学报》专刊),1984年,第82—89页;《敦煌遗书在古地名研究方面的价值》,《地名知识》1991年第5期,第42—43页。

②　李并成:《古民族与汉代河西四郡郡名》,《中国地名》1991年第6期,第24—25页。

③　黄盛璋:《于阗文〈使河西记〉的历史地理研究》,《敦煌学辑刊》1986年第2期,第1—18页。

古籍地图初论

张步天

（湖南城市学院城市发展系）

一、古籍地图的涵义

古籍地图属于历史地图，历史地图是表现历史时期地理环境的地图[①]。就地图基本资料来源而论，历史地图及其所属的古籍地图都来源于古籍所记载的有关反映当时地理环境事物的内容，所不同的是，历史地图依据的是多种古籍，古籍地图则只以表现某一部古籍地理事物为主线索。

属于历史地图的古籍地图，其研究领域应该处于历史学、地理学、古籍学和地图学的交叉范围，表明"学科性质及研究方法与实践中边缘性和交叉性的存在"[②]，对于古籍地图的研究实践还有待深入探讨。

尽管许多古籍可以设计出单个图幅或若干图幅的古籍地图，但也不是这种古籍都可以设计出一部地图集。一般来说，研究者可以根据研究要求，对记载地理事物较多的古籍设计并绘制地图，用以反映当时的社会全貌，有利于论证的发挥，如研究历史时期战争的战争形势图，研究历史时期方言的方言分布图，等等。

能够设计出系统完整古籍地图集，我们认为，一般来说应该取决于该古籍是否属于地理书。当然也并不仅仅是该古籍记载地理事物的量。如属于地理书的正史地理志，尽管也可以依托某一部正史地理志设计出该时代的行政区划地图集，但是实际情况是，研究者的注意力在主要依托全部正史地理志设计出通代的行政区地图集。可见属于专题性的地理书才是设计古籍地图集的依托所在。

---

① 张步天著：《历史地理学概论》，河南大学出版社 1993 年版，第 220 页。
② 范今朝：《历史地理学理论建设的初步成果：评〈历史地理学概论〉》，载《地理学报》1994 年第 2 期，第 188—189 页。

中国是古籍最多的国家。许多古籍整理研究应用时需编绘古籍地图、古籍地图集以扩大展示其作用力。包括古籍地图在内的历史地图，为探讨陆地表层自然与人文各要素演化过程、空间分异规律及相互作用机制构筑了新的平台。

二、古籍地图的要素

古籍地图属于专题地图。古籍地图的要素除普通地图各要素和专题地图各要素外，还有历史地图、古籍地图特有的时间要素。

普通地图的水文要素、地形要素、居民点要素、交通线要素、境界线要素、土地植被要素、经纬网等是历史地图、古籍地图必须具备也是可以具备的。

古籍地图一般采用规格高的现代地图为底图，既继承了历史地图和最早的规范化古籍地图即已采用的古今对照传统，又使上述各地图要素更为醒目。由于受到资料和绘图技术的限制，古籍地图中上述各要素的体现，一般只以古籍反映的地理事物为主，如指沙漠地貌的"流沙"，只有在相关图幅中显示沙漠符号标记。

古籍地图中时间要素的体现主要是历史地名及其表现的时代印记。《水经注》"经""注"成书时代不同，前者是汉末三国时期，后者处于南北朝历史阶段，其地图集应按照经、注的成书时代取定历史地名和当时的政区建置。

三、古籍地图的绘制原则

(一)古籍地图的绘图学基本特征

古籍地图应遵循地图的数学法原则，运用地图投影法，务使地图平面上反映的空间各要素与地面各点之间在方向、距离、面积等方面有严密的数学对应关系。符号和注记是地图必不可少的部分，在古籍地图中也应按照地图学的绘图原则处理。

(二)古籍地图的历史学基本特征

古籍地图应遵循历史的治史原则，尊重历史事实。古籍地图应该按照该古籍记录的地理事物的时代选取时间断限。有些古籍各篇不成于一时，则应要求每一图幅只反映一个时间断限。一般来说，中国历史地图研究以一个朝代为时间段。古籍地图则以成书年代选定，如《水经注》地图研究的时间段为汉末三国至南北朝这一历史阶段。有的古籍成书年代跨度大，则应分别处理。如《山海经》不成于一时，笔者绘制《山海经》地图集时，对《五藏山经》26 篇经文记录的 26 条考察路线按成书时代采用不同时代底图，用以反映该考察路线的时代面貌。每一条考察路线存在的时间有长有短，地图集以该考察路线的开辟时代为准。

(三)古籍地图的古籍学基本特征

古籍地图依托的是古籍，古籍绘图，特别是古籍地图集编绘，是一种古籍整理过程。因此，古籍地图绘制应该考虑古籍学的要求。古籍学以语言文字学和古代历史文化知识为基础，其应用研究门目繁多，计有目录、版本、校勘、典藏、编撰、翻译、辨伪、辑佚、形体、整序，等等。古籍地图集绘图实践表明，校勘、翻译、整序是不可忽视的环节。

四、古籍地图集的设计要求

(一)古籍地名入图的要求

按照古籍地图的要求，全部地名都应该入图。不过，可以根据不同的情况作出处理。水系是《水经注》的中心内容，其水系图集要求水系地名全部入图。另外，不同古籍之间存在差异，如《山海经》"海经"许多地名尚未能确指。按照"宁缺毋滥"的原则，根据《五藏山经》、"海经"的研究现状作了变通，《山海经》的主体部分《五藏山经》地名全部入图，"海经"则以已考定的入图。

《水经注地图集》以水系为中心内容，要求郦注河流湖泊全部入图，且每一河流均在图集中有全河段整体表示(包括全图、单幅图、附图)。每一河流均考定今地，以"今名某河"表之;凡查当代县级地图不载河流名者，以附近地名作河流名，以"今定名某河"表之。若无现代河流对应，则考证其故道。图面河流名注记，按上游向下游排列。

(二)地名地望准确度评估，并按此评估确定图中的准确度要求

古籍地名地望准确度有差异，《水经注》河流地望准确度有四种情况，一是古今同名同地，如河水(黄河)、江水(长江)、渭水(渭河)、泾水(泾河)、牧(木)马水，等等。二是古河道与今河道基本一致，但河流名称不同，此类数目较多。三是古今河道改异，但尚有部分重合。四是由于自然因素特别是人类活动因素，古河道已不复存在。《山海经》地名地望准确度也可分为古今同名同地，古今异名同地，只能大致定位几个等级。这些在绘制时应作不同处理。古今同名同地的都在同

一位置标示,古名今名并列。古今异名同地即可确切定位者,也在同一位置标示,古名今名并列。只能大致定位的地名只要求精确到县级行政区内。

(三)古今对照要求

古今对照是历史地图、古籍地图的基本要求,我们提出了古籍地图"三层设色",既反映了古今对照,又在此基础上提出了古籍时代地名与古籍地名对照的要求。

古籍地图集采用三层设色,这是普通历史地图二层设色的发展。"三层设色",即古籍地图中现代地理信息、古籍时代地理信息、古籍地理信息"三重对照",且以古籍地理信息设为正色,即普通地图的设色用于古籍内容:文字用黑色,河湖海线段用蓝色,水面填充用浅蓝。古籍时代地理信息只用红色,现代地理信息只用暗色。"三层设色"是继唐朝地理学家贾耽(730—805),"其古地名题以墨,今州县题以朱"表达的"古墨今赤""二重对照"方法 1200 余年之后的又一发展。

由于古今对照中以古籍内容为主,我们提出应尽可能多安排古籍地理信息,现代地理信息摘要入图,这是和普通地图不同之处。

(四)文字说明要求

文字说明是古籍地图不可或缺的组成部分,《水经注地图集》文字说明较多,包括水系框架复原重构和全部河流的地望考证。

(五)古籍地图集的图册、图组、图幅、附图

古籍地图集可以分为图册、图组、图幅、附图几个层次,单册地图集只包括图组、图幅、附图三个层次。

古籍地图集的图册、图组、图幅、附图的设计反映了绘制者的理论和方法论水准。图集如同一部专著,它有特定的主导思想,有合乎逻辑的结构顺序,有统一的图式符号。图集主导思想遵循古籍地图思维,结构顺序力求符合原著。

图幅即单个图面,设计应考虑幅宽尺寸、色彩、图例、附图、取图范围等可见特征和断限,资料取舍等不可见特征。

主图幅宽尺寸应按地图集要求取定值(开本),根据内容选择横置或竖置;色彩按历史地图集选定;图例为总图例;附图按内容决定,每一图幅最多以两个附图为宜;取图范围应考虑该图幅所反映的内容全覆盖,且印制出的图面地名密集度适中,读者能够辨识。

图组由若干图幅组成,以《水经注地图集》为例,为了展现流域水系构图思

路,又遵照原著布局。以郦注记载的入海河流为独立水系,注入独立水系河道的为该水系一级支流,以下则称之为该水系二级、三级支流。河水水系、淮水水系、江沔水系各安排一个图组。独立水系河道内容少且邻近者,一个图组安排多个独立水系。河水以北诸水水系图组、山东诸水水系图组、江水以南诸水水系图组均有多个独立水系。同样,原则上一个图幅安排一个一级支流,该水系内容少且邻近者可安排多个一级支流。图中水系、图组、图幅都由郦注名称命名。图组、图幅排列顺序有调整:图组顺序除河水为《水经注》首篇,列为首外,则自北向南排列;图幅顺序按干流北(东)至干流南(西),上游至下游排列。

图册主要是从该古籍地图集的容量而置,如《山海经地图集》内容小,仅一单册。《水经注地图集》内容多,可设计多个图册。

(六)古籍地图集编绘方法

1. 底图的选择

古籍地图一般只选用质量高的标准地图作底图。由于不同比例尺图幅的需要,须采用不同的标准地图,笔者发现不同的标准地图竟然也有差异,有时差距颇大。当然,有些差别是出版年代不同建置有变所致。看来,古籍地图应尽量选择最近出版的标准地图为好,且以始终只选用一种为佳。为了维护国家主权,要求国界线高度精确。

2. 取图范围的决定

取图范围的原则,一是地理事物"尽收图内",二是图面比例尺最大化。前者是制图的基本要求,后者则是图面有限空间的最佳利用。

3. 附图的运用

附图的运用是古籍制图的重要技巧之一。附图的运用在普通地图中的作用主要是局部放大,古籍地图则更有发挥。如《山海经地图集》几处使用了附图,其作用各有考虑。"北次三经考察路线图"使用了一个附图,它不是局部放大而是全路线缩小。此图幅在初版中用了 5 个"附图",每个附图都占用一个图幅,不仅浪费,更重要的是显得零散,不利于使用。修订版以正图为局部放大图,而以附图为全程图,使全路线 46 座山、46 条发源河流尽在一个图幅中。由于主图 42 山分布密集,各地图标记尚属明朗,能够辨识。当然,古籍地图附图的主要作用是局部放大,与普通地图的附图作用相同。《水经注地图集》使用了许多附图,其作用各有考虑。

4. 图面视感效应的考虑

图面视感效应也是绘图者应该考虑的问题。科学的取图范围,不仅使主图更为醒目,而且由于主图居中,增加了图面稳度,提高了美感。使用经纬网,取图时尽可能使纬线与图框平行,居中的经线与图框平行或近似平行,也能起到增加图面稳度,提高美感的效果。此外,消除地图符号分布悬殊,避免符号空白区,也是提高图面视感效应的措施。

5.人文地理要素、自然地理要素的显示

一般地说,古籍地图的人文地理要素较为容易显示,自然地理要素的显示较难。由于资料不足,古籍地图集反映的古籍时代自然地理环境的内容不多。河湖海岸线的变迁应采用国内权威历史地图资料,古籍记载的自然地理事物则以符号标示为宜。

《水经注》对古代北京地区水环境研究的贡献

吴文涛

（北京市社会科学院历史研究所）

　　《水经注》序曰："《易》称天以一生水，故气微于北方而为物之先也。《玄中记》曰：'天下之多者，水也，浮天载地，高下无不至，万物无不润。'"①水是生命的源泉，是人类不可缺少的宝贵资源，也是城市形成与发展过程中具有决定性意义的影响因素之一。古都北京在从早期聚落成长为全国首都的历程中，水环境的优劣及其变迁一直是人们极为关注的话题。近几十年来众所周知的水资源危机，更是把人们的视野聚焦在北京历史上水环境状况及其利用的反思上，迄今已出现一大批研究成果。在这些研究中，郦道元的《水经注》是人们不可或缺的文献依据，尤其是对于认识和还原北京地区早期河流水系分布状况具有极其珍贵的史料价值。早在1959年侯仁之先生主编的《中国古代地理名著选读》一书中，就曾对这个问题有过论述，此后很多学者不断把这一论述付诸实践，使得北京历史时期水环境的研究更为深入、明晰。本文在此基础上做一梳理，以期系统说明《水经注》对古代北京地区水环境研究的贡献，并以此敬贺当代郦学泰斗陈桥驿先生九十华诞！

　　涉及今北京地区地理情况的记载主要集中于《水经注》卷十二至十四，包含在《圣水》、《灅水》、《鲍丘水》等篇章中。大体说来，灅水是今天的永定河，鲍丘水、沽水、巨马水、圣水、湿余水（灅余水）分别是今天的潮河、白河、拒马河、大石河、温榆河。正是有赖于这几篇总共不足两万字的著述，我们获得了北魏以前关于北京地区河流水系基本状况的系统认识。试分述如下。

---

① （北魏）郦道元：《水经注》郦道元"序"，上海古籍出版社1990年版，陈桥驿点校本。

一、灅水

灅水是永定河的前身,在历史上有桑乾河、浑河、卢沟河等名称,清康熙三十七年(1698)始定现名。有关它的记载,《水经》是这样的:"灅水出雁门阴馆县(治所在今山西朔州市东南五十五里下关城村),东北过代郡桑乾县(治所在今河北蔚县东北)南(引者按:"南"应为"北",《水经》误),又东过涿鹿县(治所在今河北涿鹿县东南四十里古城)北,又东南出山,过广阳蓟县(治所在今北京西南广安门一带)北,又东至渔阳雍奴县(治所在今天津武清区西北土门楼村)西,入笥沟(潞水别名,今北运河)"①,只给出了古永定河的一个大致流向和轮廓。

借助于郦道元《水经注》的《灅水》篇,我们对灅水的河道源流则有了更加清晰的认识:"灅水南至马陉山,……瀑布飞梁,悬河注壑,漰湍十许丈,谓之落马洪","自南出山,谓之清泉河","又东南径良乡县之北界,历梁山南,高梁水出焉";"又东径广阳县故城北,……又东北径蓟县故城南,……昔周武王封尧后于蓟,今城内西北隅有蓟丘,因丘以名邑也。"②也就是说,灅水即古永定河从今山西朔州境内发源后,经过今河北蔚县、涿鹿进入今北京市境内。河水在官厅附近开始穿越西山山峡地段,这一段叫做"马陉山"。在官厅水库未筑以前的洪水时期,永定河上游从怀来盆地开旷泛滥的河面上汹涌而来,在官厅山峡的口上,也就是现在官厅水库拦河坝所在的地方,奔泻穿行于悬崖壁立的深山峡谷③。流出西山之后的河段称为"清泉河",继续向东南流到良乡县(治所在今北京房山区窦店镇西南土城)北界,又经过梁山(具体位置及今是哪座山详见下文)南侧,转而东流,经过广阳县故城(即今房山区良乡镇东北十里广阳城村)以北。由此再转为东北方向,经过蓟县故城南,也就是今北京广安门一带的南侧。

蓟县故城——蓟城是今北京城的前身。关于它和灅水的关系,《水经》的描述是:灅水"过广阳蓟县北",而在郦道元的注文中则变成了"径蓟县故城南"。对于这个变化,侯仁之先生的判断是:《水经》记述错误,而《水经注》做了纠正④;尹钧科先生则认为,《水经》未必有错,这一变化源自从东汉至魏晋间的永定河河道

① (北魏)郦道元:《水经注》卷十三《灅水》。
② (北魏)郦道元:《水经注》卷十三《灅水》。
③ 侯仁之主编:《中国古代地理名著选读》,科学出版社1959年版,第101页。
④ 侯仁之主编:《中国古代地理名著选读》,科学出版社1959年版,第102页。

变迁①。《水经》中流经蓟城北的㶟水，就是高粱河与今人通过地质勘探得知的"三海大河"——从今石景山附近向东流，经八宝山北、田村、半壁店、紫竹院、高梁桥，再由德胜门以西入积水潭、什刹海、北海、中南海，穿过长安街从人民大会堂西南、前门向东南流，经龙潭湖再向东南，至马驹桥附近汇入㶟水故道（即循今凤河河道），是"永定河从晚更新世以来延续到全新世的一条古河道"②，其消亡"大约可以晚到汉代"③。关于这条古永定河河道，以往不见有人给出有力的文献依据，《水经注·鲍丘水》里收录的《刘靖碑》中有"高粱河水者，出自并州"语④，还多以为谬误。如今，随着地质勘探技术的介入和今人研究的深入，证实了这条古河道的存在。由此，让我们进一步认识到：魏晋以前，水量巨大的古永定河流出西山之后，在北京平原西北高、东南低的地势引导下，发生河流改道或者分汊漫流、多股并存的情况是很正常的，而期间一直处于稳定状态的蓟城，其实是见证河流改道的参照物。

㶟水到达蓟城附近后，"又东与洗马沟水合，水上承蓟水，西注大湖。湖有二源，水俱出县西北，平地导源，流结西湖。湖东西二里，南北三里，盖燕之旧池也。绿水澄澹，川亭望远，亦为游瞩之胜所也。湖水东流为洗马沟，侧城南门东注，昔铫期奋戟处也，其水又东入㶟水。㶟水又东径燕王陵南，……㶟水又东南，高梁之水注焉。水出蓟城西北平地，泉流东注，径燕王陵北，又东径蓟城北。又东南流，《魏土地记》曰'蓟东十里有高梁之水'者也。其水又东南入㶟水"⑤。从这里可以知道，古永定河从蓟城以南向东流的过程中，汇入了一条重要的支流"洗马沟水"。据侯仁之先生考证，这条小河"上源出自今北京广安门外的莲花池，只是下游已被导入今外城西护城河内，其故道东南流入今凉水河（北魏时曾是㶟水所经过的河道），在一九一五年实测的北京四郊地图上还依稀可见"⑥。这里的"蓟水"，当理解为泛指蓟城郊外的小河，它们共同注入的"大湖"或"西湖"，就是今天莲花池的前身。这个湖泊的水源来自西北平地的泉水，湖面宽广，郦道元时代就已是著名的游览胜地。西湖水顺着靠近蓟城南门的河道——洗马沟——向东流，不久即汇入㶟水，其故道就在今右安门外的凉水河一线。㶟水继续东流，经

---

① 尹钧科等：《历史上的永定河与北京》第六章，北京燕山出版社 2006 年版，第 167—168 页。
② 孙秀萍、赵希涛：《北京平原永定河古河道》，《科学通报》1982 年第 16 期。
③ 孙秀萍：《北京城区全新世埋藏河湖沟坑的分布及其演变》，《北京史苑》第二辑，北京燕山出版社 1985 年版。
④ （北魏）郦道元：《水经注》卷十四《鲍丘水》。
⑤ （北魏）郦道元：《水经注》卷十三《㶟水》。
⑥ 侯仁之主编：《中国古代地理名著选读》，科学出版社 1959 年版，第 103 页。

过燕王陵（位于蓟城东南）以南。由此转为东南方向后，又有"高梁之水"注入灢水。这里的"高梁之水"即上文所提到的高梁河与"三海大河"，对此，下文再予以详述。

灢水"又东至渔阳雍奴县西入笥沟。笥沟，潞水之别名也。《魏土地记》曰：'清泉河上承桑乾河，东流与潞河合。'灢水东入渔阳，所在枝分，故俗谚云：'高梁无上源，清泉无下尾。'盖以高梁微涓浅薄，裁足通津，凭借涓流，方成川圳。清泉至潞，所在枝分，更为微津，散漫难寻故也"①。这一段描述了北魏时期灢水下游表现为多条分支漫流入海的状况。文中的"清泉河"是指灢水冲出西山之后，所流经蓟城以南的河段。西晋发生"八王之乱"时，成都王司马颖密令右司马和演，设法杀死都督幽州诸军事的王浚，"于是与浚期游蓟城南清泉水上"②，就是指的这一段河流。郦道元告诉我们，高梁河凭借平地涌泉的水量补充保持了原有河道的模样，而清泉河行进到渔阳雍奴县（今天津武清东七里邱家庄南）与潞水（今北运河）汇合，随后便消失了主干河道，呈多条分支在尚未完全开辟的平原上肆意漫流，每条河沟的水量趋于微小，逐渐消失在雍奴薮之类大大小小的淀泊中，因而形成了"高梁无上源，清泉无下尾"的局面。

二、高梁水和高梁河

前文屡屡提到的"高梁水"或"高梁河"，是北京城市水系中一条十分重要的河流。它与永定河的关系，与北京城址变迁的关系，与北京漕运的关系以及相关的水利工程等等，都是北京历史进程中绕不过去的话题。在《水经注》中，郦道元给出了有关"高梁水"或"高梁河"的原始概貌及其源流。首先，在《灢水》篇中：灢水"历梁山南，高梁水出焉"，即从"梁山南"灢水分出了一支"高梁水"。然后，在卷十四《鲍丘水》中对它进行了更详细的记载：

> （高梁水）首受灢水于戾陵堰，水北有梁山，山有燕刺王旦之陵，故以戾陵名堰。水自堰枝分，东径梁山南，又东北径刘靖碑北。其词云：魏使持节、都督河北道诸军事、征北将军、建成乡侯沛国刘靖，字文恭，登梁山以观源流，相灢水以度形势，嘉武安之通渠，羡秦民之殷富。乃使帐下丁鸿，督军士千人，以嘉平二年，立遏于水，导高梁河，造戾陵遏，开车箱渠。

---

① （北魏）郦道元：《水经注》卷十三《灢水》。
② （唐）房玄龄等：《晋书》卷三十九《王浚传》，中华书局 1974 年版。

　　其碣表云:高梁河水者,出自并州,潞河之别源也。长岸峻固,直截中流,积石笼以为主碣,高一丈,东西长三十丈,南北广七十余步。依北岸立水门,门广四丈,立水十丈。山水暴发,则乘碣东下;平流守常,则自北门入,灌田岁二千顷。凡所封地,百余万亩。

　　至景元三年辛酉,诏书以民食转广,陆废不赡,遗碣者樊晨更制水门,限田千顷,刻地四千三百一十六顷,出给郡县,改定田五千九百三十顷。水流乘车箱渠,自蓟西北径昌平,东尽渔阳潞县,凡所润含,四、五百里,所灌田万有余顷。高下孔齐,原隰底平,疏之斯溉,决之斯散,导渠口以为涛门,洒澼池以为甘泽,施加于当时,敷被于后世。

　　晋元康四年,君少子骁骑将军平乡侯弘,受命使持节监幽州诸军事,领护乌丸校尉宁朔将军,碣立积三十六载,至五年夏六月,洪水暴出,毁损四分之三,剩北岸七十余丈,上渠车箱,所在漫溢,追惟前立碣之勋,亲临山川指授规略,命司马关内侯逄恽,内外将士二千人,起长岸,立石渠,修主碣,治水门,门广四丈,立水五尺,兴复载利通塞之宜,准遵旧制,凡用功四万有余焉。诸部王侯,不召而自至,缒负而事者,盖数千人。诗载经始勿亟,易称民忘其劳,斯之谓乎。于是二府文武之士,感秦国思郑渠之绩,魏人置豹祀之义,乃退慕仁政,追述成功。元康五年十月十一日,刊石立表,以纪勋烈,并记碣制度,永为后式焉。事见其碑辞。[①]

　　这段引文说的是,三国魏嘉平二年(250),由征北将军刘靖主持,在梁山以南的㶟水之上修筑的一道分水坝。从这里分出的水流通过人工开挖的车箱渠,引水东下,穿讨八宝山一带的丘陵,转为东北方向,导入今紫竹院周围的天然湖泊所汇成的高梁河,从而增加其流量发展蓟城周边的农田灌溉。这个工程到了魏景元三年(262),又由樊晨加以扩建,延长车箱渠,径昌平县境内到达潞县境内(今通州)。西晋元康五年(295),骁骑将军、平乡侯刘弘,又再次维修。其效益历曹魏至西晋,持续数十年之久。所引永定河水灌溉了蓟城南北广阔的土地,"凡所润含四五百里,所灌田万有余顷"[②]。北朝时,幽州刺史斛律羡又曾利用车箱渠故道,将永定河水先向东再向北引,与易京水(即温榆河)合,东注潞水(白河),开发漕运,使车箱渠的灌溉功能进一步扩大。

　　由这一段记载,人们通常以为这条"高梁水"是从梁山以南开凿出来的一条

---

①　(北魏)郦道元:《水经注》卷十四《鲍丘水》。

②　《三国志·魏书》卷十五《刘馥传附刘靖传》。

人工渠道,即车箱渠。而对其冠以"高梁水"之名的传统理解是:因为开了车箱渠,使其上源与灅水相连接,等于向上延长了高梁河;也正因如此,《鲍丘水》篇中所录刘靖碑文有"高梁河水者,出自并州"语①,遂勉强可以解释②。其实,结合《水经注》的上下文和其他文献的佐证,加上考古、地质勘探等技术支持,如今可以得出一些不同的理解。

其一,"高梁水"、"车箱渠"与高梁河及灅水的关系。

尽管《水经注》有关"高梁水"的记载分述于不同篇章,表述的发源与尾流也不尽相同,但实际上却是同一条河道,今西直门外的高梁河就是它们共同的一段故道。《水经注·灅水》篇记:"灅水又东南,高梁之水注焉。水出蓟城西北平地,泉流东注,径燕王陵北,又东径蓟城北。又东南流,《魏土地记》曰'蓟东十里有高梁之水'者也。其水又东南入灅水。"这里所说的"高梁之水"是一条原本就存在的天然河流。经地质人员实地勘测,其走向大致为:自今紫竹院向东,经高梁桥至今德胜门,再南折为今积水潭、什刹海、北海、中海,穿过今长安街人民大会堂西南,再向东南流经前门、金鱼池、龙潭湖,经左安门以西流向十里河村东南,又与灅水相合——也就是上文提到的"三海大河"中的一段。据地质勘探得知,"此河宽度一般在300米左右,但在供电局至棋盘街一带约宽600米。地层岩性,表层6至7米以上为杂填土,6至7米以下为全新世沉积的黏性土,在10米以下为更新世晚期堆积的砂、砾石层。"③很显然,这条"高梁之水"其实就是从更新世晚期直至东汉末年的古永定河河道(见上文所述,它起源于今石景山附近的灅水,向东流经八宝山北、田村、半壁店接今紫竹院以下河道)。尽管灅水在东汉以后开始改道南迁,但由于有今紫竹院附近泉水(其实也是古永定河河道地下水的浅层溢出)的不断汇入以及原有水体残存形成的湖泊,从今紫竹院以下的河道并没有断流。在斜穿过整个今天的北京城后,于当时的蓟城东南再次汇入灅水。

刘靖在"梁山南"开车箱渠所分出去的"高梁水",实际上利用了灅水"三海大河"的一部分故道,重新开通了这条河,所以在郦道元时代及以前仍以"高梁水"名之,这其实是表明了两者之间原本的承继关系和河流变迁的进程,并非记载谬误或前后文相抵。从这个角度看来,或许我们应该把"三海大河"这条永定河故道直接命名为"古高梁河"更为妥当,显然,在郦道元之前很久它就已经存在了。

---

① (北魏)郦道元:《水经注》卷十四《鲍丘水》。

② 侯仁之主编:《中国古代地理名著选读》,科学出版社1959年版,第107页。

③ 孙秀萍:《北京城区全新世埋藏河湖沟坑的分布及其演变》,《北京史苑》第二辑,北京燕山出版社1985年版。

其二,"梁山"到底在哪儿? 是今天的什么山?

《水经注》中的"梁山",以往通常被认为是今首钢西边永定河东岸、海拔 183 米的石景山。那么,按照郦道元的记载,戾陵堰、车箱渠应该在它的南部。但今人经过实地勘探和文献对比后发现,"梁山"应是位于石景山西北约 1.4 公里、同样处在永定河东岸、海拔 223.3 米的"四平山"(因 1937 年日本侵略军在山顶修炮楼,当地俗称"鬼子山")[①]。最具说服力的证据是,20 世纪 50 年代在修建石景山发电厂的时候,发现石景山北麓与四平山南脚之间有一个"地形缺口",宽约 60 米;每当永定河洪水超过 5000 立方米/秒时,就会从此口溢出,流入东面的金钩河。从其地形纵剖面来看,正是两壁直立平整、状如"车箱"。《水经注·鲍丘水》记载:高梁水"首受漯水于戾陵堰",那么,用于拦截漯水、升高其水位以分河水从车箱渠引入高梁水上源的戾陵遏,一定是在车箱渠的南边。此篇紧接着著录的《刘靖碑》云:西晋元康五年(295)洪水冲毁戾陵堰,直冲北岸,又向东流,可知堰体设于河流弯道之处。而实地勘探得知,石景山以北的河道正好呈新月形弯曲,北岸正是凹岸,在此设取水口完全符合弯道环流取水防沙的水力学原理。也正是由于这样一种特殊的地形,"古高梁河——三海大河"这条古永定河从这里向东流去也就顺理成章了。在石景山以下,不仅河道成了反弧不利于开口取水,而且河道开阔、土质疏松,地质条件也不利于筑坝拦水。因此,戾陵堰当是一道紧靠石景山西侧山包、朝着西北即永定河上游来水方向伸展的拦河坝,它把河水拦蓄在石景山以北、四平山以南的河段中向东流去。两个山包之间相对低洼的"地形缺口",就是把永定河水由南向北引入高梁水的车箱渠的取水口。这样,车箱渠以北的"梁山"只能是今天石景山以北的"四平山"。

三、漯余水、沽河、鲍丘水

历史上的鲍丘水、沽河、漯余水,就是现在的潮河、白河、温榆河。"漯余水"在《水经注》中作"湿余水"。"漯"字误写字形相近的"湿"或"温"的历史由来已久,而"余"字又被同音异写为"榆",这就是后来出现"温榆河"一名的原因。陈桥驿先生在点校《水经注》时注释说:"案《汉书·地理志》:上谷郡,车都温余水,东至路南入沽。《元史》:泰定三年,温榆水溢。《昌平山水记》云:温榆河,即昌平之

---

① 蔡蕃:《北京古运河与城市供水研究》第二章第一节,北京出版社 1987 年版;孙冬虎:《北京地名发展史》第八章第一节,北京燕山出版社 2010 年版。

榆河,《辽史》作温渝,本《水经注》之湿余水,以字相似而讹也。今考'温'与'湿'并'灅'之讹。《后汉书·王霸传》云:可从温水漕。温水,乃灅水,唐韦挺运米至卢思台,方知渠闭,则旧坏不修耳,霸所漕者温水,非温余水也。李贤注引温余释之,疏矣。灅水有《说文》为显证,而温余见《汉书》,湿余见《水经》,承讹已久,今姑仍之。"[1]为了与《水经注》保持一致,这里的引文也只得将错就错地写为"湿余水"。

《水经》记载:"湿余水出上谷居庸关东,东流过军都县(治所在今北京昌平西南十七里土城村)南,又东流过蓟县(治所在今北京广安门一带)北,又北屈东南至狐奴县(治所在今北京顺义区东北三十里呼奴山西侧)西,入于沽河。"[2]郦道元对于这一段的注文称:"其水导源关山,南流历故关下,……其水南流出关,谓之下口,水流潜伏十许里也。……湿余水故渎东径军都县故城南,又东,重源潜发,积而为潭,谓之湿余潭。又东流,易荆水注之。"与当代的地形相对照,这段注文的意思是:灅余水发源于居庸关以东的关沟,南流经过军都关(今昌平南口),然后潜流地下十余里,再过军都县故城(今昌平西南的土城村)南,继续向东则与多条山沟的水流汇聚为一处水潭,随后有易荆水注入灅余水之中。关于易荆水,按照郦道元的注文,它导源于蓟城西北的"千蓼泉",其地应在今昌平境内。透过这个以水生植物红蓼命名的泉水名,可以想见那里水草丰美的景象,而"丁蓼水"这个别名应是"千"与"丁"字形相似引起的误写。易荆水东流,有虎眼泉水(在今昌平旧县东)汇入;转为东南流之后,又有发源于孤山的塔界水来汇;再向东流,经过蓟城之北、昌平故城(今昌平沙河镇上下东郭村)南,这一段因此又有"昌平水"之名。在接纳了昌平水之后,灅余水转为东南流,又接纳了"芹城水","径安乐故城西",随后在狐奴县西南向东流入沽河。安乐故城即西汉渔阳郡安乐县治所,其地在今顺义西北四里衙门村。这就是灅余水(古温榆河)在北魏之前的大略情形。

但为什么称"灅余水"?它与灅水有什么关系吗?随着当今地质勘探和卫星勘测等技术的发达,今人在北京西山山前平原发现了四条从晚更新世后期到全新世发育的永定河古河道,由北而南分布,被依次命名为:"古清河"故道、"古金钩河"故道、"灅水"故道和"古无定河"故道。"古清河"从今石景山附近(应当也是从其北、"梁山"南之间)流向东北,经西苑、清河镇接温榆河。据勘测其河床宽

---

① 陈桥驿点校《水经注》卷十四"湿余水出上谷居庸关东"句下注文。

② (北魏)郦道元:《水经注》卷十四《湿余水》。

度一般为 3—4 公里,最宽可达 5 公里。纵比降为 0.5%—0.7%(在今立水桥附近达 2%)。其砂砾层掩埋在地表以下 3—5 米,厚度一般为 4—5 米,上游可达 7—8 米。越到中下游,砾石的比例减少、粒径也越小,砂砾层之上开始覆盖 1—2 米厚的砂层,砂层之上还有一层 3—5 米后的泥炭。通过对其砂层中有机物的碳 14 年代测定得知,这条河道存在于 7200 年前的前后两三百年间,是古永定河最北的一条故道①。也就是说,《水经注》中所记"湿余水"确实是㶟余水,它原本是古永定河清河故道的一段,古永定河改道南迁之后,由于有关沟水、易荆水等昌平一带泉水汇聚的水源补充,仍保持了一定水体,故称㶟余水。这和上文所述高梁河的情形相类似(古高梁河就是"古金钩河"河床上的一条故道)。当㶟水继续向南摆动并最终袭夺了圣水(琉璃河)和巨马河(白沟)下游故道之后,㶟水与㶟余水、沽水的关系就更加疏远了。

沽河或称沽水,《水经》记载:"沽河从塞外来,南过渔阳狐奴县北,西南与湿余水合,为潞河;又东南至雍奴县西,为笥沟(今北运河);又东南至泉州县(治所在今天津武清区西八里城上村),与清河合,东入于海。"②根据郦道元的注文,沽河发源于御夷镇西北九十里丹花岭下,其地在今河北省沽源县境内,流经赤城县,穿越燕山的沟谷,西南流过渔阳县故城(在今密云县西南三十里)西,又南流径安乐故城东,这一段俗称为西潞水(今白河)。沽水南流途中有㶟余水自西注入,东侧的鲍丘水(俗称东潞水)也来会合。东、西潞水合流后继续向南经过潞县(东汉至隋的治所在今河北三河市西南城子村),被称为"潞河",随后向东南漫流入海。

俗称东潞水的鲍丘水,是古代北京地区另一条重要河流,也就是今天的潮河。《水经》记载:"鲍丘水从塞外来,南过渔阳县东,又南过潞县西,又南至雍奴县北,屈东入于海。"③郦道元的注文指出:鲍丘水西南流经犷平县故城(在今密云县东北石匣一带的密云水库淹没区)东,转向东南经过渔阳县故城(在今密云县西南三十里)南,再变为西南方向,经过狐奴城(在今北京顺义区东北三十里呼奴山西侧)东,注入沽河即白河。鲍丘水进入潞县之后,也被通称为潞河。其间,它接纳了魏景元三年(262)由樊晨加以扩建、延长的高梁河分支水,也就是从今德胜门水关附近向东又加开的一道支渠连接潞河,以灌溉昌平、潞县境内的农

---

① 王乃梁、杨景春等:《北京西山山前平原永定河古河道迁移、变形及其和全新世构造运动的关系》。《中国第四纪委员会第三次会议论文集》,科学出版社 1982 年版。

② (北魏)郦道元:《水经注》卷十四《沽河》。

③ (北魏)郦道元:《水经注》卷十四《鲍丘水》。

田,"现在北京东直门外的坝河可能就是它的一段遗迹"①。鲍丘水先后流过潞县(东汉至隋的治所在今河北三河市西南城子村)故城的西、南两侧,又东南入夏泽,最后在雍奴县北东流入海。郦道元记载:"(夏)泽南纡曲渚十余里,北佩谦泽,眇望无垠也。"②夏泽与它北面的谦泽,构成了一片宽达十多里的广阔湖区,清初学者顾炎武考证说:"今三河县西三十里,地名夏店,旧有驿,鲍丘水径其下,而沟河自县城南至宝坻下入于海。疑夏店之名,因古夏泽,其东弥望皆陂泽,与《水经注》正合。"③这片湖泽的位置,在今河北大厂县西北九公里夏垫镇以东、三河县西南一带,当年的大片水体早已干涸;著名的鲍丘水今天称为鲍丘河,但已缩小为一条季节河的名称,它自三河县西北界经夏垫、大厂县城以东到三河县东南境,通过引沟入潮渠流入潮白新河,已经与历史上的面貌迥然不同了。

鲍丘水在雍奴县北与沟河相汇,"沟河"的名称至今未变。《水经注》记载:沟河发源于右北平无终县(治所在今天津市蓟县)西山白杨谷,西北流径平谷县(治所在今北京平谷县东北十里大北关、小北关一带),先后有独乐水(今黄松峪石河)、盘山水(今豹子峪石河)、泃水(今泃河)、五百沟水(今金鸡河)注入。鲍丘水在会合了泉州渠口(约在今河北香河县东二十四里渠口镇一带)之后,向东又有庚水注入,其水出于右北平徐无县(治所在今河北遵化市东)北塞中,流经燕山南麓,向南经过北平城(在今天津市蓟县境)西,再向南入鲍丘水,这条河流的位置大体与今天的"州河"相当。作为蓟运河的上源,沟河与州河是蓟运河水系的重要组成部分。

四、圣 水

圣水属于巨马河水系,就是著名的琉璃河的前身。《水经》记载:"圣水出上谷,东过良乡县(治所在今北京房山区驻地良乡镇西南二十四里窦店镇西南土城)南,又东过阳乡县(治所在今河北涿州市东四十五里长安城)北,又东过安次县(治所在今河北廊坊市西北十里古县村)南,东入于海。"④这条河道证明,汉代的圣水是独立入海的。到郦道元为《水经》作注的北魏时期,圣水过安次县故城

---

① 侯仁之主编:《中国古代地理名著选读》,科学出版社1959年版,第106—107页。
② (北魏)郦道元:《水经注》卷十四《鲍丘水》。
③ 顾炎武:《日知录》卷三十一"夏谦泽"条。《四部备要》黄汝成《日知录集释》本。中华书局1936年版。
④ (北魏)郦道元:《水经注》卷十二《圣水》。

之后，"又东南流注于巨马河而不达于海也"①，可见其下游河道已发生了巨大变迁。

关于圣水在北京附近的情形，《水经注·圣水》写道："水出郡之西南圣水谷（即今房山区良乡镇西南六十里圣水峪），东南流径大防岭（亦称大防山、大房山，在今房山区良乡镇西北三十五里）之东首山下。……圣水又东径玉石山，谓之玉石口，山多珉玉、燕石，故以玉石名之。其水伏流里余，潜源东出，又东，颓波泻涧，一丈有余，屈而南流也。"在向东到达良乡县境后，"圣水南流，历县西转，又南径良乡县故城（今窦店西南土城）西，王莽之广阳也。有防水（即今房山东北的丁家洼河）注之，水出县西北大防山南，而东南流径羊头阜（今房山东北七里的羊头岗村）下，俗谓之羊头溪。其水又东南流，至县东入圣水。圣水又南与乐水（今房山以东的东沙河）合，水出县西北大防山南，东南流，历县西而东南流注圣水。圣水又东径其县故城南，又东径圣聚（即今琉璃河镇董家林、黄土坡一带的琉璃河商周遗址所在地，一般认为这里是西周初年召公奭的始封地、燕国最初的都城）南，盖藉水而怀称也。又东与侠河（即今夹括河）合，水出良乡县西甘泉原东谷，东径西乡县故城（今良乡西南五十五里长沟镇东侧土城）北，王莽之移风也，世谓之都乡城。按《地理志》，涿郡有西乡县而无都乡城，盖世传之非也。又东径良乡城南，又东北注圣水，世谓之侠活河，又名之曰非理之沟也。"与今天的河道比较，圣水的主干即位于琉璃河镇以北的大石河（琉璃河镇以下的河段亦称琉璃河，两个名称往往通用），历史上的各个支流也大致有迹可寻。北宋乐史《太平寰宇记》也记载："圣水，《郡国志》云：'俗名回城水，源出县西北玉石山。'"②今琉璃河镇西北三里、大石河由南流变为东流的转折处，河道东北岸有一村落就以"洄城"为名，足证回城水、圣水、大石河、琉璃河实为一水。但是，今天的大石河向东南流出房山区界不久，就在河北涿州市以东二十八里的小柳村北汇入了北巨马河，与《水经》记载的圣水单独入海或《水经注》所说直到下游才汇入巨马河的情形大相径庭。

五、结　语

综上所述，通过对《水经注》相关记载的追根溯源、条分缕析，我们得到了关

---

①　（北魏）郦道元：《水经注》卷十二《圣水》。
②　乐史：《太平寰宇记》卷六十九《幽州》"良乡县"。光绪八年金陵书局刊行本。

于北京早期历史上的河流水系概况,也就是北京上升为全国都城之前的一个水环境背景。正如侯仁之先生所指出的那样:"根据《水经注》所提供的丰富而翔实的资料,我们就有可能把一千七百年以前(按:当时是 1959 年)北京及其近郊的地理情况进行'复原',并且把它描绘在地图上。这样一幅地图对我们是有莫大价值的。从这一幅地图上,一方面我们可以看到当时北京城的城址和近郊历史的踪迹以及原始的河流与湖泊的分布等;另一方面我们还可看到在北京近郊第一次出现的一些较大规模的改变自然情况的措施,例如拦河堰的修筑、天然河流的导引以及人工渠道的开凿等。到现在为止,这样一幅地图,是我们所能复原的北京地区的一幅最早的地图,也是我们比较全面地研究北京历史地理的一个重要起点。"①

的确,正是有了这个起点,我们才得以清楚地看到此后沧海桑田的历史变迁和这个城市翻天覆地的变化。从学术研究层面上讲,凭借几代人的不断努力和各种研究手段的进步,从《水经注》这个起点走出的学术道路也愈加宽广了,《水经注》所提供的底图如今已经被描绘得越发清晰和准确。

其实,《水经注》给予我们的还远远不止这些,陈桥驿先生在《郦道元评传》中总结了它在八个方面的科学价值②,是一部兼述历史与地理、自然和人文,并极具文学色彩和人文情怀的综合性著作。一千七百多年过去了,在科学手段日益发达的今天,这部历史地理名著依然闪耀着熠熠光辉,发挥着重要的学术价值,就像一座取之不尽、用之不竭的宝矿!

---

① 侯仁之主编:《中国古代地理名著选读》,科学出版社 1959 年版,第 98—99 页。
② 陈桥驿:《郦道元评传》第八章"郦道元《水经注》的贡献",南京大学出版社 1994 年版。

瓜洲小史

邹逸麟

（复旦大学中国历史地理研究所）

今扬州市邗江区瓜洲镇，是扬州、镇江间长江中沙洲堆积而成。在唐代以后，是我国南北水运交通的枢纽。一千多年来，自然和人文环境变化很大。研究扬州的历史不可能避开瓜洲镇。因此，对瓜洲镇的历史进行探讨，有益于对扬州地区自然和人文环境变迁的认识。

一、瓜洲沙洲的形成

今扬州、镇江间长江河口段江岸，历史时期有过较大的变迁。河口段南岸镇江滨江地区是宁镇丘陵地带，临江有北固、金、焦诸山，山多岩体，泥土黏性亦强，故在历史时期南面的江岸不易侵蚀，变化很小。北岸扬州地区是沙质土江岸，蜀冈东南地区一公尺以下都是淤泥，可见是长江泥沙长期堆积的结果，历史时期江岸消长主要发生在这一段。

西汉以前，长江主泓靠近南岸，北面江岸迅速外涨。西汉时代扬州属县江都的县治就在今扬州市西南四十六里的地方。[①] 西汉以后长江主泓道北移。北面的江岸受到江水的冲刷，逐渐崩塌。三国时代江都县城已圮于江。[②] 江岸退至今扬子桥附近，江面阔至四十里。魏黄初时曹丕伐吴，登广陵（今扬州市西北蜀冈上），见波涛汹涌，叹长江为限南北之一天险。[③]《水经·淮水注》谓："自永和中，江都水断，其水上承欧阳埭。"欧阳埭在今仪征县境西南临江。正是由于江都县境江岸内缩，运河河口塌陷，才改道由欧阳埭引江水入运河。

长江主泓道北移后，江中泥沙又逐渐在南岸停滞下来，大约到了唐代初年，南岸润州（治丹徒，今镇江市）附近江面开始有了积沙。至开元中，江沙已完全形

---

① 《太平寰宇记》卷123。
② 乾隆《江都县志》。
③ 《太平寰宇记》卷123。

成。因沙洲形如瓜,故称瓜洲。①瓜洲形成之初,尚未有固定的名称。《旧唐书·玄宗纪》作"瓜洲浦"。同书《齐澣传》作"瓜步尾"。《新唐书·齐澣传》作"瓜步沙尾"。《新唐书·地理志》作"瓜步"。《唐会要》作"瓜步江沙尾"。骆宾王有"渡瓜步江"诗,此瓜步江,指六合县东南的瓜步附近江面。《初学记》卷六"江"第四"瓜步江":"今扬州六合县界,西南对润州江宁县,即魏文帝及后魏太武帝所临处。"因此,瓜洲的出现,有两种可能:一是原在六合附近江面先出现积沙,名瓜步江沙或瓜步沙,以后逐渐下移至京口、扬州间江面;二是瓜步江名延伸至扬子、京口间,因而此处出现的积沙,冠以"瓜步"之名。

沙洲形成不久,其上就有了居民,但露出海面不高,海潮涨时,沙洲易被海水所淹没。②到了开元末,沙洲逐渐扩大至周围数十里,阻塞了京口、扬子间交通,来往船只要绕沙洲而行,才能到达对岸。开元二十六年(738年)在润州刺史齐澣的倡议下,在瓜洲沙洲的中间开凿了一条南北长二十五里的运河,名伊娄河,并在河口置埭,控制船只进出,使船只可以通过伊娄河,对穿沙洲,直抵彼岸,既缩短了航程,又避免了风涛之险。③

瓜洲形成之初,靠近南岸,故属润州。其后逐渐向北岸靠近,开元时已近北岸,而南岸京口至瓜洲间还有二十里。④瓜洲与北岸扬州大陆相连,大约在唐代宗(763—779年)时代。唐代宗时扬州刺史张延赏因"边江之瓜洲,舟航凑合,而悬属江南,延赏奏请以江为界,人甚为便"⑤,于瓜洲改属扬州。《舆地纪胜》卷三十七扬州古迹条引蔡宽夫《诗话》:"润州大江本与今扬子桥为对岸,而瓜洲乃江中一洲耳。故潮水悉通扬州城中,李绅与李频诗:'鸬鹚山头片云晴,扬州城里见潮生。'以为大历后潮信始不通。今瓜洲既与扬子桥相连,自扬子距江尚三十里,瓜洲以闸为限,则不惟潮不至扬州,亦自不至扬子矣。"可见瓜洲与北岸相连,当在唐代宗时。

瓜洲沙洲的形成与并岸,对长江河口段性质的变化有着巨大的影响。在京口与扬州长江未出现沙洲前,江面阔至四十余里。⑥河口呈喇叭形,历史上有名

①　《舆地纪胜》卷 37 扬州景物上"瓜洲"条。

②　《旧唐书·五行志》:"开元十四年,润州大风从东北海涛奔上,没瓜步洲,损居人。"

③　《唐会要》卷 87、《新、旧唐书·齐澣传》同。

④　《旧唐书》卷 140 中《齐澣传》:"开元二十五年迁润州刺史充江南东道采访处置使,润州北界隔吴江至瓜步尾纡汇六十里,船绕瓜步多为风涛之所漂损,澣乃移其漕路于京口塘下直渡江二十里,又开伊娄河二十五里,即达扬子县。自是免漂损之灾。岁减脚钱数十万,又立伊娄埭,官收其课,迄今利济焉。"

⑤　《旧唐书》卷 129《张延赏传》。

⑥　《舆地纪胜》卷 37 扬州景物上引《元和郡县志》:大江"南对丹徒之京口,旧阔四十余里,今阔十八里。"

的"广陵潮"即发生在这里。海潮强于江流,潮涨时,潮头直溯至六合县东南瓜步山下的赤岸。[①] 唐开元年间开伊娄河时,江面阔仅存二十余里。到了元和年间,只剩下十八里了。江口段迅速的束狭,使潮波上传受到阻碍。瓜洲以上河段的江流作用强于潮流作用,潮流再也达不到南京以上。而在单向江流的动力条件下,原来的河槽形态也开始有了新的变化,河口段转变为河流近口河段,并逐渐转变为串珠形的江心洲河型。[②]

据上文注引《旧唐书·五行志》资料,瓜洲在唐开元中已有了居民。初为瓜洲村。[③] 相传王播(759—830年)随父恕任扬州仓曹参军时,家居瓜洲。《嘉靖维扬志》卷七有王播宅,并云:"宋志江都地图有王播宅在江中瓜洲上。"同书卷二十一人物列传:"王播字明扬,其先太原人,父恕为扬仓曹参军,遂家江都之瓜洲。"虽然仓曹参军是品级比较低的武官,但说明瓜洲在形成不久,就有江都一带人民前来垦耕,开元时已有一定数量的居民,并非荒凉之地。

二、南北水运交通的枢纽

瓜洲并向北岸后,代替了扬子津成为南北交通的咽喉。唐在此置驿,[④]往来"舟航凑合",为当时南北水运重要码头。扬州为唐代第一大商业都会,瓜洲则为其港口码头。故瓜洲在唐代以后可谓为江北第一市镇。

宋时于此置镇。[⑤] 由于淮扬运河扬州段水源主要取给于江潮,故北宋哲宗元祐四年(1089年)在瓜洲河口置闸以时启闭,控制潮流。[⑥]

在宋金、宋元南北对峙时,此处曾置重兵,隔江对垒,为军事重镇。南宋隆兴年间在此筑城,城"临大江,东西北(北字疑衍)长四里一十步,门拖板桥二座,遇警则四郊农民徙居其中,隐若一障也"[⑦]。一说乾道四年(1168年)筑城,人号之

① 徐坚《初学记》卷六引山谦之《南徐州记》:"京江(引者按:指京口附近的长江)《禹贡》北江也,阔漫三十里,通望大壑,辄有大涛声势骇状,极为奇观,涛至江北激北岸,尤为迅猛。"《太平寰宇记》卷123扬州六合县赤岸山条引《南兖州记》:"瓜步山五里有赤岸,南临江中。罗君章云:赤岸若朝霞,即此类也。涛水自海入江,冲激六七百里,至此岸侧,其势始衰。郭景纯《江赋》云:鼓洪涛于赤岸。即此也。"
② 黄锡荃、曹沛奎:《长江镇扬河段河槽演变过程》,《华东师范大学学报》(自然科学版)1964年第2期。
③ 《舆地纪胜》卷37扬州景物上瓜洲条。
④ 唐刘长卿有《瓜洲驿重送梁郎中赴吉州》诗,见《全唐文》卷150。
⑤ 见《元丰九域志》。《舆地纪胜》谓唐时置镇,无据。
⑥ 《宋史·河渠志东南诸水上》。
⑦ 《嘉靖维扬志》卷7。

曰簸箕城,不久即废。[①] 由于南北对立,瓜洲在南北水运上的地位明显衰落。

元时建都北京,瓜洲成为南北漕运必经之地。马可波罗在他的行记第 147 章有一段专记瓜洲的文字:"瓜洲是东南向一小城,居民臣属大汗而使用纸币,位置在前所言大江之上。此城屯聚谷稻甚多,预备运往汗八里城以作大汗朝廷之用。盖朝中必需之谷,乃由此地用船由川湖运输,不由海道。大汗曾将内河及湖沼连接,自此城达汗八里,凡川与川之间、湖与湖间,皆掘有大沟,其水宽而且深,如同大河,以为连接之用。由是满载之大船,可从瓜洲城航行至于汗八里大城。此外尚有一陆道,即将掘沟之土积于两岸,聚而成堤,人行其上。"当全国统一,瓜洲在南北水运上的地位再度兴起。

明永乐年间重开大运河,恢复漕运后,瓜洲又恢复成为南北水运的枢纽的地位。当时江南之漕粮,规定上江湖广、江西漕粮,由仪真入运;下江两浙漕粮,由瓜洲入运。[②] 宣德五年(1430 年)修浚了瓜洲镇运河港口,在港侧建便民仓,定"每年秋末苏、松、常三府各运米贮于仓,及冬初漕运江北"[③]。瓜洲港成了南北漕运重要粮仓。原先"瓜洲西津渡在扬州江都县南三十里,与镇江京口相对,古有马头石堤"。"盖江中之潮盈缩有时,盈则舟可附岸,缩则舟胶于途,去岸且数百步。马头石堤出于江中,以为登涉者之便,固不可无者也。岁久堤坏,凡登舟者遇潮湿缩,必解衣徒跣,提携负担于泥淖中。坏堤之石散列浅水,舟行勿戒,辄有触损之患。况兹渡实东西要津,凡两浙、瓯闽入京者,必由于此,而京口细民以负贩为生者,毕集瓜洲,且暮往还,无顷刻之隙。江面险远,风涛莫测。曩昔附江趋利之徒为轻舠以济行旅,中流遇风波覆溺死者岁常以百十计,叫号于江许者无日无之。宣德八年,左侍郎庐陵周公恂如巡抚江淮,悯人病涉,始措置区划,鸠集匠料,造巨舰二只,以为渡舟,每舰可容五百人,令有司选善操舟者四十人籍为渡夫。前之轻舠逐利之人自是屏去,十余年间无一人溺者,往来称便。惟马头石堤因工力浩大,欲重建而未果。正统九年,瓜洲镇士民赵珣廷瑞仗义轻财,奋然告于众曰:'巡抚大臣暂经此处,尚能悯人覆溺,造巨舰以济渡,吾侪世居此镇,目击石堤之坏与往来者之病涉,安可坐视而无恻隐之心乎?况吾于永乐、宣德间以公事历西洋诸番,涉鲸波之险者三次,往返无虞。且年逾五十未有嗣,而天与一子,此皆出于望外,盍相共成此堤,以答神天之一贶,以惬巡抚大臣之志乎?'众皆曰

---

① 乾隆《江都县志》卷三城池。
② 《明史》卷 85《河渠志三·运河上》。
③ 《嘉靖维扬志》卷 18 秩官周忱传。

善。廷瑞首捐白金三百两,以购石材。周公闻之,亟以其经略公用羡余之钱二十万补其费。扬州知府韩侯弘率其僚佐及江都县之长贰各捐俸赀,广集工役,以助其不给。经始于正统十年正月,落成于十一年十有二月。堤长三右二十尺,广三十六尺。用石以丈计,三千三百二十有八,石灰以石计,一千三百,木以株计,二千三百四十五,铁三千四十斤,僦工之钱一十五万六千四百有奇。堤成,完密坚致,往来行旅免徒跣泥淖之苦,罔不欢悦称便。廷瑞乃复以周公之命,于堤岸之上建高楼五楹,以为行者休憩之所,而周公扁之曰:江淮胜概。"①明代在瓜洲置巡检,以理地方治安。②

三、江岸变迁与瓜洲的衰落

明代开始镇扬间江面潮水日间起落很大,时时侵犯江岸。"嘉靖十八年(1539 年)七月间,大水漂没扬州盐场数十处,而人民死者无算。其日扬水江水下数十丈,金山露其脚。过日闻扬州水害,正前日之涸时也。始知随风拥之而去扬也。追思《唐史》记:开元十四年润州大风,拥江涛过金山,遂没瓜步,数日江水复平。岂虚语哉!"③嘉靖三十五年(1556 年)为防倭寇,将瓜洲城重修了一次。④城东西跨坝周一千五百四十三丈九尺,高二丈一尺,厚半之。城门四,便门一,警铺雉堞敌台备具,水门水窦各三。万历时江防同知邱如嵩于城南女墙创楼五盈,曰大观楼,拟形胜焉。后圮。⑤

入清以后,江流主泓发生北徙,瓜洲江岸不断坍陷。据乾隆《江都县志》、嘉庆《瓜洲志》、民国《续修江都县志》记载:"康熙五十五年(1716 年)江势主溜北徙。"

《扬州画舫录》卷七:"瓜洲在大江北岸。康熙间,总河于成龙请瓜洲仪征口交江防同知管理。赵总河世显请于息浪庵护城堤埽工。雍正间江流北徙。嵇总河曾筑于瓜洲沿江抛填碎石,增修埽工。高总河晋以瓜洲城郭并无仓库,沿江一带,多系空旷,原非尺寸必争之地,不如将城缩小,让地与江,不致生工。今同之。故于新港口收江。"

乾隆元年(1736 年)夏五六月,大雨,瓜洲城行坍多处,沿江埽工坍陷入江,约有八十余丈,是为埽工坍卸入江之始。二年重修瓜洲城,三年竣工。

---

① 王琼:《漕运通志》卷 6 胡濙《瓜洲西津渡重建马头石堤坝记》。
② 《明史地理志》。
③ 《七修类稿》卷 2 天地类金山水。
④ 民国《续修江都县志》卷 2 建置考上。
⑤ 乾隆《江都县志》卷 3 城池。

二十九年(1764年)七月江水上涨至一丈五尺,瓜洲回澜坝一带江滩坍陷入江九十余丈,距瓜洲城十一二丈及三四丈不等。

四十一年(1776年)六月瓜洲城外查子港工迤下殷家庄接连回澜坝江岸于初十日坍陷入江,约长一百余丈,宽四十余丈,西南城墙塌去四十余丈。督河诸臣会奏请将城垣及推让地于江,自西城根起斜至南城根止,计一百一十余丈,自外至内宽五六十丈。

四十五年(1780年)西南城垣复圮,南水关陷。四十七年小南门沦于水,筑土城于盐坝门之右,辟聚宝门。

道光十年(1830年)后,聚宝门、南门、西门、便门相继沦陷。

二十三年(1843年)北城复坍,折南北水关以便舟楫。《淮系年表》:"瓜洲城南门塌陷民居河道悉沦于江。是时漕运由海,盐运由仪河。瓜洲运道中废。越二十余岁始开瓜洲越河通盐舟。"

二十五年(1845年)东北城墙亦圮,仅存东水关。

同治(1862—1874年)中,东水关仍峙江浒。

光绪十年(1884年)间瓜城完全坍没,运道改由今瓜镇口出江。今瓜镇在旧瓜城西约里许。今瓜口在花园港东北约三里。(《淮系年表》)

光绪十六年(1890年)东水关亦入于江。当时的瓜洲镇民居市廛,实昔时附近瓜洲之四里埠。

二十一年(1895年)城陷。

二十七年(1901年)江口炮台、公署、瓦房全没于江。今江滩又稍增涨,然为一片沙碛,无复旧观。[①]

清末停止漕运。瓜洲其地位之重要已远不及往日。然在长江大桥未建前,在镇江渡过江必于瓜洲上岸。至今仍为南北往来要津。

今日瓜洲镇虽非旧址,但隋唐以后历来属江都县。1949年设瓜洲区。1956年建瓜洲镇,同年改属刚从江都县析置的邗江县。1958年改瓜洲公社,同年邗江县并入扬州市。瓜洲公社属扬州市。1964年析建运西公社。1983年改为瓜洲镇、运西乡。2000年起属扬州市邗江区。2001年撤销运西乡,区域并入瓜洲镇。现镇政府驻瓜洲镇。下辖3个居委会、11行政村,面积48.59平方公里,人口41000人(2009年)。

历史上的瓜洲镇曾辉煌一时,是扬州历史不可分割的一部分。

---

① 嘉庆《瓜洲志》卷2、民国《续修江都县志》卷2建置考。

西汉高平县的交通路线与萧关的地理位置

刘 满

（兰州大学历史文化学院敦煌学研究所）

萧关在哪里？一直是学术界存在争议的问题。自 1981 年以来，笔者先后写了《萧关位置辨》等几篇文章，①主旨是肯定了自《中国古今地名大辞典》以来学术界萧关在宁夏"固原东南"的说法，即萧关在今宁夏固原市原州区城关镇东南说，②进而提出了萧关在今宁夏彭阳县古城镇任山河说。③ 萧关在固原东南说和萧关在宁夏彭阳县古城镇任山河说，在方位上两者都是一致的，即都在今宁夏固原市原州区城关镇东南，差别是前者只说了萧关大致的方位，后者说出了萧关的具体位置。萧关在固原东南说，最早是由《大清一统志》提出来的，④这一说法的根据见于《元和郡县图志》和《太平寰宇记》，以上二书都记载说萧关故城在原州平高县（治所在今宁夏固原市原州区城关镇）东南三十里。⑤

刘树友《萧关考》一文认为，古往今来，今宁夏固原东南三十里没有道路可以通行。⑥ 皮之不存，毛将焉附？既然固原东南三十里古今均无道路可以通行，这

---

① 《萧关位置辨》，原载《文献》第八辑，书目文献出版社 1981 年版；《再论萧关的地理位置》，原载《敦煌学辑刊》2000 年第 2 期；《固原访古记——三论萧关的地理位置》，原载《鑫报·西部人文地理》，2006 年 12 月 11 日、18 日。以上三篇均收入《河陇历史地理研究》，甘肃文化出版社 2009 年版。

② 臧励龢：《中国古今地名大辞典》，商务印书馆香港分馆 1931 年版，第 1320 页"萧关"条说："萧关，在甘肃固原县东南"。笔者按：当时固原县地属甘肃省。新《辞海》地理分册之历史地理分册，上海辞书出版社 1982 年版，第 234 页"萧关"条也说：萧关"在今宁夏固原东南"。另外，复旦大学历史地理研究所《中国历史地名辞典》，江西教育出版社 1986 年版，第 777 页"萧关"条，谭其骧《中国历史地图集》，中国地图出版社 1982 年版，第 33～34 页西汉·凉州刺史部图；史为乐《中国历史地名大辞典》，中国社会科学出版社 2005 年版，第 2281 页"萧关"条，都认为萧关在今宁夏固原县东南。

③ 刘满：《再论萧关的地理位置》。

④ 《嘉庆重修一统志》，中华书局 1986 年版，卷 259，第 12906 页，平凉府关隘下"萧关"条："在固原州东南。"

⑤ 《元和郡县图志》，中华书局 1983 年版，卷 3，第 58 页原州平高县下："萧关故城，在县东南三十里。"又见《太平寰宇记》，中华书局 2007 年版，卷 33，第 704 页"萧关故城"条。

⑥ 《中国历史地理论丛》2005 年第 3 期。以下凡是未注出处的引文，均引自《萧关考》。

里理所当然地也就"不存在设关的可能性了"。该文还以此为据,认为《大清一统志》、新《辞海》等书"萧关在固原东南"这些"影响颇大的说法,显然都是经不起推敲的"。从而《萧关考》还认为,《元和郡县图志》和《太平寰宇记》"二志所载萧关在固原东南三十里的说法有误"。

我们认为,《萧关考》上述说法是不能成立的。我们还认为,《萧关考》是近几年关于萧关位置研究中一篇值得注意的文章,它提出了一个非常重要的问题:就是自古及今固原东南三十里有没有道路可以通行? 通过研究固原东南的古今交通状况来探讨萧关的地理位置,这就是《萧关考》一文给我们的启示。因此本文的重点是从探讨固原东南的交通路线入手,就萧关的位置谈一点意见。

一

《萧关考》在它的第二部分"萧关诸说置疑"中说:

> 《元和郡县图志》记载:"萧关故城在县(唐时平高县)东南 30 里。"……《太平寰宇记》完全承袭了上述说法,……为了判定这一观点的正误,我们曾数次前往固原一带实地考察。所看到的情况是:固原城东南尽是绵延不绝、一望无际的大山区,古无大道可通,今亦无路可行。古来设关目的是为控扼交通要道,既然固原东南 30 里内古今皆无路可通,那就不存在设关的可能性了。……由此可知,上述二志所载萧关在固原东南 30 里说法有误。

萧关是秦汉故关,它的出现应该有两千多年了。要探讨两千多年前固原东南 30 里一带有无道路可以通行,需要从多方面去考ців。首先要考虑今天这里有无道路可以通行,而今天即使无路可通,并不等于古代也没有道路可以通行。反过来今天有路可通,并不等于古代就有路可以通行。明清时有路可通,唐宋时有路可通,并不能说明秦汉时也有路可通。在考证古代的交通路线时,还要考虑到古今道路的变迁,有时甚至还要考虑到陵谷的变迁对交通的影响。因为固原一带自古以来就是一个地震的多发地区,因此就要考虑当地因地震造成的山体滑坡、堰塞湖等对交通的影响。对这么一个比较复杂的问题,《萧关考》的作者却采用了一个十分简单的办法,就因为今天"固原城东南尽是绵延不绝、一望无际的大山区",就作出了这里"古无大道可通,今亦无路可行"的判断,进而作出了《元和郡县图志》、《太平寰宇记》"二志所载萧关在固原东南 30 里说法有误"的结论。

我们也到固原一带作过实地考察,2004 年 8 月,2006 年 5 月,2008 年 10 月,前后共有三次。通过实地考察和文献研究,我们认为,自古以来固原往南和往东南,都有道路可以通行,而且这两条道路都是通往汉唐长安的。从固原往南的路,就是今银川—平凉公路,这是一条穿越固原市区南北的主要道路。这条公路自固原市原州区城关镇往南,经过的有名的地方有城关镇南 32 里的开城乡驻地开城、城关镇南 53 里的牛营子、城关镇南 68 里的什字路镇的瓦亭,还有城关镇南 74 里的蒿店乡的三关口等。上述几个地方,都地当交通要道,或为古代府县治所(如开城),或为古代屯军戍守之地(如牛营子),或为古代战守要隘(如瓦亭、三关口)。2006年 5 月,笔者在这一带考察时发现,关于萧关在这一交通线上的说法不少,主要有已故著名学者王北辰先生的萧关在开城说,[①]有萧关在瓦亭说,[②]有萧关在牛营子说,[③]还有萧关在三关口说。[④] 萧关在瓦亭说在当地影响较大,在瓦亭附近的公路边,我们看到一座高大的石碑,上面就刻有"萧关"两个大字。

关于这一条道路,见于《居延新简》一书:

> 月氏至乌氏五十里／乌氏至泾阳五十里／泾阳至平林置六十里／平林置至高平八十里。[⑤]

这里的泾阳即西汉泾阳县,故址在今平凉市安国乡油房庄的泾阳故城。根据汉简中所记载的里程来看,平林置当在今固原市什字路镇的瓦亭;高平即西汉高平县,治所就在今固原市原州区城关镇。可见上述汉简中记载的就是从今平凉到固原市原州区城关镇的道路,这是关于这条道路的最早记载,时间为王莽始建国三年(前 11 年),说明至迟在西汉末年这条路已经开通了。上述论证说明,自古以来,从今固原市原州区城关镇往南有一条通往长安的道路,这就是今银(川)—平(凉)公路,这是一条从固原市经由甘肃平凉市通往汉唐长安的道路。毫无疑问,这条道路是丝路北线的干道之一。这里要指出的是,不少研究丝绸之路的学者,把经由今泾河河谷和甘肃平凉市到固原的道路看作丝路北线上一条最古老的道路,而且视之为丝路北线上唯一的干道。我们认为,这是丝路研究的一个误区,因为在泾河以北地区还有一条先秦时已经开辟的重要道路。这条道路从长安出发,经由今咸阳、泾阳、淳化、旬邑(以上地名地属陕西)、宁县、镇原(以上地名地属甘肃)和宁夏彭阳到

---

① 王北辰:《朝那、萧关考》,《西北历史地理论文集》,学苑出版社 2000 年版,第 243—247 页。
② 鲁人勇等:《宁夏历史地理考》,宁夏人民出版社 1993 年版,第 27—28 页"萧关"条。
③ 薛正昌:《固原历史地理与文化》,甘肃文化出版社 1998 年版,第 73—81 页。
④ 刘树友:《萧关考》,《中国历史地理论丛》2005 年第 3 期。
⑤ 《居延新简》,文物出版社 1990 年版,第 395—396 页。

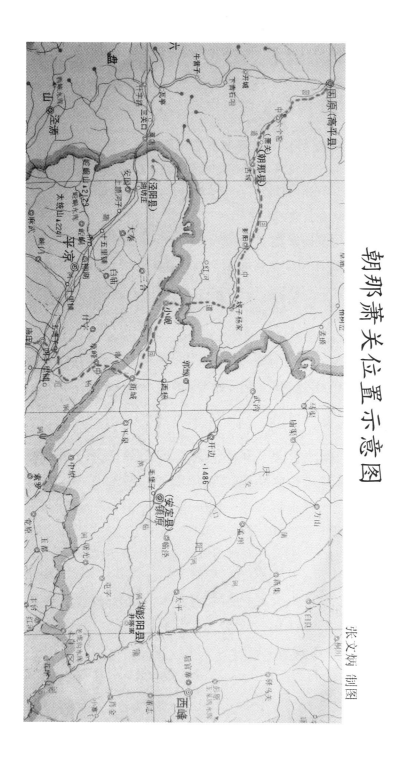

朝那萧关位置示意图

张文炳 制图

固原的道路,早在战国、秦、汉时就是丝路北线上的干道了。这后一条道路,不仅开通时间早,而且在汉唐时期起了很重要的作用。

二

今宁夏固原市是丝路北线上著名的军事重镇,也是丝路北线上的交通要冲。固原往南有道路通往长安,固原往东南也有道路通往长安,而且这后一条道路的开通时间在战国、秦汉时,比前一条道路要早。下面我们从六个方面来探讨一下固原东南的这条古老道路的状况。

1. 彭阳县是宁夏固原市的属县之一,位于固原市原州区城关镇东南。从彭阳县驻地白阳镇往西30多里就是县属古城镇,该镇位于茹河北岸,茹河与其支流任山河交汇于此。古城镇驻地有古城一座,城址呈矩形,东西长682米,南北宽480米。城基宽14米,残高1—14.8米。每边各开一门,城外有护城壕堑。1929年曾出土刻有"朝那"字样的汉代铭文鼎。毫无疑义,彭阳县古城镇古城就是秦汉时的朝那城。2006年5月,彭阳县人大的杨忠先生带我们考察了朝那故城。彭阳—固原公路,就是从彭阳县白阳镇经由古城镇到固原市原州区城关镇的。沿彭(阳)—固(原)公路从古城镇往西北,就进入茹河支流任山河河谷,经古城镇的任山河村、大河店子村和六个窑村,就到了固原市原州区境内。再经原州区城关镇东南的长水沟村、青石峡村,而后上309国道,就到了固原原州区城关镇。这条彭阳—固原公路的古城镇到固原城关镇段长约50里,就是东南走向的。这就说明今固原东南30里一带是有路可以通行的,这条路不是乡间小路,而且是一条可以通行汽车的公路。

另外,我们查阅了几本常见的地图册,如《中国地图集》、《中华人民共和国地图集》和两本《宁夏回族自治区地图册》,这些普通的地图上都标有彭阳—固原的公路,[①]这都说明彭阳县城到固原城关镇是有路可通的。我们就不明白,为什么《萧关考》说"固原东南30里内古今皆无道路可通"呢?这些事实说明固原东南三十里是有路可通的,这是证据之一。

2. 说到这里,肯定有人会问:这条彭阳—固原公路是原来旧有的道路,还是

---

① 《中国地图集》,中国地图出版社1995年版,第97图;《中华人民共和国地图集》,总参谋部测绘局编制,星球出版社2000年版,第215页宁夏回族自治区图;《宁夏回族自治区地图册》,中国地图出版社2003年版,第27图;《宁夏回族自治区地图册》,西安地图出版社2000年版,第122—123图。

后来修建的呢？2006 年 5 月，我们在彭阳考察时，专程去看了古城镇的任山河烈士陵园。据《中华人民共和国地名大词典》记载：

> 任山河烈士陵园：在彭阳县白阳镇西 20 公里，古城乡北庄洼任山河村。为纪念 1949 年 8 月中国人民解放军 19 兵团解放任山河地区战斗中牺牲的 353 名指战员于 1955 年兴建。固（原）—彭（阳）公路经此。[①]

《解放固原》一书在记叙当时彭阳县古城镇任山河一带的山川道路时说：

> 黄峁山脉是固原东南部的天然屏障，山脉直向东南方向延伸、分支，在古城一带形成一条长达二十余里的山峡，山峡脚下有一条小河，山峡中间夹有一条自镇原通往固原的公路，任山河就在山峡的出口，……[②]

任山烈士陵园就在古城乡北庄洼任山河村。《解放固原》一书所说的古城一带长达二十余里的山峡，就是茹河支流任山河的河谷，任山河村（又称任河）就在峡谷出口的地方。彭阳—固原公路经由任山河村和任山河河谷通往固原城关镇，《解放固原》一书说，这条道路当时是从甘肃镇原县通往固原的。1949 年，中国人民解放军向固原进军时走的就是这条路。我们的实地调查也说明，旧时镇原到固原有一条道路，这是一条老路。2006 年 5 月，我们和兰州大学刘光华、汪受宽二位先生，从甘肃镇原县城到宁夏彭阳县时走的就是这条路。这条道路从镇原县城关大致溯茹河河谷边的山原往西，经彭阳县城到古城镇，再从古城镇溯任山河河谷到固原城。以上事实证明，现在固原东南三十里一带是有道路可通的，过去这里也是有路可通的，而且这是一条明清时的古道。这是证据之二。

3. 下面我们再看唐宋时这里有无道路可通。

当然今天固原东南三十里有道路可以通行，并不等于明清以前这里也有道路可以通行，更不等于唐宋时期这里也有道路可以通行。实际情形究竟如何呢？《元和郡县图志》卷三原州下：

> 百泉县，上。西至州九十里。本汉朝那县地，故城在今县西四十

---

① 崔乃夫主编：《中华人民共和国地名大词典》，商务印书馆 2002 年版，第 5 卷，第 7777 页名胜古迹和纪念地·宁夏回族自治区"任山河烈士陵园"条，将"白阳镇西"误作"彭阳西"，今据吴尚贤主编《中华人民共和国地名词典》"任山河烈士陵园"条校改。原文见《中华人民共和国地名词典》宁夏回族自治区卷，商务印书馆 1993 年版，第 217 页。

② 余孝贵：《解放固原》，见《固原地区文史资料》第 1 辑。

五里。①

这条记载说，唐百泉县西到朝那故城的距离为四十五里，西到唐平高县（治所在今宁夏固原市原州区城关镇）的距离为九十里。关于唐百泉县的治所，严耕望《唐代交通图考》说"殆今白杨城地区"②，即今彭阳县驻地白阳镇地区；鲁人勇等《宁夏历史地理考》说，"唐百泉县城应即在彭阳县城东"③；杨忠《百泉县县治迁徙考》认为，百泉县"唐初治在彭阳县东……武德八年迁至现在彭阳县城"④。朝那故城即今彭阳县古城镇的古城，这是确定无疑的。上引《元和郡县图志》记载说：朝那故城在唐百泉县西四十五里，根据方位和里数，上述各家的百泉位置说与文献记载是比较接近的。我们认为，唐百泉县治当是今彭阳县城东、城阳乡城子杨家村的古城。《元和郡县图志》和《太平寰宇记》两书记载的从唐百泉县往西到朝那故城再到唐平高县城的道路，就是从今宁夏彭阳县城阳乡城子杨家村经白阳镇、古城镇到今固原原州区城关的道路，也就是今彭阳—固原公路。唐宋时志书的记载说明，今固原东南三十里一带是有道路可以通行的。

那么在唐宋时到底有没有人走过这条道路呢？

至德元年（公元756年），唐肃宗从长安往灵武（治所在今宁夏灵武市西南）时走的就是这条道路。关于这条道路，《旧唐书·肃宗纪》、《新唐书·肃宗纪》和《资治通鉴》都作了记载，以《旧唐书·肃宗纪》的记载比较具体：

> ……自奉天而北，夕次永寿，……戊戌，至新平郡。时昼夜奔驰三百余里，……己亥，至安定郡，斩新平太守薛羽、保定太守徐毅，以其弃郡也。庚子，至乌氏驿，彭原太守李遵谒见，率兵士奉迎，仍进衣服粮糒，上至彭原，辛丑，至平凉郡，……⑤

肃宗一行自奉天（治所在今陕西乾县）大致沿今西安—兰州公路北上，经永寿县（治所在今陕西永寿县东北永寿坊）、新平郡（豳州，治所在今陕西彬县城关）到了安定郡（泾州，治安定县，在今甘肃泾川县北水泉寺）。庚子日，肃宗一行离开今西安—兰州公路，从安定县城往东到了乌氏驿。彭原郡太守李遵率兵奉迎车驾，而且提供了衣服食粮，于是肃宗等人就前往彭原郡（宁州，治定安县，在今

---

① 《元和郡县图志》，中华书局1983年版，卷3，第59页原州下。
② 严耕望：《唐代交通图考》，上海古籍出版社2007年版，卷2，第403页。
③ 鲁人勇，等：《宁夏历史地理考》，宁夏人民出版社1993年版，第115—117页百泉县条。
④ 杨忠：《百泉县县址迁徙考》，见《宁夏社会科学》2007年第5期。
⑤ 刘昫撰：《旧唐书》卷十《肃宗纪》，中华书局1975年版，第241页。

甘肃宁县城关）。从安定郡治安定县到彭原郡治定安县是 150 里,途中经过乌氏驿,那么这个驿站在什么地方呢？乌氏驿见于唐初:

> 太宗即位,……而(罗)艺惧不自安,遂于泾州诈言阅武,因追兵,矫称奉密诏勒兵入朝,率众军至于豳州。……艺遂入据豳州。……王师未至,……(杨)岌时在城外,觉变,遽勒兵攻之,艺大溃,弃妻子,与数百骑奔于突厥。至宁州界,过乌氏驿,从者渐散,其左右斩艺。传首京师,枭之于市。[①]

唐太宗时,罗艺起兵反唐,在泾州"诈言阅武",进而占据豳州,因兵败欲逃往吐厥,在"宁州界"的乌氏驿被杀。后来肃宗在逃亡途中,从新平郡(豳州)到安定郡(泾州),从安定前往彭原郡(宁州)时道经乌氏驿。这就说明,正如《旧唐书·罗艺传》所记载的,乌氏驿在"宁州界"中,其地与新平郡(豳州)和安定郡(泾州)毗邻。

《资治通鉴》将罗艺被杀的乌氏驿与肃宗经过的乌氏驿均记作"乌氏",胡三省注对前一个乌氏作注说:

> 汉乌氏县属安定郡,故城在弹筝峡东。[②]

对后一个乌氏,胡注说:

> 乌氏,汉县,故墟在彭原东南。据《旧书》,乌氏,驿名。康曰:是年改乌氏曰保定。余按保定县本汉安定县,唐为泾州治所,在彭原西一百二十里。保定县固是此年更名,然非乌氏之地。彭原郡,宁州,本北地郡,天宝元年更郡名。[③]

必须指出,上面引述的《资治通鉴》将汉乌氏县和唐乌氏驿两个地方混而为一,都当成了汉乌氏县。胡注虽然也将两者都说成是汉县,可是所说的位置却不在一个地方:前一个乌氏说是在今平凉西的"弹筝峡东",后一个说是"故墟在彭原东南",即今甘肃宁县东南。其实这前一个乌氏是汉乌氏县,后一个是乌氏驿。《括地志》也将两个乌氏混而为一了,《括地志》安定县下记载说:

> 乌氏故城在泾州安定县东三十里。周之故地,后入戎,秦惠王取之,置乌氏县。[④]

---

① 《旧唐书》卷五六《罗艺传》,第 2279 页。
② 司马光编著:《资治通鉴》卷一九二,中华书局 1956 年版,第 6033 页。
③ 《资治通鉴》卷二一八,第 6978 页。
④ 《括地志辑校》,李泰等著,贺次君辑校,中华书局 1980 年版,第 41 页。

《括地志》所说的唐泾州安定县东 30 里的乌氏,不是秦人设置的乌氏县,而是唐乌氏驿。另外《括地志》记载的乌氏与泾州安定县的距离,《史记·匈奴列传》、《资治通鉴》引《括地志》均作"三十里",而《史记·货殖列传》注作"四十里"。[①] 有唐一代"凡三十里一驿"[②],因此上述乌氏驿与泾州安定县的距离,应依《史记·匈奴列传》、《资治通鉴》所引《括地志》作"三十里"。

要想确定乌氏驿的位置,首先就要确定泾州安定县到彭阳定安县之间的道路。据《元和郡县志》泾州下记载:

> 东北至宁州一百五十里。[③]

从泾川城关镇到宁县城关镇,泾川县罗汉洞乡、泾明乡、宁县长庆桥、太昌乡及和盛镇都是必经之地。从《括地志》的记载来看,乌氏驿在泾州东三十里,其地当在今泾川县东北的罗汉洞乡的罗汉洞村。因为罗汉洞村离泾州治所水泉村约三十里,而且该村南有唐代石窟,窟内原有大量罗汉刻像。罗汉村东约三十里是泾明乡长武城村,罗汉洞—长庆桥公路经过村北。这里是唐泾州安定郡与宁州彭原郡之间的通道,乌氏驿当在今甘肃泾川县东三十里的罗汉洞乡罗汉洞村。

我们认为,肃宗等从泾州出发,正是经由今罗汉洞村、泾明乡、宁县长庆桥等地到了彭原郡。第二天,就从彭原郡治定安县(治所在今甘肃宁县)西行,经今甘肃镇原县、宁夏彭阳县,到了当时的平凉郡即原州。为了举证说明自己的论点,《萧关考》也引用了《旧唐书·肃宗纪》:

> 太子李亨"自奉天(今陕西乾县)而北,夕次永寿(今陕西永寿县)……己亥至安定郡(今甘肃泾川县)……辛丑至平凉郡(今甘肃平凉市)……(七月)甲子,上即位于灵武(今宁夏灵武)"。

将《萧关考》的上述引文与《旧唐书·肃宗纪》的原文加以对比,就会发现《萧关考》关于肃宗北上路线的论述存在两个方面的问题。

其一是《萧关考》的引文省略了肃宗北上灵武时经过的地方,从而改变了肃宗一行北上的路线。如《萧关考》在"己亥,至安定郡"之后,省去了"庚子,至乌氏驿,彭原太守李遵谒见,率兵士奉迎,仍进衣服粮糗,上至彭原"等文字。这段记

---

① 《史记》卷 110《匈奴列传》,《史记》,中华书局 1959 年版,第 2884 页;《资治通鉴》卷 6,第 208 页;《史记》卷 129,第 3260 页。

② 《大唐六典》,卷 5,第 127 页,三秦出版社 1991 年版。

③ 《元和郡县图志》卷 3,李吉甫撰,贺次君点校,中华书局 1983 年版,第 56 页。

载说,肃宗在庚子这一天从安定郡(泾州)治出发东行,到了乌氏驿。由于彭原太守李遵的奉迎,肃宗一行由乌氏驿北上,到了彭原郡。第二天,即辛丑日,肃宗从彭原郡到了平凉郡(即原州,治所在今固原州原州区城关镇)。必须指出,《萧关考》在这里省去了两个肃宗经过的重要地名,一个是乌氏驿,另一个是彭原郡。

其二是《萧关考》对上述引文中地名的解读也有错误:

> 李亨北上的路线,实际上是沿着自今陕西乾县西北行,经永寿、彬县、常(长)武、甘肃泾川、平凉、宁夏固原到灵州。其中乾县至平凉段与今上海—伊宁国道(即 312 国道)吻合,平凉至灵州段与今银川—平凉公路吻合。①

据《旧唐书·肃宗纪》,庚子这一天,肃宗从安定郡(泾州,治安定县,在今甘肃泾川县北水泉寺)出发,经由乌氏驿(即今甘肃泾川县东 28 里罗汉洞乡的罗汉洞村)到了彭原郡(宁州,治定安县,在今甘肃宁县城关)。辛丑日肃宗一行从彭原郡往西,到了平凉郡(原州,治平高县,在今宁夏固原市原州区城关镇)。而《萧关考》却说,辛丑日肃宗是从安定郡直接到了平凉郡,平凉郡即原州,治所在平高县,即今宁固原市原州区城关镇,而《萧关考》却说成了今甘肃平凉市。必须指出,当年肃宗一行前往灵州时,并没有经过今平凉市;从今甘肃泾川县开始,肃宗一行就离开了《萧关考》所说的 312 国道,而且肃宗一行也没有经由今银川—平凉公路的平凉至固原段。而《萧关考》却说肃宗经由了平凉,而且说肃宗的一行的"平凉段与今上海—伊宁国道(即 312 国道)吻合",平凉至固原段"与今银川—平凉公路吻合。"这些说法与文献记载是完全不相符的。

关于萧宗北上灵武的行程,《资治通鉴》与《旧唐书·肃宗纪》基本一致:

> 太子自奉天北上,比至新平,通夜驰三百里,……新平太守薛羽弃郡走,太子斩之。是日,至安定,太守徐毅亦走,又斩之。……太子至乌氏,彭原太守李遵出迎,献衣及糗粮。至彭原,募士,得数百人,是日至平凉。②

而且《通鉴》胡三省注对上述记载中的关键地名都作了注释:

> 彭原郡,宁州,本北地郡,天宝元更郡名。
> 平凉郡,原州。③

---

① 《萧关考》将"长武"误作"常武",括号内的"长"字为笔者所加。
② 《资治通鉴》卷 218,第 6977—6978 页。
③ 《资治通鉴》卷 218,第 6977—6978 页。

《旧唐书·肃宗纪》《资治通鉴》将肃宗北上灵武时经过的地方记载得清清楚楚，胡三省注也明明白白地说，彭原郡即宁州，平凉郡即原州。可是《萧关考》对上述记载和相关注释视而不见，硬说李亨北上的路线，是"经永寿、彬县、长武、甘肃泾川、平凉、宁夏固原到灵州"。在这里，我们不禁要问：肃宗一行明明是经乌氏驿到了彭原郡即今宁县，而且第二天是从今宁县到平凉郡即今固原的，为什么《萧关考》要将到宁县这一天的行程省略呢？再说当时肃宗一行根本没有经过今甘肃平凉市城区，当然他也就不是从今平凉市城区到固原的，那么为什么《萧关考》偏偏要说肃宗是经由今平凉市城区到固原呢？《萧关考》对肃宗北上的路线之所以作这样的解释，就是为了证明自己下面的说法：

> 李亨大体上沿萧关道西北行，出萧关，至灵武即皇帝位，并且是在平凉议定"治兵于灵武以图进取"。前文我们已定位萧关在平凉西北，故平凉议事后，出萧关，沿萧关道西北行、达灵武是很自然的。

《萧关考》的上述说法是为了说明萧关在平凉市西北，也就是他所说的三关口，而且还为了说明萧关道就是他所说的经由平凉到固原的道路。但是从《旧唐书·肃宗纪》所记来看，肃宗根本就没有经过《萧关考》所说的"平凉西北"的萧关和萧关道。与此相反，《旧唐书·肃宗纪》的记载说明，肃宗一行是由今宁县经镇原、彭阳到固原的，也就是经由我们前面所说的彭阳—固原公路到固原的。

总之，从唐宋时的志书所记，还有唐肃宗一行北上灵武的路线，都说明唐宋时今固原东南到彭阳县有一条通往宁州、长安的道路。这是证据之三。

4. 上面论述了唐宋时平高县东南三十里的道路状况，下面我们再来看看两汉时今固原东南三十里的道路状况。唐平高县，汉时称为高平县。据《后汉书·段颎传》记载：

> 建宁元年春，颎将兵万余人，赍十五日粮，从彭阳直指高平，与先零战于逢义山。[①]

彭阳故城在今甘肃镇原县城东58里的彭阳乡彭阳村（原名井陈家村），高平的治所在今宁夏固原市原州区城关镇。上述记载说明，段颎是从今镇原县境内的彭阳古城追击先零羌，一直打到今固原市原州区的城关镇，与先零羌大战于逢义山。

---

① 《后汉书》卷55《段颎传》，中华书局1965年版，第2149页。

图1　甘肃镇原县彭阳乡井陈家村的秦汉彭阳古城遗址

关于逢义山的情况,《水经·河水注》记载说:

> (河水)又东北,高平川水注之,即苦水也。水出高平大陇山苦水谷。建武八年,世祖征隗嚣,吴汉从高平第一城苦水谷入,即是谷也。……川水又北出秦长城,城在县北一十五里。……段颎为护羌校尉,于安定高平苦水讨先零,斩首八千级于是水之上。苦水又北,与石门水合。①

这里所说的苦水谷,即发源于今固原市原州区开城乡黑刺沟脑的清水河。该水是宁夏境内黄河最大的支流,流经固原、海原、同心、中卫、中宁等县,汇入黄河。从《水经注》所记来看,逢义山地属安定郡高平县,而且位于当时高平县城北的清水河边上。由此可知,段颎从彭阳到高平,走的就是唐肃宗北上灵武的道路,也就是由今镇原县城东的彭阳乡彭阳村古城溯茹河边的山原西上,经今镇原县城到今宁夏彭阳县白阳镇、古城镇,而后顺彭阳—固原公路到固原城关镇。这说明东汉末年今固原东南三十里一带是有路可以通行的。这是证据之四。

5.在班彪《北征赋》的记叙中,今固原东南三十里一带也有路可以通行。

班彪的《北征赋》是一篇记行兼抒情的赋作。《文选》李善《注》说:"更始时,

---

① 《水经·河水注》,见陈桥驿《水经注校证》,中华书局2007年版,第53页。

图 2　甘肃镇原县境内的茹河河谷

班彪避难凉州,发长安,至安定,作《北征赋》也。"[1]这是班彪前往凉州(东汉时治
所在陇县,即今甘肃张家川回族自治县)地区时,记叙他从长安到安定郡(治所在
高平,即今宁夏固原市原州区城关镇)间行程的作品。因为文中记载了沿途的地
名,且互相连贯,这就为我们留下一条当时长安和安定郡间的交通路线。这些记
载为作者亲身经历,真实可信,研究这些地名及其记叙的交通路线,可以弥补正
史地理志的不足,对于丝绸之路的研究以及今天的道路建设都有着重要的借鉴
作用。

　　从《北征赋》所记来看,班彪当时从长安出发,经今陕西咸阳、泾阳、淳化、旬
邑、甘肃宁县,到了镇原县境。已如上述,镇原到固原有一条路,也就是上述段颎
从"彭阳直指高平"的道路,这是一条大致溯今茹河边的山原西行的道路。《北征

---

① 《文选》,中华书局 1977 年版,上册,第 142 页。下文引用的《北征赋》不再注明。

赋》也说：

> 释余马于彭阳兮，且弭节而自思。

不仅段颎到过汉彭阳县，班彪也到过汉彭阳县，而且他们两人都是从汉彭阳到达汉高平的：

> 越安定以容与兮，遵长城之漫漫。

班彪说越过安定，而后就循着长城前行。这里的安定即西汉时安定郡的属县安定县。关于西汉安定县的位置，《中国古今地名大辞典》、新《辞海》、《中国历史地名辞典》、《中国历史地图集》等辞书和地图，均认为在今甘肃泾川县北的泾河北岸。[①]《中国历史地名大辞典》认为就在今甘肃泾川县北的水泉寺村。[②] 我们认为，上述几家的东汉安定县在今甘肃泾川县说是有问题的。理由主要有二：

一是从《北征赋》所记来看，班彪一行是由东向西，从汉彭阳县到汉安定县，再经由长城到朝那县，而后到达目的地高平县。必须指出，彭阳县、朝那县和高平县几个地方都位于茹河北岸，也就是说从彭阳县开始，班彪一行是在茹河北岸的山原上行进的。安定县若是位于今泾川县城关镇北，那么班彪一行就必须从彭阳故城所在的彭阳村往南，跑到泾川县城关镇北的所谓安定县故城，而后又从泾川县城关镇北再回到镇原县境的茹河北边，这样才能"遵长城之漫漫"，才能与《北征赋》所记行程相符。但如此一来一去，就多走了两百里的路程，显然是违反常理的。[③]

二是班彪在越过安定县城之后，就是循着长城行进的，说明当时安定县境及其以西的地方有长城，而当时班彪行经的长城只能是战国秦长城。若依安定故城在今泾川城关镇北说，这个所谓的安定县故城的西边及其以西的地方是没有任何长城的，这就与《北征赋》所记行程不符。只有将汉安定故城定位在今镇原县城关镇附近，班彪一行才能在越过安定故城以后循长城西行，前往朝那县境，

① 臧励龢：《中国古今地名大辞典》，商务印书馆香港分馆 1931 年版，第 304 页"安定县"条下说："安定县，汉置，后汉省，故城在今甘肃泾川县北五里。"新《辞海》地理分册（历史地理）1982 年版，第 107 页"安定县"条："古县名，汉置。治所在今甘肃泾川县北，东汉废。"复旦大学历史地理研究所：《中国历史地名辞典》，江西教育出版社 1986 年版，第 352 页"安定县"条下说："西汉置，治所在今甘肃泾川北泾河北岸，东汉废。"谭其骧：《中国历史地图集》，中国地图出版社 1982 年版，第 2 册，第 33—34 页西汉·凉州刺史部图。

② 史为乐主编：《中国历史地名大辞典》，中国社会科学出版社 2005 年版，第 1120 页安定县条下说："治所在今甘肃泾川县北五里水泉寺村。东汉废。"

③ 刘满：《战国秦长城下的边陲重镇镇原城》，《鑫报·西部人文地理》，2006 年 8 月 6 日。见《河陇历史地理研究》，第 376—386 页。

因为镇原县城关镇西北 28 公里、茹河北岸的武沟乡，还有班彪一行经过的今宁夏彭阳县就是战国秦长城经过的地方。

上述论证说明班彪从彭阳故城出发后经由的安定故城，在今甘肃镇原县城关镇附近。关于这一问题，我们还将另外撰文作进一步探讨。

战国秦长城从今固原城北往东，而后折向东南，进入今宁夏彭阳县城阳乡境。

图 3　宁夏固原市原州区城关镇北的战国秦长城遗址

《水经注》卷二记载：

（高平）川水又北出秦长城，城在（高平）县北一十五里。①

《元和郡县图志》原州平高县下载：

秦长城，在县北十里。②

上述记载说明，今固原城北一带有战国秦长城。

2006 年 5 月，我们考察了镇原县武沟乡境内的战国秦长城。③ 2008 年 10 月 26 日，彭阳县的杨忠、张有堂先生带领我们考察了彭阳县城阳乡等地的战国秦长城。从我们的实地考察来看，秦长城从固原城北折而向东南，经今宁夏彭阳县境。据《中华人民共和国地名大词典》记载：彭阳县城阳乡"境北有战国秦长城遗址"，嶂岘乡白岔"有约五公里长战国秦长城遗址"，城阳乡乔渠渠"附近有战国秦长城遗址"，孟塬乡"境南有战国秦长城遗址"。④ 战国秦长城自固原城东北折向东南，进入茹河以北的彭阳县嶂岘乡、城阳乡和孟塬乡境内，又折而往东进入甘肃镇原县境，经武沟、马渠、三岔等乡，进入甘肃环县。可以断定，班彪一行顺着走的漫漫长城就是镇原县武沟乡到城阳乡间、茹河北岸山原上的长城。因为长

---

① 《水经·河水注》，见陈桥驿：《水经注校证》，中华书局 2007 年版，第 53 页。

② 《元和郡县图志》卷 3，第 58 页。

③ 刘满：《战国秦长城下的边陲重镇镇原城》，见《河陇历史地理研究》，第 376—386 页。

④ 分别见《中华人民共和国地名大词典》，第 3 卷，第 5775 页"城阳乡"条、第 5776 页"白岔"条、第 5775 页"乔渠渠"条、第 5773 页"孟塬乡"条。

城自武沟乡向北延伸到马渠乡、三岔镇等地,离茹河河谷越来越远;而且长城自城阳乡向西北延伸,一直延伸到固原城东、城北一带,也是离茹河河谷越来越远。只有武沟乡到城阳乡这一段长城向长城内呈"凹"字形,而且只有在镇原县西境的武沟乡到彭阳县城的这一段道路附近,班彪一行才有可能沿着长城行进,才能有机会"登障隧而遥望"。因为在武沟乡以东和城阳乡西北的战国秦长城都不在班彪经过的道路上。

图 4　战国秦长城从宁夏彭阳县孟塬乡进入甘肃镇原县武沟乡境内,起起伏伏,明灭可见

图 5　宁夏彭阳县孟塬乡境内的　　　　图 6　甘肃镇原县武沟乡境内的
　　　战国秦长城界碑　　　　　　　　　　战国秦长城界碑

图 7　宁夏彭阳县境内的战国秦长城遗址

在经过秦长城之后,《北征赋》记叙说:

　　　　阅獯鬻之猾夏兮,吊尉卬于朝那。

六臣《注》曰:

　　　　善曰:《史记》文纪曰,匈奴谋入边为寇,攻朝那塞,杀北地都尉卬。徐广
　　曰:姓孙。《尚书》曰"蛮夷猾夏"。《汉书》曰:安定郡有朝那县。姚察曰:卬
　　姓段。翰曰:獯鬻,匈奴名。猾,乱也。朝那,塞名。匈奴入边,杀北地都尉
　　卬,故至塞而吊之。卬,名。尉,官也。①

　　在这里作者凭吊为抗击匈奴而战死的北地都尉卬,凭吊的地点就是北地都
尉卬当年作战的地方朝那塞,朝那塞就是萧关。已如上述,朝那故城在今彭阳县
古城镇古城村,彭阳—固原公路经过这里。关于萧关的位置,我们认为就在今彭
阳县古城镇北任山河边的任山河村。班彪一行从古城镇往东北,进入了茹河的
支流任山河,在萧关所在任山河村即朝那塞凭吊了北地都尉卬,而后顺任山河河
谷西北行,向当时安定郡的治所高平县前进。

---

　　① 《六臣注文选》,文渊阁四库全书电子版,上海人民出版社/迪志文化出版有限公司,卷 9。

从上面对《北征赋》有关部分的解读来看,说明西汉末年今固原东南三十里一带是有路可以通行的,而且班彪和段颎从汉彭阳县到高平县之间所走的路是同一条路,即今镇原县到固原的道路。这是证据之四。

6. 从《史记·匈奴列传》记载看,固原—彭阳公路是一条先秦时代就已经开通的道路。《史记·匈奴列传》记载:

> 汉孝文皇帝十四年,匈奴单于十四万骑入朝那萧关,杀北地都尉印,虏人民畜产甚多,遂至彭阳,使奇兵入烧回中宫,候骑至雍、甘泉。

匈奴从今固原北边的清水河谷南下,侵入今固原城关,由此往东南入朝那萧关,经朝那故城东进到汉彭阳故城,南下回中,候骑分别到达雍县(治所在今陕西凤翔县城关镇南)和甘泉宫(故址在今陕西淳化县铁王乡镇城前头村东)一带。如上所述,班彪、段颎都先后到过汉彭阳县故城(在今镇原县彭阳乡彭阳村),而后往西北到固原原州区城关镇(汉高平县),说明两汉时今固原东南30里是有路可通的。从上述《匈奴列传》所记来看,至迟在汉文帝十四年(前166)这条道路已经开通了。当时西汉政权正在休养生息、恢复生产,是没有力量修建从长安通往萧关的这条道路的,所以这条道路当是秦或者先秦的产物。我们认为,萧关、战国秦长城以及萧关和长安之间的道路,当是先秦时出现的。如此说不误,那么固原东南三十里不仅有路可通长安,而且在秦昭王修建战国秦长城时,这条道可能就已经开通了。

以上几点充分说明,固原东南30里有路可通,从战国、秦、汉至今,都是有道路可以通行的。而且也说明《元和郡县图志》和《太平寰宇记》关于萧关在固原东南三十里的记载是有根据的,是不能否定的。

三

我们认为,从历史文献中有关的记载来看,要考证萧关的地理位置就必须要满足以下的几个条件。也就是说,看一个地方是否是故萧关故城所在的地方,必须要以下列文献中所记的情况,一一进行验证。而且这几个条件必须同时具备,缺一不可。如果所有条件都相符,这个萧关位置说就是可以成立的,否则就是不能成立的。

第一,据《史记·匈奴列传》记载,萧关必须在汉朝那县境内。

目前,关于萧关位置的说法据说有十几种之多,之所以出现这种情况,就是没有解决一个关键问题,即萧关当时属于哪一个县。学术界在这个问题上没有形成共识,或者说还没有清楚的认识,所以才出现各种萧关的位置说。因此在考证萧关的地理位置时,首先必须就当时萧关所在的郡县作出说明,即汉文帝十四年(前166)时,萧关属哪个县?

关于这一问题,《史记》、《汉书·地理志》、《后汉书·郡国志》等史书都没有明确的记载,但是我们还是可以在《史记》、《汉书》等的有关记载中找到萧关所在郡县的证据的。

首先,《史记·匈奴列传》中说"匈奴十四万骑入朝那萧关"。这一事件,在《史记·孝文本记》中记载为:

> 十四年冬,匈奴谋入边为寇,攻朝那塞,杀北地都尉卬。[①]

在这里,匈奴侵入的"朝那萧关"一地,被置换成了"朝那塞",这可以说是司马迁给"朝那萧关"作的自注,就是说:"朝那塞"等于"朝那萧关"。司马迁出生的时间,上距北地都尉卬战死的时间只有二三十年。[②] 元鼎四年(公元前107年),汉武帝一行"通回中道,遂北出萧关"时,[③]他很可能与汉武帝同行,那时的司马迁的年龄在28至38岁之间,上距北地都尉卬战死的时间只有59年。所以太史公"朝那萧关"即"朝那塞"的记载完全可以说是当时的人记载当时的地名,这可以说是铁证如山。仅此一点就足以证明,汉孝文帝时萧关属于朝那县。

其次,《汉书·武帝纪》元封四年冬十月"通回中道,遂北出萧关"句下如淳注曰:

> 《匈奴传》"入朝那萧关",萧关在安定朝那县也。[④]

如淳为三国冯翊人,他生活的三国时代去古未远,他的老家在今陕西大荔县,与今宁夏固原地区相去不远,而且他又在曹魏统治的北方做官,所以他的说法还是比较可信的。

再次,前引《文选六臣注》也有同样的说法。李善等人均为初唐人,其注文也说"朝那,塞名,匈奴入边杀北地都尉卬,故至塞而吊之",也就是说,朝那塞即萧关也。

---

① 《史记》卷10《孝文本纪》,第428页。
② 司马迁的生年有公元前145年和公元前135年两说,所以说是二三十年。
③ 《汉书》卷6《武帝纪》,中华书局1962年版,第195页:元封"四年冬十月,行幸雍,祠五畤。通回中道,遂北出萧关。"
④ 《汉书》卷6《武帝纪》,第195页。

另外,上引《史记·孝文本纪》匈奴"攻朝那塞,杀北地都尉卬"句下,唐人张守节关于"朝那塞"的解释说:

> 《括地志》云:朝那故城在原州百泉县西七十里,汉朝那县是也。塞,即萧关,今名陇山关。汉文帝十四年匈奴入朝那县之地。①

在唐代的文人中,张守节以擅长地理之学而著称。他也说得很清楚:匈奴入侵的是"朝那县之地",这个"塞"就是萧关。必须指出,张守节说朝那塞即萧关,萧关在原州百泉县西,这是对的;但是他说萧关即陇山关,这是不对的。因为萧关在汉朝那县境内,而陇山关在汉泾阳县境内,两者是不能混同的。

此外,《读史方舆纪要》平凉府平凉县下朝那城条下说:

> 文帝十四年匈奴入犯朝那萧关,杀北地都尉,遂至彭阳,使奇兵入烧回中宫,候骑至雍、甘泉。……曰朝那萧关者,萧关属朝那也②

"曰朝那萧关者,萧关属朝那也",这又说明萧关在朝那县。从司马迁的"朝那萧关"和后人对"朝那萧关"的解读,都说明汉孝文帝时萧关是属于朝那县的。

图 8　宁夏彭阳县古城镇的朝那古城遗址

我们认为,萧关故城在今彭阳县古城镇的任山河,朝那县故城在今彭阳县古城镇的古城。秦楚之际,中国罢于兵革,匈奴乘机夺取了"蒙恬所夺匈奴地者,与汉关故河南塞,至朝那、肤施"③。这样,在萧关所在的今甘肃、宁夏两省区交界

---

① 《史记会注考证》,司马迁著,[日]泷川资言会注考证,北岳文艺出版社 1999 年版,第 2 册,第 30 页。

② 《读史方舆纪要》,顾祖禹著,贺次君、施和金点校,中华书局 2005 年版,第 2777 页。

③ 《史记》卷 110《匈奴列传》,第 2890 页。

的地区,汉、匈双方的势力范围大致就是以战国秦长城作为分界线的。今固原市原州区城关镇北 10 里的地方就是秦长城,①当时还没有设立安定郡,也没有设立高平县,所以今原州区城关镇一带当时属于朝那县管辖。匈奴人是从清水河谷南下,穿过秦长城与清水河交会的豁口,就到了今原州区城关镇。再沿今彭阳—固原公路往东南,就到了萧关所在的今彭阳县境的任山河河谷中,出了任山河河谷再继续往前,就到了任山河与茹河交会的地方,即今彭阳县古城镇的古城,朝那县治就在这里。所以从当时的形势来看,朝那县是当时北地郡面对匈奴的沿边县城,萧关是当时朝那县境内面对匈奴最前沿的关塞。汉文帝十四年,萧关及其以北的今原州区城关镇,都地属北地郡朝那县,元鼎三年(前 114)析北地郡设置安定郡和高平县,今原州区城关镇一带才归属安定高平县了。

"朝那萧关"是太史公的亲笔,这一点是不容置疑的。也就是说,后人考证的萧关的位置,要以该地是否地属汉朝那县来验证。如果依照萧关在"甘肃环县"说,那么萧关就在当时北地郡的方渠县境内;依照萧关在"瓦亭"说,那么萧关就属于当时北地郡的乌氏县境内;如果依照萧关在"三关口"说那么萧关就属于当时北地郡的泾阳县境内。显然这些说法与太史公"朝那萧关"的记载是不相符的,因而是不能成立的。

第二,从《史记·匈奴列传》和《北征赋》所记来看,萧关应该在今固原、彭阳和镇原之间的道路上,即今彭阳—固原公路上。

从上面引述的《匈奴列传》的记载看,当时匈奴在"入朝那萧关,杀北地都尉卬"以后,紧接着就是"遂至彭阳",而后才是"使奇兵入烧回中宫,候骑至雍、甘泉"。这就说明萧关有路直通彭阳,而且有路直通甘泉。如萧关故城在任山河,那么匈奴在入萧关之后,自然就到了朝那城(治所在今宁夏彭阳县古城镇),而后沿着茹河河谷东进,也就到了彭阳故城(治所在今甘肃镇原县彭阳乡彭阳村)。再从彭阳往东,经今甘肃宁县、陕西旬邑,就进入了陕西淳化县境,汉甘泉宫就在那里。这样解读《匈奴列传》的上述记载,不仅关于交通路线的解读比较顺畅,从事理上讲也是合理的。如果以固原南面的开城、瓦亭或三关口为萧关故城,那么匈奴人从萧关"遂至彭阳"的行军路线的方向和路线就完全改变了。本来经由今彭阳县古城乡往东就可到达今镇原县境内的彭阳故城,现在就得从今固原城沿银川—平凉公路一直往南,经由开城、瓦亭、三关口等地再往东,经平凉市城关到平凉四十里铺镇,而后往东北到镇原县城东边的彭阳故城。我们可以在地图上

---

① 《元和郡县图志》卷 3 原州平高县下载:"秦长城,在县北十里。"

看一看,这是要绕一个很大的圈子的,这一种行军路线显然是不合理的。这也说明萧关不在固原南面的银川—平凉公路线上。

同样的道理,如果以固原南面的开城、瓦亭或三关口为萧关故城,那么班彪一行在经过今镇原县和彭阳县境的战国秦长城以后,就得从彭阳县城往西南行,到今固原原州区南面的三关口、瓦亭或开城,在那里去"吊尉卬于朝那",而后再去原州区城关镇。这么一条路线显然是迂回曲折的,也是很不合理的,这也说明萧关不在固原南面的银川—平凉公路线上。

第三,作为关中北面的门户,萧关应该是一个有险可依、可以设关戍守的地方。

东汉人应劭说:

回中在安定高平,有险阻,萧关在其北,……①

图 9　宁夏固原原州区开城乡的开城遗址　　图 10　宁夏彭阳县古城镇的任山河烈士陵园

应劭说高平"有险阻,萧关在其北",汉文帝十四年,匈奴人从今固原南下,在萧关与汉朝的军队激战,杀死了北地都尉卬,这说明当时汉军在萧关是凭险据守的一方。因此在考证萧关的位置时,有没有险要可以据守,应当是萧关位置说能否成立的条件之一。在讨论萧关位置时,不少学者也将有无险要可守作为考证萧关位置的条件之一。如持瓦亭说和三关口说的人,无论在立论时还是在反驳别人说法时,都以有无险阻作为条件。在这一点上,"瓦亭"说和"三关口"说,显然与文献记载是相符合的地方。至于"开城"说,正如《萧关考》所说,"环顾今三十里铺周围,东西两侧山势平缓逶迤,河谷开阔舒展,根本不具备设关的地理条件"。这就说明开城一带是无险可守的地方,不具备设关的地理条件。

那么任山河是否具备设关戍守的地理条件呢?回答是完全肯定的。

---

①　见《汉书》卷 6,第 195 页《武帝纪》应劭注。

1949 年 8 月,中国人民解放军 19 兵团向固原进军,与当地守军在任山河发生激战。《解放固原》一书记叙了当时任山河一带的山川道路:

> 黄峁山脉是固原东南部的天然屏障,山脉直向东南方向延伸、分支,在古城一带形成一条长达二十余里的山峡,山峡脚下有一条小河,山峡中间夹有一条自镇原通往固原的公路,任山河就在山峡的出口,它的东南面是一座 1821 米高的鹦哥嘴山峰,它的西北面是座高 1858 米的罗家山,这两座大山仿佛两座大铁门,又宛如一座张口的巨钳卡住了公路。自古以来这里形势险要,易守难攻,是兵家必争之地。①

任山河是两山夹水的山峡,是固原—彭阳公路的通道,所以解放军 19 兵团才在任山河村与守军发生了激战,353 名指战员牺牲在这里。由此可见,任山河是一个地当要道、有险可守的地方,完全具备设关的地理条件。

第四,依《北征赋》所记,就是自萧关往高平的这一段道路是由低而高向上爬升的山路。

《北征赋》在"吊尉卬于朝那兮"以后是这样记载的:

> ……陟高平而周览兮,望山谷之嵯峨。

《文选》六臣注曰:

> (李)善曰:《汉书》安定郡有高平县。《高唐赋》曰"周览九土"。济曰:陟,升也。高平,地名。嵯峨,高峻也。②

这是班彪的亲身经历,是纪实之作,说明班彪一行从萧关到高平县之间三十里的行程中,走的是向上攀登的山路。《通鉴》胡三省注曰:

> 原州,汉高平县地,后魏立原州。取"高平曰原"以名州。③

无论是汉代的高平县,北魏的原州,还是唐代的平高县,正如胡三省注所说,都是建在高而平的山原上的。从任山河村逆着任山河河谷西北行,走的都是渐行渐高的山路。在河谷的尽头,沿着彭阳—固原公路继续前行,就爬上了固原原州区城关镇东南的山原。在高高的山原上放眼远眺,看到的就是绵延不断的高

---

① 佘贵孝:《解放固原》,见《固原地区文史资料》第 1 辑。
② 《六臣注文选》,文渊阁四库全书电子版,上海人民出版社/迪志文化出版有限公司,卷 9。
③ 《资治通鉴》卷 190,第 5970 页。

峻的山谷。为了验证班彪的这一说法,2008 年 10 月 25 日下午,我们和杨忠、叶长青二位先生踏勘了这一条道路。无论是汉代的高平县,北魏的原州,还是唐代的平高县,都正如胡注所说,都是以"高平曰原"之义命名的。顺着彭阳—固原公路,从今任山河河谷登上固原原州区城关镇东南的山原,回首俯视,看到的都是绵延的高峻的山谷。也就是说,只有当你在山原下向上攀登,在置身于山原最高的边际时,这时才能看到山原下的山谷。在这之前和在这之后,反而是看不到下面的山谷的。这是一种在特定的地点,即西北黄土高原地区高而平的山原上才能看到的景观。如以今三关口、瓦亭或开城为萧关故城,从这几个地方中的任何一个地方向汉高平县所在的今固原城关行进,只能是由高往低,或者在山峡中穿行,或者是沿今清水河谷下行,绝不会有渐行渐高"望山谷之嵯峨"的感觉的。这一点也应该是考证萧关位置时要考虑的条件之一。

第五,据《汉书·武帝纪》记载,萧关必须在回中道上。

《汉书·武帝纪》记载说:

> (元封)四年冬十月,行幸雍,祠五畤。通回中道,遂北出萧关。[1]

这条记载说,武帝从雍县经回中道到了萧关,说明萧关就在回中道上,或者说回中道和萧关是相连的。和萧关一样,回中、回中宫和回中道的出现也是比较早的,只是后来在史书中不再出现了,因而变得不为人所知了,以至于今天人们需要通过考证来探寻它们的所在了。[2] 尽管如此,我们还是从唐宋时的记载中找到了一条道路,这条道路当是汉代的回中道。

《资治通鉴》唐德宗贞元三年(787 年)记载了当时唐蕃平凉会盟前唐军的布防:

> 上始命骆元光屯潘原,韩游瓌屯洛口,以为(浑)瑊援。光谓瑊曰:"潘原距盟所且七十里,公有急,元光何从知之!请与公俱。"瑊以诏指固止之。元光不从,与瑊连营相次,距盟所三十余里。……元光伏兵于营西,韩游瓌亦遣五百骑伏于其侧,曰:"若有变,则汝曹西趣柏泉以分其势。"[3]

这段记载说明,唐时平凉县往东经潘原县有一条通往柏泉的道路。胡三省

---

① 《汉书》卷 6《武帝纪》,第 195 页。

② 关于回中道情况,见笔者的《陇东考古记——回中、回中宫和回中道考索》,原载《鑫报·西部人文地理》2007 年 4 月 9 日、4 月 23 日和 4 月 30 日。又见《河陇历史地理研究》。

③ 《资治通鉴》卷 232,第 7486 页。

注曰：

> 潘原县，属原州，本阴盘也，天宝更名，时其地已没于吐蕃。①

胡三省注又说：

> 《唐书地理志》：原州有百泉县。《五代史志》曰：后魏分平凉置长城郡及黄石县，隋大业初，改黄石为百泉。宋白曰：时已没蕃界。②

胡三注说，唐潘原县就是北魏及隋的阴盘县（治所在今平凉市东四十里铺镇的庙底下村），柏泉，就是唐百泉县（治所在今彭阳县白杨镇城子家）。这就说明唐代的潘原县和百泉县之间有一条道路，也就是说今平凉四十里铺镇和彭阳县白阳镇之间有一条道。前面我们引述了《元和郡县图志》有关百泉县的记载，这段记载说：

> 百泉县，上。西至州九十里。本汉朝那县地，故城在今县理西四十五里。

这就说明，百泉县到原州州治高平县（治所在今原州区城关镇）的里程是九十里，从百泉县到汉朝那故城（在今彭阳县古城镇）是四十五里。这就清楚地说明：从渭河河谷的唐潘原县往北，经唐百泉县朝那故城到高平县有一条道路。这是见于唐代人记载的道路，无疑是唐代以前的道路。

其次，据《宋史·李继和传》记载：

> 镇戎军为泾、原、仪、渭北面捍蔽，……有数路来寇：若自陇山下南去，则由三百堡入仪州制胜关；自瓦亭路南去，则由弹筝峡入渭州安国镇，自清石岭东南去，则由小卢、大卢、潘谷入潘原县，若至潘原而西则入渭州，东则入泾州，若处东石岭东公主泉南去，则由东山寨故彭阳城西并入原州；其余细路不可尽数。③

上面的引文记载了宋代从镇戎军（治所在今固原市原州区城关镇）往南进入泾州（治所在今甘肃泾川县北水泉寺）、原州（治所在今甘肃镇原县城关）、仪州（治所在今甘肃华亭县东华镇）和渭州（治所在今肃平凉市城关）等几个州郡的道

---

① 《资治通鉴》卷232，第7486页。
② 《资治通鉴》卷232，第7486页。
③ 《宋史》卷257《李继和传》，中华书局1977年版，第8970页。

路。其中"自清石岭东南去,则由小卢、大卢、潘谷入潘原县"的道路,和上述唐代高平县到潘原县的道路是同一条道路。这条从镇戎军通往潘原县道路,经过的地方有清石岭,还有大卢、小卢和潘谷。清石岭,即青石岭,其地当是今原州区城关镇东南、彭阳—固原公路边的青石峡。青石峡所在的地方是一个分水岭,这里是任山河等几条小河的发源地,而且青石峡是从固原往东南到彭阳县的必经之地。由此往东南,就是任山河河谷,已如上述,这里自古就有一条经由汉彭阳县通往古长安的大路,此外还有一条从唐百泉县通往潘原县的道路。从有关记载来看,所谓大卢、小卢和潘谷,都是百泉县和潘原县之间几条河流的名字。

《太平寰宇记》渭州潘原县下记载:

> 潘谷水,在县东三十五里,从平凉县流入。[1]

《嘉庆重修一统志》平凉府·山川目下记载:

> 潘谷水:在平凉县东。《寰宇记》在潘原县东三十里,从平凉县流入。按《府志》大芦河东有潘原谷,曰潘口。舆图有潘原涧,在府东九十里许,自镇原南界发源,南流东会一水,又百余里入泾,即潘谷水也。
>
> 芦泉水:在平凉县东北。《府志》虎山原北曰小芦河,又北十里曰大芦河,皆东南流入泾。[2]

大卢即大芦河,今名大路河;小卢即小芦河,今名小路河;潘谷,即潘谷水,又名潘原谷、潘原涧,今名潘杨涧河。小路河、大路河和潘杨涧河,位于平凉市和彭阳县之间,自西北向东南流,依次注入泾河。这几条河将这里的黄土塬分割为几个狭长的塬面,《李继和传》所说的"由小卢、大卢、潘谷入潘原县"的道路,就是在这几条河之间的塬面上行进的。

《李继和传》所说的"由小卢、大卢、潘谷入潘原县"的道路,在《武经总要》一书中,就变得很具体了:

> 新城镇:控大卢川路,西铁原砦二十五里,南渭州潘原县二十五里。……
>
> 铁原砦:东至新城镇二十五里,……北至平安砦三十里。
>
> 彭阳城:东至平安砦二十里,西东山砦路至军七十里。……

---

① 《太平寰宇记》卷151,中华书局2007年版,第2920页。
② 《嘉庆重修一统志》卷258,中华书局1986年版,第12876页。

东山砦:东至彭阳城三十里,……西至军五十里。……①

将《武经总要》所记宋潘原县到镇戎军道路经过的地点和里程连缀起来,同时将宋代的地名释以今地,就是这样的:潘原县(治所在今甘肃平凉四十里铺镇庙底下村)北至新城镇(今甘肃镇原县新城镇)25里,新城镇西至铁原砦(今甘肃镇原县小岘乡)25里,铁原砦北至平安砦(唐百泉治的所,今宁夏彭阳县白阳镇城子杨家)30里,平安砦西至彭阳城(今宁夏彭阳县白阳镇)20里,彭阳城西至东山砦(宁夏彭阳县古城镇)30里,东山砦至镇戎军(今原州区城关镇)50里,共计170至180里。

以上是宋人记载的潘原县到镇戎军间经过的地方和里程,把上述有关的地名按行程的先后联系起来,那么这条道路的具体行程就是这样的:自位于泾河北岸的潘原县(治所在今甘肃平凉四十里铺镇庙底下村)向北,过大卢河(泾河支流,今大路河)、潘谷水(今潘杨涧河)到新城镇(今甘肃镇原县新城镇)。从新城镇往西,沿潘谷水和阳晋川(泾河支流,今洪河)之间的山塬西北行,经铁原砦(今甘肃镇原县小岘乡),过阳晋川、彭阳川(今茹河),就到了平安砦(唐百泉县,在今宁夏彭阳县白阳镇城子杨家)。再从城子杨家往西,经宋彭阳城(今宁夏彭阳县驻地白杨镇),就到了东山砦(秦汉朝那故城,即今宁夏彭阳县古城镇)。由东山砦往西北,进入茹河支流任山河河谷,河谷中的任山村,当为萧关故城遗址所在地。再由此沿固原—彭阳公中往西北,就到了镇戎军治所今固原原州区城关镇。我们认为,唐宋时人记载的潘原县到镇戎军(唐原州)的道路,应是唐代以前的道路,当是汉代的回中道的一段。

宋潘原县故城在今平凉市东80里,②从今平凉市到古瓦亭驿90里,从古瓦亭驿到今固原市城关80里,③以上共计206里。与上述宋人所记潘原县到镇戎军的170至180里相比,后者要少30里左右。

---

① 《武经总要》前集卷18上,文渊阁四库全书电子版,上海人民出版社/迪志文化出版有限公司,边防·泾原仪渭镇戎德顺军路下。

新城镇,南渭州潘原县二十五里。

铁原砦,东至新城镇二十五里。……北至平安砦三十里。

彭阳城,东至平安砦二十里。西东山砦路至军七十里。

东山砦,东至彭阳城三十里。……西至军五十里。

按:彭阳城条下说,"西东山砦路至军七十里";东山砦条下说,"东至彭阳城三十里。……西至军五十里",两项合计为八十里,多出十里。

② 《太平寰宇记》卷151,第2920页渭州下:"潘原县,东三十六里。"

③ 陶保廉著《辛卯侍行记》,刘满点校,卷3,甘肃人民出版社2002年版,第200页。

上述论证说明,回中道的一段是唐潘原县经百泉县到原州治所高平县的道路,萧关就在这条道路上。如以瓦亭或三关口为萧关所在地,就必须以今银川—平凉公路的平凉至固原段为回中道,这样就与《史记·匈奴列传》和《北征赋》所记的萧关位置完全不符。

第六,依《元和郡县图志》和《太平寰宇记》所记,萧关必须在今固原东南三十里。

在上面的论证中已经证明:自秦汉以来,今固原东南三十里是有路可以通行的,从而证明《元和郡县图志》和《太平寰宇记》萧关在固原东南三十里的记载是可信的。因此,萧关必须在今固原东南,而且两者的距离为三十里,这是检验萧关位置说能否成立的条件之一。我们认为,萧关在三关口说、瓦亭说之所以不能成立,就是因为这些萧关位置说既不在今固原东南,也不在固原东南三十里的地方。

在这里特别要强调的是萧关必须在今固原的东南方,而不是固原的正南方。已故著名学者王北辰先生认为"汉萧关故城址应在今开城附近"。王先生认为《元和郡县图志》和《太平寰宇记》关于萧关在今固原东南三十里的记载是可信的,是可以引以为据的。他说:

> 《太平寰宇记》卷 33 原州平高县下记:"萧关故城,在县东南三十里,……"所记位置与《元和志》同。晚于《太平寰宇记》90 多年成书的《元丰九域志》卷 3 陕西秦凤路镇戎军条下记:"开远(堡),军东南三十里。"宋镇戎军即在唐原州平高县城,按所记方位、距离,开远堡恰与萧关地址一致,显而易见,北宋咸平元年设置的要塞开远堡,正选在萧关故址上,或在萧关故址附近。[①]

因此他得出结论说,"汉萧关故址在今开城附近。"我和王先生有过交往,他是一个非常谦和的长者,一个治学十分严谨的学者。在这里他是完全按照《元和郡县图志》和《太平寰宇记》两书关于萧关的记载进行考证的。他非常注意这两本书所记今固原与萧关故址的方位和距离,而且力求使自己的萧关位置说,不仅要在今固原城关东南,而且要在固原城关东南三十里。尽管如此,王先生最后的结论是"汉萧关故城址应在今开城附近"。我们认为,王先生之所以失误,是因为方向上出了问题。因为《元丰九域志》记载说:开远堡在镇戎军东南三十里,正是

---

① 《王北辰西北历史地理论文集》,学苑出版社 2000 年版,第 244 页。

《元丰九域志》这一记载的误导,使王先生得出了萧关在今开城附近的结论。从里数上讲,开城与固原的距离是三十里,这与《元和郡县图志》和《太平寰宇记》所记是完全相符的。但是开城在今固原城关的南方,并不在今固原城关的东南方,这与上述二书的记载是不合的。

以上六条,大都是根据司马迁、班彪和应劭等人的记载作出的,只有最后一条的依据是唐人的记载。司马迁是到过萧关所在地区的人,他还很可能到过萧关故城。班彪不仅是亲历过萧关所在地区的人,而且亲自到过萧关,凭吊过当年为抵抗匈奴入侵而战死的北地都尉印。因此司马迁和班彪著作中的记载,都是他们的所闻所见,有的就是他们亲临现场的实录。这些记载的史料价值,与唐宋及其以后的记载是不可同日而语的。唐宋及其以后关于萧关的位置说,都要以上述司马迁、班彪等人的说法来验证,而不是相反。以上是我们提出的关于萧关位置说的几条原则,是否得当,请专家学者批评。

牛背梁区域的野生动物——羚牛

侯甬坚

(陕西师范大学西北历史环境与经济社会发展研究院)

古长安城所坐落的关中平原,南面不远即为高大而绵亘不绝的秦岭山脉,这是自古至今沿存下来的自然实体及其景观,值 1988 年 5 月国务院批准建立牛背梁国家级自然保护区(陕西省人民政府 1980 年 10 月批准设立),位于西安市长安区、柞水县交界处的保护区主峰牛背梁,既为秦岭东段最高峰,又是野生珍稀动物羚牛的一处栖息地,其名声逐渐外传[①]。值 2008 年,经国家林业局批准,在商洛市柞水县境内的营盘镇朱家湾村建立了管理委员会,专门负责总面积为 2123 公顷的牛背梁国家森林公园管理工作,再一次将牛背梁之名推到广大媒体和公众目前。

为了细致了解上述自然保护区和森林公园已有的自然资源和人文资源,尤其是建立初期所具有的历史地理基础,本文尝试通过野生动物羚牛的历史内容,提出一些看法,供有兴趣者了解和讨论。

一、牛背梁的位置

在道光《宁陕厅志》之"厅境全图"中[②],秦岭分水脊一线从西向东有光头山、秦岭、终南山诸地名,在秦岭与终南山之间绘制的一座较高的山体却没有给出山名(这是今牛背梁的位置)。在现存《光绪孝义厅志》所载"厅全境图"里(即今柞

[①] 据有关资料介绍,该保护区总面积 16520 公顷,是西安市和陕南地区的重要水源涵养地,是我国唯一一处以保护国家 I 级保护动物羚牛及其栖息地为主的森林和野生动物类型的国家级自然保护区。它的建立使"秦岭自然保护区群"向东延伸了 90 公里,对加强秦岭山脉生物多样性的全面保护有着十分重要的战略意义。

[②] (清)林一铭纂修:《道光宁陕厅志》卷首,见《中国西北文献丛书·西北稀见方志文献》卷 17,第 548—549 页。

水县）①，也没有牛背梁这样的地名，在相对于今牛背梁的位置处，没有标示地名。对此有两种推测，一是百年前限于时人之行踪，还没有对牛背梁所在山体给出名称；二是当地人的社会生活中已经有了牛背梁这样的名称，具体被绘入地图，则为时较晚。

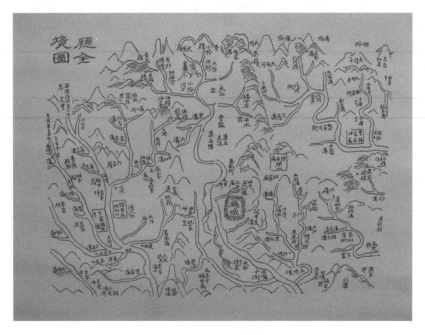

图 1　《光绪孝义厅志》卷首之"厅境全图"

1976 年，在陕西省内部出版的《陕西省地图集》第 158—159 图幅《柞水县》中②，东经 109°00′和北纬 33°50′形成的夹角里，有一处"牛背"山名，标其高度为 2802 米，这就是秦岭山脉中作为国家级自然保护区之名的牛背梁的位置所在。当然，在前述牛背梁自然保护区和森林公园建立以后，牛背梁的名称也随之扩大，若就山体而言，则仍限于海拔高度为 2802 米的牛背梁本身。

二、前人对羚牛秦岭亚种的认知

现代动物学家对羚牛秦岭亚种（*Budorcas taxicolor bedfordi*）的记录文字如

---

① 　（清）常毓坤修、李开甲等纂：《光绪孝义厅志》卷首，清光绪九年（1883）刻本之抄本，《中国地方志集成·陕西府县志辑》第 32 册，第 418 页。

② 　陕西省革命委员会民政局测绘局编制：《陕西省地图集》，1976 年。

下:它是秦岭山脉的特产动物,其分布沿秦岭主脊冷杉林以上。主产县有周至县,一般产县有太白、宁陕、洋县、佛坪和柞水等 5 县,宁强、凤县、略阳、留坝、勉县、城固、镇安、户县、眉县、蓝田、长安等 11 县亦有分布,总计有 17 个县有分布①。

在历史上的秦岭山地,羚牛有过什么样的分布?尤其是在明清时期外来移民和当地居民逐渐增多的情况下,这里的羚牛分布有什么变化呢?许多论著都介绍说当地人对秦岭山地的羚牛有"白羊"、"金毛扭角羚"之称,这可能是口头调查的一种结果。据清代诸种地方志记载,秦岭山地诸县对羚牛的称呼各有不同,有山牛、鬐羊、野牛等名称,具体见表1。

表 1 秦岭山地诸县文献有关羚牛记载的判读

县名	文献记载名称	注文	判读结果	文献出处	文献刻本
宁陕	山牛		羚牛	《宁陕厅志》卷 1,舆地志,物产	道光九年(1829)刻本
柞水	鬐羊	似牛	羚牛	《光绪孝义厅志》卷 3,物产	光绪九年(1883)刻本之抄本
留坝	野牛	山牛	羚牛	《光绪留坝乡土志》不分卷,厅属各类产物	光绪三十三年(1907)修之抄本
佛坪	野牛		羚牛	《光绪佛坪厅乡土志》不分卷,物产	光绪三十四年(1908)抄本
洋县	山牛		羚牛	《洋县乡土志》卷 1,物产	抄本,记事止于光绪三十一年(1905)

对于羚牛的栖居状态,《光绪留坝乡土志》编纂者在"厅属各类产物"部分,明确说出羚牛在"厅属森林多有之",这样的口吻是以一种客观事实为记载依据的,道出了该厅高山之上有森林、羚牛这两种事实,及羚牛对森林的依赖关系。这种依赖关系主要体现在羚牛栖身、玩耍、冬季觅食方面,而其他季节的觅食主要是在高山灌丛草甸和山坡草地上进行的。

羚牛是有天敌的,首先是那些活跃凶猛的豹子,历史上则为当地的老虎(华南虎)②。《光绪留坝乡土志》记载"厅产多金钱豹,亦有毛白文(纹)黑者,俗名'铁钱豹',厅属各山俱有之,惟光化山较多",只是文献中并没有羚牛如何遭遇天

---

① 汪松主编:《中国濒危动物红皮书·兽类》第 95 种,羚牛秦岭亚种,科学出版社 1998 年版,第 299—302 页。据引用标注,上段文字来源于吴家炎等著:《中国羚牛》一书,中国林业出版社 1990 年版。

② 中国科学院宋延龄研究员谈论羚牛的种群与生态平衡的问题时认为,秦岭羚牛的问题可以说就是老虎的问题,秦岭原来是有老虎的,真正能捕杀羚牛的只有老虎,其余如豹子、黑熊,因个体小,只能捕杀羚牛的幼崽,一旦羚牛成年,就能称霸秦岭(《陕西秦岭羚牛因受保护数量激增反成兽害之首》,四川新闻网据《成都商报》2008 年 2 月 20 日消息)。

敌那样具体的记载。

历史动物研究专家何业恒教授曾撰写过《扭角羚》一文，文章说到：扭角羚垂直迁移的高度，在喜马拉雅山北侧，夏季栖居高度在 3900—4500 米间，四川夏季约为 2200—3300 米间，秦岭夏季约在 2200—2800 米间[1]。

在新修《佛坪县志》中，撰稿人这样写道：羚牛"栖于境内岳坝、龙草坪、长角坝、栗子坝、西岔河等乡的干沟、大龙沟、天华山、大南沟、朝阳寨、大色梁、鳌山等处的 1000—2800 米中山、高山针阔叶混交林或针叶林中。群栖，多者一群可达百余头，全县约 450 头左右"[2]。这里存在的疑问是，羚牛有可能下到海拔 1000 米的高度吗？

1993 年，成英支曾据 20 世纪 80 年代安康、汉中地区的调查情况，写出《秦岭羚牛频繁下山，栖息活动范围扩大》为题的专门报道[3]，涉及的重要内容是"1986 年以来，秦岭南坡浅山、川道有七头羚牛光顾，并且都下到海拔 700 米以下"。报道人对此给出的解释有二：一是保护区建立后山地环境好转，羚牛数量回升，栖息活动范围扩大；二是有人扰动了羚牛的正常生活，致使其在逃跑时迷路下了山。

长期以来，动物学者对羚牛秦岭亚种的调查研究几乎没有中断过，在对佛坪自然保护区羚牛的研究表明，"羚牛活动于海拔 1300—2900m 之间，每年经历 4 次沿海拔梯度的迁移，春、秋两季是羚牛的迁移季节；一般地，秦岭羚牛夏季主要活动于高海拔区域（2200—2900m），冬季栖息于中海拔地区（1900—2400m），而在春秋两季均会下迁到低海拔区域（1300—1900m）停留一些时候"[4]。因此，按照羚牛的习性和季节变化因素，羚牛在春秋两季下山属于正常情况，牛背梁保护区的情况也与此相同。

对于下到低海拔位置的羚牛，动物学者提出建议："每年春季及秋季羚牛在向下迁移过程中，有部分个体是老弱病残的。在随后的向上迁移中，他们有可能跟不上群牛的移动而掉队，往往滞留在低海拔区域单独活动。由于单独活动，这些羚牛个体的防范意识会增加，对周围的异动较敏感"[5]，羚牛伤人事件多半就是在这种情况下发生的，因此需要给予严密防范。

---

[1] 何业恒：《中国珍稀兽类的历史变迁》，湖南科学技术出版社 1993 年版，第 258—263 页。扭角羚是 1955 年之前对羚牛的一种名称，之后动物学界已改称为羚牛。
[2] 佛坪县地方志编纂委员会编：《佛坪县志》，三秦出版社 1993 年版，第 88 页。
[3] 成支英：《秦岭羚牛频繁下山，栖息活动范围扩大》，《野生动物》1993 年第 4 期，第 50 页。该报道包括《1986 年至 1990 年安康地区"羚牛下山"统计表》。
[4] 曾志高、宋延龄：《秦岭羚牛的生态与保护对策》，《生物学通报》2008 年第 43 卷第 8 期，第 1—4 页。
[5] 曾志高、宋延龄：《秦岭羚牛的生态与保护对策》，《生物学通报》2008 年第 43 卷第 8 期，第 1—4 页。

三、羚牛何以历久而能生存下来？

由于历史动物知识的深度发掘及其传播，不少动物已消失了，并成为今天历史动物学研究的题目，这其中有中国的新疆虎、台湾云豹、直隶猕猴、白头鹮鹳、豚鹿、冠麻鸭等，外国的有欧洲原牛、墨西哥灰熊、非洲斑驴、澳洲袋狼等。在北京麋鹿苑内有一座"世界灭绝动物公墓"，其中铭刻着灭绝动物名称、年代的一个个"灭绝多米诺"石块，引人注目。

值得庆幸的是，在秦岭山脉居住的野生动物羚牛，却从历史上幸存下来，这其中有什么特别的原因呢？ 一个最为直接的判断是，羚牛属于山地野生动物，而且居住在海拔较高的山坡上，就成为羚牛远离其他野兽、远离人群而得以保存下来的最基本原因。

我们已知秦岭羚牛一年四季内，在牛背梁的栖居高度是不同的，夏季大致在2200 至 2800 米间，冬春季限于高处食物缺乏，羚牛就要下到海拔较低的位置上了（有时下到 1000 至 2200 米间）。在明清时期及其以前，应该说，最令羚牛担心和提防的是华南虎、金钱豹等大型野生动物，至明清时期，包括近代和现代，随着当地居民的日益增多（外来移民和当地人口的自然增长），出现了华南虎、金钱豹逐渐减少的现象，到现今许多人认为华南虎在秦岭山地已经灭绝了，这样一来，最令羚牛担心和有所顾虑的对象，似乎就变成我们人类了。所以，我们在这里需要考察一下牛背梁周边居民的生存和居住状况。

据 2011 年 12 月公布的《陕西基本地理省情白皮书》，全省最高位置、秦岭山脉最高点（海拔 3771.2 米），是在宝鸡市太白县鹦鸽镇南塬村近旁最高处，这是现今太白山的情形，那么，牛背梁周边居民点的情况如何呢？我们已知羚牛在山地所习惯的海拔高度，还需要知道当地居民及其聚落所处的海拔高度，这对于了解和掌握当地人群是否对羚牛的正常生活形成了干扰，会有一些帮助。

这里以清代有"终南首邑"之称的孝义厅（今柞水县）为例。据《光绪孝义厅志》之凡例，该厅于交通方面的叙述，虽然"各志多有驿递一条。孝义除武营、塘站外，驿马仅二匹，又有名无实，一切往来公事，皆系派役赴省自行投领，故未列"①。于方志类书籍常见的仙释方面，虽然"各志又有仙释一条，列祠祀内。孝

---

① （清）常毓坤修、李开甲等纂：《光绪孝义厅志》卷 3，物产，清光绪九年（1883）刻本之抄本，《中国地方志集成·陕西府县志辑》第 32 册，第 412 页。

义虽处深山,而寺庙皆火居道士,缁衣黄冠绝少有,亦无求真谛者,故仙释阒寂无人未列"①。作为最基本的社会群居形式——聚落,则见于厅志中的保甲记录,其前的概括性文字云:"厅治僻处万山之中,悬崖深谷乏平川,无村堡,民人皆山居野处,零星四散。所谓保者,多数百户,少仅数十户耳,然保名亦不可没,用列之于左。"兹据此种资料制作成表2。

表2 清光绪九年孝义厅各保名称及基本情况

方向	保名	距城	乡约	甲长	辖村	方向	保名	距城	乡约	甲长	辖村
东路十保	黑虎庙	30里	1	2	9	南路十保	义兴	30里	1	7	10
	租子川	40里	1	3	5		太白庙	120里	1	2	
	蔡御窑	90里	1	3	4		僧儿凹	130里	1		
	九间房	190里	1	5	10		红山洞	130里	1	3	
	红崖寺	160里	1	1客头	1		葛条沟	130里	1		
	红岭	180里	1				沙沟河	150里	1	2	
	康家湾	100里	1				月河口	160里	1	1	7
	康家栲栳	130里	1				崇家沟	160里	1	1	6
	皂河沟	130里	1	1			贾家坪	200里	1	2	2
	北沟	90里	1				延安坪	240里	1		
西路十保	蔡家庄	100里	1	1保正	5	北路十保	车家河	20里	1	2	
	高川河	140里	1	2	5		药王堂	30里	1		
	东川	120里	1	3	5		营盘	50里	1	3	6
	西川	130里	1	3	4		楼子石	100里	1	4	4
	六条岭	160里	1	1	5		鄢家河	90里	1	5	6
	黑山	240里	1	1	7		陈家沟	90里	1	2	5
	菩萨殿	240里	1	1	4		本城		1	5	
	柿子沟	200里	1	1	8		石嘴子		2客头	1	
	甘岔河	240里	1	1保正	6						
	晓仁河	280里	1		3						

资料来源:(清)常毓坤修、李开甲等纂:《光绪孝义厅志》卷1,保甲,清光绪九年(1883)刻

---

① (清)常毓坤修、李开甲等纂:《光绪孝义厅志》卷3,物产,清光绪九年(1883)刻本之抄本,《中国地方志集成·陕西府县志辑》第32册,第412页。

本之抄本,《中国地方志集成·陕西府县志辑》第 32 册,第 428—431 页。

说明:(1)上述资料叙述孝义厅"东西南北共三十六保",又曰每一路为"十保",而所记"北路十保",实际上只有八保,多有不相契合之处,具体情况见表 2。(2)客头之设,是为维持集场秩序,职责在于"禁酗酒、赌博,逐往来游匪",属于官府认可的地方人员。参见(清)林一铭纂修:《道光宁陕厅志》卷 2,建置志,里甲,见《中国西北文献丛书·西北稀见方志文献》第 17 卷,第 649 页。

柞水县北面一路,距城 30 里的药王堂保,相当于今药王堂村位置,海拔高度为 1000 米左右;之上 50 里为营盘保,相当于今营盘街的位置,海拔高度为 1100 米左右;营盘之上还有鄢家河(距城 90 里)、陈家沟(距城 90 里)、楼子石(距城 100 里)诸保,与今地名不太对应,估计海拔高度在 1100 至 1300 米之间,这实际上是清末当地聚落所能达到的较高海拔位置。

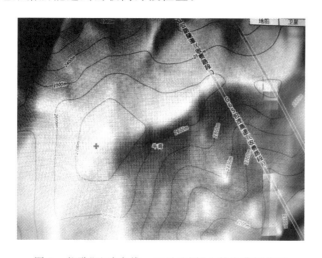

图 2 谷歌"地球在线—卫星地图"上的牛背梁位置

考察现今牛背梁周边的聚落分布及其相应的海拔位置,可借助谷歌"地球在线—卫星地图"上的等高线资料加以判断。在秦岭分水脊北面海拔位置偏高的聚落,有冉家坪(高于 1400 米)、大板岔(约 1200 米)、学堂坪和门坎砭(1200—1400 米间)、仙人岔(1400—1600 米间)、罗汉坪村(高于 1200 米)、燕儿岔(1200—1400 米间)、老龙沟(1000—1200 米间)、小马构村(同前)、王家沟村(同前)、黑沟口(同前)、冬瓜坪(1400—1600 米间)、北石槽村(约 1400 米)、南石槽(约 1600 米)、大坪(1600—1800 米间)、炉子石(约 900 米)、四方沟(约 1100 米)、太白寺(约 1100 米)、银洞沟(约 900 米)、工草沟(800—900 米间)、老凹岔(约 900 米)、同岔沟(约 1100 米)、木竹坪村(约 1200 米)等,从中可见今日聚落有的已在海拔 1100—1400 米的高度,而高于 1500 米的聚落还是相当少的。

长安西面的沣河是很有名气的,沣河系从沣峪口流出,其源头即在今长安区、柞水、宁陕县交界的秦岭分水脊北侧。沣河从山中流出,河流切割较深,其流路所经却成为前人建立聚落时的一种刻意的选择。也就是说,沣河一线是通向汉江边安康的重要通道(历史上的子午道利用过沣河上游的丰谷段),沣河沿线不仅多有聚落分布,而且其海拔位置是随着河床抬高而升高的。同样根据秦岭山地等高线资料加以识别,从喂子坪乡所在约 1000 米的海拔位置看起,上行所见聚落的高度大致是逐渐增加的,有九龙潭(高于 1000 米)、黑龙口(1000—1200 米间)、观寺坪村(同前)、黄土梁(约 1200 米)、红岩子(同前)、北石槽村(约 1400 米)、关石村(同前)、青岗树村(高于 1400 米)、穆家山(约 1600 米)、天佛岩(同前)、龙窝子(约 1800 米)、蒿沟口(同前)、凤凰咀(1800—2000 米间)、下鸡窝(约 1800 米)、鸡窝子村(1800—2000 米间)、张家坪(同前)、东富儿沟(约 2000 米)等。因为顺沣河而上行的道路要逾越秦岭分水脊,所以沿路形成了一些人口越来越少的聚落,这些聚落虽然不大,在海拔位置上却达到了相当的高度。

在牛背梁区域的周边,至清末既然有少量聚落分布在海拔千米左右的垂直地带上,聚落居民的生活范围,似乎会同冬春季羚牛下山的采食区域产生一定的重合,估计会产生的影响不大,主要是因为山上人少、所依赖的生计同羚牛的关系不大。越到现今,牛背梁周边聚落及其人口出现上移的趋势,但又是限于交通沿线,所以,这些居民对羚牛的影响是不大的。

这里需要较为细致地介绍一下宁陕厅民众的生计情况,以有助于展开当地居民与羚牛等野生动物之间关系的认识。清道光年间宁陕厅的实际情况是人少、土地辽阔,道光《宁陕厅志》卷 1 舆地志之"风俗"篇记述:"川楚各省民人源源而来以附其籍,有赀本者买地典地,广辟山场,无赀本者佃地租地,耕作谋生。……山中赋税不多,种植亦易,所以本省视为荒山,外省转视为乐土。"百姓的一般生活情形是这样的,"厅境山地多水田少,岁涝则低山有获,岁旱则高山有秋,故恶岁颇无虑也。布衣板屋,民多艰苦力作"。农业之外的生计,如《光绪佛坪厅乡土志》所记,当地"木材除烧炭外,青枫木可以作耳扒,生长木耳。漆树可以割漆,俱在本地行销",也是可以补充的内容。也就是说,当地人主要精力是用在各种生产活动方面的,对于山地野生动物资源的利用较为有限。

　　或许会有人提出当地人的打猎行为①会对羚牛等野生动物造成严重的伤害，可是，《光绪佛坪厅乡土志》对此却有另外的记述，其"物产下"记曰："山中鸟兽众多，羽毛齿革之属，本足以供生人之用，只以山深而多阻，猎户稀少，以故不获享其利。"佛坪一带猎户稀少，是这一文献资料段透露出的一个非常重要的信息，可能又不限于佛坪一地。倘若再考虑一下其他方面的原因，我们判断清代迁移至秦岭山地的多系外省农人，他们擅长垦殖活动及与此相关的劳动技能，在到达佛坪这样的山地环境后，也是以农业生产作为主要的谋生手段。另外，在深山中从事狩猎活动不仅有相当的危险，而且还有一些实际困难，如打猎武器是否有效、打猎中如何克服艰难险阻等。假如打猎不能给猎户家庭带来可观的收入，进而解决家人的衣食之忧，加入到猎人行列中的人就会减少。

　　据《光绪留坝乡土志》记载，光绪十五六年（1889—1890）的留坝县，境内的野猪相当活跃，它们四处出没，捣毁了许多人家的庄稼地，从而惊动了当地的政府和官员。陈文黻时为留坝厅同知，悬出重赏以招募猎人，许多猎人应召而来，使用铁铳击杀野猪，前后点检下来，击毙的野猪多达数千头，才使得野猪猖獗之势得以遏制。及至到了光绪三十三年（1907），即《光绪留坝乡土志》编纂时，境内的野猪又开始大量繁殖和四处活动了。很明显，大批野猪在海拔千米以下的农田里啃食庄稼，是招致猎人击杀它们的缘由。

　　我们判断，当地猎人对羚牛等野生动物也会有杀戮行为②，但对其生存状况产生最大影响的行为，可能还是对于原始森林砍伐后所带来的负面影响。《光绪孝义厅志》编纂人说："南山夙称宝山，厅属实平平耳。材木之利已尽，即些微药材，采者皆裹粮冒雪，犯险以求，故微利亦甚难得焉。""材木之利已尽"，说的应该是砍伐森林的事情，但不具体，尤其是伐木的海拔高度是多少，伐木后植被的自然回复情况如何，还需要寻找更详细的资料加以查询和研究。

　　综上所述，一方面野生羚牛在长时期同天敌的较量中，逐渐退至海拔较高的地带，养成了耐寒的体质和连续的爬坡能力，成为自身从历史上保存下来的最重要的因素，另一方面得益于牛背梁周边民众以农业生产为基本生活来源，没有过

---

　　① 秦岭山地的狩猎活动自古有之，参见詹宗祐《隋唐时期秦岭山区庶民的经济生活及其特色》（载陕西师范大学西北历史环境与经济社会发展研究中心编：《历史环境与文明演进——2004年历史地理国际学术研讨会文集》，商务印书馆2005年版，第207—226页），詹氏博士学位论文《隋唐时期终南山区研究》（"中国文化大学"，2003年）亦值得参考。

　　② 参见胡锦矗、魏辅文合作的《四川扭角羚的今昔》论文（载夏武平、张洁主编：《人类活动影响下兽类的演变》，中国科学技术出版社1993年版，第115—117页），文中有川西山区经济上落后的村民及猎人如何狩猎扭角羚过程的论述。

于干扰野生动物生活的行为,包括海拔 1300 米以上的栖息地。这其中一个最重要的地理背景,在于秦岭山脉高大绵延,地域广大,大自然提供的高山气候、高寒灌丛草甸诸多条件,可供羚牛等野生动物繁衍生息。而陕西牛背梁国家自然保护区的建立,更从制度上保证了国家珍稀动物羚牛及其栖息地的安稳,这是羚牛之幸,更是时代之幸。

北京周边地区森林采伐的历史过程

孙冬虎

(北京市社会科学院历史研究所)

汉唐时代的军事重镇幽州,在距今大约一千年之前开始了向北方政权的陪都或首都直至统一国家首都的巨大转折。从辽南京、金中都到元大都与明清北京(京师),国都地位的确立与巩固,使城市建筑消耗的木材以及生活取暖、金属冶炼、窑厂烧制等所需要的木柴、木炭、煤炭等能源不断增多,再加上某些军事行动对于森林的影响,城市周边的森林由此经历了一个从相当繁茂到逐渐过度砍伐的变化过程,进而成为影响古今区域环境特征的重要因素之一。

一、金代——大规模采伐的开端

历史上曾经相当茂密的原始森林,随着人口的增长与人类活动的加剧而逐渐砍伐殆尽,这是最近一千多年来北京周边地区植被变迁过程的一条主线。史籍所载金代以前的零星采伐往往与军事行动有关。五代后梁贞明三年(917),沙陀首领李存勖派遣大将李嗣源、李存审率步骑七万,解救被契丹围困在幽州的周德威。他们从易州(今河北易县)出发,越过大房岭(今北京房山区西十五里),在幽州城西六十里与契丹兵相遇。"李存审命步兵伐木为鹿角,人持一枝,止则成寨"[①]。我们无法推测在军中通常占绝对多数的步兵究竟有多少,即使保守地估计也应有上万棵树木被砍伐。幽州升为辽南京后,也毕竟只是建设规模有限的契丹陪都。当金中都成为北半个中国的首都后,出于对南宋的战争准备以及中都城建设的需要,拉开了周边森林大规模采伐的序幕。

天会十三年(1135)夏,金太宗"兴燕云两路夫四十万人之蔚州交牙山,采木

---

① 司马光:《资治通鉴》卷270,后梁均王贞明三年。中华书局1956年版。

为筏,由唐河及开创河道,运至雄州之北虎州造战船,欲由海道入侵江南"①。根据北魏郦道元《水经注》与北宋乐史《太平寰宇记》的记载,再与现代地形图相对照,"交牙山"大致就是今河北涞源县城西南24公里、南城子村周围那片山间平川周围的山岭。这里的"松树柁"、"榆树林"等聚落名称,也象征着历史上森林广布的生态环境。唐河自西北向东南流过"交牙山"谷地,有力地印证了《大金国志》所记载的水运计划。虽然"既而盗贼蜂起,事遂中辍,聚船材于虎州"②,但上山伐木的人数多至四十万,即使砍树持续的时间不长,亦可想见该地森林资源之丰富与砍伐规模之巨大。木材的聚集地"虎州",即今河北雄县以北14公里的"浒洲"。当年这里有宋辽界河"白沟河"的一条支流、民间俗称"赵王河",它几经辗转之后最终向南汇入大清河,直达天津入海,金朝因此计划在这里造船。海陵王正隆四年(1159)二月,"造战船于通州"③,所用的木材大致也应取自北京周边地区。

海陵王迁建中都,势必加剧对北京周边森林的砍伐,但实际情形可能并不如通常想象的那样严重。天德三年(1151)三月,"命张浩等增广燕城。……浩等取真定府潭园材木,营建宫室及凉位十六"④。真定府治今河北正定县。张浩所取"真定府潭园材木",应当是从太行山砍伐后积存于潭园的木材。沈括曾经感叹:"今齐鲁间松林尽矣,渐至太行、京西、江南,松山大半皆童矣。"⑤这里的"京西"指开封以西的山地,而不是北京的西山甚至更远的永定河中上游地区。

金代对于房山陵墓区、西山风景区等地森林采取了保护措施,但他们酷爱狩猎的传统也给部分地区的森林造成了破坏。金章宗曾到位于昌平西南二十五里的驻跸山游玩,这座小山早在北魏时期就叫做"观石山"。明代文献追述:金章宗"下而观于野,盖燎而猎焉"。⑥"昌平西南二十五里有山,……金章宗尝游此,镌驻跸二字,后人因呼驻跸山。山上有台,章宗登焉,题曰栖云啸台。卜观野燎而猎,召其酋长大人击毬。……章宗以酪灌之,石顶皆白,至今犹有迹存。"⑦此地即今昌平阳坊镇东贯市、西贯市附近的驻跸山。点燃树林以驱赶野兽的狩猎方式,显然以大片森林的毁灭为代价。与此同时,为了维持一定数量的动物以满足狩猎需要,朝廷也会发布类似动物保护性质的诏令,客观上有利于维持生态平衡。

---

① 宁文懋昭.《大金国志》卷0。中华书局《大金国志校证》本1986年版。

② 李心传:《建炎以来系年要录》卷96"绍兴五年"条。中华书局1956年版。

③ 脱脱:《金史》卷5《海陵本纪》。中华书局1997年版。

④ 《金史》卷24《地理志上》。

⑤ 沈括:《梦溪笔谈》卷24《杂志一》。文物出版社《元刊梦溪笔谈》本1975年版。

⑥ 王嘉谟:《蓟丘集》卷39《北山游记》。国家图书馆藏明刻本。

⑦ 蒋一葵:《长安客话》卷5《畿辅杂记》"燎石岗"条。北京古籍出版社1994年版。

二、元代——森林采伐的迅速增多

自元世祖忽必烈至元四年(1267)营建中都(至元九年改称大都),到至正二十八年(1368)元顺帝退出大都城,元朝在北京立足不过一百年的时间。宏伟壮丽的元大都为明清北京城的格局勾画了基本轮廓,城市建设对木材、石料的需求,帝王经常性的田猎活动,冬季取暖、日常生活以及烧造冶炼所需的木柴木炭,成为带动林木采伐迅速增多的主要因素。

元大都建筑的宏伟气魄以及巨大规模,反映在《马可波罗行记》、陶宗仪《南村辍耕录》以及明初萧洵《故宫遗录》等文献中。马可波罗描述元大都的宫殿:"周围有一大方墙,宽广各一里。质言之,周围共有四里。……大殿宽广,足容六千人聚食而有余,房屋之多,可谓奇观。此宫壮丽富赡,世人布置之良,诚无逾于此者。"[1]陶宗仪记载:"宫城周回九里三十步,东西四百八十步,南北六百十五步,高三十五尺。"[2]朱偰先生1936年考证,元大都宫城"周围六里三十步,所谓九里三十步误"[3]。如此庞大的建筑群,需要巨量的木材、石料,除了楠木、檀香木等采自南方数省外,从成本与效率考虑,普通建材一般会尽量直接取自周边地区的森林和矿场。

北京西山的木材与石料,是元大都的设计者在考虑城市建设时可以依赖的重要物质基础。早在中统三年八月己酉(1262年9月10日),"郭守敬请开玉泉水以通漕运"[4]。至元三年十二月丁亥(1267年1月30日),"诏安肃公张柔、行工部尚书段天祐等同行工部事,修筑宫城。……凿金口,导卢沟水以漕西山木石"[5]。经过数月的准备,至元四年四月甲子日(1267年5月2日),修筑宫城的诏命得以落实,此即《元史》所载"新筑宫城"[6],"又命刘秉忠筑中都城,始建宗庙宫室"[7]。通过水路运输西山的木材与石料,是建设大都城的基本条件。金口位于今北京石景山以西的麻峪村附近,疏通后的卢沟水即永定河中游的河道,成为大都建设的供给线,提出这个主张的是元代名臣、杰出科学家郭守敬。金代曾经

---

① 沙海昂注、冯承钧译:《马可波罗行记》第2卷第83章"大汗之宫廷"。中华书局2004年版。
② 陶宗仪:《南村辍耕录》卷21"宫阙制度"条。中华书局1959年版。
③ 朱偰:《元大都宫殿图考》。商务印书馆1936年版。
④ 宋濂:《元史》卷5《世祖本纪二》。中华书局1997年版。
⑤ 《元史》卷6《世祖本纪三》。
⑥ 《元史》卷6《世祖本纪三》。
⑦ 《元史》卷157《刘秉忠传》。

把卢沟水的一支通过金口引出西山,郭守敬认为,"今若按视故迹,使水得通流,上可以致西山之利,下可以广京畿之漕"①。所谓"西山之利",正是建设大都城所需要的木材、石材和燃料,西山森林由此被大量砍伐,开采石料也必然破坏包括森林在内的地表植被。直到 75 年之后的元顺帝至正二年二月初八日(1342年 3 月 14 日),右丞相脱脱依然主张把郭守敬当年曾经疏通、后来又主动堵塞的河道恢复过来。他在奏疏中说:"如今有皇帝洪福星,将河依旧河身开挑呵,其利极好有。西山所出烧煤、木植、大灰等物,并递来江南诸物,海运至大都呵,好生得济有。"②尽管重开金口河以失败告终,这个过程却也表明,直到元朝末年,西山依旧是大都重要的建材与燃料供应地,森林的砍伐持续不断。

元朝行政机构中有柴炭局、材木库、蔚州定安等处山场采木提领所、凡山采木提举司之类的机构③,他们的职责就是采伐或储存林木资源以及用这些林木烧炭等。定安在今河北蔚县东北 30 公里定安县村,辽代置县,金升为州,元复改县,明初废。凡山在今河北涿鹿县东南 30 公里矾山镇。这些机构经手砍伐的森林在一百年间究竟有多少自然不易推测,但元代开始促成永定河中上游地区森林的实质性减少,应当是毋庸置疑的事实。现存中国国家博物馆的绘画《运筏图》,表现了在桥梁下游打捞木排、转运木材的繁忙景象,近年来常被视为元代作品并称之为《卢沟运筏图》。如果画中之桥确是元代的卢沟桥,它所显示的就是从西山乃至更远的蔚州(今河北蔚县)一带伐木后水运到大都附近的情形。另据《元史》记载:"至元十三年,雾灵山伐木官刘氏言,檀州大峪、锥山出铁矿,有司复视之,寻立四冶。"④雾灵山位于今北京密云县与河北兴隆县交界处,既然元代设立了专门负责采伐雾灵山木材的官员,这里显然也是木材供应的重点地区之一。檀州大峪(今密云县东北 13 公里达峪村一带)、锥山(今密云县东北 25 公里"锥峰山")的铁矿被发现后,雾灵山的森林又成为四个冶炼厂所需木炭的来源,森林砍伐的力度无疑会大大增加。

元代对大都周边地区森林的耗费,还表现在修建寺院、城池以及河道整治工程方面。至元十六年十二月(1280 年 1 月)"建圣寿万安寺于京城"⑤,即今北京

---

① 《元史》卷 164《郭守敬传》。

② 熊梦祥:《析津志》,《析津志辑佚》,北京古籍出版社 1983 年版,第 243—244 页。

③ 《元史》卷 89《百官志五》、卷 90《百官志六》。

④ 《元史》卷 50《五行志一》。卷 94《食货志二》亦有大峪、锥山二冶。晚近论著或以"大峪锥山"为今"锥峰山"旧称,显然不妥。

⑤ 《元史》卷 10《世祖本纪七》。

阜成门内的白塔寺,这只是寺院动工的时间。二十二年十二月戊午(1286 年 1 月 16 日),"以中卫军四千人伐木五万八千六百,给万安寺修造"①。木材采伐的规模如此之大,大都城内外修建的寺院也决非只此一座,森林过度耗费所造成的生态破坏只能是积少成多而渐趋严重。至元二十七年四月癸未(1290 年 5 月 20 日)"发六卫汉军万人伐木为修城具"②,亦即备办修治城池的工料。假使以每人砍树十棵计算,此次也将有十万棵林木被砍光。此外,河道整治消耗的木材也很惊人。至元二十九年(1292)开挖通惠河,"用过木拾陆万叁阡捌佰根"③,这就意味着一大片森林被砍伐。至顺元年三月十五至六月十五日(1330 年 4 月 3 日至 7 月 1 日),改修通惠河之上的庆丰闸,"董役士卒暨土木金石之工,集有伍佰伍拾,输木万章,铁以钧计,凡捌佰有奇,石材叁阡贰百,瓴甓灰藁他物无算"④。除了"输木万章"所指的上万棵木料,举凡八百钧(每钧为三十斤)铁的冶炼,三千二百块石材的开采,无法计算的"瓴甓灰藁"即砖瓦、石灰、柴草,其生产过程也几乎无不与森林的消耗相关。庆丰闸只是陆续维修的通惠河水闸之一,整个工程所需的木料以及由此造成的森林砍伐也就不难推想了。

来自北方草原游牧民族的蒙古帝王和贵族,入主中原以后仍然不时到郊野打猎,这既是生活习性造成的固有风俗,也是他们显示统治者地位的一种象征。今北京通州东南的柳林,是《元史》对此提及的游猎地之一。《马可波罗行记》关于数万人追随帝王行猎的描写⑤,元代李洧孙《大都赋》所谓"林栖之群,穴处之族,……曾不一瞬,已十殚其七八"⑥虽是泛指,却也给人们认识动植物资源所受的影响提供了丰富的想象空间。元朝法律规定"诸纵火围猎,延烧民房舍钱谷者,断罪勒尝"⑦,表明围猎中放火烧林以驱赶野兽并非个别现象。

木炭、木柴、柴草以及煤炭,是元大都日常生活中的基本能源。这些能源的生产和供应,几乎无一不以周边森林的采伐与损耗为前提,因而成为影响区域环境的一个极为重要的驱动因素。自元大都时代直至明清乃至晚近时期的北京基本如此,唯其轻重程度有所差别而已。鉴于拙作《元明清北京能源供应的生态效

---

① 《元史》卷 13《世祖本纪十》。

② 《元史》卷 16《世祖本纪十三》。

③ 吴仲:《通惠河志》卷上《修河经用》。齐鲁书社四库全书存目丛书本,1996。

④ 宋褧:《改修庆丰石牐记》。见吴仲《通惠河志》卷下《碑记》。

⑤ 《马可波罗行记》第 2 卷第 91 章《管理猎犬之两兄弟》。

⑥ 李洧孙:《大都赋》。《日下旧闻考》卷 6《形胜》引。北京古籍出版社 1985 年版。

⑦ 《元史》卷 150《刑法志四》。

应》①已对此有所讨论,本文将不再赘述。

三、明代——森林采伐的巅峰

自明代永乐年间迁都以后,北京基本上维持着首都地位。营建北京以及城市生活的许多方面,都需要大量的木材和能源支撑。这样,明朝在南方林区的采伐必不可少,北京周边地区以永定河中上游流域为主的森林面临的环境问题也在不断加重。

永乐年间修建北京城的宫殿,除了在四川、云南、湖广等地大量采伐森林之外,还曾利用了从卢沟河漂运而来的巨大木材。明人记载:"昔成祖重修三殿,有巨木出于卢沟"②。其开采地点,应是北京西山乃至上游更远的蔚州一带的山林。北京宫殿、寺庙与水利工程建设的持续,成为周边地区森林不断遭受砍伐的诱因。嘉靖十五年(1536)立《敕建永济桥记》碑载:"乃今乙未岁,肇立九庙,创史宬,恭建慈庆、慈宁二宫,修饰诸陵,缵续垂休,巍乎成功,昭播宇内,粤惟经始,庶务咸熙,乃以工曹官往督西山诸处石运"③。乙未岁是嘉靖十四年(1535),开凿如此巨量的石材势必毁掉大片地表植被。嘉靖四十六年(1567)立《敕修卢沟河堤记》碑称:"经始于嘉靖壬戌秋九月,报成于癸亥夏四月,凡为堤延袤一千二百丈,高一丈有奇,广倍之,崇基密楗,累石重甃,鳞鳞比比,翼如屹如,较昔所修筑坚固什百矣"④。这项工程开始于嘉靖四十一年(1562)九月,第二年四月竣工。从节省成本考虑,从盛产石材和木材的西山就近取材是最佳选择。当河堤竣工后,留给西山的只能是一片荒山秃岭。

修建长城关口的军事设施,也会使某些森林在短时间内被大量砍伐。"嘉靖中,胡守中以都御史奉玺书行边,乃出塞尽斩辽金以来松木百万,于喜逢口创建来远楼。"⑤喜逢口位于今河北迁西县以北 30 公里、北京东偏北 160 公里,是长城上的著名要塞。胡守中指挥士兵砍伐的森林,在长城以外、燕山南麓的河北宽城、青龙、兴隆一带,"尽斩辽金以来松木百万"使那里历时数百年成长起来的大片森林被迅速地一扫而光。正德至嘉靖初年游览香山的王守仁,诗中有"林间伐

---

① 《中国历史地理论丛》2007 年第 1 期。
② 朱国桢:《涌幢小品》卷 4"神木"条,中华书局 1959 年版。
③ 沈榜:《宛署杂记》卷 20《志遗一》,北京古籍出版社 1983 年版。
④ 沈榜:《宛署杂记》卷 20《志遗一》。
⑤ 蒋一葵:《长安客话》卷 7《关镇杂记》"喜逢口"条。

木时闻响,谷口逢僧不记名"之句①。万历年间的王嘉谟,在今昌平西南与门头沟交界地带的"了思台"以西十里,"远闻伐木,嶷嶷留滞。有岭焉,是曰灰岭"②,这是军都山森林在局部遭到砍伐的信号。明末刘侗所见潭柘寺的景物:"柘,则今瓦亭覆者一枯,长不能丈。志所称虬龙形,僧所说林林千万章者,乌有。此枯其犹最晚发,特后凋者也。"③从柘在我国普遍分布的特点分析,人为因素对植被变迁的作用应胜过自然环境。

《明实录》等文献显示,明代北京外围地区森林采伐的地点,遍布浑河(即永定河、桑干河)、白河流域,大体上属于太行山、燕山、军都山直至山西北部诸山脉。蔚州、易州、保安州、雾灵山、紫荆关、居庸关、雁门关一带以及长城喜逢口外,是采伐比较集中或森林植被变迁比较典型的区域。宣德三年三月癸巳(1428年3月26日),"上谕行在工部曰:畿内百姓采运柴炭,闻甚艰难。自今止发军夫于白河、浑河上流中山采伐,顺流运至通州及卢沟桥,积贮以供用,可少苏民力"④。白河上游即今河北赤城县一带,地处军都山以北、燕山山脉西段,从那里可以把木材顺流漂到通州;浑河上游即今河北蔚县一带,地处太行山脉的北段,是传统的森林采伐区,那里的木材可以顺着永定河漂到卢沟桥。宣德七年十二月丁未(1433年1月13日),暂缓了工部"作京城仓廒,发民取材于蔚州"的活动⑤。宣德九年五月壬午(1434年6月12日),"行在户部奏:雾灵山采木军夫工匠数多,月支口粮艰于转运,请召商于密云县黑峪口新盖仓纳粮"⑥。黑峪口扼守着安达木河上游、密云与兴隆两县交界处的长城关口,请求就近修建粮仓证明了伐木人数众多。宣德十年八月丁卯(1435年9月20日),"行在工部奏:修安定门城楼,欲拨旗军协助及拨官匠赴紫荆关支用松木"⑦。紫荆关位于今河北易县西北30公里。正统三年六月壬戌(1438年7月1日)工部提出:"明春当修正阳门城楼,乞发后军都督府军千名,给与口粮,令于蔚州、保安等处山场,采木编筏,自浑河运至,贮小屯厂,以备支用。从之。"⑧砍伐的木材编成筏子,从水路顺流漂运到小屯厂(今卢沟桥以东五里小屯村)贮存。这一千名军士伐木的地点,

---

① 王守仁:《夜宿香山林宗师房次韵》。《宛署杂记》卷20《志遗四》引。
② 王嘉谟:《蓟丘集》卷39《北山游记》。
③ 刘侗、于奕正:《帝京景物略》卷七《西山下》"潭柘寺"条,北京古籍出版社1983年版。
④ 《明宣宗实录》卷40,第1页。《明实录》台北"中央研究院"历史语言研究所影印本,1966。
⑤ 《明宣宗实录》卷97,第6页。
⑥ 《明宣宗实录》卷110,第9页。
⑦ 《明英宗实录》卷8,第8页。
⑧ 《明英宗实录》卷43,第4页。

蔚州久已成为采伐基地,而位于蔚州以东的保安州,景泰二年(1451)之前的治所在今河北涿鹿县城,辖境也相当于今涿鹿县境,其北半部有可以漂流木材的桑干河,南半部则是与蔚州毗连的深山区,有条件成为又一个采伐林木的基地。正统九年四月辛卯(1444 年 4 月 29 日),"太保成国公朱勇等言:今欲建马坊于朝阳门外,请遣官领旗军于易州等处采取柴木"①。传统的采伐基地易州,再次为临时性的工程提供木柴与木料。

有些工程项目没有关于建筑材料取自何处的记载,但基本来自浑河中上游。成化十二年六月丁亥(1476 年 7 月 6 日),"浚通惠河成,自都城东大通桥至张家湾浑河口六十里,与卒七千人,费城砖二十万,石灰一百五十万斤,闸板、桩木四万余,麻、铁、桐油、灰各数万"②。从明代的一般情况推测,石灰、闸板、桩木等取自西山乃至浑河上游山区的可能性很大。弘治七年九月壬寅(1494 年 10 月 15 日)工部奏:"自永乐以来,本部所用竹木,率于卢沟桥客商所贩木筏抽分"③,也就是每批木筏从浑河漂到卢沟桥之后缴纳的实物商税。永定河中上游山区森林采伐的程度越高,植被破坏及其引起的生态危机越严重。

为满足日益增长的木材与柴炭供应,北京外围地区关口附近的森林遭到严重破坏,开始危及京师的战略安全,《明实录》与《明经世文编》等有多处记载。这里仅举一例。成化、弘治年间的名臣马文升,上疏分析了沿边森林遭到过度砍伐的原因及其严重性:"永乐、宣德、正统年间,边山树木无敢轻易砍伐,而胡虏亦不敢轻犯。自成化年来,在京风俗奢侈,官民之家争起第宅,木植价贵。所以,大同、宣府规利之徒、官员之家专贩伐木,往往雇觅彼处军民,纠众入山,将应禁树木任意砍伐。中间镇守、分守等官,或徼福而起盖淫祠,或贻后而修造私宅,或修改不急衙门,或馈送亲戚势要,动辄私役官军入山砍木,牛拖人拽,艰苦万状。其本处取用者,不知其几何;贩运来京者,一年之间岂止百十余万?且大木一株,必数十年方可长成。今以数十年生成之木,供官私砍伐之用,即今伐之十去其六七,再待数十年,山林必为之一空矣。万一房寇深入,将何以御,是自失其险阻而撤其藩篱也。静言思之,实可寒心。"④按照马文升亲历沿边所见的情形,原来禁伐区的山林已有百分之六七十被砍光,在失去军事屏障的同时,森林的生态效应自然也无从谈起。再晚些的庞尚鹏、江道昆等人的奏疏表明,在嘉靖至万历年

---

① 《明英宗实录》卷 115,第 5 页。
② 《明宪宗实录》卷 154,第 3 页。
③ 《明孝宗实录》卷 92,第 7 页。
④ 马文升:《为禁伐边山林木以资保障事疏》。陈子龙等《明经世文编》卷 63。中华书局 1962 年版。

间,森林砍伐的势头仍并未被遏止,甚至出现了易州炭厂奸商与守关者勾结起来侵伐林木的事情,继续削弱着北京的天然军事防线。

四、清代——森林采伐范围的扩展

就一般趋势而言,随着城市人口增长与城市建设需求的加大,清代北京周边地区面临着更大的环境压力,森林被砍伐的危机时时存在。十三陵地区的数十万株苍松翠柏,经过明末的社会动荡之后只剩下二千余株[①]。即使是采办石材、石灰石,也不免对包括森林在内的地表植被造成破坏。顺治初年确定,工部负责"于大石窝采白玉石、青白石,马鞍山采青砂石、紫石,白虎涧采豆渣石,牛栏山采青砂石,石景山采青砂石、青砂柱顶、阶条等石。其青白石灰,于马鞍山、磁家务、周口、怀柔等处置厂烧造,运京应用"[②]。其中的几个地名至今基本没有变化。

清代除了继续依赖云贵川与湖广等南方地区以及永定河上游的山厂之外,采伐森林的范围已经向北京西北及北部的长城以外地区扩展,这是它有别于明代的新动向。兴起于北方的清朝,不再像明朝那样面临着来自塞外的军事威胁,当北京周边地区森林越砍越少、城市建设与生活所需木材不断增长的时候,把砍伐木材的地域推进到长城以北就成为自然的选择。顺治九年(1652)题准:"各工需用木料,招募商人,自备资本,出古北、潘家、桃林等口采伐木植,运至通州张家湾地方。"[③]此后,通过不断减少税额以鼓励采木。由这些关口向北出长城,即进入燕山山脉所属的林区。这样,潮河、滦河的上中游流域与永定河中上游流域一起,支撑着北京对森林资源的需求。康熙年间朝廷又鼓励从潮河川、墙子路、南冶口、二道关、喜逢口、龙井口等关口出塞伐木。此外,康熙二十年(1681)议准:"科尔沁蒙古有愿伐木进关照民商纳税者,许由潘、桃等口放入贸易";三十八年(1699)题准:"大青山等处木植甚多,有殷实商人愿往采取者,该部给票,令守口官验明放行,照例输税,入口贩卖。"[④]这就表明,长城以北供应北京的木材产地,已推进到内蒙古呼和浩特以北的大青山。长城以北"口外诸山,前代为匠所不经之地,蓄积既久,菁华日献,视内地庇纵寻斧者相悬万万"[⑤],因此成了新的木材

---

① 顾炎武:《昌平山水记》卷上。北京古籍出版社 1980 年版。

② 昆冈等:《钦定大清会典事例》卷 875《工部》。上海古籍出版社续修四库全书本 2002 年版。

③ 《钦定大清会典事例》卷 942《工部》。

④ 《钦定大清会典事例》卷 942《工部》。

⑤ 王庆云:《石渠余纪》卷 6《纪杂税》,北京古籍出版社 1985 年版。

基地。康熙二十五年(1686)颁布谕旨停止在四川采办楠木:"蜀中屡遭兵燹,岂宜重困?今塞外松木,材大可用者多,取充殿材,可支数百年,何必楠木?"[①]这项政策自然大大节省了采木成本,但四川楠木的噩运转嫁给塞外松林后,寒冷少雨条件下的北方植被恢复起来比南方更加艰难。

五、结　语

考察历史上北京周边森林资源的采伐过程,我们可以看到:森林采伐的力度与北京城的发展基本同步。辽南京周边只有零星的采伐,金中都时期则拉开了大规模采伐的序幕。元代采伐森林的规模进一步扩大,用于大都城市建设、河道治理的木材,满足取暖、冶炼等能源供应的大量木柴和木炭,都取之于森林。明代进入了采伐森林的巅峰,除了建筑材料之外,在能源消耗方面,柴炭主要取之于北京外围乃至永定河上游山区,在北京西南的易州建立了砍柴烧炭的山厂,在北京以东延续了元代的遵化铁冶厂。西山的煤炭开采在明代更加普遍,由此也引起了新的环境问题,对森林植被以及水源、地面建筑的破坏更大[②]。清代由于煤炭的大量开采而减少了木柴、木炭的使用,但此前造成的环境问题仍然得不到解决,当代部分采空区的形成甚至应当追溯到这个时期。统治者的奢侈浪费,各级官吏不断加码的横征暴敛,在加剧百姓负担的同时,还造成了严重的森林消耗与生态破坏,使易州等地山厂周围原本郁郁葱葱的青山绿水变为童山濯濯的穷山恶水。生态环境一旦破坏,恢复起来相当困难以至遥遥无期。资源固然应该开发出来为人所用,森林也有一定的自我恢复功能,但人类快锯利斧的过度砍伐往往大大超越自然更新的速度,由此导致森林面积逐步减少,大片的原始森林尤其难以保全,以致产生多种生态弊端。北京周边地区近千年来的森林植被,就是在过度砍伐、战争破坏、大火焚烧等因素的共同影响下逐步向深山区退缩,这对于认识人类活动与区域环境之间的关系不失为一个具有借鉴意义的典型。

---

① 王庆云:《石渠余纪》卷 4《纪采办》。
② 参见拙作《北京能源供应与生态环境问题举隅》,载《北京史学研究》,人民出版社 2012 年版,第199—207 页。

良渚遗址古地理环境的地球物理调查研究

林金鑫[1]　赵文轲[2]　田钢[2]　石战结[1]　王帮兵[2]

（1.浙江大学文化遗产研究院；2.浙江大学地球科学系）

一、引　言

　　良渚文化是杭州最为珍贵的原生地域文化,也是中国文明起源阶段最为重要的文明形态之一,它对整个长江下游环太湖流域地域文明乃至夏、商、周三代文明具有深远的影响(周膺,2008)。因此对良渚遗址的考古研究具有十分重要的意义。人类的生存与自然环境条件有着密切的关系(周鸿等,2000;吴汝祚等,2009),故对良渚遗址古地理环境的调查研究,将有助于良渚文化兴衰的研究。

　　地球物理方法具有快速、无损、经济等优点,在考古领域中的应用也越来越多,逐渐形成了考古地球物理这一新的应用学科。良渚遗址上的古地理环境常被第四纪的沉积物所覆盖,特别是现代的耕土层。在地表一般是很难看到良渚时期的古地理环境,需要进行"透视",考古地球物理技术正好有这一功能。

　　考古地球物理的基础是探测目标与周围介质在物理性质上存在的差异。不同的物性对应着不同的地球物理方法。物质的物理性质有磁化率、电阻率、介电常数、密度、放射性总强度、地震波阻抗等,它们分别所对应的地球物理方法有:磁法、电法(电磁法)、重力、放射性方法、地震勘探等。其中电磁类方法由于操作效率、分辨率等原因,在考古地球物理调查中得到广泛的应用,如探地雷达(Ryz Evangelista 等,2004;Jurg L,2011)、电法(Ana O 等,2005；Negri S 等,2008)、磁法(Alberto G 等,2005，Immo T 等,2010)等。

　　地震勘探是地球物理勘探中最重要的方法之一,尤其在油气勘探中应用广泛,但在考古调查工作中的应用并不多见。原因主要有两个方面:一是数据采集效率相对较低;二是在超浅地区(0—10米)的分辨率不够高。不过,地震方法能比较精确地给出考古目标体的深度,可较好地解决古河道、古建筑、古墓等考古目标体的识别问题。自从高分辨率地震勘探被首次用于探测古人类堆积物

(Stright,1986)之后,地震反射和折射方法在考古领域均有所应用(Valenta and Dohnal,2007;Leucci et al.,2007)。随着地震仪器技术的飞速发展,野外采集效率等问题也会得到较好的解决,尤其是三维地震勘探可对古人类环境进行精细刻画(Valenta and Dohnal,2007),因此地震方法在考古领域尤其是古地理环境探测中的应用是一个值得研究的问题。

二、调查实例

(一)土遗址调查

在良渚遗址地下存在不少的土遗址,是良渚先民人工堆筑的。下面是几种不同地球物理方法对地下土遗址的调查研究实例。多道面波分析技术是地震方法中的一种,能获得地下介质的横波速度。图1为在良渚遗址某处用多道面波分析技术所得的二维横波速度剖面,图中左下角有一明显的相对高值的区域(>150m/s),表明地下有相对硬实横波速度较大的介质,经与测线旁边已发掘处的对比,表明这是人工堆筑的黄色黏土且在其底下铺有一层石头。图中以黄色显示的速度值在140m/s—150m/s之间的部分,应是良渚时期沉积的物质。在X坐标10m附近有一个低值下凹形成的异常,应是当时存在的壕沟。图浅部的物质速度最小,大多小于105m/s,主要是现代耕土层,土质疏松密度小,横波速度小。

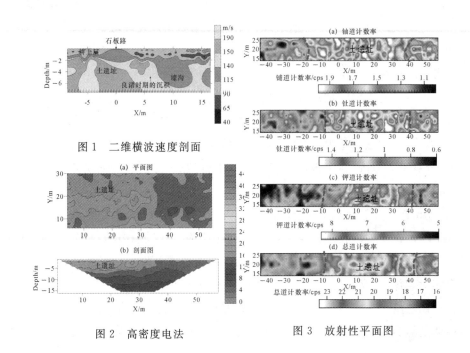

图1　二维横波速度剖面

图2　高密度电法

图3　放射性平面图

　　高密度电法可以获得地下介质的电阻率,从而进行勘探。采用多条平行测线,并提取相同的电极距,就可以获得视电阻率平面图(图2a),从而了解地下介质在横向上的分布。单条测线则可以得到视电阻率剖面(图2b),从而得到地下介质纵向上的信息。图2中左部与右部有一明显的界限,左部表现为高阻异常,土遗址经过人工夯筑,其孔隙度要小于周边介质,良渚遗址所在地区雨量丰富,地下水位低,故孔隙度越小,其电阻率越大。说明图2中0—38m的地方存有土遗址,这与测区边上的考古发掘结果相吻合。

　　放射性测量方法是根据地下介质的天然或人工放射性的性质来进行探测的,即利用探测目标与周围介质放射性元素含量的差异。采用γ能谱测量可以得到放射性元素铀、钍、钾各自的含量以及总的放射性元素含量信息。图3为在良渚遗址探测的数据,图中部的数值明显要高于两边,这是由于土遗址底下铺有石块以及土遗址密度较大所致。

　　(二)古水系调查

　　良渚遗址所在地区,现代地表的水系发育,可想在良渚时期,古水系也应发育,良渚先民的生活必然与古水系息息相关。

　　磁法是考古中应用最为广泛的一种地球物理方法,其有总场测量和梯度测量两种方式。图4为在良渚遗址某处采集的单条磁法测线所获得的总场数据和磁梯度数据,图4a三维总场数据主要是反映底下深部基岩面的起伏,图4b的垂直梯度则主要反映浅部的情况。图4b中纬度30.3977°—30.3979°之间和30.3985°—30.3989°之间应为文化堆积层的反映,而30.3979°—30.3984°之间为古水系。

　　图5是三种不同的地球物理方法进行古水系调查的结果,分别为磁法、高密度电法和磁法。三种方法所得的平面图,在相应的位置都存在着一条南北向展布的异常,表现为低磁、低阻、高放射性,这应是古河道的反映。钻探结果也表明在此处存在古河道。

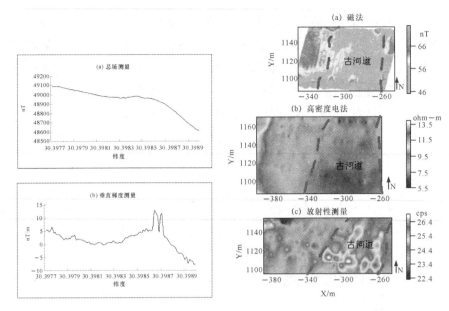

图4　良渚遗址磁法考古实测资料对比　图5　三种方法综合探测（林金鑫等，2011）

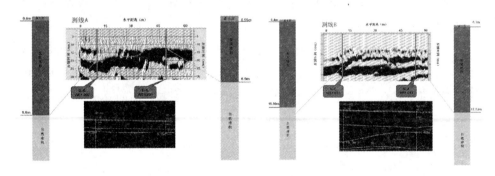

图6　探测综合解释图（测线 A、B 为地震反射探测结果，其下方为相应的钻孔结果，
左边和右边分别是图中标示出的两钻孔处的地震反射解释结果）

（三）莫角山遗址人工堆积底界面地震勘探

莫角山遗址是一个人工营建的土筑高台（王宁远，2007），高台建立以前的古地形是未知的。由于人工堆积的土和自然堆积在地震波阻抗上存在差异，故可用地震反射波法进行探测。在此测区共布设两条测线（图6 测线 A 和测线 B）。图6 中人工堆积与自然堆积界面引起的反射波横向连续性较好，视主频约在 100Hz，该界面之上地层（包括表土和人工堆积）的平均速度为 950m/s—1200m/s；人工堆积地层中某些界面也能接收到反射，不过横向上这种反射不连续，且相对人工堆积与自然堆积界面的反射来说反射能量要弱、视主频要高。根据地震反

射探测结果,WE1-005 和 WE1-013 处的人工堆积地界面深度分别为 6.5m 和 16.5m,与钻孔资料一致;而 WE1-007 和 WE1-011 处的人工堆积地界面深度分别为 9.6m 和 17.52m,与钻孔资料处的深度值 6.45m 和 11.02m 不符。后经复查,证明地震反射方法得出的人工堆积底界面深度是准确的。

(四)古水利工程遗址地震勘探

古水利工程遗址位于杭州市余杭区彭公乡,几千年前的先民在河边筑起防洪的水坝,出于工程设计,水坝基底要挖一凹槽,本次探测的目的是确定古水槽的位置、大小以及埋深。探测区域位于两个小山包之间,现地表比较平整,四周有围墙(如图 7 所示),中间有一处宽 1m、深 1m 的小水沟(沿东西方向)和一条小土沟(宽度和深度与小水沟差不多)。南北方向布设测线 2 条(图中所示测线 1 和测线 2),东西方向布设测线 1 条(图中所示测线 3)。

从测线 1 的剖面图(图 8)可以看出,古水槽的南边界位于距离南墙 18m 附近,北边界位于距离南墙 25m 附近,古水槽宽度 7m 左右。若表土平均速度为 1000m/s 的话,古水槽底距离地表的深度约 15m 左右,古水槽的相对深度应该大于 2m。

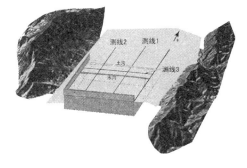

图 7　古水利工程遗址探测测线布设图　　　图 8　测线 1 探测结果

从测线 2 的剖面图(图 9)可以看出,古水槽的南边界位于距离南墙 16m 附近,北边界位于距离南墙 23m 附近,古水槽宽度 7m 左右。若表土平均速度为 1000m/s 的话,古水槽底距离地表的深度约 15m 左右,古水槽的相对深度应该大于 2m。

从测线 3 的剖面图(图 10)可以看出,由于测线 3 没有穿过古水槽,所以其剖面图反映了地下地层的特征。从图上可以看出,沿东西方向该探测区域地下地层并不太平坦,中间略为隆起,两边地势较低,两者相对高差约 3m 左右。

综合 3 条测线的探测结果,所得结论如下:两山之间存在一个古水槽,古水槽为东西方向,宽度7m左右,古水槽的底距离地表的深度15m左右,古水槽相对深度应该大于2m,古水槽南边界距离南墙16—18m。

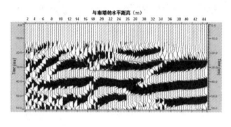 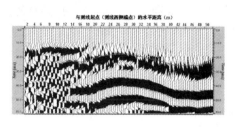

图9　测线2探测结果　　　　　　　图10　测线3探测结果

三、结论与讨论

土遗址的地球物理调查结果表明,在良渚遗址地下,有许多用黄土垒筑的土遗址,土遗址经过人工的作用,在物性上与周围介质存在着差异,且在良渚文化时期其地势一般会高于周边。古水系地球物理调查结果表明,在良渚文化时期,地表水系发育,良渚先民常居住在一些高地上。莫角山遗址地震勘探结果表明遗址人工建造前的古地貌是不平整的。古水利工程遗址地震勘探则为此处存在古水利工程提供一个有利的证据。

上述调查结果表明利用地球物理技术进行良渚遗址古地理环境调查是可行的。但同样仍有不少问题值得进一步的研究。多道面波技术和高密度电法的采集效率仍有待提高。磁法勘探结果的二维显示和处理仍不太理想,有待进一步的研究。地球物理技术大都容易受到干扰,需要加强抗干扰技术的研究。放射性方法和磁法只能提供平面信息,而不能提供深度信息。多种地球物理技术综合探测,有利于克服单方法多解性的问题,但方法多了效率就会降低,同时目前的综合还只是多方法简单的对比,缺乏深入综合,有效而快速的综合技术是一个具有重大应用价值的研究方向。地下考古目标是三维的,因此三维探测是考古所需要的,目前三维地球物理探测的技术仍有许多不足,如采集效率、三维处理技术和三维显示技术。

此次地震反射波法用于两处古遗址的探测,效果较好,但仍存在以下问题。

1.震源。考古目标一般埋藏很浅,对地震勘探分辨率的要求很高,因此需要宽频带震源,以产生高分辨率的地震信号来提高地震数据的分辨能力。

2.采集效率。目前的地震采集效率制约因素在于大批量安置检波器方面,因此如何提高检波器的布设效率是值得研究的问题。

3.超浅层地震数据的去噪。超浅层地震反射往往淹没在初至、折射、面波等强干扰里,如何研究针对性的叠前去噪方法有效地去除强干扰,是一个值得深入研究的问题。

参考文献

林金鑫,田钢,王帮兵,等.良渚遗址古水系调查中的综合地球物理方法[J],浙江大学学报(工学版),2011,45(5):7—13.

王宁远.遥远的村居——良渚文化的聚落和居住形态[M].浙江摄影出版社,2007.

吴汝祚,徐吉军.良渚文化兴衰史[M].北京:社会科学文献出版社,2009.

周鸿,郑祥民.试析环境演变对史前人类文明发展的影响——以长江三角洲南部平原良渚古文化衰变为例[J].华东师范大学学报(自然科学版),2000,(4):71—77.

周膺.良渚文化与杭州城市精神[J].中共杭州市委党校学报,2008,(2):34—39.

Albetro G,Salvatore P. Integrated data processing for archeological magnetic surveys[J]. *The Leading Edge*,2005,24(11):1138-1144.

Ana O,Matas DLV,Eugenia Lascano. 3D electrical imaging of an archaeological site using electrical and electromagnetic methods [J]. *Geophysics*,2005,70(4):101-107.

Immo T,Bernth J,Jaana G,et al. Efficient,large-scale archaeological prospection using a true three-dimensional ground-penetrating Radar Array system[J]. *Archaeological Prospection*,2010,17(3):175-186.

Jurg L. Comparison of a stepped-frequency continuous wave and a pulsed GPR system[J]. *Archaeological Prospection*,2011,18(1):15-25.

Leucci G,Greco F,Giorgi L D,Mauceri R. Three-dimensional image of seismic refraction tomography and electrical resistivity tomography survey in the castle of Occhiola (Sicily,Italy) [J]. *Journal of Archaeological Science*. 2007,34,233-242.

Negri S,Leucci G,Mazzone F. High resolution 3D ERT to help GPR data interpretation for researching archaeological items in a geologically complex subsurface[J]. *Journal of Applied Geophysics*,2008,65(3-4):111-120.

Ryz E, Eric W. Archaeological geophysics: 3D imaging of the Muweilah archaeological site, United Arab Emirates[J]. *Exploration Geophysics*, 2004, 35: 93-98.

Stright M. Evaluation of archaeological site potential on the outer continental shelf using high-resolution seismic data [J]. *Geophysics*, 1986, 51: 605-622.

Valenta J, Dohnal J. 3D seismic travel time surveying-a comparison of the time-term method and tomography (an example from an archaeological site) [J]. *Journal of Applied Geophysics*, 2007, 63: 46-58.

唐代浙东地区行政区划沿革

郭声波

（暨南大学文学院历史学系,历史地理研究中心）

会稽陈桥驿先生著述等身,推仰学林,盖浙东山水钟灵于是乎！会稽素号"歌风蹈雅,仿佛淹中;春诵夏弦,依稀沂上"。遗风余烈,有灵运放翁之传;绿水青山,极镜湖秦望之美。向读先生之书,如行山阴之道,风光无限,应接不暇。晚生三十年前,曾受先生课业于秦中;三十年后,复逢先生华诞于盛世。喜鹤算之频增,称兕觥而更酌。虽情殷于介弈,而迹阻于抠衣。谨奉"浙东"浅陋之文,以为追本溯源之颂。

浙东在唐先后为江南道越州总管府、越州都督府、会稽郡都督府、浙江东道节度使、浙江东道都团练观察使、义胜军节度使、威胜军节度使、镇东军节度使辖区,其行政区划虽唐宋史志皆有记载,然杜佑《通典·州郡典》、《旧唐书·地理志》（以下简称《旧唐志》）以天宝初年的行政区划为基准,《元和郡县图志》（以下简称《元和志》）以元和初行政区划为基准,《新唐书·地理志》（以下简称《新唐志》）以唐末行政区划为基准,乐史《太平寰宇记》以宋初行政区划为基准,但列州、县二级,不仅缺失统州之军政区（如都督府、方镇）,且将部分前后废置之政区与基准年代政区并行列目,作为沿革地理著作,在体例上有欠严格,在内容上脱漏较多,在文字叙述上亦缺乏精细考订,互相矛盾、衍夺讹倒之处,在所有之。谭其骧先生主编之《中国历史地图集》（中国地图出版社 1982 年版）唐代部分,也只有开元二十九年图幅,整个唐代政区沿革不能连贯,这就给本文留下一些研讨、补充和修订的空间。

本文以唐朝鼎盛时期的天宝十三载（754 年）为断代,根据《通典》、两《唐志》、《元和志》、《寰宇记》等历史文献及赖青寿博士论文《唐后期方镇建置沿革研究》（复旦大学 1999 年）,复原唐朝置在浙东地区的行政区及其变迁过程,内容包括都督府、州郡、县在整个唐代的建置沿革、分合省并、隶属关系、名称改易、治所今地等。在州县列目中,凡属天宝十三载存在者,皆加下划线,以示区别。为使读者对整个唐代浙东地区的行政区划沿革有较为完整的了解,增加贞观十三年、武周长安四年、元和十五年三个年代为断面,分别统计当年各州领县情况。诸书所记无歧异者,径录,不出注。若有不同记载或错误、脱漏之处,则作必要考证、修订和补充。天宝十三载以前所置经略使是军戎机构,以后所置都督仅是虚职,本文不再反映。

武德四年,平李吴(即李子通吴国,下同),以其越州置越州总管府,隶东南道行台,并置嵊、姚、鄞、海①四州。是年,割歙州总管府婺、严二州来属,并置绸、丽、穀、衢四州。五年,改海州为台州,割隶括州总管府。六年,归辅宋(即辅公祐宋国,下同)东南道行台。七年,复归唐,改为越州都督府,仍隶东南道行台,废姚、绸、严三州,割衢、穀二州隶歙州都督府。八年,隶后扬州大都督府,废鄞、嵊、丽三州。九年,隶扬州大都督府。贞观元年,以废括州都督府之括、台二州,废丰州都督府之建、前泉二州来属。十年,属江南道。十三年,越州都督府督越、台、建、前泉、括、婺六州②。

前上元元年,置温州。垂拱二年,置衢、漳二州。

武周圣历二年,置武荣州。三年(久视元年),废武荣州。是年,复置武荣州。长安四年,越州都督府督越、台、温、前泉、武荣、漳、建、括、衢、婺十州。

唐景云二年,隶江南东道,改前泉州为闽州,武荣州为后泉州,并漳、建二州割隶闽州都督府。开元二十六年,置明州。

天宝元年,改越州为会稽郡,明州为余姚郡,台州为临海郡,温州为永嘉郡,括州为缙云郡,衢州为信安郡,婺州为东阳郡,改越州都督府为会稽郡都督府。十三载,会稽郡都督府督会稽、余姚、临海、永嘉、缙云、信安、东阳七郡。十五载,罢都督府,会稽、余姚、临海、永嘉、缙云、信安、东阳七郡隶江南东道节度使。至德二载,以废江东防御使之会稽、余姚、临海、永嘉、缙云、信安、东阳、新定八郡置浙江东道节度使,治会稽郡。是年,罢镇,八郡还隶江东防御使。

乾元元年,以废江南东道节度使之越、明、台、温、括、衢、睦、婺八州置浙江东道节度使,治越州。大历五年,降为浙江东道都团练观察使。十四年,罢镇,越、明、台、温、括、衢、睦、婺八州隶浙江东西道都团练观察使。建中元年,以废浙江

---

① 海:《旧唐志》原作"浙",按唐初东南道无浙州,有海州,"浙"当系"海"之误,今改。
② 徐坚《初学记》卷4录《括地志序略》列建、泉二州于岭南道,疑误。

东西道都团练观察使之越、明、台、温、处、衢、睦、婺八州置浙江东道都团练观察使,仍治越州。二年,罢镇,越、明、台、温、处、衢、睦、婺八州隶浙江东西道都团练观察使。贞元三年,以废镇海军节度使之越、明、台、温、处、衢、婺七州置浙江东道都团练观察使,治越州。元和十五年,浙江东道都团练观察使领越、明、台、温、处、衢、婺七州,治越州。

咸通十四年,浙江东道都团练观察使领州不变。

中和三年,升为义胜军节度使。光启三年,改为威胜军节度使。乾宁三年,改为镇东军节度使。天祐二年,割婺、衢二州隶歙婺衢睦都团练观察使。

一、会稽郡(越州)

会稽郡(618—619)—越州(619—742)—会稽郡(742—758)—越州(758—907)

会稽郡,本隋旧郡,领会稽、句章、剡、诸暨四县,治会稽县。武德二年,沈梁(即沈法兴梁国,下同)改为越州,以隋旧州为名,治会稽县。三年,归李吴。四年,归唐,置越州总管府,割句章县隶鄞州,剡县隶嵊州;置余姚县,割隶姚州。六年,归辅宋。七年,复归唐,改总管府为都督府,以废姚州之余姚县来属,置山阴县。八年,以废鄞州之鄮县、废嵊州之剡县来属,省山阴县。贞观十三年,越州领会稽、余姚、鄮、剡、诸暨五县,治会稽县。

仪凤二年,置永兴县。垂拱二年,复置山阴县。

武周长安四年,越州领会稽、山阴、余姚、鄮、剡、诸暨、永兴七县,治会稽县。

唐开元二十六年,割鄮县隶明州。

天宝元年,复为会稽郡,改永兴县为萧山县。十三载,会稽郡领会稽、山阴、余姚、剡、诸暨、萧山六县,治会稽县。十五载,罢都督府,隶江南东道节度使。至德二载,隶丹阳防御使,寻隶江南防御使,又隶江东防御使。未几,隶浙江东道节度使,为使治。是年,罢镇,仍隶江东防御使。

乾元元年,复为越州,隶江南东道节度使。是年,隶浙江东道节度使,为使治。大历二年,省山阴县。五年,隶浙江东道都团练观察使,为使治。七年,复置山阴县。十四年,罢镇,隶浙江东西道都团练观察使。建中元年,隶浙江东道都团练观察使,仍为使治。二年,罢镇,又隶浙江东西道都团练观察使。是年,隶镇海军节度使。贞元元年,刺史王密奏置上虞县。三年,隶浙江东道都团练观察使,为使治。元和七年,省山阴县,十年,复置山阴县。十五年,越州领会稽、山阴、上虞、余姚、剡、诸暨、萧山七县,治会稽县。

咸通十四年,越州领县不变。

中和三年,隶义胜军节度使。光启三年,隶威胜军节度使。乾宁三年,隶镇东军节度使,均为使治。

1. 会稽县(618—907)①

本隋会稽郡旧县,武德二年,隶越州,为州治。七年,析置山阴县。八年,省山阴县来属。仪凤二年,析置永兴县。垂拱二年,复析置山阴县。天宝元年,隶会稽郡,为郡治。乾元元年,复隶越州,为州治。大历二年,省山阴县来属。七年,复析置山阴县。贞元元年,析置上虞县。元和七年,又省山阴县来属。十年,复析置山阴县。

附新县 1:上虞县(785—907)

贞元元年,析会稽县置上虞县,以南朝旧县为名,治新上虞城(今上虞市丰惠镇)②,隶越州。长庆元年,省入会稽县③。二年,析会稽县复置上虞县,仍治新上虞城。

2. 山阴县(624—625,686—767,771—812,815—907)

武德七年,析会稽县西境置山阴县,以南朝旧县为名,与会稽县分治州城。八年,省入会稽县。垂拱二年,复析会稽县置山阴县④,隶越州。天宝元年,隶会稽郡。乾元元年,复隶越州。大历二年,刺史薛兼训奏省山阴县。七年,刺史陈少游奏复析置山阴县⑤,隶越州。元和七年,省山阴县,十年,复置山阴县,仍隶越州。

3. 余姚县(621—907)

武德四年,析越州句章县置余姚县,以南朝旧县为名,治故余姚城(今余姚市

---

① 王溥《唐会要》卷 71 云:"会稽县,武德四年置,贞观元年废。"当是误以越州总管(都督)府之沿革为会稽县沿革,不取。

② 《元和志》越州上虞县:"西至州九十六里。……上虞江,在今县西二十八里。"依谭图,其地在今上虞市丰惠镇。和珅等《大清一统志》卷二六六绍兴府上虞故城:"(旧县)故城西枕上虞江,《府志》:旧治在今县西北四十里之百官市,唐长庆二年徙今治。"吴松弟《旧唐书地理志汇释》(安徽教育出版社 2002 年版)等以为唐县在今上虞市城区百官街道,与《元和志》不合,恐误。

③ 《太平寰宇记》越州上虞县。

④ 施宿等《会稽志》卷 12:"唐垂拱二年,复分置山阴,并在府郭下。"

⑤ 陈少游:《元和志》作刘少游,今依《唐会要》。

城区),割隶姚州,为州治。七年,州废,还隶越州。天宝元年,隶会稽郡。乾元元年,复隶越州。

4.剡县(618—907)

本隋会稽郡旧县,武德二年,隶越州。四年,割隶嵊州,为州治,并析置剡城县。八年,州废,省剡城县来属,剡县还隶越州。天宝元年,隶会稽郡。乾元元年,复隶越州。

附旧县1:剡城县(621—625)

武德四年,析剡县置剡城县,以剡溪为名,治汉剡城(今嵊州市甘霖镇蛟镇村)①,隶嵊州。八年,州废,省入剡县。

5.诸暨县(618—886)—暨阳县(886—907)

诸暨县,本隋会稽郡旧县,武德二年,隶越州。天宝元年,隶会稽郡。乾元元年,复隶越州。光启二年,改为暨阳县②,以县在暨水之阳为名。

6.永兴县(677—742)—萧山县(742—907)

仪凤二年,析会稽、诸暨二县地置永兴县,以南朝旧县为名,治故永兴城(今杭州市萧山区北干街道),隶越州。天宝元年,以与江南西道江夏郡县名重,改为萧山县,以县西萧山为名,隶会稽郡。乾元元年,复隶越州。

附旧州一:姚州(621—624)

武德四年,割越州余姚县置姚州,以余姚县末字为名,隶越州总管府。六年,归辅宋。七年,平辅宋,州废,余姚县还隶越州。

附旧州二:嵊州(621—625)

武德四年,割越州剡县置嵊州,以嵊山为名,隶越州总管府,并析置剡城县。六年,归辅宋。七年,复归唐,隶越州都督府。八年③,州废,省剡城县,剡县隶越州。

---

① 施宿等《会稽志》卷1:"故剡城,在嵊县〔西〕(四)十五里,唐武德四年置嵊州及剡城县。"黄䃫等《嘉定赤城志》卷40:"故剡中,今称强口市,盖近强中也。强口者,去剡(县)一十五里。"按宋剡县治今嵊州市城区,故剡中当即故剡城之所在,故疑《会稽志》"嵊县四十五里"为"嵊县西十五里"之误。

② 顾祖禹《读史方舆纪要》卷92诸暨县:"光启中,改曰暨阳。"今姑定于光启二年。

③ 八年:《通典·州郡典》作六年,今依《唐会要》、两《唐志》。

二、余姚郡（明州）

鄞州（621—625）—**明州**（738—742）—**余姚郡**（742—758）—**明州**（758—907）

武德四年，割越州句章县置鄞州，以故鄞县为名，隶越州总管府。六年，归辅宋。七年，复归唐，隶越州都督府。八年，州废，改句章县为鄮县，隶越州。

开元二十六年^①，江南东道采访使齐澣奏割越州鄮县置明州，取四明山为名，并置奉化、慈溪、翁山三县。

天宝元年，改为余姚郡，相传其地为帝舜余姚之墟，故名，隶会稽郡都督府。十三载，余姚郡领鄮、奉化、慈溪、翁山四县，治鄮县。十五载，隶江南东道节度使。至德二载，隶丹阳防御使，寻隶江南防御使，又隶江东防御使。未几，隶浙江东道节度使。是年，仍隶江东防御使。

乾元元年，复为明州，隶江南东道节度使。是年，隶浙江东道节度使。广德二年，割台州象山县来属。大历五年，隶浙江东道都团练观察使。六年，省翁山县。十四年，隶浙江东西道都团练观察使。建中元年，隶浙江东道都团练观察使。二年，又隶浙江东西道都团练观察使。是年，隶镇海军节度使。贞元三年，隶浙江东道都团练观察使。元和十五年，明州领鄮、象山、奉化、慈溪四县，治鄮县。

咸通十四年，明州领县不变。

中和三年，隶义胜军节度使。光启三年，隶威胜军节度使。乾宁三年，隶镇东军节度使。

1. 句章县（618—625）—鄮县（625—907）

鄮县，本隋会稽郡句章县，武德二年，隶越州。四年，割隶鄞州，为州治。八年，州废，还隶越州，改为鄮县^②，以南朝旧县为名。开元二十六年，移治古鄮城

---

① 二十六年：[日]真人元开《唐大和上东征传》作"二十一年"（或本作二十二、二十三年），今依 2000 年中华书局点校本第 54 页、《旧唐书》卷 9《玄宗纪》、两《唐志》、《元和志》。

② 两《唐志》不载句章县何时废。俞福海主编《宁波市志》（中华书局 1995 年版）第 24 页云："武德四年十一月，废句章县。"史为乐等《中国历史地名大辞典》（中国社会科学出版社 2005 年版）第 816 页句章县云："武德八年，县废。"按武德四年置鄞州时，未另置县，当领有句章一县，故句章县此时不当废。且《新唐志》又言武德八年以废鄞州"更置鄮县"，可知鄮县系以废句章县改置，故可断定句章县废于武德八年。

（今宁波市鄞州区五乡镇宝幢村）①，割隶明州，为州治，并析置奉化、慈溪、翁山三县。天宝元年，隶余姚郡，为郡治。乾元元年，复隶明州，为州治。大历六年，移治三江口（今宁波市海曙区鼓楼街道）②。

2. 奉化县（738—907）

开元二十六年，析鄮县置奉化县，盖以民俗奉化为名，治奉化城（今奉化市城区锦屏街道），隶明州。天宝元年，隶余姚郡。乾元元年，复隶明州。

3. 慈溪县（738—907）

开元二十六年，析鄮县置慈溪县，以县境慈溪为名，治慈溪城（今宁波市慈城镇）③，隶明州。天宝元年，隶余姚郡。乾元元年，复隶明州。

4. 翁山县（738—771）

开元二十六年，析鄮县置翁山县，以境处翁洲为名，治翁山城（今舟山市定海区临城街道）④，隶明州。天宝元年，隶余姚郡。乾元元年，复隶明州。大历六年，以袁晁反于此县，遂省入鄮县。

三、临海郡（台州）

海州（621—622）—台州（622—742）—临海郡（742—758）—台州（758—907）

武德四年，割括州临海县置海州，取临海县末字为名，并置章安、始丰、乐安、宁海四县，隶括州总管府。五年，改为台州，因天台山为名。六年，归辅宋。七年，复归唐，隶括州都督府，省宁海县。八年，省始丰、乐安、章安三县。贞观八

---

① 张津等《乾道四明图经》卷1云："明皇开元二十六年，采访使齐澣始复奏请为州，……旧治鄮县，今阿育王山以西，鄮山以东，城郭遗址犹存。"虽未明言鄮县移治古鄮城时间，然开元二十六年析鄮县置慈溪县，慈溪县城距鄮县旧治故句章城（今宁波市慈城镇城山渡）仅十五里，太近，故推知鄮县治必于析置慈溪县之时东移。《读史方舆纪要》宁波府鄞县云："鄮城，府东三十里。唐开元中为州治。"可为旁证。

② 张津等《乾道四明图经》卷1："代宗大历六年三月，袁晁作乱于翁山，而鄮久不能复，乃移治鄞。鄞东取鄮城财三十里。"遗址尚存，见《中国文物地图集·浙江分册》（文物出版社2009年版）下册，第105页。

③ 《元和志》明州慈溪县："东南至州七十里。"元和时明州已移治今宁波市海曙区，此盖以未移治前之明州治而言。

④ 李贤等《大明一统志》卷46："翁山县城，在定海县东北。"李卫等《浙江通志》卷31："《定海县志》：唐开元析鄮地置翁山县，后废，宋熙宁六年改翁山为昌国，治在镇鳌山下。"今舟山市临城镇西南有鳌岭，当即古镇鳌山。

年,复置始丰县。十三年,台州领临海、始丰二县,治临海县。

前上元二年,置后永宁、乐安二县。永昌元年,复置宁海县。

武周天授元年,改后永宁县为黄岩县。长安四年,台州领临海、黄岩、乐安、始丰、宁海五县,治临海县。

唐神龙二年,置象山县。

天宝元年,改为临海郡,以临海县为名,隶会稽郡都督府。十三载,临海郡领临海、黄岩、乐安、始丰①、宁海、象山六县,治临海县。十五载,隶江南东道节度使。至德二载,隶丹阳防御使,寻隶江南防御使,又隶江东防御使。未几,隶浙江东道节度使。是年,仍隶江东防御使。

乾元元年,复为台州,隶江南东道节度使。是年,隶浙江东道节度使。后上元二年,改始丰县为唐兴县。广德元年,袁晁乱,复唐兴县为始丰县,自临海县移州治于此②。二年,平袁晁,复始丰县为唐兴县,还州治于临海县,割象山县隶明州。大历五年,隶浙江东道都团练观察使。十四年,隶浙江东西道都团练观察使。建中元年,隶浙江东道都团练观察使。二年,又隶浙江东西道都团练观察使。是年,隶镇海军节度使。贞元三年,隶浙江东道都团练观察使。元和十五年,台州领临海、黄岩、乐安、唐兴、宁海五县,治临海县。

咸通十四年,台州领县不变。

中和三年,隶义胜军节度使。光启三年,隶威胜军节度使。乾宁三年,隶镇东军节度使。

1. 临海县(618—904)

本隋永嘉郡旧县,武德二年,隶括州。四年,割隶海州,为州治,并析置章安、始丰、乐安、宁海四县。五年,隶台州。八年,省章安、始丰、乐安三县来属。贞观八年,复析置始丰县。前上元二年,复析置乐安、永宁二县。永昌元年,复析置宁海县。天宝元年,隶临海郡,为郡治。乾元元年,复隶台州,为州治。

附旧县 1:章安县(621—625)

武德四年,析临海县置章安县,以南朝旧县为名,治故章安城(今台州市椒江区章安街道)③,隶海州。五年,隶台州。七年,省宁海县来属。八年,省入临海县。

---

① 始丰:两《唐志》作"唐兴",今依《州郡典》《元和志》。按始丰县后上元二年始改为唐兴县,两《唐志》误以前上元二年改名,误,参详下文"始丰县—唐兴县"注。

② 黄𩾁等《嘉定赤城志》卷1:"广德元年,郡徙治始丰。"

③ 遗址尚存,见《中国文物地图集·浙江分册》下册,第609页。

2. 后永宁县(675—690)—**黄岩县**(690—904)

前上元二年,析临海县南境置后永宁县,借南朝永嘉郡旧县为名,治新永宁城(今台州市黄岩区东城街道),隶台州。天授元年,改为黄岩县,以县西南黄岩山为名。天宝元年,隶临海郡。乾元元年,复隶台州。

3. 乐安县(621—625,675—904)

武德四年,析临海县置乐安县,以南朝旧县为名,治故乐安城(今仙居县城城关镇田厂村)①,隶海州。五年,隶台州。八年,省入临海县。前上元二年②,析临海县复置乐安,治孟溪(今仙居县城城关镇)③,仍隶台州。天宝元年,隶临海郡。乾元元年,复隶台州。

4. 始丰县(621—625,634—761)—**唐兴县**(761—907)

武德四年,析临海县置始丰县,以隋旧县为名,治故始丰城(今天台县城城关镇)④,隶海州。五年,隶台州。八年,省入临海县。贞观八年,析临海县复置始丰县,仍隶台州。天宝元年,隶临海郡。乾元元年,复隶台州。后上元二年⑤,避史氏谐音,改为唐兴县,取唐朝中兴吉意。

5. 宁海县(621—625,689—904)

武德四年,析临海县置宁海县,以隋旧县为名,治宁海城(今三门县城海游镇)⑥,隶海州。五年,隶台州。七年,省入章安县。永昌元年(载初元年)⑦,析临海县复置宁海县,治新宁海城(今宁海县城城关镇)⑧,仍隶台州。天宝元年,隶临海郡。乾元元年,复隶台州。

----

① 和珅等《大清一统志》卷 229 台州府:"乐安故城:在仙居县西。"

② 二年:《元和志》作"元年",今依两《唐志》《太平寰宇记》。

③ 《元和志》台州乐安县:"东至州一百五里。"

④ 《元和志》台州唐兴县:"东南至州一百一十里。"

⑤ 后上元二年:《新唐志》作"高宗上元二年",《旧唐志》虽作"上元二年",但列目作唐兴县,实际仍取高宗上元二年之说。《唐会要》《太平寰宇记》天台县亦仅作"上元二年"。《元和志》则作"肃宗上元二年",《通典·州郡典》列目仍作始丰县,当取肃宗上元二年之说。按"始"与"史"谐音,改始丰为唐兴,当与避史氏名姓,取唐朝中兴吉名有关,今从《元和志》《通典·州郡典》。《中国历史地图集》开元二十九年图取唐兴县,当误。

⑥ 《读史方舆纪要》台州府宁海县:"《城邑考》:'县旧治海游镇,永昌初,徙今治。'"

⑦ 永昌元年:《唐会要》作"永昌二年",今依两《唐志》《元和志》。

⑧ 《元和志》台州宁海县:"永昌元年,于废县东二十里又置。载初元年,移就县东一十里。"《读史方舆纪要》台州府宁海县:"《城邑考》:'县旧治海游镇,永昌初,徙今治。'"可知永昌宁海城即今宁海县城城关镇。至于载初宁海城,或本《元和志》作"县东二十里"(见中华书局本《元和郡县图志》第 640 页校勘记),载初元年亦即永昌元年,因疑永昌、载初宁海城实为一城,《元和志》盖误重其文。又"废县东二十里",当指隋宁海废县(今宁海县黄坛镇)东二十里,非指武德宁海城(海游镇)东二十里。

6.象山县(705—904)

神龙元年^①，析宁海县及越州鄮县置象山县，以县境海曲中象山为名，治彭姥村(今象山县城丹城镇)^②，隶台州。天宝元年，隶临海郡。乾元元年，复隶台州。广德二年，割隶明州。

四、东阳郡(婺州)

东阳郡(618—619)—婺州(619—742)—东阳郡(742—758)—婺州(758—907)

东阳郡，本隋旧郡，领金华、永康、乌伤、信安四县，治金华县。武德二年，沈梁改为婺州，以隋旧州为名，仍治金华县。三年，归李吴。四年，归唐，隶歙州总管府。是年，割隶越州总管府，置长山、太末、白石三县，割乌伤县隶绸州，永康县隶丽州，信安县隶衢州，太末、白石二县隶縠州。六年，归辅宋。七年，复归唐，隶越州都督府，以废绸州之乌伤县来属，改为义乌县。八年，以废丽州之永康县、废衢州之信安县来属，省长山县。贞观八年，置龙丘县。十三年，婺州领金华、义乌、永康、龙丘、信安五县，治金华县。

咸亨五年，置兰溪、常山二县。垂拱二年，置东阳县，割信安、龙丘、常山三县隶衢州。四年，改金华县为金山县。

武周天授二年，置武义县。长安四年，婺州领金山、兰溪、义乌、东阳、永康、武义六县，治金山县。

唐神龙元年，复改金山县为金华县。

天宝元年，复为东阳郡，隶会稽郡都督府。十三载，置浦阳县，东阳郡领金华、兰溪、浦阳、义乌、东阳、永康、武义七县^③，治金华县。十五载，隶江南东道节度使。至德二载，隶丹阳防御使，寻隶江南防御使，又隶江东防御使。未几，隶浙江东道节度使。是年，仍隶江东防御使。

乾元元年，复为婺州，隶江南东道节度使。是年，隶浙江东道节度使。后上元二年，改武义县为武成县。大历五年，隶浙江东道都团练观察使。十四年，隶

---

① 元年：《旧唐志》、《唐会要》作"二年"，今依《元和志》、《新唐志》、《太平寰宇记》。

② 《元和志》明州象山县："西北至州水陆相兼一百六十里。……东至大海二十里，南至大海三十五里，东北至大海四十里，正北至大海一十五里，惟西南有陆路接台州宁海。"

③ 武义：《通典·州郡典》、《元和志》以武义县列目，两《唐志》、《太平寰宇记》以武成县列目，今依前者。

浙江东西道都团练观察使。建中元年,隶浙江东道都团练观察使。二年,又隶浙江东西道都团练观察使。是年,隶镇海军节度使。贞元三年,隶浙江东道都团练观察使。元和十五年,婺州领金华、兰溪、浦阳、义乌、东阳、永康、武成七县,治金华县。

咸通十四年,婺州领县不变。

中和三年,隶义胜军节度使。光启三年,隶威胜军节度使。乾宁三年,隶镇东军节度使。天祐三年,复改武成县为武义县。

1. 金华县(618—688)—金山县(688—705)—金华县(705—907)

金华县,本隋东阳郡旧县,武德二年,隶婺州,为州治。四年,析置长山县。八年,省长山县来属。贞观八年,析置龙丘县。咸亨五年,析置兰溪县。垂拱四年,避武太后祖讳,改为金山县。神龙元年,复名金华县。天宝元年,隶东阳郡,为郡治。乾元元年,复隶婺州,为州治。

附旧县 1:长山县(621—625)

武德四年,析金华县置长山县①,以南朝旧县为名,治新长山城(今金华市塘雅镇)②,隶婺州。八年,省入金华县。

附旧县 2:白石县(621—625)

武德四年,析信安县置白石县,以白石山为名,治白石城(今龙游县灵山乡)③,割隶毂州。八年,州废,省入婺州金华县④。

2. 兰溪县(674—904)

咸亨五年,析金华县置兰溪县,以兰溪水为名,治兰溪城(今兰溪市城区),隶婺州。天宝元年,隶东阳郡。乾元元年,复隶婺州。

3. 浦阳县(754—904)

天宝十三载,析义乌、兰溪二县及杭州富阳县置浦阳县,以浦阳山、浦阳江为

---

① 史志不载此事,按《旧唐志》云:"武德四年,平李子通,置婺州,领华川、长山二县。"是时金华县仍存,婺州实领三县,即长山县是年已置,今补。

② 和珅等《大清一统志》卷231金华府婺州故城:"《县志》:长山故城,在县东四十里。唐武德四年析金华复置长山县,八年仍省入金华,即此。"

③ 《读史方舆纪要》衢州府龙游县:"白石废县,在县南。"李卫等《浙江通志》卷48引《龙游县志》:"灵山与白石山相距里许,为邑南巨镇,或云即白石县故址。"和珅等《大清一统志》卷233衢州府:"白石废县,在龙游县南三十五里白石山麓。"白石山,当即今铜钵山。

④ 两《唐志》、《太平寰宇记》云,武德八年,白石县废入信安县。按贞观八年复置龙丘县时,系割信安、金华二县地置,龙丘县治在信安县东境,白石废县更其东,当属金华县地,可知白石县武德八年乃省入金华县,非信安县。

名,治浦阳城(今浦江县城浦阳街道),隶东阳郡。乾元元年,复隶婺州。

4. 乌伤县(618—623)—乌孝县(623—624)—义乌县(624—907)

义乌县,本隋东阳郡乌伤县,武德二年,隶婺州。四年,割隶绸州,为州治,并析置华川县。六年,改为乌孝县①,以新莽旧县为名。七年,州废,省华川县来属,乌孝县改为义乌县,以嘉美孝子颜乌为名,隶婺州。垂拱二年,析置东阳县。天宝元年,隶东阳郡。十三载,析置浦阳县。乾元元年,复隶婺州。

附旧县1:华川县(621—624)

武德四年,析乌伤县置华川县,盖以地处金华川为名,治绣川城(今义乌市佛堂镇)②,隶绸州③。七年,州废,省入义乌县。

5. 东阳县(686—904)

垂拱二年,析义乌县置东阳县,因东阳旧郡之号为名,治东阳城(今东阳市城区吴宁街道),隶婺州。天宝元年,隶东阳郡。乾元元年,复隶婺州。

6. 永康县(618—907)

本隋东阳郡旧县,武德二年,隶婺州。四年,割隶丽州,为州治,并析置缙云县。八年,州废,省缙云县来属④,永康县还隶婺州。天宝元年,隶东阳郡。乾元元年,复隶婺州。

7. 武义县(691—761)—武成县(761—906)—武义县(906—907)

天授二年,析永康县置武义县,以南朝旧县为名⑤,治故武义城(今武义县城

---

① 李卫等《浙江通志》卷7引《金华府志》:"唐武德中,割乌伤一县立绸州,分置乌孝、华川二县。七年,州废,复合华川、乌孝为一县,易名义乌。"此言乌伤县武德中曾更名乌孝县,然唐宋史志不载此事,疑是辅公祏所为,今补。

② 《读史方舆纪要》卷93金华府义乌县:"华川废县,在县西南三十里。《类要》云:(义乌)县西南有绣川城,即华川矣。"

③ 《旧唐志》云,武德四年,婺州领华川、长山二县。按是时婺州实领金华、长山二县,华川县隶绸州,《旧唐志》"华川"当为"金华"之误。

④ 关于武德年间婺州永康县与缙云县之间的关系,今依《旧唐志》所载。《新唐志》云:"永康,本缙云,武德四年置丽州,八年,州废,更名来属。"言永康县与缙云县为前后相沿更名关系,其治地在东阳江流域,即今永康市城区,与《旧唐志》异。《唐会要》、《太平寰宇记》云永康县武德八年置,亦略同于《新唐志》。按:若从《新唐志》,则丽州实领一县,于理未甚合。且丽州一名得自丽水,缙云县一名得自缙云山,丽州州境必沿丽水流域缙云山一带,则缙云县与永康县分处两流域可能性较大,故当以《旧唐志》所载为是。

⑤ 欧阳忞《舆地广记》武义县云:"吴赤乌八年置,后废。"《太平寰宇记》云隋废。

壶山镇),隶婺州。天宝元年,隶东阳郡。乾元元年,复隶婺州。后上元二年①,避史氏名姓,改为武成县,仍以南朝旧县为名。天祐三年②,避朱全忠父嫌名,复改为武义县。

附旧州一:绸州(621—624)

武德四年,割婺州乌伤县置绸州③,以绸岩为名,隶越州总管府,并置华川县。六年,归辅宋,改乌伤为乌孝县。七年,平辅宋,州废,省华川县,乌孝县改为义乌县,还隶婺州。

附旧州二:丽州(621—625)

武德四年,割婺州永康县置丽州,以丽水为名,隶越州总管府,并置缙云县。六年,归辅宋。七年,复归唐,隶越州都督府。八年,州废,省缙云县,以永康县隶婺州。

五、信安郡(衢州)

衢州(621—625,686—742)—信安郡(742—758)—衢州(758—907)

武德四年,割婺州信安县置衢州,取州西三衢山为名,隶越州总管府,并置须江、定阳二县。六年,直属辅宋。七年,复归唐,隶歙州都督府。八年,州废④,省须江、定阳二县,以信安县隶婺州。

垂拱二年,割婺州信安、龙丘、常山三县复置衢州,隶越州都督府。永昌元

---

① 乾元后:史志未载更名时间,按《通典·州郡典》、《元和志》以武义县列目,两《唐志》、《太平寰宇记》以武成县列目,不相统一。考《通典·州郡典》资料断限多取天宝初,《元和志》断限多取元和初,《新唐志》取唐末,《太平寰宇记》多依《旧唐志》,《旧唐志》虽以天宝初为断限,亦有失误者,其以后起名"武成"列目,即为一例。《元和志》断限亦有不齐之处,难以为定。《太平寰宇记》杭州德清县云:"孝鹅墓:天宝末,邑人婺州武义主簿沈朝家养母鹅一……"可证天宝末武义县仍未更名。今疑改武义为武成,与避史朝义名有关,其时可能在后上元二年。

② 天祐三年:诸志但云"天祐中",《读史方舆纪要》作"天祐末",今姑系于三年。王楙《野客丛书》卷九:"宋高祖父讳城,以武成王为武明王,以武成县为武义县。"

③ 绸州:《旧唐志》、《太平寰宇记》作纲州,今依《元和志》、《新唐志》。按绸州因绸岩为名,李卫等《浙江通志》卷一七引《金华府志》云:"绸岩在县西北二十五里,岩峦稠叠,故名。"

④ 《旧唐志》衢州云:"七年陷贼,乃废。"《元和志》、《新唐志》云"六年陷辅公祏,因废州",然《旧唐志》信安县条则云"八年,废衢州及须江、定阳二县",按辅宋立国之初,不宜废州,衢州之废,盖在唐收复之后,今从后者。

年,析信安县置须江县。

武周如意元年,析龙丘县置盈川县。证圣元年,置武安县。长安四年,衢州领信安、盈川、龙丘、须江、武安、常山六县,治信安县。

唐神龙元年,改武安县为玉山县。

天宝元年,改为信安郡,以信安县为名,隶会稽郡都督府。十三载,信安郡领信安、盈川、龙丘、须江、玉山、常山六县,治信安县。十五载,隶江南东道节度使。至德二载,隶丹阳防御使,寻隶江南防御使,又隶江东防御使。未几,隶浙江东道节度使。是年,仍隶江东防御使。

乾元元年,复为衢州,隶江南东道节度使,割常山、玉山二县隶江南西道信州。是年,隶浙江东道节度使,复割信州常山县来属。大历五年,隶浙江东道都团练观察使。十四年,隶浙江东西道都团练观察使。建中元年,隶浙江东道都团练观察使。二年,又隶浙江东西道都团练观察使。是年,隶镇海军节度使。贞元三年,隶浙江东道都团练观察使。元和七年,省盈川县。十五年,衢州领信安、龙丘、须江、常山四县,治信安县。

咸通中,改信安县为西安县。十四年,衢州领西安、龙丘、须江、常山四县,治西安县。

中和三年,隶义胜军节度使。光启三年,隶威胜军节度使。乾宁三年,隶镇东军节度使。

1. 信安县(618—咸通中)—西安县(咸通中—907)

信安县,本隋东阳郡旧县,武德二年,隶婺州。四年,割隶衢州,为使治,并析置须江、定阳、太末、白石四县。八年,州废,省须江、定阳二县及废縠州人末县来属,信安县还隶婺州。咸亨五年,析置常山县。垂拱二年,复割隶衢州,为州治。永昌元年,复析置须江县。天宝元年,隶信安郡,为郡治。乾元元年,复隶衢州,为州治。元和七年,省盈川县来属。咸通中,改为西安县①。

2. 盈川县(692—812)

如意元年,析龙丘县置盈川县,以县西盈川为名,治桐山乡(今衢州市高家镇

---

① 《太平寰宇记》信安县条云:"唐末钱镠割据,为西安。"今依《新唐志》、《舆地广记》作咸通中更名。

盈川村）^①，隶衢州。天宝元年，隶信安郡。乾元元年，复隶衢州。元和七年，省入信安、龙丘二县。

3.太末县（621—625）—龙丘县（634—907）

武德四年，析信安县置太末县，以汉旧县为名，治故龙丘城（今龙游县城龙游镇）^②，割隶縠州，为州治。八年，州废，省入信安县。贞观八年，析信安、金华二县地置龙丘县，以南朝旧县为名，仍治故龙丘城，隶衢州。如意元年，析置盈川县。天宝元年，隶信安郡。乾元元年，复隶衢州。

4.须江县（621—625，689—907）

武德四年，析信安县置须江县，以县南须江溪为名，治须江城（今江山市须江镇），隶衢州。八年，州废，省入信安县。永昌元年，析信安县复置须江县，隶衢州。天宝元年，隶信安郡。乾元元年，仍隶衢州。

5.武安县（695—705）—玉山县（705—907）

证圣元年，析常山、须江二县及饶州弋阳县地置武安县^③，以地有武安山为名，治砂砾镇（今玉山县城冰溪镇）^④，隶衢州。神龙元年^⑤，改为玉山县，以怀玉

---

① 金陵书局本《太平寰宇记》衢州："废盈川县，在州南九十五里，唐如意元年，分龙丘县西桐山、玉泉等乡置。"《大明一统志》卷四三衢州府："废盈川县，在府城南九十里。"依此，盈川县治当在今衢州市湖南镇。然李卫等《浙江通志》卷四八引《西安县志》云："废盈川县，去县四十里，城址尚存，其下潭水至深，丹崖翠壁，亦称胜地。"又引《龙游县志》："盈川〔潭〕（浑），唐初建治于此，杨炯为令，至今犹祀之。"据此，《中国历史地图集》唐代幅、《中华人民共和国地名大辞典》（商务印书馆1998—2002年版）皆定于今衢州市高家镇盈川村。考《元和志》盈川县云："縠水江，在县东南一里。"李卫等《浙江通志》卷一八："縠溪：《弘治衢州府志》：'出西安，合江山、常山之水，经县之西团石潭汇于翠光岩下，东流八十里入兰溪界。'"卷三七："盈川渡：《西安县志》：'在县北五十里。'"则縠水谓今衢州市以下衢江甚明，湖南镇所临之乌溪江似不得称縠水，且镇西亦无溪水可当盈川（刑溪）之名，故疑金陵书局本《太平寰宇记》所记道里有误，《大明一统志》从其误。四库本《太平寰宇记》作："废盈川县，在县南五十五里。""县南"疑是"州东"之误，如此，则与《西安县志》里距大体相合，相差五里、十五里者，盖水陆路之别也。故今从《西安县志》。又，《西安县志》所谓盈川渡，即今盈川村，亦即古盈川县治所在地，村西有芝溪，盖古之盈川（刑溪）。

② 《元和志》衢州龙丘县："西至州七十二里。"

③ 《新唐志》龙丘县条云："证圣二年置武安县，后省武安。"《太平寰宇记》龙游县条引《信安志》则云："证圣二年，割常山、须江、饶州之弋阳三县置武安县，以地有武安山为名。"记武安县分置沿革与《旧唐志》玉山县全同。且《新唐志》不载武安县省罢时间，颇存疑问。因推测玉山县系由武安县更名而来，而史志失载，并误系武安县事于龙丘县。又按龙丘县本自信安、金华二县析出后，又析置盈川县，境土自己狭窄，当不容再析置武安县，武安县由常山、须江、弋阳三县析置，当无可疑。又，证圣无二年，《元和志》信玉山县作"证圣元年"，当是，据改。

④ 《太平寰宇记》衢州龙游县："武安故城，……今按此邑已废，故城至今犹存焉。"和珅等《大清一统志》衢州府："武安废县，在龙游县南。"按龙游县即唐龙丘县，县南近山，已析置白石县，当不容再置一县。前注已考证武安县为玉山县前身，则知《太平寰宇记》系武安县于龙游县已误，今拟定武安故城即后之玉山县城。和珅等《大清一统志》卷233衢州府："《县志》：'玉山未为县时，号沙〔砾〕（磔）镇，唐天宝十四载草寇窃发，里人徐叔伦幸众保障于此，镇址在今县东二里。'"

⑤ 更名时间史未载，按唐中宗复辟后，多于神龙元年更改武氏所立县名，今亦依此为定。

山为称。天宝元年,隶信安郡。乾元元年,割隶信州。

6.定阳县(621—625)—常山县(674—907)

武德四年,析信安县置定阳县,以隋旧县为名①,治故定阳城(今常山市青石镇倪家村东)②,隶衢州。八年③,州废,省入信安县。咸亨五年④,析信安县置常山县,以常山为名,治常山城(今常山县招贤镇)⑤,隶衢州。证圣元年,又析常山县置武安县。天宝元年,隶信安郡。乾元元年,复隶衢州,寻割隶信州。是年,还隶衢州⑥。广德二年,江南东道节度使薛兼训奏移置于旧县西四十里新常山城(今常山县城天马镇)。

附旧州一:縠州(621—625)

武德四年,割婺州太末、白石二县置縠州⑦,以縠水为名,治太末县,隶越州总管府。六年,归辅宋。七年,复归唐,隶歙州都督府。八年,州废,省太末、白石二县省入婺州。

六、缙云郡(括州)

永嘉郡(618—619)—括州(619—742)—缙云郡(742—758)—括州(758—779)—处州(779—907)

缙云郡,本隋永嘉郡,领括仓、临海、永嘉、松阳四县,治括仓县。武德二年,沈粲改为括州,以隋旧州为名,治括仓县。三年,归李吴。四年,归唐,置括州总管府,改括仓县为括苍县,置前丽水县,割临海县隶海州,松阳县隶松州。五年,

---

① 《隋书·地理志》不载定阳县。按《元和志》常山县云:"隋初置定阳县,隋末废。"据补。

② 《读史方舆纪要》衢州府常山县:"定阳城,县东南三十里。今其地名三冈,遗址犹存。"《中国历史地图集》隋代幅置于今江山市大陈乡,按其位处山岭,地势促狭,恐非置县之所在,今拟于县东三十里青石镇倪家村东。又,《大清一统志》卷233衢州府云:"信安故城:又有定阳城,在县北二十五里钦风乡,今为故城院,或以为即故縠州城也。"其地距信安县太近,恐非定阳县治。

③ 八年:《新唐志》作"六年",今依《旧唐志》。

④ 五年:《元和志》作"三年",今依两《唐志》、《唐会要》、《太平寰宇记》。

⑤ 和珅等《大清一统志》卷233衢州府:"常山故城,在今常山县东。……《旧志》:故县治在常山北麓。又曰:有信安故城,在县东四十里常山乡,地名招贤,盖即常山之讹也。"

⑥ 《太平寰宇记》衢州常山县。

⑦ 縠州:两《唐志》作"縠州",今依《太平寰宇记》。按《太平寰宇记》常山县引《舆地记》云:"縠州以縠水得名,而縠水以其水波濑交错,状如罗縠之文为名。"可证。

割永嘉县隶东嘉州。六年,归辅宋。七年,复归唐,隶括州都督府。八年,以废松州之松阳县来属,省前丽水县。贞观元年,以废东嘉州之永嘉、安固二县来属,罢都督府,括州改隶越州都督府。十三年,括州领括苍、永嘉、安固、松阳四县,治括苍县。

前上元元年,割永嘉、安固二县隶温州。

武周万岁登封元年,置缙云县。长安四年,括州领括苍、松阳、缙云三县,治括苍县。

唐景云二年,置青田、遂昌二县。

天宝元年,改为缙云郡,以缙云县为名,隶会稽郡都督府。十三载,缙云郡领括苍、缙云、青田、松阳、遂昌五县,治括苍县。十五载,隶江南东道节度使。至德二载,隶丹阳防御使,寻隶江南防御使,又隶江东防御使。未几,隶浙江东道节度使。是年,仍隶江东防御使。

乾元元年,复为括州,隶江南东道节度使。是年,隶浙江东道节度使。二年,置龙泉县。大历五年,隶浙江东道都团练观察使。十四年,隶浙江东西道都团练观察使,避德宗嫌名,改为处州,取隋旧州为名,改括苍县为后丽水县。建中元年,隶浙江东道都团练观察使。二年,又隶浙江东西道都团练观察使。是年,隶镇海军节度使。贞元三年,隶浙江东道都团练观察使。元和十五年,处州领后丽水、缙云、青田、龙泉、松阳、遂昌六县,治括苍县。

咸通十四年,处州领县不变。

中和三年,隶义胜军节度使。光启三年,隶威胜军节度使。乾宁三年,隶镇东军节度使。

1.括仓县(618—721)—括苍县(621—711)—后丽水县(711—907)

后丽水县,本隋永嘉郡括仓县,武德二年,隶括州,为州治。四年,改为括苍县。天宝元年,隶缙云郡,为郡治。乾元元年,复隶括州,为州治。大历十四年,避德宗嫌名,改为后丽水县,隶处州,仍为州治。中和间,移治新处州城(今丽水市莲都区)①。

---

① 和珅等《大清一统志》卷 51 处州府:"古州城:《方舆胜览》:'在今州东南七里,今呼为旧州城。'《括苍汇纪》:'唐中和间,徙于今地。'"

附旧县 1:前丽水县(621—625)

武德四年,析括苍县置前丽水县,以丽水为名,治丽水城(今丽水市联城镇陈村)①,隶括州。八年,省入括苍县。天宝元年,隶缙云郡。乾元元年,复隶括州。

2. 缙云县(621—625,696—907)

武德四年,析婺州永康县置缙云县,以缙云山为名,治缙云城(今缙云县东方镇)②,割隶丽州。八年,州废,省入永康县。万岁登封元年③,割括苍县东北境及婺州永康县南境复置缙云县,治新缙云城(今缙云县城五云镇),隶括州。天宝元年,隶缙云郡。乾元元年,复隶括州。大历十四年,隶处州。

3. 青田县(711—907)

景云二年,刺史孔琮奏析括苍县置青田县,以青田溪为名,治青田乡(今青田县城鹤城镇),隶括州。天宝元年,隶缙云郡。乾元元年,复隶括州。大历十四年,隶处州。

4. 松阳县(618—907)

本隋永嘉郡旧县,武德二年,隶括州。四年,割隶松州,为州治,并析置遂昌县。八年,州废,省遂昌县来属,松阳县隶括州。景云二年,复析置遂昌县。天宝元年,隶缙云郡。乾元元年,复隶括州。大历十四年,隶处州。贞元中,移治新松阳城(今松阳县城西屏镇)④。

5. 遂昌县(621—625,711—907)

武德四年,析松阳县置遂昌县,以隋旧县为名,治故遂昌城(今遂昌县城妙高镇),隶松州。八年,州废,省入松阳县。景云二年,析松阳县复置遂昌县,隶括州。天宝元年,隶缙云郡。乾元元年,复隶括州,析置龙泉县。大历十四年,隶处州。

附新县 1:龙泉县(759—907)

乾元二年,越州刺史独孤峻奏割遂昌、松阳、括苍三县地置龙泉县⑤,以县南

---

① 《读史方舆纪要》处州府丽水县:"丽水故城:府西三十五里。……今其地有古城冈、县头上、旧城塘之名。"

② 依地理形势推定。又,东方镇旧名靖岳镇,镇名当与缙云山有关。

③ 万岁登封元年:《新唐志》作圣历元年,今依《元和志》、《旧唐志》、《太平寰宇记》。

④ 李卫等《浙江通志》卷48:"唐松阳县旧治:《括苍汇纪》:初,县治建于旌义乡之旧市,唐贞元间,刺史张增改设今地。《纪要》:旧市在松阳县西二十里,路出遂昌县治故址也。"

⑤ 独孤峻:《旧唐志》作独孤屿。又,《元和志》、《新唐志》云龙泉县系析遂昌、松阳二县置,《太平寰宇记》云析松阳、括苍二县置,今据地理形势参取诸说。《大明清类天文分野之书》卷5龙泉县云:"本松阳、括苍、遂昌三县地。"可证。

龙泉为名,治龙泉乡(今龙泉市城区龙渊街道),隶括州。大历十四年,隶处州。

附旧州一:松州(621—625)

武德四年,割括州松阳县置松州,隶括州总管府,并置遂昌县。六年,归辅公祏。七年,复归唐,隶括州都督府。八年,州废,省遂昌县,松阳县还隶括州。

七、永嘉郡(温州)

东嘉州(622—742)—温州(674—742)—永嘉郡(742—758)—温州(758—907)

武德五年,割括州永嘉县置东嘉州,以永嘉县为名,并置前永宁、安固、横阳、乐成四县,东嘉州隶括州总管府。六年,归辅公祏。七年,复归唐,隶括州都督府,省乐成县。贞观元年,州废,省前永宁、横阳二县,以永嘉、安固二县隶括州。

前上元元年,割括州永嘉、安固二县置温州,以温峤岭为名[1],治永嘉县,隶越州都督府。载初元年,置乐城县。

武周大足元年,复置横阳县。长安四年,温州领永嘉、乐城、安固、横阳四县,治永嘉县。

唐天宝元年,改为永嘉郡,取隋旧郡为名,隶会稽郡都督府。十三载,永嘉郡领永嘉、乐城、安固、横阳四县,治永嘉县。十五载,隶江南东道节度使。至德二载,隶丹阳防御使,寻隶江南防御使,又隶江东防御使。未几,隶浙江东道节度使。是年,仍隶江东防御使。

乾元元年,复为温州,隶江南东道节度使。是年,隶浙江东道节度使。大历五年,隶浙江东道都团练观察使。十四年,隶浙江东西道都团练观察使。建中元年,隶浙江东道都团练观察使。二年,又隶浙江东西道都团练观察使。是年,隶镇海军节度使。贞元三年,隶浙江东道都团练观察使。元和十五年,温州领县一如天宝十三载。

咸通十四年,温州领县不变。

中和三年,隶义胜军节度使。光启三年,隶威胜军节度使。乾宁三年,隶镇东军节度使。天复二年,改安固县为瑞安县

---

① 《太平寰宇记》温州。

1.永嘉县(618—907)

本隋永嘉郡旧县,武德二年,隶括州。五年,割隶东嘉州,为州治,并析置永宁、安固、横阳、乐城四县。七年,省乐成县来属。贞观元年,州废,省永宁县来属,永嘉县隶括州。前上元元年,割永嘉县隶温州,为州治。载初元年,析置乐城县。天宝元年,隶永嘉郡,为郡治。乾元元年,复隶温州,为州治。

附旧县1:前永宁县(622—627)

武德五年,析永嘉县置永宁县,以南朝旧县为名,治永宁城(今永嘉县瓯北镇)[①],隶东嘉州。贞观元年,州废,省入永嘉县。

2.乐成县(622—625)—乐城县(689—907)

武德五年,析永嘉县置乐成县,以南朝旧县为名,治故乐成城(今乐清市乐成镇),隶东嘉州。七年,省入永嘉县。载初元年,析永嘉县置乐城县[②],仍治故乐成城[③],隶温州。天宝元年,隶永嘉郡。乾元元年,复隶温州。

3.安固县(622—902)—瑞安县(902—907)

武德五年,析永嘉县置安固县,以南朝旧县为名,治故安固城(今瑞安市安阳镇)[④],隶东嘉州。贞观元年,州废,省横阳县来属,安固县改隶括州。前上元元年,割隶温州。大足元年,复析置横阳县。天宝元年,隶永嘉郡。乾元元年,复隶温州。天复二年,因有获双白乌之瑞,改为瑞安县[⑤]。

4.横阳县(622—627,701—907)

武德五年,析永嘉县置横阳县,以南朝旧县为名,治故横阳城(今平阳县城昆阳镇)[⑥],隶东嘉州。贞观元年,州废,省入安固县。大足元年,析安固县复置横阳县,隶温州。天宝元年,隶永嘉郡。乾元元年,复隶温州。

---

① 《读史方舆纪要》永嘉县引《旧志》云:"晋太宁初置(永嘉)郡,议筑城于江北岸,去今城六里,今犹谓其地曰新城,寻迁江南岸。"则唐时江北之新城犹存,疑即永宁县址。

② 乐城:《元和志》《新唐志》作"乐成",今依《州郡典》《旧唐志》《太平寰宇记》《舆地广记》。辛文房《唐才子传》卷1载,开元中有乐城令张子容,可证。

③ 《元和志》温州乐成县."〔去〕(北至)州一百二十四里。"《太平寰宇记》温州乐清具:"(州)东北一百二十四里。"据明清方志,乐清县即唐乐城县,未曾移治,陆路去温州八十里,此言一百二十四里,恐是唐时乐城县有陆海路通温州故尔。

④ 《元和志》温州安固县:"北至州七十七里。"

⑤ 叶庭珪《海录碎事》卷4《州郡门》;嘉靖《瑞安县志》卷1;《读史方舆纪要》温州府瑞安县。(此系复旦大学周庆彰提示)

⑥ 《元和志》温州横阳县:"北至州一百五里。"

附旧府一：括州总管府(621—624)—括州都督府(624—627)

武德四年,平李吴,以其括、建二州置括州总管府,隶东南道行台,又置松州①。五年,割越州总管府台州来属,置东嘉州。六年,置前泉、丰二州。是年,归辅宋。七年,复归唐,改为括州都督府。八年,隶后扬州大都督府,割丰、建、前泉三州隶丰州都督府,废松州。九年,隶扬州大都督府。贞观元年,罢都督府,废东嘉州,括、台二州隶越州都督府。

---

① 《旧唐志》云:"武德四年,平李子通,置括州,置总管府,管松、嘉、台三州。"按此语不包括括州,东嘉州置于武德五年,海州改台州亦在五年,且武德四年越州都督府已领海州(《旧唐志》误为浙州),是知《旧唐志》此处所载不确。今据各州沿革及建州地理形势分析,武德四年,括州总管府当领括、松、建三州,台州系武德五年来属。

古代南方越语地名的汉语化

华林甫

（中国人民大学清史研究所）

长江以南直至岭南的广大地区,先秦时期原为百越民族的天下,"自交阯至会稽七八千里,百越杂处,各有种姓"①。其中的一支于越还曾建立过强大的越国,定都会稽(今浙江绍兴市),公元前 473 年灭吴,同年又迁都琅邪(今山东胶南市西南琅琊),北上与中原争霸;其他支系如东瓯、闽越、南越、骆越、山越等也先后建立过几个强弱不等的政治中心。因而在南中国,尤其在原越国的中心地区(今浙江)留下了为数可观的越语地名。

与汉语地名相比,越语地名结构的最大特点是齐头式。汉语地名如黄山、黄河、汉中郡、西安县,表示通名的山、河、郡、县均置后;但越语地名正好相反,如句无、句章、句容、句甬东、句余之山,均以"句"字起头;又如余杭、余姚、余暨、余汗,《越绝书》卷 8:"越人谓盐曰余","余"表示汉语"盐"的意思,在越语地名中用作通名,须前置。

越语是一种业已消失了的语言,所以留传于后世的越语地名多是越音汉译,有时同一越音还可以用多个读音相近的汉字来表示,如姑篾一作姑末、诸儿又作御儿等,其含义正如清儒李慈铭所云:"其义无得而详"②,不可望文生义。但是,随着百越民族地理分布的变化和北方汉族移民的迁入,南中国的越语地名逐渐发生了汉语化。

以往对越语地名的研究,多侧重于对它们含义的考释、民族史意义的阐述、

---

① 《汉书·地理志》臣瓒注。
② 《越缦堂日记》同治八年七月十三日。

文化蕴意的发掘①,而关于它们汉语化的方式、过程等则缺乏探讨,故笔者草成此篇,以求正于专家、学者。

一、越语地名的汉语化方式

所谓的汉语化,是指非汉语地名在历史时期改变成汉语地名或者可以用汉语来解释的地名。越语地名的汉语化方式,笔者归纳为以下五种。

(一)改名

完全取消越语地名,代之以汉语的名称。这样的例子有:

1.大越。见《越绝书》卷8。秦统一后更名山阴,故治在今浙江绍兴市。《越绝书》卷8《地传》:"秦始皇三十七年……乃更名大越曰山阴。""山阴"系因地处会稽山之阴而得名。

2.武原。亦见《越绝书》卷8。本义不详。秦统一后更名海盐,故治在今上海市金山区张堰镇南。《水经·沔水注》:"武原乡,故越地,秦于其地置海盐县。"

3.朱方。本义不详。春秋吴邑,首见于《左传》襄公二十八年和昭公四年,故地在今江苏镇江市东南丹徒镇。《史记》卷31《吴太伯世家》:王余祭三年(前545年),"齐相庆封有罪,自齐来奔吴,吴予庆封朱方之县,以为奉邑"。秦改为丹徒县,《宋书·州郡志》:"丹徒令,古名朱方,后名谷阳,秦改曰丹徒。"

4.朱余。见《越绝书》卷8。本为泛称,《越绝书》卷8《地传》:"朱余者,越盐官也,越人谓盐曰余。"三国吴置盐官县,很可能原为越之"朱余",故治在今浙江海宁市西南盐官镇。

5.柯。水名,本义不详,但读音与"姑"、"句"等越语地名常用字相去不远。《汉书·地理志》会稽郡上虞县:"柯水东入海。"其名仅一见于此。清代学者吴卓信、钱坫、洪颐煊、王先谦均认为柯水即上虞江②。"上虞江"之名始见于东汉王充的《论衡·书虚篇》,《水经·浙江水注》亦云:"江水东径上虞县南……亦谓是水为上虞江。"《元和郡县志》卷26剡县:剡溪"北流入上虞县界为上虞江"。则知

---

① 工具书有陈桥驿主编《浙江古今地名词典》(浙江教育出版社1991年版),论文有周振鹤等《古越语地名初探》(《复旦学报》1980年第4期)、唐善纯《古越语地名考释》(《地名知识》1991第3期)、陈雄《一把越语地名研究的钥匙》(《中国地名》1991年第2期)、李锦芳《百越地名及其文化蕴意》(《中央民族大学学报》1995年第1期)等。

② 详见吴卓信《汉书地理志补注》卷38、钱坫《新斠注地理志》卷10、洪颐煊《汉书地理志水道疏证》卷3、王先谦《汉书补注》卷28上。

"柯水"一名汉魏以来已为"上虞江"所代替。今名曹娥江。

6. 姑蔑，一作姑末。本义不详。《国语·越语上》："句践之地，西至于姑蔑。"《越绝书》卷8："大越故界……南姑末"（《吴越春秋·句践归国外传第八》亦作"姑末"）。《左传》哀公十三年："越伐吴，吴王孙弥庸见姑蔑之旗。"杜预注："姑蔑，今东阳太末县。"太末（一作大末）仍是越语地名，本义不详。太（大）末县，秦置，隋省，唐初复置时更名龙丘，五代时吴越以丘名近墓不祥而改为龙游。即今浙江龙游县。

7. 姑孰。一名姑熟。本义不详。故地在今安徽当涂县。《世说新语·假谲第二十七》："王大将军既为逆，顿军姑孰。"《世说新语·言语第二》："王敦兄含为光禄勋。敦既谋逆，屯居南州，含委职奔姑孰。"东晋南朝时为豫州、南豫州治，《南齐书·州郡志上》南豫州："晋宁康元年，豫州刺史桓冲始镇姑孰。"《金陵记》："姑熟之南、淮曲之阳，置南豫州，六代英雄迭居于此。"（《太平御览》卷170"州郡部一六"宣州引）隋平陈后，徙原侨置在于湖县之当涂县于姑孰（《太平寰宇记》105太平州当涂县）。姑孰之名遂为当涂所取代。

8. 甬句东。《国语·越语上》："句践曰：吾请达王甬句东。"韦昭注："甬句东，今句章东海口外洲也。"一作甬东，《左传》哀公二十二年："越灭吴，请使吴王居甬东。"杜预注："甬东，越地，会稽句章东海中洲也"；一作句甬东，见《吴越春秋》卷三《夫差内传》："天以吴赐越，其可逆乎？吾请献句甬东之地。"唐时，已易名为翁洲，《元和郡县志》卷26明州鄮县：翁洲"入海二百里，即《春秋》所谓甬东地也"。元代以后通称舟山，"以舟之所聚，故名舟山"[①]。今为浙江东部之舟山岛。翁洲、舟山均已为汉语地名。

9. 若耶。山、溪名，本义不详。《史记》卷114《东越列传》："越侯为戈船、下濑将军，出若耶、白沙。"唐张守节《正义》："越州有若耶山、若耶溪。"《越绝书》卷11："赤堇之山，破而出锡；若耶之溪，涸而出铜。"《太平寰宇记》卷96越州会稽县：若耶山"在县东南四十四里"，若耶溪"在县东南二十八里……唐史部侍郎徐浩游之云：'曾子不居胜母之里，吾岂游若耶之溪！'遂改为五云溪"。若耶山今名为化山，若耶溪今名为平水江。

10. 句余。山名，本义不详。《山海经·南山经》："句余之山，无草木，多金玉。"郭璞注引张氏《地理志》云："今在会稽余姚县南、句章县北，故此二县因以为名。"这个名称后为"四明山"所取代，《大唐六典》卷3江南道名山有"四明"，"四

---

① 《大德昌国州志》卷4。

傍皆虚,玲珑如窗牖,故名"①。四明山今在浙江省东部。

以上所举十例,已彻底汉语化。

(二)望文生义

将不能依汉语字面意义解释的地名可以汉语释义,汉字易于望文生义。这样的例子有 16 例。

11.无锡。本义不详。作为县名首见于《汉书·地理志》会稽郡,《越绝书》卷 2 也有记载,治所在今江苏无锡市。"无"本为古越语发语词,王莽改为"有锡",将它理解为有无的"无"了,则新莽时已作望文生义之理解。或云:"有锡兵,天下争;无锡宁,天下清。"亦属妄谈。

12.上虞。本义不详。作为县名首见于《汉书·地理志》会稽郡,治所在今浙江上虞市。《太康地记》:"舜避丹朱于此,故以名县……亦云禹与诸侯会,事讫,因相虞乐,故曰上虞。"②则望文生义始于西晋初年。

13.于潜。本义不详。作为县名始见于《汉书·地理志》丹阳郡,治所在今浙江临安市西於潜镇。《元和郡县志》卷 25 於潜县:"县西有晋山,因以为名。"据《太平御览》卷 170 及《太平寰宇记》卷 93,《元和郡县志》之言出自张勃《吴录地理志》,则此名西晋时已作望文生义解释。

14.浙。江名,本义不详,即今钱塘江。"浙江"之名见于《山海经·海内东经》、《史记》、《论衡》、《越绝书》、《吴越春秋》等,《庄子·外物篇》作"淛河",《水经》作"渐江水"。"浙"、"淛"、"渐"为同一越音的不同汉写。旧以江水反折、江道曲折来解释"浙江"之名的来历,如晋虞喜《志林》:"今钱塘江口,浙山正居江中,潮水投山下,折而曲;一云江有反涛,水势折归,故曰浙江。"③则望文生义始于晋代。

15.乌程。一作菰城,本义不详。作为县名始见于《汉书·地理志》会稽郡,故治在今浙江湖州市南。《太平御览》卷 170 乌程县:"《郡国志》曰:古有乌氏、程氏居此,能酿酒,故以名县。"《太平寰宇记》卷 94 乌程县下亦引《郡国志》云:"古乌程氏居此,能醖酒,故以名县。"按:《郡国志》有司马彪、袁山松二家,司马氏之作仅为提纲式著作,宋代以来附刊于《后汉书》之末,故凡详叙而非司马氏所作者,应属袁氏《郡国志》之文。下同,则此望文生义之说始于东晋、南朝。

---

① 《舆地纪胜》卷 10 绍兴府。
② 《水经·浙江水注》引。
③ 《太平御览》卷 65、《太平寰宇记》卷 93 均引。

16.余英。溪名,东苕溪支流。"余"字释义已见上,"英"义不详。《太平寰宇记》卷 94 武康县:"余英溪在县西十二里,《山墟名》曰:每春夹岸花开,通夏不歇。"按:《山墟名》系《吴兴山墟名》的简称,东晋吴兴太守张玄之撰。则此望文生义始于东晋。

17.余杭。"余"字释义见上,"杭"义不详。作为县名首见于《史记·秦始皇本纪》,故治在今浙江杭州市余杭区(临平镇)西南之余杭镇。《元和郡县志》卷 25 引《吴兴记》云:"秦始皇三十七年,将上会稽,涂出此地,因立为县,舍舟航于此,仍以为名。"《太平寰宇记》卷 93 杭州余杭县:"《郡国志》云:夏禹东去,舍舟航登陆于此,仍以为名。"(《太平御览》卷 170 杭州所引同)按:《吴兴记》系南朝宋山谦之撰,此《郡国志》为东晋袁山松之作,则望文生义始于东晋、南朝。

18.余姚。"余"字释义见上,"姚"义不详。作为县名始见于《汉书·地理志》会稽郡,治所即今浙江余姚市。晋周处《风土记》云:"舜支庶所封,舜姓姚。"[①]唐张守节《〈史记·五帝本纪〉正义》:"越州余姚县,顾野王云舜后支庶所封之地,舜姚姓,故云余姚。"则此望文生义始于晋代(周处)、完成于南朝(顾野王)。

19.番禺。秦置县,始见于《汉书·地理志》南海郡,治所在今广东广州市。如淳曰:"番音潘。"《玉篇》:"番,普丹切,番禺县名。""番"的本义,在今壮侗语中为"村寨"的意思,[②]"禺"义不详。南北朝时已作望文生义的解释,如宋沈怀远《南越志》:"番禺县有番、禺二山,因以为名"[③];《水经·浪水注》也说:"县名番禺,傥为番山之禺也"。

20.句章。越邑,见《战国策·楚策一》,本义不详。作为县名首见于《汉书·地理志》会稽郡,故治在今浙江余姚市东南五十里城山村。北朝阚骃《十三州志》已作望文生义之诠释,云:"句践之地南至句无,其后并吴,因大城之,章伯功以示子孙,故曰句章。"[④]此县唐初已废。

21.御儿,一作语儿、蘌儿。《国语·越语上》:"句践之地……北至御儿。"《史记》卷 21《建元以来王子侯者年表》有蘌儿侯辕终古。《越绝书》卷 8:"语儿乡,故越界。"本义不详。故地在今浙江桐乡市西南崇福镇。《水经·浙江水注》是这样解释"语儿"的:"吴黄武六年正月获彭绮,是岁由卷西乡有产儿,堕地便能语。"这是典型的望文生义。

---

① 《太平寰宇记》卷 96 余姚县下引。
② 说见李锦芳《广州古称"番禺"新考》,载《地名知识》1987 年第 3 期。
③ 《初学记》卷 8 引。
④ 《后汉书》卷 58《臧洪传》"起兵句章"句李贤注引。

22.番阳。秦置县,见《汉书》卷 34《吴芮传》:"吴芮,秦时番阳令也"。汉因之,见《汉书·地理志》豫章郡。又《史记》卷 116《西南夷传》有番阳令唐蒙。东汉始加"邑"作"鄱"[1]。治所在今江西鄱阳县东北。由《史记》卷 114《东越列传》及《汉书·吴芮传》可知,芮系率越人举兵以应诸侯,故"番阳"亦应是越语地名。"番"字释义已见上。然至迟隋唐时,人们对它作了汉语的解释,从而成为一个汉语地名:"隋开皇九年改广晋为鄱阳,以在鄱水之北,故曰鄱阳。"[2]

23.芜湖。本义不详。汉置县,见《汉书·地理志》丹阳郡及《元和郡县志》卷 28,故治在今安徽芜湖市东。《太平御览》卷 46《地部十一》芜湖山:"《宣城图经》曰,芜湖山在县西南,山因湖以名之。汉末于湖侧置芜湖县,以其地卑蓄水非深而生芜藻,故因以名县焉。"按《宣城图经》述芜湖得名原委,则此"宣城"指郡甚明。唐初李善注《文选》,于鲍照《还都道中》、谢朓《敬亭山》两诗注下并引《宣城郡图经》,则知此图经乃隋代作品。

24.诸暨。本义不详。作为县名始见于《汉书·地理志》会稽郡,治所即今浙江诸暨市。《太平御览》卷 171 越州引梁载言《十道志》:"诸暨县有暨浦、诸山,因以为名。"《元和郡县志》卷 26 诸暨县:"界有暨浦、诸山,因以为名。"此均属唐人之望文生义。

25.句容。本义不详。作为县名始见于《汉书·地理志》丹阳郡,治所即今江苏句容市。《元和郡县志》卷 25 润州句容县:"县有茅山,本名句曲,以山形似已字,故名句曲;有所容,故号句容。"此望文生义亦始于唐。

26.余不。溪名,"余"义见上,"不"读若"否"、义不详。即今浙江北部余杭、德清、湖州境内之东苕溪。《太平寰宇记》卷 94:"余不溪者,其水清,与余杭溪不类也。"此望文生义之解释始于北宋初年。

(三)渐进式汉语化

有时候,越语地名的汉语化并非一蹴而就,而是经历了一段曲折过程,因为有些越语地名后代虽能望文生义,但毕竟还保留着古越语成分;所以,有的被作了望文生义的解释之后,最终又将其改名,从而达到了完全汉语化的程度。这样的情况有以下五例。

27.余暨。"余"义见上,"暨"义不详。作为县名首见于《汉书·地理志》会稽郡,东汉末应劭注:"吴王阖闾弟夫槩之所邑。"清钱坫《新斠注地理志》卷 10:"按

---

① 说见吴卓信《汉书地理补注》卷 40。
② 《元和郡县志》卷 28 饶州鄱阳县。

夫槩,似不得远居越地也。"可见应劭所作系望文生义的解释。故治即今浙江杭州市萧山区。《汉书·地理志》会稽郡尚有余杭、余姚二县,汉末童谣云:"天子当兴东南三余之间"[①],孙吴遂改余暨为永兴。唐天宝元年,又因与江夏郡永兴县重名,改此永兴为萧山县。

28. 由拳,一作由卷、囚卷。本义不详。作为县名首见于《汉书·地理志》会稽郡,故治在今浙江嘉兴市南。《续汉书·郡国志》吴郡由拳下刘昭注:"干宝《搜神记》曰:秦始皇东巡,望气者云'五百年后江东有天子气'。始皇至,令囚徒十万人掘汙其地,表以恶名,故改之曰由拳县。"则此望文生义始于东晋初。三国吴时将其改名,见《水经·沔水注三》:"秦始皇恶其势王,令囚徒十余万人汙其土表,以汙恶名。改曰囚卷,亦曰由卷也。吴黄龙三年,有嘉禾生(由)卷县,改曰禾兴;后太子讳和,改为嘉兴。"

29. 乌伤。本义不详。作为县名首见于《汉书·地理志》会稽郡,治所即今浙江义乌市。《水经·浙江水注》:"《异苑》曰:东阳颜乌以淳孝著闻,后有群乌助,衔土块为坟,乌口皆伤,一境以为颜乌至孝,故致慈乌,欲令孝声远闻,又名其县曰乌伤矣。"按《异苑》,南朝宋刘敬叔撰。"乌"原系越语地名发语词,这里却将它理解成一种鸟类(乌鸦)了。因慈乌乌口皆伤,众感其义,唐武德七年索性将其改成了义乌县。

30. 会稽。郡名,秦置,治所在今江苏苏州市。东汉永建四年吴、会分郡后移治今浙江绍兴市。《史记》卷2《夏本纪·太史公曰》:"或言禹会诸侯江南,计功而崩,因葬焉,命曰会稽。会稽者,会计也。"其实,禹是夏朝的创始人,其统治中心在今山西南部和河南西部,范围不出黄河流域,根本不可能远离北方而奔赴山水重隔的江南去"会计诸侯"。司马迁的解释纯属望文生义。"会稽"原本是个古越语地名,"稽"与余暨、诸暨的"暨"音近,但本义不详。"会稽郡"之名存在了近千年之后,终于在唐乾元元年为"越州"之名所取代。

31. 剡。本义不详。作为县名首见于《汉书·地理志》会稽郡,故治在今浙江嵊州市西南。高似孙《剡录》卷2剡山:"县治府宅其阳……世传秦始皇东游,使人剮此山以泄气,土坑深千余丈,号剡坑山。"县因以为名。方腊起义后,地方官认为"剡"字有兵、火象,于宣和三年改为嵊县,取四山为嵊之义。

(四)半汉语化

保留越语读音的一字,另一字或其余字用汉字意义来表示,即处于半汉语化

---

① 《水经·浙江水注》引。

状态。这样的例子有以下六例。

32.鄞。本义不详。战国时越邑,《国语·越语上》:"勾践之地……东至于鄞"。故地在今浙江奉化市东北白杜乡。秦置为鄞县,"县"字系汉语成分。浙江省原有鄞县,今为宁波市鄞州区。

33.钱唐。本义不详。作为县名首见于《史记·秦始皇本纪》,故治在今浙江杭州市。《汉书·地理志》、《续汉书·郡国志》亦均作"钱唐"。迨至东晋、南朝时,"唐"字已改从土旁作"塘",根据有二条:一是正史已作"钱塘",如《晋书》中范平、褚陶二传均言:"吴郡钱塘人也";《宋书·良吏传》:张祐"历临安、武康、钱塘令";《梁书·侯景传》:"景以钱塘为临江郡";《陈书·徐孝克传》:"居于钱塘之佳义里"。二是当时人的解释,《水经·浙江水注》"《钱唐记》曰:防海大塘在县东一里许,郡议曹华信家议立此塘,以防海水。始开,募有能致一斛土者,即与钱一千。旬月之间,来者云集,塘未成而不复取,于是载土石者皆弃而去,塘以之成,故改名'钱塘'焉"。按:《钱唐记》一作《钱塘记》[1],作者为南朝宋钱塘县令刘道真[2]。可见,至迟到南朝时,"唐"字已加土字旁作"塘"。依刘道真负土填塘而给钱的说法,"钱塘"可由汉字释义,已是一个地地道道的汉语地名;不过,"钱"字依旧未改,故归入半汉语化类。至于自南宋以来学者们一致认为唐初因避国号讳而改"唐"为"塘"的说法,是站不住脚的,详见拙作《"钱塘"辨正》(署名宏标,载《杭州研究》1998年第2期)。

34.余汗。"余"字释义见上,"汗"义不详。作为县名始见于《汉书·地理志》豫章郡,故治即今江西余干县。《通典》卷182余干:"越王勾践之西界,所谓干越也。"《元和郡县志》卷28饶州余干县:"汉余汗县……隋开皇九年去'水'存'干',名曰余干。"

35.姑苏。山名,本义不详,故址在今江苏苏州市西南。《国语·越语下》:"吴王帅其贤良,与其重禄,以上姑苏。"《史记》卷31《吴太伯世家》:"越因伐吴,败之姑苏。"《越绝书》卷2作"姑胥"。《太平寰宇记》卷91苏州吴县:"姑苏山一名姑胥山,在县西三十五里。"随开皇九年平陈,置苏州,"因姑苏山为名"[3],则取其一字以为州名。

36.杭坞。本义不详。《越绝书》卷8:"杭坞,勾践杭也。"即今浙江杭州市市

① 见《元和郡县志》卷25杭州,《太平寰宇记》卷93杭州。《太平御览·经史图书纲目》等。
② 见《太平寰宇记》卷93杭州、《舆地纪胜》卷2临安府、《淳祐临安志》卷8等。
③ 《元和郡县志》卷25。

萧山区东三十二里航坞山。

37. 句无。本义不详。《国语·越语上》："勾践之地，南至句无。"韦昭注："今诸暨有句无亭是也。"故址在今浙江诸暨市南二十四里句乘山。

(五)由越语的齐头式改为汉语的齐尾式

这样的例子笔者仅找到一例。

38. 夫椒。《左传》哀公元年："吴王夫差败越于夫椒"。杜预注："夫椒，吴郡吴县西南太湖中椒山。"《史记》卷 31《吴太伯世家》"败越于夫椒"句《正义》同。"夫"原为百越语中"石山"、"山岩"的意思①。"夫椒"转换为汉语齐尾式为"椒山"。"椒山"之名首见于西晋杜预的注中，又见于东晋袁山松的《郡国志》②，则汉语化发生于晋朝。该地即为今江苏苏州市太湖东部之洞庭东、西二山，东、西山乃是后起之名。

二、越语地名汉语化的原因及其时空演变特征

以上所举 38 例，都是一般公认的越语地名，有分歧的尚未收入。至于遭后代废弃的越语地名，应比这更多。

尽管学术界对"句"、"乌"、"无"、"于"、"姑"是发语词还是实义词颇有争议，但越语地名的汉语化是不可否认的事实。汉语化的原因，是南中国民族分布格局的变化。公元前 334 年，楚威王"大败越，杀（越）王无疆"，越国被灭，"越以此散"③。秦始皇灭六国后，用兵南方，遂"徙大越民置余杭、伊攻、故鄣"④，又"徙大越鸟语之人置之瞽"⑤。西汉武帝时，越人内讧，"东瓯请举国徙中国，乃悉举众来，处江、淮之间"⑥。经过这三次大规模的移徙，越人迁离了故土，使他们当中一部分逐渐融入了汉族，另一部分西迁、南徙进入山区的则发展为壮、侗、傣、水、布依、毛南等少数民族。与此同时，百越故土迁来了新的移民，如秦时"徙天下有罪适吏民，置海南故大越处"⑦，令其"与越杂处"⑧。越语地名的汉语化，恰好是

---

① 说见李锦芳《百越地名及其文化蕴义》，载《中央民族大学学报》1995 年第 1 期。
② 《太平御览》卷 47 地部十二"椒山"引。
③ 《史记》卷 41《越王勾践世家》。
④ 《越绝书》卷 8《记地传》。
⑤ 《太平寰宇记》卷 93 引《吴越春秋》。按今本《吴越春秋》佚此文。
⑥ 《史记》卷 114《东越列传》。
⑦ 《越绝书》卷八《记地传》。
⑧ 《史记》卷 113《南越列传》。

从秦汉时期开始的。后来,北方移民与日俱增,特别是西晋永嘉之乱后,南方成了北人躲避战乱的港湾,史称"中州士女避乱江左者十六七"①,因而南北朝以后长江以南的广大区域成了汉族民众的天下,陆续析置了数以百计的州、郡、县,山川均以汉语命名,从而产生了一大批汉语地名。因此,这一区域内原越语地名逐渐发生汉语化也就是顺理成章的事了。毕竟,这符合"名从主人"的原则。

从地域上来说,这 38 例发生汉语化的越语地名中有 27 例在今浙江省,占71%,该省境内又以在北部宁绍平原、杭嘉湖平原的居多(分别为 13 例和 8 例);另外,还分布在今上海(1 例)、江苏南部(5 例)、安徽南部(2 例)、江西(2 例)、广东(1 例)等地。

从时间上来说,越语地名的汉语化主要发生在秦汉至隋唐时期,下面把上述各例越语地名发生汉语化时间列表如下:

时期＼类别	改名类	望文生义类	渐近类	半汉语化类	总计
秦汉	3	1	0	1	5
三国吴	1	0	2	0	3
两晋	0	6	0	0	6
南北朝	1	4	0	1	6
隋	1	1	0	2	4
唐	4	2	2	0	8
宋	0	1	1	0	2
时代不明	0	1	0	2	3
总计	10	16	5	6	37

由表中可知,依改名、望文生义、渐近、半汉语化四类主要方式汉语化的地名当中,秦汉三国时期分别占 44.4%、5.9%、40%、16.7%,两晋南北朝时期分别占 11.1%、64.7%、0%、16.7%,隋唐时期分别占 44.4%、17.6%、40%、33.3%,宋代及其以后则不占主导地位。这说明,越语地名的汉语化过程经历了一个相当长的时期,延续时间约有一千来年。

总体而言,唐代及其以前汉语化的越语地名 33 处(含夫椒),占总数 38 处的86.8%。另外五处中,有三处(芜湖、句无、杭坞)汉语化时间不明,有二处(余不、

---

① 《晋书》卷 65《王导传》。

剡县)汉语化始见于宋代典籍。对"芜湖"作望文生义的诠释虽具体时间不明,但发生在唐代之前则是毫无疑问的,已如上述;"句无"、"杭坞"二名,南北朝以下文献只记其原越国事迹,并不作为一个新的历史活动所出现,因此其(半)汉语化理应视作发生于南北朝或在此之前;至于"余不"、"剡县"二名,尽管其汉语化记载始见于宋代,但《太平寰宇记》系乐史根据隋、唐时代留传下来的文献编成①,《剡录》也"征引极为赅洽,唐以前佚事遗文颇赖以存"②,所以并不表明此二书记载的事就必发生于宋朝,而应比这要早。从这层意义上来说,我们依文献记载为依据(尽管追寻了史源)来判断地名的汉语化要比实际情况偏晚,但这至少说明:在宋代之前(不包括宋代),古越语地名的汉语化过程已大体完成。

---

① 台湾学者王恢编有《太平寰宇记引用书目》,共录五百余种,多系隋唐及其以前旧籍。

② 《四库全书总目》卷68《史部·地理类一》。

北京城中轴线性质的三个定位

张妙弟

（北京联合大学北京学研究所）

当前在北京,城市文化建设得到空前重视。无论是在"十二五"发展规划之中,还是在近期工作的实际安排之中,"深化改革,推动首都文化的大发展大繁荣",都位列全市重点工作目标之中。其中,中轴线的申遗已经排上议事日程,并正以前所未有的高度和力度实际推进,已经形成社会的一个热点。政府、学界、媒体和市民纷纷行动起来,共襄盛举。笔者前已有文"刍议北京城中轴线研究的十个要点",在此再谈一些看法,以与国内外同行交流,学习提高,也希望有更多的人关心、研究、宣传北京城及其中轴线。因为她不仅是北京的、中国的,也是世界的。

本文分四个部分,前三部分分析明清中轴线的性质定位,第四部分分析中轴线在当代的变化与传承发展。

一、在空间格局上,中轴线是北京城的基准之轴

打开北京城市地图,人们会发现,北京城有一条南北延伸、贯穿整个旧城的轴线,人们称她为北京城的脊梁。

对这根脊梁,著名建筑学家梁思成先生这样描述道:"北京在部署上最出色的是它的南北中轴线,由南至北长达七公里余。在它的中心立着一座座纪念性的大建筑物。由外城正南的永定门直穿进城,一线引直,通过整个紫禁城到它北面的钟楼鼓楼,在景山巅上看得最为清楚。世界上没有第二个城市有这样大的气魄,能够这样从容地掌握这样的一种空间概念。更没有第二个国家有这样以巍峨尊贵的纯色黄琉璃瓦顶、朱漆描金的木构建筑物、毫不含糊的连属组合起来的宫殿与宫廷。环绕它的北京街型区域的分配也是有条不紊的城市的奇异孤例。"

有这样一个故事。清代,一位外国公使到了北京,提出要见皇上,但是不想

下跪。但当他在礼部官员的引导下,进入大清门、千步廊、天安门、端门、午门时,那城台、宫殿、红墙、黄瓦已经震撼了他的心灵,当他穿过太和门,爬上太和殿时,敬畏、神圣、威严和神秘的强烈感觉已经将他包围,他感到面对这一切,不得不下跪了。他说,这是他对如此辉煌、宏伟的东方建筑文化的臣服,他必须要跪下。这就是北京城中轴线的魅力。

北京城中轴线,从南面的永定门算起,北至钟鼓楼,全长 7.8 公里。它由南北分布的近二十座雄伟的建筑(建筑群)所组成。这近二十座建筑(建筑群)依次是(这里采用清代的名称):

中心:紫禁城;

往南:端门、太庙、社稷坛、天安门、千步廊、大清门、正阳门、五牌楼、天桥、天坛、先农坛、永定门;

往北:北上门、景山、地安门、万宁桥、钟鼓楼。

在形态上,北京城中轴线具有以下几个特点:

1. 从城市空间格局上,形成了整个北京旧城的脊梁,是北京旧城城市规划的起始线和基准线,整个城市依它而展开。

2. 这根中轴线是南北方向的,源于地处北半球和面南而王的传统思想。至于与子午线之间存在一个向东北方向偏离 2 度的夹角,其原因,学术界尚未有统一的认识。

3. 依托这根中轴线,其两翼的对称十分突出。这种对称不仅仅在于建筑布局,连这些建筑的名称都是对称的。如外城的左安门与右安门、东便门与西便门、内城的崇文门与宣武门、东直门与西直门、大清门里千步廊的文东武西、宫廷广场上的长安左门与长安右门、皇城中的左祖与右社、紫禁城中的东华门与西华门、文华殿与武英殿、东六宫与西六宫、御花园中的万春亭与千秋亭等。外城的天坛与先农坛也是对称的,只是体量略有大小罢了。实际上,整个北京城(这里指旧城)的城市肌理是以中轴线为基准均衡布局的,表现在城墙、城门、街道、里坊甚至主要坛庙等各个方面。

4. 在这根中轴线的南北方向上,主要建筑(建筑群)由于规制和具体功能的不同,造成了体量、形态上的差异,加上过渡单元的存在,形成高低、远近、轻重、浓淡的起伏,一如梁思成先生的描述,它像诗,像乐,又像画,以至形成无穷的魅力。

二、在文化内涵上,北京城中轴线是中国传统文化的凝聚之轴

自金贞元元年(公元1153年),完颜亮正式迁都,改燕京为中都,北京开始作为中国封建王朝统治的中心,到2011年,北京城已经具有858年的建都历史。长期的建都史以及作为中国封建时代最后几个朝代的都城,北京城的文化内涵是中国都城文化的集大成者。其中轴线更是中国传统文化的凝聚之轴。由于中国传统文化的博大精深,要想对该问题作全面概括,难度相当大。笔者在此试列一二。

"天人合一。"这里的天不是自然之天,而是有意志的天,即天命之天。所谓天人合一,就是人跟天命之天合一。君主是天之子,他代表天的意志统治人间,"上天之子,代天君临万民"。这是古代自秦汉以来占统治地位的哲学思想,董仲舒的"天人感应"说是其集大成者。这种"天人合一"的思想统领了古代北京城中轴线的规划建设。明永乐初年紫禁城前三殿名为"奉天"、"华盖"、"谨身",嘉靖年间改名为"皇极"、"中极"、"建极",清代改称"太和"、"中和"、"保和",其核心思想就是君权神授,"奉天承运"。

"象天设都。"古人认为,天界是一个以北极帝星为中心,以"四象、五宫、二十八宿"为主干,结构十分严密的社会体系。帝星所居的紫微垣位居中宫,而东宫苍龙、西宫白虎、南宫朱雀、北宫玄武并二十八宿,形成拱卫之势。对此,古人在都市建设中进行了不遗余力的模仿,如以宫城象征紫微,大城建筑象征二十八宿,乃至全天星斗等。这就是"王者制宫阙殿阁取法焉"。明清北京城,就是其登峰造极的成果。

阴阳学说。"阴阳者,天地之道也";"分阴阳,两仪立焉";"阴阳谐和,而生水、火、木、金、土。五气顺布,四时行焉"。阴阳学说对古代北京城中轴线规划建设的影响几乎无处不在。如宫城分为外朝和内廷两部分,外朝为阳,三朝五门,多为奇数;内廷为阴,两宫六寝,多为偶数。外朝之殿均采用"九开间,五进深";重檐歇山顶,九条脊,甚至连檐角小兽亦为"九数";门扇是四九的倍数,门钉是九九的倍数等。又如外朝三大殿坐落在"土"字形的汉白玉台基之上,是依据土在五行之中居于中,表示这里是天下的中央,同时土也代表江山社稷,期盼安定永固。再如文渊阁作为紫禁城内的书库,忌火,用黑色琉璃瓦绿剪边屋面,黑色属水,内含以水压火之意等。

礼制。《礼记》说:"道德仁义,非礼不成。教训正俗,非礼不备。分争辩议,

非礼不决。君臣、上下、父子、兄弟,非礼不定。"礼教自诞生之日起,就渗透进了社会生活的各个领域。在周代,表现在建筑的等级制度上,有些建筑只有"天子"才能拥有,如明堂、辟雍;有的是从建筑的尺寸和数量上作出规定,如"公之城方九里,伯之城方七里,子男之城方五里"等;还有从建筑形式、色彩和工艺上加以限制,如天子宫殿为"四阿顶",卿大夫以下宫室为两坡顶等。这种建筑等级制度历朝历代都有细则,明清两朝尤为苛刻。清代门钉上允许用在皇宫、坛庙和皇室成员府第,且规定了严格的行数、枚数的系列标准。对三种不同手法彩绘、七种屋顶形式、四合院六种大门的适用等级都做出了规定。

《考工记·匠人》"营国制度"。该制度记述的是周王朝建都邑的制度,也有人理解成一种都城规划建设的理想追求。其核心是"匠人营国。方九里,旁三门。国中九经九纬,经涂九轨。左祖右社,面朝后市,市朝一夫"。该制度规定了王城的形制、规模和城墙的数量,提出了王城干道网络规划,确立了"左祖右社,面朝后市"的主要格局,而将王城的其他部分,按各自的功能和规划要求,分别部署在主体的周围。这个规格模式,在我国封建社会的进程中,得到不断的革新和发展。我们今日所见的明清北京城(其中包括元大都遗留至今的街道格局),在继承传统的基础上,因地、因时制宜,形成了独特的风格,体现出更加丰富的文化内涵。

可以认为,除了上述五个方面的文化内涵,北京城中轴线还包含了极为丰富的其他文化内容,涵盖文化、艺术和科学等多个领域。举一个明代的例子,从大明门到万岁山距离 2500 米,从大明门到皇极殿庭院中心的距离是 1545 米,二者的比值正好是黄金分割率的 0.618,是巧合还是匠心独具? 发人深省。

三、在城市功能上,北京城中轴线是体现首都
第一功能的政治之轴

每个城市都具有属于自己的城市性质和城市功能。作为一个国家的首都,其首位的城市性质则一定是该国家的政治中心,其首位的城市功能则一定是政治功能。

北京城中轴线是一根政治之轴。它可以从其各组成部分分别承担的政治职能来说明,也可以从其整体的政治功能来证明。

如前文所述,北京城中轴线的中心起始点是紫禁城,具体说是紫禁城中的前朝三大殿:太和殿、中和殿、保和殿。这三座大殿,在功能上是一个统一的整体,

同时被称为"金銮宝殿"。太和殿主要用于举行大朝会,例如新皇帝"登基"、向全国颁布政令和诏书、皇帝生日和新年元旦在此接受朝臣的祝贺,以及冬至节去天坛郊祭之前先在这里举行仪式等。中和殿是去太和殿举行大典前做准备的地方。保和殿也是皇帝举行重大活动的场所,并与太和殿先后作为殿试的地方。殿试属于最高级的科举考试,国家大典之一种。总之,该三大殿是举行国家大典的场所,是统治者发号施令、决策统治的地方,是国家政治的象征。前朝三大殿的政治性质不仅仅体现在功能上,也在其建筑形式和文化内涵上得到了最充分的体现。例如,三大殿共用一个统一的台基,前后排列,自成一组。台基为汉白玉须弥座,平面呈"土"字形,表示天下土地皆属皇帝。根据五行学说,土居中央,皇帝的大殿就在中央,皇帝就是天下的中心。

居住在紫禁城中明清两朝的皇帝,其首要的职责是替天发布命令,统治全国。任继愈先生曾经说过:"无论中外,古代封建社会都是政教合一,神权支配王权。中国封建社会独具特色,皇权神权高度合一,皇权也是神权,神权也是皇权。皇帝诏令一开头必为'奉天承运,皇帝诏曰……'。故宫三大殿有行政作用,更具有神殿作用。"据此,北京紫禁城前三殿的政治功能也就不足为怪了。

至于中轴线上的各个城门,午门、神武门作为紫禁城的正门和北门,天安门、地安门作为皇城的正门和北门,大清门作为宫廷广场的正门,正阳门作为内城的正门,永定门作为外城的正门,都是根据政治的需要而精心设置的。

以午门为例。根据故宫专家单士元先生的研究,整个午门城台如一个 U 字形,左右建两翼式城墙,当中即"阙"的空间就是午门外广场。古时宫门前树两观以标表宫门。登其上可观人臣将朝至此,则思其所阙。所谓天阙,就是皇宫大门之意。午门城阙是唐宋以来皇宫正门形式的延续,两翼合抱,出自防御的需要,而从设计上看,是为了突出皇宫的尊严。事实上,午门确实显得尤为庄严和高大,显出比其他城门更为高贵和庄严的气势。

午门,还兼有朝堂的作用,所以也称作午朝门。明清两朝,每年冬至,皇帝要在午门向全国颁发新历书,叫做"授时"。午门前有两座石亭,一边放日晷,一边放嘉量。前者代表时间,后者代表计量,都是人类从事生产和生活不可缺少的。将此两种"标准"设置在午门,显然是代表皇权,向全国作出规定,其政治含义不言而喻。

午门前,还是明清两朝举行"献俘"仪式的场所。俘虏从正阳门经大清门、千步廊、天安门、端门而至午门,沿路建筑凛然,禁军森严,极尽威慑之功能。皇帝在午门城楼设"御座",亲临审视并亲自发落,以示"天威"。明代还在午门前举行一种特殊的刑罚——廷杖，专为冒犯皇帝的臣子而设。以上种种，从建筑的规划设计，到每项典礼和活动的安排，只是围绕政治这个核心：天下之尊，号令天下。

北京城中轴线上的众多建筑，具体功能各有不同，如太庙用以祭祀皇家祖先，社稷坛用以祭祀社稷，天坛用以祭天，先农坛用以祭祀先农诸神及举行藉田典礼，钟鼓楼用以报时，景山用作御园等，但其核心价值无一不在显示皇家的尊严与权威，无一不是君权神授的宣示，无一不在执行政治的功能。即使是作为游憩之所的景山也还具有另一个政治身份——镇压前朝（元朝）的"镇山"。

还有一个重要角度，可以用来分析说明北京城中轴线是一根政治之轴，即一系列重大历史事件发生在这根轴线上。如元顺帝从地安门逃离北京城，元帝国灭亡；崇祯帝吊死在煤山（景山），明朝灭亡；李自成接管北京一个半月后又退出北京城；八国联军对北京城中轴线建筑的破坏；溥仪离开紫禁城等。

综上所述，在明清封建社会制度下，从三大殿到紫禁城，到整个中轴线，众多建筑（建筑群）各自的文化功能归纳起来，是六句话 24 个字：法天宗祖、天下之尊、号令行政、御敌守土、享受荣华、笼络百姓。这恰恰就是封建社会统治理论的纲常所在。每一个单元的功能是各自的，串起来则是统一、完整而至高无上的。其核心是政治，所以北京城中轴线是"政治之轴"。从学理上讲，"系统具有多层次、多功能的结构，每一层次均成为构筑其上层次的单元，同时也能有助于系统的某一功能的实现"。要说明一点，作为首都，当时的北京城的"政治之点"在中轴线之外还有，比如地坛、日坛、月坛，比如历代帝王庙等，对这些点的内容，可以在讨论北京城的历史文化中进行，而不能放在中轴线中来讨论。我们要明确，在几何形态上中轴线必须是连续的，是完整不间断的。

四、北京城中轴线在当代的变化和传承发展

历史是长河，文化在流变。随着时代的推进，北京城中轴线也在发生着变化。这种变化有形态上的，也有文化内涵及功能上的。要强调指出的是，从总体上说这种形态上的变化是局部的，内涵以及功能上的变化是传承发展的。而这正是北京城中轴线历久弥新、能长期保持旺盛生命力的原因所在。现择变化中的主要点罗列于下。要说明的是，这里罗列的主要是 20 世纪前半叶中国社会制度大变革前后的变化，而同属中国封建社会历史阶段的清朝和明朝之间也有变化，但其变化的程度轻微，本文不作为重点列入。

1. 紫禁城，明清时期作为君权神授、统治全国的中心和象征，辛亥革命后失

去其显赫的政治功能,转化为保存和展示中国传统文化重要组成部分的皇家文化的故宫博物院,以后又纳入世界文化遗产名录,供人参观,给人启示。显然,这个变化是顺应历史发展趋势的,是继承发展的。

2. 20 世纪天安门广场经历了一场大改造。改造前,天安门前为南北长 540米的 T 字形空间,南起中华门(明代大明门、清代大清门),北至天安门,天安门南东、西两侧为长安左门、长安右门,广场内御道两侧,排列有完全对称的东西向廊房各 110 间,称"千步廊",又东西折建北向廊房各 34 间,北为天街,即今长安街。当时千步廊是明清两代中央政权的办公用房,各部衙署按文东武西布局。这个天安门广场的核心是御道以及南端的大明门(大清门),是皇帝、宗室冬至祭天、孟春祈谷、先农坛亲耕之必经之路。显然,在当时,这个天安门广场是北京城中轴线的一个组成单元,它以当时的红墙为界,含南端的大明门(大清门),不含北缘的天安门(天安门计入天安门里单元)。还需要提及的一点是,明清时期的这个天安门广场单元与正阳门单元之间还有一个过渡性单元,以棋盘街地名,可以称其为棋盘街单元,是一个广深各数百步的小广场。

现在我们看到的天安门广场是 20 世纪大改造之后形成的,这个改造始于中华民国成立后,而改的高潮在 50 年代。其中主要的变化是:拆除了原中华门、长安左门、长安右门、千步廊以及外围的红墙;大大扩大了广场;建造人民大会堂、国家博物馆、人民英雄纪念碑、毛主席纪念堂等大型公共建筑;修缮天安门及增建了观礼台等配套设施;打通东、西长安街成为通衢大道等。改造之后,天安门广场成为了国家政治中心的象征、广大人民群众集会的场所和全国人民向往的地方。它的面貌与封建时代的那个 T 字形广场已经不可同日而语,它所代表的社会制度已经翻天覆地,但它仍然是北京城中轴线不可或缺的组成部分,仍然占据着无可替代的"政治之轴"的地位。经过这个改造、传承和发展之后,对现在的天安门广场这个单元还要进一步明确三点。一是天安门城楼由原来属于天安门里单元转而属于现在的天安门广场单元,自辛亥革命开始,至 1949 年在天安门城楼上宣布中华人民共和国成立,这个转折得以完成。二是现在的天安门广场单元东边包括国家博物馆,西边包括人民大会堂,中间包括人民英雄纪念碑和毛主席纪念堂。三是明清时期的棋盘街单元已经融入现在的天安门广场单元。

3. 自辛亥革命开始,至 1949 年之后,为适应新的时代的需求,北京城中轴线上一部分单元的功能有了改变,如原太庙由皇帝宗庙、祭祀祖先之地转变为劳动人民文化宫;原天坛由皇家的祭天之坛转变为市民的公园,原先农坛里开辟了大型体育场等。这种改变确实带来了一些问题,不利于历史文化名城的保护。好在这些单元,其古建筑的精华作为文物的国保单位,多数得到了较好的保护。笔者认为,劳动人民文化宫,没有必要恢复其原来的功能。天坛,是否有必要恢复其皇家祭天的活动可以讨论,但有一条可以肯定,即使是恢复,也要让现代的民众能够从中得到优秀传统文化的熏陶,得到人必须与"天"和谐相处的启示,亦即必须在现代意识的观照下考虑对传统文化的继承和发展,而不是形式上的"复古"。

4.由于思想认识上的局限性,北京城中轴线上的少数建筑也有被拆毁的,这不得不说是历史性的遗憾,如永定门、地安门、北上门以及先农坛里的"一亩三分地"等。好在人们已经开始反思。永定门城楼已于前些年复建,笔者建议继续将其瓮城和箭楼复建起来(包括护城河恢复原格局)。也建议将地安门、北上门以及先农坛里的"一亩三分地"复建起来。现在的经济条件和技术条件已经足以保障复建如旧。

如果说,明清北京城中轴线的中心和象征是三大殿,或者扩大一点说是紫禁城,那么在当代,这个中心和象征已经转移到了包括天安门在内的天安门广场。

在部分单元的形态、文化和功能发生了局部改变的情况下,北京城中轴线性质的三个定位并没有发生根本的改变,其作为"基准之轴"、"凝聚之轴"、"政治之轴"的地位和作用得到了保护、传承和发展。现在的北京城中轴线,既给今天的世人提供了中国封建时代的三个"之轴"基本完整的范本,同时给出了顺应时代变化保护、传承和发展的成功案例(当然同时也有失误的教训)。所以它理应是全人类的永久财富。也可以用六句话24个字来概括当代的北京城中轴线:历史名城,完整中轴,人民时代,政治中心,保护传承,人类享用。

从以上对北京城中轴线的分析,可以得到以下三点启示:

1.一个活态的城市,要求其一成不变,是不应该也不可能的。变是不可避免的,关键在于保护、传承、发展不可偏废。

2.历史和文化是造就一个城市特点和气质的主要因素,也是城市发展的原动力之一。尊重历史、传承文化、保护遗产,是每一个城市的重要职责。

3.由于时代的不同,历史上形成的部分文化就其表层的内容而言,对于当代社会可能是不适用的。这种情况下,重要的是发掘其合理的内核,在现代观念的观照下,加以传承发展,而不是简单的"复古"。

南越国都番禺城形态结构特征与形成原因

吴宏岐

（暨南大学文学院历史学系，历史地理研究中心）

一、南越国都番禺城的规模与范围

关于南越国都番禺城的规模与范围，史无明文记载，只是有一些关于这座都城周长的记载。宋人乐史《太平寰宇记》说："五羊城，按《续南越志》：旧说有五仙人乘五色羊、执六穗秬而至，今呼五羊城是也。按其城周十里，初，尉佗筑之，后为步骘修之，晚为黄巢所焚。"[①]明人黄佐《广东通志》记载："广州城始筑自越人公孙隅，号曰南武。后任嚣、赵佗增筑之，在郡东，周十里"[②]；又说："先是粤王子孙臣服于楚，逾岭而南，止于斯，开楚亭曰南武。威王时有五羊衔谷之祥，佗因筑五羊城，周南海郡，凡十里。"[③]清人顾祖禹《读史方舆纪要》亦云："又相传南海人高固为楚威王相时，有五羊衔谷萃于楚亭，遂增筑南武城，周十里，号五羊城。"[④]《大清一统志》也说："其城周十里，尉佗筑，步骘修之，晚为黄巢所焚。"[⑤]今人也

---

① （宋）乐史：《太平寰宇记》卷157《岭南道一·广州·南海县》，光绪八年（1882年）金陵书局刊本。

② 嘉靖《广东通志》卷15《舆地三·城池坊都》，广东省地方志办公室誊印本，1997年，第352页。

③ 嘉靖《广东通志》卷28《政事志一·公署上》，第667页。

④ （清）顾祖禹：《读史方舆纪要》卷101《广东二·广州府·番禺县·广州城》，上海书店出版社1998年版，第656页。

⑤ 嘉庆重修《大清一统志》卷442《广州府二·古迹》，《续修四库全书》第622册，史部·地理类，第430页下。

多持城周十里之说,如麦英豪、①曾昭璇、②徐俊鸣、③周霞、④徐晓梅、⑤张荣芳、黄森章、⑥杨万秀、钟卓安等,⑦大率如此。惟陈代光在《广州城市发展史》一书中谓为"周四十里",⑧未详所据。从其书引用徐晓梅《古广州的城建规划考略》一文所说"赵佗把城池扩大到周长10里,号为越城,俗称赵佗"之语而推论说"规模不大,是一座小城"的情况来看,⑨当是行文不慎而致误。

宋人乐史、明人黄佐等的"周十里"的数据,来源不是十分清楚,但当有所本,在没有发现别的数据之前,只得采用这个数据作为分析南越国都番禺城(指其内城区和外城区,而不包括城外郭区)的规模与范围的一个基础性数据。当然,史书中虽然有关于南越国都番禺城周长方面的数据,但严格地说还不能算作是这座都城城市规模的数据,因为城市规模不仅与周长有关,还与城市的平面形状有关,同样的周长,正方形与长方形城池的规模是颇有出入的。然而关于南越国都番禺城的平面形状,史料记载不详,史无明文,这就需要结合考古材料先对其四面城墙的界址进行合理的推测,并进而分析研究这座都城的平面形状和城市规模。

关于南越国都番禺城的四面界址,麦英豪在20多年前就曾根据考古发现情况进行过初步研究,他认为"依水道位置推定,当日的番禺城就在现今的广州城区之内",宋代的子城与东城的范围与南越国都番禺城的四面界址有一定的关系,结合相关考古发现就可对当日番禺城的范围作大致推测:"1976年,在秦汉造船工场遗址的西面相距约300米,在地表之下5米处发现一处东汉的造船遗址,露出几个木墩,有的木墩下用东汉陶罐片和东汉墓砖垫平。这又是确定佗城(番禺城)位置的一条重要界线。换言之,当日番禺城的西界不会越过这里";"1984年,在文德路文化大楼工地(第一工人文化宫与造船遗址之间),在地表下约4米即可见河滩淤积泥,在一些基础孔中还挖出一些残木板。当日番禺城南

① 麦英豪:《广州城始建年代及其他》,中国考古学会编辑:《中国考古学会第五次年会论文集:1985》,文物出版社1988年版,第79—92页。
② 曾昭璇:《广州历史地理》,广东人民出版社1991年版,第218页。
③ 徐俊鸣:《广州市区的水陆变迁初探》,载氏著:《岭南历史地理论集》,中山大学学报编辑部,1990年,第10—28页。
④ 周霞:《广州城市形态演进》,中国建筑工业出版社2006年版,第24页。
⑤ 徐晓梅:《古广州的城建规划考略》,载《羊城古今》1988年第2期,第42—44页。
⑥ 张荣芳、黄淼章:《南越国史》,广东人民出版社1995年版,第67页。
⑦ 杨万秀、钟卓安:《广州简史》,广东人民出版社1996年版,第35页。
⑧ 陈代光:《广州城市发展史》,暨南大学出版社1996年版,第44页。
⑨ 陈代光:《广州城市发展史》,第74页。

墙的界线应从这个地点稍往北移";"宋代子城的北界当在今日东风路以南,番禺城的北界应与子城北界相近";汉番禺城的东界与宋东城一致,"按宋代盐仓即今之旧仓巷,往东至中山四路芳草街,所谓东城就在这个范围内。因为芳草街往东一点就是越秀路,这是明清时期扩大的广州城的东城墙所在。"麦氏还指出,"西汉早期的墓,离城较近,西汉中期以后,距离城区渐远,这种现象反映了随着人口的渐增,城区的扩大,葬地就愈来愈远。试举西汉早期墓的分布为例,若以今天的中山四路旧仓巷为中心,在这中心点最近点是解放北路广东迎宾馆(更近的点是人民公园,有晋、南朝墓),东边最近点是烈士陵园的红花岗,东西直线相距不足2公里,这个中心应是秦汉时的番禺城的所在。红花岗、人民公园已是葬地,在当日应是附郭之野。赵佗城只是个小城,周十里,似较可信。"①

黎显衡的观点与麦英豪颇有不同,他认为"赵佗城的位置在今广州市中山四路与中山五路之间,东起旧仓巷,西迄吉祥路之东,南临中山四路、中山五路,北至越华路之南侧",其具体考证是:"在旧仓巷至芳草街之间,迄今仍未发现西汉文化层","赵佗城东廓位置不超出旧仓巷,更不会是芳草街";"赵佗城的西廓位置在吉祥路之东,大致在黄黎巷至原艳芳照相馆南北一线。黄泥巷原称黄鹏巷,在南汉时期,此地仍是湖泊,称西湖。近年,中山五路地铁施工时,曾发现青风桥及南汉西湖堤岸遗迹。西汉南越国比南汉国早近千年,那时湖泊面积更大,赵佗城的墙基不会筑在西湖上,可能筑于湖泊的东岸边,利用湖泊护城";"在东起城隍庙,西至原新华电影院之间,先后发现了南赵(越字之误)国王宫御花园和宫殿遗迹,分布于中山四、五路之北,其路南面的大学鞋店工地和新大新公司对面临建商铺的工地,都未发现有西汉文化遗迹,可知南越国都城南廓尚未超过中山路";"赵佗城北廓位置在越华路之南。汉时越华路之北至越秀山下为一片洼地","在越华路与广大路之间,曾发现宋城遗址,宋城北廓从越华路东端至越华路西端。宋东城是在古越城的城基建起来的,赵佗城北廓的位置,就是宋东城北廓的位置"②。

曾昭璇认为"南越国都城番禺城是在今天广州市中山五路财政厅前地点","番禺城南临珠江,东西为文溪东支和文溪西支所经","城址大致东至德政路,西至吉祥路,南至西湖路,北至越华路,周约十里。包括东边的任嚣城和西部的赵

---

① 麦英豪:《广州城始建年代及其他》。

② 黎显衡:《关于赵佗城问题之探讨》,《广东文物·千年特刊》,广东文物管理委员会编辑出版,2000年8月,第53—58页。

佗城",“上述番禺都城范围,比市文管会用古建筑遗址定出的四至较宽。亦符合‘周十里’的记载”①。

另外,陈柏坚、黄启臣提出,“在赵氏割据期间,他在任嚣城的基础上,扩建城池,使之成为南越国的‘首都’,后人把赵佗扩建后番禺城称‘佗城’。城址在任嚣城原址向西南扩大,把今新华电影院至旧城隍庙一段地方建为赵佗新城。新城的西至是:北到今越华路,南到西湖路,西到教育路,东到仓边路,周十里”②。

新近陈泽泓评述说,“上述四说大同小异,所说范围四至,东西面大致一致,南北面有出入,南面出入较大,但整个范围都是很有限的,基本拘于‘周十里’”。对于赵佗城南垣,他考证说:“黎说认为其南临中山路,而麦说则认为现再往南约300米。黎说的理由是中山路南未发现有西汉文化遗迹。还论证了赵佗城南廊之不可能在文明路。不过,2000年在西湖路与惠福东路之间、大佛寺的西面发掘出一处木构水闸遗迹。水闸自北向南,呈‘八’字形敞开,闸口宽5米,南北长35米,规模相当宏大。这里是两千年前珠江的北岸线,开闸时,自北向南排水入珠江,闸板落下,可防江潮倒灌。水闸层位出土有南越国‘万岁’瓦当,与南越国御苑遗物相同。在水闸南边,发现了可能是东汉时期的城墙基址。南越国水关的发现,是南越国都城的番禺城南城墙已到了当时珠江边的实证。而这一位置正在麦说的赵佗城南垣水平线上。与曾说的‘番禺城南临珠江’、陈黄说的‘南到西湖路’吻合。”在综述前人说法的基础,陈泽泓提出了自己的推断:“南越国赵佗城的位置,应当是北至越华路,南至惠福路,东至旧仓巷西侧的城隍庙,西至吉祥路。这是一个较为方正的正方形。”③

笔者认为,麦英豪将南越国都番禺城与汉番禺城混同是不妥当的,所定南越国都番禺城的四至也略嫌宽泛,而黎显衡所定南界和东界,陈柏坚、黄启臣、陈泽泓所定东界,均有些局促,相比较而言,曾昭璇所定四界的位置似较为合理一些。因为越华路一带是低洼之地,当日番禺城的北界当不超过此路;西湖路一带旧为湖泊所在,当日番禺城西界当在此路之东;所谓南越国水闸(或称水关)遗迹,极

① 曾昭璇、曾宪珊:《南越国都番禺城的城市结构》,中国古都学会编:《中国古都研究》第11辑,山西人民出版社1994年版,第303—323页。
② 陈柏坚、黄启臣:《广州外贸史》(上),广州出版社1995年版,第39页。
③ 陈泽泓:《南越国番禺城析论》,中国古都学会编:《中国古都研究》第23辑,三秦出版社2008年版,第106—123页。

有可能本身就是当日番禺城南垣的一个水门遗迹[①]，也就是说这个遗迹正好指示了南垣的所在，至于水闸南边的被考古工作初步推断为"可能是一段东汉时的城墙基址"[②]，估计是东汉末年步骘所修番禺城的南垣遗迹，步骘所修番禺城南垣南移，估计与珠江江岸南移有一定关系，所以笔者倾向于将南越国番禺城的南垣确定在南越国水闸遗迹一线，即今西湖路与惠福东路之间；相对而言，目前学者间对番禺城东界的分歧较大，考虑到宋代东城与秦时任嚣城的渊源关系，笔者赞同麦英豪将南越国番禺城东部推定在旧仓巷至芳草街之间的思路，而芳草街西临德政北路[③]，所以曾昭璇所说"东至德政路"与麦英豪的看法是大致相同的。

对于南越国都番禺城的周长问题，徐俊鸣曾进行过一些分析，他认为古越城（或赵佗城）"实际上包括甘溪下游东西两侧，亦即包括宋代广州的中城和东城在内，盖宋代中城周长五里。东城四里，二者共九里。我国秦汉时的尺度比唐宋时约短十分之一，即秦汉时的十里约等于唐宋时的九里。两个数字可说基本一致"。[④] 此说曾被一些学者所引用，[⑤]但未必完全可从。因为宋代广州东城和中城的范围与南越国都番禺城的范围不尽相同，其中东城可能借用任嚣城（即赵佗城的东部）的大部分墙垣旧基，但中城则是因用了南汉兴王府城的旧规，较之东汉至唐代的广州城（前身大概即赵佗城的西部，但范围可能也不尽相同），多出了南汉的新南城部分。范围既然不尽相同，就很难说"两个数字可说基本一致"。

另外，还需要特别值得注意的是，南越国都番禺城的城垣范围并不能完全代表这个城市的建成区范围。陈泽泓在前引《南越国番禺城析论》一文中，针对赵佗城提出以下几点疑问：

一是赵佗城与《史记》、《汉书》中所记载的同时代都会相比为何面积悬殊。据发掘考证，《史记·货殖列传》中同列为都会的燕下都、齐临淄、赵邯郸等战国故城，其遗址面积分别为 32、21、21 平方公里。番禺城面积却还不到 2 平方公里。

---

① 据史书记载，春秋时期的伍子胥所筑吴国都城的大城，"周回四十七里。陆门八，以象天八风。水门八，以法地八聪。"参见（汉）赵晔：《吴越春秋》卷4《阖闾内传》，江苏古籍出版社1986年版，第25页）南方多水地区自古多有修建水门之例证，所以不排除南越国水闸遗迹即是水门遗迹的可能性。新近胡建撰文认为，"距离宫署较近的西湖路附近的水闸遗址，应该属于都城的西南水门"，"与楚国纪南城的西南水门相近，成为城市南部的水道枢纽"。参见胡建：《南越国都番禺建筑的美学特征》，《华中建筑》2006年第11期，第66—70页。

② 广州市文化局编：《广州文物保护工作五年》，广州出版社2001年版，第30页。

③ 广州市东山区地方志编纂委员会编：《广州市东山区志》卷首《东山区行政区划图》，广东人民出版社1999年版。

④ 徐俊鸣：《广州市区的水陆变迁初探》。

⑤ 周霞：《广州城市形态演进》，第24页。

二是南越国官制仿制西汉,在中央设有丞相、内史、御史、中尉、太傅以及其余文武百官。那么,番禺城如果是只有 2 平方公里的弹丸之地,如何安得下文武百官(他们也有办公及安置家属之府邸)以及满足王室及中央政权的供给及各种服务需求的子民。

三是南越王宫苑的建筑材料表明南越国具有不低的建设能力,为何都城如此狭小。赵佗城的建筑构件之宏大,例如在南越王宫遗址出土有 0.95 米见方、厚 0.15 米的铺地砖,其巨大堪称“中国第一大砖”,有国内罕见的陶空心踏步,有用于宫殿转角基台处的斜面印花砖,还有专用于砌井圈的弧形小砖,说明南越国的制砖技术已达到相当的水平。既然南越国具有如此先进的建筑材料和水平,持续近一个世纪的国都的规模还会那么狭小吗?

四是数目庞大的军人、民户,在赵佗城何以安身?秦平岭南,在岭南原住民的聚居地建立的为数不多的政治中心,实际上更是军事中心,那么,岭南首郡南海郡治番禺,后来又成为南越国统治中心的番禺城,原有那么多居民又住到哪去了?进军岭南的秦军人数甚众,《淮南子》所说的 50 万大军之数固然不可尽信,但数万之驻防在首都还是必要的。这么多的军人又居住于何处?供应驻军日常必需,又要多少民工、民户要住在这里?战国齐都临淄,城中有七万户,总人口当在 30 万以上,南越国都番禺城的人口也当在数以十万计以上。这些人又怎能挤进这座 2 平方公里的宫城呢?

通过对上述疑问的认真思考和一系列论证,陈泽泓得到了这样的结论:“问题出在‘周十里’的赵佗城与番禺城不是一回事。诚然,赵佗城的范围很可能就是宋代子城的范围,但是,宋代的广州城是一个州城,而南越国的番禺城是一个国都,虽然赵佗城的城址没有变化,与宋代子城相比范围也没有变化,居民的成分却是改变了,城区的功能改变了,因此,原先的番禺城并没有局限在宋代子城的范围之内。事实上,方圆十里的赵佗城,只能是南越国的宫城。考古发现证明,在南越王宫所在赵佗城外围,存在着一个更大的番禺城。”并且,“在宫城以外,还存着外郭,或称外城”,而“南越国番禺城首先是岭南政治中心和军事中心,然后才是商业和手工业集中的区域经济中心”,所以“番禺城是一个有较大面积的城市,具有政治、军事中心及商业、手工业等功能,是一个生机勃勃(的城市)”。①

笔者虽然对陈泽泓“赵佗城的范围很可能就是宋代子城的范围”这个说法不

---

① 陈泽泓:《南越国番禺城析论》。

能苟同,但对于他的"在南越王宫所在赵佗城外围,存在着一个更大的番禺城"这个基本论断,还是完全赞同的,因为的确有越来越多的考古发现证实,在中山四路、五路为核心的南越宫苑遗址区外围,当时有不少的居民点和手工业点遗迹,也就是说,南越国都番禺城的四周应当存在一定规模的外郭区。不过,这些外郭区未必筑有城,所以并不宜被称作"外城"或者"外郭城"。

二、南越国都番禺城的性质与外部形态特征

在前引《南越国番禺城析论》一文中,陈泽泓对南越国都番禺城的性质与外部形态作了初步的推断,即认为"番禺城成为南越国都,内城即宫城,在任嚣城的基础上改建为现在所认定的'赵佗城'","周长十里的'赵佗城',基本上是一座宫城","宫城的轮廓基本上是正方形"。

对于上述论点,笔者认为还有一些问题需要进一步研究。

(一) 南越国都番禺城的性质与基本结构

在任嚣城的基础上改建而成的"赵佗城",并非全部是南越王的宫殿和宫苑,还应当包括官署区甚至部分居民区在内,所以应当是内城性质(甚至可能说还包括外城),而不是单纯的宫城。这个问题涉及任嚣城与赵佗城的关系。

目前学界一般认为,南越国都番禺城亦即赵佗城是由秦南海郡城即任嚣城直接扩建而来,所以任嚣城的中心区与赵佗城的中心区基本上是重合的,均位于今天广州市中山四路、五路一带,如《广州市文物志》、《广州文物志》、《广州市志》、《广州秦汉考古三大发现》、《南越宫苑遗址 1995、1997 年考古发掘报告》等书的有关附图均作如此标绘①。徐俊鸣曾从地形学的角度,对任嚣城和赵佗城的关系进行过一番考证:"秦代以前,广州最早的名称,虽有'楚庭'和'南武城'的传说,但其位置何在,人莫能道。而能指出其大概位置的只有秦代的番禺城。由于该城系秦代南海郡尉任嚣所筑,故又称'任嚣城'。据南宋方信孺《南海百咏》

① 《广州市文物志》编委会:《广州市文物志》,岭南美术出版社 1990 年版,第 35 页《广州古代城址变迁示意图》;广州市文化局、广州市地方志办公室、广州市文物考古研究所:《广州文物志》,广州出版社 2000 年版,第 7 页《广州古代城址变迁示意图》;广州市地方志编纂委员会:《广州市志》卷 3《城市规划志》,广州出版社 1995 年版,第 38 页《广州市历代城址变迁图》;广州市文化局:《广州秦汉考古三大发现》,广州出版社 1999 年版,卷首附图;南越王宫博物馆筹建处、广州市文物考古研究所:《南越宫苑遗址 1995、1997 年考古发掘报告》(上),文物出版社 2008 年版,第 303 页《南越国都城与汉唐时期甘溪位置示意图》。

转引北宋初郑熊《番禺杂志》说:'在今城东二百步,小城也。始嚣所理,后呼东城,今为盐仓,即旧番禺县也。'据后人考证,宋代盐仓在今旧仓巷和仓边街(登峰南路)一带。旧仓巷西侧在旧城隍庙(文德路北端)后,地势陡高,俗称'高坡',今仍可见,相传为古之禺山,古诗有'欲问禺山何处是,路旁童子说高坡'。但也有人认为高坡是番山,而禺山却在其南(今中山图书馆侧)或其北(小北大石街清虚洞)","秦汉之际,继任嚣统治南海郡的赵佗,曾把'任嚣城'扩大到周长十里,俗称'越城'或'赵佗城'。关于任嚣城和赵佗地原位置,过去有两种不同的说法:一说在今登峰南路(即甘溪下游)之西,一说在登峰南路之东。从地形上看,前者有台地依傍,形势比较优越,而后者地势卑洼,不利于防御。秦代进兵岭南时,曾受过当地越人的坚强的抵抗,则它在这里建立的重要政治军事据点,势必选择一个较为有利于防御之地建城。但宋代的广州东城(它位于甘溪的下游之东)却明言建于古越城之上,可见古越城也曾包括甘溪下游以东之地。"①徐氏是岭南历史地理学名家,其说有一定的影响,如周霞新近的相关论著,即全盘吸收了徐俊鸣的考证成果②。但是徐俊鸣关于任嚣城与赵佗城关系的论证,有不少矛盾的地方,从宋《南海百咏》引《番禺杂志》的说法可知,当宋代修东城之时,任嚣城仍存城垣遗址,是一个独立的小城,则南越国时期自然也存在着这样的独立的小城垣。徐俊鸣既然承认宋代的广州东城在甘溪下游(即曾昭璇所说的文溪东支)之东,则亦当相应承认秦时的任嚣城是在同样的位置,但他由于泥于地形之说,将任嚣城与赵佗城完全混同,从而将任嚣城与赵佗城的位置一并确定在今登峰南路(即甘溪下游)之西。由于其地形学分析与历史文献分析相脱接,在方法论上存在漏洞,所以所得研究结论就不一定可靠。

曾昭璇《广州历史地理》一书对于任嚣城有另外一番考证,值得引起重视。他认为任嚣城是南武城的第二次扩展,"宋《南海百咏》即称这城为'任嚣城'。增筑有多种方式,例如加筑一座小城于南武城侧也是增筑。如按五羊城为楚庭城扩大,则当在今教育路到登峰路700米距离之间。而任嚣城却在此城之东的。可见任嚣增筑南武城是在旁加一个小城的方式。宋《南海百咏》'任嚣城'条诗序称:'《番禺杂志》云:今城东二百步,小城也。始嚣所理,后呼东城,今为盐仓。即旧番禺县也。'这个城小到什么程度,《唐坰记略》说:'旧有城,在州之东,规模近

① 徐俊鸣:《广州市区的水陆变迁初探》。
② 周霞:《广州城市形态演进》,第24页。

隘,仅能藩离官舍暨中人数百家。'这个城可能即'任嚣城'。"①后来在另一篇论文里,曾昭璇更是力倡任嚣城即宋东城之说,认为"番禺城东部文溪东岸是任嚣城址。这座城是秦尉任嚣攻占岭南地方立郡时的尉署,故于古南武城侧建立,是座小城","番禺县址即今广州市图书馆地址,隔文溪与王都城相对。宋人已有记述","知宋代东城即任嚣城址,大体未有变化"。② 基于这样的认识,曾昭璇明确提出,南越国都城番禺城"包括东边的任嚣城和西部的赵佗城",总共是"周约十里","番禺王都都城目前只由考古证据指出中山五路、四路北侧财政厅地点,但王都范围如何,因它只是番禺城西部分,因东部为任嚣城址。王都部分可从步骘城北(按:址之误)推定",步骘"建城是只把赵佗王都修建,而不是把城市都改拆,这样才能快速和节省。按原基础兴建是最经济的方案,不影响都会的生产。故笔者认为步骘城不是秦南海郡城,而是秦南海郡城西半部(大半部)。即只修复赵佗的王都部分而已。这部分是赵佗新建的,这由中山四路西段越王宫址地下大型木结构是在海滩上兴建可以说明,即越王宫是在新辟河滩上建立,而不是在文化层上建立,故属新建(扩建部分)。从黑色淤泥层的分布和倾向,即在新大新公司下是向西南倾斜的,而在北面是向北倾斜,表明当日文溪是由城北向西后南流的"。这个论证较为细致,大致可从。不过,曾昭璇的考证也有一些不妥之处,他既认为赵佗新筑的部分只是番禺城的西半部分,但同时又认为"秦南海郡城,即赵佗用为王城,包括了他的公署即任嚣城在内"③,这就显得思维有些混乱,因为任嚣城既然是赵佗建国以前所筑,则即为秦南海郡城,而南越国都赵佗城应当是新筑的西面宫城与原来的任嚣城的共同体。赵佗建城时为什么要保留任嚣城?道理比较简单,因为赵佗只是要在任嚣城西侧新修一个宫城,而南海郡治和番禺县治仍要安排在原来的秦南海郡城即任嚣城中。如果这个推测成立的话,只能说明南越国都番禺城是东西两城相连的双城结构,东城是郡县官署和部分居民区所在,可视为外城,西城才是以宫殿和宫苑为主(估计也包括中央官署)的内城,只不过如曾昭璇所说,赵佗新修的西半部分的内城比东半部分的外城略大一些而已。

(二)南越国都番禺城的外部形态特征

赵佗城的轮廓基本上是正方形的说法也不太可靠。由于将赵佗城的东界划定在"旧仓巷西侧的城隍庙",而不包括旧仓巷之东至德政路之间的原任嚣城范

① 曾昭璇:《广州历史地理》,第205—207页。
② 曾昭璇、曾宪珊:《南越国都番禺城的城市结构》。
③ 曾昭璇、曾宪珊:《南越国都番禺城的城市结构》。

围,陈泽泓认为"在宫城以外,还存着外郭,或称外城",而"南越国番禺城首先是岭南政治中心和军事中心,然后才是商业和手工业集中的区域经济中心",所以"番禺城是一个有较大面积的城市,具有政治、军事中心及商业、手工业等功能,是一个生机勃勃(的城市)"。①

赵佗城只是宫城或者内城性质,其"轮廓基本上是正方形",前引《广州市文物志》、《广州文物志》、《广州市志》、《广州秦汉考古三大发现》等的有关附图也均是如此绘法。但曾昭璇依据自己的考证成果,在所绘的《越城位置约示图》上却将越城(按即一般人所说的赵佗城)绘成东西略长的长方形②,而采用徐俊鸣考证成果的周霞在其所绘南越国都城的城址范围示意图中,则将南越国都城绘成东西更长的不规则长方,虽然所绘南越国都番禺城的外部形态与曾昭璇所绘越城略同,但所示任嚣城的位置过于偏西,而番禺城的东半部也略显大了一些③。当然,也有人在所绘《南越国番禺都城示意图》中将都城的东垣按照文溪的流向绘成偏东南的走向,因而整个都城的形态就呈现为一个上窄下宽的不规则梯形④。对于南越国都番禺城的外部形态特征,目前都只是推测,但笔者更倾向于认同曾昭璇的观点,即认为南越国都番禺城(即赵佗城或者越城)是一个东西略长的长方形,至于这个长方形是否不太规则,四边的城垣具体的走向如何,则只能等待考古学界有了更新的成果以后,才能作进一步的论证。

(三)南越国都番禺城的城池结构、城门设置、街道和中轴线

南越国都番禺城的城池结构、城门设置、街道和中轴线等相关问题,也可作进一步的推测。

古代修城,大多是城池结合,即在城垣外围往往开挖有护城河,以便军事上的防守。当然护城河可以是人工挖掘而成,也可以是利用自然水道,后一种情况在南方的城池中表现得较为普遍。南越国都番禺城除了有东西二城以外,其外围也是环有护城河。据曾昭璇研究,"因为番禺城正好位于珠江平原上,北靠越秀山,南临珠江,平原有 20 米台地被剥蚀成低丘,高出平原 5 米—8 米,称为禺山和番山。禺山之西、番山之东各有小溪环绕,汇于越秀山前,使番禺城成为四面环水的保护形势,即文溪水道。据《舆地纪胜》引唐庚记称:'(越王台)台据背

---

① 陈泽泓:《南越国番禺城析论》。
② 曾昭璇:《广州历史地理》,广东人民出版社 1991 年版,第 215 页。
③ 周霞:《广州城市形态演进》,第 24 页。
④ 胡建:《南越国都番禺建筑的美学特征》,《华中建筑》2006 年第 11 期,第 66—70 页。

山(今越秀山)南临小溪,横浦(指北江),牂牁之水(指西江),辐辏于其下。'即指番禺北的地形形势,即今天中山纪念堂、广东省人民政府一带是低洼地,有文溪流入,为后代开城北护城河所依据(今濠弦路及百灵路北大坑)";"惠福路处旧名大市街,是唐代沿江大街。双门底即在番禺二山之间,为唐代清海军军门,即唐代广州城南门。唐代珠江边在双门外是无疑的。所谓'南临牂牁'即指此。牂牁江广数里,今由西湖路到河南南华路(古代珠江南岸江边),在 1500 米以上,亦合三里多。故《史记·西南夷列传》称:'牂牁江广数里,出番禺城下'。正是南越国都南临珠江的形势";"东支文溪沿今登峰路、大塘街、长塘街到思贤路(即盐司街),为古文溪东支所经,由小北门南下(今小北花圈),经中山四路过文溪时,建有文溪桥(李昂英建),入清后改名明月桥,今仍为排水大渠。文溪断流后,成长塘、大塘了";"西支文溪由大北街过省政府、中山纪念堂南面转入华宁里、黄泥巷(南汉黄鹂港地),过七块石(现存六块)、九曜池(宋西湖)出壕。今九曜池仍存,药洲九曜石仍在,池底泉眼(如珠泉等)仍在喷水,说明文溪古河池是天然河道。其东西湖路下为淤泥层,埋有象胫骨,由作者采集。其东即禺山,广州百货公司地基即为红层凿平禺山之处。当为番禺城西界";"越华路北部平地,在省政府东边地下基建时,亦发现河滩及河床地堆积,中山纪念堂亦多沙砾层,故俗名'沙地',显为河流冲积地"①。看来当时番禺的城北、城西、城南分别是用了文溪、文溪西支、珠江这三条自然河道作为护城河的。但是,城东护城河可能是有二条水道,因为据曾昭璇所绘《文溪穿城入濠简示图》,文溪东支是在宋东城(即秦任嚣城)的偏西部,东城的东面②,所以只对当时番禺城的西城(即赵佗新扩建的部分)的防护作用,至于任嚣城的东面,似另有一河防护。曾昭璇考证说,"宋东城东界可能在今番禺县学之西,即农民讲习所西侧。芳草街已是城外。今天在芳草街下掘出蚬壳层,也说明这里是古代河床地方"③。这虽然说的是宋代的情况,但既然宋东城与秦任嚣城有一定渊源关系,则秦任嚣城亦即南越国都的东城的东面,也当是类似的。

关于南越国都番禺城的城门设置情况,学者多未论及。这里可据宋中城与东城的城门设置情况略作推测。元大德《南海志》记载宋子城(即中城)有四门,东城有三门,具体情况如下:

---

① 曾昭璇、曾宪珊:《南越国都番禺城的城市结构》。
② 曾昭璇:《广州历史地理》,第 67 页。
③ 曾昭璇:《广州历史地理》,第 286 页。

镇南门：子城之南门也；

行春门：子城之东门；

有年门：子城之西门；

冲霄门：在子城之东南隅，州学之直；

迎春门：在东城之南；

拱辰门：在东城之北；

震东门：在东城之东。①

宋时子城的城南、城东南、城东、城西各有一门，不开北门，当是出于军事防卫的考虑，估计南越国的西城也是如此，但未必有东南门，而是多了一个西南水门，亦为四门；宋时东城有三门，但因为子城东门行春门实际上与东城共有，所以东城其实也是四门，估计秦时任嚣城即南越都城的东城的四面也各有一门。另外，据曾昭璇研究，唐时文溪（东支）的下游称"东澳"，"可见是船只可泊地点"，"今思贤街，即盐司街，长塘即运盐河文溪的残迹，因宋盐仓即番禺县古城，故文溪宋代可行船"②，南越国时期之时必定也是河流宽阔可行船，所以不排除当时的番禺城的东城与西城一样，也设有一个西南水门。东城的西南水门，相对于整个番禺城而议，仍然是在东南面。史书记载，元鼎六年（前111年）冬，汉军将领伏波将军路博德、楼船将军杨仆分兵进至番禺城下后，其中"楼船自择便处，居东南面；伏波居西北面。会暮，楼船攻败越人，纵火烧城"，"楼船力攻烧城"③。楼船将军杨仆从番禺城的东南面攻败越人，或许正是从东城的水门进入番禺城的。

关于南越国番禺城的街道情况，曾昭璇推测说，"越城东南角应为番山，北为越王宫。街道当为丁字形，宫前南通珠江岸上大道和东西向大道，即今中山路和北京路址"④。所说颇有道理，因为东、西、南三面各有一个城门（不计西南水门）的情况是适应的。换句话说，南越王宫前的南向大道和东西向大道，也正是番禺城的两条城市建筑中轴线所在。当时番禺城的东城规模较小，但估计也有四个城门，其东西城门之间的连线较短，只能视作番禺城内城即西城东西大道的延伸部分，但东城内南北向的大道估计在秦代任嚣城时代即已略见规模，所以也可以说是南越国番禺城的另外一条次要的南北向中轴线。

---

① 广州市地方志编纂委员会编：《元大德南海志残本》卷8《城濠》，广东人民出版社1991年版，第54—55页。

② 曾昭璇：《广州历史地理》，第66页。

③ （汉）司马迁：《史记》卷113《南越列传》，中华书局1982年版，第2975—2976页。

④ 曾昭璇：《广州历史地理》，广东人民出版社1991年版，第216页。

三、南越国都番禺城的内部空间结构特征

南越国番禺的规模与形态基本清楚以后,就可以进而分析这座城市的内部空间结构特征,即其城市内部的各种功能区的分布情况。

关于南越国都番禺城的城市结构,以往曾昭璇曾根据考古及文献资料,作过初步的分析,认为城市结构可分为五区:1.城内宫殿和官署区;2.内城的道路系统;3.城西北宫苑区;4.城北皇陵区;5.城外的墓葬区。[①] 但是他的分析存在不少漏洞,例如他说"南越王都内规制可分宫廷、官衙论述",但是只提到"宫殿区由市文化局连及新大新公司",而不及于官衙;又如,他将南越王城西侧文溪之西划为王城宫苑区的一个主要依据是"今光孝寺地即南越国王赵建德未立国王时的住宅",也明显混淆了帝王与王室成员的区别;更为严重者,是对番禺城的手工业区和居民区基本上未做任何说明。

新近有不少学者对南越国番禺城的内部结构特征发表了自己的看法,如周霞就提出,"从汉初葬墓分布范围和考古发掘来看,南越国都城的宫殿区在北面,东面和南面为越人生活居住区。也就是南越国都城的布局,可能并不是目前学术界普遍认为的是以南越王宫为中心的,而是宫殿区在西面,南越人生活居住区(相当于郭城区)居东南,体现了早期以西为尊的思想"[②]。陈泽泓也认为,"汉长安城东北就是手工业作坊所在地,南越国王室、贵族、官员和军队所需的手工业品作坊,也可能在番禺城附近乃至城内","广州城区地形比较复杂,外郭只能因地制宜,造成了城外官民居住状态的复杂性"[③]。

这里依据历史文献记载与考古材料,并结合相关研究成果,对南越国番禺城的内部结构特征再作进一步的分析论证。

(一)内城的宫殿区、宫苑区和中央官署区

如前所考,南越国都番禺的西半部是赵佗新扩建的部分,属于整个番禺城的内城部分。之所以要将这个部分断定为内城,而不是宫城,原因是其中不仅有南越王的宫殿区、宫苑区,而且还有中央官署区。

南越王的宫殿区、宫苑区亦即真正的"宫城"部分,应当位于今中山四路、五

---

① 曾昭璇、曾宪珊:《南越国都番禺城的城市结构》。

② 周霞:《广州城市形态演进》,第25页。

③ 陈泽泓:《南越国番禺城析论》。

路以北,即内城的北部,这已为近年来考古发掘所不断证实。据考古工作者推断,"南越国的宫城区位于都城的北部,其范围大概在今旧仓巷以西,吉祥路以东,中山路以北和越华路以南这一片区域,东西长约 500 米、南北宽约 300 米,面积约 15 万平方米"①。南越国都番禺城内究竟有多少宫殿? 旧史无任何记载,据相关考古资料,目前可考者至少有三个:

一是未央宫,2003 年南越国宫署遗址发掘出土的一陶罐沿残片外部有"未央"戳印陶文②,这是番禺城中的未央宫的铁证。

二是华音宫,2003 年南越国宫署遗址发掘出土的一陶器盖近纽处有"华音宫"戳印陶文③,番禺城中也当有华音宫。

三是高木宫,2004 至 2005 年,南越国宫署遗址一口南越国井中清理出百余枚木简,其中简 054 号上有"□□版□给常□内高木宫四版,乐复取。廿六"④,可知番禺城中有高木宫。

上述宫殿的具体位置与相互关系,限于资料,目前尚无法作出判断。自商代以来,中原地区的都城不仅实行多都制,而且首都之中也是多宫制。据刘庆柱研究,商代的都城之内,除了宫庙所在的宫城以外,还有直接服务于宫城的"亚宫城"。秦汉时代,宫城与"亚宫城"并存制度仍然流行。"西汉初年,刘邦始都长安,先改建秦离宫兴乐宫为长乐宫。继之又建未央宫、北宫,并以未央宫为皇宫。北宫因在未央宫之北而得名。此外还有用于后妃使用的桂宫、明光宫,在汉长安城西邻营筑了'度比未央'的宫城——建章宫,这实际上是特定的皇宫。在都城远郊甘泉山下,建筑了专用于避暑的宫城——甘泉宫。西汉一代,都城长安有正式皇宫、临时皇宫、阶段性皇宫、避暑皇宫和后妃使用的宫城,形成非常有特色的宫城与'亚宫城'群。这一制度既是前代的集大成,又对后代产生深远而重要影响。"⑤从宫殿的名称上看,南越宫殿仿汉朝制度的痕迹是相当明显的,汉长安城制度当时就已对南越国都产生了不小的影响。估计南越国番禺城的宫殿都有相对独立的城垣,以未央宫为正式的王宫,而华音宫、高木宫等为亚宫,是南越王别

---

① 南越王宫博物馆筹建处、广州市文物考古研究所:《南越宫苑遗址 1995、1997 年考古发掘报告》(上),文物出版社 2008 年版,第 308 页。

② 广州市文物考古研究所等:《广州市南越国宫署遗址 2003 年发掘简报》,《考古》2007 年第 3 期,第 15—31 页。

③ 广州市文物考古研究所等:《广州市南越国宫署遗址 2003 年发掘简报》。

④ 广州市文物考古研究所等:《广州市南越国宫署遗址西汉木简发掘简报》,《考古》2006 年第 3 期,第 3—13 页。

⑤ 刘庆柱:《古代都城与帝陵考古学研究》,科学出版社 2000 年版,第 38—39 页。

宫或者后妃宫殿的性质。2000 至 2006 年,在原儿童公园范围内相继发掘出南越国的一号宫殿和二号宫殿,并且据说考古工作者还曾发现了一段南越国"宫城的北宫墙"[1],具体位置是在现在确定的中山四路以北的南越国宫署遗址保护区的西北部[2],但一号宫殿和二号宫殿与未央宫等是什么对应关系?那段宫墙究竟是番禺城北部的整个宫城的城墙,还是某个宫的宫墙?这些相当关键的问题,限于资料,尚无法作进一步的判断。

值得注意的是,南越国王赵佗在番禺城的远郊也同样仿照汉朝制度营筑了一座叫做"长乐台"的行宫。清人屈大均《广东新语》记载说:"赵佗有四台","其在长乐县五华山下者,曰长乐台,佗受汉封时所筑。长乐本龙川地,佗之旧治,故筑台。"[3]梁廷楠《南越五主传》卷 1《先主传》亦说:赵佗"又以龙川为兴王地,就五华山筑台,曰长乐"[4]。1982 年,五华县博物馆在文物普查中发现了狮雄山汉代遗址,其后由广东省博物馆、广东省文物考古研究所先后进行发掘,确认是一个有相当规模的建筑基址,其中主体建筑是一座回廊型的宫殿式基址[5]。杨宏勋曾对这座宫殿式建筑作了复原设计,并认为"看起来,它显然是一座气势雄伟的南越王的行宫,而并非地方官员的别墅","这座台榭宫殿大体与秦西汉皇宫相同,具体而微就是了"[6]。邱立诚则进一步补充说,"可以肯定五华县狮雄山汉代遗址就是南越国时期的赵佗行宫'长乐宫'故址,其废弃年代当在南越国灭亡之时。《广东新语》载长乐台与白鹿台、朝汉台、越王台并称四台,但迄今只有长乐台经考古发掘得到证实。再者,在广州南越国王宫遗址中出土的陶器上有'长乐宫'、'华音宫'铭文,可见在南越国的王宫建筑群之中是有称为'长乐宫'的宫殿,长乐台行宫的命名或许与此有密切关系。"[7]1983 年发掘的南越王墓墓门的外藏椁中(注意不是南越王宫遗址)曾出土 3 件印有"长乐宫器"陶文的大陶瓮,其中仅 1 件保存完好,近肩部处打有"长乐宫器"4 字篆文的戳印,还有一件越式陶

---

① 《南越宫苑遗址 1995、1997 年考古发掘报告》(上),第 5 页。

② 《南越宫苑遗址 1995、1997 年考古发掘报告》(上),第 4 页《南越国宫署遗址保护区内重要遗迹分布图》。

③ (清)屈大均:《广东新语》卷 17《宫语·四台》,中华书局 1985 年版,第 461 页。

④ (清)梁廷楠、(汉)杨孚等著、杨伟群校点:《南越五主传及其他七种》,广东人民出版社 1982 年版,第 12 页。

⑤ 邱立诚:《有关南越国史迹的几项考古发现》,中国古都学会编:《中国古都研究》第 23 辑,三秦出版社 2008 年版,第 80—91 页。

⑥ 杨宏勋:《宫殿考古通论》,紫禁城出版社 2001 年版,第 309—311 页。

⑦ 邱立诚:《有关南越国史迹的几项考古发现》。

鼎,也打印同样的戳印陶文①,这些"长乐宫器"可能确实是来自五华县狮雄山的长乐台。汉长安城的长乐宫是在未央宫之东,即汉长安城的东南部,而南越王赵佗的长乐宫或者说是长乐台行宫不在番禺城内,而在番禺东北远郊,这可能与番禺城的规模有限有一定关系。但从南越国番禺城未央宫与远郊长乐宫的相对位置来看,大致也是东西并置的情况,这从另一个层面也反映了赵佗宫室制度模仿汉长安城制度的痕迹。

南越国都番禺城北部宫城区不仅有诸多宫殿,还有规模不小的宫苑,目前考古发现的主要是蕃池遗迹和曲流石渠遗迹,分别是 1995 年和 1997 年相继发现的。据最新出版的相关考古报告,蕃池遗迹位于现在确定的中山四路以北的南越国宫署遗址保护区的东北部,"目前仅露出其西南一角约 400 平方米,后经钻探推定其面积约 3600 平方米,平面大致呈长方形,是一个由四周向中心池底倾斜,池底平正的斗形大水池,水池最深处达 2.5 米。池壁呈斜坡状,用打凿平整的砂岩石呈密缝冰裂纹铺砌,池底铺砌碎石。池壁上部大多已被破坏,仅南壁地面上存有少量平铺的石板,可推知水池周沿原地面铺有石板,从池壁散落大量的望柱和望柱座石判断,水池周沿或有石栏杆护栏。池底一层厚约 5 至 32 厘米的淤沙堆积,是长时间使用泥沙沉积所致。在已发掘的水池东北角还清理出向西南倾倒的大型叠石柱和散落池底的八棱石柱、石门楣等,可知池中还构筑有大型的建筑,因此,这个水池应是供南越王游乐的池苑遗迹";"曲流石渠遗迹位于蕃池遗迹的南面,渠体蜿蜒曲折,高低起伏,当中筑有急弯处、弯月形石池、渠陂、斜口、闸口等特殊结构,渠底石板之上铺有密密的河卵石,其中置有大砾石呈'之'字形点布。此外,在曲流石渠尽头处还筑有石板平桥、步石和曲廊,在弯月形石池上可能也建有亭台等园林建筑小品。在曲流石渠的西边尽头的排水闸口外接有出水木暗槽。经实地测量得知,曲流石渠渠底的水平高差呈东高西低,除一些特殊低洼的小水池外,总体落差为 0.66 米,可知渠水是自北而南再西流的。发掘时,曲流内外还出土有大量的植物种实和树叶以及动物的骸骨等,可知当日曲流石渠两岸和附近还种植有不少花草树木,养殖有鱼、龟、鳖和鹿等动物。从考古发现的建筑遗迹和出土的动、植物遗存来看,曲流石渠是具有观赏性,模拟山谷溪涧的园林水景遗迹。"②

杨鸿勋对南越王宫苑的空间结构进行了研究,认为南越王宫苑可分三个部

---

① 《广州市文物志》编委会:《广州市文物志》,岭南美术出版社 1990 年版,第 100 页。
② 《南越宫苑遗址 1995、1997 年考古发掘报告》(上),第 295 页。

分,一为"太液、蓬莱景区",石砌大方池(即现在认定的"蕃池")"池中有建筑,可知是西汉盛行的如长安宫苑的'太液、蓬莱'的主题,这应是此苑的主体景象所在。这样大的水池所挖土方,必就近土方平衡堆成土山","新发现的池西殿宇群,约是观赏太液景象的主要停点";二为"曲溪、沙洲景区","宫苑地段在越秀山南麓,总趋势是北高南低。石砌曲渠位于'太液池'景区以南,有相当大的水头落差。唯有选址在这样的地段,才有可能使石渠作观赏所需的曲折布置时不至于因加大流程而高差不足";三是王宫"东苑","禁苑位于王宫的东部,而曲溪景区位于禁苑的南部"①。

南越国都番禺城内城的南部,即今中山四、五路以南至当时番禺城南城垣所在的今西湖路与惠福东路之间,大概尚有 300 多米的距离,论其范围,当约占整个番禺城内城的近 1/2 的面积,估计当是南越国中央官署区的所在。从《史记》、《汉书》等有关文献记载,结合丰富的考古发掘材料,可知南越国中央设有丞相、内史、御史、中尉、太傅等类重臣,也设有郎、中大夫、将、将军、左将、校尉、食官、景(永)巷令、私府、私官、乐府、泰官、居室、长秋居室、大厨、厨官、厨丞、常御、少内等文武百官②。这些新设的中央职官,都是赵佗建立南越国以后的产物,职官类型既众,相应的官署肯定不少,不可能沿用秦时任嚣城的旧官署,大概只能集中设置在赵佗新扩建的番禺城内城的南部。

(二)外城的官署区和商业区

南越国番禺城的外城即东城,用的是秦南海郡城即任嚣城的旧城。赵佗割据岭南建立南越国,仍沿用郡县制,南海郡与番禺县不废,其官署仍在南越国番禺城的外城(东城)即原来的任嚣城中。此城南北狭长,南越国时期的南海郡治与番禺县治当在其北部一带。作出这样的判断,主要是基于三个理由:其一是自秦汉以来,地方州县的官署如无特殊缘由(如出于地形上的考虑),往往都是设置在城池的北部,秦时的任嚣城当不能有所例外;其二是参照了宋代番禺县治的情况而推定,因为宋东城是在任嚣城旧城的基础上改建的,而元《南海志》中曾提到"熙宁二年经略王靖度地东北徙建"番禺新县治③,这里用了"东北"而不是"东",显然新县治是在东城的北部,或许这样的安排,正是遵循了秦任嚣城和南越国番禺城的旧规。

---

① 杨鸿勋:《宫殿考古通论》,第 300—303 页。
② 张荣芳、黄淼章:《南越国史》,广东人民出版社 1995 年版,第 112—130 页。
③ 《永乐大典》卷 11905 引《南海志·建置沿革·属县》,马蓉等点校:《永乐大典方志辑佚》,中华书局 2004 年版,第 4 册,第 2434 页。

秦时任嚣城范围虽小，但一定不会都是官署区，其南部当有商业区甚至于居民区的存在。司马迁说："番禺亦其一都会也，珠玑、犀、瑇瑁、果、布之凑。"①班固也说："（粤地）处近海，多犀、象、毒冒、珠玑、银、铜、果、布之凑，中国往商贾者多取富焉。番禺，其一都会也。"②在《史记·货殖列传》中列举的汉初全国19个区域中心城市中，被称作"都会"的城市只有9个，而番禺即居其一，可见南越国时期番禺城商贸经济发达的程度。但如前所述，南越国的内城（即西城）主要是宫城区和中央官署区，这样番禺城的商贸经济发达就只能依托外城（即东城，原任嚣城）而繁荣，而外城北部为南海郡治和番禺县治所在，主要商业区就只能分布在外城的南部。如前所考，当时番禺城东城西部的文溪（东支）的下游河流宽阔可行船，这或许正是番禺城商业得以繁荣的基础所在。当然，当时的商业街市估计主要是沿东城南部的南北向街道和文溪东支下游分布，商业街市的两边仍当有居民区分布，故东城的南部当断定为商业居民区。

（三）外郭区的手工业区、居民区、王陵区和游览区

南越国番禺城的外围属于外郭区的性质。当时番禺城的内城和外城都有城，但外郭却未必有城，至少目前尚没有发现外郭城，因此不宜称番禺城的外郭区为"外郭城"。从目前掌握的资料来看，南越国都番禺城的外围主要是手工业区、居民区、王陵区和游览区，具体情况大致如下：

城西王室贵族居住区。曾昭璇认为应把南越王城西侧文溪之西划为王城宫苑区，称其为"西北郊宫苑区"或"西郊宫苑区"，并说"文溪由城北到此转向南流，为王城西界。此带低洼文溪谷地，在唐末、南汉已开成仙湖，建南宫。在北宋亦建为石屏池、西湖。可见西郊为宫苑区延长时间很久"，他还进一步论证说："今光孝寺地即南越国王赵建德未立国王时的住宅。《南海百咏》云：'光孝寺乃南越赵建德之宅。'建德是婴齐之长男，《史记·南越列传》：'立明王长男越妻子术阳侯建德为王。'即第五代南越王，末朝之君，为君三载。王府远离王城，则此处就是离宫别馆区。据杨豪告知，掷砚池掘出亦为西汉早期文物，可证宅建于汉初。文溪西岸今中央公园（人民公园），1971年亦掘出汉代文物，有'万岁'瓦当出土于5米深处，亦表示离宫别馆，兴建于此。还有筒瓦、陶网坠、器骨、甲骨饰件，上层有晋永嘉文墓砖，又有封存陶罐的陶印（左纯），字体介篆、隶之间。"③陈泽泓

---

① （汉）司马迁：《史记》卷129《货殖列传》，中华书局1982年版，第3269页。
② （汉）班固：《汉书》卷28下《地理志下》，中华书局1962年版，第1670页。
③ 曾昭璇、曾宪珊：《南越国都番禺城的城市结构》。

的观点大为不同,他既说"宫城外还有宫殿。史传王子赵建德的府宅就建在城外西北的今光孝寺址",但同时又认为番禺城西为"西部商住区",并详细论证说:"今光孝寺址为王子赵建德府。番禺城西部固然是临河沼泽低地,不利于城市建筑,但也有倚借珠江河汊交错的交通便利、农作物丰富的优处。据传陆贾登陆驻节之泥城,是番禺城最早见于史书记载的码头,就是今西村发电厂一带,至赵佗城尚有数里之遥。泥城与赵佗城之间,有任嚣墓址(据传墓上作庙祀)在今广东迎宾馆。说明了当时墓葬未必是居住区之外围标志。西部城区,有墓葬,有接待贵宾的地点,有王府,情况较复杂。这一带发现的墓葬不多,级别甚高,居民应该是贵族、富商。番禺城西部交通便利,极有可能是商业繁华的地段。"[1]上述两种论断,其实均有可商榷之处。帝王与王室成员是有一定区别的,赵建德既为王子,其府宅只能称作王子府,不能叫做宫殿,即使后来赵建德当上了南越国王,其旧府宅有可能被他视作离宫别馆,但这只是南越国末年的特殊情况,更不能据此而推断当时番禺城西就是宫苑区。其实,赵建德为王子之时,府宅远离番禺城,与番禺城空间相对狭小有一定关系。当时番禺城的西城即内城北部为宫城区,南部为中央官署区,所以王室成员和其他贵族高官之流,只能在城西选择自己的府宅。城西范围较大,有王子府宅,也有贵族墓地,还有码头,情况比较复杂,但不宜推定为商住区,番禺城商业区如前所考主要的东城即秦任嚣城的南部,所以番禺城西还是应当断定为是当时城外的王室贵族居住区。

城东手工业区和越人居住区。陈泽泓认为番禺城东部"存在手工业作坊生产区"[2],这一推断大致是不错的。光绪三十三年(1907年)七月,广九铁路兴工,在广州东山龟岗一带,由于翻土修筑路基,大量瓦片碎件伴随着泥土露出地面,不少瓦片为南海人潘六如所收藏,20世纪90年代中期,广州的文物工作者在中山四路北侧的广州儿童公园一带发现了南越国宫署遗址,清理出一批有戳印或拍印文字的陶器和瓦件残片,有研究者认为,"这批新出土陶器和瓦件残片,无论是器件的形制、纹饰,抑或所印文字的内容、字体的风格等,与一百年前东山出土的瓦片,基本上相一致,甚至还可见到同一个印模的证据。这表明从南越国早期开始,广州东山龟岗一带是当年专门生产建筑材料的基地。而中山四路一带的南越国宫苑,其所用的瓦件是由广州东山的瓦窑烧制的"[3]。2006年,广州市文

---

① 陈泽泓:《南越国番禺城析论》。
② 陈泽泓:《南越国番禺城析论》。
③ 林雅杰、陈伟武、亚兴合编:《南越陶文录·前言》,天津人民美术出版社2004年版。

物考古研究在姚家岗,即中山一路与署前路交汇处广州铁路集团公司综合楼基建工地,清理出西汉、南朝、唐、南汉、宋、明等时期的水井 38 眼,其中西汉井就有7 眼,研究者认为,"近年来,东山不断发现历代水井,其中以西汉南越国时期水井的数量较多,说明广州城的东郊在南越国时期就已经有较大规模的聚落。井中不时发现砖和瓦等建筑构件,与中山四路南越宫署遗址的相同,但这一带基本没有发现建筑基址等遗迹。东山瓦窑街等地名,20 世纪二三十年代,在东山就曾发现不少南越瓦片,联系到农林下路曾发现过瓦片堆积坑,出土大量板瓦和筒瓦,最近,又在中山二路某工地发掘的一口出土秦'半两'铜钱的水井里发现菌形陶拍,推断这些水井和砖瓦可能与南越窑场有一定的关系"①。不过,对于番禺城东郊,周霞也曾提出过不同的看法,"古代越人居住之地,即甘溪两岸下游东西两侧,也即城郭在城市的东南边",从地形来看,"在仓边路之东南,有长塘街、大塘街、雅荷塘等街名,反映出其地势低洼多水。但是由于越人主要以渔猎为生,善于驾舟,以舟为交通工具,居住的是干栏式的建筑,所以这块河塘纵横之地正是越人的好居处"②。笔者认为,南越国都番禺的东界是在德政路一带,与东山龟岗之间尚有不短的距离,不可能都是窑场等手工业分布区,东山窑场与番禺城之间,还存在大片的居民区分布,所以城东郊宜断定为手工业区和越人居住区。

城北王陵区和游览区。番禺城北一带,曾昭璇断为"城北越秀山王陵区",理由是象岗的南越文帝赵眜墓和越秀山赵佗墓③。陈泽泓的看法略有不同,他认为城西北部是"王陵区与祭祀、游览区",理由是"越秀山一带,除了已发现的南越墓,还有南越王赵佗四台中,向北登台行礼的朝汉台,日常游乐的越王台,说明这一带是越王的王陵区、祭祀区、游览区";另外,他还认为,城北部为"居民区",理由是"从广州地区数千年的地理自然环境变化分析,先民居住区是自北部向南发展。北部在今龙洞的华南植物园内飞鹅岭大面积的新石器时代聚居点的发现,到增城、萝岗一带大面积先秦遗址的发现,说明秦之前这里已是人口众多的聚居地。秦平南越,必须以当地居民作为军事政权统治的对象。北部仍应是居民区。这一带的古代遗址一直到宋明,可为实证。由于地理条件,在城北部,有水质甚

① 全洪、马建国、朱汝田:《广州市东山口发掘西汉至明代水井》,《中国文物报》2006 年 10 月 4 日第2 版。

② 周霞:《广州城市形态演进》,第 26 页。

③ 曾昭璇、曾宪珊:《南越国都番禺城的城市结构》。

好的'越王井'。宋代《太平寰宇记》就已有此井'是赵佗所凿'的记载"①。陈泽泓关于城西北是"王陵区与祭祀、游览区"是有其道理的,但说城北是"居民区",则明显证据不足,因为今龙洞的华南植物园内飞鹅岭有大面积的新石器时代聚居点,不能说明南越国时期也必然是"人口众多的聚居地",况且即使人口不少,以距离番禺城较远,也只能是些农业人口,不宜划入番禺城郭区的范围。所以,番禺城北,整体上仍以断定为王陵区和游览区为宜。

关于番禺城的南郊,陈泽泓认为可划出一个"河南居民区",其理由是"南越国水关的发现,证明了南越国番禺城河北城区濒临珠江北岸线以及城中排水系统达到这里。在河南,也发现了南越国遗址。2007年广州市考古所在宝岗大道、同福中路交界处工地发掘出南越国时期的灰沟、灰坑等遗迹,沟底堆积物多是陶器,出土有'半两'铜钱和铜箭头,还发现了指甲盖大小的纺轮,并清理出西汉至宋代水井20眼。这意味着,从南越国时期河南有人定居、劳作、繁衍"②。笔者认为,南越国时期河南有人定居、劳作、繁衍,这是没有疑问的,但人口数量不会很多,唐代才在这里设过番禺县治(当时广州城内为南海县,隋代由番禺县改置),说明河南的开发从唐代开始才略见成效。南越国时期番禺城南的珠江十分宽阔,"由西湖路到河南南华路(古代珠江南岸江边),在1500米以上,亦合三里多"③,南北联系不紧密,是河南地区开发滞后的主要原因。南越国时期,河南地区的北部可能有一些农民和渔民从事生计,但这部分人口是不能算作城市居民的,所以不宜将河南地区列入当时番禺城的外郭区之中。

四、南越国都番禺城形态结构的形成原因

如前所考述,南越国都番禺城规模不大,只有周长约为十里的规模,但在形态结构上却有其自身的特色。由于这个城是在秦南海郡城即任嚣城扩建而来,外部形态呈一个东西略长的长方形,并且是东西双城结构。就城市内部结构或者功能分区而言,内城即西城的北部为宫城区,主要是南越王的宫殿和宫苑,南部则为中央官署区;外城即东城的北部为南海郡和番禺县署所在,南部则为商业居住区;外郭区包括西郭区、东郭区、北郭区三个部分,其中城西为王室贵族居住

① 陈泽泓:《南越国番禺城析论》。
② 陈泽泓:《南越国番禺城析论》。
③ 曾昭璇、曾宪珊:《南越国都番禺城的城市结构》。

区,城东为手工业区和越人居住区,城北为王陵区和游览区。这样的城市形态结构特征,究竟是在什么因素影响下而形成的?这需要作进一步的分析说明。

毋庸置疑,南越国都番禺城的形态结构虽然有诸多特征,却是以东西双城或者说西城东郭形态为其最突出的特征。这种特征的形成,明显是受到了中原都城制度的影响,尤其是汉长安城制度的影响。赵佗建立的南越国,是西汉初年割据于岭南一隅的一个特殊的王国政权。这个王国,虽然有时与汉朝分庭抗礼,但大多数时间还是处于向汉朝臣服的情况。作为当时东亚地区最大的帝国,西汉帝国在政治与文化上明显处在领先的地位,这样,其先进的文化包括都城制度文化,不仅对内诸侯国有重要的影响,对于南越国这样的外诸侯国同样也具有强大的影响力,况且南越王赵佗本身就是来自中原的河北地区,其割据岭南自立,虽然说是因俗而治,但不可能不积极地吸收中原地区的先进文化。据《汉书·诸侯王表》,"藩国大者跨州兼郡,连城数十,宫室百官同制京师"[1],南越国也不例外。南越国的官制仿效汉朝,这亦是众所周知的事情。而从番禺城都城制度方面,也可以明显地看到模仿汉朝制度的痕迹。

汉长安城规模颇大,现在西安城西北郊仍存其遗址。以往学术界普遍认为现在所能看到的汉长安城遗址,是长安城的外城,城内有未央宫、长乐宫等宫城,也有官署区和居住区。但是,杨宽的研究成果,对传统观点提出了挑战。他认为,现在看到的平面近方形的汉长安城,是具有内城性质的长安城,"从长安的城门和街道的布局来看,整座内城是坐西朝东的",也就是说"长安城以东门为正门";上承先秦都城的"坐西朝东"、"西城东郭"的布局传统,"长安城属于内城性质,原是为保卫宫室、官署、仓库以及贵族官吏的住宅而建筑的,城内只能容纳小规模的市区。当时长安大规模的市区,大规模的居民住宅区,都分布在城外北面和东北面的郭区"[2]。杨宽还分析说,"从西周到春秋时期,都城之所以由一个'城'发展为'城'和'郭'连结的结构,首先是由于政治上和军事上的需要",另外,"古人确实有西南吉利的迷信思想","这种迷信的思想,后来又扩展为'西益宅不祥'的习俗",所以"西汉以前的都城采用坐西朝东的布局,把宫城或者宫室造在西南部而以东方、北方为正门,是依据古代礼制而设计的,并不出于什么'厌胜之术'"[3]。杨氏关于汉长安制度的新说,虽然存在一些缺陷,在学术界也曾备受争

---

① 《汉书》卷14《诸侯王表》,第394页。
② 杨宽:《中国古代都城制度史研究》,上海古籍出版社1993年版,第114—119页。
③ 杨宽:《中国古代都城制度史研究》,第191—193页。

议,但近年来已被越来越多的同行学者所认可。如傅崇兰等新近出版的《中国城市发展史》一书,就吸收了杨宽的观点,认为"春秋时期宫殿与整座城市的'坐西朝东'实际上是与'西城东郭'的空间布局形式紧密相连的","战国后期兴筑的秦都咸阳也是这种典型的形制","这种'坐西朝东'和宫殿布局形式,在西汉时期更为明显。西汉长安城的外郭在北面和东北面,内城位于外郭的西南,整个城坐西朝东"[1]。南越国的东西双城之制,内城在西,外城在东,大概就是模仿自汉长安城的"坐西朝东"和"西城东郭"。周霞也分析说,"城市西城东郭的布局不仅适应早期城市军事政治堡垒的功能需要和南越族居民的实际的生活需要,也受到了中原都城的布局影响,南越国都城的建设也体现了'以西为尊'的宗法礼制思想"[2]。

不过,南越国都番禺城在形态结构上也有诸多与汉长安城不一样的地方,体现出了自身的特色,如汉长安城无外郭城而南越番禺城有之,汉长安宫殿区主要在内城南部而南越番禺城宫殿区在内城北部,汉长安城商业区在内城北部而南越番禺城商业区在外城南部,汉长安外郭区主要是在城北与城东北而南越番禺城外郭区主要是在城西与城东,等等。南越国都番禺城这些特色的形成,当与历史因素以及当地的自然地理环境尤其是地形、水文条件有一定的关系。

具体而言,汉长安城是新筑之城,规模宏大,修筑有近正方形的高大城墙,北面郭区和东北面郭区规模亦大,虽有"北郭门"和东郭门之设,但"这种'郭郭'该是利用河流连结'里'和'市'的围墙而成,并不是高大方正的郭城"[3];但是南越国都番禺城的前身是秦南海郡城,赵佗建国后嫌其制度狭小而扩建了新城,新城为内城,旧城为外城,故而形成东西双城结构,虽然也可以说是"坐西朝东"、"西城东郭"的布局,但究竟与汉长安还是不完全相同,这是历史因素而导致的。

从整个汉长安城的营建过程来看,在地势高亢的龙首原上营筑的未央宫、长乐宫先于长安城而建,所以未央宫位置的确定对整个城市的布局起着重要的影响。西周以来的都城礼制,除了杨宽所说的"坐西朝东"以外,也有面南而居的思想,这种设计思想至春秋时期就已用书面文字总结出来。《礼记》中就有"天子负扆南向而立"的说法,《周易·说卦》中也有"圣人南面而听天下,向明而治"的理论。西汉长安城的营建者萧何大概是明白一些的,从文献记载和考古资料上看,

---

[1] 傅崇兰、白晨曦、曹文明等:《中国城市发展史》,社会科学文献出版社2009年版,第202—204页。

[2] 周霞:《广州城市形态演进》,第26页。

[3] 杨宽:《中国古代都城制度史研究》,第128页。

他所督建的未央宫就是让宫殿面南而建的。但是后来的城市规划人员并未按照萧何的思路去想,没有在未央宫以南发展城市用地,而一味机械套用《考工记》"面朝后市"的理论,将民宅区和市场安排在了未央宫北,使整个城市形成向北发展的态势。于是,整个汉长安城就形成未央宫自己坐北朝南,而在都城中的总体位置却偏居南隅,与官署区、民宅区、市场区的相对关系变成了坐南面北的形式。西汉长安城的规划者这样设计,也许是为了接近渭河,以图漕运的便利,也有可能是想让整个城市向北发展,靠拢秦咸阳故城[①]。南越国都番禺城的内城与宫殿大概是同时营建的,所以可以从容设计安排,整个城市北依越秀山、白云山,面向珠江,宫城区居新修的内城之北部,占据高地,商业区安排在旧城任嚣城之南部,就近珠江水运之便利,虽然不符合《考工记》"面朝后市"的理论,却符合《周易·说卦》"圣人南面而听天下,向明而治"之要求。可以说,对于自然地理环境的巧于利用,使得南越番禺城的规模虽较汉长安不可同日而语,但若论其结构之精巧、各种功能区布局之合理,又复有诸多优于汉长安城之处。虽模仿而有创新,出于蓝而胜于蓝,这或许是南越国都番禺城的基本结构长期影响后世广州城市空间发展格局的一个重要原因。

---

①　吴宏岐:《西安历史地理》,西安地图出版社 2006 年版,第 218—219 页。

清代新疆"满城"时空结构研究

朱永杰[1]　韩光辉[2]

(1.北京联合大学北京学研究所;2.北京大学城市与环境学院)

清代在中国古代城市建设和发展史上的突出特点就是"满城"的筑建。1644年清军入关定都北京以后,为镇压与防范外族,维护国家政权,在全国各地陆续建设了大小 20 多处满城,其中新疆地区的满城就是比较重要的组成部分,是西北地区驻防发展的产物。作为容纳八旗官兵及其家眷的城池空间,新疆满城有大量亟须探讨的问题,尤其在时间发展和空间结构方面,许多有价值的内容值得研究。目前关于该问题的成果有限,国内外学术界不仅专门论著缺乏,而且相关的文章也甚少,至今无人从历史地理角度进行系统探究。即使存在一些与其相关的成果,如日本北山康夫著《清代驻防八旗研究》[①]、韩国任桂淳《清代八旗驻防兴衰史》[②]、马协弟的《清代满城考》[③]等,但均只对八旗驻防制度或满城问题进行了宏观的分析,并未专门涉及新疆满城的时空结构问题。本文即针对这一问题展开研究,以期对清代新疆军事地理和城市地理的研究有所补益,恳请方家不吝指正。

一、满城创建与演变

(一)满城的创建

新疆满城乃驻防发展的产物。清政府平定准噶尔叛乱,为加强对新疆的控制,遂设防于天山南北。自乾隆二十七年(1762)伊犁将军设立之后,驻防要地陆续分布在天山南北一些重要地区,由伊犁将军统一管辖。在此过程中,为了给驻

---

① ［日］北山康夫:《关于清代的驻防八旗》,《羽田博士颂寿纪念东洋史论丛》,1950 年版。

② ［韩］任桂淳:《清朝八旗驻防兴衰史》,生活·读书·新知三联书店 1993 年版。

③ 马协弟:《清代满城考》,《满族研究》1990 年第 1 期。

防官兵提供住所,清政府修建了六座满城。[①] 满城是主要由八旗官兵集中驻防的城池空间。

新疆六满城中惠远城创设最早,其次为惠宁城。乾隆二十九年(1764)批准在伊犁河北一里许修建惠远城,三十一年(1766)正月"由凉州和庄浪携眷移驻满洲兵丁,城垣房屋一万七百余间",花费了两年多时间终于完成了工程。乾隆三十五年(1770)又在惠远城东北建造了惠宁城,"给与西安移驻伊犁官兵居住"。[②]惠远和惠宁皆位于伊犁地区,为新疆最初筑造的两大满城。

乾隆三十七年(1773)设乌鲁木齐驻防,同时建"巩宁(满)城,土城一座"[③],集中容住由凉州、庄浪移来的3000余名满蒙兵。乾隆三十八年(1774),巴里坤设置驻防,并建设了会宁满城,从西安和宁夏两处调来2000多名满营兵。后因巴里坤的会宁城兵粮转运困难,乾隆三十九年(1775)准将该城西安满营仍留巴里坤,其宁夏营满洲兵1000名移驻古城[④],同时为这部分官兵及家眷造修了"孚远"满城[⑤]。与其他满城相比,吐鲁番广安满城设置最晚,乾隆四十五年(1780)立驻防时造建,由乌鲁木齐满营兵进行换防[⑥]。

综上所述,新疆满城建于乾隆二十九年至四十五年间,其中伊犁由于是驻防初设之地,因此区内惠远和惠宁两城建置时间早于其他满城;乌鲁木齐巩宁城和巴里坤会宁城造建时间基本同步,古城孚远城则因驻防满营兵由巴里坤移来,所以设立时间较巴里坤会宁城迟了两年。众城之中,吐鲁番广安城乃建置时间最晚的一座。

(二)满城的演变

新疆满城历经一百年的稳定发展,自同治三年(1864),始发于库车的农民起义迅速席卷全疆。截至同治五年(1866)年底,大部分清军据点被攻占,清政府能够控制的只有哈密、巴里坤和塔尔巴哈台部分地区[⑦]。新疆满城在此次劫难中遭到了严重破坏。同治五年初,惠远城被起义军攻占,将军明绪自尽[⑧]。乌鲁木齐、古城、吐鲁番、巴里坤等处则"自同治初年遭逆回之变,相继沦陷,额设兵丁散

---

① (清)昆冈:《钦定大清会典》,商务印书馆1908年版,卷58。

② (清)福隆安:《钦定八旗通志》,1796,卷118。

③ (清)福隆安:《钦定八旗通志》,1796,卷118。

④ (清)袁大化、王树柟等:《新疆图志》,台北文海出版社印行,1965,卷50。

⑤ (清)福隆安:《钦定八旗通志》,1796,卷118。

⑥ (清)福隆安:《钦定八旗通志》,1796,卷118。

⑦ 新疆社会科学院民族研究所:《新疆简史》第2册,新疆人民出版社1980年版,第116,118页。

⑧ (清)福隆安:《钦定八旗通志》,1796,卷118。

失殆尽,惟巴里坤防营仅有孑遗"①,除巴里坤巩宁城外,余者乌鲁木齐、古城、吐鲁番等处满城皆遭毁坏。光绪初年,清军收复了一些城池,伊犁将军进驻惠远城,发现其"西南两面城垣均已被水冲坏,城内仓库、官厅、兵房荡然无存"②,光绪二年(1876)克复巩宁城也发现该处"满城倾圮,并无旗丁一人"③。同治中两座城池基本废弃。

光绪年间,新疆满城有所恢复。光绪六年(1880)乌鲁木齐迪化城东北处重建一座满城④,八年(1882)惠远城北附近15里处也修建了一座新城⑤。然而,光绪八年乌鲁木齐、吐鲁番二地的驻防却被裁撤,巩宁、广安两城也就不复存在。后光绪十一年(1885)巴里坤驻防并入古城,并在后者修建了新满城,会宁城从此也无满城之实了。如此一来,光绪十一年新疆主要有伊犁、古城两处满城。辛亥革命之后,新疆八旗驻防在冲击中逐渐瓦解,所剩两处满城也都走向了衰微⑥。

据上,辛亥革命是新疆满城衰落的根本转折点,之前又可以分作三个时期:乾隆至同治初的兴盛期、同治年间的破败期和光绪年间的恢复期。由于伊犁、乌鲁木齐、古城等处战略位置重要,旧满城毁坏后皆被重建,所以持续时间较长,显示出了较强的生命力。

二、满城空间分布

从宏观角度而言,满城主要分布在天山北路,南路仅有吐鲁番广安城(见图1)。北路的满城又分布在四大区域内:伊犁(惠远与惠宁),乌鲁木齐(巩宁),古城(孚远)和巴里坤(会宁)。其中伊犁位于最西边,"地处北路极边,环山带河,袤延数千里,形势最为扼要"⑦,乃边陲锁钥重地;乌鲁木齐东界古城,扼天山南北两路之冲,为北路第一富庶之地;古城则东界巴里坤,南阻天山,形势十分险要;巴里坤更是"幅员千余里,枕山带海,险扼全疆,路达南北"⑧,俨然为重镇。总体上,天山南北路满城所在区域都拥有良好的地理位置条件,并且从西往东呈带状

---

① (清)李鸿章:《钦定大清会典事例》,商务印书馆1908年版,卷545。
② 新疆社会科学院历史研究所:《新疆地方历史资料选辑》,人民出版社1987年版,第521页。
③ (清)李鸿章:《钦定大清会典事例》,商务印书馆1908年版,卷545。
④ 《乌鲁木齐政略》之《城堡》。
⑤ 新疆社会科学院历史研究所:《新疆地方历史资料选辑》,人民出版社1987年版,第521页。
⑥ (清)袁大化、王树枏等:《新疆图志》,台北文海出版社印行,1965,卷50。
⑦ (清)松筠修:《西陲总统事略》,1811年刻本,卷5。
⑧ 《镇西厅乡土志》,《新疆乡土志稿》,湖北图书馆,1955年,第169页。

排列,如果将这些满城和南路的广安城连接起来,构成了一条重要的军事防线。

从微观角度分析,新疆满城形成了两大网络系统:以惠远与惠宁城为中心的伊犁营城体系和以乌鲁木齐巩宁城为核心的城池系统。作为伊犁驻防的中心城池,惠远和惠宁两城与周围军营通为一体,"东北则有察哈尔(营),西北则有索伦(营),西南则有锡伯(营),自西南至东南则有厄鲁特(营)"①,形成了"所以靖边围而资控驭最为整肃"②之势。而且,两城周围分布着众多绿营兵守卫的城池,如惠宁城东南的宁远城和西南的熙春城,惠远城西北的绥定、广仁、瞻德、拱宸以及塔尔奇等城,织成了环卫森严、星拱棋布的军事网络。由于乌鲁木齐八旗驻防一方面兼辖古城、巴里坤两处,后者官兵听从前者最高官员都统的调遣,另一方面又与吐鲁番换防,支援后者,所以四处驻防实际上组成了一个军事体系。与之相一致,这些驻防满城之间从营建方面而言也就构成了一个城池体系。

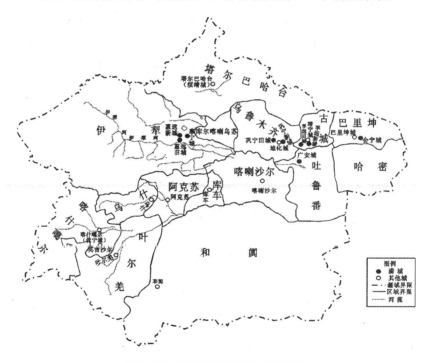

图 1　清代新疆满城空间分布示意图

另外,满城与其他城池形成了具体位置上的相对关系。惠远新旧两城与惠宁城都位于伊犁河北岸,不仅彼此呼应,而且与周围城池相互联络,构成对照关

---

①　(清)魏源:《圣武记》,中华书局 1984 年版,卷 4。

②　(清)松筠修:《西陲总统事略》,1811 年刻本,卷 1。

系。巩宁老城坐落在迪化汉城之西北,相距仅八里;新城坐落在迪化城东北附近,两城后来合并为一座城池。孚远老城则位于奇台城西,距离较近;新城紧靠靖宁城南,也在后来合并为一座城池;会宁城更是"与汉城毗连"①,位于巴里坤城东南位置,联系紧密。所以,新疆满城虽与其他城池隔开,位置上却大都具有一定参照和对应关系,是清朝避免"沾染汉俗"和实现军事威慑目的的真实写照。

三、满城平面结构

(一)城垣形制

满城城垣以方形为主,大都为土质结构,所谓"土城","俱属坚固",展现了相同的规制。② 由于当时满城所在地难以生产砖瓦,所以才有了这样的结构。③ 城门除了会宁城嘉庆时增至六个外,其余各城东南西北各开一个,数量和方位基本一样。

同属八旗驻防城池,新疆满城城垣在规模上也显示出了一致性。惠远扩建前与巩宁相差无几(约九里三分),惠宁拓展前也与会宁保持一致(六里三分),孚远与广安则完全相同(四里)。④ 后来惠远在原基础上扩大了三分之一,规模跃居首位,巩宁位居其次,惠宁扩至七里六分后处于第三。⑤ 由于伊犁在新疆设省前由将军管辖,一直是驻防最重之处;乌鲁木齐由都统统率,并在新疆建省后成为省会,战略位置也十分显著,故而两地满城城垣在规模方面显出了领先的优势。

满城城垣还配置了城楼、瓮城、角楼、炮楼、箭楼、城门堆房或腰楼等设施,在数量规模上也具有一些相同的地方。如巩宁、孚远、会宁和广安四城各门城楼一座(五间房),瓮城楼五座(各三间房),角楼五座(除巩宁各六间外,其余各三间房);巩宁和广安都建有箭楼四座(各三间房),显示出相似的特征。

(二)布局特点

满城分区明确,结构合理,体现了五行相克思想。五行说是中国古代影响深远的一种学说,即木(东)、火(南)、土(中)、金(西)、水(北),顺次叫做'五行相生',逆次叫做'五行相胜',五行统一于阴阳,阴阳统一于天。这种广为盛传的汉

---

① 《新疆图志》卷1。
② (清)福隆安:《钦定八旗通志》,1796,卷118。
③ 赵生瑞:《中国清代营房史》,中国建筑工业出版社1999年版,第269页。
④ 和瑛:《三州辑略》,台北成文出版社1968年版,卷2。
⑤ 《新疆图志》卷1。

族文化被满洲统治者吸纳采用,以至于建立八旗制度在方位上按照阴阳五行排定,所谓"自昔帝王之兴,五德迭运,或取相生,或取相胜,继天立极,由来尚矣。本朝龙兴,建旗辨色,制始统军,尤以相胜为用","八旗方位相胜之义,以之行师,则整齐纪律;以之建国,则巩固屏藩",深刻吸取了五行相胜的内核。[①] 而且,清军入关进入北京后,八旗兵民仍按照阴阳五行相胜方位井然有序排列。与此一致,新疆满城的八旗布局也严格遵循了这种规制,两黄旗在正北,取土胜水之意;两白旗在正东,取金胜木之意;两红旗在正西,取火胜金之意;两蓝旗在正南,取水胜火之意,分布有序,规划统一。满城的这种布局特征,充分体现了清朝统治者按五行相胜原则治国安民的初衷。五行既然能相生、相胜(相克),而且变幻无穷,运用在城市设计中自然也要注意方位,使东、南、中、西、北都能得到合理利用,利于王朝的统治和安全。[②] 简言之,五行相胜思想影响下的八旗方位的固定分布特点在新疆满城内得到了充分的体现。

　　新疆满城还体现了中心布局原则。满城往往存在标志性建筑,如鼓楼、衙署等。惠远、巩宁、会宁和广安各建一座鼓楼,惠宁乾隆五十五年(1790)也"修鼓楼一座[③]"。鼓楼往往位于中心十字街,是建城时确定四至走向的核心参照点。不仅如此,满城重要官员的衙署也多位于城内显要位置,具有中心标志的作用。如惠远伊犁将军的衙署位于中心东街,领队大臣衙署或在中心东街、或在中心西街;惠宁将军和领队大臣的衙署也分别位于东西主街两旁。[④] 除了标志性建筑,联结东西和南北城门的中心街道又构成了满城的交通框架,如惠远东、西、南、北四条主街相连[⑤],惠宁亦有中心交叉街道[⑥]。所以,以鼓楼或重要官员的衙署为中心标志性建筑,由东西南北中心街道构成交通主脉,新疆满城体现了典型的中心布局特点。

---

① (清)鄂尔泰等:《八旗通志初集》,北京民族文化宫,1902年,旗分志2。
② (清)福隆安:《钦定八旗通志》,1796,卷118。
③ (清)福隆安:《钦定八旗通志》,1796,卷118。
④ (清)松筠修:《西陲总统事略》,1811年刻本,卷5。
⑤ 中国社会科学院中国边疆史地研究中心:《清代新疆稀见史料汇辑》(新疆卷)《伊江汇览》,全国图书文献缩微复制中心版,第25页。
⑥ (清)松筠修:《西陲总统事略》,1811年刻本,卷5。

四、满城主要设施

(一)衙署

衙署,亦称公署、公廨、公所、衙门,为各级官员处理公务的处所。满城衙署分为两类,驻防军事官员和行政官员。前者占主体,其中参赞和领队大臣及笔帖式虽非武职,但参与驻防军事管理,所以应被纳入;惠远、巩宁和广安两城还有理事同知、理事通判、知州等行政官员,则与军事驻防官员不同。

表1　乾隆四十一年(1776)新疆满城主要驻防军事官员衙署数量比较(所/每所房间/总计房间)

官员　　满城	领队大臣	协领	佐领	防御	骁骑校	笔帖式
惠远	4/40/160	8/23/184	40/16/640	40/12/480	40/8/320	不详
惠宁	1/40/40	4/23/92	6/16/96	16/12/192	16/8/128	不详
巩宁	1/75/75	6/31/186	24/17/408	24/13/312	14/10/140	6/11/66
会宁	1/74/74	2/23/46	8/16/128	8/13/104	8/9/72	2/5/10
孚远	1/89/89	2/35/70	8/17/136	8/13/104	8/10/80	2/6/12
广安	1/77/77	2/27/54	4/18/72	4/13/52	4/10/40	2/5/10

另:惠远和惠宁各有将军衙署一所,分别为80间和34间;惠远参赞大臣衙署1所60间;巩宁都统衙署1所123间。此外还有公署、公所、档房、印房以及司房等其他办公建置,规模较小,不再一一赘述。

满城内部主要官员级别不同,衙署的数量也不同,往往级别越高,数量越多,反之亦然(见表1)。而且,除了惠宁城外,其他满城都是佐领的衙署总数最多。满城之间,惠远和巩宁的衙署总量较大,广安最小;惠宁、会宁和孚远三城之间,惠宁的协领、防御和骁骑校衙署房数较多。[①]

(二)兵房设施

总体而言,新疆满城兵房数量不相一致,规模上也存在着差异(图2)。其中惠远城数量最多,居于首位,其他依次为巩宁、惠宁、会宁、孚远、广安。兵房的差异反映出兵员数量的差异,进而揭示出各城在驻防重要性上的不同。

满城还建造了一些堆房,是兵员执行坐堆任务时居处的房屋,位于城门旁和

---

① 　(清)福隆安:《钦定八旗通志》,1796,卷118。

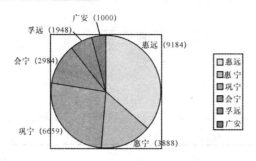

图 2 乾隆四十一年(1776)新疆满城兵房规模比例对照图(单位:间)

(据《钦定八旗通志》卷一百十八)

街口、鼓楼等处。堆房一般不如兵房那样集中,也没有兵房的较大规模。如惠远南北二十四道巷,东西三十九道巷,每道堆房一所;巩宁街口堆房四十四所[①];孚远鼓楼堆房四角各一所等[②]。

(三)教育设施

满城配置了学舍和学房设施。其中惠远和惠宁都设置有满汉蒙古学舍,前者于乾隆五十七年(1792)和嘉庆七年(1802)分别增建一所俄罗斯学房和敬业官学房,种类较为丰富。巩宁、孚远和广安以义学和弓学房为主。巩宁不仅"左右义学各一百四十四间,蒙古学房一所",而且建有"协领弓学房六处,佐领弓学房二十四处"[③];孚远义学十间,八旗弓学房二十四所,广安则"义学十间,弓学房 8 所"[④]。

(四)祠庙设施

满城祠庙设施颇多,以万寿宫、关帝庙最为常见,每城各筑一座,体现出与众不同的特点。惠远城万寿宫"在惠远城北门内,乾隆三十一年(1766)建",关帝庙原在北门内,乾隆五十七年(1792)将军保宁奏明改为真武庙,移建到了西门大街[⑤]。巩宁不仅鼓楼旁有一座大型关帝庙供全城军民祭祀,而且城内还有几座规模略小的关帝庙,供旗民祭拜[⑥]。同样,孚远、会宁、广安三城也都有万寿宫和

① (清)永保等:《乌鲁木齐事宜》,吴江吴氏,1943—1950 年,《城池》卷。
② [日]北山康夫:《关于清代的驻防八旗》,《羽田博士颂寿纪念东洋史论丛》,1950 年版。
③ (清)永保等:《乌鲁木齐事宜》,吴江吴氏,1943—1950 年,《城池》卷。
④ (清)福隆安:《钦定八旗通志》,1796,卷 118。
⑤ (清)福隆安:《钦定八旗通志》,1796,卷 118。
⑥ 和瑛:《三州辑略》,台北成文出版社 1968 年版,卷 2。

关帝庙,往往"万寿宫十六间,关帝庙二十间"①。满城万寿宫和关帝庙的造建,同清代的祭祀传统息息有关,例如对关羽的崇拜就曾达到无以复加的程度。

(五)其他设施

后勤设施,包括粮仓、军器库、火药局、马圈和银库等。可分三类②,粮仓(粮库)和磨房属于粮食生产和储备设施;官马圈、军器库、军器局、炮厂以及火药局属于训练作战设施;银库属于经济设施。

商业设施,以各种店铺为主。如巩宁有出租铺房和自营铺面楼,每年收取租银作为公用,城内当铺、布铺、匠役局、药铺、木铺、房租处等房各一所,每年获利不等。

综上所述,新疆满城于乾隆二十九年至四十五年间完成创建,同治期间遭到破坏,光绪朝有所恢复,辛亥革命后全面走向了衰亡。满城主要分布在天山北路,从西往东联络一体,并在局部形成两个驻防城体系,与其他城市构成位置上的对应关系。新疆满城形制规整、布局合理、设施齐全,为典型的驻防城池。

说明:本文系国家自然科学基金项目阶段成果(40571167);教育部人文社会科学研究基金"清代'满城'时空结构研究"(06JC770001)项目阶段成果。

---

① (清)福隆安:《钦定八旗通志》,1796,卷118。
② (清)福隆安:《钦定八旗通志》,1796,卷118。

唐宋都城变迁与感觉地理意象的嬗变
——以唐宋题咏长安及关中诗歌为中心的考察

马 强

（西南大学历史文化学院历史地理研究所）

感觉地理学是 20 世纪六七十年代西方人文主义地理学派中生长出来的分支学科，主要研究人们对一定区域所形成的具有普遍认同意义的地理印象，又被称为意象地理学[①]。在区域历史地理研究中，感觉地理学占有特殊地位，因为感觉地理代表着人们对一定区域感觉印象最为直接的感性直觉和审美评判及其文化排斥或认同，并影响着人们的空间交往与文化交流。从地理认识论角度而言，感觉地理属于地理认识中的感性认识层面，代表着一定时期人们的地理体验和地域评价。近年来我国已经有学者开始在历史地理研究中对区域感觉地理进行了有益的个案探讨[②]。由于感觉地理资料更多地反映在诗词歌赋等文学作品之中，而诗歌又是最能直接表达人们的感觉地理与地域评价的媒介，所以从文学作品探讨地理认识不失为一个有效途径。唐宋诗歌是我国文学史上的瑰宝，其中也蕴涵着丰富的地理意识内容，唐宋若干区域题材的诗歌如边塞诗、江南诗、蜀道诗、岭南诗等，留下了中古时期对不同地区的感觉地理资料，从中可以窥见当时人们对西部的地理印象和地域评价。唐宋时期关中地区经历了由京畿而"故

---

① 详参阚维民：《历史地理学的观念：叙述、复原、构想》，浙江大学出版社 2000 年版。

② 张伟然所著《湖北历史文化地理研究》（湖北教育出版社 2000 年出版）第八章"湖北历史时期的感觉文化区"对湖北历史感觉文化区的概念、感觉文化区的演变、文化地域的空间构成及湖北文化地域的归属与整合作了有开拓意义的探讨；左鹏《原型空间初论——以白居易的江州诗为例》（《历史地理》第 18 辑）、《唐代曲江空间意义的透视》（《历史地理》第 19 辑）、《论唐诗中江南意象的变迁》（《江汉论坛》2004 年第 3 期）对唐诗中的某些特定意义的区域感觉意象作了有益的研究；潘晟《感觉与事实之间——宋人诗文所记汉水下游河流景观及其解释》（《中国历史地理论丛》）则从诗文记载的感性认识揭示研究宋代汉水河流景观的地理学意义，也不失为一个有效方法。关于唐诗所反映的地理意象，近来张伟然《唐人心目中的文化区域及地理意象》（载李孝聪主编：《唐代地域结构与运作空间》，上海辞书出版社 2003 年版）对唐人的南北东西文化区地理感知有较为全面的探讨，给人启发良多，但遗憾的是对关中地区地理意象的分析用墨较少，有美中不足之感。

都"的重大历史变迁,唐宋诗歌中的"关中意象"也表露出迥然不同的文化感知,秦岭的地理意象也在此间悄然转变。分析唐宋诗歌中关中及秦岭文化意象的变迁,对于认识一个具有重要政治地理意义的传统政治中心地区历史地位与文化意义的嬗变无疑有重要意义。

一、唐诗中的"关中"及政治地理意象

在唐宋时期知识阶层文化心理中,关中的政治与文化地位无疑占有十分突出的地位。唐长安为帝国京城,关中为畿辅之地,既是大唐帝国的国都所在,又是无数文人士子科举赶考、入朝为官,实现政治梦想的目标之地。因此有唐一代题咏长安的诗歌俯拾皆是,长安、关中题材的诗歌占有相当分量,以讴歌长安及关中平原"帝王州"恢弘气象、寄托举子科举入仕的政治梦想居多。宋代国都东迁,关中虽然失去了全国政治中心的地位,但仍然是西北地区最为重要的枢纽城市,同时关中平原周秦汉唐时代的大量历史遗迹每每触发宋代士人伤时感世的心灵,长安访古,总有麦秀黍离的历史沧桑感,因而留下大量长安怀古诗。从唐到宋,长安也经历了从"国都"到"故都"的巨大历史性变迁,这样,唐宋诗歌中的关中或长安就不仅仅只是一个都城,而具有多方面的文化象征意义。

号称八百里秦川的关中平原四塞险固,原野肥沃,山川雄奇,周秦汉唐皆为国都首选之地,唐名臣郭子仪如是说:"雍州之地,古称天府。右控陇蜀,左扼崤函。前有终南太华之险,后有清渭浊河之固。神明之奥,王者所都。"①在唐人诗歌中,"秦中自古帝王州"②的文化地理观念影响至深,关中首先是作为畿辅"帝王州"地理意象入诗的,弥漫着一层厚重的政治文化气象,这在唐太宗李世民所作的《入潼关》一诗就已经展露出来:"崤函称地险,襟带壮两京。霜峰直临道,冰河曲绕城。古木参差影,寒猿断续声。冠盖往来合,风尘朝夕惊。"③自崤山、函谷关西渡黄河即进入周秦汉隋古都所在的关中平原。关中四塞险固,政治军事地理形势得天独厚,唐朝诗人们对关中军事地理首先称颂,认为它是保障国都安全的重要地理条件:"都城三百里,雄险此回环。地势遥尊岳,河流侧让关。秦皇曾虎视,汉祖昔龙颜。何处枭凶辈,干戈自不闲。"④在张祜眼中,正是关中的地

① 《旧唐书》卷120《郭子仪传》,中华书局1996年版。
② 《全唐诗》卷230,杜甫《秋兴八首》,中华书局1960年版。以下引用《全唐诗》者,皆出于此。
③ 《全唐诗》卷1,唐太宗《入潼关》。
④ 《全唐诗》卷510,张祜《入潼关》。

势险要保证了秦皇汉武的赫赫功业,也表明在唐代,潼关已经取代函谷关成为长安的东门户。许浑则以简洁的笔调点画了潼关"山形朝阙去,河势抱关来"①的地势特点,不过具有险要地势的潼关在安史之乱中曾被叛军攻破,迫使玄宗一行仓皇西逃,诗人并没有像张祜那样一味赞美,通过潼关"雁过秋风急,蝉鸣宿雾开"的秋晨景色表达深深的政治隐忧。杜牧诗有"洪河清渭天池浚,太白终南地轴横。祥云辉映汉宫紫,春光绣画秦川明"②的咏唱,则以天池、地轴比喻关中形胜为天下之中。

关中人文历史积淀丰富,有众多王朝建都留下来而形成的特有人文景观。巍峨京城、雁塔晨钟、曲江碧波、灞桥烟柳、泾渭古渡、终南积雪、汉唐陵阙等,这些唐关中平原特有的人文与自然景观组成了唐诗关中平原的文化空间。"皇居帝里崤函谷,鹑野龙山侯甸服。五纬连影集星躔,八水分流横地轴。秦塞重关一百二,汉家离宫三十六。"③这是初唐四杰之一骆宾王《帝京篇》中的诗句,诗着意于长安及关中平原"帝王州"恢弘气象的描述,竭力张扬的是关中显赫森严的畿辅帝王之气。杨炯《长安路》则是对长安城的远视角图景:"秦地平如掌,层城出云汉。楼阁九衢春,车马千门旦。"④开元诗人苏颋赞美关中"壮丽天之府,神明王者宅。大君乘飞龙,登彼复怀昔。园阙珠光焰,横山翠微积。河汧流作表,县聚开成陌,即旧在皇家,维新具物华"⑤。在开元诗人看来,关中气象与盛唐气象相辅相成,其实也就是大唐帝国鼎盛时期的象征。辉煌的历史文化与八百里秦川浑然一体,关中的地理气象自然就具有一种王者之气。元和诗人殷尧藩把这一地理意象表现得淋漓尽致:"龙虎山河御气通,遥瞻帝阙五云红"、"地入黄图三辅壮,天垂华盖七星高"、"龙虎山河御气通,遥瞻帝阙五云红";"礼乐日稽三代盛,梯航岁贡力方同"⑥,尚延续着某些盛唐关中气象的流风余韵。而关中平原厚重的历史积淀与星罗棋布的名胜古迹更能增添大唐京畿腹地的非凡气度:"山连河水碧氛氲,瑞气东移拥圣君。秦苑有花空笑日,汉陵无主自侵云。古槐堤上莺千啭,远渚沙中鹭一群。赖与渊明同把菊,烟郊西望夕阳曛。"⑦这是唐开成年间诗人陈上美题咏关中的名篇,虽然此时唐帝国从政治上已经走向黄昏,关中诸

---

① 《全唐诗》卷 528,许浑《行次潼关题驿后轩》。
② 《全唐诗》卷 521,杜牧《长安杂题长句六首》。
③ 《全唐诗》卷 77,骆宾王《帝京篇》。
④ 《全唐诗》卷 51,一说为沈佺期诗。
⑤ 《全唐诗》卷 73,《奉和圣制春台望应制》。
⑥ 《全唐诗》卷 492,殷尧藩《帝京二首》。
⑦ 《全唐诗》卷 542,陈上美《咸阳有怀》。

多陵寝苑囿也呈衰圮迹象,但在诗人心目中,关中平原的帝王之州依然气象不减,依旧维系着晚唐士子的政治梦幻,寄托着他们的政治情愫。

长安城在唐诗中有"上国"、"帝都"、"皇都"、"皇州"、"凤城"、"都门"、"青门"等多种称谓,如果说关中在唐诗中作为"自古帝王州",承担的角色只是提供了一个大的地域背景,那么最能代表关中辉煌的则无疑是京师长安的雄伟景观。"初唐四杰"中的卢照邻、骆宾王都对走向昌盛时期的长安城有史诗般的描绘。卢照邻《长安古意》:"长安大道连狭斜,青牛白马七香车。玉辇纵横过主第,金鞭络绎向侯家。龙衔宝盖承朝日,凤吐流苏带晚霞"①;如果说卢照邻笔下的长安更多渲染的是雍容华贵的帝王气象,骆宾王的《帝京篇》则多角度再现了一代显赫帝都的人文景观:"山河千里国,城阙九重门。不睹皇居壮,安知天子尊。……桂殿嶔岑对玉楼,椒房窈窕连金屋。三条九陌丽城隈,万户千门平旦开。复道斜通鸩鹊观,交衢直指凤凰台。剑履南宫入,簪缨北阙来。声名冠寰宇,文物象昭回。钩陈肃兰戺,璧沼浮槐市。铜羽应风回,金茎承露起。校文天禄阁,习战昆明水。朱邸抗平台,黄扉通戚里。平台戚里带崇墉,炊金馔玉待鸣钟。小堂绮帐三千户,大道青楼十二重。宝盖雕鞍金络马,兰窗绣柱玉盘龙。绣柱璇题粉壁映,锵金鸣玉王侯盛。"②虽然这两首歌咏帝京名篇后半段都对帝王公侯豪奢极欲、纸醉金迷生活不无忧虑与讽喻,但竭尽对长安城阙宫殿、亭台楼榭、复道通衢、香车宝马的铺陈与渲染,烘托而出的是一代显赫帝都的恢宏华丽人文景观和雄视天下的气势。在唐诗中,长安城之夜,尤其能显示大唐帝都的豪奢壮观:"月色灯光满帝都,香车宝辇溢通衢"③,这是李商隐回忆中的长安元宵之夜。长庆诗人袁不约的诗中,长安城依然有这样的奢华景观:"凤城连夜九门通,帝女皇妃出汉宫。千乘宝车珠箔卷,万条银烛碧纱笼。歌声缓过青楼月,香霭潜来紫陌风。长乐晓钟归骑后,遗簪堕珥满街中。"④

当然,诗歌中的地理景观难免有所夸张与想象,同样的空间景观有时会随着诗人身世、遭际、情绪的不同而变异,表现出不同的地理意象感知。所以唐诗中的长安意象也并非一成不变,诗人们宦途的顺达与穷蹇、科举的及第或落第,甚至身心的强壮或弱病,都可以使诗作中的长安城市意象产生不同的空间感知。韩愈宦途顺达时眼中的长安是"天街小雨润如酥,草色遥看近却无。最是一年春

---

① 《全唐诗》卷 41,卢照邻《长安古意》。
② 《全唐诗》卷 77,骆宾王《帝京篇》。
③ 李商隐:《李义山诗集》卷下《正月十五夜闻京有灯恨不得观》,文渊阁四库全书本。
④ 《全唐诗》卷 508,袁不约《长安夜游》。

好处,绝胜烟柳满皇都"①。与此类似的还有封敖的《春色满皇州》诗:"帝里春光正,葱茏喜气浮。锦铺仙禁侧,镜写曲江头。红尊开萧阁,黄丝拂御楼。千门歌吹动,九陌绮罗游"②,喜悦舒畅心境中再现的长安城是一片春光明媚、一派喜气洋洋的良辰美景。长安应试是唐士子走向仕途的第一驿站,是光荣与梦想的全部寄托,及第上榜则意气风发,"春风得意马蹄疾,一日看尽长安花"③,长安在心目中俨然一片繁花似锦;落第下榜则凄苦悲叹不已,成为唐士子文化心灵的一大磨难,长安也随之成为"高处不胜寒"之地。一时落第的贞元诗人陈羽,笔下的长安景观就给人异样的空间感触:"九重门镳禁城秋,月过南宫渐映楼。紫陌夜深槐露滴,碧空云尽火星流。清风刻漏传三殿,甲第歌钟乐五侯。楚客病来乡思苦,寂寥灯下不胜愁"④;与此有同样际遇心境的还有晚唐诗人薛逢,其诗中的长安之夜传递的同样是一种凄清如许的意象:"滞雨通宵又彻明,百忧如草雨中生。心关桂玉天难晓,运落风波梦亦惊。压树早鸦飞不散,到窗寒鼓湿无声。"⑤安史之乱后,大唐盛世繁华已逝,宫中寂寥,白居易《长恨歌》:"西宫南苑多秋草,落叶满阶红不扫",折射的是长安逐渐走向没落的悲凉;唐诗中与此同时映现的还有曲江的荒凉,如杜甫《哀江头》:"少陵野老吞声哭,春日潜行曲江曲。江头宫殿锁千门,细柳新蒲为谁绿。"⑥晚唐国运日塞,政治昏暗,大部分诗人及第长安、经邦济世的政治理想已经幻灭,此时诗歌中的长安城也常常给人以迟暮寂寥之感,如刘沧《长安冬夜书情》:"上国栖迟岁欲终,此情多寄寂寥中。钟传半夜旅人馆,鸦叫一声疏树风。古巷月高山色静,寒芜霜落灞原空。今来唯问心期事,独望青云路未通。"⑦在诗人笔下,长安之夜的凄清寂静,象征着大唐的盛世不再、走向末世,诗人心宇浩芒,却已报国无门,在晚唐咏长安诗中,刘沧此诗代表着晚唐诗人们普遍的心理感受。

二、宋代诗歌中的关中文化地理意象

唐宋之际,中国传统政治地理格局发生巨大变迁,北宋定国都于汴梁,标志

---

① 《全唐诗》卷 344,韩愈《早春呈水部张十八员外二首》。
② 《全唐诗》卷 479,封敖《春色满皇州》。
③ 《全唐诗》卷 374,孟郊《登科后》。
④ 《全唐诗》卷 348,陈羽《长安卧病秋夜言怀》。
⑤ 《全唐诗》卷 548,薛逢《长安夜雨》。
⑥ 仇兆鳌:《杜诗详注》卷 4。
⑦ 《全唐诗》卷 568,刘沧《长安冬夜书情》。

着关中作为传统政治中心时代的终结。前已论及,关中的衰落从盛唐开始已经
渐露端倪,晚唐的战乱,朱温强迁唐昭宗时对长安城的拆毁,致使长安地区迅速
衰落残破,作为"帝都"的繁华与显赫也一去不复返,"自唐风不竞,鼎入于梁,长
安废为列藩"①,至宋代,长安已经下降为一个西北地区的区域性城市,进入人们
视野的只是一片故都遗址景观。邵博与友人游历长安,凭吊唐大明宫故址,呈现
眼前的是这样一番景象:"至唐大明宫,登含元殿故基,盖龙首山之东麓,高于平
地四十余尺,南向五门,中曰丹凤门,正面南山,气势若相高下,遗址屹然可辨。
自殿至门,南北四百余步,东西五百步,为大庭殿后,弥望尽耕为田。太液池故迹
尚数十顷,其中亦耕矣"②;陆游甚至明确提到"长安民契券至有云某处至花萼
楼,某处至含元殿者,盖尽为禾黍矣。而兴庆池偶存十三,至今为吊古之地"③。
邵、陆二人的记载对研究宋代长安城的历史地理价值自不待言,其展现的悲凉景
观与深沉心绪也是显而易见的。所以宋代诗人凭吊怀古、题咏关中、长安之诗每
有麦秀黍离的历史沧桑感,关中的总体印象也是残阙断垣、萧瑟残破。但另一方
面,关中毕竟是周秦汉唐诸王朝的国都所在,曾长期作为华夏文明的中心,富于
历史意识的宋代知识阶层对关中平原仍然怀有深沉的眷顾④,感伤长安故都的
萧条同时,也一再看重其丰厚的历史文化积淀,并高度评价其文化地位,这使得
宋诗中的关中感觉地理具备双重的文化内涵,意象地理上的萧瑟感与文化心理
的怀旧认同感交相映现,长安地理形象因之也就被赋予了更复杂的历史地理
意象。

宋代题咏关中诗中,感叹关中荒凉萧条的诗作占了关中诗歌的大多数,多为
追昔叹今、伤时感世之作。邵雍仕宦陕西,一入关中就深感关中历史的陵谷之变
和时下的荒凉:"秦川两汉帝王区,今日关东作帝都。多少圣贤存旧史,夕阳惟只
见荒芜。"⑤寇准的长安怀古诗意象更为悲凉:"唐室空城有旧基,荒凉长使后人
悲。遥村日暖花空发,废苑春生柳自垂。事着简编犹可念,景随陵谷更何疑。入
梁朝士无多在,谁向秋风咏黍离。"⑥寇准为华州下邽(今陕西渭南)人,系关中本
土士人,其诗中的关中景观应该并非一时一地的感观,而是多年形成的感觉意

① 王禹偁:《小畜集》卷20《商于驿记后序》,以下引用宋人文集者,俱出自文渊阁四库全书本。
② 邵博:《邵氏闻见后录》卷25,中华书局1983年点校本,第202页。
③ 陆游:《老学庵笔记》卷2,中华书局1979年点校本,第23页。
④ 宋代士人在策论与奏议中曾多次呼吁迁都关陕,说见马强:《唐宋时期迁都建都之议》,《人文杂志》2009年第1期。
⑤ 邵雍:《击壤集》卷15《秦川吟二首》。
⑥ 寇准:《忠愍集》卷中《春日长安故苑有怀》。

象。曾经作为唐长安著名水上风景区的曲江,在宋诗中也成了长安没落衰败的象征:北宋诗僧宗惠题咏长安诗中有"人游曲江少,草入未央深"①,为传颂一时的名句,典型表现了宋长安古城的荒凉;李复为长安人,对唐朝故都的历史地理研究曾有深厚的造诣,他的《曲江》诗不仅凸现着长安景观的萧瑟,而且充满历史的反思:"唐址莽荆榛,安知秦宫殿。常因秋雨多,时有微泉泫。菰蒲春自生,凫鹜秋犹恋。千古蔽一言,物极理必变。"②应该说,宋代曲江池的荒凉与孤寂并非完全是诗人的主观想象,而是有一定的真实地理基础原貌。曲江池位于长安城的东南隅一大片洼地,作为唐皇家水上名苑,曾经烟波浩渺,楼亭相望,更是举子及第、皇帝赐宴之所在。在晚唐五代时曲江池已经渐渐干涸湮废,入宋以后已经彻底干枯,荒草丛生,一片萧条景象。宋哲宗元祐年间,张礼等人曾浏览考察长安古城,所见曲江就是一片荒凉,其《游城南记》云:"倚塔,下瞰曲江,宫殿乐游燕喜之地,皆为野草,不觉有黍离麦秀之感"③,这可与宗惠、李复诗中的曲江景观相印证。而"黍离麦秀之感",则正是宋人凭吊长安诗的共同文化心理共鸣。

当然,宋代关中的景观地理并非完全如此单一,关中形胜的壮美秀丽,依旧有其不朽的魅力。张方平西行入蜀经陕,对关中地理感觉良好:"高原极望秦川阔,危栈横空蜀道长。多谢终南山色好,迢迢相送过岐阳。"④虽只是匆匆路过,秦川的"第一印象"却颇受青睐。北宋承平日久,加之人为疏浚兴修,一些昔日的宫苑湖池也曾一度有所恢复,展露出某种程度的古都新貌。如蓝田辋川以风景优美著称,曾是唐朝诗人宋之问、王维、岑参等别业所在,在宋代依旧保持着某些唐时风貌,苏舜钦途经关中时曾特地前往游览,其《独游辋川》留下了北宋辋川的风景画卷:"行穿翠霭中,绝涧落疏钟。数里踏乱石,一川环碧峰。暗林麇养角,当路虎留踪。隐逸何曾见,孤吟对古松。"⑤辋川的青山绿野,恬静安详,如诗如画,依旧令人流连忘返。关中西部的凤翔府一带,宋代生态环境尚好,高山流水,茂林修竹随处可见,"府古扶风郡,壤地饶沃,四川如掌,长安犹所不逮。岐山之阳,盖周原也。平川尽处,修竹流水,弥望无穷"⑥。苏轼、苏辙兄弟均曾赋诗题咏,对凤翔府地理环境赞美有加,苏辙诗甚至说"秦中胜岷蜀,故国不须归。甲第

---

① 周辉:《清波杂志》卷11,(清)潘永因编《宋稗类钞》卷20说"(惠)崇到长安,有'人游曲江少,草入未央深'之句,为时所称"。

② 李复:《潏水集》卷9《曲江》。

③ 张礼:《游城南记》,史念海、曹尔琴校注,三秦出版社2003年版,第42页。

④ 张方平:《乐全集》卷3《过长安至岐山作》。

⑤ 苏舜钦:《苏学士集》卷6《独游辋川》。

⑥ 郑刚中:《北山集》卷13《西征道里记》。

春风满,巴山昼梦非"①。在宋代诗人笔下,灞岸烟柳也仍然是长安之春的一大美景,寇准诗两次提及灞柳晚象:"灞岸春波远,秦川暮雨微。凭高正愁绝,烟树更斜晖"②;"淡淡秦云薄似罗,灞桥杨柳拂烟波"③。虽然已经没有了唐时士女踏青春游、士子折柳送别的盛唐场面,但灞桥烟柳依旧是长安郊外迷人的风景线。

宋代长安兴庆池的前身是唐代兴庆宫内的人工湖,当年为唐明皇乐游之处,北宋时经过恢复,已经达到一定规模,从苏舜钦《兴庆池》一诗来看,兴庆池水域还是相当大的:"余润涨龙渠,疏溜连清浐。助晓远昏山,浮秋明刮眼。渔归别浦闲,雁下沧波晚。岸北有高台,离魂荡无限。"④宋代兴庆池已经是长安城官员士女春游乐园,如范纯仁诗中的兴庆池:"莎匀古岸添新绿,蝶绕残花采旧香。佳木引阴交翡翠,疏林进笋补筼筜"⑤;"池边喜逐彩旗行,初夏亭台照水明。筼筜乍开春后绿,林梢长带雨来声。新荷猎猎香风远,深洞沉沉昼景清"⑥。碧波亭榭,春雨幽篁,令诗人陶醉而流连忘返。刘敞《兴庆池送客》中的兴庆池更是"红蕖千顷合,碧树百年藤。长日宜沿泝,清风破郁蒸"⑦,宛如江南水乡良辰美景。即使到了万木萧条的秋天,兴庆池还可以是"水风杨柳猛消暑,沙雨芰荷潜造秋。惊月禽栖时落树,避灯鱼鬣暗冲舟"⑧。兴庆池的风景秀丽,点画着宋代长安城的春色一角,也为一片枯黄的宋代长安城涂上一抹清新的绿色。然而在宋诗中,这类诗歌所占比例甚少,描绘关中萧瑟、破落景观,感叹繁华不再者居多,关中地区某些地方的春色美景只是一种自然景观陪衬,而雁塔浮云、辋川绿野、灞岸烟柳、兴庆碧波引发的常常是伤世感怀的忧思,更能衬托宋代关中的历史的沧桑和更广阔人文景观的萧瑟。

三、宋代关中诗的政治地理意蕴

宋代虽然国都东迁,关中不再作为王朝的京畿之地,但山川河流的险固雄奇却依然是文人学士一再咏叹的对象,不过对秦川地理的题咏中总渗透着一种悲

---

① 苏辙:《栾城》卷2《次韵子瞻题长安王氏中隐堂五首》。
② 寇准:《忠愍集》卷中《长安春望感怀》。
③ 寇准:《忠愍集》卷下《长安春日》。
④ 苏舜钦:《苏学士集》卷1《兴庆池》。
⑤ 范纯仁:《范忠宣集》卷3《次韵韩侍中游兴庆池》。
⑥ 范纯仁:《范忠宣集》卷3《和韩侍中初夏游兴庆池》。
⑦ 刘敞:《公是集》卷21《兴庆池送客》。
⑧ 刘攽:《彭城集》卷15《答仲冯宿兴庆池作》。

凉的历史沧桑感和更多哲学意味的历史反思。范祖禹自蜀赴汴京途经陕西时，曾写下多首凭吊游览关中诗，对关中平原的地理景观感触颇深，最典型者当是其《长安》诗："我来踏雪走函关，下视秦川坦如砥。晓登太华三峰寒，凭高始觉天地宽。却惜京华不可见，烟花二月过长安。长安通衢十二陌，出入九州横八极。行人来往但西东，莫问兴亡与今昔。昔人富贵高台倾，今人歌舞曲池平。终南虚绕帝王宅，壮气空蟠佳丽城。黄河之水东流海，汉家已去唐家改。茂陵秋草春更多，豪杰今无一人在。"①作为蜀人的范祖禹首次踏上北逾秦岭，即被关中平原雄奇的山川地理和悠久的历史文化所震撼，秦川平坦如砥，华岳高耸入云，长安通衢、曲江池苑遗迹犹在，汉陵唐阙历历在目，然而"汉家已去唐家改"，汉唐繁盛早已灰飞烟灭，不禁使诗人感慨万千。

宋代关中地理诗往往夹杂着军事地理评论和深沉的历史反思。如北宋晁以道在考察了秦汉唐长安、咸阳遗址后作如此感叹："诗所谓'经始勿亟，庶民子来'者，其专以简易俭约为德，初不言形胜富强，益知仁义之尊，道德之贵。彼阻固雄豪，皆生于不足，秦汉唐之迹，更可羞矣。"②这一思想反映在诗歌中，则隐含着"重德不重险"的传统政治地理观念。刘敞《观陕西图二首》："险固非天意，承平怪主忧。三年劳将帅，万里问旃裘。尚记安西道，空悲定远侯。大河知所向，日夜正东流。忆昨传消息，羌来渭水旁。信知秦地险，未觉汉兵强。青海通西域，长城起朔方。分明见地里，怅望隔要荒。"③刘攽《题陕西图三首》对关中形胜的观感与之颇有异曲同工之妙："干戈今日事，关塞此图看。白日长安近，苍山垄坂寒。由来名百二，自古有艰难。指以安西道，凝情意据鞍。"④在宋代诗人们看来，关中自古以被山带河、四塞险固著称于世，但周秦汉唐王朝建都于此，最终并没有保证江山社稷传之千秋万世，河山的险固固然重要，但更重要的则是君臣的圣明贤能和国家军事的强大，唯有这样才能控驭华夷，威震八方，否则即使秦修长城、汉通西域，也皆非长久之计。苏舜钦在长安凭吊唐含元殿遗，赋诗以抒发感慨，充满对唐玄宗朝政治的批判："在昔朝元日，千门动地来。方隅正无事，辅相复多才。仗下簪缨肃，天中伞扇开。皇威瞻斗极，曙色辨崔嵬。赤案波光卷，鸣梢殿尾回。熊罴驱禁卫，雨露覆兰台。横赐倾中帑，穷奢役九垓。只知营国用，不畏屈民财。翠辇还移幸，昊天未悔灾。群心争困兽，回首变寒灰。曾以安

---

① 范祖禹：《范太史集》卷1《长安》。
② 邵博：《邵氏闻见后录》卷25，中华书局1983年点校本，第202页。
③ 刘敞：《公是集》卷21《观陕西图二首》。
④ 刘攽：《彭城集》卷11《题陕西图三首》。

无虑,翻令世所哀。行人看碧瓦,独鸟下苍苔。虽念陵为谷,遥知祸有胎。青编遗迹在,此地亦悠哉。"①诗中的含元殿遗址即唐大明宫含元殿,曾是唐玄宗理政之所,是大唐盛世的象征,正是在这里,在同一个天子手中,既创造过辉煌的开元盛世,又酿成了使唐迅速衰败的安史之乱,含元殿可谓是唐王朝由盛而衰的历史见证。这样,就不难理解为什么宋代诗人凭吊长安唐宫遗址时心情是如此沉重和苍凉。

四、唐宋诗歌中的"秦岭"及地理意象转换

秦岭是中国中西部一条著名山系,地跨陇、秦、豫三省,横亘于关中平原南部。秦岭不仅是中国南北地理分界线,在文化地理上也是秦陇文化与荆楚、蜀汉文化的分野。在唐宋人语汇中,秦岭西部自太白山至长安南终南山一带在唐宋诗中一般称"南山",终南山以东至商州一带唐人一般称之为"商岭",有时也直接称之为"秦岭"。而唐诗中的"终南"则主要是指秦岭山系中今终南山部分,宋人地理概念中的终南山范围较大,西起秦陇交界,东至蓝田②。在唐诗中,秦岭不仅其自然景观、生态环境有多方面的记录,更重要的是被赋予了深沉的文化地理意义。秦岭既是自然之山,又是文化之山。"标奇耸峻壮长安,影入千门万户寒。徒自倚天生气色,尘中谁为举头看。"③既是屏蔽关中平原南缘的连绵群山,也是以长安为视角不可或缺的景观构成,甚至秦岭的阴晴雨雪,都会对京城长安意象有直接影响。对于唐代诗人而言,由于秦岭近在京畿之南,为举目所及,加之由京师长安前往荆楚、巴蜀之地必须逾秦岭而行,所以终南、太白、商岭等常常被采撷入诗,成为歌咏对象。

韩愈有洋洋千言长诗《南山诗》,对秦岭的历史、山貌、内涵作了多角度的描绘和评论,其篇幅之长、思想之复杂、思维之奇特皆为唐诗所罕见:"吾闻京城南,兹惟群山囿。东西两际海,巨细难悉究。山经及地志,茫昧非受授。"秦岭在《山海经》中就有记载,称之为"天下之大阻"。韩愈对秦岭的感知是从历史追溯到回

---

① 苏舜钦:《苏学士集》卷6《览含元殿基,因想昔时朝会之盛,且感其兴废之故》。

② 关于终南山的名称与范围,唐宋地志多有诠释,唐李泰《括地志》云:"终南山,一名中南山,一名太一山,一名南山,一名橘山,一名楚山,一名泰山,一名周南山,一名地脯山,在雍州万年县南五十里",见贺次君《括地志辑校》卷1,中华书局1980年版,第8页。南宋程大昌《雍录》卷5《南山》条记载了终南山的地理范围:"终南山横亘关中南面,西起秦、陇,东彻蓝田,凡雍、歧、郿、鄠、长安,万年,相去且八百里,而连绵峙据其南者,皆此之一山也。"

③ 《全唐诗》卷606,林宽《终南山》。

归现实,诗人心目中的秦岭高峻险峭,森林苍郁,云蒸霞蔚,春夏秋冬风景各异,显得秀美、深邃、神秘、高深难测:

> 蒸岚相溃洞,表里忽通透。无风自飘籭,融液煦柔茂。横云时平凝,点点露数岫。天空浮修眉,浓绿画新就。孤撑有巉绝,海浴褰鹏噣。春阳潜沮洳,濯濯吐深秀。岩峦虽嵂崒,软弱类含酎。夏炎百木盛,荫郁增埋覆。神灵日欷歔,云气争结构。秋霜喜刻轹,磔卓立癯瘦。参差相叠重,刚耿陵宇宙。冬行虽幽墨,冰雪工琢镂。新曦照危峨,亿丈恒高袤。明昏无停态,顷刻异状候。[①]

在韩愈笔下,秦岭的雄奇险峻,与传统五德终始的神秘历史观与关中雄浑的地理环境观念紧紧相连,更显现着非凡的气质与人文地理内涵:"西南雄太白,突起莫间簉。藩都配德运,分宅占丁戊。逍遥越坤位,诋訾陷于寞。空虚寒兢兢,风气较搜漱。朱维方烧日,阴霾纵腾糅。昆明大池北,去觌偶晴昼。"对于韩愈个人遭际来说,秦岭的高寒险峻还是人生仕途坎坷多难的象征:"前年遭谴谪,探历得邂逅。初从蓝田入,顾盼劳颈脰。时天晦大雪,泪目苦蒙瞀。峻涂拖长冰,直上若悬溜。褰衣步推马,颠蹶退且复。苍黄忘遐晞,所瞩才左右。杉篁咤蒲苏,杲耀攒介胄。专心忆平道,脱险逾避臭。昨来逢清霁,宿愿忻始副。"[②]韩愈因谏争迎佛骨事激怒宪宗,险些丢掉性命,旋被贬迁炎荒遥远的潮州,经商州秦岭山中的蓝关时曾写下了"云横秦岭家何在,雪拥蓝关马不前"[③]的名句,诗中的"前年遭谴谪"、"初从蓝田入,顾盼劳颈脰。时天晦大雪,泪目苦蒙瞀",正是回忆当时贬途情景。因此在韩诗中,秦岭又蕴含了一种宦途难测、命运不定的人生苍凉遭际感受,有"高处不胜寒"的绝险意境。

在唐诗中,横亘秦蜀间的巍峨秦岭,不仅是南北交通的一大"天险",也是铺设在唐代士人心灵的一道通天桥梁,北逾秦岭,就进入京畿之地、天子脚下,就预示着及第授官、人生飞黄腾达;南下秦岭,则往往意味着贬迁漂泊、人生坎坷磨难的开始。在唐人看来,秦岭不仅是秦蜀、秦楚之间地域的分界线,也是都门与漂泊的界碑,是政治人生顺达或蹇困的象征。长安南的终南山密迩帝都,因之有特殊意义。"委曲汉京近,周回秦塞长";"商山名利路,夜亦有人行"[④];"焉知抆垣

---

① 《全唐诗》卷336,韩愈《南山诗》。
② 《全唐诗》卷336,韩愈《南山诗》。
③ 《全唐诗》卷344,韩愈《左迁至蓝关示侄孙湘》。
④ 《文苑英华》卷159,王贞白《商山》。

下,陈力自迷方"①；"红尘白日长安路,马足车轮不暂闲。唯有茂陵多病客,每来高处望南山"②。都很清楚地表达了秦岭对于士人的地缘意义。唐代士人为求入仕,除科举考试外,隐于秦岭,以图沽名钓誉、名动京师者不乏其人,以至有"终南捷径"之笑柄。③ 但是对于大多数士人来说,人生的失意、仕途的坎坷才是命运的常态。唐诗中的秦岭更多是作为离别都门、飘零偏远时出现的地理意象。所谓"试登秦岭望秦川,遥忆青门更可怜"的喟叹④就是这一心绪的典型写照。白居易贬迁江州(今江西九江),经商州前往贬所,过秦岭时离愁别绪阵阵袭来,几乎悲不自胜:"草草辞家忧后事,迟迟去国问前途。望秦岭上回头立,无限秋风吹白须。"⑤司空曙《登秦岭》也有同样的感受:"南登秦岭头,回望始堪愁。汉阙青门远,高山蓝水流。三湘迁客去,九陌故人游。从此辞乡泪,双垂不复收。"⑥白居易、司空曙经过秦岭是要去赴烟瘴谪迁之地,悲苦心绪固然不难理解,但欧阳詹自长安南下入蜀,本身并非贬官,而是游历,而且蜀地也是乐游之地,翻越秦岭时竟也悲伤不已,他的两首有关秦岭的诗抒发的都是同一种心境:"南下斯须隔帝乡,北行一步掩南方。悠悠烟景两边意,蜀客秦人各断肠"⑦;"鸟企蛇盘地半天,下窥千仞到浮烟。因高回望沾恩处,认得梁州落日边"⑧。李涉经武关下商州,面对秦岭也不禁悲从中来,喟叹"远别秦城万里游,乱山高下出商州。关门不锁寒溪水,一夜潺湲送客愁"⑨。温庭筠《商山早行》也有同样的心境:"晨起动征铎,客行悲故乡。鸡声茅店月,人迹板桥霜。槲叶落山路,枳花明驿墙。因思杜陵梦,凫雁满回塘。"⑩南下秦岭,对诗人来说就意味着辞京谪迁、羁旅漂泊,意味着由政治中心走向政治边缘,由秦岭而产生的这一文化心态在唐代表现得特别突出,可以说是在唐代出现的一种特殊文化心理现象,实际上也是秦岭地近京

---

① 《全唐诗》卷74,苏颋《敬和崔尚书大明朝堂雨后望终南山见示之作》。
② 《全唐诗》卷542,李景《望终南山》。
③ 当然唐代有关终南山诗确有向往"真隐"者,赋予了终南山深深的"禅意",如钱起《钱仲文集》卷2《杪秋南山西峰题准上人兰若》诗:"向山看雾色,步步豁幽性。返照乱流明,寒空千嶂净。石门有余好,霞残月欲映。上诣远公庐,孤峰悬一径。云里隔窗火,松下闻山磬。客到两忘言,猿心与禅定。"
④ 孟浩然:《孟浩然集》卷4《越中送张少府归秦中》。
⑤ 白居易:《白氏长庆集》卷15《初贬官过望秦岭》。
⑥ 《全唐诗》卷293。此外《全唐诗》卷206在天宝诗人李嘉祐名下也收有此诗,显系一诗重收。但揆之李嘉祐生平,似并没有贬迁湘南之事,而司空曙则有"尝流寓长沙,迁谪江右"(辛文房:《唐才子传》卷3《司空曙》)的经历,因此此诗为司空曙所作更有可能。
⑦ 《全唐诗》卷349,欧阳詹《题秦岭》。
⑧ 《全唐诗》卷349,欧阳詹《自南山却赴京师石臼岭头即事寄严仆射》。
⑨ 《全唐诗》卷477,李涉《再宿武关》(一作《从秦城回再题武关》)。
⑩ 《全唐诗》卷581,温庭筠《商山早行》。

师地理原因的反映。

北宋国都东迁,关中作为国都的辉煌历史宣告结束,有关秦岭的诗歌大大减少,秦岭的地理文化意象也较唐诗简单,但也有一些新变化。在北宋诗歌中,除了一般的秦岭风景诗外[①],秦岭大多作为学道仙隐场所,笼罩着一层仙道隐逸的氤氲。宋初著名隐士种放曾隐居终南山,"山林养素,孝友修身,既聚学以诲人,亦躬耕而事母"[②],闻名遐迩,皇帝屡征不至,颇受时人推崇,此后终南山总与隐逸高士相连。"琐闱聊辍皂囊封,赐告归寻一亩宫。关路蒲轮千里远,严扉蕙帐几年空。"[③]这是宋初西昆诗人杨亿送别种放的诗,诗虽十分含蓄空灵,却隐含着对秦岭隐居地的向往;王禹偁与大隐士种放的唱和诗也是以秦岭作为道隐背景:"王生出紫微,谴逐走商洛……阆乡正南路,秦岭峭如削。"[④]秦岭宁静高峻,超然世外,也使诗人们产生回归自然之感:"秦岭巉巉列万峰,晚岚浑欲滴晴空。如何学得崔重易,吟啸终南明月中。"[⑤]北宋关中少了都门的喧嚣,秦岭诗的意境也就趋向恬静闲适,其地理意象自然也就失去了唐诗中过于厚重的政治文化成分,还原为本身与生俱有的自然形象,只是由于对种放等人的推崇赞美"层累"般加大,北宋诗中的秦岭愈来愈凸出隐逸文化的指征。

到了南宋,川陕之地沦为与金、蒙交战的战场,诗歌中的秦岭地理意象又为之一变。特别是富平之战宋军失败、关中沦陷于女真金人之后,终南宋一代,秦岭成为南宋西部国防的一大屏障,"秦岭剑攒青不断","一柱西南半壁天"[⑥]。"南山"一词随之成为北伐抗战、恢复中原的地理象征。著名爱国诗人陆游曾在抗金前线重镇兴元府(今陕西汉中)王炎幕府从军,兴元府北缘就是秦岭南麓,循褒斜、傥骆古栈道可以直通关中之岐、眉、扈、盩厔一带,因此在放翁诗中,秦岭("南山")一词总是寄托着抗金北伐的战斗激情,"许国虽坚鬓已斑,山南经岁望南山"[⑦];"尔来从军天汉滨,南山晓雪玉嶙峋。呜呼!楚虽三户能亡秦,岂有堂堂中国空无人"[⑧]。南宋秦岭一线百年抗金,在历史上写下了可歌可泣的一页,

---

① 如刘攽《终南山》诗:"终南际沧海,千里张屏风。落月沉山西,朝阳生岭东。"(《彭城集》卷17)纯粹只是一些风景描绘,并无多大意义。

② 王禹偁:《小畜集》卷22《乞赐终南山人种放孝赠表》。

③ 杨亿:《武夷新集》卷1《秘阁赐燕送右谏议大夫种放得假归终南山应制》。

④ 王禹偁:《小畜集》卷3《酬种放征君》。

⑤ 文同:《丹渊集》卷15《北楼晚晴望秦岭》。

⑥ 程公许:《沧洲尘缶编》卷10《自七曲祠下乘马至上亭二首》。

⑦ 陆游:《剑南诗稿》卷5《观长安城图》。

⑧ 陆游:《剑南诗稿》卷4《金错刀行》。

秦岭成为西部抗击强敌的天然屏障和中流砥柱,也见证了南宋的兴盛衰亡。宋末元初,南宋遗民诗人汪元量登临秦岭时沉痛地写道:"峻岭登临最上层,飞埃漠漠草棱棱。百年世路多翻覆,千古河山几废兴。红树青烟秦祖陇,黄茅白苇汉家陵。因思马上昌黎伯,回首云横泪湿膺。"[①]在另一首《终南山馆》诗中还以秦岭之夜比兴亡国后的悲凉:"夜凉金气转凄其,正是羁孤不寐时。千古伤心南渡曲,一襟清泪北征诗。"[②]秦岭从隐逸意象到抗战爱国形象的转变,再到凭吊故国的兴亡之地,实际上折射了两宋完全不同的时代特征和士人由出世到入世转变的心路历程。而从唐诗到宋诗,秦岭地理意象的转变置换,也从一个侧面反映了关中地域社会由盛而衰的转折。

结　　语

中国古代诗歌中蕴含有丰富的区域地理意象,而这些区域地理意象随着政治、社会、文化环境的变迁以及诗人所处环境遭际的不同也会发生变化,从而以诗性语言反映出区域社会历史的重大变迁。唐诗中的关中地域形象是由巍峨京城、雁塔晨钟、曲江碧波、灞桥烟柳、泾渭古渡、终南积雪、汉唐陵阙等大唐王朝关中平原特有的自然与人文景观组成了的诗性空间。在宋诗中,关中地区则往往呈现出一片残垣断壁、秋风落叶的萧瑟意象,充满麦秀黍离的历史沧桑感,成为宋代士子凭吊怀古、追忆汉唐盛世的伤心之地。作为古都长安自然与文化景观不可分割的秦岭,其地理意象在唐宋诗歌中也随着唐宋间关中地区历史地位的跌宕巨变经历了微妙的嬗变。这说明从历史地理学角度研究古典文学作品中的区域地理意象、地域评价、区域人文景观等,无疑是值得进一步研究思索的重要课题。

说明:本文系教育部人文社会科学规划项目(编号:09YJA770054)成果。

---

① 汪元量原著、李一氓校订:《增订湖山类稿》卷3《秦岭》,中华书局1984年版,第94页。
② 汪元量原著、李一氓校订:《增订湖山类稿》卷3《终南山馆》,中华书局1984年版,第93页。

晚清云南鸦片流毒及其地缘因素探析

陆　韧

（云南大学人文学院历史系）

历史上，云南曾被称为"烟国"，其所产鸦片（云土）行销全国，是晚清鸦片生产大省之一。对于该问题国内外已有多位学者进行探讨[①]。地缘应当包括一个地区的地理条件、地缘区位、地缘政治和地缘经济等因素，在一定区域内这些内部因素与外部因素相互作用，对一个地区的经济产生综合影响。本文主要从这一思路出发，探讨晚清云南特殊的地理环境、边疆地缘区位、云南农业生产格局和社会经济历史条件，对晚清云南罂粟种植、鸦片生产和运销、云南鸦片产业形成的影响。

一、晚清云南鸦片种植区的演进

鸦片是罂粟浆果之汁熬制而成，具有药用功能，可使人成瘾，成为吸食成瘾者不可或缺的消费品和获利丰厚的商品。罂粟在中国种植很早，有人认为可能在唐代就被阿拉伯商人引进中国，作为对抗瘴疬之类的药物及观赏花卉，但数量十分有限[②]。19世纪初，英国将鸦片作为亚洲殖民的重要武器，在亚洲推广种植。特别是在其殖民地印度种植并作为最重要的商品向中国大量出口，使之成为英国整个亚洲计划的"关键组成部分"[③]，大量向中国出口，形成流毒。

地理区位是云南成为中国最早的毒品原料罂粟种植和鸦片熬制产区的关键

---

① 秦和平：《云南鸦片问题与禁烟运动(1840—1940)》，四川民族出版社1998年版。David A. Bello 著：《西南鸦片流毒：19世纪早期清政府在云贵川三省的禁烟》，载陆韧主编《现代西方学术视野中的中国西南边疆史》，云南大学出版社2007年版。戴鞍钢：《晚清云南的鸦片种植与销路述论》，载杨伟兵主编：《明清以来云贵高原的环境与社会》，东方出版中心2010年版。

② 仲伟民：《19世纪中国鸦片的生产替代及其影响》，《文史哲》2009年第5期。

③ David A. Bello 著：《西南鸦片流毒：19世纪早期清政府在云贵川三省的禁烟》，载陆韧主编：《现代西方学术视野中的中国西南边疆史》，云南大学出版社2007年版，第301页。

原因。云南与近代成为英国殖民地的南亚与东南亚国家邻近,鸦片种植作为英帝国主义渗透中国的手段首先从云南开始。"其初但充药品,英商以之贩运内地,称洋药,故民间吸食者极少。至道光初,其风始炽,寻由印度传之云南,而南土兴。辗转传至四川而有川土,又传至甘肃而有西土。由是而至陕西、山西。一二十年来,废田而种罂粟,岁益浸广,而西洋贩运中国亦岁益增多。"[①]可见,受印度鸦片获利丰厚的刺激,云南凭借与印度便利的交通条件,大约 19 世纪 20 年代,作为毒品原料的罂粟种植和鸦片加工技术由印度传入,继而传至四川、贵州、甘肃等地,鸦片开始在中国大量种植[②]。所以,云南首先凭借其与印度交通便利的地缘优势,成为中国最早为毒品加工而种植罂粟的地区,并掌握了鸦片加工技术。同时,毒品贩运者借助云南与四川、贵州接界地区山川地理形势险峻,交通复杂隐蔽的条件,使云南成为罂粟种植技术和鸦片加工技术传入中国的重要通道。

云南鸦片最初的种植区是边境地区。鸦片的种植技术是从印度和周边国家流传到云南的,道光十一年(1831 年)六月,时任云南总督的阮元上《查禁鸦片烟章程折》说:"滇省边隅,民风素本淳朴,而接壤越南,又近粤省,遂致有鸦片烟流入滇境,效尤吸食之事。而治边夷民,因地气燠暖,向种罂粟,收取花浆,煎膏售卖,名为芙蓉,以充鸦片。"[③]云南最早的罂粟种植区出现在边境地区,即"至土境夷民栽种罂粟,系在迤西、迤南边外"[④]。所谓"迤西""边外"是云南与缅甸接界的边境地区及境外的缅甸地区;所谓"迤南边外"则是云南与老挝、越南交界地区,这些区域为跨境少数民族聚居区,云南传统的边民互市和贸易成为罂粟种植传入云南的便利地缘条件,所以,"道光初年,滇省即有种罂粟花熬为鸦片者,而以沿边夷民私种最多"[⑤]。

沿边夷人种植鸦片获取利益,很快就被云南人所认识,于是云南的罂粟种植在清朝禁烟措施难以落实的土司地区发展起来。"滇土[⑥]由夷地行,贱食贵买,夷人利之。"[⑦]许乃济在道光十六年(1836)上《禁愈严流弊愈大吁请变通办理折》

---

①　《清史纪事本末》卷 74,上海书店 1986 年版。

②　林满红:《清代社会流行吸食鸦片研究——供给面之分析 1773—1906》,博士论文,台湾师范大学,1985 年。仲伟民:《19 世纪中国鸦片的生产替代及其影响》,《文史哲》2009 年第 5 期。

③　《清宣宗实录》卷 191,道光十一年六月丙午。

④　《清宣宗实录》卷 185,道光十一年六月丙午。

⑤　于恩德:《中国禁烟法令变迁史》,中华书局出版社 1934 年版,第 74 页。

⑥　按:"滇土",又称"云土",为云南鸦片的俗称。

⑦　袁英光等整理:《李星沅日记》上册,中华书局 1987 年版,第 167 页。

中说:"云南向有栽种罂粟制造鸦片者,叠经科道各官奏请严禁,内地遂无人敢种,夷人益得居奇。"①清代云南的边境地区都是土司管辖的少数民族地区,清廷在鸦片战争以前已注意到云南罂粟种植有扩大之势,滇西和滇南的土司地区罂粟种植最为广泛,"云南迤西为尤甚,缘迤西一带栽种之地为鸦片所占者实居其半"②,并采取措施,要求地方官在每年冬春罂粟成熟之时到土司地区铲毁,试图遏制罂粟种植的蔓延扩大,要求地方官"著照所议,责成该管道、府严饬土司,晓谕夷民,毋得栽种;并于每年冬间由土司亲查。如有私种,即令目练拔毁"③。但是,云南土司地区大多处于山区,"多深山穷谷,若不峻立其防,则奸民易犯"④。"顾皆边远偏僻之地,如大小猛统以及孟定葫芦王地等处,每每有之,因该地山路崎岖,民半粗野,地方官相距险远,遥制艰难,所悬属厉禁,终鲜实行。"⑤土司控制区清朝官吏难以进入,政令难以推行,禁烟措施只能靠土司"晓谕夷民,毋得栽种",清朝在内地严厉禁烟,云南土司地区罂粟种植却在迅速蔓延,足以说明19世纪30年代云南罂粟种植的蔓延之势已经难以遏制,成为云南罂粟种植的第一个高潮特征,罂粟种植从沿边地区向山区及土司地区拓展。

随后,罂粟种植影响云南靠内地区的人民,云南内地也开始种植鸦片谋取利益,罂粟种植在云南迅速扩散和泛滥,云南罂粟种植的重心从少数民族土司地区向汉族聚居的广大农耕区转移。道光十九年(1839年),御史陆应谷的奏折反映了云南罂粟种植区域扩散的情况:"通省栽种罂粟之地甚多,故吸食鸦烟之风愈炽。彼富民、呈贡、禄劝等县,附近省垣,尚有奸民偷种,而蒙自、广南、开化、景东、赵州、蒙化等各府厅州县,地方辽阔,接壤边陲,昔种豆麦之田今成罂粟之地。"⑥根据这段史料,至少1839年开始,云南鸦片的种植已经向靠内的腹里地区扩散,而且不仅仅在"深山穷谷"的地理环境下栽种罂粟,而且开始占用民田,"本地民田遍种罂粟"⑦。甚至省城昆明附近都广泛种植鸦片,光绪年间,游人只要从昆明"出南门,绕过金马碧鸡坊,过迎恩堂,时暮春天气,罂粟盛开,满野缤

---

① 姚贤镐编:《中国近代对外贸易史资料》第1册,中华书局1962年版,第629页。
② 海关总署总务厅、中国第二历史档案馆编:《中国旧海关史料》第51册《宣统元年腾越口华洋贸易情形论略》,京华出版社2001年版。以下所引《中国旧海关史料》版本同,仅注明册数与篇名。
③ 《清宣宗实录》卷191,道光十一年六月丙午。
④ 《清宣宗实录》卷191,道光十一年六月丙午。
⑤ 《中国旧海关史料》第54册《宣统二年腾越口华洋贸易情形论略》。
⑥ 中国第一历史档案馆藏:道光二十年十二月十三日云南道御史杜彦士奏折。
⑦ 《清宣宗实录》卷317,道光十八年十二月己巳。

纷,目遇成色"①。1876 年,英国人贝伯尔从北京出发往西南地区游历,他来到至鄂川交界处,始见罂粟;进入四川,看到栽种尤盛;到了云南则是遍地皆是罂粟,由于他在云南游历的时间 1 至 5 月间,正好是鸦片的生产季节,他感到自己似乎在广袤无际的罂粟地中穿行,亲眼目睹了鸦片的种植、萌芽、抽蕊、开花、结果及收割的全部过程②。根据贝伯尔的叙述,罂粟种植俨然成为云南冬小春的重要作物,在整个云南省推广开来,种植区域几乎遍及云南的山区、半山区和坝区所有的农耕区,道光年间成为晚清云南鸦片种植的一个高潮时期,云南罂粟种植遍及全省,甚于全国。

清末推行"寓禁于征"的政策,云南罂粟种植大规模扩散,云南全省无论边地还是腹里区域,无论是山区还是坝区,几乎都有鸦片原料罂粟的种植和贩运,在清末进入云南考察的外国人游记大量记载云南罂粟种植的情况。H. R. 戴维斯是一个英国退役军官,曾于 1890 至 1904 年期间四次到云南进行徒步调查,其行程几千公里,考察了云南几乎所有重要的地区,写下了《云南:联结印度和扬子江的锁链(19 世纪一个英国人眼中的云南社会状况及民族风情)》一书,其中有很多关于鸦片的种植情况,他的实地考察对今天我们研究当时的罂粟种植很有意义。大约与此同时,法国人亨利·奥尔良,从越南进入云南游历,他活动于云南的滇南、滇西北和滇冬地区,著有《云南游记——从东京湾到印度》。在此,以两位外国人的实地记载为依据,考察清末云南罂粟种植区域扩散的情况。

戴维斯在滇西考察时,进入滇西边地的今临沧地区的镇康县时注意到"(镇康)几乎没有贸易,偶尔有从大理或云州来的骡子组成的商队来卖盐、铁锅和其他产品,购买汉人在附近山上种植的鸦片,而这似乎是唯一的出口产品"③,说明镇康地区山区以种植鸦片为主,他来到永昌(今保山),"沿着山路登上了蒲漂(今保山市蒲漂镇),这个坝子村落不少,种植着不错的冬季作物,如蚕豆、麦子和鸦片","(永昌坝子)与其他许多坝子一样,夏季种稻,秋季收割,然后种上冬季作物如蚕豆、鸦片或麦子"。④ 他经过大理州的漾濞县时看到"这儿(漾濞县南部的漾濞江)海拔低,比这一地区大多数地方气温都高,此时鸦片快成熟了,而在大理

① 包家吉:《滇游日记·跋》,云南人民出版社 1985 年点校本,第 35 页。

② 郭嵩焘著、钟叔河等整理:《伦敦与巴黎日记》,岳麓书社 1984 年版,第 572—573 页。

③ H. R. 戴维斯著,李安泰等译:《云南:联结印度和扬子江的锁链(19 世纪一个英国人眼中的云南社会状况及民族风情)》,云南教育出版社 2000 年版,第 155 页。以下所引该书版本同,简称为 H. R. 戴维斯著:《云南:联结印度和扬子江的锁链》。

④ H. R. 戴维斯著:《云南:联结印度和扬子江的锁链》,第 68—70 页。

和其他海拔较高的地方鸦片才长出来"①。蒙化厅(今巍山县)则"与其他地方一样,平原上种着两种作物,不少的豆和鸦片"②。至于滇南,思茅地区"村子不多.农田主要是沿狭窄的山谷开垦的,种有蚕豆、鸦片和小麦"③。说明滇西、滇南的广大区域内,鸦片已经和蚕豆、小麦一样成为主要的冬季农作物。

除了滇西、滇南地区外,戴维斯在云南其他地方游历也看到遍种鸦片的景观,例如滇中的宜良,他认为"当地唯一重要的地方产品是鸦片,鸦片在这儿生长不错"④。宜良是从明清以来就是滇中最重要的农业区和产粮区,当然宜良不会只种鸦片,但戴维斯观察到的情况足以说明在云南像宜良这样最重要的粮食作物种植区,罂粟种植几乎成为该区唯一的冬季农作物,足见罂粟种植深入内地坝区,挤占了冬季粮食作物的种植耕地是不争的事实。在滇东的曲靖南盘江流域看到的是"庄稼不多,长得也不好.只有鸦片似乎比在其他地方生长得更好"⑤。甚至,与云南接壤的四川会理、冕宁地区也普种鸦片,"(会理)的主要产品是鸦片、运草、靛青和铜"⑥,"整个平坝耕种良好,冕宁四周的最北面没有栽种多少水稻。小麦、玉米和鸦片(罂粟)为当地的主要作物。但在河谷的大部地区有大面积的水稻栽培,冬季作物则是小麦、豆类和鸦片"⑦。

法国人奥尔良曾在云南沿边的少数民族地区和广大土司地区游历,他看到土司地区,鸦片的种植居然成为土司的重要经济来源,例如在勐烈镇(今普洱市江城县)"周围很少种植鸦片,大量鸦片都来自景洪和缅宁(今云南省凤庆县),一两银子二两鸦片"⑧。在怒江流域各地,"土司或土司指派的一个亲戚每年都要到下属村子里巡视一圈,每个家庭都交二两银子,五钱白银,五两鸦片"⑨。说明,当时在怒江地区,鸦片已经和银子一样,用以缴纳税收了,这正是晚清陷入了禁烟见成效,则银元涸、银根紧的怪圈的原因之一。

由上可知,罂粟已经和蚕豆、小麦一样,成为云南必种的冬季作物。鸦片的

---

① H.R.戴维斯著:《云南:联结印度和扬子江的锁链》,第86页。
② H.R.戴维斯著:《云南:联结印度和扬子江的锁链》,第164页。
③ H.R.戴维斯著:《云南:联结印度和扬子江的锁链》,第114页。
④ H.R.戴维斯著:《云南:联结印度和扬子江的锁链》,第177页。
⑤ H.R.戴维斯著:《云南:联结印度和扬子江的锁链》第170页。
⑥ H.R.戴维斯著:《云南:联结印度和扬子江的锁链》第223页。
⑦ H.R.戴维斯著:《云南:联结印度和扬子江的锁链》,第241页。
⑧ [法]亨利·奥尔良著,龙云译:《云南游记——从东京湾到印度》,云南人民出版社2001年版,第66页。
⑨ [法]亨利·奥尔良著,龙云译:《云南游记——从东京湾到印度》,云南人民出版社2001年版,第170页。

种植属于云南提高土地利用效能获取更大收益的方式。到清末,云南已经是中国著名的鸦片产区,"滇之西南久为鸦片出产之乡"[①],"民间私种罂粟,缘费工少而获利多,积习已久"[②],"云南为出产鸦片省份"[③]。云南一般夏种旱稻、玉米,冬种小麦、鸦片。由于鸦片获利最厚,渐渐排斥了其他作物的种植,成为云南冬春最大的农作物,地域遍及整个云南所有的农耕区,据学者估计晚清至民国年间,云南罂粟种植面积大规模的扩大,1893 至 1898 年间约为 30 万亩;1899 至 1908 年间增至 70 万亩[④]。光绪三十四年(1908 年)"有谓云南耕种之地约有十分之六为罂粟所占"[⑤],种植者有汉人,也有少数民族,严重扭曲了云南农业生产的发展。

二、晚清云南鸦片的产销

晚清作物毒品鸦片原料的罂粟种植面积巨大,使云南鸦片生产具有充分的原料供给,在罂粟种植面积持续扩大的带动下,必然导致云南鸦片生产迅猛发展,"滇省栽种罂粟,熬烟售卖"[⑥],云南形成中国重要的鸦片出产地和外销区,并在云南全省形成种植、熬制、贩卖和吸食产业链,"云南省广种罂粟,熬烟者日多,贩烟者日繁,吸烟者遂日众,是此等浇风,惟该省为甚"[⑦]。

道光十八年(1839 年)鸦片战争前夜,英国进口鸦片占据了东南沿海和内地广大市场。在全国,鸦片流毒严重危害国家安危之时,鸦片的种植在云南及其相邻的各省不断扩大,形成晚清鸦片种植的第一个高潮,道光十八年十二月,御史郭伯荫再上《请严禁栽种罂粟花》一折,指出"广西、四川、云南、贵州等省番舶不通之处,皆由本地民田遍种罂粟,熬炼成土,地利民生,两受其害"[⑧]。同时,云南当地人凭借自产鸦片,价格较低的优越条件,吸食鸦片的人群急剧增加,云南不仅是鸦片的生产地,也是鸦片的消费地,云南"各衙门管亲、幕友、跟役、书差以及各城市文武生、监、商贾、军民人等,吸烟者十居五六。并有明目张胆,开设烟馆,

---

① 《中国旧海关史料》第 48 册《光绪三十四年腾越口华洋贸易情形论略》。

② 《清宣宗实录》卷 185,道光十一年六月丙午。

③ 《中国旧海关史料》第 48 册《光绪三十四年腾越口华洋贸易情形论略》。

④ 秦和平:《云南鸦片问题与禁烟运动(1840—1940)》,第 25 页。

⑤ 《中国旧海关史料》第 48 册《光绪三十四年腾越口华洋贸易情形论略》。

⑥ 《清宣宗实录》卷 329,道光十九年十二月癸未。

⑦ 《清宣宗实录》卷 316,道光十八年十一月壬寅。

⑧ 《清宣宗实录》卷 316,道光十八年十一月壬寅。

贩卖烟膏者,其价廉于他省"①。进而,云南形成鸦片种植、熬制和销售一条龙的产业链,"云南省广种罂粟,熬烟者日多,贩烟者日繁,吸烟者遂日众,是此等浇风,惟该省为甚"②。罂粟种植、鸦片熬制和销售俨然成为云南的一个产业部门,在全国尤为突出。

1840 年,清廷在全国厉行禁烟与鸦片战争爆发,在禁烟和战争的打击下,东南沿海进口鸦片有所减少,但中国吸食鸦片的庞大人群依然存在。云南等西南地区的鸦片生产立即成为进口鸦片的替代,大量流入内地,云南鸦片获得发展机遇,种植持续扩大,产量迅速提升,消费群体并未局限在云南本地,而是迅速扩展到全国各地。美国学者贝洛认为,有证据表明,虽然沿海的走私商人最初直接参与了将昂贵的印度鸦片流入云南的活动,但在 1820 至 1832 年之间,更便宜的云南鸦片则开始反而向北向东渗透,鸦片的流向与先前相比发生了反方向转变,即云南鸦片大量贩运中国内地③,林满红教授的研究表明,从道光年间开始至咸丰年间,云南是最重要的土产鸦片生产省份④。在清朝政府严厉禁烟的形势下,云南鸦片反其道而行之,通过与内地相连的大道小路,穿越云南与四川、贵州接界的少数民族土司地区,大量向内地运销。这种局面清朝官府很难控制,在清廷控制不力的滇黔、滇川、滇桂少数民族聚集区,鸦片偷运走私日益猖獗。御史陆应谷说:"鸦片烟流毒日深,现已颁行新例,严行禁止。惟欲绝外洋之烟,必绝内地之贩",云南等地为"栽种罂粟,熬烟售卖处所,并由外洋贩烟入内要口及由滇省贩烟入川要路"。⑤ 虽然清朝政府厉行查堵,"务使烟贩无从偷渡"⑥。但由于特殊的地理环境和清朝政府在云南边远地区控制不力,内地厉行禁烟与云南鸦片种植和贩运的扩张形成鲜明的反差,甚至云南鸦片武装贩运成兴起态势。"滇省栽种罂粟,熬烟售卖;内地奸民勾结四川咽匪,携带刀矛,前往贩烟,往往酿成巨案"⑦。"开化府边连东京一带之僻陬荒径,偷漏者结队藏械多绕此道,已为利薮"⑧。清代开化府乃今天云南省文山州,地接越南,东京则为清代越南首都之

① 《清宣宗实录》卷 316,道光十八年十一月壬寅。
② 《清宣宗实录》卷 316,道光十八年十一月壬寅。
③ David A. Bello 著:《西南鸦片流毒:19 世纪早期清政府在云贵川三省的禁烟》,载陆韧主编:《现代西方学术视野中的中国西南边疆史》,云南大学出版社 2007 年版,第 309 页。
④ 林满红:《清末社会流行吸食鸦片研究——供给面之分析(1773—1906)》,台湾师范大学 1995 年博士论文,第 198—196 页。
⑤ 《清宣宗实录》卷 329,道光十九年十二月癸未。
⑥ 《清宣宗实录》卷 329,道光十九年十二月癸未。
⑦ 《清宣宗实录》卷 329,道光十九年十二月癸未。
⑧ 《中国旧海关史料》第 32 册《光绪二十六年蒙自口华洋贸易情形论略》。

称,今河内。而且在云南鸦片产销过程中,"牟利奸民私行栽种,兵役人等受贿包庇"①,形成了官、商、军、匪勾结的利益集团。"云南永昌府有匪徒贩卖烟土,聚党辄数百人,手持枪炮,各带红旗,上书'将本求利,舍命取财'二语,往来四川顺庆、宁远之间,肆行无忌"②。可以这样说,内地禁烟措施越严,东南沿海鸦片贸易受到打击越重,国内的鸦片供应就越依赖云南等地。第二次鸦片战争结束时,在巨大利益诱惑下,云南罂粟种植量持续扩大,支撑着云南鸦片产量的持续扩大,向内地运销的鸦片总量不下千箱③,说明,在清朝政府厉行禁烟的形势下,云南鸦片成为进口印度鸦片的替代品,迅速运销全国各地。

咸同年间,云南爆发杜文秀起义,清朝派官军剿灭,战火波及云南全省。这一时间,也许因为战争的缘故,云南广大农村地区人民流离失所,鸦片种植有所萎缩;抑或是清朝官方的注意力集中在平定叛乱的战事,无暇顾及烟毒之祸,云南文献中有关鸦片种植与贩运的记载有所减少,但不等于云南鸦片种植衰落。因此,咸同之乱一结束,云南鸦片种植和贩运日趋炽烈。自光绪年间起,云南成为当时鸦片的主产区和输出地,光绪五年(1879年)军机大臣奏称"秦、陇等处烟土,均由滇、蜀入汉中贩运而来,肩挑背负,多系贫民"④。云贵总督崧蕃等奏:"滇省土药出产,难记确数。"⑤更为严重的是清朝政府在太平天国运动和咸同之乱等的打击下,国库空虚,财力不足,军费拮据,居然从云南开始对鸦片的种植和贩运进行征税,咸丰九年(1859年)七月,军机大臣张基亮、徐之铭奏请"药材收税抽厘",在其奏折中特别说"滇省虽据称向无洋药,不过较他省尚少。著先将所产土药分别收税抽厘,迅速办理。该省现尚剿办回匪,经费支绌,准其将抽厘一款,实用实销,报部备核"⑥。清朝开始在对云南所产鸦片"准其抽厘"以补充平定杜文秀起义的军费拮据,标志着清朝禁烟运动的变化,即从厉行禁止转变为"寓禁于征",实质上等于变相地使云南鸦片种植和贩运合法化,该政策不仅容忍甚至鼓励了农民种植罂粟。随后于光绪二十三年(1897年)十月癸未,"云贵总督崧蕃等奏:'滇省土药出产,难计确数,拟酌量加收厘金专款,存储听拨。'下部知之。"⑦说明清朝已经通过云南鸦片种植中"加收厘金专款",作为地方财政的

① 《清宣宗实录》卷319,道光十九年三月丁卯朔。
② 《清宣宗实录》卷343,道光二十年十二月丙戌。
③ 来新夏:《林则徐年谱》,上海人民出版社1981年版,478页。
④ 《清德宗实录》卷99,光绪五年八月庚申。
⑤ 《清德宗实录》卷411,光绪二十三年十月癸未。
⑥ 《清文宗实录》卷289,咸丰九年七月癸巳。
⑦ 《清德宗实录》卷411,光绪二十三年十月癸未。

重要来源,并且成为定制执行。鸦片与清朝地方财政挂钩后,不仅默许了云南的鸦片种植,而且刺激了云南鸦片的种植和外销。

云南鸦片除了运销内地外,还大量出口国外,或转口再销往内地。1889 年云南蒙自开关,随后思茅、腾越相继开关,在云南三关的贸易资料中可看出鸦片是云南重要的出口商品,甚至越南的东京鸦片公司与云南签订了长期的贸易合同①。云南蒙自关则为"东京鸦片公司所需之药全由本处采购"②。"土药出口俱往东京销售,计由王布田旱道入三猛一百余担外,均由水道往保胜售与东京鸦片烟公司。"③光绪三十年(1904 年)蒙自关出口"除大锡外,土药则居其次,东京法国鸦片公司年内共包办二千九百五十八担"④。

云南鸦片主要运销省外甚至国外,且外销大于云南本省销售。《光绪三十三、三十四年分商务总会土药帮一切厘金银钱债账卷宗》也记载:"若以通省计之,销售外省之土,约在一千万上下,而坐地销售者,亦在三四百万,至迤西以及各府厅州县边地所产之土,未经运销本省,向来就近分邻封省份,数目无可稽核,此皆光绪二十年以至三十年销烟之大概情形也。"⑤如此而言,坐地消费的数量仅为销往外省的 30%—40%。以蒙自海关光绪十九年(1893 年)统计云南烟土外销量达到 50000 担⑥为例,通常情况下本省还应有约为运销外省的三四成的数量,即坐地销售约 15,000 至 20,000 担⑦。

云南鸦片因产地地理条件的差异生产出不同品质的鸦片,通常以产地划分,称迤南土、迤西土、迤东土。最著名的是迤南土,质量最好,色香味俱佳,有"王中之王"的美誉,据 1893 年蒙自海关报告:云南通省之烟土,每岁约卖五万担,迤南约卖三万担一千余担,迤东约卖八千余担,迤西约卖一万一千余担。除了产地外,云南鸦片,俗称"云土",销售时价格差异明显,据蒙自海关光绪十九年(1893年)统计,云南烟土每年销售 50000 担,其中迤南土质量好,产量高,约销售31000 担,迤西烟土销售量为 11000 担,迤东烟土销售 8000 担。在云南烟土中,按其质量和包装特点分为四等,鸦片的第一等为"马屎土",又名"饼子土",作成

---

① 《中国旧海关史料》第 16 册《光绪十六年蒙自关华洋贸易论略》。
② 《中国旧海关史料》第 40 册《光绪二十年蒙自口华洋贸易情形论略》。
③ 《中国旧海关史料》第 24 册《光绪二十二年蒙自关华洋贸易论略》。按:所谓"土药"即云南本地生产的鸦片。"东京",越南首都,今河内;"保胜",越南地名,为云南与云南交界处的贸易口岸。
④ 《中国旧海关史料》第 40 册《光绪三十年蒙自口华洋贸易情形论略》。
⑤ 昆明市志编纂委员会:《昆明市志长编》,1983—1984,卷 6,第 50 页。
⑥ 《中国旧海关史料》第 21 册《光绪十九年蒙自关华洋贸易论略》。
⑦ 秦和平:《云南鸦片问题与禁烟运动(1840—1940)》,四川民族出版社 1998 年版,第 17 页。

小饼,用苟叶裹之,每饼重五六两,系上等货,每担价值 230 银两,主要销售到上海等大城市;第二等为"封子土",又名"包子土",包装为长方形,用油纸裹之,每包重 50 两、100 两不等,系中上货,每担价值 220 银两,一年大约有 36000 余担运销湖南、湖北等长江沿线城市和地区,部分外销到越南首都东京(今越南河内);第三等为"个子土",亦做成饼形,用苟叶等包裹,每饼约重 15 两,系中等货,每担价值 200 余银两,每年约有 9000 担销往广西和广东;第四等为"块子土",包作三寸许方块,厚半寸,用粗纸裹之,每块重二三十两不等,系寻常货,每担价值 180 银两,每年有 2000 余担通过广西销往内地①。

云南鸦片在国内外销售区和销量的扩大,拉升了云南鸦片的产量。光绪四年(1879 年),云南鸦片的产量约为 3.5 万担,后受四川烟土的冲击,云南鸦片略有减少,光绪十三年(1887 年)时减至 2.7 万担。② 其后市场需求扩大,光绪二十二年(1890 年),税务司赫德根据沿边土司地区的鸦片种植情况估算云南全省共产鸦片 80000 担。光绪三十二年(1906 年),国际鸦片委员会的报告书说中国年产鸦片约为 584800 担,其中云南年产量 78000 担(每担 1600 两),占全国总产量的 13.35%,在全国 20 个产鸦片省中位居第二,仅次于四川③。秦和平也估计云南鸦片的总产量约为 70000 至 78000 担④。此种状况一直持续到光绪末年厉行禁烟,根据度支部报告,光绪三十一年(1905 年)云南鸦片产量为 17574 担,光绪三十二年(1906 年)为 17928 担,光绪三十三年(1907 年)为 15950 担。⑤

大规模的罂粟种植推动云南鸦片生产和运销迅速发展,特别是在清朝政府东南沿海厉行禁烟形势下,云南鸦片逐渐替代了进口印度鸦片,运销全国,甚至出口。晚清内地禁烟与云南鸦片生产扩大形成鲜明的对比,这种反向发展的特征值得探究。

三、云南鸦片地缘因素探析

云南之所以成为当时鸦片的主产区之一,具有多方面的原因,是各种利益集

---

① 《中国旧海关史料》第 21 册《光绪十九年蒙自关华洋贸易论略》。

② 《国际鸦片委员会报告书》,转引自秦和平:《云南鸦片问题与禁烟运动(1840—1940)》,四川民族出版社 1998 年版,第 23 页。

③ 《国际鸦片委员会报告书》,转引自《中国近代农业史资料》第 9 辑。

④ 秦和平:《云南鸦片问题与禁烟运动(1840—1940)》,四川民族出版社 1998 年版,第 17 页。

⑤ 《度支部奏查明洋药进口土药出产及行销数目酌拟办法折》,转引自秦和平:《云南鸦片问题与禁烟运动(1840—1940)》,四川民族出版社 1998 年版,第 23—24 页。

团博弈的结果。

第一,云南特殊的地理环境,具备鸦片生长所需的地理环境以及气候条件。罂粟生长于温带、亚热带地区,是一年生草本植物,据说小亚细亚是罂粟的原产地①。它对于自然环境的要求不甚严格,只要地表排水好、土壤透水好、日照充足,即可很好地生长。云南优越的自然地理环境十分适宜罂粟的生长。云南处于低纬度地带,区位独特,四季如春。云南气候属热带亚热带气候,终年光照充足②,满足罂粟种植日照充足的需要。云南山区半山区占全省总面积的94%③,但罂粟在山区也可以种植,尤其是滇西、滇南地区,更是具有优越的罂粟生长条件。在云南省内,罂粟生长所需的自然条件决定鸦片的种植区"主要在东部、中部的平原和山区,以及西部和南部的部分山区,而西北部高原和南部的平原地带多不种植罂粟",除了"滇南的思茅地区,海拔低,气候炎热,雨热同期不利于罂粟的生长,故素不产鸦片"④,几乎云南全省都适宜种植鸦片。罂粟是懒庄稼,下种后一般能发芽、生长及结果。云南的红土地并不十分肥饶,种植其他粮食作物或者经济作物回报率不高,而种植鸦片能够带来高于种植粮食作物或者经济作物的利益,"云南地方寥郭,深山邃谷之中,种植罂粟花,取浆熬烟,获利十倍于种稻"⑤。

第二,晚清云南形成夏种稻米,冬种鸦片的农业耕作模式,鸦片替代了云南传统的低产冬春作物和经济效能低下的经济作物豆、麦,成为晚清云南主要的小春农作物。清代云南的主要粮食作物是水稻和玉米,它们都是夏秋作物,而在云南种植鸦片的季节在冬春时节,云南冬春的小春作物一般以蚕豆和部分口粮补充小麦为主,其收成和经济回报率大大低于种植鸦片。云南农业生产的这一特性,使得冬春季节种植鸦片,并不太影响云南的粮食作物生产和粮食供应,反而使云南农民获得了较高利益,在晚清形成了"夏旱稻冬鸦片"⑥的耕作模式。有学者认为清末云南全省竟有三分之一的耕地种植罂粟⑦,"据1923年估计,云南鸦片种植仅占冬季耕地的三分之二"⑧。也就是说云南冬季至少一半以上的土地都在种植罂粟,罂粟浸染成为晚清云南冬春种植面积最大的农作物,对云南传

---

① 秦和平:《云南鸦片问题与禁烟运动(1840—1940)》,四川民族出版社1998年版,第3页。

② 王声跃主编:《云南地理》,云南民族出版社2002年版,第67页。

③ 王声跃主编:《云南地理》,云南民族出版社2002年版,第34页。

④ 秦和平:《云南鸦片问题与禁烟运动(1840—1940)》,四川民族出版社1998年版,第12页。

⑤ 《清宣宗实录》卷316,道光十八年十一月壬寅。

⑥ 张印堂著:《滇西经济地理》,国立云南大学西南文化研究室1941年印行,第33页。

⑦ 仲伟民:《19世纪中国鸦片的生产替代及其影响》,《文史哲》2009年第5期。

⑧ [美]葛勒石著,谌亚达译:《中国区域地理》,正中书局1947年版,第228页。

统农业产生严重的冲击。鸦片产业是晚清云南获利丰厚的经济部门。鸦片生产是劳动密集型产业,云南为鸦片生产提供充足的劳动力①,且成为云南山区或边区少数民族的主要经济来源。云南布朗族在 19 世纪 70 年代就熟练掌握了罂粟的种植技术,他们从 11 月烧地,12 月下种,次年 5 月收割,连种 7 至 15 年后再另择荒地开垦②。在滇西与缅甸南坎接界的一个村庄里生产鸦片是少数民族妇女的主要职业,并成为她们的重要经济来源③。形成从种植罂粟到鸦片运销的产业链,如滇西永昌府(今保山市),"该处人民栽种罂粟,煎炼成土,变名为芙蓉膏,成群贩卖"④,因为"滇西边区,向以产烟著称,驰名各地之'云土'即产于滇缅沿边各地。种植罂粟所获之益,常数倍于其他农作,即从事贩运之商人,亦获利甚丰",甚至内地趋利人口举家迁徙云南边地"以收厚利"⑤。鸦片生产提供了可观收入和利润,在滇西、滇南少数民族地区"因向来种烟之户减种已多,有谓云南耕种之地约有十分之六为罂粟所占,每造收成获利约三四倍不等,彼服田力穑之农,出作入息之工尚无此利"⑥,一旦清政府厉行禁烟,云南的农村经济立即陷入困顿之中。宣统元年(公元 1909 年),景东厅同知报告:"上年洋烟禁种,民多艰窘";弥勒县知事也奏称:"禁种洋烟,业已根株尽绝,唯失利于民,不可不急筹抵补";华坪县知事反映:"值此禁种烟苗,小民之生计日绌";蒙化厅的情况是:"遵查厅属地方山多田少,自洋烟禁后,各乡民生计顿失,恐慌情状,触目皆然。困苦顺连,殊为心恻。"⑦尽管鸦片一度成为云南部分地区的主要经济来源,但严重扭曲了云南的经济。

第三,晚清云南鸦片产销的地缘政治因素非常突出。云南边疆的地理区位和晚清土司对边疆的控制,使云南不仅成为最早引种罂粟和鸦片生产的地区,而且成为清朝禁烟盲区,鸦片生产几乎不受监管,云南的鸦片生产在清朝厉行禁烟下逆行扩张。云南鸦片生产兴起的时代与清朝政府禁烟运动几乎同步,一方面在边疆土司地区清朝禁烟措施难以落实,土司制度"为生产者将鸦片销售给汉人

---

① 况浩林、杨丽琼:《我国近代少数民族地区的鸦片毒害问题》,载《中国经济史研究》1986 年第 4 期。

② 王树五、床恩常编:《布朗族社会调查》第 2 辑,云南人民出版社 1982 年版,第 53 页。

③ H.R. 戴维斯著:《云南:联结印度和扬子江的锁链》,第 104 页。

④ 《清宣宗实录》卷 343,道光二十年十二月丙戌。

⑤ 张印堂:《滇西经济地理》,国立云南大学西南文化研究室 1941 年印行,第 142 页。

⑥ 《中国旧海关史料》第 48 册《光绪三十四年腾越口华洋贸易情形论略》。

⑦ 云南档案馆编号 77—5,第 174、175 页。转引自李珪:《云南近代经济史》,云南民族出版社 1995 年版,第 62 页。

贩运者提供了相对并不受干扰和不受监管的空间"①,另一方面,清朝在东南沿海厉行禁烟,印度鸦片贸易受到严重打击,与外界相对隔绝和土司控制下的云南迅速成为印度鸦片的替代生产区,种植面积急剧扩大,正如御史陆应谷曾在其奏折中提出:"但南北各省之烟皆来自外洋,而川、黔边地之烟多来自云南。云南数年以来,栽种罂粟,熬浆作烟,民稍畏法。唯是滇省界连夷地,地方各官虽禁内地不种罂粟,却不能禁边地不种罂粟。"②云南的这种特殊的地缘条件削弱了中央政府在当地的行政、施政能力,在云南土司地区,"国家权力的真空使鸦片流毒有足够的空间,并根植于该地区的社会经济中发展"③。

第四,云南鸦片泛滥强大的区域经济利益驱动力。晚清云南鸦片具有质优、价高、利厚的特点,使得种植者、运销者、中央政府、地方政府都能从中获得超额利润,云南鸦片在多方的利益纠葛中,形成包括清朝政府在内的利益连环,发展迅速。云南是鸦片流毒的重灾区,生产和吸食者众多,仅以 1908 年滇南思茅厅禁烟为例,禁烟局一次收缴烟枪 600 余支,"思茅厅委派一武员管理禁烟事务,细造吸烟册薄,挨户清登,男人吸烟者查有五百二十九人,女人吸烟者查有八十三名,综而计之男成丁吸烟者仅值百分中之二十六分"④,以此而论,成年男子中26%为吸毒者。云南边疆少数民族地区在种植罂粟,生产鸦片获利的同时,则丧失了健康,丧失了劳动力,破坏了当代的经济和边疆的稳定。云南鸦片质优,云土可与印土媲美,贩售价格较高。内地形成了特定的"云土"消费群体,黄绍竑说:"我那年(光绪三十四年,1908 年)要到桂林读书,由乡下出来就住在那烟京(熟膏店)里。烟膏分公烟、白烟两等。公烟据说当初是用印度大土制成的,价钱较贵。白烟是用国产烟土制成的,价钱较廉。后来因国产烟土多了,印土来的少了,就用云南土代公烟,贵州土则是白烟。"⑤林满红教授研究认为,在晚清中国不同地区的鸦片生产导致鸦片的等级差异,中国的高阶层吸食者需要或偏好中国特定地区生产的鸦片,"云土"主要供中国高阶层人群吸食,所以"云土"价格高于其他地区⑥。晚清常有"富商大贾每揣资本"到云南"以买土药"⑦,说明内地的

---

① 龚荫:《中国土司制度》,云南民族出版社 1992 年版。

② 《清宣宗实录》卷 329,道光十九年十二月癸未。

③ David A. Bello 著、张晓梅译:《西南鸦片流毒:19 世纪早期清政府在云贵川三省的禁烟》,载陆韧主编:《现代西方学术视野中的中国西南边疆史》,云南大学出版社 2007 年版,第 340 页。

④ 《中国旧海关史料》第 48 册《光绪三十四年思茅口华洋贸易情形论略》。

⑤ 黄绍竑:《新贵系与鸦片烟》,《文史资料选辑》,中国文史出版社,第 34 辑,第 176 页。

⑥ 林满红:《清末社会流行吸食鸦片研究——供给面之分析(1773—1906)》,台湾师范大学 1995 年博士论文,第 440—444 页。

⑦ 《中国旧海关史料》第 48 册《光绪三十四年思茅口华洋贸易情形论略》。

有钱人愿意出更高的价钱购买和吸食云南鸦片,这就使云南鸦片的种植者、运销者,乃至抽取厘金的清政府等各环节上的人群都能获取高额利润。"自各衙门官亲幕友跟役书差,以及各城市文武生监、商贾民人等吸烟者,十居五六,并明目张胆开设烟馆贩卖烟膏者,其价廉于他省,近复贩运出境,以图重利。"①当晚清政府陷入帝国主义侵略的泥潭无法自拔时,所需的财政支出呈直线上升,清朝政府采取"寓禁于征"的政策,通过对鸦片种植和贩运收取厘金使政府获得巨额财政支持,"若此总因民间栽种罂粟获利较多,钱粮亦能及早完纳,而地方官利其催征之易,只知自顾考成,并不计民间利弊,所以听民栽种而不为之禁也"②。"到19世纪30年代末期,西南地区的鸦片种植已经成为当地政府非正式的筹资的重要组成部分"③,鸦片在云南呈日益扩大蔓延之势。因而地方各级官吏包庇怂恿鸦片的种植、运输,而清朝政府俨然为云南鸦片生产运销利益连环中最大的受益者。晚清肇始于云南的"寓禁于征"措施,刺激了云南鸦片种植剧增和外销量的扩大,新一轮的鸦片泛滥开始肆虐云南,且更甚于前。

正因为上述原因,在地理条件、地缘区位、地缘政治和地缘经济等因素的相互作用下,晚清云南鸦片销路广,云南鸦片在全国市场中占有相当的份额,而且主要是内地上层有钱人消费,获利较高;同时,全国市场的需求又刺激了云南鸦片的种植,从最初分布在沿边地区,逐渐向清朝难以管控的土司地区发展。清末在利益驱使下,云南开始实施"寓禁于征"政策,鸦片种植变相合法化,种植区域几乎扩散到全省的所有农耕区,成为主要的冬春农作物。晚清云南鸦片既有云南独特地理条件的因素,更因其具有质优、价高、利厚的特点,成为进口印度鸦片的替代品,运销全国,使得种植者、运销者、吸食者,甚至包括地方政府都能从中获得超额利润,云南鸦片在多方的利益博弈中,形成官、商、军、匪勾结的利益连环,发展迅速,使云南经济对鸦片的依赖性很大,严重扭曲了云南经济发展。在晚清茁壮的罂粟花下,掩覆着一个贫弱的旧云南,"地利民生,两受其害"④。

---

① 《清宣宗实录》卷316,道光十八年十一月壬寅。

② 《清宣宗实录》卷329,道光十九年十二月癸未。

③ David A. Bello 著,张晓梅译:《西南鸦片流毒:19世纪早期清政府在云贵川三省的禁烟》,载陆韧主编:《现代西方学术视野中的中国西南边疆史》,云南大学出版社2007年版,第341页。

④ 《清宣宗实录》卷317,道光十八年十二月己巳。

试论六朝时期的吴会经济区

陈　刚

（南京大学地理与海洋科学学院）

六朝时期,在长江下游的建康(今江苏南京)—京口(今江苏镇江)一线以南,是富庶的吴会地区,这是春秋时期吴越故地所在,包括太湖流域和浙东平原两大地理单元,分别是以吴(今江苏苏州)和山阴(今浙江绍兴)为中心的两大政治经济区域。由于农业较为发达,吴会地区成为六朝时期的经济核心区域。如果说长江上游的荆州地区作为军事要地而成为六朝政权的西部屏障,吴会地区则是六朝历代政府财赋、米粮的渊薮所在。

一、六朝时期的吴会经济区

(一)"三吴"、"吴会"概念的历史变迁及其地理内涵

"三吴"称谓,首见于孙吴时期,吴人韦昭(204—273 年)著《三吴郡国志》,因其书已佚,所指"三吴"不详。后来史书中屡见"三吴"记载,但各书说法不一,以时代先后大略有五种观点:(1)北魏郦道元(466 年或 472 年—527 年)所著《水经注》卷十五"浙江水"条,"三吴"指吴郡、吴兴、会稽三郡,即今苏南、浙东地区;(2)唐杜佑(735 年—812 年)撰《通典》、唐李吉甫(758 年—814 年)撰《元和郡县图志》、北宋乐史(930 年—1007 年)著《太平寰宇记》,此三书均以"三吴"指吴郡(苏州)、吴兴(湖州)、丹阳(润州)三郡;(3)南宋范成大(1126 年—1193 年)所著《吴郡志》引《郡国志》,以吴兴、义兴、吴郡为三郡,胡三省(1230 年—1302 年)注《资治通鉴》"东晋咸和二年(328 年)"条,亦指吴郡、吴兴、义兴;(4)其后,北宋税安礼撰《历代地理指掌图》,以苏州、常州、湖州为"三吴";(5)明人周祁《名义考》则以苏州为东吴、润州为中吴、湖州为西吴。[①]

---

① 谭其骧、陈可畏主编:《中国历史大辞典·历史地理卷》,上海辞书出版社 1996 年版。

据上,随着时代变迁,"三吴"概念在不断发生变化。以地理学观点视之,其所指的不同正反映了经济区域的历史变迁过程。首先,"三吴"是一个发展着的地域概念,其主要内涵是经济地理区域的成长与分合。其次,"三吴"所代表的行政辖区的变化反映了历代人们心目中的江南核心经济区域的变迁。

以六朝时期的"三吴"而言,大体指长江下游以太湖流域、浙江流域为中心的广大区域,其地在春秋时分属吴、越两国,在文化上"接土邻境,壤交通属,习俗同,言语通"①,又均以越人为主体,属于同一文化区,即吴越文化区,②但分属两个相邻的政治地理区域。战国时期,本区经越灭吴(前 471 年)、楚吞越(前 333 年)的历史演进过程,吴越之间的疆域分割逐渐被打破。秦统一天下后设会稽郡(治吴县)统辖吴越旧地,将两大政治地理单元融合起来。秦汉时期,由于秦始皇、汉武帝均积极推行移民政策,吴越地区的民族构成才有了重大改变,汉族逐渐进入这一区域,而越人也在迁移中逐渐与汉族同化,还有一部分越人和脱离编户的汉民进入山区,成为山越人的主要组成部分。东汉顺帝永建四年(129 年)始分浙江以东为会稽郡,以西为吴郡。③ 会稽郡移治山阴(今浙江绍兴),从行政上恢复了原先的地域分划。从西汉到东汉,太湖流域的吴郡和宁绍平原的会稽郡地域相邻、文化风俗相同,独立而又协同地发展,在当时人们的认识中,也往往以"吴会"并称。

在孙吴以前中原人士的心目中,则更多地以"江左"、"江东"、"吴越之地"等来称谓本区。"江东"最初只是自然地理意义上的概念,指今芜湖—南京一线的长江以东的长江下游地区,这一带的长江江面呈南南西—北北东流向,从中原渡江为东向,因此又称"横江",是中原来往江南的主要渡江通道所在,故称芜湖以下的长江东岸地区为"江东"。④ 秦末,楚霸王项羽从吴地起兵,率"八千江东子弟"经此渡江而逐鹿中原。东汉末年,孙吴以地处扬州的"江东六郡"⑤为根本,经过多年的征伐开拓而逐渐拥有扬、荆、交三州,奠定了其疆域基础。在这一时

①　《吕氏春秋·贵直论·知化》。

②　卢云:《文化区:中国历史发展的空间透视》,载《历史地理》第 9 辑,上海人民出版社 1990 年版,第 81 页。文中引萨丕尔对文化区域的定义:"文化区是地理上相互毗连的部落群体,这些群体拥有许多共同的文化特质,并以此与其他群体相区别。"这一观点认为文化区域是客观存在的地理现象。

③　《读史方舆纪要》卷 89:"东汉永建四年,议者以会稽一郡,周围万一千里,山川险阻,控驭为难,因分浙江以东为会稽郡地,而西则为吴郡。"

④　胡阿祥:《以魏晋本土文学为例谈地理分区》,载《史学月刊》2004 年第 4 期,第 14—15 页。

⑤　江东六郡指吴郡、会稽、丹阳、豫章(治南昌,今江西南昌)、庐陵(治庐陵,今江西泰和县)、庐江(治舒,今安徽庐江县)六郡,均属扬州,但并非都在大江之南。

期,"江东"成为孙吴的代称,演化成为一个政治地理概念。

(二) 六朝时期的吴会经济区

"三吴"作为经济区是从孙吴时期才逐渐开始形成的。[①] 孙吴势力初期以吴、会为基地,巩固长江下游后才沿大江向上游发展。孙吴立国江左以来,在以浙江为界的两个传统政治经济地域——吴郡(浙西,治吴县)、会稽郡(浙东,治山阴)的基础上,逐步形成以太湖流域和浙东一带为中心的富庶区域,并成为六朝政权的财赋、粮米所仰仗的首要经济地域。同时,随着本区人口、经济的日益繁盛,以吴郡、会稽郡为基础,又逐渐析置、新增了吴兴、义兴、东阳、新安等郡,内部地域的深入开发更提高了本区的整体经济实力,也进一步强化了两个亚区域各自的内聚力。孙吴时期,还往往以吴、会并称,其中会稽郡的实力还要更强一些,是区域的腹心所在。[②] 西晋末,诸葛恢出任会稽太守,晋愍帝就勉励他说:"今之会稽,昔之关中,足食足兵,在于良守。"[③]处于太湖流域的吴郡由于地势低下,湖沼遍布,水旱灾害多发,[④]周围的晋陵、吴兴等郡尚处于早期的开发之中,因而该区的农业生产并不如地处宁绍平原的浙东地区。

大略在东晋南朝时期,才开始以吴兴与吴郡、会稽并列,号称"三吴"。另一种称法则是"三吴八郡"。[⑤] 这反映经过孙吴时期的开发,尤其是水利设施的建设,太湖流域的经济实力已经开始上升。即使如此,整个东晋南朝时期仍以会稽的实力较盛。这一时期,"吴会"、"三吴"的说法并存。六朝人以吴、会比之两汉时期的关中、河东区域,视其为国家的根本。南朝宋时范泰就曾上书说:"今之吴、会,宁过二汉关、河,根本既摇,于何不有。"[⑥]南齐时萧子良也说:"三吴奥区,地惟河、辅,百度所资,罕不自出。"[⑦]《资治通鉴》卷一百六十三载:"自晋氏渡江,

---

① "南朝以来以至唐宋延及明清时期的所谓'三吴'、'江南'、'两浙'、'荆湖'等等已不仅是政区名称,更贴切的是经济区域的名称。"邹逸麟:《我国古代经济区的划分原则及其意义》,载《历史研究》2001 年第 4 期,第 157—165 页。

② 会稽的发达主要来自于其良好的水利设施建设。东汉永和年间,马臻任会稽太守,主持修建东至曹娥江、西至钱清江的鉴湖水利工程,使会稽山北部平原免除洪水的威胁,又灌溉了曹娥江以西约 9000 顷土地,带来了宁绍平原的农业发展。

③ 《晋书》卷 77《诸葛恢传》。

④ 据《晋书》卷 27《五行志》:太和六年(371 年)六月,"丹阳、晋陵、吴郡、吴兴、临海五郡人水,稻稼荡没,黎庶饥馑"。孝武帝咸安二年(372 年),"三吴大旱,人多饿死,诏所在振给"。宁康二年(374 年)四月诏:"三吴奥壤,股肱望郡,而水旱并臻,百姓失业。……三吴义兴、晋陵及会稽遭水之县尤甚者,全除一年租布,其次听除半年,受振贷者即以赐之。"

⑤ 《读史方舆纪要》卷 92 注文:"时以会稽、临海、永嘉、东阳、新安、吴郡、吴兴、义兴为三吴八郡。"

⑥ 《宋书》卷 60《范泰传》。

⑦ 《南齐书》卷 40《竟陵文宣王子良传》。

三吴最为富庶,贡赋商旅,皆出其地。"从三吴所在郡太守的秩俸、品级上也可看出作为经济要区的大郡地位要远高于普通郡。"三吴"所在吴郡、会稽郡、吴兴郡与丹阳尹的品秩相同,其俸均在二千石,品级同为五品;而其他大郡(万户以上的郡)则为六品。[①]

南朝宋时,"三吴"地区已成为富饶的农业基地,《宋书》卷五十四云:

> 江南之为国,盛矣。……地广野丰,民勤本业,一岁或稔,则数郡忘饥。会(会稽)土带海傍湖,良畴亦数十万顷,膏腴上地,亩直一金,鄠(今陕西户县)、杜(今陕西西安市南)之间,不能比也。

随着区域经济的发展,以浙江为界的两个亚经济区逐渐走向差异化的发展道路。它们之间的分离趋势转强,"浙东"或"浙东五郡"的提法在史书中多见起来,与"三吴"、"吴会"这样的说法开始并存。东晋时,凡扬州有重大军事行动,往往以浙东地区的五郡区域临时设置都督府,以会稽太守兼督五郡,故称"浙东五郡"或"会稽五郡"。[②] 王羲之(303—379 年)任会稽内史时,曾遣使者到朝廷请求将会稽郡划为越州。[③] 到了刘宋时代,以浙江为界分扬州析置东扬州。《宋书·州郡志》云:"孝建元年(454 年)分扬州之会稽、东阳、新安、永嘉、临海五郡为东扬州。"东扬州以会稽郡首县山阴为治,以"浙东五郡"为辖区,历南朝宋、梁、陈三代,其间虽有反复,但这种政区分划就逐步确立下来。[④] 东扬州的设置标志着浙东、浙西(即太湖流域)两大经济区的成熟。浙东经济区的独立,也使得"三吴"在以后就专指太湖流域了,故而唐宋以来"三吴"概念虽屡有变化,但都集中于太湖周围地区。[⑤]

许多学者在其著作中也反映了这种认识。刘淑芬(1987 年)在《三至六世纪浙东地区的经济发展》一文中就以"三吴"和"浙东"分指太湖流域和以宁绍平原为中心的扬州东南区域。

---

① 参见刘淑芬:《六朝建康的经济基础》。

② 吴廷燮《东晋方镇年表·序》:"会稽内史都督五郡军事,亦方镇也。"田余庆《东晋门阀政治》:"军州以外,以郡的地位而得列为方镇者,只有会稽内史一职。"可见会稽地位之高。

③ 《世说新语·仇隙》:"王羲之与王述情好不协,彼此嫌隙大构。后兰田(述)临扬州,右军(羲之)尚在郡(会稽),耻得消息,遣一参军诣朝廷,求分会稽为越州。"

④ 刘宋孝建元年(454 年),分扬州浙江以东置东扬州。大明三年(459 年),废扬州,以其地为"王畿",而以东扬州为扬州。大明八年又复回。宋永光元年(465 年)省东扬州,梁、陈又置。《通典》:"孝武置东扬州,旋罢扬州,称为王畿。而东扬州直云扬州,既而复故。"

⑤ 唐朝在这一地区设置浙东和浙西观察使,其辖区与东汉所置会稽郡和吴郡大体相当。这反映了六朝时的吴会地区已成为唐时浙东、浙西两个繁荣的经济区,而这一发展无疑是从六朝时就奠定的。

　　基于以上认识,对六朝这一历史时期而言,本文以"三吴"为广义上的区域概念,它涵括太湖流域和浙东两个亚区域,更准确一些则合称为"吴会";而指其中某一亚区时,则直接称"太湖流域"或"浙东地区"。

　　关于六朝时期"三吴"、"浙东"地区发展的具体研究,分别有黄淑梅(1982年)[①]、刘淑芳(1987年)[②]两位学者开展了细致、深入的探讨,以扎实的史料积累与文献解读入手,在前人的学术工作基础上,从区域经济时空发展的视角提出了令人折服的独立学术创见。这里,笔者以上述研究的主要观点为基础,结合政区变迁的讨论来说明作为六朝经济中心的三吴、浙东区域的发展状况。

二、六朝时期吴会经济区的形成——太湖流域

　　黄淑梅(1982年)在《六朝太湖流域的发展》中分政区户口之演变、交通、城市及商业发展、农业的发展等主要部分,详细探讨了六朝时期太湖流域的区域发展情况,也是迄今为止综合阐述这一主题的重要著作,其观点仍为当前学者所采用。就农业及区域经济研究而言,张泽咸(2003年)在其专著《汉晋唐时期农业》中以吴越平原农业、江南丘陵农业为专题进行了综合考证,张学锋(2006年)在《六朝农业经济概说》、《再论六朝江南的麦作业》中以农耕制度及农业考古等为特色,综合反映了该领域研究的最新进展。[③] 以笔者的文献所见,上述是众多研究工作中较具代表性的论著和文章,可大略反映六朝时期太湖流域地区研究的主要成果。应指出的是,上述研究对六朝时期太湖流域时空发展的内在脉络分析上似有薄弱环节,本文拟加以补充。

(一) 六朝太湖流域的范围

　　在黄淑梅的研究中,对太湖流域做如下定义:

　　　　(太湖流域)是指长江、皖浙丘陵与钱塘江之间的地区,亦即今日的江苏南部、浙江西北部及安徽东南部。它在地理上以河川及山脉与区外的地区分隔,自成一个地理单位。其中间的所有河川均直接、间接地与太湖相通,

---

　　① 黄淑梅:《六朝太湖流域的发展》,台北联鸣文化有限公司 1982 年版。

　　② 刘淑芬:《三至六世纪浙东地区的经济发展》,收入氏著《六朝的城市与社会》(原载"中央研究院"历史语言研究所集刊》,1987 年,第 58 本),台湾学生书局 1992 年版,第 195—253 页。

　　③ 张学锋:《六朝农业经济概说》、《再论六朝江南的麦作业》,均载胡阿祥主编:《江南社会经济研究·六朝隋唐卷》,中国农业出版社 2006 年版,第 170—227 页,第 271—305 页。

交通方便,形同一体,成为一个完整的区域单位。①

这一区域在六朝时期主要是指扬州吴郡、丹阳郡和吴兴郡,黄淑梅在其文中也称之为"三吴",采用胡三省注《资治通鉴》的说法。② 同时,她认为六朝历代政权能屹立江南,与北方抗衡的基本因素是因为新的"关键经济区域"③,即"三吴"经济区的出现。④

事实上,这一区域在东晋时即有丹阳、晋陵、吴郡、吴兴、义兴五郡(不计无实土的侨州、侨郡)。刘宋元嘉八年(431年)后又立南徐州,除领晋陵郡外,还有侨于京口的南东海郡、侨于金城的南琅邪郡等侨郡县。在自然地理上,则包括以吴郡、吴兴、义兴三郡为主体的太湖平原,以晋陵为主体的宁镇丘陵地带,以及句容以西、以建康为中心的秦淮河流域地区三大地理单元。

(二)六朝太湖区域的人口与交通

六朝政府为了更有效地控制太湖地区,及时获取物资供应,从孙吴时期开始就以交通网络建设作为重点。太湖流域作为低洼、平坦的湖群平原,水道纵横,以人工运河沟渠连贯其间便形成了水运交通网,使政治中心的建康与经济中心的三吴地区紧密结合,立国的根本因而得以稳固。本区内各城市主要位于河流及运渠易于通达的地方,便于采用水道运输来互通有无,水运网络的建设使本区内各城市紧密结合为一个整体。对于地处内陆或山区,又以陆路通道作为水运系统的辅助组成部分。经过这样的建设,建康与其经济腹地之间就建立了紧密的交通联系,并进而促进了区域经济的整体发展。

水陆交通的便捷,再加上本区物产富饶、人口繁盛,从而促进了区域商业的繁荣。其中,士族豪门往往因为拥有大片土地,在其田庄中进行多元化的生产经营,再加之他们往往拥有荫户、免税等政治特权,常常倾心于从事农业种植、手工制造以及商品贩运等多种产业,以追逐高额利润,使他们成为商业活动中的主要角色,也易于形成规模化的商业组织。

---

① 黄淑梅:《六朝太湖流域的发展》,第2页。

② 黄淑梅在"前言"注二中说:"所谓三吴地区,通鉴卷九十四晋成帝咸和三年(328年)注:'汉置吴郡;吴分吴郡置吴兴郡,晋又分吴兴、丹阳置义兴郡,是为三吴。'"

③ "关键经济区域"(key economic area)是冀朝鼎(1936年)在其英文专著 Key Economic Areas in Chinese History：As Revealed in the Development of Public Works for Water-Control 中提出的概念,中文译本为:《中国历史上的基本经济区与水利事业的发展》(朱诗鳌译,中国社会科学出版社1981年版)。

④ 黄淑芬在汉语世界中较早使用这一概念来解读中国区域经济发展的问题,她以太湖流域为六朝政权的"基本经济区域",似乎忽略了浙东地区的经济实力,但给笔者以启发,以为如以"吴会"而言,更为合适。

（三）太湖以西地区的发展——吴兴、义兴郡

孙吴宝鼎元年（266 年）分吴郡、丹阳为吴兴郡，领九县，分别是：乌程（郡治）、阳羡、永安、余杭、临水（晋太康元年改为临安）、故鄣、安吉、原乡、於潜。其辖境大略是今浙江湖州市、德清、安吉、长兴、余杭市、临安市及江苏宜兴市地区，在太湖以西和以南的苕溪流域一带。①

孙吴新立吴兴郡的原因，裴注《三国志》所引孙皓诏书说得比较明白，诏书中说：

> 今吴郡阳羡、永安、余杭、临水及丹阳故鄣、安吉、原乡、於潜诸县，地势水流之便，悉注乌程，既宜立郡以镇山越，且以藩卫明陵，奉承大祭，不亦可乎！其亟分此九县为吴兴郡，治乌程。

《元和郡县志》卷二十五《江南道一》"湖州乌程县"条又云："本秦旧县，……《吴兴记》云：吴景帝封孙皓为乌程侯，及皓即位，改葬父于此，遂立为吴兴郡。"

 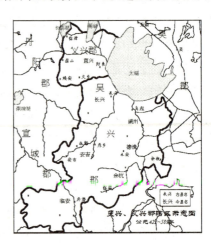

图 1　吴兴郡辖境示意图（266 年）　　图 2　吴兴、义兴郡辖区示意图（422—589 年）

乌程位于东、西苕溪合流入太湖的交汇处，自苕水上游天目山区中余杭、临水、故鄣、安吉、原乡、於潜诸县的物资都须先运至乌程。孙吴时，扫荡、迁徙盘踞山中的山越人曾是政府的重要工作，一方面可以推进区域开发，将山民纳入国家

---

① 据复旦大学历史地理研究中心"CHGIS 系统"（http://yugong.fudan.edu.cn）：乌程（今湖州市）、阳羡（今江苏宜兴市 15 里旧庄）、永安（今浙江德清县武康镇治前溪北岸部分）、余杭（今浙江余杭市余杭镇苕溪北岸部分）、临水（今浙江临安市北高乐）、故鄣（今浙江长兴市西南泗安水库内）、安吉（今浙江安吉县西南孝丰镇）、原乡（今浙江长兴县西南泗安镇）、於潜（今临安市於潜镇）。

的编户中,增加政府的粮赋收入;另一方面也为军队和军事屯垦增加了兵员和劳动力。随着人口的增加、区域开发的深入,作为独立的一个地理区域,增设县邑和分划新的行政区成为可能和必要措施。乌程成为区域的行政中心,政府的力量可藉苕水控制上游天目山区的各县,不仅震慑了山越族残部的势力,也推进了区域的开发。孙吴时,从乌程通往京师或吴县,还需要穿行太湖之中;晋代为解决此问题,又开凿了荻塘,荻塘沿太湖南岸东行,与运河古水道相通,成为乌程与吴县之间的水运通道。乌程作为吴兴郡农、林产品的集散地,物资经由荻塘先转输至上一级的物资汇流中心——吴县,再向北运输,可抵达京师建康。

义兴郡始建于西晋惠帝永兴元年(304 年),①由吴兴、丹阳二郡之地析置,初辖阳羡(郡治)、义乡、国山、临津、平陵、永世六县。其中,义乡县由长城县(今浙江长兴县东)分置,国山、临津二县由阳羡县分置,平陵县由丹阳郡永世县分置。东晋永嘉元年(307 年)又将永世、平陵二县还治丹阳郡,义兴郡辖地缩小。南朝宋永初三年(422 年),分广德、故鄣、长城、阳羡、义乡五县地增置绥安县,划属义兴,此时义兴郡的辖境才大致稳定下来,直到陈灭时废置。义兴郡境主要包括今江苏宜兴境。其东界以今江苏宜兴市东 80 里太湖中与无锡市分界;北界大体即今宜兴市北界,西北段以长荡湖西南岸为界;西界同今宜兴市西界;南界同今宜兴市南界;西南界以广德县北部无量河以北地入绥安县。②

前人研究中,对吴兴郡的区域发展及意义已有较完善的叙述,但对义兴郡的分置及其发展等问题却不曾有较多重视。本文以为:义兴郡面积虽小,但其在六朝时期太湖流域的发展中所居的地位却不容小觑,以下就义兴分置及其在太湖以西区域的交通优势等问题上试加以探讨。

义兴郡初属扬州,宋明帝初始四年(468 年)起属南徐州。义兴郡的划置,据《晋书·地理志》所载,是为表彰阳羡大族周玘平定石冰之乱的功绩而特意设置的。《建康实录》则云:

> (周)玘三定江南,开复王略,王嘉其勋,累拜建威将军、吴兴太守。……
> 乃以阳羡及长城之西乡、丹阳之永世别为义兴郡,以彰其功。然玘宗族强
> 盛,人情所归,帝疑惮之。

---

① 义兴郡始置年代另有晋怀帝永嘉四年(310 年)之说,可参见胡阿祥编著:《宋书州郡志汇释》,安徽教育出版社 2006 年版,第 29 页。

② 参见复旦大学历史地理研究中心"CHGIS 系统"(http://yugong.fudan.edu.cn)。义乡县治今长兴县西北,国山治今宜兴市西南、章溪东岸,临津治今宜兴市西北,绥安治今宜兴市西南。

周玘"一定江南"是在太安二年(303年)前后,其时义阳蛮酋张昌的部将石冰占领建邺(即今南京),致使流民起义的战火殃及江东。周玘联络江东大族势力,配合政府军剿灭了这支流民武装。"二定江南"则是在太安四年(305年),西晋广陵相陈敏自历阳渡江,占领建邺,自封扬州刺史,试图仿效孙吴割据江左。周玘又与顾荣、甘卓等大族权衡利弊后,积极策应西晋镇东将军刘准的平叛行动,在永嘉元年(307年)二、三月间一举讨灭陈敏。同年九月,琅琊王司马睿用王导计渡江镇建邺。永嘉四年(310年),吴兴大族钱会、钱广兄弟在率部救援洛阳的途中,见西晋大势已去,遂渡江南,称兵叛乱,局势一时难以控制,司马睿则因初据江东、兵弱粮少,无力平叛。此时周玘再举义旗,联合大族武装,击杀钱会,并向司马睿报捷示忠。正是以周玘为首的江东大族的支持,才确保晋王室能立足江左。因此,表周玘功而立义兴郡的说法有其合理性。

另一方面,从吴兴郡分立义兴郡,并不能排除其区域经济发展的贡献。阳羡地处太湖西滨,北近长塘湖(长荡湖)、滆湖,是苏南西部山地与东部湖泊、平原的交汇之地,在秦汉时期就成为太湖以西重要的区域中心城市。阳羡古称荆溪,秦始皇二十六年(前221年)设县,《汉书·地理志》又说:"丹阳郡芜湖,中江出西南,东至阳羡入海。"春秋时期,吴楚之间在今高淳至太湖之间就存在一条重要的运粮水道(即胥溪河),沟通了太湖流域与长江中游地区。到六朝时期,形势大约未改,当时丹阳湖水就沿胥溪河东流,出今高淳境,改称溧水。[①] 中江就是沿溧水河下流至太湖的一段,其间经长塘湖,入阳羡境,此一河段或称荆溪。阳羡恰在太湖西岸,是一个重要的交通枢纽。

六朝时,中江水道是当时义兴郡对外交通的主要水路。从义兴郡经荆溪,转长塘湖北上,可至曲阿、京口,联络长江北岸;若由荆溪入溧水,便可由丹阳湖连接秦淮河北上建康。这一水路的存在使得义兴郡成为控遏太湖西部地区的要地。据此推论,当时吴兴郡的物资如沿太湖西上,先至阳羡,再沿上述水路上行也可直通曲阿。此一通途,远较从乌程,先由荻塘转输至吴县,再沿运河古河道运至曲阿的运输,节省了大量路程。同时,在今丹阳县与溧阳市区之间就有一条名为"丹金溧漕"的运河至今还在发挥水运作用,其位置北起丹阳县七里桥接大运河,南经金坛至溧阳市区,与宜溧运河汇合,长约70公里,古称"丹泾溇",在六朝时期即已形成。这条运溇的存在也说明从阳羡西行至溧阳,再沿丹泾溇上行

---

① 溧水又名濑水。《汉书·地理志》注云:"溧水出南湖。"《祥符图经》:"溧水承丹阳湖,东入长荡湖。丹阳湖即南湖也。溧水经溧水、溧阳,又东接宜兴县之荆溪。"

可达曲阿。

义兴郡所辖五县,除阳羡外均是在西晋至刘宋初年之间所设,也从另一方面反映了区域发展的事实。阳羡在六朝时期可能就以制陶、产茶而享有盛名,吴地大族中周氏一族世代居住于此,可称文人荟萃。

据上,就可以明晰义兴郡建置的历史脉络,也反映了六朝时期太湖以西地区的区域经济发展状况。

三、六朝时期吴会经济区的形成——浙东地区①

刘淑芬(1987年)对浙东地区的城市、人口、制造业、商业、农业等进行了细致考察,阐明了这一区域开发的时空脉络,并以北方大族与浙东的发展为主题,深入分析了浙东区域在六朝时代发展的内生动力,对前人在江南开发史的一些观点进行了检讨与修正,从而为我们描绘了六朝浙东发展的全景:浙东地区在六朝时期已经成为一个完整的行政单位,它以宁绍平原、金衢盆地、浙南山地等为主体,地域上还包括东南沿海的河口小平原如灵江、瓯江等河川的下游地带,在空间上涵盖了今天浙江省钱塘江以南以及福建省大部的广大区域。

(一)浙东地区的区域与城市发展

在东汉时,以山阴(今浙江绍兴)②为中心的宁绍平原地区已得到充分开发,浙东19城中就有10城属于以宁绍平原为地域基础的会稽郡,它们是山阴、上虞、始宁、余姚、句章、鄞、鄮、剡、永兴、诸暨。③ 六朝时这一地区也未增置郡县。

以郡县城市增加情形而言,孙吴时期是一个快速增长的时期,东晋次之。孙吴时期,由于征伐山越和北方移民等因素,加速了浙东山区的开发,新设新都(208年)、临海(257年)、东阳(266年)三郡,增置13县。同时,对会稽南部(今福建地域)地区的开发也进入新时期,析置建安郡(260年),增9县。这一时期,金衢盆地的开发取得显著成绩,设新都、东阳二郡,县城从原来的6个增至15

---

① 此部分内容以综述、归纳刘淑芬《三至六世纪浙东地区的经济发展》的研究成果为主,除引原文外,不另作文献引注;同时,其中也有笔者的观点。

② 陈桥驿先生《历史时期绍兴地区聚落的形成与发展》(载《地理学报》1980年第1期,第15—23页)详细讨论了绍兴地区聚落的形成、形态、发展及其与山地(会稽山)、平原(山会平原)、河流(曹娥江、浦阳江)的关系。

③ 山阴(今浙江绍兴)、上虞(今浙江上虞)、始宁(今浙江上虞东南)、余姚(今浙江余姚)、句章(今浙江余姚东南)、鄞(今浙江宁波)、鄮(今浙江鄞县)、剡(今浙江嵊州)、永兴(今浙江萧山)、诸暨(今浙江诸暨)。

个,从而完成了这一区域的开发。

东晋时则主要在浙东沿海河口平原和福建地区的开发上有很大进展,在原临海郡(辖 7 县)[①]基础上增设三县,分划南部区域设永嘉郡(323 年)。这样,东南沿海区域就有临海、永嘉二郡,各辖五县,此一形势历南朝而未有改益。

刘淑芬的研究清晰地展现了浙东地区在六朝时期发展的时空脉络,即以宁绍平原为基地,逐渐从平原到山地、从沿河向沿海之域推进,先后进行金衢盆地、沿海港湾平原的次第开发,进而又以点带线、带面,向内陆地区延伸,完成浙东全域的开发。经过六朝时期的开拓,先后有新安江、浦阳江、曹娥江、灵江、甬江、瓯江、台州湾、温州湾等地理区域得到开发。

(二)浙东地区的人口发展

刘淑芬的研究以《晋书·地理志》、《隋书·地理志》所载西晋太康元年(280年)和隋大业五年(609 年)的户口数字为主,以《汉书·地理志》、《后汉书·郡国志》、《宋书·州郡志》所载资料为辅,来说明浙东地区在两汉、六朝时期的人口发展情况。在数字分析上,注意剥离由于户口登录不实、六朝时期大量荫户等情形所带来的干扰。分析结论表明,汉末至南朝梁,浙东地区的人口是不断增加的,到梁武帝时达到最高峰。刘宋时期的统计数字就表明,浙东五郡的著籍户数为90519,口数为 553936。这一数字,与东汉时(140 年)户 123090、口 481196 的统计相较,户数有大量减少,口数反又增加许多。这一情形正说明了六朝时期有大量隐匿户存在的客观事实,剥离这种误差,六朝浙东地区的人口数字可能会大大超过官方的统计。

侯景之乱(548—552 年)时,战祸波及浙东,紧接着又是浙东大饥荒,"以会稽郡最为严重,死者十之六七,存活者多逃往福建",[②]浙东地区著籍户口锐减,成为区域发展从兴盛走向衰落的转折点。就在这一时期,浙东人民因为避役、战乱或饥荒而大批移居福建、广东,[③]也成为隋唐时期该区域发展的主要驱动力之一。

(三)浙东地区的制造业与商业发展

春秋时代,浙东作为越国国土,以冶铸闻名,尤其擅长兵器制作。东汉时,会

---

① 汉时在沿海口岸设宁海、章安、永宁(今浙江温州)三县,孙吴又在河口平原地带增设临海、南始平(后改始丰)、松阳、安阳(后改安固)四县,东晋时增乐安、乐成、横阳三县。

② 刘淑芬:《三至六世纪浙东地区的经济发展》,收入氏著《六朝的城市与社会》,台湾学生书局 1992年版,第 209 页。

③ 东晋以来,士民往往为避赋役而远至广州,如《晋书》卷 73《庾翼传》载:"时东土多赋役,百姓乃从海道入广州。"

稽又是全国三大铜镜铸造中心之一。考古发现还证实,东汉迄西晋间,以越窑为代表的瓷器制造业又独领风光,产品精良,遍及三吴、建康和长江中游地区。自三国时代起,浙东生产的楮纸和藤纸闻名天下,不仅纸品佳,产量也大,是当时往来浙东和建康之间贩运的主要货品。同时,浙东的纺织业也早在汉代就成规模,有麻、葛制品等特色产品。至汉末及西晋永嘉之乱后,北方移民又带来中原地区的先进技术,更促进了浙东纺织业的进步。山阴的葛布,诸暨、剡县的麻布都是当地的名产,而六朝时期一般人的穿着皆以葛、麻为主,浙东也成为这些纺织产品的大宗生产基地。北方纺织技术也促进了浙东地区织丝、织锦产业的发展。到南齐时,南方的织锦业已驰名天下。

东晋以后,浙东成为南、北士族豪强势力发展迅速的地区,政治士族、当地豪强们纷纷追逐田舍、山林及手工产业的利润,逐渐兼并大范围的土地,封占原属公产的山林水泽,甚至侵夺民产,并控制着制造业的原料(瓷土、铜、木等)、薪炭等物资。① 原先官府作坊的工匠及私人手工业者又纷纷逃入私门,成为豪门私家作坊的雇佣工人。从此,浙东制造业主要操控于当地的士族豪强及南渡的大族手中。

由于浙东制造业和农业发达,区域内水运网络及海运条件良好,使得浙东的物资借由便利的水运系统而运往外地市场:

> 宁绍平原到处是河川湖泽,自然可以舟楫往来;金衢盆地有新安江、衢江、浦阳江分布其间,水运也很便利。又宁绍平原和沿海的河口平原,则海运发达,北到山东半岛、江苏省北部、长江口,南经福建沿海,抵达广西、广东、越南中、北部及南海诸国。此外,浙南山地对内、对外的联系,则以陆运为主。②

农产品主要向北在太湖流域销售,而制造品则远销建康及长江中下游一带,输出的主要产品有米粮、铜镜、瓷器、纸、布、棉、锦等。浙东与太湖流域间的主要交通渡口——西陵戍③(今浙江萧山市西北)每日商船往来繁忙。

在海外贸易方面,浙东沿海是建康与广州之间海路交通的中继站。自汉代以后,浙东的永嘉、临海、鄞县、鄮县等沿海城市都是海外贸易商船舶碇的码头,

---

① 刘淑芬:《三至六世纪浙东地区的经济发展》,收入氏著《六朝的城市与社会》,台湾学生书局 1992 年版,第 224 页,引《宋书·蔡廓附蔡兴宗传》:"会稽多诸豪右,不遵王宪,又幸臣近习,参半宫省,封略山湖。"

② 刘淑芬:《三至六世纪浙东地区的经济发展》,收入氏著《六朝的城市与社会》,台湾学生书局 1992 年版,第 222 页。

③ 《读史方舆纪要》卷 92:"六朝时,谓之西陵牛埭,以舟过堰用牛挽之也。……盖西陵在平时,为行旅辏集之地,有事则为战争之冲,故是时戍主与税官并设也。……吴越时以陵非吉语,改曰西兴。"

两晋时期的陆云就称鄮县"北接青徐,东洞交广,海物杂错,不可称名"。^① 考古发现还证实,六朝时期浙东与东北的高句丽、百济、日本都有贸易往来。

(四) 浙东地区的农业发展

六朝江南最突出的特色是"大土地所有",即有很多的士族豪强占有面积广阔的田园别墅。浙东是江南大土地所有最发达的地区之一。^② 拥有这些大土地的主人可分三类:一是浙东本土的士族与豪强,以会稽孔、魏、虞、谢四大族为代表;二是永嘉之后,来自中原的北方大族,携其政治威权而能在浙东"求田问舍",如琅琊王氏、陈郡谢氏等;第三类是在政治上新崛起的本地庶族。这些大土地所有者的田园面积往往很大,如刘宋时孔灵符在永兴县的田园,面积广阔,周围三十三里;谢灵运的田墅中,山岭绵延,园苑相望,东西、南北各有两三里宽。而且,这些大族往往拥有多处田产,如王羲之在山阴、诸暨、剡县都有田园。

由于浙东多山丘、湖泽,大土地所有者的田园中地形复杂,自然选择了多元化的生产经营方式,稻田、麦田、蔬圃、果园、林场、鱼池错杂其间,田园景观丰富多变,既收获多样化的经济效益,也满足士族豪门游赏寄情的需要。

同时,浙东地区多水泽,易生水患。为改善水利条件,大土地所有者投资兴筑水塘湖陂成为较普遍的情形。^③ 同时,水利事业与当地百姓的生产生活密切相关。在地方官领导下,老百姓自行负担地方上水利设施的修建工作。由于农业生产条件的改善,再加之庄园型农业商品经济的发展,六朝时期浙东农业已进入一个相当高的发展阶段,和太湖流域一起成为江南地区的主要粮食产地。六朝时,在钱塘设立"钱塘仓"^④,成为转输浙东粮食的仓储基地,也是京师之外的三大粮仓之一。

---

① 刘淑芬:《三至六世纪浙东地区的经济发展》,收入氏著《六朝的城市与社会》,台湾学生书局1992年版,第223页,引《全晋文》,陆云《答车茂安书》。

② 刘淑芬:《三至六世纪浙东地区的经济发展》,收入氏著《六朝的城市与社会》,台湾学生书局1992年版,第223、224页,引唐长孺:《三至六世纪江南大土地所有制的发展》(上海人民出版社1957年版)。

③ 陈桥驿先生《古代鉴湖兴废与山会平原农田水利》(载《地理学报》1962年第3期,第187—202页),以鉴湖历史变迁为研究主线,详细探讨古代鉴湖兴废与萧绍平原的农田水利建设之间的历史脉络。

④ 刘淑芬对过去学者常持的"北方移民带来先进农业技术,促进江南的发展"说法提出斟酌意见,并采考古学者的观点,认为迟至东汉时,长江流域的水稻种植已开始了精耕细作的发展道路,"火耕水耨"只是异于北方旱地农耕水田方式的词语而已。

四、六朝时期吴会经济区与建康的交通联系

(一)会稽、吴郡与建康之间的交通线

由会稽至建康的交通线以水道为主,自山阴西行,渡西陵戍过浙江,至钱塘,绕太湖东,北上吴郡,再西北经晋陵、曲阿至京口,溯长江西上而达。田余庆(1989 年、2005 年)认为孙权在江东开拓疆土而数迁治所,就是沿这条交通线移动。这一线路中的水道各段分别是浙东运河山阴以西段、江南运河钱塘晋陵段、江南运河晋陵京口段、京口建康航道、破冈渎五部分。[①]

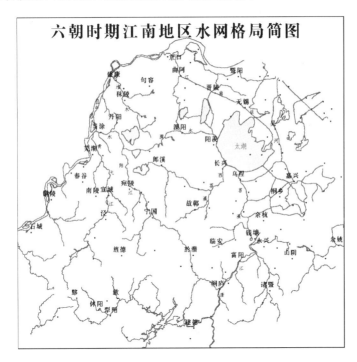

图 3　六朝时期江南地区水网格局示意图

本文根据江苏南部地区的水系数据制作了本区的水网格局简图(图 3),可对建康与吴会以及江南各地之间的水道交通情况有直观的认识。

1. 浙东运河之山阴以西段

一般认为,这段运河是西晋时会稽内史贺循(260—319 年)所主持开凿。

---

① 详参见田余庆:《东晋门阀政治》,北京大学出版社 2005 年版。

《嘉庆山阴县志》卷四载:"城外之河,曰运河,自西兴来,东入山阴,经府城至小江桥而东入会稽,宋绍兴年间运漕之河也。去县西一十里,西通萧山,东通曹娥,横亘二百余里。旧经云:晋司徒贺循临郡凿此。"①六朝时期,这一河段就担负起会稽与京师之间河运的重要责任。

2. 江南运河之钱塘晋陵段

在钱塘以北,六朝以前就存有一条经吴县、绕太湖之东的天然或人工的水道,即《越绝书》所说"吴故水道",具体路线是经嘉兴、平望至吴县,再西北行,经无锡而达晋陵,路线与今江南运河的南段和中段基本吻合。古江南运河吴县以南在春秋时期的吴越之间就有古水道存在,称"百尺渎"。《吴越春秋》载:"百尺渎,奏江,吴以达粮。"百尺渎是吴县南达古钱塘江北岸的一段运渎,在今海宁境内的河庄山侧(盐官镇西南 40 里),原处钱塘江北岸,后由于钱塘江北徙,今已在钱江南岸。

3. 江南运河之晋陵至京口段

这是江南运河的北段。晋陵迤北逐渐进入丘陵地带,宁镇山脉的余脉延伸至此,形成江南运河的分水岭——丹北分水岭。在晋陵以南,大运河的水源来自太湖;过晋陵,水源则来自高地的蓄水,水路因岗峦高下、水势不济而难行。西晋末年,广陵度支陈敏负责漕运江南米谷以济中州,因此开凿和疏通此段河道,同时又修练塘。②开练湖的主要目的是蓄水以济运河,并兼收灌溉之利。东晋建武元年(317 年),官府开丁卯埭以通运河漕运,接济广陵。太兴四年(321 年),晋陵内史张闿又开新丰湖。即使如此,此段运河仍"运渠夹冈,水浅易涸,赖湖以济"③,自凿成之后,由于维持通航条件较难,处在时通时塞状况。此段运河大略在吴越时期似已可通行,《越绝书》卷二就说:"吴古故水道……入大江,奏广陵。"但直至秦始皇时,截云阳道使之阿曲,才使此段运河的通航条件得到改进。到六朝时期,由于政府的多方努力和竭力维持,才确保此段河段不因地势和乏水而致运漕不通。④

4. 京口至建康航道

这是京口、建康间的大江航道。东晋南朝,大江入海之处,就在京口附近。

---

① 转引自田余庆《东晋门阀政治》,北京大学出版社 2005 年版。田氏对此一河段是贺循首开,还是对旧河道的疏浚提出疑问。但在六朝时期,这一河段的存在确是没有疑问的。

② 《元和郡县图志》卷 25"润州丹阳县"条:"练湖在县北一百二十步,周回四十里。晋时陈敏为乱,据有江东,务修耕绩,令弟谐遏马林溪以溉云阳(曲阿),亦谓之练塘,溉田数百顷。"

③ 《宋史》卷 96《河渠六》。

④ 参见田余庆:《东晋门阀政治》,北京大学出版社 2005 年版。

舟行自会稽达京口后,出运河而入大江,溯流百余里,可抵建康秦淮河口。此一段大江因为海潮涌动,难免舟覆船倾的风险,而且吴会物资须经难行的曲阿—京口河段,路途不仅迂远且功费颇多。

5.破冈渎

为避大江之险、缩短吴会地区到建康的水路行程,孙吴赤乌八年(245 年),"校尉陈勋将屯田及作士三万人,凿句容中道,自小其至云阳西城,通会市,作邪阁"①,这段人工运河就称破冈渎。破冈渎主要在今句容县境内,地处北部宁镇山脉和南部茅山山脉之间较为低缓的地带,其东、西分属太湖水系和秦淮河水系。② 破冈渎的开凿使得两大流域的自然河道贯通起来,吴会船舰也不必绕行京口,自曲阿西行过破冈渎入秦淮水北上,即可直达京师,大大缩短了航程。破冈渎虽处丘陵地带间较易行的地段,但因本区地处高亢、地形高下多变,而不得不在此河段连设十四个堤埭,过埭须依赖人力、牛力牵引,舟行依然十分困难;同时,此地水旱无常,常难保有充足的水力通航。六朝时期,破冈渎的存在对于保障京师粮赋的供应占有重要地位,历朝政府也非常重视维持此段河道。但至南朝梁时,由于渠身狭窄,每值冬春,行船不便,曾废弃破冈渎,而另修上容渎。③上容渎自句容东南开始,采用"顶上分流"的办法,即:一支东南流,长三十里,沿途筑十六个埭,均在曲阿界内;一支西南流,长二十里,筑五埭,出句容界,西流入秦淮河。陈朝时,上容渎也已埋塞,转而修复破冈渎。可见,由于地势限制,保障破冈渎的通行并不是一件轻松的事。

据上可知,六朝时期由吴、会通达京师的交通是由以上几段路线组成,而吴县也在这条交通线上,吴会粮米、财赋就通过这条交通线源源不断地输往京师,成为确保南方政权三百年不坠的经济大动脉。据《宋书·州郡志》所载,山阴至建康之间的水路为 1355 里(约合今 600 公里);④吴县至建康之间水路为 670 里(约合今 297 公里),恰为山阴到京师的一半路程。按每日行舟 50 里计,从山阴、吴县到达京师的时间分别是 27 日和 13 日。另以今日公路运输的里程计,苏州至南京为 233 公里,⑤似与上面数字大致相当,可知应是由破冈渎通行的路程数。

---

① 《三国志·吴志·吴主传》。

② 因小其、云阳西城等地名今已难考,破冈渎的确切位置也难以判定。笔者据地形图初步推断,其位置或在今句容赤山湖、二圣镇(二圣桥水库)、春城镇与丹徒宝堰镇一线,这一带地势较为低衍。

③ 《读史方舆纪要》卷 25 引《舆地志》:"梁太子纲讳忌之,废破冈渎,别开上容渎。……陈复埋上容,修破冈渎。"

④ 按南朝每里合 1800 尺,每尺约合今 24.6 厘米,故 1 里折合今 442.8 米。

⑤ 据《江苏省交通图》(人民交通出版社 2006 年版)所载"江苏省主要城镇公路里程表"。

(二)吴兴、义兴郡与建康之间的交通线

如果说从会稽郡治山阴出发,渡浙江绕太湖东行,经吴县的线路是通往建康的经济大动脉,那么随着吴兴、义兴等太湖以西区域的经济发展,建康与这些地区的频繁联系也成为六朝时期经济发展的充分见证。

大体说来,建康与吴兴、义兴之间的交通线有中江—胥溪—溧水、乌程—长荡湖—曲阿两条。[①]

五、小　结

六朝时期,吴会地区(太湖流域、浙东地区)成为江南经济核心区域,也是六朝政权所凭依的财赋重地,历代政府极为重视。本文基于区域地理的视角,对"三吴"、"吴会"称谓的变迁、吴会经济区范围、太湖流域的发展、浙东地区的发展、建康与吴会经济区的交通联系等方面展开讨论,试图较为全面地展现六朝时期吴会经济区的发展概貌。同时,从吴兴郡、义兴郡的政区析置等现象入手,分析其内部地域开发的发展顺序与时空规律,从而观察到太湖以西地区的区域经济、交通在六朝时期的重要发展,进而对吴会经济区在六朝时期的形成、发展有了更进一步的认识。限于篇幅与精力,本文在区域人口、城市发展、农业经济等方面尚待更深入的探讨,敬祈方家批评。

致谢:本文蒙南京大学历史学系胡阿祥教授、张学锋教授,南京大学地理与海洋科学学院李满春教授指正,谨致谢忱!

---

① 详见陈刚《六朝建康历史地理及信息化初步研究》(南京大学博士论文,2007)第四章。

杭嘉湖古桥桥名分类及其地名学价值

方龙龙　　方幼君

（浙江大学地球科学系）

一、引　言

桥在杭嘉湖水网平原地区占有十分重要的地位。"自先秦起,因战争和政治经济的需要,桥梁建设就进入了开拓时期,东汉始有建桥的记载。隋朝江南运河的开凿,以杭州为中心的水陆交通运输网络开始形成,并在唐、宋时期得以全面发展。"①与此同时,桥梁作为道路的组成部分在数量上和质量上也有进一步的提高。至明清时期,杭嘉湖地区社会经济有了更大的发展,人口猛增、市镇繁荣、商贾云集,成为著名的"鱼米之乡"、"丝绸之府"、"文化之邦"。各地之间的交流联系密切,反过来又促进了桥梁建设,使其在数量上、规模上、技术上均超过历代,并形成了极具江南水乡历史积淀和地域特色的文化品性。

桥是在特定的条件下,通过一定的技术手段完成的人工建筑,是文明的产物。桥名作为其称谓标志,对它的择取,除了与桥本身所处的客观地域环境和建设过程中的人、事、物有或多或少的联系以外,也往往在不同程度上反映出人们思想上、精神上及心理上的某种追求和企盼。可见,对于桥名的探索无疑也是桥文化研究的内容之一。

据史料和方志记载,杭嘉湖的桥梁数以万计,为简捷实用而又不失代表性,本文选用杭州市区武林门以北及余杭区、嘉兴市和湖州市各市县范围内具有一定知名度的古桥桥名作为分析样本。具体入选标准为:(1)已列入县级或以上(国家级、省级、市级)的文物保护单位者;(2)今县级或以上方志中列出的而又现存者;(3)始建于清代或以前、现被拆除重建但仍用其旧(原)名者。经筛选,总数计 139 座。

---

① 　徐望法:《浙江古代道路交通史》,浙江古籍出版社 1992 年版,第 39—45、124 页。

二、桥名分类体系及其渊源解释

与地名相同,桥名也具有"音、形、义"三大要素,"义"不仅指字面意义,还兼具位置、类别的含义。但按其渊源由来的性质,可分为地理环境桥名、社会背景桥名、意识形态桥名和建筑工程特色桥名四大类型。其中,前者又包括自然地理环境和人文地理环境两个方面。按不同性质和内容各部分又可分为若干类型。为便于说明,每种桥名类型只举几例,并选出其中一、二例作桥名渊源由来解释。以下各类型古桥桥名举例均按桥名、桥址、桥型、始建、重建年代及桥名渊源举例等项依次分别列表阐述。

(一)地理环境类

1. 以水为名

桥名	桥址	桥型	始建/重建年代	桥名渊源解释 (仅举一例)
中塘桥	桐乡晚村下塘	单孔石拱	无考/清光绪六年	中塘桥,在晚村下塘,跨含山中塘港。 (《桐乡县志》P.1142)
当湖第一桥	平湖城关西门	3孔石拱	不详/清咸丰七年	
三官塘桥	嘉善魏塘南门外	单孔石拱	明万历二年/清同治七年	
茗溪桥	杭州余杭良渚	5孔石拱	清代	
大漾桥	桐乡大麻大漾	7孔石平	无考/清道光十年	
清河桥	德清城关镇北	单孔石拱	宋咸淳年间	

2. 以山为名

桥名	桥址	桥型	始建/重建年代	桥名渊源解释 (仅举一例)
甄山桥	桐乡炉头姚堡里	单孔石拱	无考/清嘉庆初	甄山桥,因桥西北有甄山而得名。 (《桐乡县志》P.1141)
半山桥	杭州拱墅半山	石孔石拱	待考	
紫薇桥	海宁硖石惠力寺前	单孔石拱	元大德七年/清嘉庆元年	
李王桥	安吉安城镇西	单孔石拱	宋元丰七年/不详	
茅山高桥	德清澉山茅山	单孔石拱	无考/清宣统元年	

3. 以天象为名

桥名	桥址	桥型	始建/重建年代	桥名渊源解释（仅举一例）
长虹桥	嘉兴王江泾镇东	3孔石拱	明万历年间/清嘉庆十八年	虹桥（湖州双林），因"每当晚霞西，水光环照如虹"，故名。（《湖州市文化艺术志》P.281）
虹桥	海宁长安镇内	单孔石拱	不详/清咸丰元年	
	湖州双林东栅	单孔石拱	元至大戊申年/清康熙甲戌年	
	德清二都塘泾	单孔石拱	元泰定年间/清雍正十年	
青云桥	平湖新埭镇内		不详/清乾隆五十九年	
	桐乡炉头皂林	单孔石拱	明天顺初/民国	
月映桥	湖州埭溪	5孔石梁	清嘉庆十九年	

4. 以生物为名

桥名	桥址	桥型	始建/重建年代	桥名渊源解释（仅举一例）
葫芦桥	杭州余杭西南	石梁	五代后汉/清乾隆年间	略
香花桥	嘉善西	单孔石板平	清	
卧龙桥	嘉善西塘北栅	单孔石拱	不详/清康熙五十五年	
凤凰桥	湖州练市镇东北	单孔石拱	清康熙年间	

5. 以地域为名

桥名	桥址	桥型	始建/重建年代	桥名渊源解释（仅举一例）
秀城桥	嘉兴市区北芦席汇	单孔石拱	明景泰元年/民国	秀城桥，以依傍城郭、横跨秀水得名。（《嘉兴影踪》P.98）
欤城桥	海盐欤城镇东南	石孔石拱	宋绍兴三年/清光绪十六年	
沈荡大桥	海盐沈荡镇东	3孔石拱	清雍正三年/清光绪六年	
通元环桥	海盐通元西市	石拱	明崇祯十五年/1973年改造	

6. 以地物为名

桥名	桥址	桥型	始建/重建年代	桥名渊源解释（仅举一例）
大关桥	杭州拱墅	3孔梁板	宋建中靖国/现今	大关桥，原名中兴永安桥，明景泰元年在此设关，名北新关，俗称大关，差户部主事掌榷商税。（《杭州市地名志》P.390）
马厩庙大桥	平湖马厩镇西	3孔石拱	无考/民国1929年	
福兴桥	桐乡乌镇	单孔石拱	无考/乾隆四十五年	
殿基桥	杭州余杭仓前	3孔6梁	明万历四十五年	
迎禧桥	湖州迎禧门外		明成化九年	
栅桥	杭州留下镇北	3孔条石平	不详/清道光六年	
广惠桥	湖州南浔	单孔石拱	无考/清同治五年	

7. 以方位里程为名

桥名	桥址	桥型	始建/重建年代	桥名渊源解释（仅举一例）
五里桥	长兴雉城东南	单孔石拱	南宋绍定三年/乾隆十三年	五里桥，又称五里牌桥，以距城五里而得名。（《长兴县志》P.683）
北回桥	湖州南浔新楼	3孔石拱	明嘉靖中/光绪十八年	
北川桥	安吉安城北门外	4孔石板	明嘉靖三十二年/清咸丰年间	

（二）社会背景类

1. 以历史史实为名

桥名	桥址	桥型	始建/重建年代	桥名渊源解释（仅举一例）
部伍桥	杭州余杭东	单孔石拱	三国(?)/清嘉庆十一年	部伍桥，"跨余杭塘……吴凌统募民兵立部伍于此御寇，故名"。（清嘉庆《余杭县志》）
国界桥	嘉兴洪合	排柱石梁	北宋/清嘉庆十一年	
桂芳桥	杭州余杭临平东	单孔石拱	无考/清	
司马高桥	桐乡崇福镇南	单孔石拱	明洪武年间/清光绪二年	

2. 以口承传说为名

桥名	桥址	桥型	始建/重建年代	桥名渊源解释 （仅举一例）
葫芦桥	杭州余杭西南	石梁	五代后汉/清乾隆	语儿桥，春秋时夫差 督兵拒越此地，有生 子即能言者因名。 （清光绪《嘉兴府志》 卷五 P.167）
松老高桥	桐乡上市东	单孔石拱	宋/清光绪十六年	
语儿桥	桐乡濮院	单孔石拱	无考/清嘉庆二年	
畎桥	长兴畎桥	7 孔石梁	清乾隆六十年/清同治 九年	

3. 以人或家族为名

桥名	桥址	桥型	始建/重建年代	桥名渊源解释 （仅举一例）
潘公桥	湖州市区北门外	3 孔石拱	明万历十三年/清道 光二十年	略
浮澜桥	桐乡乌镇	单孔石拱	明宣德年间/清乾隆 四十五年	
许公桥	长兴水口顾渚山	单孔乱石拱	待考	
马家桥	杭州余杭和睦	3 孔石拱	清	

4. 以建桥年号为名

桥名	桥址	桥型	始建/重建年代	桥名渊源解释 （仅举一例）
仪凤桥	湖州市区		唐仪凤年间/清宣统 元年	仪凤桥，始建于唐仪 凤二年（667 年），桥 以年号为名。（《湖 州市文化艺术志》 P.280）
熙宁桥	嘉善魏塘镇西		宋熙宁年间/清康熙四 十二年	
嘉泰桥	海宁		唐咸通年间/宋嘉泰 元年	
天宝桥	德清城关镇西		唐天宝年间	

(三)意识形态类

1.以祥瑞祈福为名

桥名	桥址	桥型	始建/重建年代	桥名渊源解释 (仅举一例)
升平桥	桐乡濮院镇北	单孔石拱	无考/清道光八年	升平桥,桥联东侧为"济寿歌仁乡称永乐,机声渔唱人共升平"。(《桐乡县志》P.1141)
广济桥	杭州余杭塘栖	7拱石拱	不详/清康熙甲午年	
通济桥	杭州余杭	3孔石拱	东汉熹平四年/明洪武元年	
	桐乡乌镇西栅	单孔石拱	无考/清同治六年	
流庆桥	嘉善陶庄镇北	单孔石拱	不详/清乾隆六十年	
福兴桥	桐乡乌镇镇南	单孔石拱	无考/清乾隆四十五年	
欢喜永宁桥	杭州拱墅	单孔石拱	清乾隆三十五年/民国	
送子来凤桥	嘉善西塘	3孔石板	明崇祯十年/现今	
寿昌桥	德清二都	单孔石拱	宋咸淳年间	
锁苕桥	杭州余杭良渚	5孔石拱	清	
	湖州市区	3孔石梁	明/清乾隆十一年	
众安桥	桐乡濮院镇东	单孔石拱	无考/清道光四年	
仁寿桥	湖州练市	单孔石拱	明正统十三年/清咸丰七年	

2.以仁义道德为名

桥名	桥址	桥型	始建/重建年代	桥名渊源解释 (仅举一例)
忠义桥	杭州留下	单孔石拱	南宋嘉定	略
里仁桥	嘉善西塘	单孔石梁	明正德前/现今	
德义桥	海宁路仲	3孔石板	明永乐十三年	

3. 以重文崇仕为名

桥名	桥址	桥型	始建/重建年代	桥名渊源解释（仅举一例）
状元桥	德清新市北栅	单孔石拱	唐/清同治十一年	状元桥，原名玄武桥，南宋嘉定十年桥堍吴潜考中状元，故改今名。（《中国古船与吴越古桥》P.129）
万魁桥	湖州双林北栅	3孔石拱	不详/清乾隆五十八年	
鼎甲桥	长兴鼎甲桥	单孔石拱	唐/明万历二十四年	
折桂桥	杭州余杭良渚	3孔石拱	清	

4. 以尊王敬上为名

桥名	桥址	桥型	始建/重建年代	桥名渊源解释（仅举一例）
拱宸桥	杭州拱墅	3孔石拱	明崇祯年/清光绪十一年	拱宸桥，"宸"指帝王宫殿，引申为王位及帝王代称，桥名"拱宸"是象征对南巡的帝王致敬。（《杭州市地名志》P.441）
龙光桥	杭州余杭塘南	单孔石拱	无考/清光绪元年	

5. 以宗教神话为名

桥名	桥址	桥型	始建/重建年代	桥名渊源解释（仅举一例）
潮音桥	湖州南门	3孔石拱	明嘉靖十八年/清嘉庆年间	潮音桥，据清光绪《乌程县志》载："旧为潮音渡，以东慈感寺奉观音大士，故名。"（《湖州市文化艺术志》P.280）
圆通桥	嘉善天凝	单孔石拱	不详/明万历十八年	
望仙桥	嘉善西塘	石阶石板	宋/现今	
	桐乡大麻	单孔石拱	不详/清光绪三年	
化成桥	湖州双林北栅	3孔石拱	元延祐年/清乾隆五十八年	

6. 以语讹为名

桥名	桥址	桥型	始建/重建年代	桥名渊源解释（仅举一例）
万物桥	杭州拱墅	单孔石拱	南宋前	万物桥本名望佛桥，民国时改称万佛桥。（《杭州地名志》P.389）
泾界桥	海盐通元	3孔石梁	宋/民国十九年	
道古桥	杭州西湖	单孔石拱	宋/清嘉庆八年	

（四）工程建筑特色类

1. 以桥体外形为名

除前述以"虹"、"龙"、"骆驼"等天物象直观形象为名的古桥外，还有：

桥名	桥址	桥型	始建/重建年代	桥名渊源解释（仅举一例）
石门桥	安吉章村石门坞	单孔石拱	无考/清	石门桥，因桥塊岩峰悬崖峭壁对峙耸立，形成两扇天然石门，桥正居其中，似门槛横卧。
长桥	杭州余杭仓前	单孔石梁	东汉熹平二年/南宋端平二年	《中国古船与吴越古桥》P.184
斜桥	海宁			

2. 以结构类型为名

桥名	桥址	桥型	始建/重建年代	桥名渊源解释（仅举一例）
三步两爿桥	嘉兴风桥东北	单孔石拱	清	三步两爿桥，南名"聚秀"，北名"长丰"转折相连，形制独特。
三环洞桥	海盐欤城	3孔双曲拱	元大德三年/现今	《嘉兴影踪》P.94
一步两条桥	湖州双林	单孔石平	清	

值得指出的是，以上建立的分类体系可涵盖入选标准古桥总数的十之八九，因此具有一定的代表性、概括性和可比性。其他有关类型的桥名如以行业特色为名的杭州卖鱼桥等，因同类型中数目不超过三座，故不列出。另外，在分类过程中发现，个别桥名由于字面直义与其渊源解释分属不同类型，所以可能出现重复现象，规类应以后者为主。至于一桥多名和有俗称者，一般则以现今方志和有关文献所公布的桥名为准。

三、桥名的地名学价值

（一）桥名是杭嘉湖地区地名的渊源之一

地名是一定地域、地方和地理事物的标志。作为一种地理事物必然是在一定的历史条件下形成和演变的，并表现为不同的历史特征、区域特征及地理特点。杭嘉湖地区水系密度极大（达 $12.7 km/km^2$），湖泊漾荡星罗棋布，历史上"因水而兴运，缘运而聚商，依商而成市，随市而显貌"的社会经济发展模式十分典型。"尤其是明中叶后，尤以蚕桑为标志的商品化农业以及随之兴起的丝绸、纺织等家庭手工业、手工作坊的推动,大大促进了传统区域市镇的勃兴和繁荣"①。"烟火万家、商贾云集","舟船集鳞、夹河成市"。而在乡间,少则十数家、多则上百户的自然村落傍水而聚,广布于野。此时,水陆交通兼顾的桥梁建设最为突出,修建、重建和新建桥梁数量尤多,不少市镇乡村都是在这种特有的社会经济背景下得以生成发展,并以桥名命名的。据浙江省地名委员会所编的《浙江省乡镇村名手册》(浙江科学技术出版社 1985 年版)统计,即使是受新中国成立后"大跃进"和"文革"的政治影响先后两次进行大规模地名更名后,杭嘉湖地区大部分市县行政村名以桥名命名的仍占 15% 以上(见下表)。其中,长兴县以桥名命名的乡镇达 9 个之多,分别为鼎甲桥、洪桥、包桥、长桥、便民桥、天平桥、畎桥、观音桥和虹星桥等。至于各地以桥名命名的自然村则更是不胜枚举了。

市县	以桥名命名的行政村所占的百分比(%)	市县	以桥名命名的行政村所占的百分比(%)	市县	以桥名命名的行政村所占的百分比(%)
嘉兴	20.3	嘉善	5.5	德清	12.1
湖州	8.1	平湖	16.4	长兴	9.1
余杭	16.3	海宁	15.4	安吉	4.2
桐乡	16.3	海盐	17.6		

此外,杭嘉湖水网平原中不少河、港、塘、渠及湖、漾、荡、汇等也以桥名称之,如桐乡的三洞环桥港、升平桥港和通河桥港,海宁的泰山桥港、泥坝桥港和金家桥漾等等也是比比皆是、屡见不鲜。

(二)桥名是追溯社会沿革和地方史迹的一个线索

其一,上述以桥为名的市镇乡村的出现和存在,在一定程度上反映了桥梁对杭嘉湖地区社会经济发展的促进作用,而反过来,桥梁的建造本身更是直接表明了人们由于生存和从事社会经济活动对交通的迫切需要。事实上,"市镇是封建社会内部社会分工与商品经济发展到一定阶段的产物","杭嘉湖地区是(我国)明清时期社会经济最发达的区域之一,也是资本主义萌芽的发源地"②。除以桥为名的乡镇和自然村落外,塘栖、新丰、王店、新行、王江泾、菱湖、双林、南浔及练市等都是此时期发展起来的市镇,而此时的桥梁建设也更为普遍。因此从某种意义上说,无论是以桥为名的地方或者是以地名为名的桥名,都应该是社会经济

---

① 蒋兆成:《明清杭嘉湖社会经济史研究》,杭州大学出版社 1994 年版,第 1 页。
② 蒋兆成:《明清杭嘉湖社会经济史研究》,杭州大学出版社 1994 年版,第 396、399 页。

发展的一个见证。

其二,桥梁作为一种地物标志,它与周围的环境多少也存在某种联系。尤其是以水、山、地名、方位及其他地物命名的桥名,直接反映了这种地域上的空间组合;而以史实和某些口承传说命名的桥名,更是深刻地积淀着人事活动久远的时间记忆。千百年来,由于地理环境的自身演变和人们社会生活和经济建设活动的不断加剧,环境现状与原貌可能出现很大的差异,但桥名所赋予的含义却一直传递着某个历史断面的某种信息。如始建于明嘉靖年间的潮音桥,位于今湖州市区南街中段的雪溪之上,其桥名由来,除与佛教观音现身之意有关以外,另有一说为西天目山众水汇合后浩浩荡荡穿城而入,势大流急,声如海潮而得名。联系到市区内锁苕桥和菱湖安澜桥的命名,可以推断,历史上湖州地区苕、雪两溪水患是频繁的,对此,先民们早就有认识并祈求年岁平安。据文献记载,苕溪下游平原地区排水不畅,每当洪水暴发,则水涝成灾,"波涛汹涌,三郡(杭嘉湖)在吞吐间"(仲学辂:《钱邑苕溪险塘杂记》,《浙江省通志馆馆刊》第一卷第二期)。又如嘉兴洪合的国界桥,所跨的九里港(又称国界河)相传为春秋时吴越两国国界,桥台北南端分别有吴王夫差和越王勾践石刻像。此处为两国必争的古檇李之地,其附近南北草荡相传是吴越古战场,曾先后挖掘出大量马骨、箭头、破甲及古代兵器。史书记载:"周敬王十年(公元前510年)吴国攻打越国,后五年(公元前505年)越袭吴,又九年(公元前496年),周敬王四十三年(公元前477年)勾践复伐吴,均军于檇李。"据分析,当可信非虚。此桥虽小但名气很大,为历代文人称颂,其历史文化价值也不可小觑。其他类似的如桐乡的王过此桥、下马辇桥,湖州的倭返桥和余杭的龙光桥等等也都留下了康王南渡、嘉靖平倭、乾隆南巡的踪迹。这些都可为史迹考察及其空间定位提供一个佐证。

(三)桥名是民族文化心态和传统思想的一个反映

其一,自古以来,祥瑞安福一直是人们追求和向往的目标。从普查中可知,由"利"、"济"、"庆"、"丰"、"寿"、"乐"等字冠以"永"、"广"等字组合衍生的桥名频率甚高。以桐乡为例,方志中所列出的18座古桥梁中有思安祈福含义的就占10座之多(《桐乡县志》,第1140—1143页)。其中,"济"字组合的永济、广济、通济、普济、利济、保济等桥名,在杭嘉湖地区各市县均有出现,甚至 地之中同名重复的现象也屡见不鲜。这些文化现象从一个侧面反映了人们希冀长治久安、吉祥康宁的意识形态。"济寿歌仁乡称永乐,机声渔唱人共升平"(桐乡濮院十景塘升平桥东侧桥联),正是水乡乡民心目中世外桃源的生活写照。

其二,对于中国民间信仰来说,宗教具有很重要的地位。在杭嘉湖地区与宗教有关的桥名占有很大的比例。其桥名渊源有三：一是作为地物标志，一些寺庙和院观的名称，如湖州南浔的广惠桥；二是为建桥主事有贡献的僧人道士的名字、法号，如嘉善天凝的圆通桥；三是以佛、道教为主的宗教教义、活动和神名，如桐乡乌镇的观音桥。这在一定程度上也体现了宗教文化的影响力。而更有甚者，出于对宗教的信仰和精神寄托，将铺路修桥也作为实践教义、修炼得道的最好方式之一。因此，自唐宋以来，桥梁筹建方式中，僧人道士主事筹募的作用是不可低估的。他们广结善缘，影响面大，效率高，收获也非常人可及。如杭嘉湖境内跨京杭大运河中三座大石拱桥：杭州拱宸桥、余杭广济桥和嘉兴长虹桥都是僧人道士募款建造的。另外，从目前尚存的许多古桥的建筑构件图饰处理上，如桥顶石板（也有称龙门石）常用的宝相花和法轮变形，望柱、系梁、墩柱上的莲花状造型浮雕，很多都留下佛教文化深刻的痕迹。

其三，中国传统儒家思想把"仁"作为最高道德标准，认为"仁"即是一切道德规范之总和。铺路修桥是千家万家、贫贱富贵一致称道的善举。在杭嘉湖桥名中以"仁"、"善"为名的桥名也十分普遍。就"善"字而言就有仁善、积善、保善、宝善、庆善、福善、长善……除此以外，以建桥过程中倡导募化人的姓氏为名或以其建桥事迹的口承传说为名的桥名更是直接表达了人们对先贤的怀念和对美德的颂扬。据同治《湖州府志》记载，潘公桥为明朝尚书、御史潘季驯承父志而创建。潘某，吴兴人，明万历十二年受诬陷贬官回乡，即会集乌程县令商议发起建桥并捐白银2500两。这位治黄水利专家从选择桥址到设计施工均躬亲其事。次年三月动工，历时五年半告成，故命桥为潘公桥，以铭记其为民造福之功德。值得指出的是，这些被人称颂的人，有官有绅有民有僧，并无门第高低贵贱之分。余杭葫芦桥又名张公桥。据《余杭风土记》记载："后汉末，邑人张俨好学有贤德，学种瓠（即葫芦），以所市钱为桥"，由此而得名，即寄托了人们对建桥人的崇敬。相反，安吉白云桥，"原名秦公，秦桧之父敏曾为主簿建此，后更今名，恶桧以及其父也"（同治《湖州府志》卷二十三）。彰善疾恶何等分明。可见，"儒家学说虽在中国没有形成宗教体系，但儒家思想对中国文化习俗的影响，甚至比佛教和土生土长的道教更深刻"[①]。

① 仲富兰：《中国民俗文化学导论》，浙江人民出版社1998年版，第148—149页。

四、结　语

　　杭嘉湖地区桥文化源远流长。古桥桥名的择取是与其特定的历史文化背景密切相关的,并在一定程度上反映了民族心态和凸现出地域特色。因此,探索其分类规律,挖掘其历史积淀和文化内涵,不仅直接丰富了杭嘉湖地域文化的内容,而且对地方历史研究、文化遗存保护、民间民俗揭示和文化旅游资源开发都有较高的价值。

侨乡的形成

——温州区域文化现象的历史地理学解读

邱国珍

(温州大学人文学院社会学民俗学研究所)

一、问题和视角

无论从全球看,还是从区域看,人口的分布都是动态的,是不断迁徙的结果。人口跨境迁移,即"跨国移民",是温州移民的主要方式。跨国移民不仅体现了温州人口分布的变化,而且更反映了温州区域文化的特点。

西方文献中关于"大批跨境移民地区"(the region of large-scale outmigration to abroad)的概念,大致可以对应于中国传统的"侨乡"。温州作为中国东南一带的侨乡之一,跨国移民,尤其是非精英移民(也叫"非正常渠道移民"),引起国内社会学界的关注。学者们有的尝试引进国际移民学中关于移民原因的若干概念(如"相对失落"、"市场分割"、"连锁效应"等)进行理论探讨;[①]有的则借助"行动路径"理论,从社会网络依赖和行动选择两个层面探讨侨乡现象。[②]

本文的研究视角,是用历史地理学的方法,研究温州区域文化。历史地理学是研究历史时期自然、人文地理现象以及人地关系发展演进规律的科学。历史

---

① 李明欢:《"相对失落"与"连锁效应":关于当代温州地区出国移民潮的分析与思考》,《社会学研究》1999 年第 5 期。

② 王春光:《移民的行动抉择与网络依赖——对温州侨乡现象的社会学透视》,《华侨华人历史研究》2002 年第 3 期。

地理学的七个原则,[①]多数适用于区域研究。区域就是一定的地理空间。区域划分以地理和经济特征为基础。区域内的自然资源状况、人口分布状况、交通状况、教育水平、技术水平、工农业发展水平、消费水平、政治制度,等等,对于该区域的社会经济活动、生产过程和文化现象的影响极大。"空间"和"时间"分别是地理学和历史学的最基本的概念,而区域文化,正是"空间"问题与"时间"问题的结合,所以从方法论的角度,用历史地理学的方法研究区域文化,不失为一种颇有意义的学术探索。本文试从历史地理学的视角,以温州侨乡为中心,对跨国移民这一区域文化现象的发生和演变作一阐释。

二、温州的侨乡及其地理环境

不同区域之间,由于历史背景和地理环境的不同而存在着巨大的差异,这种观点已成为学界的共识。进入 21 世纪之后,学界已经越来越多地意识到侨乡作为一种区域存在文化的重要性,学者们注意到,侨乡是特殊区域的一种独特生存方式。

自然环境是人类赖以生存和发展的基础,历史地理学以历史时期的地理环境为其研究对象。温州侨乡的形成,与自然环境关系密切。故此,我们要对该地区的地理环境作一描述。

温州位于中国东南部,瓯江下游南岸,是浙江省下属的地级市,为沿海港口城市。所辖 3 区、2 市、6 县,人口 700 多万。截至 2000 年,温州有 30 多万华侨华人,分布在世界许多国家和地区。但是在温州市却相对地集中在几个乡镇和温州市区,其中永嘉县的桥头镇、七都镇和瓯北镇,瑞安市的丽岙镇、仙岩镇,瓯海区的腾桥镇,文成县的玉壶镇等是著名的侨乡,其他乡镇在海外的人寥寥无几,甚至没有一个人。

从地理位置看,温州市东濒东海,南与福建省宁德市毗邻,西及西北部与丽水市相连,北和东北与台州市接壤。20 世纪 90 年代之前,温州交通不便。一面濒海,三面环山,进出温州只有"死(水)路一条"[②]。温州的周边城市,值得一提

---

① 1.如同历史学一样,历史地理学探讨的是有关往日的问题;2.如同历史学的资料与理论一样,历史地理学的资料与理论是未定的;3.辩论是历史地理学实践的中心;4.历史地理学本质上关注时间过程中的地理变化;5.历史地理学在总体上是地理学的核心,不是地理学的边缘;6.地理学主要关注地点综合体,而不是关注空间分析;7.历史地理学特别突出特定地点的历史特性。

② 温州方言"水"、"死"发音相似。

的是西部的青田县。该县现今隶属丽水市,但 20 世纪 50 年代,它曾是温州市管辖下的一个县。温州与青田有着悠久的文化、社会和经济的相近性、相似性和亲缘性。温州辖下的文成县,北接青田县。文成县于民国三十五年(1946 年)十二月,从瑞安、青田、泰顺三县边区析置而成。青田与文成,这两个县不仅地缘接壤,其侨乡文化也多有渊源。

"八山一水一分田"或"七山一水二分田",是人们对温州地理环境的通俗表述。温州山水俱佳,气候宜人,适合人居住,但耕地十分有限。温州的土地总面积是 11784 平方公里,人口总数是 755.8 万人。也就是说温州的土地面积占全国的 1.1‰,人口约占全国的 6‰,人均土地面积只约二亩左右,远远低于全国人均(12 亩左右)水平。这个数字还不能说明问题。温州是"七山一水二分田",而这里的二分田还是个约数,实际耕地面积仅是全市土地面积的百分之十几,也就人均 0.33 亩左右。再好的气候,再肥沃的土地,再勤劳的人,能产出多少东西来? 在农耕文化时代,这样的自然和地理环境是不利的。如永嘉县七都镇,历史上旱水灾害频繁,十年九年荒,甚至数年田地颗粒无收,昔日有民谣:"女儿勿嫁七都郎,晴天无水吃,下雨路难行。"瑞安市的丽岙过去也是食不能果腹、衣不能蔽体的地方。总之,温州农村一直比较贫穷,不像浙北的杭嘉湖平原那样是鱼米之乡。为了生存,历史上温州人就有到外面闯的传统。古徽州旧时有一首民谣:"前世不修,生在徽州;十三四岁,往外一丢。"温州亦是如此。"丢"到外面干什么呢? 学手艺和经商。这是温州人外出谋生的两种方式。前者不仅造就了名噪一时的"弹棉郎",也使温州获得"百工之乡"的美誉;后者既培育了温州的商业文化,又使温州成为著名的侨乡。

在中国传统社会,人们安土重迁。但温州不然。以永嘉县为例,旧时,十来岁的男孩,大多跟随父兄到江西、湖南一带弹棉"赚饭吃"。故此,当地民谣唱道:"永嘉弹棉郎,挑担走四方。"弹棉而称之为"郎",自然有年轻的意思,它是特定年代一批温州年轻人的谋生方式。旧时,当"弹棉郎"是地少人多的永嘉农民最简单的就业门路。在永嘉县桥头镇,人均耕田 0.25 亩,如果只从事农业,全镇 8000 名劳力就会有 70% 的剩余。又如文成县著名侨乡玉壶镇,以前也是穷出名的地方。当地侨联副主席、秘书长余先生说,过去玉壶"号称'五十都'穴,爬底爬不出,[1] 人多地少,没有田可种。"人多地少,农村又容纳不下那么多的劳动力。

---

① 这是一句温州土话,意思是说:进得去,却出不来,像个洞穴。转引自王春光:《移民的行动抉择与网络依赖——对温州侨乡现象的社会学透视》,《华侨华人历史研究》2002 年第 3 期。

加上温州人又有外出务工经商的传统,于是温州人就开始到全国跑。他们不但跑全国,也跑到国外,于是一些乡镇就有了海外关系。到了改革开放后,这样的海外关系限定了这些地方外出谋生和赚钱的路径和行动范围。

除了地少人多这一因素,侨乡的形成还与地理环境和人们的生产方式有关。永嘉县的七都镇、桥头镇,瑞安市的丽岙镇、塘下镇,分布在瓯江沿岸。瓯江是温州地区最大的江河,也是浙江省第二大重要河流。瓯江发源于浙江省庆元、龙泉两县市交界处,流经丽水市,从温州市流入东海。从温州坐船,通过瓯江,可以直达上海、宁波等城市。"靠水吃水",瓯江沿江的居民,依靠瓯江,从事经济活动,如捕鱼、航海。遇到天灾人祸或出国机会,他们也是通过瓯江辗转到海外的。据七都镇镇志(未印稿)记载:"1937 年抗日战争和灾害并迫,村民们无可靠的收入难以维持生活,故背井离乡,陆续漂洋过海出外谋生。最先跟洋人到香港做厨师、航海撑船作业。"早期,温州人出国是乘船,因而形象地称之为"漂洋过海"。他们一般是先在温州坐船到上海,再在上海坐外国轮船进入法国或意大利。也就是说,瓯江不仅养育了沿江居民,还为他们出国提供了交通上的便利。

综上所述表明,温州的几个主要侨乡,最初的形成都有其地理环境因素。

三、历史时期的人物、事件与传说

侨乡是一种很有意思的社会现象,侨乡文化必然会引起社会学、文化学、历史地理学和民俗学的关注和思考。比如一个令学界困惑的问题:为什么一些地方会成为侨乡,其他地方就不能呢?

已有的相关研究曾对上述问题做过探讨,由于其理论方法范式和分析角度各不相同,结论也不尽一致。[①]

从方法论的角度,可以尝试运用历史地理学的方法对上述问题作进一步的研究。这样,在侨乡研究的学术道路上,有可能峰回路转,柳暗花明。

我们知道,历史地理学以历史时期的地理环境为其研究对象。这里所谓历史时期的地理环境,是限于在人类活动影响下的地理环境。作为历史地理学的分支学科,历史人文地理尤其关注研究历史时期人文地理环境的变化及其规律。人是改造自然的主导者,是各种人文地理现象和环境的创造者。农村、城市、田园、矿区、道路等各种各样的活动场所,都是人类长期活动的产物。与此同时,创

---

① 如李明欢、王春光的相关研究。

造了不同地区和不同民族的文化,形成了各自不同的生产力和生产关系。侨乡形成,也遵循这一规律。

是的,在中国,地少人多的地方很多,成为侨乡的很少;在东南沿海地区,也不是所有地方都是侨乡。即便在温州市,其下辖的三区、二市、六县,成为侨乡的也是少数。

温州有 30 多万华侨华人,分布在世界许多国家和地区,因此,温州也成为中国东南沿海地区著名侨乡之一。但是,侨乡在温州市却相对地集中在几个乡镇和温州市区,其中永嘉县的桥头镇、七都镇和瓯北镇,瑞安市的丽岙镇、仙岩镇,瓯海区的腾桥镇,文成县的玉壶镇等是著名的侨乡,其他乡镇在海外的人寥寥无几,甚至没有一个人。

如何解释这种现象呢?

用历史地理学的观点分析,这一切都与历史时期的地理环境有关,更与历史时期的人物、事件甚至传说有关。换言之,地理环境只是侨乡形成的原因之一,历史时期的人和事,是我们考察侨乡形成与演变的更为重要的原因。那么,在温州的历史上,有过什么样的地理变化、什么样的人和事与侨乡的形成有关呢?

首先是地方出产、民间学手艺和经商传统。

温州地方出产,名声在外的不多。从民间工艺角度看,青田石可以算一宗。青田石产于青田县。如果说温州是"八山一水一分田",那么这个曾经隶属于温州的青田县,则是"九山半水半分田"。此地属括苍山余脉和洞宫山脉,地形复杂,切割强烈,千嶂万壑,山地占 89%,水面占 5%,平原仅占 6%。青田青田,严重缺田。似乎是为了弥补这种不公,大自然馈赠给青田人一种精美的石头——青田石。相传远古时代,一块女娲用来补天剩下的五彩遗石,因自愧派不上用场,于是向女娲请缨到下界,后来五彩遗石下凡的地方就是青田县,这块五彩遗石也因此被称为青田石。青田石,我国传统的四大印章石之一,在中国与巴林石、寿山石和鸡血石并称为中国"四大名石"。1500 多年前,青田人开始认识它,利用它。从此,青田石雕从无到有,从衰到盛,从国内到海外,从单一工艺到艺术精品,似一条艺术长河,闪耀着一代代艺人们的智慧之光,从古奔流到今。开采和利用青田石,可视为 1500 年前青田这块土地上的一件大事。它对青田县的环境改变或许是微不足道的,但它改变了相当一部分青田人的生产、生活方式,并为日后侨乡的形成作了必不可少的铺垫。

如前所述,由于地理环境所致,学手艺和经商,这是温州人外出谋生的两种方式。石雕手艺,就是当年温州人赖以谋生的一种。由于青田石雕历史悠久,许多青田人靠这门手艺赚钱过日子。早在 19 世纪 80 年代,青田石雕已经走出国门,参与世界市场。青田侨志(未印稿)记载"嘉庆七年(1802)本县山口陈半山人刘国云携石雕东渡日本销售","光绪十年(1855)方山邵山村杨灿训携石刻经莫斯科去墨西哥贩销","光绪二十五年(1899)青田旅法华侨获准在'巴黎赛会'上出售青田石雕",等等。这些记载说明这样两点:青田人以石雕为谋生手段由来已久;青田人携石雕赴欧洲经商和移民历史起始于 19 世纪。[①]

青田石印章

其次,是第一次世界大战与青田人应招赴欧洲当战争劳工。

1914 年 8 月至 1918 年 11 月第一次世界大战(以下简称一战),是一场主要发生在欧洲但波及全世界的世界大战,当时世界上大多数国家都卷入了这场战争,1917 年 8 月 2 日,中华民国政府国务会议正式决议对德宣战。

正是一战,正是中国参加了协约国并对同盟国宣战,才有了青田招募劳工事件的出现。

1917 年,对于一般人而言,是个因为年代遥远而不太记得起的年份。但在历史上,这是一段可圈可点的岁月。这一年,俄国发生十月革命;这一年,一战战场的东线因俄国发生十月革命并退出战争而结束,德军立即集中于西线,意图在美军到达欧洲之前,于 1918 年夏季打败英法两国,以扭转局势。协约国的英国和法国在欧洲战场的初期遭受重创,人员损失相当严重,特别是 1916 年的凡尔

---

① 王春光:《巴黎的温州人》,江西人民出版社 2000 年版,第 41 页。

登战役和索姆河战役,使得英法等协约国人力资源紧张的局面进一步加剧。为挽回颓势,法国和英国相继将目光转向中国,投向那些"干活不知疲倦"的中国人身上,力图通过招募华工来解决其战争需求,要求北洋政府派劳工支援。当时,青田县奉命招募 2000 名劳工,赴欧洲战场劳务。在战争年代,这是很危险的事,但是对穷人来说,却是谋生之路。当时青田的年轻人纷纷报名应募,远远超出招募的人数。1917 年,他们义无反顾地远走他乡,到了欧洲前线,成为战时劳工。对于青田人来说,这是难忘的岁月。对于我们研究侨乡的起源、形成,这也是值得重视的历史时段。

青岛,中国劳工营准备前往法国,他们将在法国战线的后方从事工作

资料来源:互动百科网

1918 年 11 月 11 日,随着德国的投降,一战结束。12 月 27 日,法国总统召见中国劳工并宣布:凡参与此次战争的中国人,每人发给奖金,并由法国派人安全护送返国;愿意留住法国的,法国政府配赠房地,以供永久居住,如需就业就学,政府无条件协助辅导。

资料显示,一战期间,英法两国在中国直隶、山东、江苏、浙江等 8 个省招募华工 14 万多人(一说 20 万)。战后,绝大多数中国劳工回了国,而许多青田人则留在了巴黎。他们有的开餐馆,有的摆摊子卖杂货,有的开洗衣店,有的贩卖家乡的石雕。这些后来成为华侨的青田人,极少数与当地女子结婚,多数是回乡娶亲,或者把兄弟、亲友带到巴黎。总之,他们为侨乡的构筑奠定了坚实的基础。

再次,是关于某男孩一不小心去了欧洲就发了洋财的传说。

在巴黎的温州人流传着这样一个传说:20 世纪初,一个温州男孩(据说只有 12 岁),一次跟其父亲撑船运货到上海。在上海码头卸货时,这个男孩下船去玩耍,好奇地爬上了停靠在那儿的一艘法国货船。由于陶醉于玩耍而忘记了在开船之前下船,就这样被带到法国马赛,流浪街头。后来,男孩被一个好心的法国人收养,被带到巴黎,接受教育,后来成为有名的古董商。发迹后,他把国内的兄弟姐妹和其他亲戚带到了法国。

解读这个传说,至少有三个方面的含义:一是温州的地利。温州地处沿海,人们在所从事的航运活动中,比其他内地的中国人更有机会接触外国人,对国外的了解自然也多得多,这样也就有了通过出国改变自己的贫困生活的机会和选择。二是出国就发财。为贫穷所困的人们,为摆脱经济困难、寻找就业和赚钱机会,最好的选择是迁徙。20世纪,温州人出国发财的传闻已经不在少数,上述男孩一不小心去了欧洲就发了洋财的传说,不过更具传奇性而已。三是一个人出国发财之后,必然引起连锁的移民反应;而带亲戚出国又能提高自己的社会地位。一个人出国,对于其亲戚而言,就有了"海外关系"。对先期出国的人来说,带亲戚出国,有更多的亲戚在国外,对本人在家乡的地位也是有好处的。当然,这里也有许多道德义务在起作用,但是使自己家族的人富裕起来,使更多的亲戚富裕起来,不仅是道德义务,也是追求社会地位的需要。

在温州文成县,人们都知道,文成人出国是靠青田人带出去的。文成县与青田县接壤,老百姓都有亲戚、朋友关系,最早出国的是黄河村的胡恒国,1905年他是由其青田的舅舅带出去的。从此,文成人特别是玉壶镇人开始走上了到海外谋生和移民之路。在瑞安市丽岙镇,人们也是在青田人的带动下从20世纪20年代开始跑到海外谋生。丽岙镇侨联秘书长是这样介绍过去他们出国缘起的:"丽岙最早在1923年有人出国,他们是怎么知道去国外淘金的呢?事情是这样:青田人出去,比我们这里的人早,他们卖石头、石雕,他们在国外赚了钱回来,就不到青田了,因为青田条件比我们这里差,那里是山区,很苦,他们就跑到我们这里,建房子、买田地。我们这里的人就知道,出国能赚钱,然后打听到哪个国家比较好赚钱,于是就有人学着出国了。有的是跟青田人一同出去,有的是自己几个人合伙出去。"[①]

构成侨乡的因素,可能不仅仅是以上三点;但有了这三点,就支撑起侨乡的框架。

四、余　论

改革开放以来,温州经济社会发生了巨大的变化。以交通为例,90年代以

---

① 王春光:《移民的行动抉择与网络依赖——对温州侨乡现象的社会学透视》,《华侨华人历史研究》2002年第3期。

后有了铁路、航空,高速公路、动车也贯穿其中。"百岛之县"洞头因海堤的修建而成为直通汽车的半岛;填海造地,城市西进东扩,温州在悄然变大。原来以"岙"、"垟"、"桥"命名的道路名称已成为历史,新修的道路多与新的基础设施相关,如"民航路"、"车站大道"、"机场大道"、"大学城西路",等等。今天的温州,虽然存在贫富差别,但总体上看,温州人是比较富裕的。为什么富裕起来了的温州人还要争先恐后地出国? 为什么温州地区的非精英移民大多能如愿以偿? 这些问题,为我们预留了更为广阔的学术空间,但不在本文论述之列,故此暂不赘述。

说明:本文为温州文化研究课题《民俗学视野下的世界温州人研究》阶段性成果。

双屿港命运与东西方历史的分野

冯定雄

（浙江海洋学院人文学院）

明嘉靖年间，以葡萄牙人为代表的海商，在浙东沿海进行国际自由贸易，逐渐形成了当时东亚最大、最繁华的国际自由贸易港——双屿港。但是，双屿港在明政府的剿灭下，用木石"筑塞双屿港而还，番舶后至者不得入"，从此，明代真正意义上的自由贸易在东海海域结束了。在以往关于双屿港的研究中，学者们往往关注对双屿港具体位置的考证，[①]或者探讨它对海上经济贸易势力或体系的影响，[②]却几乎没有注意到，双屿港的命运事实上已经预示着中西方历史发展方向的分道扬镳。

双屿港的兴起是西方已经迈向近代大门，而中国专制主义中央集权却走向强化的时候，它是在明政府与葡萄牙政府对双方贸易不同理解的误会中产生的一种"畸形"。在对待这一"畸形"的政策方面，明政府与葡萄牙政府表现出了观念上完全相反的态度，这种观念上的分野实质上就是近代中西方历史发展方向的分野。双屿港的衰落是明政府一贯政策的必然结果，也是当时中国封建专制主义社会发展到顶峰的必然产物，它是当时中国社会发展的一个缩影，在反观同一时期的西方时，这一缩影在西方对照下显得更加明显和清晰。本文试就中西方对双屿港的不同观念和态度来揭示其命运背后隐藏着的中西方历史分野。

---

① 对双屿港具体位置的考证，主要论著包括：方豪的《葡人在浙江沿海之侵扰》（载方豪著：《中西交通史》，岳麓书社 1987 年版，第 469—474 页）、俞品久的《关于双屿港畔文物遗址的调查》（《舟山史志》1997 年第 1 期）、舟山市文物管理办公室的《从六横文物探讨双屿港遗址问题》（1999 年"迎澳门回归与双屿港研讨会"上发表）、王建富的《明双屿港地望说》（《中国地名》2000 年第 4 期）、施存龙的《葡人私据浙东沿海 Liampo——双屿港古今地望考实》（《中国边疆史地研究》2001 年第 2 期）、王慕民的《明代双屿国际贸易港港址研究》（《宁波大学学报（人文科学版）》2009 年第 5 期）、方普儿·翁圣虑的《双屿港古今地望考证》（《浙江社会科学》2010 年第 6 期）等。

② 对于双屿港命运与海上经济贸易势力或体系的研究，主要论著包括：杨翰球的《十五至十七世纪中叶中西航海贸易势力的兴衰》（《历史研究》1982 年第 5 期）、廖大珂的《朱纨事件与东亚海上贸易体系的形成》（《文史哲》2009 年第 2 期）、王慕民的《双屿国际贸易的规模及其对江南商品经济的积极影响》、《双屿之役与明政府海洋政策评价》（两文均载张伟主编：《浙江海洋文化与经济》（第 3 辑），海洋出版社 2009 年版，第 275—286 页；第 287—300 页）。

一、双屿港：背景与兴起

中国文明发源于大陆内地，但到隋唐时代，以长安为中心的"天下国"的政治文化结构已经包括东洋和南洋的边缘地区了。从宋代以来，由于北方被辽、金的阻挠而切断了陆上国际贸易线，进一步转向南方海洋发展。一方面是东南沿海商人自发努力向南洋扩展，另一方面是阿拉伯商人大量东来。当时中央权势较弱而财政拮据，对海上贸易尤为注意，"市舶之利"成为国库的重要收入。到了元代，中国人对海外世界的认识有很大的提高，在对外贸易方面采取了比历代汉族王朝更开放的政策。各方面的发展迹象表明，从宋以来，中国大陆发展的取向已出现向海洋方向转换的趋向。东南沿海的经济开发已在突破传统的水利农业社会的格局，甚至引起社会风气的变化。例如，上流社会喜好用舶来品；显贵人家使用黑人仆役；中外人等杂居通婚；甚至外商与中国官吏家庭通婚；大量华人移居海外，等等，都是中国商业资本主义萌芽和开放性发展的明显迹象。这说明了，早在西欧越出中世纪的地中海历史舞台转向大洋历史舞台之前，中国已率先越出东亚大陆历史舞台，控制了东中国海（南宋）和南中国海（元代）。这一符合世界历史潮流的新趋势，只要听其自然地发展下去，中国在西方海舶东来之前拥有南中国海和印度洋上的海权，形成稳定的海外贸易区，看来是不成问题的。①

但是遗憾的是，宋元时期开创的海外大好局面却在明代被彻底葬送。海禁政策是明朝的一贯政策，早在明朝建立不久的1369年，明太祖朱元璋就在任命蔡哲为福建参政的敕谕中称："福建地濒大海，民物庶富，番舶往来，私交者众。"②从所谓"私交"二字中可以看出，太祖对"番舶往来"甚为不满。洪武三年（1370），明政府"罢太仓黄渡市舶司"③，洪武四年（1371）十二月，太祖下令"仍禁濒海民不得私出海"④。并且把海禁政策定为"祖训"，任何人不得违背。在此之后，海禁令不断地被明政府加以重申、强调和实施，洪武七年（1374），明政府下令撤销自唐朝以来就存在的，负责海外贸易的福建泉州、浙江明州、广东广州三市舶司，中国对外贸易遂告断绝。如洪武十四年（1381）十月朱元璋"以倭寇仍不稍

---

① 罗荣渠：《15世纪中西航海发展取向的对比与思索》，《历史研究》1992年第1期。
② 《明太祖实录》卷41。
③ 《明太祖实录》卷49。
④ 《明太祖实录》卷70。

敛足迹",又下令"禁濒海民私通海外诸国"①。自此,连与明朝素好的东南亚各国也不能来华进行贸易和文化交流了。洪武二十三年(1390),朱元璋再次发布"禁外藩交通令"。洪武二十七年(1394),为彻底取缔海外贸易,又一律禁止民间使用及买卖舶来的番香、番货等。"禁民间用番香番货。先是,上以海外诸夷多诈,绝其往来……而缘海之人,往往私下诸番,贸易番货,因诱蛮夷为盗。命礼部严禁绝之,敢有私下诸番互市者,必置之重法。凡番香番货,皆不许贩鬻,其见有者,限以三月销尽。民间祷祀,止用松柏枫桃诸香,违者罪之。其两广所产香木,听土人自用,亦不许越岭货卖。盖虑其杂市番香,故并及之。"②洪武三十年(1397),再次发布命令,禁止中国人下海通番。

在明朝严格的海禁政策下,必不可少的贸易只有通过朝贡贸易进行,即外国的商人随贡使来到中国,由市舶司将其货物以"贡品"名义"朝贡"给朝廷,中国方面则把商品回赐给这些"仰慕天朝威仪"的外国人,贸易的规模、利润、效率统统不计。在这种贸易制度下,只有与中国建立朝贡关系的国家,明朝才允许来华贸易,这种贸易体制虽然在历代都存在,但只有到了明代才发展到了鼎盛时期。这种贸易体制的基本原则和政策是"厚往薄来",太祖明令:"其朝贡无论疏数,厚往而薄来可也。"③民间商人无论是否愿意交税,是否服从政府的管理,私下与外国人的贸易都是通通被禁止的。

海禁政策和朝贡贸易毕竟是一种完全违背经济规律的措施,因此,明朝政府在实施的过程,很难杜绝私下违反海禁政策的行为。一方面,沿海居民依海而生,靠海而活,或从事渔业生产,或从事海上贸易,明政府的海禁政策势必断绝了沿海居民的正常谋生之路,因此他们为了谋生,必定只有违反政府规定,哪怕就是铤而走险也在所不惜。诚如顾炎武曾指出:"海滨民众,生理无路,兼以饥馑荐臻,穷民往往入海从盗,啸集亡命。""海禁一严,无所得食,则转掠海滨。"④实在没有办法,沿海居民就只有逃亡海外。"国初……两广、漳州等郡不逞之徒,逃海为生者万计。"⑤另一方面,由于海外贸易高额利润的诱惑,私人出海贸易一直在顽强地进行。事实上,从明初这种私人海外贸易就一直存在,到成化、弘治时更为常见,到正德、嘉靖年间,私人海外贸易更出现了不可阻遏之势,作为当时亚洲

① 《明太祖实录》卷139。
② 《明太祖实录》卷231。
③ 《明太祖实录》卷71。
④ 顾炎武:《天下郡国利病书》,第26册。
⑤ 张煊:《西园见闻录》卷56《防倭》。

最大最繁华的海上国际自由贸易港口，被史学家誉为"16 世纪的上海"的双屿港正是在这种背景之下兴起的。双屿港最早是以李光头、许栋兄弟为首的中国海商开辟的，这里临近中国经济最发达的地区，加之浙东内陆水运发达，因此从经济地理角度的看，它具有重要的意义。这里的走私贸易很快与日本、葡萄牙的贸易联系在一起，从而成为中国乃至整个亚洲最大的贸易港口。

二、葡萄牙人的东来：在合法与非法之间

15、16 世纪是西欧社会（也是人类社会）的重大转型时期。资本主义在西欧萌芽并迅速发展，特别是随着地理大发现以后，西欧人走向海外，开始殖民征服，欧洲贸易开始走出狭小的地中海而向全球扩张，资本主义生产方式迅速地渗透到世界各地，从而开辟了人类历史的新纪元。伴随地理大发现的是文艺复兴和宗教改革运动，前者所体现出的人文主义精神是一种为创造现世的幸福而奋斗的精神，而地理大发现正是这种精神的外在体现，后者所体现出的新教伦理正是资产阶级奔走世界的强大精神动力。[1]

就葡萄牙而言，它之所以能走在西欧海外探险的最前面，主要有以下原因：第一，葡萄牙位于"陆地到此结束，大海由此开始"的大西洋沿岸，有着漫长的海岸线，并处在地中海进出大西洋的要道口上，具备发展航海事业的优越条件。1415 年，作为海上扩张的开始，葡萄牙攻占了非洲北端的休达城，从而开始了一系列的对海洋进行探索的活动，特别是在先后攫取马德拉群岛、亚速尔群岛和佛得角群岛这些在地理位置上有极大战略价值的群岛后，更有利于葡萄牙的海外探索。第二，葡萄牙掌握了先进的航海技术，特别是"航海家亨利王子"对葡萄牙的航海事业做出了非凡的贡献。他以毕生的精力组织和领导殖民航海事业，是近代地理大发现和葡萄牙殖民帝国的最早奠基人。他首次制定了明确的殖民扩张政策，部署了一系列的探险活动，使航海和地理发现成为一门艺术和科学，他还创办航海学校，招聘优秀的数学家、地图学家和航海家，培养和造就一大批有经验的航海家和探险家。正是在他的领导下，水手及造船技术的传统经验得以与理论知识相结合，从而改进了葡萄牙船舶的航海性能。[2] 第三，葡萄牙人的宗教热情特别强烈。[3] 由于葡萄牙在收复失地运动的成功，使他们形成了强烈的

---

① 马克斯·韦伯：《新教伦理与资本主义精神》，于晓、陈维纲等译，北京三联书店 1987 年版。

② 侍晓莎：《亨利王子与葡萄牙的早期探险》，《学理论》2009 年第 16 期。

③ 吴于廑、齐世荣主编：《世界史·近代史编》上卷，高等教育出版社 2001 年版，第 7 页。

民族意识和宗教热情,使他们弘扬基督教的信念更加强烈而坚定,而亨利王子本人又是葡萄牙基督教骑士团的首领,因此他更具有双重任务:既要同异教徒战斗,又要用基督教去拯救异教徒的灵魂,[①]这种信念是推动葡萄牙人积极寻求海外探索的强大精神动力。

更重要的是,葡萄牙的海外探险活动不仅得到了当局的支持,更是当时的葡萄牙社会各阶层共同的愿望和强烈的要求。葡萄牙在 12 世纪已经获得独立,到14 世纪已经建立起欧洲最早的中央集权制封建国家,从而为运用国家权力进行海外探险奠定了基础。就当时的葡萄牙社会各阶层来说,无论是国王、教会、贵族还是平民,海外扩张无一例外地意味着新的出路和新的财源,并意味着对宿敌穆斯林圣战的延续。对国王来说,扩张意味着基督教的广泛传播和基督教世界的扩大;对贵族而言,可以占领土地,获得封地和财富;对于平民,则为他们提供了摆脱现实贫困和争取新财富的机会。对此,葡萄牙著名历史学家雅依梅·科尔特桑(J. Cortesao)在对当时的葡萄牙社会加以深入分析后,认为:"总而言之,葡萄牙社会可以说有以下三种心理状态:第一种是新贵族(是从摩尔人中产生出来的)的,他们有一种依据本阶级的精神巩固和扩大自己的领土并赋予它新形式的雄心;第二种是一个能放眼世界的资产阶级的,这个阶级希望建立一个有自己阶级烙印的新型国家,即雄心勃勃地想把他们的商业活动扩大到更新更远的市场;第三种是手工业的,他们期望生产具有更加广泛、获利更高和更加自由的形式。"[②]正是在这种背景之下,由葡萄牙政府组织的航海活动大规模地展开了,而且持续达 500 年之久。

最早到达中国的葡萄牙人是若热·阿尔瓦雷斯(Jorge Alvares),他于正德八年(1513 年)在中国商人的指引下到达广东珠江口的屯门,但依据明朝法律,外国商人不得在中国登陆,只能在中国海岸做短期停留,进行贸易后即离去。1514 年,葡萄牙派遣托梅·皮雷斯(Tome Pires)作为使臣前往中国。[③] 皮雷斯的使命是见到中国的皇帝,要求与中国建立通商贸易关系。正德十二年(1517),葡使到达广东屯门。葡使东来,其目的是要与中国建立通商贸易关系,但在明政府看来,这是朝贡国的到来,但在《大明会典》中没有此国,而且葡萄牙使团又没有明政府颁发的文书勘合,因此当时地方官员都不知道如何处置才好,最后礼部

---

① 潘树林:《论亨利王子航海的原因及其历史地位》,《西南民族学院学报(哲学社会科学版)》1998年增刊第 5 期。

② 万明:《中葡早期关系史》,社会科学文献出版社 2001 年版,第 13 页。

③ 万明:《中葡早期关系史》,第 25 页。

给出的处理意见是："令谕还国,其方物给与之。"①最后,葡使一行"发回广东,逐之出境。"②就这样,中葡之间的第一次官方交往就在中国明政府的无知与夜郎自大中夭折了。

最早来华的葡萄牙使臣的主要任务是外交使命,打算与中国建立平等的通商贸易关系,但是,中葡的第一次官方交往还是以失败告终。之所以失败,原因很多,其中非常重要的一个原因是两国的文化背景迥异,观念和意图完全相反。在葡萄牙看来,使臣带上国王曼努埃尔一世的信函,带上外交礼物,正式派遣使团前往中国进行通商贸易谈判,从而使两国建立平等的贸易关系,这是再正常不过的对外事务了,应该没有任何法律问题,完全是合法行为,就算明政府不答应,但也绝不会产生矛盾。这种交往,于情于理于法,都不会有任何问题。但另一方面,在明政府看来,凡是与中国发生关系的国家,必定是前来朝贡的朝贡国,而在明朝的朝贡国名单中,并没有葡萄牙这个国家,因此,它的到来对中国而言是非法的。其次,葡萄牙使臣不懂中国的礼仪习俗,他们按照西方的礼节行事,也给双方造成了不必要的误会。③ 因此,无论就明政府的对外政策而言,还是就葡使行为而言,葡萄牙人的东西都是非法的。在合法与非法之间的取舍,实际上已经包含了两国的命运和历史发展走向,只是当时的双方都并不知道罢了。

三、双屿港的"畸形"与东西方历史的分野

从前面对双屿港兴起的背景和过程中,我们可以清楚地看出,双屿港很明显与明朝的海外政策和对外关系政策不相符,一定程度上讲,它是明代社会产生的一个"畸形物",这种"畸形",主要体现在以下三个方面:

首先,它是违背明政府规定的非法贸易港口。明朝的海外贸易只有一种形式,那就是朝贡贸易,除朝贡贸易之外的任何贸易形式都是非法的,都是明政府明令禁止的。海禁政策是明朝的一贯政策,不管这一政策给沿海居民带来了多大的灾难,遭到沿海居民的被迫反抗(如劫掠)或者消极抵制(如逃亡),还是这一政策因为违背了客观经济规律而并不能阻止民间私人贸易的蓬勃发展,明政府都始终没有放弃这一政策(尽管有时候在实际执行过程中可能会有所松动)。在这种一贯国策下,大规模私人贸易港口的兴起,对明政府来说,很明显是非法的。

① 《明武宗实录》卷158,正德十三年正月壬寅。
② 《静虚斋惜阴录》卷12《杂论》三。
③ 最典型的例子就是葡使到广州湾后,按照西方的礼节鸣炮升旗致意,结果当地官员误认为是开炮寻衅。

其次,从葡萄牙方面来看,他们在双屿港的所作所为是有损中国主权的。据费尔南·门德斯·平托的《远游记》记载:"当时那里还有三千多人,其中一千二百为葡萄牙人,余为其他各国人。据知情者讲,葡萄牙的买卖超过三百万金,其中大部分为日银。日本是两年前发现的,凡是运到那里的货物都可以获得三四倍的钱。这村落中除了来来往往的船上人员外,有城防司令、王室大法官、法官、市政议员、死者及孤儿总管、度量衡及市场物价监察官、书记官、巡夜官、收税官及我们国中的各种各样的手艺人、四个公证官和六个法官。每个这样的职务需要花三千克鲁札多购买,有些价格更高。这里边三百人同葡萄牙妇女或混血女人结婚。有两所医院,一座仁慈堂。它们每年的费用高达三万克鲁札多。市政府的岁入为六千克鲁札多。一般通行的说法是,双屿比印度任何一个葡萄牙人的居留地都更加壮观富裕。在整个亚洲其规模也是最大的。当书记官们向满剌加提交申请书和公证官签署某些契约时都说'在此忠诚的伟城双屿,为我国王陛下服务'。"①也就是说,在1540至1541年间,双屿港有常住居民3000人,其中葡萄牙人1200人。葡萄牙人在此建有教堂、市政厅、医院和大量的私人住宅,同时还建有市政机构,包括城防司令、法官、议员、总管、监察官、书记官、巡夜官、收税官、公证官,等等。所有这些机构和官职,都没有经过明政府的允许,它们俨然就成为国中之国,这明显是对中国主权的损害,因此明政府绝对不可能允许它存在,其被灭剿的命运自然也不可避免。

第三,在双屿港兴起期间,这里最初的中国海商以许栋、李光头为首,1544年王直加入该集团,为其掌管船队。1548年,双屿港覆灭后,王直收编余众,成为江浙海商武装集团势力的首领。王直一心希望明政府能承认海外贸易的合法性,并凭借自己曾"平定海上"的功绩屡次请求政府松动海禁,使海外贸易合法化,结果他的请求不但没有得到政府的认可,反而遭到朝廷的袭击和围攻,王直突围后逃亡日本,后返回浙江,在沿海居民的支持之下,攻城略地,威震朝廷:"三十二年(1553)三月,汪(王)直勾诸倭大举入寇,连舰数百,蔽海而至。浙东、西,江南、北,滨海数千里,同时告警。破昌国卫。四月犯太仓,破上海县,掠江阴,攻乍浦。八月劫金山卫,犯崇明及常熟、嘉定。三十三年正月自太仓掠苏州,攻松江,复趋江北,薄通、泰。四月陷嘉善,破崇明,复薄苏州,入崇德县。六月由吴江掠嘉兴,还屯柘林。纵横来往,若入无人之境……明年正月,贼夺舟犯乍浦、海

---

① [葡]费尔南·门德斯·平托:《远游记》,金国平译,澳门:葡萄牙航海大发现事业纪念澳门委员会、澳门基金会、澳门文化署、东方葡萄牙学会,1999年版,第408页。

宁,陷崇德,转掠塘栖、新市、横塘、双林等处,攻德清县。五月复合新倭,突犯嘉兴,至王江泾,乃为经击斩千九百余级,余奔柏林。其他倭复掠苏州境,延及江阴、无锡,出入太湖。"①这样,在明政府看来,王直的行为无疑是对朝廷的反叛,对国家的危害,因此对它的剿灭也就理所当然、顺理成章了。

正因为这样,我们可以看出,双屿港是明朝特殊背景和环境下的一个畸形产物——至少从明朝政府的角度来看是这样。但极具讽刺意味的是,在代表世界走向新时代的西欧社会转型时期,与其说这是双屿港的畸形,还不如说是当时明代社会本身的畸形从而从它的角度把当时社会的正常看成了畸形;与其说是作为新事物代表的双屿港是一种畸形,还不如说是明政府对当时世界形势和潮流的一种畸形理解和应对。

然而,正是在双屿港这一"畸形产物"的背后,它所蕴含的却是中西历史的大分野。重农抑商政策在中国封建社会中一直根深蒂固,明朝不但延续了这一政策,而且把它推向了一个新的高度,其极端代表就是海禁政策。无论明政府推行这一政策是出于主观原因还是客观背景,②但毫无疑问的是,海禁政策都是明显与当时世界的历史潮流不相符的。

明朝积极地推行海禁政策,一方面对明朝的海防巩固有一定的作用,③但它毕竟是逆社会现实和规律的,海禁后,不但民间贸易被停止,官方的朝贡贸易也很惨淡(特别是郑和下西洋后)。这种海禁政策实质上是闭关主义的表现形式,它严重地阻碍中国工商业的发展,阻碍了中国与西方的商品、科学知识和生产技术的交流,妨碍了海外市场的扩展,抑制了中国原始资本的积累,更重要的是它最终导致了中国社会生产力发展的停滞和生产关系的腐朽,从而阻滞了中国社会的发展,使中国逐渐落后于世界潮流。

但是,当我们反观这时的葡萄牙,则完全是另外一番景象。15世纪末的葡萄牙完成了再征服运动,④并且在城市市民阶级、小生产者、贵族的支持之下,比欧洲其他国家较早地降伏了教权,使教权成为建立专制体制服务的工具,并在比较强大的专制权力的压力之下,较早地结束了大封建主的割据局面,从而开启了葡萄牙乃至欧洲政治的新局面。为了维护国家政权的自身利益,国王政权大力

----

① 《明史》卷322。
② 晁中辰:《明代海禁与海外贸易》,人民出版社2005年版,第32—39页。
③ 杨金森、范中义:《中国海防史》(上册),海洋出版社2005年版,第82页。
④ 再征服运动是指西班牙的基督教小王国对伊斯兰势力的驱逐战争,直到最后把伊斯兰势力赶出西班牙,过直布罗陀而终止。

发展造船业、海运业,积极支持海外贸易和扩张。正是这种积极政策,代表了历史发展的新走向,这种新走向与同一时期的中国政府的内向盲目正好截然相反,事实上,东西方历史的分野从这时候开始已经悄然展开。正如著名印度历史学家潘尼迦(K. M. Panikkar)在他的《亚洲和西方优势》中所说:"在亚洲历史的达·伽马时代(1498—1945),没有什么事件比葡萄牙在整个 16 世纪取得和维持的在印度洋和马六甲海峡以东的海域的主导性乃至垄断性的贸易地位更重要的了。"葡萄牙的东来,"把人类大家庭的几个主要分支连在了一起"。由此造成了整个世界历史发展方向的改变,产生了深远的影响。由中日私商和葡萄牙人共同建立的以双屿港为中心的海上贸易体系就是这个时代的必然产物,适应了时代发展的要求。然而,以明王朝为代表的旧势力,"在'小资本主义生产模式'彻底地改造社会关系与日常维生的合理性之际,仍然用尽一切力量维系'进贡制的生产模式'",而进步的贸易体制则要求反对落后的体制束缚,获得自由发展的空间,这势必造成新旧两种贸易体制之间激烈的对立和冲突。[1] 双屿港的被"筑填"正是这种"激烈的对立和冲突"的结果,它的最后命运也预示着近代中西方历史的最后分道扬镳。

在明朝的闭关政策和葡萄牙的海外"理想"之间,我们可以清晰地看到,从这时起,中西方历史开始了分野,这种分野不仅是体现在它们的政策上,更重要的是体现在这一时期双方的观念上,它们各自的政策和观念也分别代表了同一时期东西国家的政策和观念走向,这种分野最终导致了西方优势地位的形成。[2]蒋廷黻先生感叹地说道:"中西关系是特别的。在鸦片战争以前,我们不肯给外国平等待遇;在以后,他们不肯给我们平等待遇。"[3]中西之间的这种"特别关系"的发轫也许可以在这里能看到它的源头和萌芽。正是在这种意义上,我们是不是可以在一定程度上说,近代以来中国落后于世界从这时就已经开始了呢?

说明:本文系浙江海洋学院专项课题"浙江海洋历史文化遗产资源考察与研究"成果之一。

---

[1] 廖大珂:《朱纨事件与东亚海上贸易体系的形成》,《文史哲》2009 年第 2 期。

[2] 事实上,这一时期的西方在武器上(如火铳)也已经领先中国等亚洲国家了(参见[日]中岛乐章:《16 世纪 40 年代的双屿走私贸易与欧式火器》,载郭万平、张捷主编:《舟山普陀与东亚海域文化交流》,浙江大学出版社 2009 年版,第 34—43 页),这只是西方领先中国在器物方面的一个表现,但它所蕴含的意义和影响却是深远的。

[3] 蒋廷黻:《中国近代史》,岳麓书社 1987 年版,第 17 页。

张其昀在浙江大学前后的学术活动

韩光辉　　何文林

（北京大学城市与环境学院）

2011 年 12 月 10 日,陈桥驿先生将迎来九十华诞。陈桥驿先生长期在杭州大学从事历史地理学的研究与教学,取得了异常突出的学术成就,是我国当代著名的历史地理学家和"郦学"权威,在海内外学术界享有崇高声望。陈桥驿先生身体力行,带领学术团队迎来了浙江大学历史地理研究的第二个学术高峰,我们在此表示衷心祝贺。借此机会回顾和总结从老浙大到新浙大的不同时期史地之学的研究及其影响,显然具有深刻的学术意义。

张其昀,字晓峰,1901 年 11 月 9 日出生于浙江省鄞县(今宁波市)一个书香门第。1919 年,19 岁的张其昀考入国立南京高等师范学校人文史地部。

在南京高师,他师从著名史学家柳诒徵学习史料学、方志学与图谱学,对顾

张其昀

亭林、顾祖禹史地之学尤所用心,视顾祖禹《读史方舆纪要》为"中国地理学之一大归宿,数千年来所仅有";师从地理学大师竺可桢学习地理学;师从刘经庶学习哲学史。柳诒徵与二顾的渊博学识、谨严治学方法及经世致用学风,竺可桢的实事求是、献身科学的精神及刘经庶关于哲学与史学应互为表里、人类文化史应以思想史为核心的主张对张其昀学术思想的形成及日后的学术活动均产生了深远的影响。1921 年南京高师更名东南大学。1923 年,23 岁的张其昀以优异的成绩毕业于东南大学。大学期间即已发表数十篇论著,包括翻译发表的"历史地理学"(*The Geography of History*)一文,培养并形成了历史地理科研与写作的意识,成为第一位介绍西方历史地理学到中国的年轻学者。

20 世纪 20 年代初,张其昀还在南京高师求学时,即开始对西方历史地理学发生了浓厚兴趣。他第一个概要地翻译了法国著名学者布伦汗(今译为 J. 白吕纳)与克米尔(Vallaux Camille)合著《历史地理学》一书的主要内容,并发表在《史地学报》1923 年第 2 卷第 2 期上。其"译者按语"云:

> 本书乃法国地学名家布伦汗(Jean Brunhes)与克米尔(Camille Vallaux)二氏之所合著也。
>
> 历史地理学者(*The Geography of History*),明地理在历史上所占之位置;前世学者类能道之。此门之学,其功用有二:穷源以竟委,温古而知新,由系统之研究,寻因果之线索,此其一也;现代政治经济诸大问题,皆有地理的原因,欲解明之,不得不识已然之迹,所谓彰往而察来,又其二也。是则地理之书,至此方为有用之学。
>
> 大战以来,地理学之重要益显。盖凡国际间之重大问题,畢欲得一正确之概念,莫不有赖于地理知识与地学原理为之根据。当今谈军事地理政治地理者,其引人入胜之力,远非十年前所可同日而语。布伦、克米尔二氏之书,其亦应时而作欤。
>
> 予愧未读原书,仅取美国哥伦比亚大学地文学教授蒋苏博士(Dr. Douglas Johnson)所摘述者,移译其概。蒋苏之言曰,以历史地理学范围之广内容之富,是书当然不能完备,予亦愿本篇阅者,勿过存奢望。闻是书说理举例,津津乎有味,又插图极佳,学者能进读原本,则幸矣。

在这里张其昀首先指明《历史地理学》是法国地理学家布伦汗(今译为 J. 白吕纳)与克米尔(Camille Vallaux)所合著,从而第一次将西方近代历史地理学这一学科名称及其主要研究内容介绍到中国来。张其昀对近代历史地理学的深刻认识及对新兴历史地理学学科特点与功能作了高度评价,概括起来主要有以下几点:一、历史地理学是穷原竟委、探索规律的学问;二、历史地理学是彰往察来、预测未来的科学;三、历史地理学使地理学成为经世致用的有用学问;四、大战以来,地理学包括历史地理学的重要作用日益凸显;五、介绍了该书的来历及其主要内容和特点。他的这些总结与认识,显然已超越当时的一般认识水平,符合现代历史地理学的理论认识和操作规范。这也为后来他所长期从事的地理教学与地理科研极其重视历史地理问题的研究奠定了坚实的思想理论基础。

以下为张其昀翻译的《历史地理学》纲要全文:

全书之纲要

如以古今都邑之建置,沟渠道路之开辟,与一切人功之营造,俱属于地理之范围也,则历史固为人类所演成,地理亦有为人类所构成者。由是言之,史事可易为地名,如长城运河是;地形亦可成为史绩,如鸿沟、赤壁是。(原书举法国某山为例,兹易之)

(一)人类为地理主要之原动力

作者以为地球上十六兆之人口,营营不休,绳绳不绝,其改变地貌之能力,较之河流火山冰河等之自然力,远为重要。人类应付环境之能力,显而易见;如筑闸堰水,引渠溉田,垦殖开矿,制造器物以及房屋道路之建筑;唯人类能有此活动;而其活动之总积,大至无垠。是故不特史学家或人种学家以人类为研究之中心,即地学家亦视人类为地理最重要之原动力焉。

研究历史地理学,当自古代发端。唯草昧之世,人力甚微,文化之萌芽,多受地理之惠;愈至后代,人类控制环境之能力愈增。学者考索太古开化之区,不可不注意其气候与动植物之特征焉。

自"有史以前"(prehistory)以迄于今,史事日繁,并有待分析之解释之。顾地学家解释人文之反应,亦宜时时戒慎。如因田制不同,其农产之悬绝或反较诸土性异者为甚。故社会制度不可忽略,此其一也。第二当重普遍的观察,不可以执偏概全。设旅行异国者,偶逢一礼让君子,便盛称其民风之敦厚,误之甚矣。复次,一地方之经济地理往往随新方法而转移,如美国西部"燥种法"(dry farming)发达之后,其收获之丰,无异于加倍雨量也。又如疆界问题,完全属于心理现象。凡此数端首宜留意。

作者更进而述历史上之"地理的观点"凡三:(1)农产之分布与农业之进步;(2)人口之分布与迁移之原因;(3)国家之分布与发达(政治地理)。要之社会史非仅仅经济史与政治史所能解释,地理的原因关系特重焉。

(二)人口问题

世界人口之分布至不平均。在过去一世纪中,世界人口增加百分之五十;欧人繁殖最盛,印度、中国次之,非洲热带之居民反有衰减之势。且世上常有天产丰盈气候良好之地,其人口密度反不逮硗瘠之土者。故地理状况(狭义的)尚不足为人口分布之唯一原因也。

人口稠密之地,又可分为二类,一曰被动的集中(passive concentration),一曰自动的集中(active concentration)。前者例如印度,印度沃土,不劳力而衣食完具,故为生民之所萃;惟物产过丰,人力不尽,向外之移民无闻;印度洋者非印度人之洋也,特阿拉伯、葡萄牙、荷兰、法英诸国先后飞跃之地耳。自动的集中,例如欧洲北美,其自然环境不必良好,生存竞争甚烈,故不得不抖擞精神,扩充势力,奖励生殖,合群经营;其由沿海之渔业发达而为大洋之航业,未始不由于原料不给之故焉。

次则水道与煤矿与人口密度亦大有影响。沟渠深井皆足以吸引居民。19世纪英法诸国煤业日盛,矿厂林立,此亦自动的集中也。

历史上白人之集中,有二种显著之现象。其一乡野之人,麇聚城市,英美德法诸国几于殊途同归。其二为大都会之渐次北移。古代名都如底比斯(Thebes)、孟斐斯(Memphis)皆在埃及,巴比伦(Babylon)、尼尼微(Nineveh)皆位于北纬二十五度与三十度之间,中世都会雅典罗马,迦太基(Carthage),如比散汀(Byzantium,东罗马都城今之君堡),加陀华(Cordova),托利陀(Toledo,在西班牙)则在北纬三十三度四十三度间;现代列强之京都如巴黎,伦敦,柏林,维也纳,彼得格勒(Petrograd,俄京),斯德哥尔摩(Stockholm)乃无一不在北纬四十八度与六十度间矣。

人口之迁移,非纯粹地理所能解释,其因政局之扰攘而播越尤为常见,此外社会经济之不安亦有关系。惟中亚人种之逐队西迁,颇费解索,或谓中亚一带日趋干燥(喀罗巴金,Kropotkin主张之),或谓由于干期湿期之更迭(恒丁登,Huntington主张之),然尚不能定也。

迁移之路径必择阻碍最少而最易得食物之处,故或顺流而下,或沿海而浮;沙漠游牧之民则逐水草而迁徙。往者森林薮泽,崇山大海,皆足为旅行之障;今则环海交通,形势又异于昔矣。

(三)政治地理

政治地理之根本问题有三:一曰国土,二曰国道与国界,三曰国都。

国家之成立,其首要之条件为疆域,次则人口密度不能过稀;又政治组织起于集合的保安,故必有外族。例如北极之哀斯启瘼(Eskimo)人,无固定之土宇,无适度之人口,无继绩之敌患,即不能成为国家。

国家成立之后,其盛衰隆替亦至无定,或易姓嬗代,或群雄割据,于此之中可以推求地理状况之影响焉。历史地图者不过代表大变后暂时之情势,其实人类政治社会之生活无时不在竞争蜕变中也。旷观史势,大率由分而之合,是"为混合统一之公例"(law of increasing agglutination)。(但非若德国学者 Ratzel 辈所信为普遍必然之公例也。)

国家欲谋内部之统一,必利其交通;欲防外族之侵入,必固其边圉。承平之时交通路线为运输之孔道,收经济的利益,而思想之沟通实亦利赖之。一旦国家有事,铁路为行军之命脉,其政治的功用乃大显焉。

以国界为一界限者谬见也;国界实为一段地带,为两国压迫力与对抗力之紧张处。若紧张之度消退,即成为死疆界(dead frontiers),如近三百年来西班牙法兰西之国界比里牛斯山(Pyrenees)是也。研究欧洲之疆界史可分四期:最初边徼之外虚无人居,所谓瓯脱是也;其后野蛮人渐渐进逼,文明之国筑城堡以御之,至第三期则边塞内外异种错居,最后邻国政治组织完成,始划定疆界。

京师为一国首善之区,又可分为自然的人造的二种。自然的京都例如法京巴黎,位置良好,故为千载之旧都。俄国圣彼得堡(即彼得格勒Petrograd)乃一人为的京都,盖其地原非都会,因形势优胜而新造者,但地位实不相宜。(Lenin 列宁已弃此人为的京都而就自然的京都墨斯哥)。世界京都半皆临海,即在内陆者,亦具居中驭外之势。

将来之政治地理以交通为机枢。交通发达之后,以经济言,则一国不能独存,以社会言,则文化日趋共通。由此推之,现在分散之国家,将来当互相结合,成为"合作的联邦"(cooperation federation)。但此与过去列强之同盟(alliance)完全不同。过去之同盟,其目的在保持势力之平衡,大国失信,盟约遂解。将来之联邦,则起于地理状况之驱迫,意在分配原料制造品,使各得其所,故其合作关系更为密切。

国际联盟不可能之事也。谁实坏之,曰政治地理之大势力坏之。政治地理之情形时常变迁,而国际联盟之大目的,则欲维持已成的局面而不败,是何能济。将来之世界,非为普遍的永久的国际联盟,而为活动的成群的合作的联邦。

——《史地学报》,南京,民国 12 年第 2 卷第 2 期,第 3—7 页毕业后,张其昀遂应聘赴上海商务印书馆,编辑中学地理教科书《本国地理》二册。他从搜集第一手资料入手,将全国划分为 23 个"自然区域",是有关中国地理区划的新观念。此间,他博览群书,学问大有长进。

1923 年 11 月发表在《史地学报》第 2 卷第 7 期上的《地理学之新精神》,则强调了地理学"推求人地之故"的实地研究、解释、批评及致用四种工作方法或称治学精神。他认为,"地理学始于观察,而以'解释'为要义,此新地学之所以别于从前'叙述的地学'也";并以白吕纳的话提醒人文地理学家,"若于史学、经济学、哲学,无深切之修养,殆卑卑不足道也"。其原因在于不能完成解释之精神。

至于批评之精神,他当时认为:"近三十年来,史学精神灌入各种社会科学,阐其疏通知远之教,影响至宏,结果至佳。史学精神者,处处追究事物制度与观念等蜕化之迹者也。"并指出了当时"历史之'地理化'尤为著明"的事实。关于致用之精神,张其昀则更明确地指出,"人文地理学者,最宜旁贯史乘,周知四国之为;凡国际间重大问题,一一探其背景,推其因果……"的历史地理学思想和工作方法。总之,早在 20 世纪 20 年代,张其昀已拥有较为成熟的历史地理学思想及历史地理工作的思路与方法。

1927 年,原东南大学经合并改组,成立国立中央大学。张其昀应聘任地理学系教授,回母校执教至 1936 年夏。除教课自修,与柳诒徵、胡焕庸等师友切磋研讨,学术功力日渐成熟。这一时期他先后于 1929 年秋考察了浙江天台山、雁荡山、天目山、雪窦山等名胜;于 1931 年暑假旅行考察了东北东至安东(丹东)凤凰城、北至长春、吉林的广大地区,历时 50 余日;于 1935 年秋至 1936 年夏,旅行考察了西北各省区,足迹所至,遍及陕西、甘肃、青海东部及内蒙古中部,历时将近一年,获得大量有关自然和人文地理的第一手资料和知识。这一时期,他还先后完成了《中国民族志》、《中国经济地理》、《浙江省史地纪要》、《战后新世界》及《人生地理学》等专著和译作,推动了当时地理学术研究的进展。

尤其值得称道的是,他在考察中所写论文,不仅洋溢着他本人高昂的爱国热情,而且还希望借此唤起民族的觉醒:"所谓尺寸土地不能让人者,岂仅以山川天然之美丽,地下丰厚之宝藏?尤其为我祖宗手足之所胼胝,心血之所流注也。中国任何地方均含有整个民族艰难奋斗之历史。名胜古迹,处处皆是民族之纪念碑,国民过此,岂有不动可歌可泣之情绪也哉!"[①]

---

① 贺忠儒:《张晓峰先生对中国地理学之贡献》,《张其昀博士的生活与思想》,华冈学会编印 1982 年版。

30 年代初,张其昀在《研究中国地理的新途径》^①一文中即明确指出:"大凡研究一种学问,最重要的就是高瞻远瞩的眼光,要知道它过去的历史,现在的情形,和将来发展的方向。"从而提出了研究地理问题要探索和了解地理事物演变发展全过程的新思路和新途径。

尤其值得注意的是,张其昀在《变易的环境》^②一文中提出的环境变易思想。他认为:"地理学的材料便是环境,包括无机的和有机的;地理学的根本思想是什么? 便是变易。我们要想去利用环境和改造环境,首先要明白环境变易的种种道理。"继则以季节物候与沧海桑田及人事变迁的事实阐释了自己的思想与观点,为他在 50 年代中将环境变迁研究作为历史地理学研究的六大领域之一奠定了认识论基础。

1936 年初,竺可桢继郭任远后任浙江大学校长,创办了史地学系,延张其昀任系主任;后增设史地研究所,张其昀兼所长。这一时期张其昀在协助竺可桢办学、尤其在献身地理人才的培养和地理学术研究方面作出了突出的贡献,赢得了学界的尊重。

1936 年夏,在《中国地理修学法》^③的讲演中,张其昀将地理学类分为 10 门分支学科,率先把历史地理学与地球物理学、地文学(自然地理学)、气候学、水理学(即水文学)、海洋学、生物地理、人类地理、经济地理、政治地理并列起来,从而突出了历史地理学作为学科在地理学各分支学科中的重要而独立地位及其地理学的学科属性。在讲到民国以来中国地理学尤其是分类地理学 6 个方面的贡献与成就时,他特别强调了地理学在"推究成因"、"追溯演进之迹"、"阐明消长之故"三方面的贡献。事实上,这些均属于历史地理学的研究内容和工作方法,这显然是进一步强调了历史地理学的地理学学科属性及其研究工作。因此,历史地理学作为地理学的独立分支学科的思想,早在 30 年代中期即被提出来了,这标志了学科的巨大进步和张其昀对历史地理学学科发展的巨大贡献。

抗战时期,浙江大学迫于敌机轰炸威胁,师生深受播迁之苦;先后迁移至建德、江西吉安与泰和、广西宜山、贵州遵义。浙大在遵义办学达 7 年之久。在颠沛流离之中,在校长竺可桢带领下,张其昀坚持实事求是的办学方向,邀请当时地学界的著名学者如叶良辅、朱庭祜、涂长望、么枕生、黄秉维、任美锷、李春芬、

① 《人地学论丛》第 1 辑,南京钟山书局 1932 年版。
② 《科学世界》第 2 卷第 9 期,1933 年 9 月。
③ 台湾《地理教育》第 1 卷第 5、7 期,1936 年 8 月、10 月。

张荫麟、严钦尚、李海晨、谭其骧等,形成精干师资队伍,同时努力培养学术风气,重视进行地理考察。通过对遵义地区地质、地形、气候、土壤、人口、聚落等方面的调查研究,为撰成《遵义新志》一书准备了丰富材料,培养了施雅风、陈述彭、赵松乔、陈吉余、丁锡祉等一代著名地理学者,并发表了一系列重要地理论著。

1943 年 6 月至 1945 年 9 月,张其昀以浙江大学教授身份,应邀赴美国哈佛大学访问研究,历时 2 年余。此间,他主要从事地略学(建国方略)研究,并先后访问考察了美国西海岸、马里兰(Maryland)、安纳波利斯(Annapolis)、海军军官学校(1944 年 3 月)和巴尔的摩(Baltimore)、约翰霍普金斯大学(1944 年 11月)、弗吉尼亚(Virginia)、夏洛茨维尔(Charlottesville)杰裴逊故乡。在美国的访问研究对他后来的史地教育和研究发生了深刻的影响。尤其在访问约翰霍普金斯大学期间,与校长、当时美国最著名的地理学家鲍曼(I. Bowman)的交流,使他受益更深。张其昀还将鲍曼名著 *The New World：problems in Political Goegraphy*(《战后新世界》)译为中文在中国刊行。

在后来发表的《地略学之涵义、方法与功用》一文中,张其昀则明确指出:"时空二者有不可分离之关系。时代观念若非与地域观念相附丽,则难以想象;反之亦然。……治地略学而不通历史,知今而不知古,亦何能明宇宙之真相?""今日地理学者,不但要认识现在,并且要由现在而探索过去、瞻望将来。"从而阐述了历史地理学的研究内容和工作任务及其学科性质等问题。

在《中国地理学研究》这一重要论著中,"历史地理学"是全书 13 章中的一章,占有重要地位。他认为:"我国自科学兴起,史地二学均采用新方法与新观点,于是在旧日所谓沿革地理范围之外,增益不少之新材料与新问题。"而"取用此新材料以研求问题,则为此时代学术之新潮流"[①]。这个学术新潮流即近代历史地理学。在这里张其昀对历史地理学提出了较为系统的认识:

> 历史地理学之宗旨为何？曰凡历史之演进,悉为地理之生命;又凡地理之变化,悉为历史之尺度。……近二十年来此类研究供献甚多,本章按其内容,加以条贯,试分六节述之:(一)环境变迁,(二)疆域沿革,(三)生聚资源,(四)文献渊薮,(五)名胜史迹,(六)边徼四裔。当兹新旧学术交融之会,纵目观之,俨然有塞草怒长,波涛腾迅之势,预料之潮流之所趋,其成就当不可限量,此亦民国学术史上之一盛事也。[②]

---

① 张其昀:《〈敦煌劫余录〉序》,《学衡》1931 年第 74 期。
② 张其昀:《中国地理学研究》,台湾"中华文化出版事业委员会"1955 年。

抗战胜利后,张其昀回任浙大史地学系和史地研究所主任,并继梅迪生任浙大文学院院长。浙大迁回杭州后,张其昀主持整理8年播迁中在遵义实地考察搜集的地质、地形、气候、土壤、人口、聚落、土地利用、交通、产业、民族、史迹等资料,经详尽研究,撰著并刊行了《遵义新志》(1948年)。同时,运用留美两年研究与考察心得,制订了开展史地教育和史地研究的新计划,如约集史地研究所同仁及校外地理学家20余人,主编了《中华民国地理志》与《中华民国地图集》等。

概括自学生时代即"对历史地理学亦特加爱好"[①]的张其昀的地理学和历史地理学思想及工作方法与实践,就在于"今日之地理学者,不但要认识现在,并且要由现在而探索过去、瞻望将来;不但要认识局部,并且要由局部而周知世界,复由世界而衡量局部",以达到"明其源流变迁"[②]的目的。总之,数十年前他已经清楚地认识到,历史演变和空间背景是认识与探索现代地理问题、打开地理学通向经世致用门径的钥匙。

1919至1949年的30年间,张其昀求学、编辑、教书、科研、访问,充当了一位中国近代学者的角色,是一位做出重要贡献的地理学家、历史地理学家和教育家,尤其应该注意的是他首先将历史地理学介绍到中国来,推动了历史地理学在中国的影响与发展。这是张其昀个人的学术贡献,也是浙江大学的贡献。

1949年夏,张其昀离杭州取道广州到台北,在台湾先后出任多种重要职务。此期,他又推动了历史地理学等在台湾地区的发展。

---

① 张其昀:《地理学思想概说》,《华夏导报》1979年10月13日。
② 张其昀:《地略学之涵义、方法与功用》,《中国一周》,1962年,第629—632页。

试论浙江大学华家池校区的农耕文化及其利用

黄寿波

（浙江大学生命科学学院）

浙江大学华家池校区位于杭州市城东庆春门外,这里是浙江大学农学院(后改名为浙江农学院、浙江农业大学)旧址,办学历史悠久,农耕文化底蕴深厚。本文对该地区农耕文化的内涵及利用问题作一探讨,以供参考。不当之处,请批评指正。

一、农耕文化的概念

什么是农耕文化? 先来看看"农耕"、"文化"两个词的意义。"农耕"是"农业"和"耕作"的简称。"农"即农业,是"栽培农作物和饲养耕蓄的生产事业。在国民经济中的农业,还包括林业、渔业和农村副业等项生产在内。"[①]"耕"即"用犁把田里的土翻松。"[②] "耕作"是"处理土壤的表层,使适合于农作物的生长发育,包括耕、耙、锄等。"[③] "文化"是"人类在社会历史发展过程中所创造的物质财富和精神财富的总和,特指精神财富,如文学、艺术、教育、科学等。"[①] 根据以上含义,我们认为农耕文化是在人类社会历史发展过程中人们所创造的与农业耕作有关的物质财富和精神财富的总和,特指精神财富,如文学、艺术、教育、科学等。

广义的农耕文化也称农业文化,农业文化按其发展可分为原始农业文化、传统农业文化和现代农业文化三个阶段。在中国农业文化发展的前两个时期,即原始农业文化和传统农业文化可统称为农耕文化时期或古代农业文化时期。本

---

① 范庆华主编:《现代汉语辞海》(二),黑龙江人民出版社 2002 年版,第 802 页。

② 范庆华主编:《现代汉语辞海》(一),黑龙江人民出版社 2002 年版,第 345 页。

③ 范庆华主编:《现代汉语辞海》(一),黑龙江人民出版社 2002 年版,第 345 页。

④ 中国社会科学院语言研究所词典编辑部:《现代汉语词典》,商务印书馆 1979 年版,第 1192 页。

文所指的农耕文化为统称,包括现代农业文化在内。

根据农耕文化的涵义,我们认为农耕文化具有三个显明的特点。第一,它是在人类社会历史发展过程中长期所创造和积累起来的,不是在短时期内形成的。第二,农耕文化主要是农民在农业生产过程中形成的风俗文化,以农业服务和农民自身娱乐为中心,它将儒家文化及各类宗教文化集为一体,形成了自己独特的文化内容和特征,其主体包括语言、戏剧、民歌、风俗、各类祭祀活动和现代的教育、科学技术,是中国目前存在的最为广泛的文化类型。第三,农耕文化是人类的物质财富和精神财富,主要是指精神财富。

二、浙大华家池校区的农耕文化

华家池位于杭州城东,南宋时这一带是供应临安(杭州)蔬菜消费的基地,当时曾有"东菜西水,南柴北米"的谚语,到明清时,这一带仍是池塘密布的蔬菜基地……①民国二十三年(1934),浙江大学农学院从笕桥迁入华家池后,在这里积淀了丰富的农耕文化资源,其主要包括下列几方面。

(一)浙江省现代高等农业教育的摇篮,连续办学历史悠久,为国家输送了成千上万的农业专门人才

浙江省的高等农业教育创建于 1924 年,当时称浙江公立农业专门学校②。其前身为官立浙江农业教员养成所,创建于 1910 年。后改称国立中山大学劳农学院、国立浙江大学农学院。浙大农学院 1934 年自笕桥迁入华家池,已有 78 年历史。"农学院自建校以来,已培养了各类高级农业专门人才 2.2 万余人,其中当选为中科院院士 5 人,担任副省级领导职务 7 人……自 1978 年以来,已获得各级科技成果 607 项,其中国家级奖 21 项,省、部级奖 368 项,产生了显著的社会、经济效益……浙江农业大学具有悠久历史和优良传统,通过几代人的辛勤努力,逐渐形成自己的办学特色和优势,并已发展成为一所规模较大,师资力量较强,办学条件较好,以农为主,工、经、理、管多科协调发展,在全国高等农业院校中居于前列,并有一定国际影响的省属重点大学。"③

---

① 吴玉卫:《华家池的园林和农耕文化》,载《浙江大学学报》2007 年 11 月 2 日。
② 何泳生主编:《浙江农业大学校志》,浙江教育出版社 1992 年版,第 1 页。
③ 邹先定主编:《浙江大学农业与生物技术学院院史》,浙江大学出版社 2010 年版,第 86—87 页。

（二）有一批具有丰富农耕文化内涵的历史建筑

所谓历史建筑，一般指建成在 50 年以上，具有历史、科学、教育、艺术价值，体现城市传统风貌和地方特色，建筑风格具有区域、时代特征，或曾有历史人物居住过或历史事件发生过，且具有重要科学意义、教育意义的建筑物。

据浙大农学院院史[①]载，1947 年下半年开始，在华家池南面兴建品字形教学楼三幢……1947 年 2 月竣工，同年 7 月 21 日，浙江大学校务会议决定，将农学院新建的教学楼命名为"神农馆"、"后稷馆"、"嫘祖馆"。取其不忘以农为本之意，并坚信中华民族延绵五千年之农耕文化，绝非任何外力入侵所能摧毁的，故三馆含有深刻农耕文明，承前启后，绵绵不绝之精神。目前，后稷馆已于 20 世纪 70 年代拆除，神农馆、嫘祖馆和与以上三个馆同时建造的"西斋"（图书馆）保存完好，其外貌基本保持原貌。以上三幢老房子，已列入杭州市第六批历史建筑保护名单。

在 1954 至 1957 年期间，浙江农学院新建了和平馆、民主馆、团结馆、蚕桑馆、西大楼、东大楼……[②]同时期，还建了教师宿舍"小二楼"8 幢，以上共 14 幢老房子也符合《杭州市历史文化街区和历史建筑保护办法》等文件精神，早已列入杭州市公布的第二批历史建筑保护名单。[③]

（三）有一批现代化的适应高等农业教育需要的教学科研设施

这些教学、科研设施主要有：

我国最早建立的植物园。据院史[④]载，"1927 年钟观光到劳农学院后，即筹建植物园，钟先生才深学博，办事热忱，商得谭熙鸿院长同意，于经济困难中创办植物园。辟地 50 亩，搜集植物 2000 余种，成为我国近代第一个植物园。"该植物园 1934 年迁入华家池，现有面积 0.93 公顷，植物 1350 种。[⑤]

同位素实验室。据院史[⑥]载，"1958 年，陈子元筹建同位素实验室（后发展为原子核农业科学研究所），这是浙江省原子核科学技术应用的最初实践之一……核农所是我国高等农业院校中最早开展原子能农业应用的研究单位之一。陈子

---

① 邹先定主编：《浙江大学农业与生物技术学院院史》，浙江大学出版社 2010 年版，第 32 页。
② 邹先定主编：《浙江大学农业与生物技术学院院史》，浙江大学出版社 2010 年版，第 55 页。
③ 江干区人大常委会凯旋街道工委：《关于保护和修缮华家池历史建筑的思考》，载《江干人大》2011 年第 1 期，第 30—33 页。
④ 邹先定主编：《浙江大学农业与生物技术学院院史》，浙江大学出版社 2010 年版，第 9 页。
⑤ 黄寿波：《浙江大学植物园的创建和发展》，载《钱塘拾遗》2010 年总第 5 期，第 38—40 页。
⑥ 邹先定主编：《浙江大学农业与生物技术学院院史》，浙江大学出版社 2010 年版，第 55 页。

元为我国核农学的先驱和奠基人之一……"

土壤标本室、养虫室和种子挂藏室。20 世纪 50 年代,高教事业发展较快。据浙江农业大学校志①载,"学校先后新建了土壤标本馆(534 平方米)、养虫室(665 平方米)和种子挂藏室(668 平方米)等"教学、科研实施。朱祖祥院士筹建集全省、全国土壤标本,其标本的质量和规模系全国第一。养虫室是农业昆虫学科的实验室,在当时是亚洲最大的养虫设施,至今在国内仍然是单幢规模最大、历史最悠久的养虫室,一直处于国内领先水平。种子挂藏室是农业部投资建造的全国第一个种子教学、科研培训基地,已先后为全国各省培训种子骨干 3000 余人。

(四)有一批与农耕文化密切相关的人文景观

于子三烈士是浙江大学学生自治会主席,农学院农艺系学生 ,1947 年被国民党反动派杀害,在全国爆发了"于子三运动"。为了永远铭记于子三烈士,浙江农业大学曾于 1983 年清明节在红八楼广场南侧建立于子三烈士纪念碑,并将红八楼广场改名为子三广场,后又曾在子三广场中心耸立起于子三全身塑像。1992 年 10 月 31 日,在于子三烈士遇难 45 周年之际,在华家池畔东侧树立了一座于子三烈士半身铜像和纪念碑……②

东、西教学大楼中间是中心广场,广场中心有一喷水池,喷水池北侧安置了一尊青田石雕艺术品——两匹巨型花岗岩奔马,马高 4.5 米,长 5.7 米,重 20.5 吨,远看两匹巨马齐头腾飞。"1987 年 4 月 10 日,中共中央政治局常委、中央纪律检查委员会第一书记陈云为两匹巨马题写'奔腾'两个苍劲有力的大字。"③象征教学、科研齐进,蔚为壮观。

为了纪念我国近代植物学的开拓者、植物分类学奠基人、我国近代第一个植物园创办人钟观光先生,"在校区植物园的假山上建有'观光亭',以示纪念。"④"在植物园入口处有一座明代植物学家兼药学大师李时珍塑像。"⑤以纪念这位我国古代的植物学大师。

在蚕桑馆南侧,有一尊嫘祖氏塑像。中华民族有绵延五千年的农耕文化,嫘祖是传说中神农氏之妃,是教民养蚕栽桑的发明者,在中国儒家文化中,她也是

① 何泳生主编:《浙江农业大学校志》,浙江教育出版社 1992 年版,第 133 页。
② 邹先定主编:《浙江大学农业与生物技术学院院史》,浙江大学出版社 2010 年版,第 38 页。
③ 何泳生主编:《浙江农业大学校志》,浙江教育出版社 1992 年版,第 197 页。
④ 邹先定主编:《浙江大学农业与生物技术学院院史》,浙江大学出版社 2010 年版,第 9 页。
⑤ 黄寿波:《我国最早的植物园》,《浙江大学学报》2008 年 1 月 4 日。

百姓中祭祀之神。

丁振麟先生是我国著名农业教育家,曾任浙江农业大学校长多年,1979 年 6 月 23 日病逝。"按照丁振麟教授生前的遗愿,他的部分骨灰撒在华家池校园(和平岛)土地上,永远和他的母校及为之呕心沥血奋斗一生的农业科学和教育事业融合在一起。"[1]

(五)多种农业生态系统与美丽的华家池校园相得益彰

华家池周围有多种农业生态系统,如果园、桑园、茶园、菜园、大田作物、花卉和鱼塘等生态系统,在华家池边公园更有模拟乔(木)、灌(木)、草(地)三层结构的森林生态系统。因此,在华家池校园能看到鸟在空中飞,松鼠在树上跳跃,蝴蝶在低空飞和蜻蜓在湖面戏水,水中有鱼儿游,自然生态保护良好,生物和生态系统有多样性。

多种的农业生态系统还与美丽的校园和谐地结合在一起。华家池校园是我国普通高校中环境最优美的校园之一,1993 年被全国绿化委员会授予全国部门造林绿化 300 佳单位"光荣称号"。《国家人文地理》一书,把浙江大学华家池评为中国高校最美的 66 个地方。该书[2]中说:"在印象中,浙江大学华家池景色的美丽令人陶醉,让人痴迷,看着微波荡漾的湖面,细心地感受宁静的时刻,生活的忧愁和学习的烦恼早已消失得无影无踪。以至于有人问比西湖更漂亮的地方在哪里,我们会毫不犹豫地指向华家池,这个被誉为小西湖的地方。""三面楼群一池水,五千桃李满园春"是一位教授对华家池校园的赞美。

(六)浙江省高等农业教育科研、农林业行政管理中心,并与先农坛遗址毗邻

中华民族有重农传统,体现在历代王朝都有隆重的籍田典礼。籍田是古代中国以农立国、以农为本的农耕文化的缩影,是古代帝王和地方官员通过神圣仪式表达对农业生产重视的场所。庆春门外的先农坛,是清代旧钱塘县、仁和县官员进行祭祀的场所,每年农历二月亥日,举行祭仪,地方官员亲自犁田耕作,耕前祭神农氏、后稷氏、嫘祖氏,耕后发表演说,劝民重视农业,祈祷风调雨顺,农业丰收。先农坛遗址,大约在华家池校区南侧,目前浙江省农业厅所在地,今天已经全部被建筑物覆盖。[3]

---

① 邹先定主编:《浙江大学农业与生物技术学院院史》,浙江大学出版社 2010 年版,第 67 页。
② 国家人文地理编委会:《国家人文地理:中国高校最美的 66 个地方》,广州出版社 2006 年版,第 18—21 页。
③ 黄寿波:《庆春门外先农坛》,载《江干农居文化集锦》,浙江人民出版社 2010 年版,第 203—206 页。

浙江省农业厅、浙江省林业厅与浙大华家池校区相毗邻,因此,浙江大学华家池校区及其附近地区是浙江省高等农业教育、研究和全省农、林行政管理中心,这在全国是少有的,可能是唯一的。再加上附近又有一个农耕文化色彩非常浓厚的先农坛遗址,这使该地区挖掘、利用农耕文化资源更有意义,是一个值得人们回忆和纪念的地方。

三、挖掘和利用浙大华家池校区农耕文化的建议

(一)充分利用现有教学科研设施,办好全国干部教育培训基地和浙江大学继续教育中心,努力培养各种专门人才

浙大农学院自 1934 年迁入华家池后,经过几代人 70 多年建设,曾一度成为我省乃至全国最具实力的综合性农业大学,留下了良好教学科研设施和留存着许多代表农耕文化的精神和物质资源。为了充分利用这些资源,根据学校安排,华家池校区将建设成为全国干部教育培训基地及学校继续教育培训中心(含远程教育、成人教育、职业技术教育),希望这个计划能认真落实,继续为国家培养更好更多的专门人才(含农业科技人才),让华家池校区为浙江大学争创世界一流大学和浙江省全面建设小康社会作出新贡献。

(二)有效保护和统一修缮华家池校区的历史建筑群

我国很早制订了《文物保护法》,浙江省和杭州市也分别颁布了《浙江省历史文化名城保护条例》、《杭州市历史文化街区和历史建筑保护办法》,这些文件是我们保护历史建筑的行动指南。[①]杭州市已将本校区的东教学楼、西教学楼、和平馆、民主馆、团结馆、蚕桑馆、小二楼别墅群和神农馆、嫘祖馆、西斋等列入杭州市历史建筑保护名单。以上建筑目前有的已经得到了很好的保护、修缮和利用。建议在此基础上,对华家池的其他历史建筑进行梳理,扩大保护和修缮范围,结合城市开发和改造统一规划,按照保护中开发、在开发中保护的理念,对华家池的历史建筑进行保护性修缮。在修复过程中要根据《杭州市历史建筑保护和利用的通知》的精神,严格保护现存的历史信息和原物质载体,按照风格式、原真式原则,在尽量不改变原立面和屋顶造型、不改变平面的外围尺寸和布局,不进行非加固结构改动的前提下,做到保留原貌,修缮如旧。

---

① 江干区人大常委会凯旋街道工委:《关于保护和修缮华家池历史建筑的思考》,载《江干人大》2011 年第 1 期,第 30—33 页。

（三）结合和平馆、民主馆、团结馆和蚕桑馆等历史建筑的修缮，把这四个馆打造成浙江大学农耕文化展示中心

首先要收集浙江大学农学院从创建至今的100多年中的历史文物、遗迹、重大事件资料、实物及人文景物等，这项工作可结合校史及院史编辑收集工作进行。然后将实物、图片、资料、视频在上述四馆中展示。初步设想把以上四馆根据内容可分总馆和三个分馆。总馆应展览从河姆渡文化、良渚文化到夏、商、周……历代的中华民族优良农耕文化资料及浙江大学从创办至今的历史演变及农耕文化传承。分馆分别为农艺或大田作物馆（含植保、土化）、园艺或经济作物馆（含果树、蔬菜、茶叶、蚕桑和花卉）、动物饲养和农业工程馆（含畜牧、兽医、水产、农业工程、食品工程、农业经济和环保）。另外，为继承中华民族重农传统，弘扬"民以食为天"的民本思想，增加历史文化底蕴，为后人了解历史提供材料，建议与江干区政府协调配合，做好华家池校区南侧的先农坛籍田遗址的文化挖掘工作。先农坛遗址是古代农耕文化的典型和缩影，可建一个先农坛纪念亭和纪念碑，以丰富华家池校区农耕文化内容。

（四）与地方政府合作，积极筹建农耕文化体验园

浙大华家池校区的所在地在杭州市江干区管辖范围，江干区政府对华家池农耕文化的建设很重视，对挖掘利用华家池农耕文化很感兴趣。他们建议在华家池校区内筹建农耕文化教育体验园，作为江干区青少年校外教育培训基地。主要目的是在课余时间（如周末）组织学生参观华家池农耕文化展示区及校园内农耕文化遗迹和人文景观，让青少年感受农耕文化，从小培养他们热爱大自然和爱农、学农的思想感情。至于开展这些活动是否会影响校区内的正常教学、科研秩序，还有待于评估及良好的组织管理。

浙江大学考古地球物理研究进展

石战结[1]　田钢[2]　王帮兵[2]　林金鑫[1]　赵文轲[2]

（1.浙江大学文化遗产研究院；2.浙江大学地球科学系）

一、引　言

地球物理方法应用于考古调查已有多年的历史,最早可追溯到 20 世纪 40 年代。1946 至 1947 年,Atkinson 和 Lundberg 利用电阻率法分别在英国和墨西哥寻找古人类遗址和遗物,这一活动标志着考古地球物理工作的开端。1986 年 *Geophysics*[1]、1999 年 *Journal of Applied Geophysics*[2]分别出版了考古地球物理专集。各种相关的国际学术会议已举办多届,其中考古地球物理探测技术是其中重要的议题之一。有学者提出,21 世纪的考古科学已由过去“发掘的科学”正在发展为“探测的科学”;但由于多方面的原因,蕴涵于各考古遗存中与人类活动密切相关的潜在信息还远远未能最大限度地揭示。将现代科学技术最新成果应用于考古学研究是时代发展的方向,考古地球物理是进展最快的学科之一。

从全球范围来看,一些历史文物遗存较多的发达国家,特别是欧洲国家如德国、意大利、英国、法国等国家开展科技考古调查的研究较早,其中英国于 1991 年通过立法形式将地球物理勘探作为田野考古常规流程列入考古勘探规范,作为必做工作之一[3][4]。考古地球物理的发展也吸引了大批地球物理专业人才的加入,在仪器设备、勘探方法、资料处理技术、成果解释以及探测效果分析等多方面进行深入研究,并取得了众多有价值成果[5][6][7][8][9],促进了考古地球物理学科的发展,也使得这些国家考古地球物理学术水平在国际上处于领先地位。

考古地球物理在我国的应用始于 20 世纪 50 年代末在明定陵进行的地球物理勘探试验。20 世纪 70 年代末改革开放,各地抢救性文物保护和发掘任务繁重,用地球物理方法解决文物勘探问题又提上了日程,并在多个考古勘探现场得到应用。2002年由中国地质调查局主持的针对秦始皇陵的863项目是国内最大的一次将地球物理方法应用于考古勘探的研究项目[10],并取得了一批有价值的成果。

2008年,在浙江大学的大力支持下,我们以良渚科技考古为契机,开始了考古地球物理方面的应用研究工作,并逐步将地球物理探测技术应用到田螺山遗址、陕西唐陵、云南腾冲南诏古城、新疆北庭古城等遗址的考古探测中,开展了大量的野外考古地球物理探测试验,总结形成了一套适合大面积快速探测的磁梯度测量技术,以及适合小范围高精度探测的地质雷达、高密度电法、超浅层地震等方法技术。以上应用研究的主要目的就是积累经验,探索方法。同时,开展了室内数据处理与可视化技术研究,为将来的地球物理异常提取与加强研究奠定基础。

我国的古遗址以土遗址为主,土遗址的文物遗存与围土的物性差异较小,使得文物遗存引起的地球物理异常较微弱,给文物遗存的地球物理探测和识别带来了较大困难。而且,一些古遗址往往坐落在现代村落下面,地表存在大量的电线、民居等各类干扰,进一步增加了考古地球物理探测技术有效应用的困难。几年来的应用研究表明,虽然我们在古遗址的探测中取得了一些效果,但是由于以上因素的影响,目前我们的技术探测效果离文物部门的要求还有较大距离。因此,我们将针对以上问题,从基础性研究入手,在此基础上继续深入开展考古地球物理探测试验研究工作,以不断提高考古地球物理探测的效率和效果。

二、土遗址地球物理探测实例

(一)古城墙

良渚古城墙的存在是良渚古城存在的最直接证据。2006至2007年浙江省考古所在良渚古城遗址的发掘,确定三个方面的特征作为进一步钻探寻找良渚古城墙相关遗迹的标准:(1)较纯净的黄色黏土堆筑;(2)黄土的底部铺垫石头;(3)黄土和石头遗迹以外是当时壕沟的水域分布区,上层为淤积的浅黄色粉沙,底部为青灰色淤泥层,靠近遗迹边缘有良渚文化堆积。在2008至2009年,项目组便在已开挖的良渚古城墙附近做了大量的探测研究以提取其特征。结果表明很多地球物理方法对古城墙有异常响应,包括高密度电法、探地雷达、磁法、放射性测量、地震映像、浅层地震反射、多道面波分析、瞬变电磁等。良渚古城墙的异常特征主要表现为高视电阻率,高磁异常,地震横波速度高,放射性强,在三维空间上条状连续等。图 1 至图 3 是不同地球物理方法对良渚古城墙的探测结果。

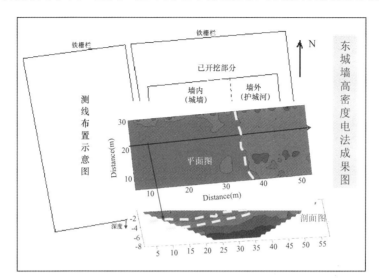

图 1　良渚东城墙高密度电法探测结果

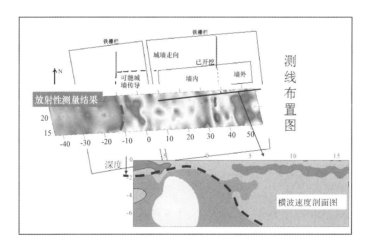

图 2　良渚东城墙放射性测量和面波测量结果

　　为研究对比,项目组成员在 2010 年前往云南省腾冲县,在一南诏古城墙上采集地球物理数据进行对比研究。南诏古城墙主要由夯土组成,夯土经过层层夯实,最明显的特点是能分层。图 4 的探地雷达探测二维结果上,夯土层的分层性很明显,这在良渚古城的探地雷达数据上是看不到的,说明良渚古城的建筑材料和南诏古城有较大的差异,因此探地雷达异常特征不大一样,但有相同之处,即在探地雷达三维平面上都具有连续的异常特征。

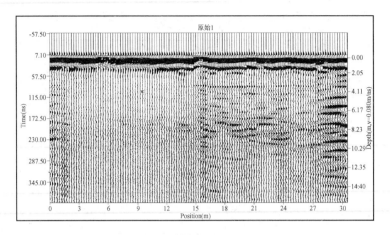

图 3　良渚东城墙雷达测量结果

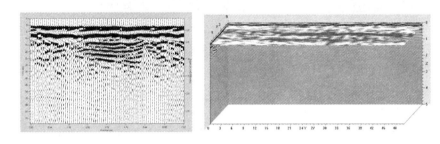

图 4　腾冲南诏古城墙探地雷达探测结果

(二)古河道

研究古河道是研究古地理环境的重要手段。良渚文化是长江流域高度发达的古文化,古水系的分布对良渚古城的选址、结构有重要的意义。结合地质学和地理学可知古河道伴生有河床相沉积,底部为卵石或粗砂层,向上过渡为沙层或粉砂层。其与周围介质对比,应在电阻率上有差异,故适合采用高密度电法进行探测。野外古河道实测数据(图 5)与传统手工钻探结果基本吻合,证明上述高密度电法异常特征是准确的,且能有效指导实际的物探考古探测。

(三)古墓

古墓葬泛指人类古代采取 定方式对死者进行埋葬的遗迹,是考古的重要目标之一。项目组不仅对良渚遗址内的古墓葬进行科技考古技术探测研究,还通过在腾冲南诏古城遗址上的古墓葬以及西安汉、唐陵上进行科技考古探测,进行综合对比研究,以提取合适的探测技术和古墓葬相应的异常特征。

图 6 为项目组部分成员在云南省腾冲县南诏古城遗址上,进行地球物理探

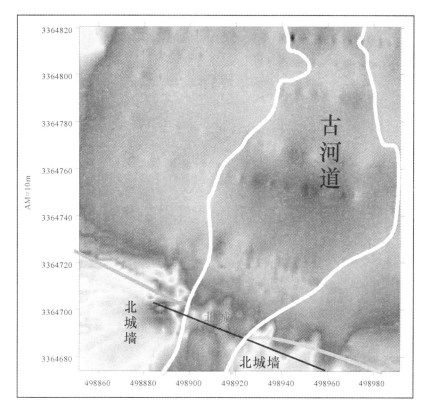

图 5　良渚北城门古河道探测结果

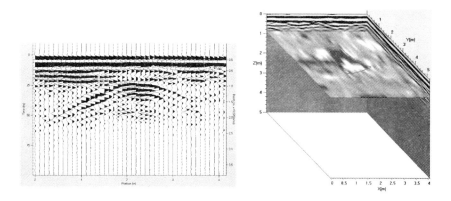

图 6　腾冲南诏古城遗址古墓葬探地雷达探测结果

测的结果,与手工钻探结果相吻合。这个遗址所在地区的古墓葬规模不大,在探地雷达剖面上的异常特征,表现为中间的同相轴接近水平,在古墓葬两个边缘存有绕射波,三维平面上则接近其古墓葬的实际尺寸。

图 7 为在良渚遗址中的莫角山遗址上进行的科技考古探测结果,与腾冲南诏古城古墓葬的科技考古探测结果对比,磁法在莫角山遗址的效果要好,图 7 左图黑框位置,磁梯度异常表现为强正负异常交替出现,与理论吻合,其很可能是古墓葬,图 7 右图的探地雷达探测结果也在相同的位置也有异常响应,与图 6 有所异同,在边缘都有绕射现象。

西安的汉、唐陵由于是皇家墓葬,其规模要远远大于良渚和腾冲的古墓葬,其内容非常丰富,图 8 为石刻和神道路基的探地雷达探测结果,探地雷达异常特征明显。石刻异常特征表现为强振幅、高频率且同相轴接近双曲线。神道路基的异常特征则在于表现为弱反射。

综合在不同遗址所在地区的古墓葬科技考古研究结果,表明将磁法和探地雷达相结合进行古墓葬探测是合适的物探考古探测技术。

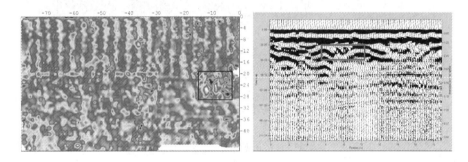

图 7 良渚遗址磁法(左图)和探地雷达(右图)探测结果

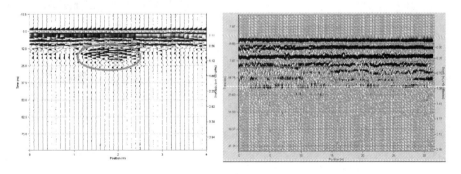

图 8 西安唐陵石刻(左图)和神道路基(右图)探地雷达剖面

(四)文化层

文化堆积层是有人类活动遗迹的沉(堆)积层,是考古调查工作的主要目标,过去只能通过密集钻探来确定其厚度、埋深和分布范围,效率非常低。通过总结良渚古城外地球物理探测结果,发现文化堆积层可采用磁法和高密度电法综合探测。图9和图10中黑线所画即为文化层堆积,表现为相对高的磁异常和高视电阻率,且在平面上具有一定的连续性。

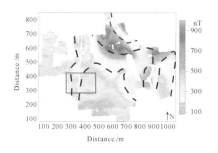 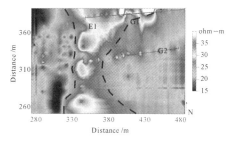

图9　良渚古城东城墙内外磁测结果　　　　图10　高密度电法平面图

三、砖石文物遗存的地球物理探测实例

北庭故城在新疆昌吉回族自治州吉木萨尔县城北约十二公里处。武后长安二年(公元 702 年)在庭州设立北庭大都护府,并将昆陵、蒙池两都护府划归其管辖。北庭古城某砖结构建筑基址位于北庭古城东城墙附近,在护城河(护城河基本干涸)所在区域。吉木萨尔县文物局在考古调查时偶尔发现了这个建筑基址,按照常规的推理,建筑基址应该在城内,可是该建筑基址却位于护城河里,所以考古专家非常感兴趣,因此我们进行物探考古调查试验。

试验区域的照片如图11所示,其中,试验区域的北半部分已挖掘回填,对地下建筑基址的分布情况清楚,其他部分一直没有挖掘,地下情况未知。

图12 为在北庭古城砖结构建筑基址上的高精度磁法(图 12a)和地质雷达(图 12b)考古调查结果,其中图 12a 为建筑基址平面图,图 12b 为建筑基址立体图。图 12a 黑色部分为地下砖结构建筑基址的反映,从图 12a 可以看出,试验区北部存在一个方形基址(粉红色方框),方形基址内部有三处砖基址(粉红色圆框),靠东侧有一个墙址(粉红色线),从图 12b 也可以看出以上建筑基址的形态。以上调查结果与发掘资料基本吻合。

试验区南半部分尚未发掘,综合磁法和地质雷达考古资料来看,推测存在一个近似梯形的砖结构基址(红色框),磁法资料显示该梯形基址内部有些异常,但是雷达资料显示该梯形基址内部没有异常显示,我们在开展磁法实际测量时,发现异常处所在区域(青绿色圆框)地表嵌入了一些青砖,估计该异常是由于这些

图 11　北庭古城某砖结构建筑基址物探考古调查试验区

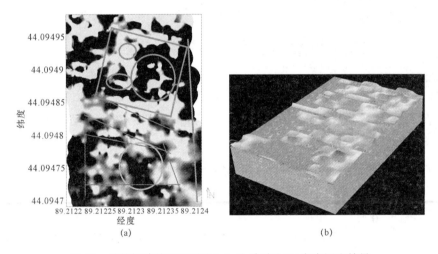

(a)　　　　　　　　　　　　　　　(b)

图 12　砖结构建筑基址磁法(a)、地质雷达(b)考古调查结果

青砖引起的。以上未知区域的探测结果有待进一步验证。

四、结论和讨论

1. 多方法综合勘探互相对比、互相验证，有利于对异常目标(古水系)的判断和识别。

2. 带有 GPS 的平面连续磁梯度测量技术可以大幅度地提高考古探测的效率，是一种能大面积快速探测的地球物理技术。小范围高精度测量可以选用高密度电法、地质雷达、超浅层地震等方法，而且这三种方法都可以进行三维测量和显示。

3. 我国的古遗址以土遗址为主,土遗址的文物遗存与围土的物性差异较小,使得文物遗存引起的地球物理异常较微弱,给文物遗存的地球物理探测和识别带来了较大困难。而且,一些古遗址往往坐落在现代村落下面,地表存在大量的电线、民居等各类干扰,进一步增加了考古地球物理探测技术有效应用的困难。几年来的应用研究表明,虽然我们在古遗址的探测中取得了一些效果,但是由于以上因素的影响,目前我们的技术探测效果离文物部门的要求还有较大距离。因此,我们需要针对以上问题,从基础性研究入手,在此基础上深入开展考古地球物理探测试验研究工作,才能不断提高考古地球物理探测的效率和效果。

参考文献

1. *Geophysics*,Volume 51,Issue 3,P533-879,March 1986.

2. *Journal of Applied Geophysics*, Volume 41, Issues 2-3, P137-312, March 1999.

3. David Jordan,How Effectives Geophysical Survey ? A Regional Review,Archaeological Prospection,16,77-90,2009,Archaeology Institute,University of Bern,Switzerland.

4. Neil Linford,The application of geophysical methods to archaeological prospection, Reports on Progress in Physics, 69(7): 2205-2257, 2006, Geophysics Team, English Heritage, UK.

5. Ian Hill and Tim Grossey, High-resolution multisensor geophysical surveys for near-surface applications can be rapid and cost-effective, The Leading Edge,23(7):684-688,2004,DOI:10.1190/1.1776741.

6. Pipan M., Forte E., Dal Moro G., Sugan M. & Finetti I., Multifold ground penetrating radar and resistivity to study the stratigraphy of shallow unconsolidated sediments, The Leading Edge, 22(9): 876-881, 2003, University of Trieste, Italy.

7. Forte E. and Pipan M., Integrated seismic tomography and ground-penetrating radar (GPR) for the high-resolution study of burial mounds (tumuli), *Journal of Archaeological Science*, 35(9): 2614-2623,2008, Univ Trieste, Dept Geol Environm & Marine Sci DISGAM, Italy.

8. Pipan, M., et al. 2-D and 3-D processing and interpretation of multi-fold ground penetrating radar data: a case history from an archaeological site.

Journal of Applied Geophysics. 41（2-3）：271-292，1999，Univ Trieste，Dipartimento Sci Geol Ambientali & Marine，Italy

9. Kenneth L. Kvamme，Integrating Multidimensional Geophysical Data. Archaeological Prospection ，13：57-72，2006.

10. 刘士毅等，秦始皇陵地宫地球物理探测成果与技术，地质出版社，2005.

1949 至 2010 年浙江省迁撤县治的初步调研

阙维民

（北京大学城市与环境学院）

迁撤县治(本文定义为:因"县"行政单位的迁址或撤并而不再治县的原有县治镇)是行政区划沿革的产物。慈城镇是慈溪县的迁撤县治,矿山镇是县级明矾(矾山)矿区的迁撤治所,庵东镇是县级庵东盐场的迁撤治所。笔者在研究慈城镇历史文化遗产与浙江省矿业遗产资源的过程中,对 1949 年以来浙江省的迁撤县治作了一个基础分析。检索中国学术期刊网,尚无整体探讨浙江省迁撤县治的研究文献,故将其整理发表,与相关领域的研究者共享。

一、浙江省县级行政单位的通名

浙江省的县级行政区划单位,在 1949 至 2010 年的 62 年间,最少的年份是 1960 年,为 55 个,最多的年份是 1954 年,达 108 个,平均每年 81.7 个(表 1)。

浙江省的县级行政单位通名有 10 个:县、县级市、自治县、市辖区、城关区、专区辖区、特区、联社、盐区、矿区。

"县"是县级行政单位最普遍的通名,历年都存在,其数量最多的年份是 1953 至 1957 年,达 81 个。数量最少的年份是 2003 至 2010 年,为 35 个。

"县级市"的存在年份,在 1949 至 2010 年间的两端,一端是"文革"前的 1949 至 1961 年,数量不多,除 1949 与 1950 分别是 6 与 3 个外,其余均为 4 个。另一端是改革开放以来的 1979 至 2010 年,数量自 1988 年达两位数,最多的年份为 1993 年、1996 至 1999 年,达 23 个,自 2000 年以来,稳定在 22 个。

"自治县"始设于 1984 年,即景宁畲族自治县[①],至今数量始终保持为 1 个。

县级"市辖区"是指地级市的所辖市区,在 1949 至 2010 年间,除 1950 年外,

---

① 设立景宁畲族自治县,以原云和县的景宁、渤海、东坑、沙湾、英川 5 个区、一个镇、三十五个公社为景宁畲族自治县行政区域,县人民政府驻鹤溪镇。(1984 年 6 月 30 日国务院〔国函字 105 号〕批复)

均存在。数量在 4 至 32 之间,数量达两位数的年份在 1952 至 1955、1978 至 2010 两个年份段。2003 至 2010 年,数量达到 32 个。

县级"城关区"存在的时间不及 1 年,数量 1 个,即 1949 年所设的临海城关区(县级),以临海县城区为其行政区域,1950 年即撤。

专区辖县级"区"存在的时间在 1949 至 1955 年,数量 1 个。1949 年于台州专区设海门区(县级),以黄岩县的海门镇及附近地区为其行政区域。1954 年划归温州专区[①]。1956 年降归黄岩县管辖[②]。

县级"特区"存在的时间为 1 年,数量 1 个。1980 年于台州地区设海门特区(县级)[③],1981 年即改设椒江市[④]。

县级"联社"的统计年份为 1960 年 1 年,数量 1 个,即杭州市钱江联社(县级)[⑤]。但在行政区划简册中并未统计在内。

县级"盐区"的存在时间在 1950 至 1955 年间,数量 1 个。1950 年于宁波专区设庵东盐区(县级)[⑥],1953 年调整至县属区级[⑦],1954 年恢复至县级[⑧],1956 年撤降至县属区公所[⑨]。

县级"矿区"的存在时间在 1953 至 1956 年间,数量 1 个。1953 年于平阳县

---

① 撤销台州专员公署。将该署所辖的临海、天台、三门 3 县划归宁波专署管辖;温岭、黄岩、仙居 3 县及海门区划归温州专署管辖。(1954 年 5 月 22 日政务院〔政孙字第 37 号〕批准)

② 1956 年 3 月 9 日浙江省人民委员会〔浙政办第 97 号〕决定:1. 将温州专署直辖的海门区划归黄岩县管辖,并将区人民政府改为区公所。

③ 设立海门特区(县级),将原黄岩县的海门区和大陈镇、山东公社及临海县的前所公社划归海门特区管辖。海门特区由台州地区行政公署领导。(1980 年 7 月 7 日浙江省人民政府〔浙政发 85 号〕批复)

④ 设立椒江市。以海门特区的行政区域为椒江市的行政区域。椒江市委托台州地区行署领导。(1981 年 7 月 21 日国务院〔国函 78 号〕批复)

⑤ 设立杭州市钱江联社(县级)。以杭州市半山、拱墅 2 个联社合并为钱江联社。(1960 年 1 月 14 日中共浙江省委员会〔23 号〕批准)

⑥ 1950 年 11 月 25 日内务部〔内民字第 175 号〕批准:设庵东盐区人民政府,系县级盐区,在余姚县,接受宁波专署直接领导,全区共辖庵东、东一、东二、东三、西一、西二、西三、崇寿、高兴等 9 个乡。(1950 年 8 月 7 日浙江省人民政府〔府办秘字第 5416 号〕代电)

⑦ 宁波专员公署直接领导的庵东盐区予以调整,除将该区非盐业地区塘南等 3 乡划出,并入附近农业地区领导。原庵东盐区改区一级政权,由余姚县人民政府领导。(1953 年 6 月 29 日华东军政委员会〔东办政字第 0594 号〕公函批准)

⑧ 恢复庵东盐区(县级),由宁波专员公署直接领导。(1954 年 4 月 26 日浙江省人民委员会〔府人字第 1279 号〕通知)

⑨ 将宁波专署直辖原属的庵东盐区划归慈溪县管辖。撤销庵东盐区人民政府,改设区公所。(1956 年 11 月 20 日浙江省人民委员会〔浙民字第 9183956 号〕通知)

成立县级"明矾矿区"①,1955 年更名为"矾山矿区"②,1956 年撤区建制改镇建制③。

二、浙江省县级行政单位的三类治所

浙江省县级行政单位的治所,有建制镇、街道及所属地级市三类。

治所为建制镇的,有四种情况:

(1)自 1949 年为县治镇后,一直保持镇建制不变、从未更名的县治镇有温州市的罗阳镇(泰顺县)、湖州市的雉城镇(长兴县)、丽水市的鹤城镇(青田县)与丽水市的五云镇(缙云县)。

(2)自 1949 年为县治镇后,一直保持镇建制不变、但曾更名的县治镇有温州市的昆阳镇(平阳县)与丽水市的妙高镇(遂昌县)。

(3)自 1949 年为县治镇后,曾短暂撤置但从未更名的县治镇有温州市的大峃镇(文成县)、金华市的安文镇(磐安县)、台州市的海游镇(三门县)以及丽水市的西屏镇(松阳县)、云和镇(云和县)与鹤溪镇(景宁畲族自治县)。

(4)自 1949 年为县治镇后,曾短暂撤置又曾更名的县治镇有丽水市的松源镇(庆元县)、衢州市的天马镇(常山县)与城关镇(公社)(开化县)。

治所为街道的,有两种情况:

(1)有些"县"的通名不变,但县治"镇"却改成"街道"。至 2010 年共有 13 个县,即杭州市的桐庐县(2005 年县治由桐庐镇改为桐君街道)、宁波市的象山县(2002 丹城镇改丹东街道)与宁海县(2003 城关镇改跃龙街道)、嘉兴市的嘉善县(2009 魏塘镇改魏塘街道、2010 改罗星街道)与海盐(2009 武原镇改武原街道)、绍兴市的绍兴县(2005 柯桥镇改柯桥街道)与新昌县(2006 城关镇改南明街道)、金华市的武义县(1996 壶山镇改武阳镇,2002 改壶山街道)与浦江县(2002 浦阳镇改浦阳街道)、衢州市的龙游县(2005 龙游镇改龙渊街道)以及台州市的玉环县(1999 环山镇改城关镇、2003 改珠港镇、2009 改玉城街道)、天台县(2003

---

① 将平阳县原属的矾山区的明矾矿区划出,成立相当于区一级的明矾矿区,由温州地区专署领导。原矾山区公所仍予保留,将矿区附近的农业地区予以适当调整后,仍归该区公所领导。(1953 年 6 月 30 日内务部〔内民字第 343 号〕公函批准)

② 将明矾矿区更名为"矾山矿区"。(1955 年 4 月 26 日浙江省人民委员会批准)

③ 1956 年 3 月 9 日浙江省人民委员会〔浙政办第 97 号〕决定:温州专署直辖的矾山矿区划归平阳县管辖,并撤销区的建制改设为镇的建制。

城关镇改赤城街道)与仙居县(2003 城关镇改福应街道)。

(2)自 1985 年起,有些"县"更改为"县级市"或地级市辖"区"后,县治"镇"也相应地更改为"街道"。第一批有 2 个县。1985 余姚县改为余姚市后,原县治余姚镇也改为兰江街道[①];镇海县改为镇海区后,原县治城关镇也改为招宝山街道[②]。

治所为所属地级市的,为数不多。如鄞县(1958 撤归宁波市和奉化县、1962 复置)一直附治宁波市江东区,2002 年改鄞州区后治钟公庙街道,2011 改治首南街道。又如绍兴县(1981 年撤、1983 年复)的县治,原治柯桥镇,1950 迁治绍兴市,2001 迁柯桥镇,2005 更名为柯桥街道。

三、浙江省迁撤县治的几个现象

1949 年以来,浙江省的迁撤县治镇共有 30 个(表 2),有如下现象:

1.迁撤县治的地理位置,多在以山岭古道或水路为主的往日交通路线上(山岭古道上的有岩头镇、安吉城、寿昌镇、武隆镇、於潜镇等;水路交通线上的有东栅镇、梅城镇、梅溪镇、崇福镇、余杭镇、慈城镇、分水镇、汤溪镇等),在公路、铁路交通网络逐步削弱甚至取代往日交通路线的 20 世纪 50 年代,处于这些迁撤县治的原有"县",为了适应社会经济发展的新形势,迁址或撤并成为必然趋势。

2.在 30 个迁撤县治中,因"县"迁址而中止治县的有 16 镇,因"县"撤并而中止治县的有 14 镇,两种结果基本平衡。

3.除德清县城关镇(84 年)、武隆镇(11 年)与余杭镇(10 年)3 镇外,其余的治县年份数均在 10 年以下。其中菱湖镇、皋埠镇、大田镇、枫林镇、岩头镇与东栅镇 6 镇仅 1 年,治县时间最短的岩头镇仅 5 个月(1949 年 5 至 9 月)。

4.除德清县城关镇、武隆镇、余杭镇与岛斗镇外,其余的均在 1957 年前终止治县。此后不再出现大规模的迁撤县治。1985 年以来,伴随着"县"改"市"、"市"改"区"的升温,取而代之的行政区划变迁的现象是"镇"改"街道"。

5.因新安江水库建设的需要,淳城镇与狮城镇被淹没入水,迄今已逾半个世

---

① 撤销余姚县,设立余姚市(县级),以原余姚县的行政区域为余姚市的行政区域。(1985 年 7 月 16 日国务院〔国函字 111 号〕批复)

② 撤销镇海县,将原镇海县的行政区域并入宁波市。设立宁波市镇海区,扩大宁波市海滨区。以原镇海县和海滨区的行政区域,按甬江分界,甬江以北为镇海区,甬江以南为海滨区。(1985 年 7 月 1 日国务院〔国函字 99 号〕批复)。

纪,其街道布局与城中的建筑基址,已经逐渐成为现代社会探索的水下文化遗产。

6.2000 年以来,在城镇化加速的情况下,人们开始留恋与关注往日的城镇风貌与文化遗产,继而加以保护与可持续利用。如宁波市江北区政府与民众对慈城镇的保护规划与维护利用,投入了大量的人力、财力与物力,经过 10 年的努力,已经取得了可喜的成绩,获得了 2009 年度 UNESCO 亚太地区文化遗产保护奖。

7.矿山镇与庵东镇,是两个县级矿区的原有治所,在行政区划建置方面,反映了浙江省两种具有代表性的矾矿与盐业资源,是浙江省矿业遗产资源的重要特色。

表 1　浙江省地县行政单位数量(1949—2010)

年份	地级行政单位				县级行政单位										
	专区	地区	地级市	总数	县	县级市	自治县	市辖区	城关区	专区辖区	盐区	矿区	联社	特区	总数
1949	10		3	13	78	6		5	1	1					91
1950	9		3	12	77	3		0		1	1				82
1951	9		3	12	77	4		4		1	1				87
1952	7		3	10	77	4		14		1	1				97
1953	7		3	10	81	4		20		1		1			107
1954	6		3	9	81	4		20		1	1	1			108
1955	6		3	9	81	4		17		1	1				105
1956	6		3	9	81	4		7							92
1957	7		3	10	81	4		5							90
1958	5		3	8	51	4		5							60
1959	5		3	8	51	4		5							60
1960	4		3	7	45	4		5					1		55
1961	4		3	7	54	4		5							63
1962	6		3	9	63			5							68
1963	7		3	10	63			5							68
1964	8		3	11	63			5							68
1965	8		3	11	63			5							68
1966	8		3	11	64			5							69
1967	8		3	11	64			5							69

续表

年份	地级行政单位				县级行政单位										
	专区	地区	地级市	总数	县	县级市	自治县	市辖区	城关区	专区辖区	盐区	矿区	联社	特区	总数
1968	8		3	11	64			5							69
1969	8		3	11	64			5							69
1970	8		3	11	64			5							69
1971	8		3	11	64			5							69
1972	8		3	11	64			6							70
1973		8	3	11	65			6							71
1974		8	3	11	65			6							71
1975		8	3	11	65			6							71
1976		8	3	11	65			6							71
1977		8	3	11	65			5							70
1978		8	3	11	65			10							75
1979		8	3	11	65	5		10							80
1980		8	3	11	65	5		13						1	84
1981	7		3	10	63	6		13							82
1982	7		3	10	64	6		13							83
1983	4		6	10	66	3		16							85
1984	4		6	10	66	3	1	17							87
1985	3		8	11	65	3	1	20							89
1986	3		8	11	62	6	1	20							89
1987	2		9	11	57	9	1	22							89
1988	2		9	11	53	13	1	20							87
1989	2		9	11	51	15	1	20							87
1990	2		9	11	50	16	1	20							87
1991	2		9	11	49	17	1	20							87
1992	2		9	11	45	20	1	20							86
1993	2		9	11	43	23	1	20							87
1994	1		10	11	40	21	1	23							85
1995	1		10	11	39	22	1	23							85
1996	1		10	11	38	23	1	24							86
1997	1		10	11	38	23	1	24							86
1998	1		10	11	38	23	1	24							86

续表

年份	地级行政单位				县级行政单位										
	专区	地区	地级市	总数	县	县级市	自治县	市辖区	城关区	专区辖区	盐区	矿区	联社	特区	总数
1999		1	10	11	38	23	1	24							86
2000			11	11	37	22	1	26							86
2001			11	11	36	22	1	29							88
2002			11	11	35	22	1	30							88
2003			11	11	35	22	1	32							90
2004			11	11	35	22	1	32							90
2005			11	11	35	22	1	32							90
2006			11	11	35	22	1	32							90
2007			11	11	35	22	1	32							90
2008			11	11	35	22	1	32							90
2009			11	11	35	22	1	32							90
2010			11	11	35	22	1	32							90

资料来源:行政区划网 http://www.xzqh.org/html/zj/ (2011/10/08)

表 2　浙江省的迁撤县治(1949—2010)

	治县	治县年份	治县年数	县迁而停治	县撤而停治	现属	迁撤文件内容
菱湖镇	吴兴县	1949	1	●		湖州市	◎1950 年 5 月 5 日浙江省人民政府〔府民字第 2866 号〕训令:吴兴县驻地由菱湖镇迁至湖州市。
皋埠镇	会稽县	1949	1		●	绍兴市	撤销四明县。将绍兴县城以东原绍兴县乡区成立会稽县,县城以西原绍兴县乡区仍为绍兴县。(1950 年 8 月 2 日浙江省民政厅〔民民字第 2207 号〕通知) 撤销会稽县,其行政区域并入绍兴县。(1950 年 6 月 10 日浙江省人民政府〔府民字第 3379 号〕训令)
大田镇	临海县	1949	1	●		临海市	◎1950 年 5 月 5 日浙江省人民政府〔府民字第 2866 号〕训令:临海县驻地由大田迁至临海城关区。

续表

治县	治县年份	治县年数	县迁而停治	县撤而停治	现属	迁撤文件内容
枫林镇	永嘉县	1949	1		●	永嘉县	双溪县更名为永嘉县,县政府驻枫林。(1949年9月21日浙江省人民政府批准) 永嘉县驻地由枫林镇迁至温州市区九山。(浙江省人民政府1950年10月批准) 永嘉县人民政府驻地由枫林镇迁温州市区。(1950年10月浙江省人民政府行政会议决定) (1950年6月由枫林镇先迁到罗浮龙桥,12月21日由罗浮龙桥迁治温州市)
岩头镇	双溪县	1949	1		●	永嘉县	1949年5月,永嘉县全境解放。以瓯江为界南置温州市;江北县境置双溪县,治岩头镇。 双溪县更名为永嘉县,县政府驻枫林。(1949年9月21日浙江省人民政府批准)
东栅镇	嘉兴县	1949	1	●		嘉兴市	1949年,嘉兴县驻地由报忠埭迁至东栅镇。 嘉兴县驻地由东栅镇迁至嘉兴市勤俭西路。(1950年5月8日浙江省人民政府批准)
安吉城	安吉县	1949—1950	2	●		安吉县	1951年5月8日华东军政委员会批准:安吉县驻地由安吉城迁至梅溪镇。
碧湖镇	丽水县	1950—1951	2	●		丽水市	丽水县驻地由城关镇迁至碧湖镇。(1950年5月8日浙江省人民政府批准) 丽水县驻地由碧湖镇迁至城关镇。(1952年5月浙江省人民政府批准)
岛斗镇	大衢县	1962—1963	2		●	岱山县	1962年6月1日国务院全体会议第116次会议〔议字14号〕决定:恢复大衢县。以合并于舟山县的原岱山县的衢山区行政区域为大衢县的行政区域。 撤销大衢县。将大衢县的行政区域并入岱山县。(1964年6月5日国务院全体会议第145次会议决定,1964年6月15日浙江省人民委员会〔委民字339号〕通知)
东沙镇	岱山县	1953—1954	2	●		岱山县	1953年6月10日政务院批准: 设置舟山专员公署,驻定海县,管辖定海、普陀、岱山、嵊泗4县。以原定海县东沙镇为中心,将岱山、衢山2区(包括岱山、衢山、长涂、黄山等岛)划入,成立岱山县。 岱山县驻地由东沙镇迁至高亭镇。(1955年12月浙江省人民委员会批准)

续表

治县	治县年份	治县年数	县迁而停治	县撤而停治	现属	迁撤文件内容
矾山镇	明矾（矾山）矿区	1953—1955		●	苍南县	将平阳县原属的矾山区的明矾矿区划出,成立相当于区一级的明矾矿区,由温州地区专署领导。原矾山区公所仍予保留,将矿区附近的农业地区予以适当调整后,仍归该区公所领导。(1953 年 6 月 30 日内务部〔内民字第 343 号〕公函批准) 将明矾矿区更名为"矾山矿区"。(1955 年 4 月 26 日浙江省人民委员会批准)。 1956 年 3 月 9 日浙江省人民委员会〔浙政办第 97 号〕决定:温州专署直辖的矾山矿区划归平阳县管辖,并撤销区的建制改设为镇的建制。
新塍镇	嘉兴县	1951—1953	●		嘉兴市	1951 年 5 月 8 日华东军政委员会批准:嘉兴县驻地由嘉兴市迁至新塍镇。 嘉兴县驻地由新塍镇迁至南堰。(1954 年 3 月 16 日浙江省人民政府批准)
南堰镇	嘉兴县	1954—1957	●		嘉兴市	嘉兴县驻地由新塍镇迁至南堰。(1954 年 3 月 16 日浙江省人民政府批准)
慈城镇	慈溪县	1949—1953	●		宁波江北区	慈溪县驻地由慈城镇迁至浒山镇。(1954 年 8 月浙江省人民政府批准)
丰惠镇	上虞县	1949—1953	●		上虞县	上虞县驻地由丰惠镇迁至百官镇。(1954 年 8 月 20 日宁波专员公署〔署民字第 11777 号〕批复)
庵东镇	庵东盐区	1950—1952 1954—1955		●	余姚市	◎1950 年 11 月 25 日内务部〔内民字第 175 号〕批准:设庵东盐区人民政府,系县级盐区,在余姚县,接受宁波专署直接领导,全区共辖庵东、东一、东二、东三、西一、西二、西三、崇寿、高兴等 9 个乡。(1950 年 8 月 7 日浙江省人民政府〔府办秘字第 5416 号〕代电) 宁波专员公署直接领导的庵东盐区予以调整,除将该区非盐业地区塘南等 3 乡划出,并入附近农业地区领导。原庵东盐区改一级政权,由余姚县人民政府领导。(1953 年 6 月 29 日华东军政委员会〔东办政字第 0594 号〕公函批准) 恢复庵东盐区(县级),由宁波专员公署直接领导。(1954 年 4 月 26 日浙江省人民委员会〔府人字第 1279 号〕通知)

续表

治县	治县年份	治县年数	县迁而停治	县撤而停治	现属	迁撤文件内容
梅溪镇	安吉县	1951—1957	7	●		安吉县	1951年5月8日华东军政委员会批准:安吉县驻地由安吉城迁至梅溪镇。安吉县驻地由梅溪镇迁至递铺镇。(1958年11月21日国务院全体会议第82次会议批准)
新登镇	新登县	1949—1957	9		●	富阳市	1958年11月21日国务院全体会议第82次会议决定:撤销新登、分水2县,将原两县的行政区域全部划归桐庐县。
崇福镇	崇德县	1949—1957	9		●	桐乡市	1958年11月21日国务院全体会议第82次会议决定:撤销崇德县,将原县的行政区域全部划归桐乡县。
於潜镇	於潜县	1949—1957	9		●	临安市	1958年11月21日国务院全体会议第82次会议决定:撤销於潜县,将原县的行政区域全部划归昌化县。
寿昌镇	寿昌县	1949—1957	9		●	建德市	1958年11月21日国务院全体会议第82次会议决定:撤销寿昌县,将原县的行政区域全部划归建德县。
淳城镇	淳安县	1949—1957	9	●		千岛湖底	(1958年12月浙江省人民委员会批准)淳安县驻地由狮岭镇迁至排岭镇。
狮城镇	遂安县	1949—1957	9	●		千岛湖底	1958年9月5日国务院全体会议第79次会议决定:撤销遂安县,将原属的行政区域并入淳安县。(1958年12月浙江省人民委员会批准)淳安县驻地由狮岭镇迁至排岭镇。
分水镇	分水县	1949—1957	9		●	桐庐县	1958年11月21日国务院全体会议第82次会议决定:撤销新登、分水2县,将原两县的行政区域全部划归桐庐县。
汤溪镇	汤溪县	1949—1957	9		●	金华市	1958年9月5日国务院全体会议第79次会议决定:撤销汤溪县,将原属的行政区域分别划归金华、兰溪、龙游3县。1958年11月原经国务院批准撤销金华专区的汤溪县,将原县的行政区域分别划归金华、兰溪、龙游3县,现改为将原县的行政区域全部划归金华县。
柳城	宣城县	1949—1957	9		●	武义县	1958年4月11日国务院全体会议第75次会议〔议字第38号〕决定:撤销宣平县,将其原辖分别划归武义、丽水两县。

续表

治县	治县年份	治县年数	县迁而停治	县撤而停治	现属	迁撤文件内容
梅城镇	建德县	1949—1957	9	●		建德市	建德县驻地由梅城镇迁至白沙镇。(1958 年 11 月 21 日国务院全体会议第 82 次会议批准)
余杭镇	余杭县	1949—1957, 1961	10	●		杭州余杭区	1958 年 11 月 21 日国务院全体会议第 82 次会议决定:撤销余杭县,将原县的行政区域全部划归临安县。 1961 年 7 月 9 日国务院全体会议第 111 次会议决定:1961 年 7 月 20 日浙江省人民委员会〔民字 333 号〕通知:设立余杭县,以杭州市和临安县的部分行政区域为余杭县的行政区域。余杭县由杭州市领导。 余杭县人民委员会驻地从余杭镇迁至临平镇。(浙江省人民委员会 1962 年 1 月 3 日批准)
武隆镇	昌化县	1949—1959	11		●	临安市	1960 年 8 月 15 日国务院全体会议第 102 次会议通过〔议字 58〕决定:将临安县与昌化县合并,定名为临安县。临安县由杭州市领导。
德清城关镇	德清县	1949—1992	44	●		德清县	1958 年 4 月 11 日国务院全体会议第 75 次会议〔议字第 38 号〕决定:撤销武康县,将其原辖区并入德清县。 将德清县人民政府驻地由城关镇迁至武康镇。(1993 年 11 月 16 日民政部〔民行批 233 号〕批复)

资料来源:行政区划网 http://www.xzqh.org/html/zj/ (2011/10/08)

说明:本文获得国家自然科学基金"世界遗产视野中的浙江省矿业遗产资源"(批准号:40971086)的资助。

中国古代人地关系矛盾在地域环境恶化中的影响

——以明清时期为例

陈 雄

（浙江师范大学地理与环境科学学院）

一、明代的土地开发及其日渐突出的环境问题

移民复垦和屯田垦荒是明代初期土地开发的重要形式。明代初期，改朝换代的战争导致本来历史上就形成的人口分布不均问题更为严重。黄河流域的中原地区经过元末的战乱，人烟稀少，大片土地荒芜；凤阳和北平地区由于地理位置的特殊人口也严重不足。然而，宋代以来人口稠密的苏松、两浙、山西、江西以及山东沿海部分地区，或元末割据自保或战火未燃及等原因，粮食不足、无地可耕的问题却十分突出。针对这种实际情况，明朝政府采取徙民于宽乡和扩展荒地垦辟等措施。《明史》卷 77《食货志》记载："移民就宽乡，或召募，或罪徒者为民屯。"[1]《明史》卷 77《食货志》还记载有这样的事实，洪武三年（1370 年）迁移江浙的农民 4 千余户前往临壕屯种，第二年又迁移内蒙古和山西北部一带的"沙漠遗民"3.28 万余户到北平屯种，迁移江南民众 14 万人去凤阳屯种；洪武十五年（公元 1382 年），迁移广东增城等地降民 2.4 万余人到泗州屯种，后来又多次迁移浙西及山西民众前往滁州、北平、山东以及河南屯垦，迁移江西民众到云南和湖广屯垦。在河南、山东等战后人烟稀少地区，政府除组织移民前往开垦外，还采取各种优惠措施招徕民众前往开垦。在对一些地方进行移民复垦的同时，明初还在全国范围内，尤其黄淮流域和边疆诸地进行了大规模的屯田垦荒。所谓"东自辽左，北抵宣、大，西至甘肃，南尽滇、蜀，极于交阯，中原则大河南北，在在兴屯矣"[2]。屯田取得的成绩是巨大的，例如，仅在贵州一地，自洪武十一年（公

---

① 《明史》卷 77《食货志》，中华书局 1974 年标点本，第 2175 页。

② 《明史》卷 77《食货志》，中华书局 1974 年标点本，第 1884 页。

元 1378 年)置贵州都司卫所创立屯田,前后就垦田 100 多万亩。明代初期的移民复垦和屯田垦荒,对于协调人口分布不均而造成的局部地区人地关系紧张起到了一定的积极作用。随着明初社会生产的恢复发展,人口数量也逐渐得到了恢复。据史料记载洪武二十六年(1393 年),民户有 1605 万户,人口达到了 6054 万左右。后来经过明中叶的这一段时期发展,人口越来越多,对土地的需求也日益增长,而宋代以来人口就十分稠密的东南地区尤其如此。[①]

明代中后期的土地开发,随着封建统治者的盘剥日益加重,迫使人民自发地流入山区毁林开荒,或者围垦海涂、河滩和湖面。这样自发的垦荒虽然扩大了耕地面积,取得了明显的经济效益,但是也对山林河湖环境造成了破坏。在广东,随着珠江三角洲土地开发的发展,濒海之地也和内地沿海一样筑堤围田,可垦之地日益减少,一些人民不得不进入粤北、赣南山区垦地谋生。但是山地的开垦,破坏了山林,威胁到了野生动物的生存环境,广东地区的犀、象大约也在这一时期灭绝了。在福建,土地问题也很突出,山区也涌入大量的流民耕垦。谢肇淛《五杂俎》记载:福建"自高山至平地,截截为田,远望如梯,真昔人所云:'水无涓滴不为用,山到崔嵬尽力耕'者,可谓无遗地矣,而人尚十五游食于外"[②]。在这种严峻的形势下,福建有数以万计的人随郑芝龙去台湾开垦,还有许多百姓逃入相邻的江西、浙江等省山区谋生。明末传入福建的番薯、烟草对福建和邻近山区的土地开垦起到了推波助澜的作用。在浙江,人民在不断围湖垦山,但是人地关系依然紧张。王士性说:"绍兴、金华二郡,人多壮游在外,如山阴、会稽、余姚生齿繁多,本处室庐田土,半不足供","宁绍人什七在外,不知何以生齿繁多如此"。[③] 在江西,由于人口增多,人们围垦鄱阳湖和赣南山地,虽然耕地增加了许多,但还是不能满足需要。《江右民迁荆湖议》记载:"江右之地,田少而人多,江右之人大半侨寓荆湖,盖江右之地力所出不足以给其人,必资荆湖之粟以为养也。"[④]与江西毗邻的湖广地区是明中后期最令人注目的垦区。这里自南宋以来一直地广人稀。万历六年(1578 年)南直隶的应天、苏州、松江、常州四府的人口即与当时的湖广布政司人口相当[⑤],而面积不及湖广一半的江西,人口比湖广却多得多。这种人口分布不均是当时湖广开发的动力。在湖广与川、陕、豫交界的

① 罗桂环、王耀先、杨朝飞等:《中国环境保护史稿》,中国环境科学出版社 1995 年版,第 423 页。
② 《五杂俎》卷 4《地部二》,上海书店出版社 2001 年标点本,第 68 页。
③ 《广志绎》卷 4《江南诸省》,中华书局 1981 年标点本,第 70 页。
④ 丘濬:《江右民迁荆湖议》,《明经世文编》卷 72,中华书局 1962 年影印本,第 605 页。
⑤ 梁方仲:《中国历代户口、田地、田赋统计》,上海人民出版社 1981 年版,第 205 页。

郧阳、荆襄地区,明中期涌入大量的流民,他们开山伐木,种地为生。《明英宗实录》卷二百四十七记载:景泰五年(1454年)各地逃荒的人民20多万户"转徙南阳、唐、邓,湖广襄、樊、汉沔之间逐食"。大量的流民涌入这一地区给这里的开发带来了动力。他们大多来自江西、江苏、陕西、四川、山东、河南等生产较发达的地区,到此"烧畬为田""悉力耕山",在不长的时间里,在山坡沟谷芟除树木,开垦了许多荒地。根据《明英宗实录》卷一百六十七统计,仅成化十三年垦田就达约14300顷。流民的土地开垦使这里的自然环境发生了深刻的变化,高山陡坡种上了庄稼,自然植被为人工植所替代,动物不断地失去家园,一些大型的动物日渐减少,水土流失加剧。上游水土流失引起了下游湖区的淤积与开发。早在明初,湖广就有一些垸田,随着江西等地人民的"侨居荆湖",吴地熟练的圩田技术的传入,湖广围湖垦田的步伐迅速增大。外来移民和当地富豪拼命利用各种手段开垦湖田,如在孝感,"近湖之田,先年原是湖地,夏秋皆水,冬春可行,仅出青草为肥田之用,无粮也"①。这种疯狂盲目的围垦使得这一地区的湖田得到空前的开发。湖广的垸田开垦成绩明显,但过量侵垦湖面也使水灾日益严重。嘉靖年间(1522—1566年)修的《沔阳志》卷八《河防志》记载:"自洪武迄成化初(1368—约1468年),水患颇宁",后来日渐增多的"佃民估客"不断垦辟湖面,"寝久因攘成业",加之地大租轻,"客民利之,多濒河为堤以自固,家富力强则又增修之",结果"院(垸)益多,水益迫,客堤益高,主堤益卑,故水至不得宽缓,湍怒迅激,势必冲啮,主堤先受其害","自正德十二年(1517年),大水泛滥南北,江襄大堤冲崩,湖河淤浅,水道闭塞,垸塍倒塌,田地荒芜"。

由此可见,明代时期土地开发造成的环境问题已经比较突出了。尽管明代的土地开发取得很大成绩,但是由于人口增长速度过快,土地增长面积长期落后于人口的增长,因而平均每人占有的土地份额急剧下降。明初(1400年),人口约为6500—8000万人,耕地面积为3.7亿亩;公元1600年,人口达2亿人,耕地为5.7亿亩②。加上剥削阶级的人口增长比贫民的增长迅速得多,这就使得本来就严重的人地关系矛盾更为尖锐。明末宋应星说:"今天下生齿所聚者,惟三吴八闽;则人浮于土,土无旷荒,其地经行之中,弥望二三十里而无寸木之阴可以休息者,举目皆是。"③

---

① 光绪《孝感县志》卷3《赋役志》,第303页。
② 王业键:《明清经济发展并论资本主义经济萌芽问题》,《中国社会经济史研究》1983年第3期。
③ 宋应星:《野议》,载《宋应星佚著四种》,上海人民出版社1976年标点本,第9页。

二、清代尖锐的人地关系矛盾及其环境问题恶化

清代康熙前期采取按人丁征收赋税的政策,人民不堪重负,常隐瞒丁数,甚至逃往他方或结伙进山。为了改变这一局面,康熙五十一年(1712 年)清政府宣布,人口丁赋以康熙五十年全国的丁银为准额,以后添丁不再多征。后来,雍正又采取"地丁合一"、"摊丁入亩"的办法,把丁银摊进田亩中征收。赋税法的这种改变,使农民摆脱了长期压在头上的人口增殖税,为人口的快速增长起到了极大的促进作用,同时也为人口的流动打开了方便之门。康熙五十年(1711 年),全国有丁口 2461 万多,按每丁带口 3 至 4 人计,则有人口 8000 万人左右。但当时隐匿的人口和流民很多,这个人口数是明显偏低的。乾隆十八年(1753 年),人口数为 10275 万人,这个数字也还是偏低的,因为肯定还有不少农户持观望态度,不敢贸然实报户口,怕平白增添赋役。到了乾隆三十一年(1766 年),政府统计的人口超过了两亿。这当然与许多流民附籍,人口实报有关,也可能有地方官为粉饰"升平"的夸大成分,但可以肯定随着生产的恢复和发展,人口增长迅速。除了赋税法的调整,政府实行的一再奖励垦荒和边疆开发的政策,以及耐旱高产的番薯、玉米作物的推广,都对这一时期人口的快速增长及其土地开发的加剧起到了推动作用。以至到道光十三年(1833 年),政府记录在案的人口已经达到近四亿之众。①

与此同时,人口的快速增长及其对耕地与日俱增的需求,已经开始引起统治者和一些有识之士的忧虑与关注。雍正说:"我国家休养数十年来,户口日繁,而土地止有此数,非率天下农民竭力耕耘,兼收倍获,欲家室盈宁,必不可得。"②乾隆在他当政的第五十八年(1793 年)曾谕内阁:"朕查上年各省奏报民数,较之康熙年间,计增十余倍。承平日久,生齿日繁,盖藏自不能如前充裕。且庐舍所占田土,亦不啻倍蓰。生之者寡,食之者众,朕甚忧之。犹幸朕临御以来,辟土开疆,幅员日廓,小民皆得开垦边外地土,藉以暂谋衣食。然为之计及久远,非野无旷土,家有赢粮,未易享升平之福。"③有的官吏也注意到了这样的问题,认为"盛世滋生人口日众,岁时丰歉,各处难一。以有限有则之田土,供日增日广之民食,

---

① 罗桂环、王耀先、杨朝飞等:《中国环境保护史稿》,中国环境科学出版社 1995 年版,第 427—428 页。

② 《清会典事例》卷 168《户部·田赋》,中华书局 1990 年影印本,第 1130 页 a。

③ 《清史稿》卷 120《食货一》,中华书局 1977 年标点本,第 3065—3066 页。

此所以不能更有多余"①。乾隆末年江苏阳湖(今武进)人洪亮吉也注意到了人口增长大大超过生产资料和生活资料的增长的严重问题②。

人口压力与日俱增,增加耕地和粮食产量成为了社会的当务之急。从政府的角度而言,为了稳固统治地位,鼓励垦荒和推广高产作物;从黎民百姓的角度而言,为了生存而自发垦荒,并从人口密集的福建、广东,长江中下游平原,黄淮平原向人口稀少的西南山地、北部边疆和沿海岛屿流动开垦。原本山区土壤瘠薄,又缺少浇灌条件,很难满足我国原有的粮食作物生长需要。明代中叶以后,从国外传来了玉米、番薯等作物,这些作物耐瘠、耐旱又高产,适合山区的条件,又能提供大量的粮食,因此很快传播开来,成为开发山区的重要作物,对土地垦辟的深化产生了深远的影响。这不仅为人口的继续增长提供物质基础,也最终加剧了自然环境的进一步恶化。

东南地区,据统计宋徽宗崇宁(1102—1106 年)时人口为 1500 万,明嘉靖时增至 2312 万,比崇宁时增加了 54%,清嘉庆时人口猛增至 13606 万人,比宋时增加了 8 倍,比明代增加了 5.4 倍③。人口的大量增殖,需要大量的耕地,这时的山区,浅山、缓坡早被开发,人们只能从浅山走向深山,从缓坡走向陡坡,从而形成了对山区大规模的深度开发,垦殖的规模扩大到整个丘陵山区。为了解决耕地不足,明清时期,特别是清代中期以后,清政府也一再提倡垦山,并制定政策,给予许多优惠。《清实录·高宗实录》卷一百二十三记载,乾隆五年(1740年)发布诏令:"各县生齿日繁,地不加广,穷民资生无策……凡边省内地,零星地土,可以开垦者,嗣后悉听该地民夷垦种,免其升科"。其后又针对各省的具体情况作了规定,《清实录·高宗实录》卷一百四十六记载,乾隆六年准"江省(江西)开垦,如在山巅水涯,高低不齐,或沙石间杂,坍涨不一,及畸零闲土,约在二亩以下者,免其升科。"对福建的规定,《清实录·高宗实录》卷一百四十七记载:"闽省多属山田,层垒高下,如同梯形,以丘而论,均属零星,彼此合算,方成亩数。嗣后民间开垦,无论水田旱田总以零星旷土,不及一亩,与虽及一亩,而系地角山头,不相毗连者,免其升科。"《清实录·高宗实录》卷一百五十记载,对江苏的"山头地角,硗瘠荒土,及沟畔田塍,畸零隙地,不成丘段者",规定"听民种植,无论多寡,永免升科"。《清实录·高宗实录》卷一百二十四记载,浙江省"地窄民稠,凡

---

① 朱伦瀚:《截留漕粮以充积贮札子》,《皇朝经世文编》卷 39《户政·仓储上》,道光年间刻本,第 26 页 b。
② 洪亮吉:《治平篇》,《洪亮吉集》第 1 册,中华书局 2001 年标点本,第 14 页。
③ 闵宗殿:《明清时期东南地区的虎患及相关问题》,《古今农业》2003 年第 1 期。

平原沃野,已鲜旷土",因此也规定"山头地角,溪畔崖边,间有畸零,不成丘段及从前水冲沙压荒地,人力难施"之地,"永免升科"。这些政策,解除了对贫苦农民进山开垦的束缚,推动了大量农民进入山区进行开垦,从而在清代中期形成了垦山高潮,从缓坡到陡坡,从浅山到深山,都先后被开垦,出现了到处垦山的局面。对东南山区的开发起了推动作用。

西部地区,清初时由于战争的破坏,四川一直是人口流入的地方。在雍正、乾隆年间(1723—1795 年)有不少闽、粤人前往四川,但更多的是两湖和江西的人户。《清实录·高宗实录》卷三百十一记载,仅乾隆八年(1743 年)至十三年(1748 年)的五年中,以湖南人为主体的由黔赴川就食者就有 24 万多人。据《四川通志》记载,湖南、湖北两省"携家入蜀者,不下数十万"①。因此,清初有"湖广填四川"之说。自康熙年间至乾隆前期,四川的荒地被迅速复垦。随着外省流民的流入,垦辟也从初期的复垦转向垦山,甚至原先封禁的一些少数民族居住的山区也开始放垦,后来还有不少四川人进入陕南山区和云南、贵州等地谋生。云南在清初时人口稀少,不久即为外省人口填充。这里的铜锡矿开发,更招来大量人口。史载云南的人口从康熙二十四年(1685 年)至乾隆三十一年(1766 年)间,增加了好几倍②。土地资源严重不足。乾隆三十一年(1766 年)朝廷下诏令曰:"滇省山多田少,水陆可耕之田俱经垦辟无余,惟山麓河滨尚有旷土,向令边民垦种,以供口食。"③统治者推动的垦山运动更是风起云涌,山地开垦规模不小。道光十六年(1836 年)有人奏云:"云南地方辽阔,深山密箐。未经开垦之区,多有湖南、湖北、四川、贵州穷民搭寮栅居住,砍树烧山,艺种苞谷之类。"贵州山区开发较晚,自雍正实行改土归流以后,四川湖广的人民纷纷涌入垦荒种粮。《广顺府志》载,乾隆以后,百姓垦山种植玉米,"接岭连畦"。嘉庆七年(1802 年)朝廷曾议准禁止新增棚户开垦苗地④,但是这样抵挡不住求生的难民,这一时期,贵州兴义等府一带苗疆,俱有流民溷迹。⑤

北方地区,黄河流域的山东、河北、山西等省区也是人口过密的省区,有不少人口流往东北、内蒙古等地开垦荒地。东北是清的发源地,清初曾招人前往开垦,后来在康熙六年(1667 年),开始禁止人民出关。康熙二十三年(1684 年)还

---

① 雍正《四川通志》卷 47《舆地志·陵墓四》,第 1811 页 a。
② 梁方仲:《中国历代户口、田地、田赋统计》,上海人民出版社 1981 年版,第 392—396 页。
③ 《清会典事例》卷 164《户部·田赋》,中华书局 1990 年影印本,第 1091 页 b。
④ 《清会典事例》卷 167《户部·田赋》,中华书局 1990 年影印本,第 1122 页 b。
⑤ 罗绕典:《黔南职方纪略》卷 2《兴义府》,成文出版社 1974 年影印本,第 50 页。

下令将关外的汉人移入关内,不准关外的地主随便到关内雇工。但这并不能完全禁止关内流民潜入垦荒,如"山东之民倚辽阳觅食者,邑以千计",河北往东北去的人也不少。清中期流入东北的人口虽远不及清末多,但数量也很可观。这些流入人口加速了当地的土地开发,粮食生产。清初采取民族隔离政策,不准汉民前往内蒙古一带开垦,但对已经在当地开垦多年的,则采取默认态度,但仍严加限制。嘉庆十五年(1810年)朝廷还有禁令:"蒙古地方辽阔,以骑射游牧为本务,向例不准口内居住旗民,在蒙古地方开垦。"①然而,实际上自清前期开始就有不少山东、河北、陕北的百姓前去关外垦田谋生。

清人描述这一时期人口过多与环境失调时,通常是与"棚民"、"苞谷"、"垦山"、"沙土"几个名词联系在一起的。换句话说,就是当时许多缺少土地的农民逃进深山老林,搭棚栖身,毁林种植玉米等作物,造成严重水土流失,是这种相互关系的主要特征。长江上游地区的棚民在云、贵、川开垦山地,主要对中下游的水道河湖填塞造成灾难性的后果。《秦疆治略》记载,在陕西南部汉中府各地,多有川、楚、安徽棚民在那里毁林开荒。清严如熤《三省边防备览》卷五《水道》记载:由于"老林开辟,至夏秋涨发,各山沟辄拥沙堆石,磊积于江中"。《三省边防备览》卷九《民食》记载:汉中"各江河身渐次提高,其沙石往往灌入渠中,非冲坏渠堤,即壅塞渠口"。汉水上游的陕南如此,鄂北的郧阳府也差不多。如房县因"开垦过多,山渐为童,一经霖雨,浮石冲动,划然下流,砂石交淤。洞溪填溢,水无所归,竟啮平田。土人竭力堤防,工未竣而水又至,熟田半没于河洲,膏腴之壤竟为石田"②。汉水上游的滥垦给中下游造成很大的灾难。湖南的洞庭湖是长江中游调节江水的重要湖泊。湖南山区的过量开垦,围湖日多,使湖区淤积。清贺熙龄《请查濒湖私垸永禁私筑疏》记载:"自康熙年许濒湖居民各就湖边荒地筑围成田,于是长沙、湘阴、益阳、武陵、龙阳、阮江、沣州、安乡、巴陵等十州县有曾被水冲。"占湖越来越多,后果越来越严重。长江上游的过量开垦和汉水流域的严重水土流失,加之洞庭湖的围垦泛滥,致使长江中游环境问题与日俱增,灾害频发。

长江下游数省垦山带来的环境恶化也日甚一日。在安徽,皖西的霍山县,顺治《霍山县志·地理志下》记载:"垦山之害,旧志已历言之,谓必有地竭山空之患,阅数纪而其言尽验","近以生息益蕃,食用不足,则又相率开垦,山童而树亦

---

① 《清会典事例》卷167《户部·田赋》,中华书局1990年影印本,第1122页b。
② 同治《房县志》卷4《赋役》,第249页。

渐尽,无主之山,则又往往放火延焚,多成焦土"。在皖南山区棚民"千百为群",
"盘踞山谷",徽州、宁远等府县都深受过度开垦之害。道光《徽州府志·棚民》记
载,徽州府"自棚民租种以来,凡峻险嶙峻之处,无不开垦,草皮去尽,则沙土不能
停留,每一大雨,沙泥即随雨陡泻溪涧,渠塌渐次淤塞,农民蓄泄灌溉之法无所复
施,以致频年歉收",而且棚民种玉米"追土膏已竭,又复别租他山"。因而,致使
水土流失的面积越来越大,所以,当时就有些官吏为此忧心忡忡,甚至提出将棚
民驱除,将山林暂行封禁。在浙江,由于苏北、安庆和本省棚民在杭、湖各县山中
"开种苞谷,引类呼朋,蔓延日众,良隽杂处",水土流失变得越来越严重。道光二
十三年(1843 年),地方官奏请朝廷禁止棚民开山。因为"每遇大雨,泥沙直下,
近于山之良田,尽成沙地,远于山之巨浸,俱积淤泥。以致雨泽稍多,溪湖漫溢,
田禾淹没,岁屡不登。至于水遇晴而易涸,旱年之灌救无由"。更为严重的是这
些棚民种玉米时,到山地泥土流失殆尽的时候则徙往他乡,每到一处,"必得土尽
而后已"。当时"杭、嘉、湖、苏、松、太五府一州居天下财赋之半",垦山造成良田
被沙拥,水利设施破坏,"山有石而无泥,他日钱粮何出?""若不亟筹禁止,流毒愈
深,于国课民生大有关系。"《皇朝道咸同光奏议》卷 29《户政类·屯垦》中载江元
方《请禁棚民开山阻水以杜后患疏》一文,主张不准将未开之山再垦,违者严惩,
水利也只有当山上的水土流失情况好转后,才能实施有效的工作。在江苏,除因
上游湖泊对水量的调蓄能力减小,造成本地发水时,湖河并涨,宣泄不及外,本省
的植被破坏也给生产带来极大的危害。如句容县,原先山上"林木郁茂,庶草稜
芜,山水发作而沙不下流"[①],入湖(赤山湖)的是清水,湖也不被壅,但是自外地
棚民进入开山之后,"草木皆无,无以阻滞淤沙,水稍发,沙即随水下","如黄河之
水,大半是泥,先淤近山之塘坝",后淤"下流之湖",后果十分严重。[②]

清代受人为影响较为剧烈的是长江流域的自然环境。不过由于当时的人口
问题是全面的,因而受其影响形成的环境问题,在其他地域也不同程度地存在。
在黄河流域,清中后期一些山西、陕北的边民在今内蒙古南部的开垦,给这里的
牧区带来一定的风蚀问题。史籍记载,清后期有不少来自山西偏关和平鲁的农
民,在今内蒙古境内的清水河一带垦荒。结果很多人"因所垦熟地或被风刮,或
被水冲,是以……弃地逃回原籍"[③]。清水河北面的托克托城及和林格尔也存在

---

① 光绪《续纂句容县志》卷 6 上《水利》,第 16 页 b。
② 光绪《续纂句容县志》卷 6 上《水利》,第 17 页 a。
③ 光绪《清水河厅志》卷 14《田赋》,成文出版社 1968 年影印本,第 269 页。

类似的情况。这一时期陕北百姓在口外垦殖,对毛乌素沙地的植被和水源变化也产生过一定的影响。黄河中、下游的一些地区因垦殖不当,水土流失等问题日趋加剧。渭河流域的西安府宁陕厅,清时涌入大量江、楚客民垦山种粮,"至南山一带老林开空。每当大雨之时,山水陡涨,夹沙带石而来,沿河地亩屡被冲压"。在华州,川广游民纷至沓来,垦地播种苞谷,伐木砍柴,焚烧木炭,"惟近山近渭之处,每遇暴雨,非冲开峪口,水势奔腾,沙石冲压地亩,淤塞河身,即渭水涨发漫溢田庄"①。

三、政府采取的环境保护措施

随着人口与土地矛盾的日益尖锐和人地关系失调问题日益显现,统治者也曾采取过一些保护自然环境的行政措施,以协调环境的可持续发展,维护经济生产的正常运行和社会的稳定。这主要体现在两个方面,一是加强对棚民的管理,二是限制开垦湖田。

乾隆九年(1744 年)议准浙江上虞的夏盖湖、余姚的汝仇湖"关系水利,自应使之宽深容纳,庶旱潦有资,蓄泄无碍",诏令"凡有湖荡之地,详加查勘,除已经报垦地亩外,其余蓄水之处,划明界限,不许再行开垦。"②嘉庆二十年(1815 年)诏令在浙江滞留二十年以上的棚民入籍,鉴于种玉米容易造成水土流失,原来的玉米地改种靛青、番薯、茶叶等,"俱不准再种苞芦,致碍农田水利"③,也不许再垦山种植,"如本地民人将公共山场,不告知合业之人,私招异籍民人搭棚开垦者,招租之人照子孙盗卖祀产例,承租之人照强占官民山场律,分别治罪"④。道光二十三年(1843 年)奏准安徽徽州等地,将新添的棚户"一概逐令回籍"⑤。

由于清代初期洞庭湖遭到大肆围垦,严重影响了对长江水量的调蓄能力,致使这里经常引发水患,因此,清政府不得不修改清初的奖励开垦政策,于乾隆十一年(1746 年)议准:"官地民业,凡有关于水道蓄泄者,一概不许报垦。倘有自恃己业,私将塘池陂泽改垦为田,有碍他处民田者,查出重惩。"⑥乾隆二十八年

---

① 卢坤:《秦疆治略》,道光刻本,第 16—31 页。
② 《清会典事例》卷 166《户部·田赋》,中华书局 1990 年影印本,第 1117 页 a。
③ 《清会典事例》卷 158《户部·户口》,中华书局 1990 年影印本,第 1006 页 b。
④ 《清会典事例》卷 158《户部·户口》,中华书局 1990 年影印本,第 1007 页 a。
⑤ 《清会典事例》卷 158《户部·户口》,中华书局 1990 年影印本,第 1007 页 b。
⑥ 《清会典事例》卷 166《户部·田赋》,中华书局 1990 年影印本,第 1117 页 a—b。

(1763 年)巡抚陈宏谋奏议：洞庭湖"若再筑围垦田，必须湖面愈狭，漫溢冲决"，提议"堤围已筑者岁加培修，未筑者，永禁新增"，得到朝廷的复准。[①] 尽管如此，后来的事实表明，这些禁令由于地方官员施行不力，所以实际上并未起到应有的作用。这种禁而不止的现象，在当时似乎并不鲜见。乾隆四十七年(1782 年)政府诏令："此后河南、山东、江南、直隶等省，凡属滨河堤内滩地，该督抚河臣必当严切查禁，毋许再行居住占种。如有侵占滩地，阻遏水道者，唯该督抚河臣等是问。"[②]乾隆五十三年(1788 年)皇帝还亲自下令处理私围占垦的肖姓地主。乾隆认为"荆州郡城屡被水患，因郡治下游江内有窖金洲一道，侵占江面，涨沙逼溜。而本地肖姓民人，于雍正年间至乾隆二十七年，陆续契买洲地，种植芦苇，每年纳课。肖姓贪得利息，逐渐培植，每遇洲沙涨出，芦苇即环沙而生，阻遏江流，以致上游雍高，所在溃决"，进而"冲决堤塍城郭，以致数万生灵咸受其害"。由于上述原因，所以乾隆惩治肖姓地主。乾隆惩治肖姓地主后说："亦不特肖姓为然，即如黄河之外滩，以及西湖、淀河、山东、江南湖陂等处，百姓私占耕种甚多，屡经晓谕饬禁"，但是各地方官"并不实力查禁，任令开垦居住，与水争地"[③]。类似乾隆所说这样的禁而不止、屡垦屡禁的现象，愈往后愈严重。这种现象实际上从另一个侧面反映出了当时人口与土地资源矛盾的深刻危机。

---

① 光绪《华容县志》卷 2《堤工》，第 38 页。
② 《清会典事例》卷 166《户部·田赋》，中华书局 1990 年影印本，第 1118 页 a。
③ 《清会典事例》卷 166《户部·田赋》，中华书局 1990 年影印本，第 1118 页 b—第 1119 页 a。

《浙江省城全图》的年代考订与系谱整理

钟　翀

（上海师范大学人文与传播学院）

　　关于近代城市地图的演变历程,笔者此前发表数篇文章予以论述,概言之,自 19 世纪中叶到 20 世纪初的半个多世纪里,我国近代城市地图的绘制出现了重大的改变,在制图法上表现出从强调次序与立体感的景观式绘图,到普遍运用"计里画方"等传统实测技术的过渡型地图,最终进化到强调距离和方位的准确性、重视交通与设施的近代实测平面图这样的演替趋势;而从绘制者、受众面及地图功用上看,则大大突破了原先局限于宫廷文书、军机秘密及少数精英人士等狭小场合,将地图文化逐渐推广到普通民众与商业竞争的广阔层面上,因此可以说它在启迪民智、传播近代地理观念方面都具有重要的意义,乃我国科技近代化的一个具体表现。①

　　不过,在我国近代城市地图的急剧变化之中,西方传来的近代实测平面图如何得以推广,其为民众接受的具体过程如何? 此问题关系到我国地图与地理学的近代化发展,所以一直为笔者所关注。对此,笔者曾有两个方面的设想:一方面,由于我国数千年以来的绘图传统,近代实测型城市平面图即使在测绘规范、表现精确等方面具有明显优势,但其推广过程应该不会是一帆风顺;另一方面,对于面向广大民众的城市地图绘制而言,源于西方的平面图测绘方式也并非是唯一的或者说绝对最佳的选择,鸟瞰式或绘画式地图具有符合人体工学的直观性,对于地物表现较为复杂城市地图来说有着很强的表现力,即便今日,此类鸟瞰图或绘画图仍为诸多城市所采用。那么,以上的设想是否确有可以印证的案例呢?

---

　　① 参见钟翀:《中国近代城市地图的新旧交替与进化系谱》,《人文杂志》2013 年第 5 期;钟翀:《近代上海早期城市地图谱系研究》,《史林》2013 年第 1 辑。

一《浙江省城全图》的年代考订

《浙江省城全图》是一种纵45.5厘米、阔67.2厘米的单幅地图(图1),从油彩颜色与油浸洇痕及图上"杭州彩华五彩石印局发行"的文字说明,可明确判断该图系采用彩色石印的杭州城市地图。该图不仅印制华丽,其精湛的石印技术所表达的色彩与笔触显示了那个年代所特有的近代美,更为重要的是,此图虽是一种绘画地图,但其内容表现却极为丰富,完全突破了我国古代方志类城市地图以及早期城市绘图简省粗拙的表现手法,城内的马路街巷、桥梁水道、衙署祠庙及新式医院学校靡不备载,充满了时代生机与张力,具有较高的研究价值和艺术价值。那么,这张地图是何时产生的呢? 在其创作上又有何背景呢?

关于《浙江省城全图》的绘制年代,由于图上未加注明,因此近年在拍卖会中往往将之定为晚清。这是牵涉此图创作背景之首先需要解决的问题,所以必须先行分析确定。根据本图右上端所作的题记,可以了解该图的作者与制图动机:

> 本主人因坊间所售《浙江省城全图》,其中马路以及坊巷尚不免有遗漏之处,现届各省来杭游览者日多,若不急为订正,诚恐购图者不免仍有隔陔之虑,是以不惜重资,敦请测量者重行校正,庶游客有所凭藉,为指导之南针云。翻印必究。彩华主人识。

联系图左下方"杭州彩华五彩石印局发行"的注记,可知制作者即为该图的印售者——彩华五彩石印局,至于测者,则因图上未注而难以简单确定。

该图不注比例,从地物表现来看也有较多的变形——显然,此图并非基于近代测绘;并且此图方位是上东下西、左北右南,跟清中叶直到晚清在杭城流行的《浙江省垣坊巷全图》系统地图所取"自西湖眺望杭州城"方位绘法相同,而与1914年以来《浙江省城并西湖全图》(上海民国编译局1914年刊)、《杭州西湖全图》(上海商务印书馆1922年刊)等较为规范的实测系杭州城市地图截然不同,大概正因如此,所以近年的拍卖鉴定误认此图为清末之作。这样的年代断定虽然从近代城市地图的变化潮流与此图的风格、形态等识别经验上来看有其一定的合理性,不过判明成图年代首先还须系统分析图上的表现内容。下面就通过对图上铁路、城垣、马路及公共设施等项的具体考察,来判定该图详确的绘制年代。

先以城墙的变迁来看,民国元年(1912)7月,杭州开始拆除城墙,首拆湖滨

图 1　浙江省城全图(彩华五彩石印局版)

一带的满城(即旗下营)和涌金至钱塘门间城墙,以原城砖填筑湖滨路、南山路,并开辟湖滨公园。1929 年后又拆除武林门等,至新中国成立之初仅存庆春门、凤山水门及残余的东北城墙和西城墙北段①。从图上看,西面沿湖的城墙已经破拆,但武林门及其他三面城墙仍然完整,因此可以初步将此图年代限定在 1912 年至 1929 年之间。

铁路与火车是该图突出的地物表现之一,图上形象地描绘了自艮山门沿城墙外廓蜿蜒而行,穿越清泰门进入城内的"杭州城站"火车站,再向南贯望江门出城的一段铁路,即今沪杭线与浙赣线的杭州段。根据相关资料记载,杭州的铁路建设始于清光绪三十三年(1907),浙人自英国借款开建铁路,宣统元年(1909),为在杭城设沪杭甬火车站,破城穿引,拆去清泰门城墙数十丈②。虽然从铁路建设进程来看,仅可判断此图的形成必晚于 1909 年,不过值得留意的是,此图的艮山车站建筑物上插有一面五色旗帜,应为民国初及北洋政府时期(1912 年 1 月至 1928 年 12 月)所用国旗,在这里还需排除汪伪时期(1937 年 12 月至 1945 年 8 月)的可能性,但此图绝非出自清代这一点是可以明确的。

该图另一显著标示是新式的马路均以橙色或黄色双线予以表现。民国初年是杭州城内水泥马路建设的重要时期,因此马路的修筑进程成为判定该图年代的重要时间标尺。

根据相关资料记述,1912 年 7 月 3 日,清泰门至涌金门开筑水泥马路,至民国六年(1917)1 月,北洋军第四师师长兼淞沪护军使杨善德任浙江都督,到任后即购入一辆汽车,为让此车能在城内畅通行驶,他下令拆除数十座石阶桥,用以修筑马路。至 1918 年 1 月,从旗营沿荐桥街至城站段,由佑圣观沿馆驿后、城头巷至上板儿巷等路段的马路先后完工。③ 从《浙江省城全图》上看,这些路段均标示为橙色双线,显示该图的制作必在 1918 年之后。

值得注意的是,图上"省议会前"(今解放路、民生路口省公安厅)有一条名为"传芳路"的马路(今解放路中段,图 2),对比民国年间公开售卖的杭州实测地图,此路在 1925 年 3 月商务印书馆出版的《袖珍杭州西湖图》(初版)及 1925 年 4 月中华书局出版的《杭州西湖全图》上标注为"丰乐桥直街"或"丰乐桥街"(图 3—1);而在 1925 年 5 月商务印书馆《袖珍杭州西湖图》(二版)上,虽然路名仍为

---

① 任振泰主编:《杭州市志》第 4 卷《城乡建设篇》,中华书局 1999 年版,第 166—168 页。
② 沈祖德:《民国时期杭州铁路》,周峰主编:《民国时期杭州》(修订版),浙江人民出版社 1997 年版,第 321—324 页。
③ 张椿年:《民国时期杭州公路》,前揭《民国时期杭州》(修订版),第 313—314 页。

"丰乐桥直街",但横跨中河上的桥梁却已标注为"传芳桥"(即今"解放桥");到

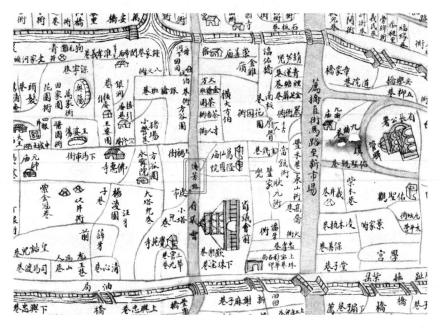

图 2 《浙江省城全图》(彩华五彩石印局版)上的"传芳路"

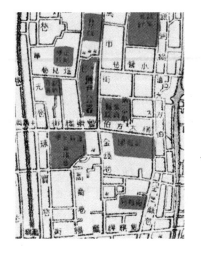

图 3-1 中华书局版《杭州西湖全图》
(局部,1925.4)

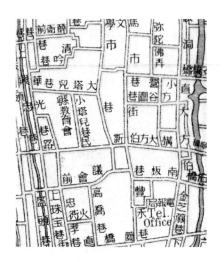

图 3-2 商务印书馆《袖珍杭州西湖图》
(局部,1929.1)

了 1929 年 1 月商务印书馆《袖珍杭州西湖图》(二版)上,则将"传芳路"改为"新民路"(图 3—2),此种路名的迁移反映了当时东南局势的变化——即孙传芳在东南五省的统治。

1924 年 9 月,孙传芳、卢永祥两军开启的江浙战争最终以卢军大败告终,曹锟政府旋即任命孙传芳为闽浙巡阅使兼浙江军务督理。孙主浙后,又于 1925 年起兵反奉,其势席卷苏皖,同年 10 月,孙传芳成立浙、闽、苏、皖、赣五省联军,自任总司令,其时孙传芳统辖东南五省,势力达到顶峰。不过好景不长,到 1926 年夏,国民革命军开始从广东誓师北伐,同年 9 月,北伐军挺进江西,孙传芳出兵迎击,11 月,孙军在南昌、九江等地接连溃败,孙传芳退保南京,宣称保守江、浙、皖三省,但实际上安徽陈调元已依附北伐军,浙江孟昭月亦危在旦夕。1927 年 2 月,北伐军占领杭州,而在此前的 1926 年 11 月 15 日,浙江省长夏超在杭州谋变,被孙传芳处决,孙改派陈仪继任省长,不料陈仪一向主张"浙人治浙",1927 年初何应钦率部入浙后,陈即开门迎降。到 1927 年 3 月下旬,北伐军先后占领沪、宁,孙军被迫渡江北撤,孙传芳在东南五省的统治终结。

从以上的局势转换来看,以"传芳"命名的马路或桥梁只能出现在 1925 年 5 月孙传芳入浙到 1927 年 2 月国民革命军占领杭州之间,而其最可能的绘制年代当在孙传芳确立东南统治的 1925 年 10 月到孙军九江败北、浙江省长夏超兵变(1926 年 11 月)的大约一年的时间之中。

为确定该图更为具体的成图时间,需进一步结合图上地物表现,查阅 1925 年到 1927 年初之间杭州市政工程的建设进度,关于这一点,当时《申报》中的相关快讯提供了有用的线索。

《申报》(1926 年 1 月 7 日):"杭州快信:自西湖新市场达丰乐桥直街,绕石牌楼穿城站之马路,业于夏间开筑,因中有桥梁三座,工程浩大,上月始完竣,现工程局已饬工头,限于阴历年内全路筑成。"此处既云"丰乐桥直街",可见"传芳路"之命名当在此日之后。

《申报》(1926 年 7 月 2 日):"杭州快信:清泰门城垣,奉准拆卸,以利交通,现由省会工程局派出工队,决将外城圈先行撤除,今日动工。"此处所云"外城圈"即指瓮城,按《浙江省城全图》上标注的清泰门瓮城完好无缺,可见此图之绘制当在拆除清泰门瓮城前。

综合以上分析,可以判定此图的绘制时间,保守推定在 1926 年中应该不错,而最有可能在 1926 年上半年之中,其时正是孙传芳在浙统治的极盛时期。

对于以上的年代判定是否合理,还可以从《浙江省城全图》上其他地物的出现年代加以印证。为此,笔者整理该图描绘杭州城内主要公共机构的起讫年代,列表如下:

表 1 《浙江省城全图》所绘杭城主要设施的起讫年代一览

机构名	成立年代	撤销或改变年代	备注
省长公署	1916 年改省都督府为省长公署	1949 年废止	
省议会	1913 年成立	1949 年废止	
浙江教育会	1907 年成立,1918 年迁入平海街新会所	1926 年 11 月停办	1928 年起,平海街会所用作省教育厅办公楼
杭州邮政局	1897 年成立杭州邮政局,初设于马市街,1919 年设城站邮务支局	1925 年 7 月始建城站浙江邮政管理局,于 1927 年 1 月落成	
电灯公司	1910 年建	1929 年 5 月	在板儿巷口,1929 年改名杭州电厂
师范学堂	1899 年设养正书塾,1908 年改名浙江官立两级师范学堂	1913 年改名为浙江省立第一师范学校	今杭一中前身
弘道女学校	1912 年合并基督教三校,名为弘道女校	1949 年撤销	旧址在今学士路,1937—1945 年因战争内迁
惠兴女学校	1912 年办惠兴小学,1920 年易名惠兴女中	1928 年 3 月因失火自惠兴路迁出	旧址在今惠兴路,1937 年后因战火中断,1956 年政府接管,今惠兴中学、杭十一中
大世界	1922 年创办	1935 年秋改名东坡剧院	在今仁和路西首,旧址即今西湖电影院

资料来源:《杭州市志》第一卷《建置篇》;《民国时期杭州》;《杭州老字号丛书》;《浙江教育会考略》。

从表一的整理来看,《浙江省城全图》上出现的主要政府、学校、产业等公共设施,均在 1926 年之中,与前述判断没有冲突。尤其值得注意的是浙江教育会与杭州邮政局这两个单位,浙江教育会是在 1926 年 11 月因经费无着停止活动的[1],这个时间点也很好地支持了笔者上述此图绘制的时间下限;而坐落于城站的杭州邮政局(应为浙江邮政管理局),其建设时间正在 1925 年 7 月到 1927 年 1 月间,该楼为二层大楼[2],图上表示为一层,当是未完工状态。反之,像 1928 年敷设的拱三公路武林路段马路[3]、1929 年在湖滨建成的陈英士像、1930 年在长

---

① 白锦表等:《浙江教育会考略》,《浙江万里学院学报》2001 年第 3 期,第 87—91 页。

② 仲向平编:《杭州老字号丛书》之《建筑篇》,浙江大学出版社 2008 年版,第 101 页。

③ 有趣的是,《浙江省城全图》上自武林门经狮虎桥河下、戒坛寺巷到钱塘门附近的武林路段,被施以淡淡的黄色,颜色、线条的表现与建成马路相似而略有不同,当为区别建成马路而绘制的在建路段。据张椿年的整理:民国 14 年(1925)计划修筑拱三段马路,其中观音桥经武林门至钱塘门段(即今湖墅南路、武林路)是新建路段,该马路在 1928 年 8 月全线完工。参见张椿年:《民国时期杭州公路》,前揭《民国时期杭州(修订版)》,第 318—319 页。

生路北至钱塘门头开辟的六公园等1926之后建设的杭城重要公共设施,均未在此图上出现。因此,通过具体地物的分析,不仅证实《浙江省城全图》的绘制时间只可能落在1926年之中,同时还反映出此图创作上具有很强的实时性。

二 《浙江省城全图》的系谱整理

以上明确了杭州彩华五彩石印局版《浙江省城全图》的成图年代在1926年中这一点,不过笔者此文目的,除考订此图年代之外,还在于探究此类内容丰富但不甚精确的城市地图出现在20世纪20年代大比例尺城市地图兴起的东南大都市,是否出于偶然? 为此,笔者广泛搜集了同类型的杭州城市地图,整理成如下的表二。

表 2 《浙江省城全图》系杭州地图一览

序号	刊行年代	图名	刊行单位	资料来源、收藏者等
①	1919	浙江省城全图	城站二酉山房	京大人文研、北京舜地画廊等处有藏
②	1920—1922?	浙江省城全图	不注作者	京大人文研藏,《杭州城池暨西湖历史图说》所收(未详出处)
③	1922	浙江省城全图	不注作者	国图藏,《舆图要录》p. 339所载
④	1922—1923	最新浙江省城全图	清河坊有益山房石印局	系一扇面,图上注明"浙省谢永兴制",上海 J 氏藏
⑤	1923—1925.2	浙江省城全图	沈一大西湖藕粉厂	《杭州古旧地图集》所收,杭州某氏藏
⑥	1925?	浙江省城全图	复初斋书局	北京海王村拍卖有限责任公司、国图
⑦	1925.8	最新浙江省城全图	清河坊文元堂书庄	杨祚昌编《杭城纪略》(四版)所收,上海聚珍仿宋印书局印,该图内容表现滞后
⑧	1926	浙江省城全图	彩华五彩石印局	日本山下和正等藏
⑨	约1929—1930	最新浙江省城全图	华兴五彩石印局	《杭州市地图集》所收
⑩	约1930—1934	最新浙江省城全图	未详	日本某氏藏

注:表中"京大人文研"为"京都大学人文科学研究所","国图"为"中国国家图书馆"。

根据笔者的整理,在民国初期,彩华五彩石印局出版《浙江省城全图》并非孤立的现象,与之相似的杭州地图在当时至少还有 9 种,此类地图均冠以《浙江省城全图》或《最新浙江省城全图》之名,且从地图表现来看,无论是尺寸、方位标示等外观形态,还是地物描绘乃至题识文字等具体内容都极为相似,每种地图只有极少的内容变动,有的甚至仅仅改换了制图发行者,显然这是一类同源、同系统的杭州城市地图。

从出版时间上来看,笔者所见此类地图之最早者,是民国 8 年(1919)由城站二酉山房出版的《浙江省城全图》(图 4,表二之①),该图题识为:

> 本主人因坊间所售《浙江省城全图》,其中马路以及坊巷尚不免有遗漏之处,现届春令,来杭游览者日多,若不急为订正,诚恐购图者不免仍有隔陵之虑,是以不惜重资,敦请测量者重行校正,庶游客有所凭藉,为指导之南针云。翻印必究。二酉山房主人识。

对比彩华石印局版《浙江省城全图》,可见两者仅有"现届春令……"与"现届各省……"一个词的改动(其他几种《浙江省城全图》的题识文字也只有极少的词汇更改)。

佚名所制《浙江省城全图》(表二之②),其图幅、印刷、纸质均与二酉山房 1919 年版《浙江省城全图》完全相同,从地物表现来看,也与后者极为接近,从绘制年代上看,前者图上未注,但应该不早于后者出版的 1919 年,不晚于湖滨"大世界"开设的 1922 年。

国图所藏 1922 年版《浙江省城全图》,因未见原图,尚难以了解具体情况,但根据《舆图要录》的记载,该图的出版年代在 1922 年殆无疑问[①]。

复初斋书局版、沈一大西湖藕粉厂版、彩华五彩石印局、华兴五彩石印局(图 5)以及表二中最后一列未详作者的 5 种《浙江省城全图》或《最新浙江省城全图》,其地图形态、内容都十分相似,且均为采用彩色石印技术的杭州地图,表二根据这 5 种图的绘制年代形成的出版时间序列,主要是通过图上马路敷设的进程来作的判断,在此限于篇幅不再展开说明。

与上述单幅地图的形式不同,这一类《浙江省城全图》有时还以扇面、旅行指南书插页等方式出现在 20 世纪 20 年代的杭州书业及相关产业之中(沈一大西

---

① 北京图书馆善本特藏部舆图组编:《舆图要录:北京图书馆藏 6827 种中外文古旧地图目录》,北京图书馆出版社 1997 年版,第 339 页。

图 4　浙江省城全图(二酉山房版)

图 5　最新浙江省城全图(华兴五彩石印局版)

湖藕粉厂版也有可能是用作藕粉的包装纸的,此种做法直到改革开放之初还能见到),总之,这类地图大致流行于 20 世纪 20 年代及与之相近的前后数年这一点应该是可以明确的。

　　此类地图虽然目前较为稀见,但近年随着城市古旧地图研究与收藏的升温,在海内外的古书市场或拍卖会上,偶尔可以见到它们的身影。例如较为多见的彩华五彩石印局版《浙江省城全图》,笔者所见者 5 幅,分别为:日本地图收藏家山下和正先生所藏者一、2009 年日本东城书店售卖者一、2010 年 4 月日本雅虎长野县某卖家拍卖者一、2013 年上海鸿盛春拍者一[①];另外,据传美国某地图藏家也有一枚,惜未克亲览。

三、结　语

　　从笔者整理的《浙江省城全图》的传存状况来推测,在 20 世纪 20 年代前后的约十来年时间里,随着近代化的推进、观光文化的发展与市民读图阶层的形成,在杭州出现了以《浙江省城全图》为代表的石印杭州城市地图,此类地图大多出自本地石印社之手,在地图绘制上,一方面汲取了近代实测城市平面图的特点,重视街道、公共设施等要素的表达,另一方面也带有浓厚的传统绘图与地方绘图的色彩,坚持着自古以来使用的绘图及《天下路途一览书》类交通指南书的表达视点以及杭州本地城市地图绘制中的一些传统技法。

　　从晚清民初杭州城市地图发展的走向上来看,民国 3 年(1914)浙江完成地形测量,杭州出版万分之一精密实测地形图,同年就有《浙江省城并西湖全图》、《杭州省城及西湖江墅明细图》这样两种近代实测型的杭州地图登场。不过,由于地形图的特定图式,并非简单可以为民众所接受,从目前的流传情况来推断,这两种地图似乎并未得到普通民众的广泛接受。不过,也许是受到了这类科学测绘地图的准确性的刺激以及本地新兴石印业的影响,本地的制图人士开始将此前流行了半个多世纪的《浙江省垣坊巷全图》类图加以改良——《浙江省城全图》系列地图就这样出现了。由于此类《浙江省城全图》印制华美、内容实用且符合普通民众的阅图习惯,所以在整个 20 世纪 20 年代都屡屡得以再版。虽然从1922 年开始,以商务印书馆、中华书局为代表的沪资现代制图公司所制杭州地图已经登陆杭城,但对尚未习得西洋实测技术的本地绘图者以及尚未习惯阅读近代实测地图的普通受众而言,在民众适应性上此类《浙江省城全图》系地图仍具一定市场,因此两种系统的地图在杭城地图市场展开竞争,为时长达十年之

---

　　① 　见于拍卖图录《梅景书屋旧藏　纸杂文献》,上海鸿盛拍卖有限公司刊,2013 年,第 234 页。

久。直到 20 世纪 30 年代以后,上海的地图制作与胶印技术逐渐成熟,商务印书馆推出《实测杭州西湖图》与《袖珍杭州西湖图》系列,中华书局乃至杭州本地的集益合作书局、中山书局等出版社也纷纷推出了实测型的现代城市地图,杭州城市地图迅速走向现代化,《浙江省城全图》系列地图才逐渐淡出市场。

本文初步梳理了《浙江省城全图》的绘制背景、流行年代与系谱,并借此初步分析了在我国近代城市地图剧变时代,西方实测城市平面图的推广及其与本土制图业相颉颃、融合的具体过程。当然,要深入理解此类地图在杭州乃至近代城市地图发展中的脉络,把握此类绘画式地图在杭州乃至我国地图史上的性格,则还有待于今后有关杭州近代地图长期发展历程的系统整理与研究来加以实现。

参考文献

杭州市档案馆.杭州古旧地图集.杭州:浙江古籍出版社,2006.

许小富.杭州市地图集.北京:中国地图出版社,2004.

阙维民.杭州城池暨西湖历史图说.杭州:浙江人民出版社,2000.

何德骞.孙传芳真传.辽宁古籍出版社,1997.

仲向平.杭州老字号丛书.杭州:浙江大学出版社,2008.

申报.1924 年全年.电子版.

张彬.经亨颐与浙江教育会.浙江大学学报(人文社会科学版).2006 年第 3 辑,第 92—98 页.

何王芳.民国时期杭州社会生活研究.浙江大学中国近现代史博士论文.未刊稿.

国内外历史地理学进展研究

张环宙

（浙江外国语学院科研处）

历史地理学是研究在历史发展中地理环境及其演变规律的学科,它是地理学的年轻分支学科。历史地理学基本上是把地理学加上时间影响的因素,所以它是地理学的分支学科,与沿革地理研究有密不可分的关系。沿革地理主要研究历代政区和疆域的变迁,在中国已有悠久的历史,在西方也有类似的研究。但作为现代地理学的组成部分,历史地理学首先是在西方发展起来的。

一、国外历史地理学的发展

(一)创始时期

在现代地理学创始之初,历史地理学就已经潜在地奠定了它在地理科学中的地位,R. E. 迪肯森在《现代地理学创始人》一书中,在对 16 世纪以来的德法两国现代地理学创始者们的史学功底以及他们在地理学研究中对历史与地理相互关系一贯重视的叙述中,揭示了这一客观事实(阙维民,1996)。德国地理学家康德于 18 世纪中,在科尼斯堡大学开始讲授自然地理课程,洪堡德与李特尔又分别为自然地理学和人文地理学的早期发展作出了重要贡献。当时直接影响到历史地理学发展的,是李特尔在柏林皇家科学院的演讲《地理科学的历史因素》,以后是德国拉采尔的《人类地理学》。美国女地理学家森普尔在她去世之前写成的《地中海地区的地理及其与历史的关系》,是代表历史地理研究方法的一部重要著作。法国维达尔·白兰士针对地理环境决定论提出了可能论,其著作《人文地理学原理》对于现代历史地理学的理论发展有一定的影响。

(二)形成时期

20 世纪 20 年代末到 40 年代是现代历史地理学的形成时期。德国赫特纳

1927 年出版的《地理学——它的历史、性质和方法》一书,有专节论述历史地理学,指出历史地理学不同于地理学发展史,它是对"过去时代进行的地理考察"。一些重要的历史地理专著的出现,为现代历史地理学的发展奠定了基础。1935年出版的英国伊斯特《欧洲历史地理》叙述了欧洲罗马帝国至 19 世纪铁路兴起时期的聚落地理、政治地理和经济地理的历史演变,内容上已完全不同于过去以研究疆域政区为主的同一名称的专著。1936 年一部更为重要的历史地理专著问世,即英国达比主编的《1800 年以前的英格兰历史地理》。达比在本书序文中简明扼要地说明了历史地理学的性质、特点和方法,对于后来历史地理学的发展有很大影响。

1940 年,当时美国地理学家协会主席 C. O. 索尔在就职演讲《历史地理学序论》中,概述了历史地理学的学科性质、研究方法、研究要点、研究资料、野外考察以及研究方向等许多方面。尽管他的一些观点,用今天的眼光来审视,尚有值得商榷的地方,但《历史地理学序论》第一次从学科建设角度对历史地理学科进行了全面论述,宣告了现代历史地理学科的真正诞生。1948 年,美国布朗的《美国历史地理》出版,该书描述了从 15 世纪末北美大陆被发现后直到 19 世纪20 年代,美国国土由东向西逐渐开发过程中的地理变迁。上述几部著作的问世,标志着现代历史地理学的形成。

(三)完善时期

20 世纪 50 年代中后期,首先在美国,实证主义被广泛引入到历史地理学的研究中。1954 年,在扎实的实践基础上,J. B. 米切尔的《历史地理学》问世,在整个学术界的影响虽然不及伊斯特、达比和布朗等人的著作,但从学科建设的角度看,作为第一部通论性的现代历史地理学教科书,它反映了当时历史地理研究的最新成果,是现代历史地理学科成熟的标志(阙维民,1996)。到 60 年代末,实证主义的研究范式影响了整个北美和其他英语国家。其实在大多数情况下,实证主义理论并没有完全被历史地理学家所接受,他们运用的主要是实证主义的专用名词如定律、模型、理论和假设等,最后的研究结果以数学或统计形式来表示,这便形成了地理学中的计量革命。诚然,实证主义由于采用了定量化的方法,增加了研究的准确性、肯定性和可证性,减少了以往的主观性,但是过度数量化所带来的危险却是不容置疑的。因为人的行为并非仅受单一的经济因素的影响,还与心理等因素相关联,而实证主义的模型(式)都是建立在诸如理性经济人、统计数字上的平均人等一些不真实行为的假设前提之下的,因而它们不能完全真实地解释空间地理现象。对此,美国地理学家协会主席 C. F. 科恩认为,方法论的进步是其发展的关键(Kohn,1970)。国外的新方法论思潮在历史地理学界产生了很大的影响,研究方法在发展学科中的重要作用日益为历史地理学家所重视,被视为历史地理学进一步发展的动力。

与实证主义形成鲜明对照的是结构主义,这是目前流行于西方的一个重要哲学流派,也是西方历史地理学领域里不可忽视的一种方法论。结构主义者强调整体性的观点和方法(结构的方法、系统的方法、模型的方法),把对事物结构的研究看作认识的焦点。结构主义思想对西方历史地理学的影响有两方面:一是从结构的整体性去认识事物,这从地理学家强调研究区域的整体性和人地关系系统中可以看出;二是试图超越地理因素寻找深层结构来解释地理现象,即千差万别的历史地理现象是表层结构,而要真正解释则需把握人地系统中的深层结构。但总的来说,以时间和事件为坐标,任何一种历史地理学的现代化定义都是建立在人地互动基础之上的。现代历史地理学的研究方法更是多元的,史料学、比较历史学,甚至一系列地理科学(人文地理、批判地理、文化和新文化地理)中运用的研究方法也被历史地理学兼收并蓄(伊琳娜·科诺瓦洛,2010)。对历史地理学研究方法的回顾、总结和探索,就成了这一时期历史地理学发展的显著特征。

二、国内历史地理学的发展

(一)发展概况

中国的历史地理学,从古代的《禹贡》、《山海经》、《穆天子传》等早期著作算起,具有悠久的历史。历史地理学的名称在20世纪初由日本传入中国,但其内容仍未超越沿革地理的范围。1917至1919年张相文在北京大学主讲《中国地理沿革史》,这是沿革地理第一次被列入大学课程,且在课程内容上已不限于疆域与政区的演变。1923年张其昀在《史地学报》上发表《历史地理学》,从此历史地理学在中国成为专门的现代学科。

由于中国文明的延续度和历史文献的完整性等,学者认为中国历史地理研究与其他国家相比有很大的优势。历史地理学的发展大致可划分为古代沿革地理的起源和发展、沿革地理向历史地理的演变、现代历史地理学的形成和发展等三个阶段,经过几代历史地理学者的不断开拓与辛勤耕耘,在以下研究领域中取得了丰硕的成果:历代疆域政区研究与历史地图的编制;历史气候与自然灾害研究;历史时期地表过程研究,包括历史地貌过程(如水系、湖沼、海岸线、沙漠与黄土地貌等)和历史生物过程(如自然植被与野生动物种群等);中华文明起源与发展研究,涵盖文明起源、农业起源以及文明作为一种文化在人类社会发展中的体现与演变,诸如历史人口、城镇聚落、农业、农田水利、交通、文化、民族、军事、医药等;区域综合与重大历史事件研究;历史时期人地关系与适应模式研究,涉及人类活动对自然环境变化的影响与自然环境演变对人类文明、人类社会发展的作用两方面;新技术的应用研究,包括中国历史地理信息系统(CHGIS)和以历史资料为主体的数据库的建设(葛全胜,等,2004)。

(二)国内历史地理学发展面临的问题和挑战

1. 历史地理学学科归属问题

综观中国历史地理学的发展史,长期以来人们对于历史地理学的学科归属问题争论非常之大。西南师范大学的蓝勇教授将其归纳为四种说法:第一种说法认为历史地理学是历史学的辅助学科;第二种说法认为历史地理学是地理学的一个分支,即地理学的一门辅助学科。这种说法成为目前历史地理学界的主流观点;第三种说法认为历史地理学是历史学与地理学的一门交叉学科;第四种说法认为历史地理学应是一门相对独立的、综合的科学。

复旦大学的葛剑雄教授则将其归纳为三种意见:属于地理学;是一门独立的学科;属于历史学。历史地理研究的对象虽然不是历史,但是由于是历史时期的地理现象,所以主要依据历史文献,使用历史学的研究方法,其成果为历史学所利用。至于是否构成一门独立学科,这不仅取决于这门学科的性质,还取决已经取得的成果和地位。另外,暨南大学的吴宏岐教授认为"这门学科的发展明显经历了以沿革地理学为主体的传统中国历史地理学、地理化逐步加强的近代中国历史地理学、研究历史时期地理环境的变化的现代中国历史地理学这三个主要阶段"。

不难发现,历史地理学属性呈动态分布,在不同的时间段呈现不同的特点。不仅要看到主流的观点,也要去思考其他看法。分析其中的合理成分,这样才能真正理解并解决这一问题。

2. 现代科学技术迅猛发展带来的挑战

现代科学技术尤其是信息技术的快速发展,给包括地理学在内的地球科学研究提供了强有力的技术支撑,使研究水平得以不断提高,研究思路得以不断拓宽,研究目标得以不断深化,一些过去通过常规手段需要很长时间或不可能实现的科学计划,近年来也相继提出,并得以执行。相形之下,作为地理学一个分支学科的历史地理学,除一些分支领域(如气候重建、环境变迁、疆域与政区演变等)在工作中力求定量化、信息化外,大部分研究领域依然还停滞在寻章摘句、考订补注之中。许多很有见地的研究结果因缺乏量化指标,很难与相邻学科的研究成果进行对比、衔接,而使研究成果不能在更广泛的领域里凸现其重要的科学价值,进而得到国际学术界的承认、应用与推广,为国家经济、文化建设发挥更大的作用。面对科学技术发展所带来的巨大挑战,历史地理学应如何把握并灵活应对已摆在全体同仁的面前。在文献精细考订的基础上,创出一条切实可行的科学道路,推动研究方法从定性描述向定量分析发展,并提高研究结果的定量化程度与精确性已成当务之急。

3. 分支学科、交叉领域的迅速发展,使主题研究对象模糊化

分支学科、交叉领域迅速扩充是我国现代历史地理学发展的一个突出特点。尤其是 20 世纪 80 年代以后,随着历史人文地理学的蓬勃发展,新的研究领域和分支学科如雨后春笋,不断涌现,这种发展虽然使历史地理学一时繁荣,但也带来不良后果,模糊了历史地理学以"地理环境演变规律"、"人地关系地域系统"为核心的研究主线,使学科出现内在危机。作为现代地理学的一个组成部分,历史地理学越来越偏离地理学发展的主流方向。虽然"空白"一个一个地填补了,但危机却一步一步地在加深。与此同时,一些原先属于历史地理学特有的研究领域,如历史时期地理环境演变、历史气候变迁、历史植被变迁等,在实验手段、技术手段日臻完善的今天,也成为相邻学科的研究对象,他们以"自然档案"取代"文献资料",从"历史取向"或"地表过程"的新视角,量化描述演变历史,使历史地理研究再次陷入"可有可无"的境地。

三、历史地理学的发展趋势

近二十年,尤其是进入 90 年代以来,随着现代地理学的蓬勃发展,以及国际间学术合作与联系的逐步加强,历史地理研究出现了许多新的特点,这些新的特点不仅引起了历史地理工作者的广泛关注,而且也预示着历史地理学未来的发展趋势。主要表现在以下几个方面。

(一)可持续发展问题受到普遍关注

1972 年联合国在瑞典斯德哥尔摩召开的"人类环境会议"上就已提出了"只有一个地球"的口号。1992 年,联合国在巴西里约热内卢召开了国际环境发展大会,通过了《二十一世纪议程》,向各国提出了实施可持续发展战略的要求。1994 年中国举行了《中国 21 世纪议程》高级国际圆桌会议,响应联合国的号召,也规划了中国社会经济持续发展的宏伟方案。在此政治背景下,可持续发展问

题受到中国各界的普遍重视,历史地理学者也开始从本学科角度探讨这一焦点问题。1996 年 7 月,在北京大学召开的国际中国历史地理学术研讨会上,就将可持续发展问题作为专题研讨的内容列为议题之一给予高度重视。美国夏威夷大学教授章生道在《北京走向国际性文化都城过程中的可持续发展问题》的发言中指出:"从生态学观点或地理学包括历史地理学的观点来研究中国的持续性,参加到世界学术的主流中去,与世界学术接轨,是我们应该关心的一个问题。"韩光辉(2001)《〈21 世纪议程〉与历史地理学》的报告认为,"历史地理学在探讨环境与发展的问题中有其不可替代的作用,应为实施《21 世纪议程》作出贡献"。另外,徐卫民(1997)提出"历史地理工作者,要为政府当好参谋,通过历史上的地理变迁对人类造成的正面、负面影响,以理服人,为政府制定可持续发展战略提供第一手资料"。可见,历史的发展为历史地理学这门年轻的学科提供了一个新的机遇,历史地理学者如何把握这一有利时机,加快学科建设的步伐,是一个亟待解决而又将长期存在的问题。

(二)综合研究和区域研究逐渐得到重视

在中国历史地理的理论体系中,向有自然和人文之分,又有更具体的部门之别。这样的学科划分,曾推动了历史地理研究的深入和繁荣。不过自然地理与人文地理之间有区别但亦有联系,现代地理学已出现统一地理的学术思潮,历史时期的地理现象更不存在"纯自然"或"纯人文"的情况。历史时期的自然环境或多或少都直接或间接受到人为活动的干预,而且这种干预随时间的发展,有愈来愈严重的趋势。因此,研究历史自然地理,尤其是环境变迁问题,就不能不考虑人类自身对环境的作用。当然,自然环境是人类赖以生存和发展的基础,从事历史人文地理研究必须充分考虑自然环境条件的制约作用。所以,开展综合研究已是必然的趋势。区域历史地理研究在中国历史地理学界开始的较晚,但随着新时期国土整治和规划及地区经济建设的客观要求,近些年也取得了一些重要学术成果。"适应现实需要的区域历史地理甚为重要,应该继续加强,力争有更多的区域历史地理综合成果面世。"

(三)分支学科导致历史地理学科理论体系变化

关于现代历史地理学的学科性质,自 20 世纪 50 年代以来,历史地理工作者普遍接受了这门学科属于广义的现代地理学一个分支的观点。但实际上,作为在地理学和历史学这两大综合性学科交叉处诞生的一门新兴现代学科,虽然从它主要研究地理问题这一点来说应该归入地理学的范畴,但这门学科明显具有边缘学科的特色。历史地理的主要研究对象,正如侯仁之先生《历史地理学刍议》所定义的那样是"人类历史时期地理环境的变化"。然而"人类历史时期"一词本身已揭示"历史时期地理环境"已是一种历史现象,亦应该是素以"究天人之际"为己任的历史学家应该研究的内容。"空间"和"时间"分别是地理学和历史学的最基本的概念,而"人类历史时期地理环境的变化",正是"空间"问题与"时间"问题的结合,所以对人类历史时期自然与人文现象的空间发展过程的研究实是历史地理学的本质所在。历史地理学研究的科学方法不是简单地采用"时间断面堆积法"对历史上的空间问题进行研究,而应采用"逐时变化"的"时空连续型"方法论。随着社会与经济的发展,学科的相互交叉、渗透已成为一种普遍存在的学术发展趋势。历史地理学长期赖以依存的两个母体学科地理学和历史学在与其他学科的交叉、渗透过程中均诞生了许多新兴的边缘性分支学科,如行为地理学、社会地理学、历史生态学、区域历史学等,这为历史地理学的发展创造了良好的土壤。从多个学科之间产生的新兴的历史地理学分支学科,如历史教育地理学、历史医学地理学、历史灾害地理学等所具有的跨学科特色,说明"并不存在唯一的历史地理学的信条",并预示传统的关于现代中国历史地理学科的理论体系将发生重大的变化。

参考文献

阙维民.西方欧美现代历史地理学的发展及其趋势.地理学报,1996,51(4),360—368.

Kohn C. F. The 1969s:A decade of Progress in Geographical Research and Instruction. *Annals of Association of American Geographers*,1970,(60),211-219.

华林甫.二十世纪中国历史地理学的成就.华东师范大学学报(哲学社会科学版),2002,(01):25—30.

葛全胜,何凡能,郑景云,等.21世纪中国历史地理学发展的思考.地理研究,2004,23(3):374—384.

伊琳娜·科诺瓦洛,邢缓缓.现代历史地理学的若干问题.山东社会科学,2010,(7):24—26.

韩光辉.国际中国历史地理学术研讨会综述.中国历史地理论丛,2001,(4):12—18.

徐卫民.可持续发展理论的历史地理学透视.中国历史地理论丛,1997,(3):45—49.

历史时期南阳水利与安众港、梅溪河的变迁

刘国旭

（南阳师范学院环境科学与旅游学院）

一、引　言

南阳盆地位于河南省西南部豫陕鄂交界处,在地形上处于中国第二阶梯和第三阶梯交界地带,在气候上是亚热带和暖温带的过渡区,在古代文明的分区上,是中原文化和楚文化交融的区域,是中国"东西交通,南北对抗"的关键区域,可谓物华天宝、人杰地灵、历史悠久、人文荟萃。在人文景观上,兼具南北方的特色,在植被、土壤、生物、水文等自然因素上,具有明显的过渡特征,对气候变化的指示作用明显。长期以来,无论史学研究、地理环境变迁研究,还是文学、艺术等领域,都表现出对于该地区持续的关注。作为东汉时期的"帝乡",南阳成为东汉历史研究的重镇,作为中国南北过渡带,南阳又成为气候带、文化区等相关研究的中心之一,"南阳作家群"更是文学创作领域上的一面特殊而引人注目的旗帜。特别值得一提的是,西域史研究专家杨廉先生认为南阳是丝绸之路的起点,[①]更是引起学界的注意。

南阳盆地的灌溉与水利对于"汉宛文化"[②]的构建有着重要的作用。此灌溉系统在汉代甚至与关中郑国渠、成都都江堰并称全国"三大灌区"。南阳盆地的水利变迁在众多学者的努力下,取得了丰硕的成果,做相关研究的学者有徐少

---

① 杨镰:《丝绸之路二题》,《文史知识》2009 年第 6 期。
② 刘国旭:《汉宛文化刍论》,《南都学坛》2009 年第 6 期。

华、鲁西奇、龚胜生、侯甬坚、袁延胜、刘太祥、张保同等。[①]

安众港（又名安众陂）和梅溪河由于《水经注》所载,成为研究北魏以前南阳盆地经济、社会、水利等的重要载体。不同的学者对于其位置、作用和变迁都有各种详尽的描述,如陈炜祺认为安众港有二,一在淯水(今淮河支流赵河)之上,一为今沐垢河下游处,[②]并就后者重点进行了论述。张芳在《中国古代淮、汉水流域的破渠串联工程技术》中所绘的地图中明确表明安众陂是在淯水(今赵河[③]上,大致在于今穰东镇南部一带。[④]龚胜生认为《水经注》所载的安众港在今潦河镇一带。

总体说来,《水经注》所载安众港的方位大致在今潦河镇附近,梅溪与今南阳市内梅溪河相差甚远,当无疑。这一点在南阳传世的方志中也有明确的体现,《南阳市地名志》、《南阳市志》等也有类似记载。[⑤]但是《水经注》中的梅溪什么时间变成了今潦河,是什么原因造成的,其与白河、沐垢河的关系怎样?

二、梅溪河、潦河的转变与安众港之消失

文献分析的基础上,经过实地考察,我们认为《水经注》所载的重要水利工程安众港的兴废与梅溪河、潦河的转换关系密切,而且是潦河变迁的关键所在。

中国是一个以农业为主的国家,传统社会的农业除了受气候、土壤等地理环境的影响外,又在很大程度上依赖于农作物所需水量的供应,农田水利的发展对农业有极大的促进作用,即它可以提高粮食产量,从而促进人口的增加。中国古代历史的情况表明,注重水利建设,灌区发达,则农业、人口、经济等发展都较快。两汉时期南阳的情况就是如此。

[①] 龚胜生:《汉唐时期南阳地区农业地理研究》,《中国历史地理论丛》1991年第1期,第89—109页;袁延胜:《试论东汉的农田水利工程与人口分布》,《殷都学刊》2005年第1期,第23—26页;刘太祥:《南阳汉文化的特色及形成原因》,《南都学坛》1997年第2期;鲁西奇:《区域历史地理研究:对象与方法——汉水流域的个案考察》,广西人民出版社2000年版,第222页;侯甬坚:《南阳地区农作物地理分布的历史演变》,《中国历史地理论丛》1987年第1辑;马雪芹:《南阳地区两汉、唐宋、明清时期水利事业之比较研究》,《中国历史地理论丛》1993年第2辑,第171—184页;周宝瑞:《汉代南阳水利建设》,《南都学坛》2000年第4期,第11—12页。

[②] 陈炜祺:《汉代南阳经济地理初探》,武汉大学硕士论文,2005年。

[③] 鲁西奇先生认为古淯水是今严陵河。详鲁西奇:《区域历史地理研究:对象与方法——汉水流域的个案考察》,广西人民出版社2000年版,第222页。

[④] 张芳:《中国古代淮、汉水流域的破渠串联工程技术》,《中国农史》2000年第1期,第22—27页。

[⑤] 南阳市地名委员会办公室:《南阳市地名志》,三秦出版社1996年版,第9页。

在水利建设方面,重民生、建水利的地方官总是被人们所敬仰。据说汉语中的"父母官"就与南阳水利建设有着不解的联系。《汉书·召信臣传》载召信臣:"行视郡中水泉,开通沟渎,起水门提关数十处,以广溉灌,岁岁增加,多至三万顷。民得其利,蓄积有余。……其化大行,郡中莫不耕稼力田,百姓归之,户口增倍,盗贼狱讼衰止。吏民亲爱信臣,号之曰召父。"①东汉时杜诗任南阳太守,很重视兴修水利、发展农业。《后汉书·杜诗传》载杜诗:"造作水排,铸为农器,用力少,见功多,百姓便之。又修治陂池,广拓土田,郡内比室殷足。时人方于召信臣,故南阳为之语曰:'前有召父,后有杜母'。"②召父杜母遗惠宛地,到郦道元所处的北魏时期,境内众多的水利设施还继续发挥着引水灌溉的功能。赖《水经注》的记载,我们依稀可以考辨盆地内的水利设施和河流变迁。

《水经注》所载梅溪与安众,和今天的河流、地貌、聚落相比已经是相去甚远。梅溪已经成为南阳的一条内河,安众港早已干涸,在《水经注》行文的这个区域只剩下潦河、潦河镇、沐垢河、赵河等。有几点必须注意的是,今天的潦河以潦河镇为界,上下游名字迥异,同一条河流,下游被称为沙河,与梅溪河完全无涉;沐垢河的源头距离潦河上游今王村乡大王庄村距离甚近,实地考察中甚至还发现了两条河相通的故渠;沐垢河下游满庄以下被当地人称为干潦河。

我们先来看一下《水经注》记载的淯水及梅溪。"淯水又南,梅溪水注之,水出县北紫山南,经百里奚故宅……梅溪又径宛西吕城东,史记曰:'吕尚先祖为四岳,佐禹治水有功,虞夏之际,受封于吕,故因氏为吕尚也。'……梅溪又南径杜衍县东故城……土地垫下,湍溪是注,古人于安众竭之,令游水是潴,谓之安众港。"③这里简单交代了淯水和梅溪的关系,梅溪是淯水的支流,源出紫山(今南阳城北十五里紫山),流经百里奚古宅,大约相当于今麒麟岗一带,又折向西,流经吕尚故地,约为今南阳王村董吕村,并流经杜衍县东故城,按当地方志记载,大约在今潦河镇北,附近低下地区潴留形成安众港。

《水经注》另有"涅水又东南经安众县,竭而为陂,谓之安众港,魏太祖破张绣于是处。与荀彧书曰:绣遏吾归师,迫我死地,盖于二水之间以为沿涉之艰阻也。涅水又东南流注于湍水又东南至新野县"④。所描绘的涅水(今赵河)与湍河情势与今差异较大,但其中也提到了安众港,梅溪流经杜衍县时"土地垫下,湍溪是

---

① 班固:《汉书》卷 89《召信臣传》。

② 范晔:《后汉书》卷 31《杜诗传》。

③ 郦道元:《水经注》卷 31《淯水注》。

④ 郦道元:《水经注》卷 29《湍水注》。

注",说明这一带地势低洼,梅溪水至此,有许多湍急的水流注入。古人于其下游安众县境内筑堤将其拦住,使奔腾而来的水流在此积聚起来。安众县本宛县之西乡,西汉武帝始置安众侯国于此,后为县,历东汉,至晋初废。这处水利工程是在安众县境内,所以得名安众港,当为汉代所兴建。郦道元在《水经注》中共记载了两处安众港:一处是《淯水注》中记载的湍水支流涅水上之安众港;一处是《淯水注》所记载的淯水支流梅溪水上之安众港。都是因位于汉安众县境内而得名。

安众港和梅溪的记载见于《水经注》,在以后的正史或者地方志的描述中,多是引自《水经注》,少有新意。至少在唐代的文献中,这两个地名已经完全消失。通过文献的考察与实地考证,我们认为,湍水安众与梅溪安众应为同一个水利工程,梅溪安众与今天的梅溪河没有直接关系。具体的推论如下:

(一)实地考察的证据

在现代南阳盆地河流大势与陇岗走向看,涅水,今赵河,与今天的潦河距离不过二十公里,两条河流在今南阳卧龙区潦河镇、青华镇与镇平县彭营乡、安子营乡一代,地势相对低平,地表大多为人类历史时期以来的沉积物,当为汉代安众港的所在,今天的潦河流经的地区当为安众港的东界。在今王村乡大王庄村的柴庄、小王庄附近还有古代河道的存在,今天的沐垢河是历史时期潦河的下游,潦河在长期的变迁中仍留下一些古河道,今天的王村干渠是潦河变迁过程中的河道之一。

(二)地名证据

潦河上下游名字迥异,以潦河镇为界,以上成为潦河,以下成为沙河。"潦"本身就是一个"积水成潦"的写照。在南阳市卧龙区陆营镇东部的低洼地区,至今还存在明显的河流故道,名为"干潦河",与沐垢河之间存在天然联系。表明潦河与沙河原本是两条河流,在历史时期发生了河流的袭夺,合二为一。时间大约在北魏以后明代以前。

(三)方志上的证据

《水经注·淯水注》称"梅溪南流而左注淯水",这里的梅溪是古代的潦河。清代康熙年间的方志称"潦河……至冈头与淯合"①。冈头在今新野县歪了镇冈头村。光绪年间所修《南阳县志》按《图书集成》引《镇平志》,有"潦河南至冢头入

---

① 康熙《南阳县志》卷1,清康熙三十二年,刻本。

淯水,今冢头南有故道,俗谓之干潦河,盖河本古梅溪水"①之说。表明,至少在《图书集成》所引《镇平志》时代,潦河入淯的位置远远地偏北,在今卧龙区陆营镇冢头一带,至康熙年间,潦河入淯的地点已经下移二十公里,到达冈头村。在今天,潦河、白河交汇在新野县上庄乡程营附近,而在白河的对岸仍然保留了"潦口"、潦河沟等地名,表明长期以来潦河入淯的地点有相当大的变化,北达冢头,南到潦口。至迟在清末,潦河完成了其河道走向,沐垢河最终走向了季节性河流的命运,这个过程是伴随着安众港的命运一步步完成的。

安众港的消失,是一种大的趋势,汉唐时期盆地中众多的水利设施、陂堰沟渠今只留下些许痕迹可寻,一方面是水利失修,另一方面也反映了盆地内历代人口变化的大趋势(如表1所示)水利灌溉设施的多寡、维护情况等也是盆地内人地关系的反映。

表1　历史时期南阳郡人口密度表

时代	人口密度(人/km²)
西汉元始二年	40
东汉永和五年	42
贞观十三年	2.21
天宝元年年	12
北宋元丰元年	12
北宋崇宁元年	18
金天兴三年	7
元皇庆元年	0.1
明正德十六年	11
明万历六年	12
清顺治十六年	15

资料来源:梁方仲《中国历代户口、田地、田赋统计》;《旧唐书·地理志》;《元和郡县志》;《通典·州郡三》;《太平寰宇记》;《新唐书·地理志》;《南阳地区志》(1994年)。另参阅了龚胜生:《汉唐时期南阳盆地农业地理研究》,《中国历史地理论丛》1991年第2期。

① 光绪《南阳县志》卷1,清光绪三十年,刻本。

三、水利兴废与梅溪河之变迁

我国的地形和气候,南北有明显差异。华北地区平原广袤,降水量较少,年降水量为 500 至 700 毫米,河流分布密度小,自古以来多兴建长距离的渠道引水工程灌溉农田;南方丘陵山地起伏崎岖,但降水量颇丰,年降雨量在 1200 至 1600 毫米以上,多修筑塘堰蓄积当地径流;南阳盆地处于南北过渡之区,北部为河流的上中游,分布有低山丘陵山间盆地,河流下游地势低平,又夹在众多的南北向的陇岗中,如本文所涉及的区域北有羊山、磨山、紫山等,相当于河流的上游地区,十八里岗、卧龙岗、辛店岗、满庄岗大致呈南北向的相间排列,决定了潦河、沙河、十二里河、沐垢河等中游的基本走势,历史时期这些陇岗的存在,基本限定了河道的流经地区,而其中某些低洼的地区又为水利工程的修建提供了天然的基础,安众港就是如此。陇岗以下,则多为冲积平原,汉代以来南阳盆地河流的变迁主要发生在这个区域。这个水利系统的先进之处,在于多条河流同注一个陂堰,在灌溉上又同时有多个引水渠道,后来的赵河、沙河(今潦河下游)、沐垢河等只是众多引水渠道的一部分,安众港消失后演变成自然河道。

中国古代陂堰与河渠相结合的灌溉系统历史悠久,如楚国孙叔敖所创的零娄灌区,战国至汉代更是有了相当的发展,汉代所建六门—钳卢陂灌区就是一个典型的陂渠串联系统,[1]陂渠串联的灌溉系统其优点在于充分利用自然河道,解决陂塘水源不足和引水渠道缺乏蓄水容积的缺点,将蓄、引结合起来,组成完整的水利灌溉系统。

山丘区的陂塘受集水面积和降雨量的限制,其所蓄的水量往往不能满足农田灌溉的需要,而陂渠串联后,因为有河流径流的补给,不会因集水面积小和降雨量不足发生陂塘干枯的现象,不仅陂渠之间可以互相调节,陂塘及陂塘之间也能进行调节,这就能在较大的范围内对水资源进行调节,能解决集水面积、陂塘容积和灌溉面积之间不能协调的问题。

陂渠串联的水利工程系统,能对水资源在地区分布和时间分配上很好地加以调节,增大了水资源的利用程度,起到增加灌溉面积和提高灌溉保证率的作用。是适应于丘陵地区的自然条件,由我国人民创造的一项出色的水利工程技术。

---

[1]　张芳:《中国古代淮河、汉水流域的破渠串联工程技术》,《中国农史》2000 年第 1 期,第 22—27 页。

从《水经注》的记载来看,安众港汇集了古梅溪水和古涅水,在安众地区形成了一个大的河流、陂塘、灌区串联系统。从后世的方志中,依稀可见安众港所引出的灌溉渠道。康熙《南阳县志》记载了清代安众港地区以下的主要水利工程:聚宝堰,县南,承潦河水,宋元以来久废,明宣德时知府陈正伦劝集南阳新野人丁修复,水西南注入王八、毕家等堰,至于新野;乔家堰,县南冢头承潦河水灌军民田;毕家堰,县西南承潦河水与聚宝堰合流灌军民田。①

这些水利工程大都和古梅溪水有关。有两点需要指出,一是至迟在清代康熙年间古梅溪水已更名为潦河,二是潦河水流经地区除了众多的陂塘以外,还存在冢头河道与下游新野河道,说明同时存在多条河道,应该是陂堰系统的多条引水渠。

梅溪、安众的消失时间难以确定,但从清代方志来看,古梅溪至少在清代初期以前就发生了名字

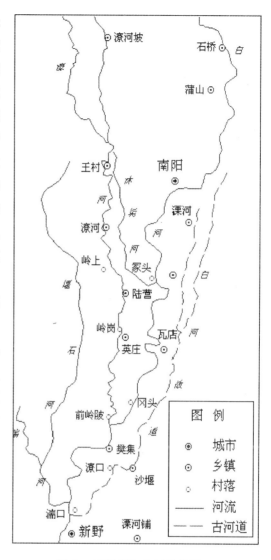

图 1　南阳潦阳、白河示意图

上的更换,同时有多条河道入清,沐垢河的水流量也远较今天的为大,到光绪年间,沐垢河完全与潦河脱离关系,变成了季节性的河流。如图 1 所示。

---

①　康熙《南阳县志》卷 2,清康熙三十二年,刻本。

四、结　语

经过文献的分析与实地考察，我们认为，汉代以来安众与古梅溪（今潦河）发生了巨大的变迁，其中水利设施的变化、人地关系及干流白河的变迁都是重要影响因素。

1.《水经注》所载古梅溪水为今天的潦河，名字上的更换至迟是在清代初期以前；古梅溪水与今南阳市内的梅溪水没有必然的联系。

2.安众港是一个由多条河流注入的、并有多条引水渠的串联灌溉系统，随着安众港水利工程的颓败，众多的引水渠演变成为一些自然河道，并成为后来包括1949年后水利建设的基础。

3.潦河入淯的地点不断向白河下游推进，北到卧龙区陆营镇冢头村，中间有新野冈头村，最南到新野的潦口。其基本走势如今天的沐垢河、干潦河等，今天的潦河，包括沙河的走势是安众港为代表的众多水利设施变迁的结果，是盆地内广大人民群众生产、生活活动的结果，反映了历史时期盆地内人地关系的变化。

说明：南阳师范学院专项项目"南阳盆地地表人文化过程研究"，编号：ZX2010006。

试论陈桥驿师的学术生命路径与主要治学成就

——基于陈师著述整理的初步分析

范今朝　刘见华　何沛东　刘姿吟

（浙江大学地球科学系）

一、引　言

陈桥驿师（下均称陈师），原名庆均，1923 年 12 月 10 日出生于浙江绍兴。1954 年受聘于浙江师范学院（杭州大学前身）地理系，任讲师，后并兼经济地理教研室主任。此后一直在杭州大学地理系任教，1994 年由中央人事部批准为终身（不退休）教授。到 1998 年四校合并新浙江大学成立至今，为浙江大学地球科学系教授。由于他在郦学、历史地理学、城市与古都学、方志学、地名学、宁绍史地与吴越文化研究、历史地图学等方面的精深造诣和卓著成就，以及学术领导才能，曾任中国地理学会历史地理专业委员会主任、中国古都学会副会长、国际地理学会历史地理专业委员会咨询委员、浙江省地理学会理事长等重要学术职务。除了担任国内多个学术机构职位并在各地高校和研究机构讲学之外，亦曾赴日本、美国、加拿大、巴西等国以及中国台湾、香港地区的多所大学和研究机构访问讲学，且被聘为日本关西大学等多所大学客座教授。

陈师有着过目不忘的天赋，自幼博览群书，博闻强识，打下了扎实的学术功底。他思维敏锐，思想活跃，涉猎的学术畛域极其广泛，且勤于写作，至今笔耕不辍，可以说已是著作等身。[①] 目前，已有很多学者对他的人生经历、学术思想和

---

　　① 有关陈师的著述情况，可参见《古越之子·水经传人·史地名家——陈桥驿先生九十华诞庆贺纪念册》（浙江大学地球科学系、浙江大学社会科学研究院编，2011 年 10 月印，未公开发行）所载"陈桥驿先生著述目录"部分。

研究成果等加以综述和评介。① 但就笔者阅读所见,尚无学者从时间地理学中的生命路径(life path)角度对陈师的治学经历和学术成就进行研究。因此,我们在对陈师的著述进行初步整理、归类的基础上,并以生命路径理论初步作一分析。

将生命路径理论用于传记性的研究最早见于西方的时间地理学著作,柴彦威等较早将时间地理学介绍到国内。吴必虎已经运用此方法研究了我国明代地理学家徐霞客的生命路径及区域景观多样性背景;②并且通过扩展传统的生命路径的概念、建立学术树概念,研究已故当代中国著名地理学家、旅游学家陈传康教授的学术史。③ 本文即在陈师著述初步整理的基础上,尝试运用吴必虎研究陈传康教授学术史"扩展了的生命路径"和"学术树"的方法,对陈师的学术生命路径与主要治学成就进行论述。

需要说明的是,因陈师著述整理还仅是初步,一方面整理过程中还有遗漏,已经发表的著述还有未及收录的情况,另一方面,陈师仍继续有著述发表,有些文章还不及收录;所以下文的有关统计和分析还仅是初步的,相关著述数据以2008年年底为限。同时,陈师的各类著述极多,题材也相当多样,因我们这里的讨论主要局限在学术领域,故主要选取了学术类的文章作为统计(当然,其中如何归类、取舍,均还有可商之处)。

二、陈师著述的基本情况及其所反映的治学经历

据初步整理,陈师从事学术活动 60 余年来,至今已经出版各类著作逾 70 种,公开发表各类著述逾 2000 余万字。有《淮河流域》、《祖国的河流》、《水经注研究》(一集、二集、三集、四集)、《郦道元评传》、《水经注校释》、《水经注校证》、《郦学札记》、《绍兴地方文献考录》、《吴越文化论丛》等学术专著 30 余种;主编《中国自然地理·历史自然地理》、《中国七大古都》、《中国历史名城》、《中国都城

---

① 已经公开发表过的,如吕以春的《陈桥驿和他的〈水经注〉研究》,载《绍兴师专学报(社科版)》1986 年第 4 期;吕以春的《剑锋磨砺出,梅香苦寒来——记陈桥驿教授的学术业绩》,载《科技通报》1989 年第 2 期;于守春的《陈桥驿与郦学研究》,载《史学月刊》1993 年第 5 期;侯慧粦的《陈桥驿与地方志》,载《中国地方志》1993 年第 2 期;颜越虎的《陈桥驿方志学说与修志实践研究》,载《广西地方志》2004 年第 4 期;叶辉的《陈桥驿:寻山问津治郦学》,《光明日报》2006 年 10 月 29 日等(可参阅《陈桥驿先生九十华诞庆贺纪念册》中所收载的一些文章)。

② 吴必虎:《徐霞客的生命路径(life path)及其区域景观多样性背景》,《北京大学学报(哲学社会科学版)》1998 年第 3 期。

③ 吴必虎:《陈传康的学术生命路径和学术树》,《地理学报》2001 年第 5 期。

辞典》、《浙江古今地名词典》等书籍 20 余种；另有点校古籍及外文翻译类著述 20 余种；并在《中国社会科学》、《地理学报》、《地理研究》、《历史研究》、《中国历史地理论丛》、《文史》、《中华文史论丛》、《光明日报》等学术期刊和报纸上发表学术类论文 200 余篇。我们按照论著最初发表的年代，逐年汇总统计，可见陈师论著中所体现的学术生命路径曲线（图 1）。

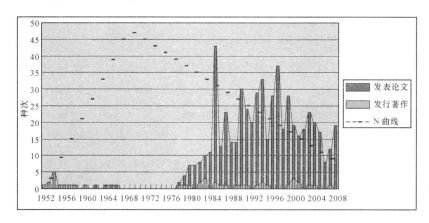

图 1　陈桥驿师论著中所体现的学术生命路径曲线及正常创作曲线（N）的比较

由图 1 可以清晰地看出陈师学术活动的过程以及陈师个人的学术活动与社会环境的紧密联系：(1)"文革"之前的五六十年代陈师虽有论著问世，但相比于 80 年代之后，数量明显偏少，且多数是编纂或科普读物，原创性成果还较少。这与正常的创作曲线是一致的，表现了早期的研究初创特点。(2)"文革"十年中陈师没有论著发表，与正常状态下人才的创作曲线有很大偏离，这与当时的社会大环境有着密切的联系。(3)1977 年之后至今，论著洋洋大观，1985 至 2005 年处于高峰期。(4)陈师的学术生命路径与新中国成立后中国历史地理学发展的路径也大体相当。

三、陈师的学术生命路径表与学术树分析

（一）学术生命路径表

学术生命路径表是一个坐标系，横轴表示时间，纵轴表示学科分支的不同。它表示陈师的学术研究领域随着时间的变化情况，这里忽略了不同领域论著数量上的差异。从表 1 中可以清晰地看出陈师的学术生命路径。

1.科普与地理教育时期(1952—1960 年)

1960 年以前陈师的主要精力在科普地理和地理教育方面,此时期他写作了一些中国主要河流简介、中国地理和世界地理简介等地理科普类书籍。这一方面反映那时陈师的地理学研究刚处于起步阶段,并未表现出他的专长,是作为一个地理教育者的身份而对地理学和地理知识的普及;另一方面也反映了在 50 年代很多学科的共同点,即对本学科基础知识和基础教育内容的梳理。

2.历史自然地理与郦学研究的初步收获时期(1961—1965 年)

1961 至 1965 年这段时期,是陈师专业研究的初步收获时期,此时开始关注历史自然地理和《水经注》的相关研究。这些表明,此时陈师逐渐选择了自己的研究领域,其历史地理研究者的形象也有了端倪。这个时期的两篇关于宁绍平原鉴湖、森林变迁的历史自然地理的论文是他早期的代表作(1962 年和 1965 年发表《古代鉴湖兴废与山会平原农田水利》及《古代绍兴地区天然森林的破坏及其对农业的影响》两篇关于宁绍地区历史地理研究的重要论文),在中国历史地理学史上也是两部具有相当分量的名篇。正是由于这两篇文章,引起历史地理学三位前辈大师谭其骧、侯仁之、史念海的关注,这对于他以后的学术历程是非常重要的,也奠定了他在中国历史地理学界中的权威地位。而 1964 年发表的《水经注的地理学资料与地理学方法》一文,标志着陈师在水经注研究方面也已经正式起步。此一阶段陈师在吴越史地研究与郦学研究这两大领域均取得重大进展,亦是其后漫长岁月中研究关注的重点所在。

3.专业研究的停滞时期(1966—1976 年)

1966 至 1976 年为"文革"时期,陈师的学术活动基本上处于停滞阶段。事实上,在此期间陈师的学术研究仍一直在继续,郦学研究就是这段时期整理出了大量手稿,这为以后他的学术大发展奠定了基础。只是限于当时条件,诸多成果无法公开发表、出版。

另外,从 1973 年起,他开始主持当时浙江省所承担的南亚地理著作的翻译工作。利用工作间隙,他也访问了国内的许多大的图书馆和知名学者,为水经注和历史地理研究持续努力。

4.历史地理学与郦学研究的继续深化和扩展时期(1977—1984 年)

1977 至 1984 年为陈师专业研究的继续深化和扩展时期。在此期间,陈师在原有的科普地理创作、历史自然地理研究和《水经注》研究的基础上,进一步深化已有研究(如历史植被和历史河流、湖泊变迁的研究等有关历史自然地理的研究和水经注地理学内容的研究),同时扩展到新的领域(如历史聚落地理、历史民族地理等历史人文地理研究),数十年沉潜、厚积而一朝勃发,开始涉及几乎所有他以后所研究的领域。

5.专业研究继续深入,同时多样化开拓学术领域时期(1985年至今)

经过前几个时期的探索和积累,从1985年开始(也正是在这一年,经谭其骧、侯仁之、史念海等历史地理学前辈大师的推荐,由陈师担任中国地理学会历史地理专业委员会主任的职务,陈师开始领导和推动中国历史地理学的发展,也是从这时起,陈师的研究几乎涉及历史地理学的所有分支学科),陈师开始在第四个时期专业研究深化的基础上,开始了他的全面深化,也是多样化蓬勃发展的时期,一直持续至今。这个时期不论是就其写作的数量抑或种类而言,都是陈师学术生命中的巅峰时期。郦学与徐学、中国历史地理学、古都学、宁绍史地与吴越文化、方志学、地名学,这几个重要方面几乎年年都有研究成果问世。相比之下,早期的科普地理或通论性的著述已经很少见,即使再出现也是为一些当代地理著作写的序言、书评,或是对当代地理学研究进展的评介。而这一时期,陈师论著中的"其他"类一直出现,这主要是先生晚近时期一些历史、文化方面的非学术性文章逐渐增多,同时诸如针对学术腐败及自身治学经历的文章也连续问世,这一方面反映学风下降引起学者心忧,另一方面也是陈师对自己治学经历的回顾及对后辈和学术发展的一种期望。

(二)学术树分析

以陈师正式出版的70余部著作和200多篇学术性论文为基础,进行统计、分析而得出如图2所示的学术树,显示了他一生所从事的学术领域、著述量以及它们之间的关系。其中圆圈的大小表示此学科论著数量的多少。从图中可以看到3个层次的学科关系,即以历史学、地理学和其他相关学科为土壤成长起来的历史文献学、地方史学、历史地理学、现代地理学等基础学科(第一层学术树);以上述分支为土壤,并且相互借鉴融合,结合多学科营养而生发出来《水经注》及其相关研究(第二层学术树),以及宁绍区域历史地理、学术规范和治学经历几方面;然后以这些研究为土壤,发展出陈师治学的主要领域,即郦学、中国历史地理学、古都学、方志学、地名学及其他。

1.第一层学术树

在第一层学术树中,可以看到以历史学和地理学为主体的学科系统,这也是研治历史地理学的基础。陈师治学领域相当广泛,这也与他良好的历史学和地理学基础有着很大的关系。而在他以后研究领域中占有很大地位的历史地理学则更是历史学和地理学的"交叉"学科,郦学、古都学、方志学、地名学的研究也均与历史地理学相得益彰。

年份: 19×× (20××)　52 3 4 5 6 7 8 9 60 1 2 3 4 5 6 67-76 7 8 9 80 1 2 3 4 5 6 7 8 9 90 1 2 3 4 5 6 7 8 9 00 1 2 3 4 5 6 7 8

城市地理学14篇（下图）

科普地理28

历史人文地理学15

历史自然地理学10

历史城市地理学14

历史地图学13

吴越历史与文化38

郦学及其相关研究58

古都学10

区域历史地理学26

学术规范、治学经历17

地方文献整理5

方志学23

地名学17

历史地理学总论7

其他39

年份: 19×× (20××)　52 3 4 5 6 7 8 9 60 1 2 3 4 5 6 67-76 7 8 9 80 1 2 3 4 5 6 7 8 9 90 1 2 3 4 5 6 7 8 9 00 1 2 3 4 5 6 7 8

科普地理，地理教育

历史自然地理，郦学

"文革停滞期"

专业研究深化、扩展

专业研究继续深入，多样化蓬勃发展

表1 陈桥驿师正式发表论著体现的学术生命路径表

注：(1) 因表格过大，并且1967至1976年之间，陈师并无论著正式发表，因此此期间的表格合并。
(2) 历史人文地理一项是除去其他论著的历史、人文地理论著。
(3) 因陈师很多论文收入他的文集中，这些论文数量不计，时间以论文集出版时间为准。

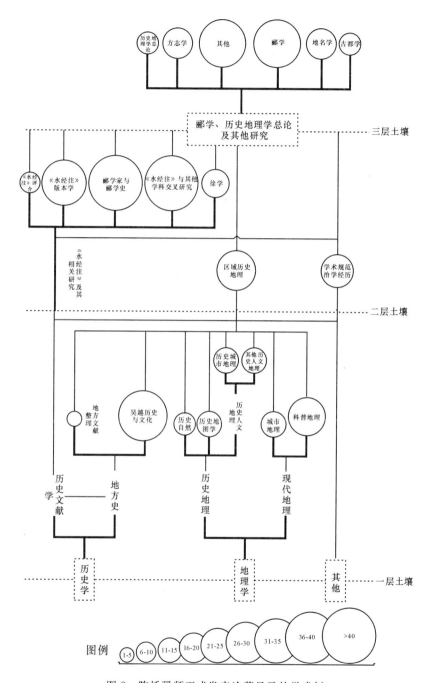

图2　陈桥驿师正式发表论著显示的学术树

历史学深入研究,涉及历史文献学(主要是《水经注》的版本目录、校勘等研究)、地方史学,地方史进一步扩展到地方文献的整理(主要是浙江省古籍文献的整理)和吴越历史与文化等内容。地理学主要分为两支,历史地理学和现代地理学。历史地理学又扩展为历史自然地理、历史人文地理(包括历史城市地理和其他历史人文地理研究)、历史地图学等研究。现代地理学又扩展为科普地理和城市地理学。这些领域的研究都成为第二层土壤以及相关研究的营养来源。

2. 第二层学术树

在第二层土壤成长起来的有《水经注》及相关研究(第二层学术树)以及区域历史地理研究、学术规范和治学经历等几方面内容。这几方面内容看似关系不大,其实都是相互吸收对方的营养后,以第一层学术树中的一支发展壮大而来的。但相比之下,《水经注》及相关研究的规模和影响最大,暂且把它作为第二层的学术树。在第一层学术树历史文献学(主要是《水经注》的版本目录、校勘等研究)基础上,吸收借鉴地方史和地理学的相关知识,《水经注》及其相关研究发展壮大,涉及《水经注》评介、《水经注》版本学、郦学家与郦学史、《水经注》与其他学科的交叉研究、"徐学"等内容。

3. 第三层学术树

在《水经注》及其相关研究、区域历史地理学等的基础之上,形成了第三层学术树,也就是陈师学术生涯中研究的主要领域:郦学、中国历史地理、古都学、方志学、地名学、其他。这些领域的成果最多,成就也最大,也是陈师被公认为中国著名的郦学家、历史地理学家、古都学家、方志学家、地名学家等的依据。

四、陈师的主要治学成就

正如图 2 中学术树所示,陈师成就最大的是在郦学、吴越史地研究、中国历史地理学理论及历史自然地理研究、历史城市地理与古都学、方志学、地名学以及学术规范等方面。兹按照时间顺序分述如下。

(一)科普地理、地理教育与域外地理研究

陈师是著名的历史地理学家,他自己也一直认可自己的地理学者身份,其学术生涯也是从地理学的研究开始的。从 20 世纪 50 年代初开始,首先是一般性的地理学数据汇编和通俗性解说,以"区域地理学"为主;再逐渐选定历史地理和宁绍地区为自己的主攻方向,进行专门的深入研究。对于总体性、一般性的地理学问题,陈师后期未再专门进行讨论,但散见于各类论文、书评和序跋中。

陈师的此类著述大体上可分为早期和近今两个时段。早期（1953—1960年）多为编译、编写的通俗性、科普性著作。得益于对《水经注》的研究，陈师首先编著了《淮河流域》、《黄河》、《祖国的河流》等介绍水系的著作。"《祖国的河流》一书 4 年内竟 9 次再版，成为新中国成立后最畅销的地理书，陈桥驿因此出名。"①后陆续编写了有关全国和各省概况的科普读物《中国地理基础知识》、《祖国最大省份新疆省》、《江淮流贯的安徽省》、《民族融洽的贵州省》等；以及简介外国地理常识的《欧洲资本主义国家地理》、《英国》、《日本》、《高中外国经济地理》、《世界煤炭地理》；1958 年又出版了对地理教育的论述《小学地理教学法讲话》。这些虽为通俗性作品，但已经以其流畅的文笔、新颖的资料而引起学术界的注意。

1966 年后，由于众所周知的原因，陈师受到了不公正的对待。直到 1973 年，因外交部需要翻译一批外国通识地理著作，才任命他为浙江省外语翻译组组长主持翻译工作，先后翻译了《尼泊尔地理》、《马尔代夫共和国》、《不丹——自然与文化地理》等。

（二）宁绍史地和吴越文化研究

陈师以"历史地理学家"名世，他真正从事严格意义上的学术研究，并在学术界确定其地位且获得广泛赞誉，也是从历史地理学的研究开始的。至此，历史地理学成为陈师一生为之奋斗的领域，可谓是终身托付也为之终身付出的学科。

"早在 60 年代，他就发表了《古代鉴湖兴废与山会平原农田水利》、《古代绍兴地区天然森林破坏及其对农业的影响》等文章，立刻受到历史地理学界的瞩目。"②此后，陈师主要围绕宁绍地区，展开了涉及历史自然地理、历史人文地理等多方面的研究。这些成就，除了散见于大量的学术论文和若干专著之外（如《绍兴史话》、《绍兴历史地理》、《绍兴简史》），还集中体现在 1999 年 12 月中华书局出版的论文集《吴越文化论丛》一书之中。同时，陈师还进行了宁绍地区地方文献的搜集、整理和研究，如整理出版《绍兴地方文献考录》，共有"书篇目录1200 余种，分作 18 类"，"这本书成为绍兴地区方志编纂和历史地理研究的必备参考书"③；引回并点校乾隆抄本《越中杂识》，该书"在国内排印出版时，我国负责古籍整理领导工作的李一氓先生，曾以十分喜悦的心情说，这'对古籍整理是

---

① 叶辉：《陈桥驿：寻山问津治邮学》，《光明日报》2006-10-29(5)。
② 吕以春：《剑锋磨砺出 梅香苦寒来——记陈桥驿教授的学术业绩》，《科技通报》第 5 卷第 2 期。
③ 颜越虎：《陈桥驿方志学说与修志实践研究》，《广西地方志》2004 年第 4 期。

很大的贡献。'"①2005年,陈师又指导翻译了国外汉学家研究宁绍地区的专著《湘湖——九个世纪的中国世事》。

除收入《吴越文化论丛》的论文之外,另有关于吴越文化的书评、序言等,如《评〈浙江文化史〉——兼论古代越史中的几个问题》(《浙江学刊》1993年第2期)、《〈越国文化〉序》(方杰主编,上海社会科学出版社1998年版)、《〈绍兴古桥〉绪论》(屠剑虹著,中国美术学院出版社2001年版),也有许多独到的见解;对吴越文化的总体研究,如《越文化研究的回顾和展望》(《杭州师范学院学报(社会科学版)》2004年第2期)、《越文化研究四题》(载车越乔主编《越文化实勘研究论文集》,中华书局2005年版)、《简述越文化研究的历史》(载费君清主编《海峡两岸越文化研究》,人民出版社2005年版)等亦引起学术界的极大重视,也是国内同类研究中具有创始意义的论文。

(三)中国历史自然地理和历史地理学理论

陈师的历史地理学研究是从对宁绍地区的研究起家的,老一辈史学家杨向奎先生为史念海先生的《河山集(三集)》所作的序言中写道:"陈桥驿先生是从研究宁绍平原起家的,他六十年代在《地理学报》上发表的两篇关于宁绍平原鉴湖森林变迁的论文,立即引起了注意。以后对宁绍平原的城市、聚落、水系变迁的研究都被认为是宁绍平原研究的权威。"陈师的历史地理学研究更多的还是关注于宁绍地区和关于中国历史地理学总论性质的问题。虽然文章数量不多,但每篇都是精品。

在对宁绍地区历史地理进行深入研究的基础上,陈师还扩展自己的研究领域,对浙江省不同地区乃至国内其他地区,进行过若干专题性的研究,也有许多独到的见解。尤其重要的是,在20世纪80年代初期,他协助谭其骧、史念海等先生主编《中国自然地理·历史自然地理》(科学出版社1982年版),该书仍是目前国内对历史自然地理研究最权威的著作之一。此后,他在这方面的工作主要转向组织、指导全国的历史地理学科的宏观发展方面,写了大量论文和序跋,也提出许多精辟的观点。直到2008年,仍以主编的身份,主持了《中国运河开发史》的撰著工作。

陈师长期担任中国地理学会历史地理专业委员会主任,承担了大量组织、领导本学科发展的任务。在此过程中,他有大量文章、讲话等,涉及历史地理学的

---

① 诸葛计:《稀见著录地方志概况——关于合力编纂〈中国稀见著录方志提要〉的建议》,《中国地方志》1999年第3期。

发展,如《近十年来历史地理研究的新进展》(《地理学报》第 49 卷增刊,1994 年 7 月)、《历史地理学的回顾与展望》(《杭州师范学院学报(人文社会科学版)》2001 年第 4 期);为一些历史地理学著作所作的序言,如《〈中国历史地理〉序》(张步天 著,湖南大学出版社 1987 年版)、《〈西域历史地理〉序》(苏北海著,新疆大学出版 社 1988 年版)、《〈中国历史地理简论〉序》(马正林著,陕西人民出版社 1987 年 版)等;书评,如《评〈西汉人口地理〉》(《历史地理》第 7 辑,1990 年)、《评〈黄淮海 平原历史地理〉》(《地理学报》第 49 卷第 4 期,1991 年 7 月)、《读〈河山七集〉》 (《陕西师范大学学报(哲学社会科学版)》第 28 卷第 4 期,1999 年 12 月)等。

(四)历史城市地理与古都学

在历史人文地理学诸多分支学科中,陈师尤其对历史城市地理学(包括"古 都学")用力最多;他是较早对此进行系统研究的学者,若干研究和观点也具有开 创意义,并为学术界所广泛接受。其贡献表现在 3 个方面:第一,对宁绍地区乃 至浙江省其他地区的聚落、城市等的发展、演变,如绍兴、杭州等,进行了精深的 研究。第二,对中国的城市、古都等方面的研究进行了宏观的论述,主持编纂、翻 译了一批有影响的著作,对中国当代的相关领域研究有很大的推动作用。如先 后主编《中国六大古都》、《中国历史名城》、《中国七大古都》、《中国都城辞典》等 书,主持翻译的国际关于中国历史城市地理研究的名著《中华帝国晚期的城市》 等。第三,若干学术观点有较大的创新性,如对六大古都、七大古都的认定以及 对古都、大古都的界定等。

1985 年,陈师出任中国地理学会历史地理委员会主任,他意识到,"除了在 全国范围领导这门学科以外,我必须建立我自己在这门学科中的特色。于是我 就把我涉猎较多的历史城市研究纳入其中","当时正值中国古都学会建立,史念 海先生任会长,我任副会长。从此我就在这个领域中投入了较多的力量"。[①] 基 于他对历史城市地理研究的积累,他先后主编了《中国六大古都》、《中国七大古 都》,这也是新中国古都学最重要的成果之一。在《论绍兴古都》(《历史地理》第 9 辑,1990 年)一文中,提出了两条作为古都的标准,后又发表《中国古都研究》 (《杭州师范学院学报》1994 年第 1 期)和《聚落、集镇、城市、古都》(《河洛史志》 1994 年第 3 期),补充了一个现代城市可以称为大古都的条件。这几条标准一 直为古都学和历史城市地理研究者所接受和认可。

---

① 陈桥驿:《我的为学经历》,《浙江学刊》2000 年第 1 期。

(五)郦学

这是陈师一生为之钟情的领域,始则出于兴趣,长则围绕所从事的地理学专业而以地理学者的眼光、角度来研判,终则扩而广之,成为汪洋恣肆、无所不包的庞大体系,而涵盖了诸多学术领域,成为当代海内外郦学研究的泰斗。

20世纪50年代中期之后,在从事了地理学专业的教学、科研工作以来,陈师发现了传统郦学研究中的不足和薄弱环节;因此,他最初对《水经注》的研究,是从地理学角度所展开的,比较注重用现代地理学的观点与方法研究《水经注》。为此侯仁之教授说陈师的研究"为《水经注》研究开拓了一个新途径",史念海教授称这是"用新方法研治郦注,别开生面,为郦学一大转折点"。在此基础上,围绕新出现的一系列问题,也随着研究环境的宽松和学术视野的扩大,陈师对《水经注》的研究也向宽、深的领域扩展,涉及版本、校勘和郦学史等等诸多方面。这样的学术路径和学术成就,集中体现在其点校的各种《水经注》版本中以及四部《水经注研究》论文集中。

陈师的70多部著作中,仅郦学著作就将近30部,还有大量的论文,这些成果奠定了陈师在"郦学"史上的地位。陈师说过:"胡适在生命最后20年研究《水经注》,而我研究它已经有25个年头了。可以说《水经注》就是我的生命。"[1]阚维民在其文章中也:"陈先生视《水经注》如玉石,对其研治可谓精雕细凿,从细微分析《水经注》记载的各种自然地理和人文地理现象入手,然后扩展到搜寻《水经注》的版本和佚文、探索郦学家和郦学研究学派、分门别类辑录汇编《水经注》所涉资料,最后逐条逐句校释和译注《水经注》。正是凭着这种细致钻研的精神,陈先生的郦学研究获得了丰硕的成果。"[2]

陈师可以说是从小就与《水经注》结缘,高中时已经开始对它自学研究,甚至在"文革"时期依然坚持不懈。他的郦学研究包括了传统的对《水经注》版本、目录、校勘、辑佚、翻译、郦学家、郦学史等的研究,还从地理学、历史学、地名学、思想和文化史等方面对《水经注》做了更加广博精深的研究。这些研究成果可以与全祖望、赵一清、戴震、杨守敬、熊会贞、胡适等前辈大师成就比肩,某些方面更能有所超越。因此,王守春称:"而在众多的研究《水经注》的学者之中,没有谁像杭州大学(现浙

---

[1]　周能兵、钱玲:《陈桥驿:自学而成的国学泰斗》,《绍兴晚报》2008年4月18日。

[2]　阚维民:《精雕细凿　孜孜不倦——拜读陈桥驿先生郦学研究新著有感》,《中国历史地理论丛》第18卷第1辑(2003年3月)。

江大学)陈桥驿教授那样取得成果之丰。这些都是中国史学研究上的罕见奇观。"①

截至目前,已有近 20 家出版社出版了陈师的 30 余种郦学著述。陈师对《水经注》的研究,涉及许多领域,概括起来主要有以下 9 个方面:1.《水经注》版本学的研究;2.《水经注》地名学的研究;3. 郦学史的研究;4.《水经注疏》版本及校勘的研究;5. 赵(一清)、戴(震)《水经注》案的研究;6. 对历代郦学家的研究;7.《水经注》校勘、考据与辑佚研究;8.《水经注》地理学的研究;9.《水经注》地图学的研究。

有趣的是,也可以算是郦学研究的一项副产品,陈师后来针对徐霞客研究在国内的兴起,最早在学术界提出"徐学"的概念,并进一步论述了徐霞客研究中的若干方向性的问题,如《论徐学研究及其发展》(《浙江学刊》1988 年第 2 期)、《扩大徐霞客研究》(《浙江学刊》1992 年第 4 期)、《关于"徐学"的兴起与当前研究》(载《徐霞客在浙江》,浙江教育出版社 1998 年版)等。

(六)方志学

陈师在他的《陈桥驿方志论集》序言中说道:"我不是方志学家,生平并未系统地研究过方志学这门学问……",他又多次说到自己是方志的"大用户"。陈师在自己治学过程中经常用到大量的方志资料,并且从 20 世纪 50 年代就开始在大学地理系开设方志学的课程。虽然他并没有"系统地研究过方志学这门学问",但是这并不影响他对方志学的贡献和所取得的成就。他多次参加领导地方志的编纂工作,发表了大量关于地方志研究的论文,还引进了多部流失海外的地方志,并且提出了很多具有建设性的意见,例如地方志记载的植物名称统一用"二名法"、地方志要编"索引"等,以后都成为地方志修撰的标准。正因为陈师在方志学领域的成就,全国各地的地方志修撰工作者只要有机会,都会请他指导、为志书写序等,浙江省很大一部分地方志都是陈师写的序言。

(七)地名学

陈师是我国地名学史研究的翘楚。他在 20 世纪 70 年代末,撰写《论地名学及其发展》(正式发表于《中国历史地理论丛》1981 年第 3 辑)一文,成为我国全面系统研究地名学史的先驱,华林甫称此文:"从而为中国的地名学史研究奠定了基础。"②陈师主编了多部地名词典与地名志,而后更是在关于《水经注》地名学、越语方言地名等方面成果显著。据侯慧粦副教授统计,截至 2007 年,陈师共

---

① 王守春:《陈桥驿与郦学研究》,《史学月刊》1993 年第 5 期。
② 华林甫:《中国地名学源流》,湖南人民出版社 1999 年版。

为 15 部地名志、地名词典或其他地名著作写过序言,这些也都是陈师地名学领域成就和权威的最佳说明。

(八)历史地图学

陈师对历史地图学进行过较为深入的研究。早在 1960 年代,陈师就为有关出版社审定过地图,并用英文撰写了《中国古代的地图绘制》("Map Making in Ancient China"),发表在当时国内出版的英文杂志《中国建设》(*China Reconstructs*)1966 年第 4 期上。20 世纪 80 年代中期,当谭其骧先生主编的八卷本《中国历史地图集》正式出版后,陈师即多次撰文给予评论(《评〈中国历史地图集〉》,《中国社会科学》1985 年第 4 期,另有英文版"The Historical Atlas of China",*Social Sciences in China*,Summer 1986)。此后,又先后对侯仁之先生主编的《北京历史地图集》、史念海先生主编的《西安历史地图集》加以评论(《评〈北京历史地图集〉》,《中国社会科学》1989 年第 4 期;《评〈西安历史地图集〉》,《历史研究》1997 年第 3 期),指出历史地图绘制中的一些经验、问题和规律。

(九)治学经历与学术规范

进入 20 世纪 90 年代后,学术界出现了许多所谓"学术不端"或"学术腐败"现象,陈师对这些学术丑恶现象深恶痛绝。因此,他在近期的学术生涯里,一方面大力提携后学,在文章、序跋中介绍自己的治学经历,如《为学的教训》(《高教学刊》总第 10 期,1990 年 12 月)、《我的为学经历》(《浙江学刊》,2000 年)等;另一方面,针对社会上的丑恶现象和学术界的不端行为,口诛笔伐,直言批判。陈师在《学术界》2004 年第 3 期上发表一篇《论学术腐败》的文章,指出学风不良、学术腐败远比刑事犯罪和伪劣商品更为严重,它可以从根本上斫伤我们民族的元气。另外如《学问与学风》(《杭州师范大学学报(社会科学版)》2008 年第 6 期)、《"恐诺症"——兼论科研机构及高校的体制问题》(《学术界》2008 年第 5 期)、《读〈亘古男儿——陆游传〉有感——兼论学术界的"伪作"》(《浙江学刊》2009 年第 5 期)也是这一方面的代表作。

(十)其他的诗文碑记等

陈师还充分利用自己英语水平较高的优势,积极参与对外交流、沟通,将中国的学术研究状况介绍给西方,并引进和介绍了若干西方汉学界的新观点、新学说,如《韩国的汉学研究》(载《韩国研究》第 3 辑,杭州出版社 1996 年 12 月)、《中日两国文化交流的体会》(《浙江省中日关系史学通讯》2002 年第 5 期),这些工作为我国学术文化在国外的传播和促进中外汉学的交流发挥了积极的作用。

陈师天资聪颖，兼以个人勤勉为学，打下了坚实的传统文化修养。在几十年的研究、教学和游历过程中，往往有感而发，写下了许多抒情性、描述性的文字，有若干记游或回忆的文章如《我与图书馆》(《浙江九三》2004 年第 6 期)、《回忆在承天中学的一年多岁月——〈百年华诞〉序》(载《绍兴文史资料》第 22 辑，2008 年)；以及大量即兴而写的古体诗词如"诗三首《颂范蠡》、《吊陶朱墓》、《赞肥城》"，还有应约而撰写的一些记文如《东瀛散记》系列(《联谊报》1994 年 2—5月)、《北美散记》系列(《野草》1996 年 3、4、5 期)等。这些因散见各处，都还有待于进一步收集整理。

五、结　语

陈师的著述量算是洋洋大观了，但是这些著述都绝不敷衍应景，其至他给地方志或者其他学者的专著写的序文，都是先阅读其著述，经过缜密的思考，然后纵论古今，品评优劣，每一篇都堪称一篇上好的论文。陈师高中毕业几乎没有上过大学，自学成才，从 29 岁(1952 年)开始发表著述，至今仍笔耕不辍，他的学术生命一直延续至今，并且还在继续。在他学术生命中的每个时段都有里程碑式的文章和著作，一直保持至今，更能说明陈师一直都保持着思想活力和"学术活性"。早年的文章持论谨严，法度严整，而近些年的文章更添直抒胸臆，有挥洒自如之感，犹似行云流水，酣畅淋漓。一方面说明他积累深厚，另一方面也说明他已届耄耋之年，"从心所欲不逾矩"了。

桑兵在其《晚清民国的学人与学术》(中华书局 2008 年版)的"绪论"中有一段话，或可作为对陈师治学经历的评价与总结：

> 治学的大道，是继续前贤的未竟之业，聚沙积薪，继长增高，所谓站在巨人的肩上，自然登高望远。所以接着做比找漏洞寻破绽钻空子对着干难度更大，也更具挑战性，却是治学的必由之路。历史上能够披沙拣金留下来的人物大都天赋异禀，兼有奇缘，又下苦功，读完书再做学问，功力深湛，体大思精，见识高远，接近理解诚非易事，常人难以项背，守成亦难，遑论超越。

陈师至今仍坚持每天读书、看报、写作，依然精神矍铄、老当益壮。在他 90大寿之际，更愿他幸福、健康、长寿，为学术界再添新著。衷心祈盼待到陈师期颐之年，再为他贺！

陈桥驿先生年表简编

1923 年　1 岁

12 月 10 日(民国十二年农历十一月初三戌时),出生于浙江绍兴(绍兴城内车水坊状元台门。该宅原为明隆庆状元张元忭府第,清嘉庆间售于陈氏)。因按生日时辰推算,五行缺土少金,所以取名"庆鋆"。后因字形较繁,改为"庆均",小名"阿均"。

1927 年　5 岁

夏夜,祖孙天井纳凉,祖父陈质夫(清举人)教之唐诗:"松下问童子,言师采药去。只在此山中,云深不知处。"仅一遍就能背,并懂诗的大意。祖父信心大增,从此教诗不止。

1928 年　6 岁

已能熟背整本《唐诗三百首》,被族人誉为"好记心"。

1929 年　7 岁

祖父试教《大学》、《中庸》二篇,一个上午就能熟背,祖父大喜,即教《论语》、《孟子》。同时又读《神童诗》、《千家诗》、《幼学琼林》、《诗经》;自看《三国演义》、《水浒传》、《红楼梦》,尤喜《三国》,《水浒》次之,《红楼》兴趣不大。开始背"五经"。时年除夕,祖父宣布阿均是陈氏家族中第一个背熟"四书"的孙子。

1932 年　10 岁

入省立第五中学附属小学二年级。

1934 年　12 岁

升入同校高小五年级。读《苦儿努力记》、《木偶奇遇记》、《鲁滨孙漂流记》,

读了日本监谷温的《中国文学史概论》,读《胡适文存》并甚佩服,问祖父,祖父说"这就是做学问",从此立下"做学问"的宏愿。

1935 年　13 岁

祖父学生孙伏园从欧洲回来,认为仅学"子曰诗云"不够,建议再学英语,遂请家教以林语堂的《开明英语读本》作教材。

1936 年　14 岁

高小毕业,考入承天中学。遵祖父意,通读《史记》、《汉书》,略读《通鉴》、《旧唐书》。幼时听祖父讲故事,发现不少故事都出自巾箱本《合校水经注》,遂将祖父二十册巾箱本归为己有。祖父藏书逾万册,经常翻阅。中学时,几乎每天下午入中学图书馆,读了不少茅盾、冰心、巴金、周作人、鲁迅的小说。还经常到旧书摊淘书,淘得英文原版《短篇小说选集》、《英文字典大全》、《纳氏文法》、《标准英汉字典》。因喜欢《李后主词》,用毛笔抄录并熟背。

1937 年　15 岁

抗战爆发,举家逃难,发现《中国地图集》有全国地名,很实用,熟背全国各县地名;闲时,还背中华书局的《辞海》。

1938 年　16 岁

插入省立绍兴中学初二班。一直不读"正书",泡图书馆读《万有文库》、《丛书集成》等。

1940 年　18 岁

入花明泉高中读书。

1941 年　19 岁

绍兴沦陷,逃往嵊县入崇仁廿八都分校读书。后回绍兴,在祖父指导下读《水经注》。

1942 年　20 岁

嵊县沦陷。祖父去世。中学复学无期,至绍兴柯桥阮社小学任校长。

1943 年　21 岁

仍在阮社任校长。暑期出奔,冒险越金华日军防线。原拟到后方以同等学力投考大学,因道路险阻,出沦陷区后已逾考期,在上饶读完高中三年级。

1944 年　22 岁

秋,从上饶经赣州拟去内地投考大学,因衡阳失陷,道路断绝,在赣州考取国立中正大学社会教育学系。年底,战事更紧,一腔热血,认为"国家兴亡,匹夫有责",遂弃学从军,参加"青年远征军",预备到缅甸或印度。部队考试一举夺冠,被分配到"青年远征军"208 师 623 团任英语教官。

1946 年　24 岁

秋,到嘉兴青年职业学校高职部任英语教师,至 1947 年。

1948 年　26 岁

春,任新昌县立中学教导主任,兼教地理,至 1953 年夏。当时,发现上海一家出版社出版的地图有不少错误,于是连续在《大公报》副刊《读书与出版》上发表批评文章。上海地图出版社社长写信邀其去该社,因学校不允,未成。

1952 年　30 岁

《淮河流域》由上海春明出版社出版。

1954 年　32 岁

春,到浙江师范学院任地理系讲师(时校园在杭州市六和塔附近的原之江大学校址处)。因教学需要,自学梵文。

1957 年　35 岁

任浙江师范学院地理系经济地理教研室主任。

1962 年　40 岁

发表《古代鉴湖兴废与山会平原农田水利》,载《地理学报》1962 年第 3 期。

1964 年　42 岁

发表《水经注的地理学资料与地理学方法》,载《杭州大学学报(哲学社会科学版)》1964 年第 2 期。

1965 年　43 岁

发表《古代绍兴地区天然森林的破坏及其对农业的影响》,载《地理学报》1965 年第 2 期。

1973 年　51 岁

因国务院〔国发(73)143 号〕文件,全国九省市出版局准备翻译外国地理书籍,从牛棚提出,外借到浙江省出版局,负责浙江翻译工作。

1974 年　52 岁

发表《"人与自然旅行家系列"〈郦道元〉后记》,收入美国密歇根大学教授李祁编的英文本《徐霞客游记》卷首,香港中文大学出版社出版。

1978 年　56 岁

杭州大学地理系副教授。

1979 年　57 岁

发表《论水经注的版本》,载《中华文史论丛》1979 年第 3 辑。

1980 年　58 岁

为美国匹茨堡大学高年级学生举办文化学习班,用英语讲《杭州地理》课程。是年起开始招收历史地理专业硕士研究生。

发表《我读水经注的经历》,载《书林》1980 年第 3 期。

1981 年　59 岁

发表论文:

《评森鹿三主编水经注(抄)》,载《杭州大学学报(哲学社会科学版)》第 4 期,译载于日本关西大学《史泉》第 57 号;

《水经注记载的城市地理》,载《中国历史地理论丛》1981 年第 1 辑;

《小山堂抄本全谢山五校水经注》,载《杭州大学学报(哲学社会科学版)》1981 年第 4 期;

《我国古代湖泊的湮废及其经验教训》,载《历史地理》1981 年创刊号。

1982 年　60 岁

在巴西出席国际地理学会议,用英文写成《一千年来杭州的城市建设与经济发展》,引起与会者的极大兴趣。是年秋,应邀到美国讲学。

《中国自然地理·历史自然地理》(中国科学院《中国自然地理》编辑委员会主持,谭其骧、史念海、陈桥驿主编),由科学出版社出版。

《绍兴史话》,由上海人民出版社出版。

发表论文:

《编纂水经注新版本刍议》,载《古籍论丛》(福建人民出版社 1982 年版);

《水经注记载的热带地理》,载《热带地理》1982 年第 3 期。

1983 年　61 岁

杭州大学地理系教授。

先后担任日本关西大学、大阪大学、广岛大学等校客座教授,并赴日本、美国、加拿大等多所大学讲学。

《绍兴地方文献考录》、《浙江分县简志》(参编)、《越中杂识》(点校),由浙江人民出版社出版。

《中国六大古都》(主编),由中国青年出版社出版。

发表论文:

《评台北中华书局影印本杨熊合撰水经注疏》,载《杭州大学学报(哲学社会科学版)》1983 年第 3 期;

《论郦学研究及其学派的形成与发展》,载《历史研究》1983 年第 6 期。

1984 年　62 岁

发表论文:

《关于水经注疏不同版本和来历的探讨》,载《中华文史论丛》1984 年第 3 辑;

《水经注金石录·序》,载《山西大学学报(哲学社会科学版)》1984 年第 4 期;

《爱国主义者郦道元与爱国主义著作水经注》,载《郑州大学学报(哲学社会科学版)》1984 年第 4 期。

1985 年　63 岁

受聘担任日本国立大阪大学客座教授一学期,并在东京、京都、广岛等地大学讲学。

担任中国地理学会历史地理专业委员会主任(直至 1996 年卸任)。

《水经注研究》由天津古籍出版社出版。

发表《熊会贞郦学思想的发展》,载《中华文史论丛》1985 年第 2 辑。

1986 年　64 岁

发表论文:

《新编出版水经注图刍议》,载《地图》1986 年第 2 期;

《水经注戴赵相袭案概述》,载《郑州大学学报(哲学社会科学版)》1986 年第 1 期;

《胡适与水经注》,载《中华文史论丛》1986 年第 2 辑;

《港台水经注研究概况评述》,载《史学月刊》1986 年第 1 期;

《水经注文献录·序》,载《杭州大学学报(哲学社会科学版)》1986 第 3 期,并转载于《新华文摘》1987 年第 1 期。

1987 年　65 岁

《郦道元与水经注》由上海人民出版社出版;

《水经注研究二集》由山西人民出版社出版。

发表论文:

《戴震校武英殿本水经注的功过》,载《中华文史论丛》1987 年第 2—3 合刊;

《郦学概论》,载《文史哲》1987 年第 5 期。

1988 年　66 岁

主编的《中华人民共和国地名词典·浙江省》由商务印书馆出版。

发表论文:

《郦道元生平考》,载《地理学报》1988 年第 3 期;

《郦道元》,载英国《地理学家传记研究》第 12 卷;

《关于水经注疏定稿本的下落》，载《中国历史地理论丛》1988 年第 2 辑；

《水经注军事年表·序》，载《杭州大学学报（哲学社会科学版）》1988 年第 4 期。

1989 年　67 岁

受聘担任日本国立广岛大学客座教授，并在九州、福冈等地讲学。

点校的《水经注疏》（上、中、下册）（与段熙仲合作）由江苏古籍出版社出版。

发表论文：

《王国维与水经注》，载《中华文史论丛》1989 年第 2 辑；

《地理学思想史·序》，载《中国历史地理论丛》1989 年第 3 辑（该文是为刘盛佳编著《地理学思想史》所作的序言，华中师范大学出版社 1990 年出版）。

1990 年　68 岁

点校的武英殿本《水经注》由上海古籍出版社出版；

主编的《杭州市地名志》由浙江人民出版社出版。

发表论文：

《读水经注札记（之三）》，载香港《明报月刊》1990 年第 10 号；

《为学的教训》，载《高教学刊》1990 年第 2 期；

《郦道元和水经注以及在地学史上的地位》，载《自然》1990 年 3 月号；

《郑德坤与水经注》，载《中国历史地理论丛》1990 年第 3 辑；

《历史地理学家杨守敬及其水经注研究》，载《中国历史地理论丛》1990 年第 4 辑；

《水经注的歌谣谚语》，载《郑州大学学报（哲学社会科学版）》1990 年第 1 期。

1991 年　69 岁

国务院颁发"从事教育工作突出贡献"证书并享受政府特殊津贴。

国际地理学会（IGU）聘任为历史地理专业委员会咨询委员。

《浙江古今地名词典》由浙江教育出版社出版；

《浙江灾异简志》由浙江人民出版社出版；

《中国七大古都》（主编）由中国青年出版社出版。

发表《评胡适手稿》，载《中华文史论丛》1991 年第 47 期。

1992 年　70 岁

《郦学新论——水经注研究之三》由山西人民出版社出版。

发表论文：

《钟凤年与水经注》，载《陕西师范大学学报（哲学社会科学版）》1992 年第 3 期；

《吴天任与水经注》，载《中国历史地理论丛》1992 年第 2 辑。

1993 年　71 岁

发表论文：

《全祖望与水经注》，载《历史地理》1993 年第 11 辑；

《赵一清与水经注》，载《中华文史论丛》1993 第 5 辑。

1994 年　72 岁

被国务院评为终身教授（杭州大学转发国家人事部转省人事厅文件，规定无限期不退休，"继续研究，继续写作"）。

《郦道元评传》由南京大学出版社出版。

发表《民国以来研究水经注之总成绩》，载《中华文史论丛》1994 年第 53 辑。

1995 年　73 岁

2 月 16 日下午偕夫人寻踪到涿州市郦道元村。

应邀去加拿大和美国访问讲学半年。

《水经注》全译（无原文本）由山西人民出版社出版。

发表《水经注·浿水篇笺校》，载《韩国研究》1995 年第 2 辑。

1996 年　74 岁

应《中国地方志》邀请，撰写《北美汉学家论中国方志》。

《水经注》全译（上下册，附原文本）由贵州人民出版社出版。

发表《汪辟疆与水经注》，载《史念海先生八十寿辰学术文集》，陕西师范大学出版社出版。

1997 年　75 岁

应聘为英国剑桥国际传记中心荣誉委员。

《陈桥驿方志论集》由杭州大学出版社出版。

1998 年　76 岁

发表论文：

《关于水经注校释》，载《杭州师范学院学报（哲学社会科学版）》1998 年第 5 期；

《评介英文版〈徐霞客游记〉》，载《徐霞客研究》1998 年第 3 辑。

1999 年　77 岁

应邀赴香港、台湾访问讲学。在台湾"中央研究院"作《水经注》研究讲座。

《中国都城词典》由江西教育出版社出版；

《吴越文化论丛》由中华书局出版；

《水经注校释》由杭州大学出版社出版。

发表《我说胡适》，载《辞海新知》1999 年第 4 辑。

2000 年　78 岁

《郦学札记》由上海书店出版社出版；

《郦道元》由花山文艺出版社出版；

《科学巨著〈水经注〉评价》（《中国典籍精华丛书》第九卷）由中国青年出版社出版。

2001 年　79 岁

《水经注》（简化字本）由浙江古籍出版社出版。

发表《记一本好书的出版》，载《中华读书报》2001 年 7 月 4 日；

《学术腐败——中国科学的恶性肿瘤》，载《中华读书报》2001 年 11 月 14 日。

2002 年　80 岁

《水经注·黄河之水》由台湾古籍出版有限公司出版；

《水经注·汾济之水》由台湾古籍出版有限公司出版；

《水经注·海河之水》由台湾古籍出版有限公司出版；

《水经注·洛渭之水》由台湾古籍出版有限公司出版；

《水经注·淮河之水》由台湾古籍出版有限公司出版；

《水经注·沔河之水》由台湾古籍出版有限公司出版；

《水经注·长江之水》由台湾古籍出版有限公司出版；

《水经注·江南诸水》由台湾古籍出版有限公司出版。

2003 年　81 岁

《水经注校释》获第三届中国高校人文社会科学优秀成果一等奖。

《水经注图》(校释)由山东画报出版社出版；

《水经注研究四集》由杭州出版社出版。

2004 年　82 岁

在《学术界》第三期发表《论学术腐败》。

发表《我校勘水经注的经历》,载《杭州师范学院学报(哲学社会科学版)》2004 年第 5 期。

2005 年　83 岁

发表论文：

《关于创建世界第一流大学》,收入《黄河文化论坛》(第 13 辑)；

《从商、入仕、做学问——读杨守敬学术年谱》,载《学术界》2005 年第 6 期。

2007 年　85 岁

8 月　绍兴筹建"陈桥驿先生史料陈列馆"。

《水经注校证》由中华书局出版。

2008 年　86 岁

《中国运河开发史》(主编)由中华书局出版。

《水经注论丛》由浙江大学出版社出版。

2009 年　87 岁

10 月　《水经注》(陈桥驿译注,王东补注)由中华书局出版。

12 月　绍兴"陈桥驿先生史料陈列馆"正式开馆。

2010 年　88 岁

1 月　《水经注撷英解读》由台北三民书局出版。

5 月　浙江大学授予"竺可桢奖"。

2011 年　89 岁

4 月　《新译水经注》由台北三民书局出版。

11 月　12、13 日,浙江大学和绍兴市人民政府隆重举办"陈桥驿先生九十华诞庆贺会暨历史地理学发展学术研讨会"。路甬祥副委员长题词"史地巨子,郦学大家"。

11 月　《陈桥驿方志论文续集》由中华书局出版。

11 月　《八十逆旅》(自传)由中华书局出版。

2012 年　90 岁

5 月　《〈水经注〉地名汇编》由中华书局出版。

7 月　《钱江晚报》发表专访《陈桥驿:俯仰山河》(《钱江晚报》2012 年 7 月 13 日 D1、D2 版)。

10 月　《水经注校证》(中华书局 2007 年版)一书,荣获"第六届吴玉章人文社会科学奖"优秀奖。10 月 3 日,陈先生至中国人民大学领奖。

2013 年　91 岁

1 月　21 日,中共绍兴市委办公室、绍兴市人民政府办公室发文〔绍市委办发〔2013〕11 号〕,确定"陈桥驿先生史料陈列馆"为"第七批市级爱国主义教育基地"。

10 月　中国地理学会授予陈桥驿先生中国地理学界的最高荣誉"中国地理科学成就奖"。

11 月　30 日,在由中国水利学会和中国文物学会主办的"中国大运河水利遗产保护与利用战略论坛"上,因其对浙东运河绍兴段的卓越研究,以及对水利遗产保护和利用有突出贡献,荣获 2013 年度"中国水利遗产保护个人奖"。

12 月　10 日,浙江大学地球科学系、中国地理学会、浙江省地理学会在浙江大学举行颁奖仪式,浙江大学副校长罗卫东和中国地理学会秘书长张国友共同为陈先生颁发第四届"中国地理科学成就奖"。与会人员并共同为陈先生庆贺生日,恭贺陈先生九十大寿。

说明:本年表主要据《水经注论丛》所附"陈桥驿年表"(陈桥驿著:《水经注论丛》,浙江大学出版社 2008 年版,第 490—499 页)编定,略有补正。2008 年后由范今朝续编。

陈桥驿先生著作目录

（独著、合著、点校和主编、主译、主审）

书　　名	出版社	出版时间
1.《淮河流域》（编著）	（上海）春明出版社	1952.10
2.《黄河》（著）	（天津）益智书店	1953.12
3.《欧洲资本主义国家地理提纲》（编著）	（上海）地图出版社	1953
4.《欧洲资本主义国家地理》（编著）	（上海）地图出版社	1954.02
5.《祖国最大省份新疆省》（编著）	（上海）地图出版社	1954.04
6.《江淮流贯的安徽省》（编著）	（上海）地图出版社	1954.05
7.《民族融洽的贵州省》（编著）	（上海）地图出版社	1954
8.《祖国的河流》（编著）	（上海）新知识出版社	1954.08 （1955 年重印）
9.《中国地理基础》（编著）	（上海）春明出版社	1954
10.《英国》（编著）	（上海）新知识出版社	1955.04
11.《日本》（编著）	（上海）新知识出版社	1956.05
12.《高中外国经济地理》（编著）	浙江人民出版社	1957.09
13.《小学地理教学法讲话》（著）	浙江人民出版社	1958.06
14.《世界煤炭地理》（编著）	（北京）商务印书馆	1960.05
15.《尼泊尔地理》（主译）	浙江人民出版社	1977
16.《马尔代夫共和国》（编译）	浙江人民出版社	1979.03
17.《不丹》（主译）	浙江人民出版社	1980
18.《中国自然地理·历史自然地理》（中国科学院《中国自然地理编辑委员会》主持，谭其骧、史念海、陈桥驿主编）	科学出版社	1982.01
19.《绍兴史话》（著）	上海人民出版社	1982.09

续表

书　　名	出版社	出版时间
20.《浙江分县简志》（参编）	浙江人民出版社	1983
21.《越中杂识》（点校）	浙江人民出版社	1983
22.《绍兴地方文献考录》（著）	浙江人民出版社	1983.11
23.《中国六大古都》（主编）	中国青年出版社	1983
24.《浙江地理简志》（主编）	浙江人民出版社	1985
25.《水经注研究》（著）	天津古籍出版社	1985.05
26.《中国历史名城》（主编）	中国青年出版社	1986.08
27.《浙江省地理》（合编）	浙江教育出版社	1986
28.《郦道元与水经注》（著）	上海人民出版社	1987.09
29.《水经注研究二集》（著）	山西人民出版社	1987.09
30.《当代世界名城》（主编）	浙江人民出版社	1987.12
31.《当代中国名城》（主编）	浙江人民出版社	1988.05
32.《中华人民共和国地名词典·浙江省》（主编）	商务印书馆	1988.08
33.《浙江地名简志》（参编）	浙江人民出版社	1988.12
34.《水经注疏（上、中、下册）》《与段熙仲合作,复校）	江苏古籍出版社	1989.06
35.《杭州市地名志》（特约主编）	浙江人民出版社	1990.04
36.（武英殿本）《水经注》（点校）	上海古籍出版社	1990.09
37.《浙江灾异简志》（编著）	浙江人民出版社	1991.03
38.《浙江古今地名词典》（主编）	浙江教育出版社	1991.09
39.《中国七大古都》（主编）	中国青年出版社	1991.10（2005.01 重印）
40.《郦学新论——水经注研究之三》（著）	山西人民出版社	1992.01
41.《中日两国地方志的比较研究》（主编）	内部印行	1993.02
42.《郦道元评传》（著）	南京大学出版社	1994.04（1997 年重印）
43.《水经注全译》（合作、主译）（简本）	山西人民出版社	1995.09
44.《印度农业地理》（世界农业地理丛书）（主编）	商务印书馆	1996.06

续表

书　　名	出版社	出版时间
45.《中国历史大辞典·历史地理卷》(中国历史大辞典·历史地理卷编纂委员会编,谭其骧主编,吴应寿、邹逸麟、陈可畏、陈桥驿副主编)	上海辞书出版社	1996.08
46.《水经注全译(上下册)》(合作)(题解本)	贵州人民出版社	1996.10
47.《陈桥驿方志论集》(著)	杭州大学出版社	1997.01
48.《水经注校释》(点校、注释)	杭州大学出版社	1999.04
49.《中国都城辞典》(主编)	江西教育出版社	1999.09
50.《吴越文化论丛》(著)	中华书局	1999.12
51.《郦道元》(著)	花山文艺出版社	2000.04
52.《郦学札记》(著)	上海书店出版社	2000.09
53.《中华帝国晚期的城市》(叶光庭等译,陈桥驿校)	中华书局	2000.12
54.《水经注》(点校注释)(简化字本)	浙江古籍出版社	2001.01
55.《绍兴历史地理》(与车越乔合著)	上海书店出版社	2001.06
56.《水经注》一黄河之水(译注)	台湾古籍出版有限公司	2002.02
57.《水经注》二汾济之水(译注)	台湾古籍出版有限公司	2002.02
58.《水经注》三海河之水(译注)	台湾古籍出版有限公司	2002.02
59.《水经注》四洛渭之水(译注)	台湾古籍出版有限公司	2002.02
60.《水经注》五淮河之水(译注)	台湾古籍出版有限公司	2002.02
61.《水经注》六沔淮之水(译注)	台湾古籍出版有限公司	2002.02
62.《水经注》七长江之水(译注)	台湾古籍出版有限公司	2002.02
63.《水经注》八江南诸水(译注)	台湾古籍出版有限公司	2002.02
64.《水经注研究四集》(著)	杭州出版社	2003.04
65.《水经注图》(校释)	山东画报出版社	2003.05
66.《文化浙江》(4册)(主编)	浙江人民出版社	2004
67.《绍兴简史》(与颜越虎合著)	中华书局	2004.09
68.《湘湖——九个世纪的中国世事》(译校)	杭州出版社	2005.07

续表

书　　名	出版社	出版时间
69.《水经注校证》(点校、注释)	中华书局	2007.07 (2008 年再版, 2012 年第 3 版)
70.《中国运河开发史》(主编)	中华书局	2008.09
71.《水经注论丛》(著)	浙江大学出版社	2008.10
72.《水经注》(译注)	中华书局	2009.10
73.《水经注撷英解读》(著)	台湾三民书局	2010.01
74.《新译水经注》(译注)	台湾三民书局	2011.04
75.《陈桥驿方志论文续集》(著)	中华书局	2011.11
76.《八十逆旅》(著)	中华书局	2011.11
77.《〈水经注〉地名汇编》(编著)	中华书局	2012.5

说明:本目录由范今朝整理。

浙江大学地球科学系(包括原杭州大学地理系)历史地理专业硕士研究生名录(1980—2013)

在学年份	姓名	性别	现所在机构或地区
1980.9—1983.6	乐祖谋	男	硕士;国外
1981(无)			
1982.9—1985.6	王永太	男	硕士;现浙江社会科学院历史研究所副所长,研究员;曾在浙江省人民政府方志办公室(地方志编纂指导委员会)任职
	鲁 奇	男	博士;中国科学院地理科学与资源研究所,教授/研究员,博士生导师
1983(无)			
1984.9—1987.6	阙维民	男	博士;现北京大学城市与环境学院,教授,博士生导师;曾在浙江大学地球科学系(原杭州大学地理系)和历史系任教
	徐建春	男	博士;现浙江工商大学公共管理学院,副院长,教授,硕士生导师;曾在《浙江学刊》编辑部和浙江大学资源与环境学院土地管理系任职
1985(无)			
1986(无)			
1987.9—1990.6	张 灵	男	硕士;国外
1988(无)			
1989.9—1992.6	陈 雄	男	硕士;浙江师范大学地理与环境科学学院,教授,硕士生导师
1990.9—1993.6	汪 波	男	博士;浙江大学地球科学系,副教授,硕士生导师
1991.9—1994.6	范今朝	男	博士;浙江大学地球科学系,副教授,硕士生导师
1992(无)			
1993.9—1996.6	叶持跃	男	硕士;宁波大学建筑工程与环境学院,副教授,硕士生导师

续表

在学年份	姓名	性别	现所在机构或地区
1994.9—1997.6	吕孝虎	男	硕士;杭州师范大学人文学院任教
1995.9—1998.6	马 丁	男	硕士;杭州师范大学人文学院,教授
1996.9—1999.6	钟 翀	男	博士;上海师范大学人文与传播学院,副教授,硕士生导师
1997.9—2000.6	周筱赟	男	博士;现在广州从事传媒工作
1998.9—2001.6	张环宙	女	硕士;浙江外国语学院(原浙江教育学院)科研处,处长,教授
1999.9—2002.6	刘宏伟	男	硕士;湖州市民政局,湖州市地名委员会办公室,主任
	刘国旭	男	博士;南阳师范学院环境科学与旅游学院,副教授
	王 芳	女	硕士;浙江旅游职业学院人事处,处长
2000(无)			
2001.9—2004.6	孟桂芳	女	硕士;杭州出版社,编辑
2002.9—2005.6	李 娟	女	硕士;曲阜师范大学历史文化学院任教
2003.9—2006.6	王海雷	女	硕士;现在《绍兴文理学院学报》编辑部任职,曾在绍兴文理学院越文化研究院从事科研工作
2004.9—2007.6	孙晓丹	女	硕士;永嘉县楠溪江风景旅游管理局
	祝 越	女	现在浙江省海宁市工作
2005.9—2008.3	徐 岩	女	硕士;浙江教育出版社,编辑
2006.9—2009.3	代宗宇	男	硕士;江苏省泰州市永安洲工业园管委会
2007.9—2010.6	陈 旭	男	硕士;现在浙江省嘉兴市工作
2008.9—2011.3	刘见华	男	硕士;《潇湘晨报》湖湘地理周刊,记者
	姚一哲	男	硕士;曾在方正证券杭州财富管理中心任职,现在杭州工作
2009.9—2012.3	刘姿吟	女	硕士;现在杭州市滨江区政府部门工作
2010.9—2013.6	何沛东	男	硕士;复旦大学历史系,博士研究生
2011(无)			
2012.9—	邹吕辉	男	浙江大学地球科学系,硕士研究生在读

　　说明:本名录由范今朝整理(其中现所在机构或地区等信息可能有不完整或变化之处)。

后　记

　　陈桥驿先生是我国当代著名的历史地理学家和"郦学"权威,在海内外学术界享有崇高声望。浙江大学曾在 2011 年,时值陈先生年届九十华诞之际,联合中国地理学会历史地理专业委员会、绍兴市人民政府等,于是年的 11 月 11 至 13 日,共同举办了"陈桥驿先生九十华诞庆贺会暨历史地理学发展学术研讨会"以及讲座、参访等系列活动,对陈先生九十华诞致以了隆重的庆贺;同时也回顾和总结了从老浙大时期起的浙大不同时期史地之学的研究及其影响,讨论和交流了国内外历史地理学及其主要分支学科等的发展态势。

　　庆贺会和研讨会得到了海内外众多学者和社会各界的热烈支持,取得了圆满的成功。在此,我们谨对各界的支持,再次致以深切的谢意。会前会后,多有学者表达了希望浙江大学继续重视和发展历史地理学科并再创辉煌的衷心祝愿,对此我们也深为感念。

　　会议中收到了诸多先生的多篇大作,有充满深情的记述与陈先生交往的回忆性、资料性的文字,亦有谨严平实、造诣精深的学术性著述,都是珍贵的学术财富。对这些宝贵的文稿,我们一直希望能够以适当的方式公开印行,以彰盛意。

　　针对会议收到的各类文字的不同情况,浙江大学有关方面经过研究,决定分类整理、编辑,并在适当时间分别出版。顺序上,此次先行编辑出版一部学术性的"庆贺论文集",将会议所收到的各位先生的学术性论文编辑成书。同时,考虑到会议时许多先生因事务繁杂而未能与会或未及提交大作,我们也于会后,适当约请当时未及与会、或未及提交论文的学者,为这本"庆贺论文集"惠赐专稿。经过对会议提交论文和会后惠赐专稿的整理,主要选择围绕历史地理学研究为重点展开的学术性论文,汇为本册,定题为《庆贺陈桥驿先生九十华诞学术论文集》。

　　需要说明的是,由于本书的出版与 2011 年 11 月学术研讨会召开的时间间隔较久,有些作者的大作已经公开发表;同时,编者也考虑仍应尽量反映会议状况并尊重论文原文面貌,不必强求一律;所以,后来在编辑过程中,并未完全按照2012 年 11 月所发《〈庆贺陈桥驿先生九十华诞学术论文集〉编辑出版说明及征稿邀请函》的设想,而是决定按照当时研讨会提交论文的情况进行收录,不论有无公开发表;有少量学者另行提交的也收录进来,有修改的以新修改的为准;其他如行文格式和收载内容上也较《编辑出版说明及征稿邀请函》有些简省。这样做的主要目的,一是体现会议当时的盛况,既为表达学术界的祝贺之意,也留下当时会议的印记;二也是考虑到各位作者对论文的不同处理的需要,亦似不宜过于拘泥。这样,就与前函中的若干要求和想法有所不同。这里特此说明,并希鉴谅。

至于会议期间和会后至今所收到的有关陈先生的庆贺性、回忆性和资料性的材料、文章等,因与本次编辑的"学术论文集"的性质不同,故我们初步打算拟待将来另行编辑成册,作为对陈先生学术思想研究和历史地理学事业承继、发展的重要组成部分,并在条件成熟时也予正式出版。

2013 年 12 月 10 日,是陈桥驿先生阳历的九十大寿。值此大喜的时日,我们认为,按照国际与国内学界的优良传统,专门编辑出版一本高质量的"庆贺学术论文集",既是对德高望重、硕果累累的陈桥驿先生的高寿华诞的致敬和献礼,同时也可借此机会,切磋交流,以推进陈先生念兹在兹的历史地理学的学术研究,并进一步推动浙江大学历史地理学科的发展。我们想,浙江大学和历史地理学界以这种学术性的特殊方式向陈先生表达生日祝贺,自是情意深长,亦可能更有意义。

是为本书编辑和出版的缘起,也是我们衷心的祝福和希望。

编辑好这册论文集的文字部分,节候已过 2013 年中秋。回思从 2010 年 11 月初起庆贺活动的酝酿、筹备,到 2011 年 11 月 11 至 13 日相关会议和活动的成功召开和举办,再至 2012 年 11 月起"论文集"的约稿、编辑,到而今的正式出版,时间上已然跨越三年。作为陈桥驿先生的学生,也是先生目前工作的助手,就我个人而言,当然有责任、也有义务,为相关的庆贺活动进行筹备,以及把这册文集编好、出好。这是自不待言、也是责无旁贷的。然而,于我个人的能力来说,却也实在是无力独自将这些事情顺利办好的;则三年中所得到的种种帮助、支持,自然所在皆是,至今历历在目。值此本书编辑、出版顺利完成之际,也自当从个人的角度,奉上自己的深深的感恩之心,感激之情。

首先需要诚挚感谢的,是海内外历史地理学界的有关学术单位和诸位学者同仁。不惟会议筹备伊始,就得到各单位和学者们的鼎力支持;亦且直至本文集编辑阶段,依然得到他们的大力帮助。

　　以葛剑雄先生为首的中国地理学会历史地理专业委员会一直非常关注庆贺活动的举办。专委会既一开始就慨允协同举办庆贺大会,葛先生亦复多次提点、指教,后虽因公务冲突而无法莅会,仍妥为安排,并专致贺意;辛德勇先生则专此莅会,代表专业委员会致辞,表达祝贺之意;其他多位委员亦以多重身份、不同方式表达了支持之意。会议能够圆满成功,与历史地理专业委员会各位委员的支持和帮助是分不开的。

　　国内历史地理学研究的三大重镇——复旦大学的中国历史地理研究所、北京大学城市与环境学院的历史地理研究所和历史学系、陕西师范大学的西北历史环境与经济社会发展研究中心(现为“研究院”),亦从会议筹备阶段开始,至会议期间的各项活动,到后来的文集编辑阶段,均热情参与、倾力支持。尤其是会议期间,各家单位均专程委派学者参加了大会的各项活动,为会议的圆满举办,贡献良多。

　　复旦大学中国历史地理研究所会议期间一共来了7位先生,其中邹逸麟、王文楚、张修桂等先生都是年事已高的老一辈学者,前任所长满志敏先生、现任所长吴松弟先生、副所长安介生先生以及《历史地理》编辑部主任朱毅先生亦均亲自莅会。所长吴松弟先生从会前的议程安排、人员邀请,到会中的参加讲座、大会致辞,再至会后并专门发来有关和陈先生交往的回忆文章及与陈先生通信的信函材料,一直关心不断。德高望重的邹逸麟先生抱病参加庆贺大会,既于上午庆贺会间发表了热情洋溢的讲话,复又于下午研讨会上主持学术交流,之后亦为本册文集专赐大作。

　　北京大学城市与环境学院历史地理研究所的唐晓峰先生虽因事无法与会,但专致贺电,以为祝贺;韩光辉先生亦因临时身体有恙而无法专程与会,但仍专致论文,表达贺意。北京大学历史学系也专致贺电,并请辛德勇先生莅临致贺。现在北京大学城环学院世界遗产研究中心的阙维民先生,则以学生和嘉宾的双重身份,亦专程与会,参加讨论对谈,并代表陈先生弟子发言致贺。

　　陕西师范大学西北历史环境与经济社会发展研究中心的朱士光先生、侯甬坚先生也专程莅会,致送贺文、奉赠贺礼、惠赐大作。侯甬坚先生会前就表示积极支持;会中亦参加了多场活动,讲座、致辞、主持、参访,不辞辛劳;会后,亦多次就论文之事而专门致函,修正、讨论,认真细致。

　　此外,中国地理学会及其秘书长张国友先生,中国科学院地理科学与资源研究所及其张丕远先生、葛全胜先生、王守春先生、戴君虎先生,中国人民大学清史研究所及其华林甫先生,北京社会科学院历史研究所及其尹钧科先生、孙冬虎先生、吴文涛女士,北京联合大学北京学研究中心及其张妙弟先生、张宝秀女士,太原师范学院汾河流域研究中心及其王尚义先生、李玉轩先生、王杰瑜先生,武汉大学历史学院历史地理研究所及其徐少华先生,暨南大学文学院历史地理研究中心及其郭声波先生、吴宏岐先生,西南大学历史地理研究所及其蓝勇先生、马强先生、杨光华先生等单位和人士;以及兰州大学的刘满先生,西北师范大学的李并成先生,湖南城市学院的张步天先生,云南大学的陆韧女士,华南农业大学的谢丽女士,复旦大学的周振鹤先生、张伟然先生、王振忠先生,北京大学的韩茂莉女士等个人;亦或发贺文,或致贺礼,或亲自与会,或惠赐大作,或虽因故不能前来而仍专致贺意。其情也真,其意亦重。

会前会后,会里会外,学术界对陈桥驿先生的尊敬和爱戴,老一辈学人之间的真挚情谊和祥和友善的风采,也让我们这些后学深深感动。隆情厚意,无任感荷;谨此再次致以深切的谢意。

其次,也要衷心感谢浙江省内的各有关单位、地方、机构和学者。

陈桥驿先生的家乡绍兴一直非常重视对这位"国之瑰宝"、"家乡瑰宝"的陈先生的资料收集、整理和研究工作,曾在 2009 年正式在绍兴老城内的仓桥直街辟屋开办"陈桥驿先生史料陈列馆",获得各界良好的反响。当听说浙江大学拟在 2011 年 11 月举办有关的庆贺活动时,即表示大力支持;副市长冯建荣先生亲自协调绍兴市有关部门负责具体协办事宜,后并亲自来杭与会,亲致贺词;绍兴市水利局副局长邱志荣先生、绍兴市城市建设档案馆馆长屠剑虹女士负责具体协办事宜,帮助安排参访活动,亦周到细致,费尽心力。

庆贺会议上,原浙江省人大常委、浙江省水利厅厅长,现《浙江省江河湖海志》编纂委员会主任钟世杰先生,浙江省政协文史委副主任林华东先生,浙江省社会科学界联合会副主席何一峰先生等,亦均发表了热情洋溢的讲话,表达了对陈先生九十华诞的殷殷祝福,以及对陈先生学术贡献的高度肯定。

浙江省地方志办公室的颜越虎先生,其间多次帮助协调省内各有关方面的活动,亦多次关心文集的编辑。浙江省社会科学院历史研究所的王永太先生,既是陈先生学生,也直接帮助、关心会议的安排。还有许许多多省内各界的人士,均从各个方面提供帮助和支持,并表达了他们热诚的关心和祝福。

陈桥驿先生曾经任职过、或有过学术交往的若干单位、社会团体等,如省水利厅、省方志办、九三学社浙江省委员会、浙江省地理学会、浙江省徐霞客研究会等,以及诸多同事、朋友、学生等,也以各种方式表达了他们的祝贺之意。原杭州大学地理系的诸多退休教师,共绘"松鹤延年"图,共书"九十华诞"诗,亦共同参加庆贺大会和有关活动。陈桥驿先生的诸多学生,不论是本科阶段的莘莘学子,还是研究生阶段的亲炙弟子,抑或曾受到先生教益、提携的后学、晚辈,亦不避路途迢迢,同聚紫金港中、启真湖畔,共为庆贺。患难真情,诚挚友情,师长恩情,人间诸情汇为一堂,感人至深。

值此文集编辑完成之际,自然也要衷心地表达对他们的感谢之情。

再次,还要真诚感谢浙江大学及其有关院、部、系、所、社等单位的大力支持。

浙江大学的老校长,时任全国人大常委会副委员长的路甬祥先生,为"贺陈桥驿先生九十华诞"而欣然命笔,题词:"史地巨子,郦学大家";浙江大学前副校长、九三学社前中央副主席冯培恩先生,也以"学界楷模,九三骄傲"致贺;都对陈先生的学术成就和社会贡献给予了高度的概括和肯定,也为会议的成功举办给予了很大的支持。浙大党委书记金德水先生和时任校长的杨卫先生联名具函,发展委员会主席张曦先生和时任党委常务副书记的陈子辰先生亲自与会,致辞、致礼,均表达了浙江大学对陈先生的重视和关怀。副校长罗卫东先生一直直接关心相关庆贺活动的安排,从筹备阶段开始,早于2010年的11月初,即召集有关部门开会、协调;会议阶段,又亲自主持庆贺大会,出席各项有关活动;直至本论文集的编辑阶段,亦仍直接指导文集编选,协调出版工作。学校和各级领导对老一辈学人的殷殷尊重之意,拳拳关怀之情,亦令人深深感动。

具体承办相关活动的浙江大学有关院、部、系、所及其有关人士,也出力良多,从各个方面保证了有关活动的顺利进行。

陈桥驿先生所在的理学部、地球科学系和城市与区域发展研究所均积极支持和协助学校,做好各项筹备工作;理学部翟国庆书记直接参与有关活动,地球科学系的陈汉林主任、闻继威书记和李睿系主任助理积极支持各项工作,城市与区域发展研究所的欧阳安蛟所长亦努力配合,多方协助。之后,亦在本书编辑、出版阶段,也多所关心。尤其是理学部的翟国庆书记,多次帮助解决具体问题,并协调、安排部分经费资助。这些,都是要深致谢意的。

直接负责会议承办工作的浙江大学社会科学研究院,亦是总揽全面,统筹协调,自始至终,至微至细,保证了会议及相关活动的顺利进行;并为本文集的出版安排适当的经费资助,解决了本书出版最大的困难。社科院的方志伟先生、崔倩女士和余杨伟先生在会议期间备极辛劳,直接负责会议组织,安排相关活动。方志伟先生更在会议后依然关心本书编辑事宜,协调并帮助解决出版中所面临的诸多问题。肖军霞女士直接负责有关经费的资助事项,也多蒙费心帮助。这里也要对他们深深致谢。

浙江大学出版社也对会议的召开和本文集的出版做出了很大贡献。黄宝忠副社长一直对有关事宜非常关心和支持,从会议筹备阶段有关会议材料的准备、印制,到文集出版阶段本书的编辑、印行,均给予了大力支持和具体帮助。责任编辑胡畔女士亦认真细致,一丝不苟,保证了本书编辑工作的顺利进行。谨此也一并致谢。

值此文集编辑完成之际,这里自然也要对前述的浙江大学领导及其有关的院、部、系、所、社和相关负责人士,表达深切的、诚挚的谢意。

最后,还需要深深感谢陈桥驿先生和他的家人。陈先生听说有编辑此书和拟出版的安排,一再谦逊地表示不需如此。但当知道我们编辑工作已近尾声,并想请他在卷首写上一些时,他仍对我们的工作表示了感谢,并写下了一些自己早年的经历,惠赐本书。这是我们要深深致以谢意的。陈先生的女儿、女婿们,近年来一直陪伴在陈先生身边,照顾先生的生活起居;尤其是大女婿周复来先生,直接协助处理相关事项,事无巨细,尽心竭力,代替了许多原本应该是我们这些学生和助手应该做的事情。在此,当然也要对陈先生家人,表示真诚的感谢。

除了前述已经表达了谢意的各有关单位和人士之外,虽然已经在多种场合提及过,但这里还是要专此提出并表达谢意的,是对刘姿吟同学和何沛东同学。他们在举办庆贺会时还都是陈先生的在读研究生,也是我的师妹、师弟。刘姿吟同学当时面临毕业,但仍然挤出时间,参与筹备并参加会议的活动;她在 2011 年 11 月 11 日晚上主持"历史地理学者三人谈"的自若从容,以及第二天庆贺会上给陈先生献花的风姿,想必会定格在许多人的记忆之中。何沛东同学则正好在这三年之中经历了会议酝酿、筹备、接待和文集编辑的全程,亦是巨细靡遗,勤勉耐心,承担了诸多繁琐细务。对他们一直以来的默默付出和对我个人的帮助,虽无需多言,但这里仍然要深深一躬,表达我真挚的谢意。

现在,刘姿吟同学已经开始了在杭新的工作,何沛东同学则开始了在复旦大学的读博生涯。这里自然要真诚祝愿他们事业、学业有成。尤其特别值得庆贺的,是何沛东同学的女儿也在今年 9 月份刚刚出生。这里,就借着对他们表达感谢的机会,顺带也表达对这一新生命的出现的浓浓的祝福。

而这一新生命的出现,也似乎是一个新的开端的寓言。

是的。这一新的生命,不正寓意着生命的生生不息,也寓意着学术的薪火相传吗!

谨以此书献给陈桥驿先生的九十高寿,也献给诸多默室求深、孜孜矻矻于历史地理学的学人。

在此,让我们衷心祝愿陈桥驿先生:

福如东海,寿比南山!
学术青春常在!

范今朝　谨记

2013 年 10 月 18 日初稿,11 月 18 日改定

2013 年 10 月,中国地理学会授予陈桥驿先生中国地理学界的最高荣誉"中国地理科学成就奖"。12 月 10 日,浙江大学地球科学系和中国地理学会、浙江省地理学会在浙江大学玉泉校区举行了隆重、热烈的颁奖仪式,浙江大学副校长罗卫东先生和中国地理学会秘书长张国友先生共同为陈先生颁发第四届"中国地理科学成就奖"。与会人员并共同为陈先生庆贺生日,恭贺陈先生九十大寿。在此,本文集将当时会上宣读的"贺寿辞"收于本书卷首,既是对陈先生一生治学成就的致敬和祝贺,也藉以表达对美好未来的期许和祝愿。

让我们再一次共祝陈桥驿先生身体康泰,平安快乐!

也让我们相约,愿"期颐之寿,再为聚首"!

范今朝　补记

2013 年 12 月 29 日

图书在版编目(CIP)数据

庆贺陈桥驿先生九十华诞学术论文集/罗卫东,范
今朝主编. —杭州:浙江大学出版社,2014.2
ISBN 978-7-308-12747-9

Ⅰ.①庆… Ⅱ.①罗…②范… Ⅲ.①历史地理—中
国—文集 Ⅳ.①K928.6-53

中国版本图书馆 CIP 数据核字(2014)第 004975 号

庆贺陈桥驿先生九十华诞学术论文集
罗卫东　范今朝　主编

责任编辑	胡　畔(llpp_lp@163.com)
封面设计	项梦怡
出版发行	浙江大学出版社
	(杭州市天目山路 148 号　邮政编码 310007)
	(网址:http://www.zjupress.com)
排　版	浙江时代出版服务有限公司
印　刷	浙江印刷集团有限公司
开　本	710mm×1000mm　1/16
印　张	27.75
彩　插	2
字　数	495 千
版 印 次	2014 年 2 月第 1 版　2014 年 2 月第 1 次印刷
书　号	ISBN 978-7-308-12747-9
定　价	98.00 元